HANGIL
GREAT BOOKS
180

장담의 열자주

장담 지음 | 임채우 편역

한길사

Commentary of Liezi

by Zhang Zhan

Translated by Lim Chae-Woo

Published by Hangilsa Publishing Co. Ltd., Korea, 2022

열자의 상(43cm×65cm, 종이에 채색, 역자 소장)
바람을 타고 보름 동안을 날아다니다가 돌아왔다는 장자의 말대로,
열자는 옷깃이 바람에 나부끼는 모습으로 표현되었다.

열자의 상(49cm×113cm, 종이에 수묵, 역자 소장)
비단 같은 바람결을 타고 하늘을 나는 모습의 열자다.

노자 조각상(19cm×26.5cm, 대나무 뿌리, 역자 소장)
매우 인자한 모습으로 표현된 노자의 모습에서 엄격한 강상(綱常) 윤리를
강조한 유교와는 다른 도가 사상의 친근감을 느낄 수 있다.
한 손에 파초선(芭蕉扇)을 들었는데, 도덕경 두루마리를 들고 있거나
여의(如意)를 들고 있기도 한다.

장자의 상(53.5cm×116cm, 종이에 채색, 역자 소장)
꿈에 나비가 되어 물아일체의 대자유를 만끽하는 모습을 그렸다.

「군선도」(424cm×128cm, 종이에 채색, 역자 소장)
해방을 맞이한 기념으로 그린 신선도.
도사와 선인들이 모두 등장해서 대한민국의 미래를 축하하고 있는 대작 병풍이다.

양주(杨朱, 기원전 440년경–기원전 360년경)의 상
양주는 극단적 이기주의자라는 비난을 받았지만, 열자는 양주의 입을 빌려
세속적 가치에 휘둘리지 말고 자기 자신에 충실한 삶을 추구할 것을 역설했다.

▲ 열자 고택에 있는 명 말에 중건된 열자 사당
▼ 열자의 고향 중국 하남성 정주에 있는 열자의 고택

열자 고택에 있는 열자의 상

노자가 화광동진(和光同塵)의 경지에 이른 달관한 도인이고
장자가 우주를 넘나드는 초월적 지인(至人)이라고 한다면,
열자는 도를 얻기 위해 노력하는 보통 사람의 형상에 가깝다.

송 휘종의 「청금도」(聽琴圖)
중국 북송의 제8대 황제 휘종은 도덕경
주석서뿐만 아니라 열자 주석서
『충허지덕진경의해』를 남겼다.
또한 열자서에 나오는 지음(知音)
고사를 그린 「청금도」라는
불세출의 명화를 남겼다.
이 책의 표지 사진이다.

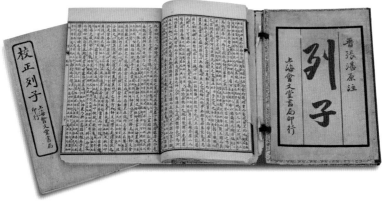

▲ 조선의 지식인들 사이에서 읽혔던 열자서

▼ 상해판 『열자』

불교나 도교 같은 이교(異敎)를 억압하는 조선의 억불숭유책에도 불구하고
『열자』는 『장자』와 함께 문장 공부의 자료로 소리 없는 각광을 받았다.

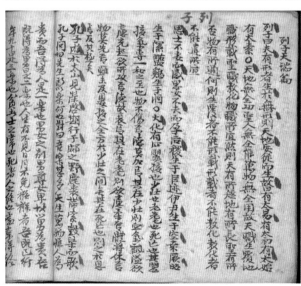

조선에서 필사된 『노자』 『장자』 『열자』 초록본
『노자』 『장자』 등과 함께 『열자』가 수록되어 있다.
도가의 심오한 사상과 힘찬 문장은 조선의 유학자들 사이에서도 많은 독자층을 만들었다.

HANGIL GREAT BOOKS 18o

장담의 열자주

장담 지음 | 임채우 편역

한길사

차례

평범한 일상에서의 도를 찾아서

• 옮긴이의 말

도가가 아니었다면 중국 사상은 얼마나 초라했을까. 공·맹·순의 유가 사상은 광접여(狂接輿)나 양주(楊朱)를 비롯한 노장 사상가들의 비판이 없었다면 전제 왕권을 위해 봉사하는 관학(官學)을 벗어날 수 없었다. 혜시(惠施)·공손룡(公孫龍)의 명가(名家)나 법가·황로 등 제자백가에 끼친 노장 사상의 영향 또한 절대적이었다. 도가 사상은 훗날 서역에서 새로운 불교철학이 들어왔을 때에도 그 낯설고도 심오한 사상을 이해하는 바탕을 마련해주었고, 그 결과 중국 사상계는 유·도·불 3교의 중세 체제로 재편될 수 있었다. 영국의 과학사가 조지프 니덤(Joseph Needham, 1900-95)은 중국 과학이 있는 곳에는 언제나 도가의 그림자가 어른거린다는 명언을 남겼으나, 필자가 보기에는 과학뿐 아니라 중국인의 사유 방식 속에 무상한 현실을 넘어서 영원을 추구하는 도가의 정신이 깊숙이 스며 있다.

『열자』는『노자』『장자』와 함께 도가의 3대 사상서라고 불리는 중요한 고전이다. 그러나 열자서에 등장하는 지음(知音)이나 기우(杞憂)의 고사, 우공이산(愚公移山)과 조삼모사(朝三暮四)의 이야기는 널리 알려져 있지만, 정작 열자서의 내용에 대해서는 노자나 장자에 비해 그다지 알려져 있지 않다. 열자의 글은 관념적인 형이상학에 치우친 노자보다는 구체적인 비유를 구사하는 장자 투의 우언(寓言)에 가깝다. 다만 장자가 현실에서 유리된 대붕(大鵬)·신인(神人)·도깨비 등을 동원해서 초현실적으로 이야기를 풀어간다면, 열자는 평범한 사람들과 비근한 일상을 불러들여 도의 경지를 알기 쉽게 비유한다.

명창이 박자를 맞춰 구슬프게 노래하자 숲이 일렁이고 구름이 멈추었다거나, 여음(餘音)이 대들보에 남아 사흘 동안이나 계속 맴돌았다는 이야기나, 매일 밤 왕이 되는 꿈을 꾸는 늙은 노비의 이야기며, 황금밖에 눈에 뵈는 게 없었다는 황금에 눈먼 사나이의 이야기 등, 잡된 것이 섞이지 않은 그 순수한 경지가 사람의 심금을 울린다. 그래서 일상에서 발견해낸 열자의 이야기는 자자(字字)가 꿈틀대며 생동하고, 우리의 무뎌진 생각을 일깨운다. 그렇게 때로는 환호성을 때로는 장탄식을 자아내게 하면서 우리를 도의 세계로 이끈다.

필자가 열자를 처음 접한 때는 30여 년 전 동학들과 열자를 윤독하면서였다. 열자서를 같이 읽어가면서 솔직담백하면서도 폐부를 찌르는 글에 모두 감탄하던 기억이 새롭다.

3년 전 늦봄, 자료를 찾느라 우연히 열자 주석서를 다시 펼쳐보았다. 열자서의 내용도 좋았지만, 마치 포정이 소를 잡는 것처럼 열자서의 살과 뼈를 춤추듯 발라내는 장담(張湛)의 칼 솜씨에 그만 반하고 말았다. 왕필(王弼)이 도덕경에 주석을 쓰자 노자가 왕필에 주석을 단 것인지 왕필이 노자에 주석을 가한 것인지 모르겠다는 탄식이 나왔다고 하는데, 장담의 열자 주석도 그에 비해 전혀 손색이 없었다. 글을 읽다 보니 나도 모르게 장담의 주석을 한 자 한 자 우리말로 옮기고 있었다. 태양을 쫓아 달려가던 과보(夸父)처럼, 백 년 만의 더위라는 염천 내내 책상머리에 앉아 무작정 열자와 장담을 따라 내달리며 글을 옮기기 시작했다. 초고를 마치고 보니 가을이 깊어 있었다.

혼자 보기에 아까워 열자에 나오는 우공이산(愚公移山)의 부분을 떼내어 『왕필의 노자주』를 간행했던 한길사에 장담의 열자 주석서도 간행할 뜻이 있는지 묻는 편지를 썼다. 백아의 거문고 소리를 알아듣던 종자기처럼, 편집부의 지음 덕분에 열자의 지음이던 장담의 열자주가 세상에 빛을 보게 되었다.

『왕필의 노자주』가 출간된 지 20년 만에 다시 왕필의 외종증손인 장담의 열자주를 같은 출판사에서 나란히 발간하게 되었으니, 참으로 인연이 있는 듯하다. 당시 송 휘종의 「서학도」(瑞鶴圖)로 『왕필의 노자주』 표지를 장정했었는데, 이번 『장담의 열자주』에서도 백아와 종자기의 지음 고사를 그린 휘종의 「청금도」(聽琴圖)로 장정을 하게 되었다. 휘종도 노자와 열자를 좋아해서 두 사상가의 저작에 주석을 남겼다. 아득한 시공간을 뛰어넘어 노자와 열자에 깊은 인연을 가진 저자·주석가·화가·번역자·출판사가 이렇게 오늘 이 자리에서 같이 모이게 되었으니, 단순한 우연은 아닌 듯하다. 소중한 뜻을 전하고 싶은 마음을 같이하고 있었기 때문이 아니었을까.

다만 난마(亂麻)와 같은 이 졸역을 내놓으려니 문득 걱정이 앞선다. 번역은 신이 나서 몇 달 걸리지 않았지만 수정과 윤문은 몇 년이 걸려도 시원치가 못하다. 고치면 고칠수록 흠만 눈에 띄고, 다듬으면 다듬을수록 성에 차지 않았다. 그저 박옥(璞玉)에 담긴 완벽(完璧)을 바치는 화(和) 씨의 심정으로, 눈 푸른 강호 제현께서는 거친 글보다는 그 속에 들어 있는 벽옥(璧玉) 같은 사상을 보아주시길 바랄 뿐이다.

2022년 5월
임인 유하(榴夏) 임채우

劉向列子新書目錄 原序
유향 열자 신서목록 원서

天瑞 第一

黃帝 第二

周穆王 第三

仲尼 第四

湯問 第五

力命 第六

楊朱 第七

說符 第八

右新書定著八章. 護左都水使者 光祿大夫臣向言, 所校中書列子
五篇 臣向謹與長社尉臣參校讎太常書三篇 太史書四篇 臣向書
六篇 臣參書二篇 內外書凡二十篇, 以校除復重十二篇 定著八
篇. 中書多 外書少 章亂布在諸篇中. 或字誤 以盡【津上聲誤也.
下同】爲進 以賢爲形 如此者 衆. 及在新書有棧【音剪】. 校讎從中
書已定 皆以殺靑【謂汗簡 刮去靑皮也】書可繕寫.

천서 제1 天瑞 第一

황제 제2 黃帝 第二

주목왕 제3 周穆王 第三

중니 제4 仲尼 第四

탕문 제5 湯問 第五

역명 제6 力命 第六

양주 제7 楊朱 第七

설부 제8 說符 第八

위처럼 새로 8장으로 정해서 지었습니다. 호좌도수사자(護左都水使者) 광록대부(光祿大夫) 신 유향은 말씀 올립니다. 교정한 중서(中書) 열자 5편과, 신 유향과 장사위(長社尉) 신 유참이 교감한 태상서(太常書) 3편과 태사서(太史書) 4편, 그리고 신 유향이 쓴 6편, 신 유참이 쓴 2편까지 내외(內外)로 모두 20편인데, 이를 교감해 중복된 12편을 삭제하고 8편으로 정했습니다. 중서는 많고 외서는 적은데 장이 어지럽게 여러 편 가운데 흩어져 있습니다. 더러 글자가 잘못된 것도 있어서 진(盡) 자를 진(進)으로 삼거나 현(賢) 자를 형(形) 자로 쓰는 등의 예가 많습니다. 교감은 중서의 예를 따라서 정했고, 모두 진액을 제거한 죽간[1]에 잘 베껴서 써두었습니다.

列子者 鄭人也. 與鄭繆【音穆】公同時 蓋有道者也. 其學本於黃帝·老子 號曰 道家. 道家者 秉要執本 清虛無為. 及其治身接物 務崇不競 合於六經. 而穆王·湯問二篇 迂誕恢詭 非君子之言也.

---

1) 파란 껍질을 긁어낸 한간(汗簡)을 말한다. 유향은 『별록』(別錄)에서 살청(殺青)이란 불로 죽간을 구워 진을 빼냄으로써, 파란색을 없애 쓰기 쉽고 좀먹지 않도록 함을 말한다고 했다.

至於力命篇 一推分命, 楊子之篇 唯貴放逸, 二義乖背【音佩】不似一家之書. 然各有所明 亦有可觀者. 孝景皇帝時 貴黃老術 此書頗行於世, 及後遺落 散在民間 未有傳者. 且多寓言 與莊周相類 故太史公司馬遷不爲列傳. 謹第錄 臣向昧死上【時掌反】. 護左都水使者 光祿大臣向所校列子書錄.

永始三年八月壬寅上.

열자는 정나라 사람이며 정 목공과 동시대인으로 도를 아는 사람입니다. 그의 학문은 황제와 노자에게서 나왔는데 이를 도가라고 부릅니다. 도가는 요점과 근본을 잘 잡고서 마음을 깨끗이 비우고 무위로 행합니다. 자신을 닦고 다른 사람에 대해서는 다투지 않음을 숭상했으니 이는 유교 육경(六經)의 가르침과 합치됩니다. 그러나 「주목왕」과 「탕문」 두 편은 허황되어서 군자의 말은 아닙니다. 「역명」편은 한번 정해진 분수를 논했으나 「양주」편에서는 방일(放逸)을 높이 평가하고 있으니, 두 가지 뜻이 서로 어긋나서 한사람의 글은 아닌 듯합니다. 그러나 각기 밝히는 바가 있어서 또한 볼 만한 것이 있습니다. 한 경제(景帝) 때에는 황로술을 높여서 이 책이 세상에 상당히 유행했었으나, 뒤에는 쇠퇴해서 민간에 흩어져버려 전하는 이가 없게 되었습니다. 우언(寓言)이 많아서 장주(莊周)와 유사하므로 태사공 사마천이 (따로) 열전(列傳)을 만들지 않았습니다. 삼가 차례대로 기록해서 신 유향은 죽음을 무릅쓰고 올립니다. 호좌도수사자 광록대부 신 유향이 열자를 교정해 글로 기록합니다.

영시 3년(기원전 14년) 8월 임인 올림

列子序
장담 열자서

湛聞之【張湛 字處度 東晋光祿勳 注此眞經[2)]】先父曰 吾先君與
劉正輿 傅潁根 皆王氏之甥也. 並少遊外家. 舅始周【姓王 張湛祖
之舅】始周從兄正宗[3)]·輔嗣[4)]皆好集文籍 先並得仲宣[4)]家書幾將

---

2) 진경(眞經)은 『충허지덕진경』(沖虛至德眞經)의 줄임말로, 당 현종이 『열자』를
성인의 경전으로 승격해서 부른 시호(諡號)다.

3) 정종(正宗)은 위나라 때의 역학자였던 왕굉(王宏)의 자로 왕필의 친형이다. 초
순(焦循)의 『주역보소』(周易補疏) 서(敍)에 보면, "굉(宏)의 자(字)는 정종(正
宗)으로 그도 역의(易義)를 찬했으니, 왕씨 형제는 모두 역(易)으로 이름이 났
으니 그 받은 바가 원대함을 알 만하다"고 했다. 당시 문명을 떨치던 왕찬(王粲)
의 아들이 위풍의 모반 사건에 연루되어 처형을 당해서 왕찬의 후사가 없어지
자, 조조는 가까운 친족으로 후사를 잇게 함으로써, 왕굉·왕필 형제는 왕찬의
사손(嗣孫)이 되었다. 임채우, 『왕필 역철학 연구』, 연세대학교 박사학위논문,
41-43쪽 참조.

4) 보사(輔嗣)는 위진현학(魏晉玄學)의 대표인 왕필(王弼, 226-249)의 자(字)다.
위(魏)나라 현학자로 당시 수도였던 낙양(洛陽)에서 태어났다. 명제(明帝) 때
상서랑(尙書郞)을 지냈다. 23세의 나이에 요절했으나 그의 후견인이었던 하안
(何晏)과 함께 위진현학을 대표하는 사상가로 명성을 떨쳤다. 현존하는 노자
주석 가운데 최고의 명주석으로 꼽히는 『노자주』(老子注)와 1,000여 년 동안
과거시험의 교과서로 쓰였던 『주역주』(周易注)를 남겼다. 이외에 『노자』 사상
을 간결하게 요약한 「노자미지예략」과 『주역』 해석의 방법론을 체계화한 「주

萬卷. 傅氏亦世為學門[6]. 三君總角 競録奇書.

장담—장담의 자는 처도(處度)이고 동진 때 광록훈(光祿勳)을
지냈는데 이『충허지덕진경』(沖虛至德眞經)을 주석했다—이 돌
아가신 부친께 듣기를, 나의 선친(즉 장담의 조부)과 유정여(劉正
興)와 부영근(傅潁根)은 모두 왕 씨의 조카였는데, 어려서 외가
댁에서 같이 교유했다. 외삼촌은 왕시주(王始周)로—성은 왕 씨
고 장담의 할아버지의 외삼촌이다—시주의 종형제였던 왕굉(王
宏)과 왕필(王弼)은 모두 서적 수집하기를 좋아했는데, 이전에
왕찬(王粲, 177-217)의 가서(家書) 수만여 권을 얻었다. 부영근
역시 대대로 학문을 한 집안의 자제로서, 세 집안의 총각들은 특
이한 서적들을 경쟁적으로 수집해두었다.

及長遭永嘉之亂 與潁根同避難南行 車重各稱力 並有所載. 而冦
虜彌盛 前途尚遠 張謂傳曰 "今將不能盡全所載 且共料簡世所希
有者 各各保録 令無遺棄." 潁根於是唯賷其祖玄 父咸子集. 先君

역약례」라는 명문이 전해지며,『논어』(論語)의 일부에 주석을 단 내용들이 있
다. 유가와 도가를 넘나들며 간결하게 경전의 뜻을 밝힌 왕필의 학풍은, 한 대
관학(官學)을 무너뜨리고 자유로운 현학의 정신을 불어넣으며 당시 사상계의
판도를 바꾸었고 불교와 성리학을 위시한 중국철학사 전반에 커다란 영향을
끼쳤다. 임채우,『왕필의 노자』, 예문서원, 1997, 29-43쪽 참조.
5) 중선(仲宣)은 한(漢) 말 건안칠자(建安七子)의 하나로 문명을 떨쳤던 왕찬(王
粲, 177-217)의 자로서, 한말의 역학자였던 왕창(王暢)의 손자이며, 왕필의 조
부다. 동한말 산양(山陽) 고평(高平, 지금의 산동성 금향)에서 태어났다. 한나라
에서 사도(司徒)로서 불렀으나 나가지 않았고, 뒤에 조조(曹操)에게 의탁해서
승상연(丞相掾)이 되었고 관내후의 작위를 받았다. 박학다식했으며 글을 잘했
고 시문으로 명성이 높았다. 그의 문집『왕시중집』(王侍中集)이 전한다.
6) 학문(學門)은 서향문제(書香門弟)의 뜻이다.

所錄書中 有列子八篇, 及至江南 僅有存者 列子唯餘楊朱說符目
錄三卷. 比亂 正興為楊州刺史 先來過江 復在其家得四卷 尋從輔
嗣女壻趙季子家得六卷 參校有無 始得全備.

자라서 영가(永嘉)의 난[7]을 만나 부영근과 함께 남쪽으로 피난
을 갔는데 각자 큰 수레에 실을 수 있을 만큼 책을 가득 실었다.
갈 길은 먼데 도적 떼들이 갈수록 성해지자, 장담의 할아버지가
부영근에게 이제는 가져온 책을 다 보전할 수는 없으니 희귀한
책자들을 추려 각자 보관해서 유실됨이 없도록 하자고 말했다.
그러자 부영근은 그의 조부 부현(傅玄)과 부친 부함자(傅咸子)
의 문집만을 가져갔다. 선친(즉 장담의 조부)께서 수장했던 글 가
운데에는 『열자』 8편이 있었는데, 강남 땅에 도착하자 남아 있
는 것은 『열자』에서 「양주」 「설부」편과 「목록」의 3권뿐이었다.
난리가 나기 전에 유정여는 양주자사가 되어 먼저 장강을 건너
왔었는데, 그 집에서 다시 4권을 구했다. 나중에 왕필의 사위 조
계자의 집에서 6권을 얻어서, 있는 부분과 없어진 부분을 비교
하고 교감을 할 수 있게 되었으니, 이로써 열자가 비로소 완전히
갖춰지게 되었다.

---

7) 중국 서진 말, 회제(懷帝)의 연호였던 영가(永嘉, 307-312) 때 흉노족의 왕 유충
이 서진을 무너뜨린 난으로, 처음으로 이민족이 중원을 차지한 패자가 되었다.
진 왕조는 팔왕의 난 후, 동해왕 사마월에 의해 간신히 정권을 유지하고 있었
다. 당시 산서성에 독립해 있던 흉노족이 서진을 공격해왔는데, 진나라군이 대
패하고 311년 6월 낙양성이 함락되었다. 이때 낙양성에 입성한 흉노족은 서진
의 왕공과 백성 3만여 명을 죽이고, 회제를 산서성으로 압송해가서 죽임으로
써, 서진은 건국 52년 만에 사실상 와해되었고 이로부터 오호십육국시대가 시
작되었다.

其書大略明羣有以至虛爲宗 萬品以終滅爲驗 神慧以凝寂常全,
想念以着物自喪 生覺與化夢等情 巨細不限一域 窮達無假智力
治身貴於肆任 順性則所之皆適 水火可蹈 忘懷則無幽不照 此其
旨也.
然所明 往往與佛經相參 大歸同於老莊 屬【音燭】辭引類 特與莊
子相似. 莊子 · 愼到 · 韓非 · 尸子 · 淮南子 · 玄示[8] 旨歸 多稱其
言 遂注之云爾.

　열자서 대략의 줄거리는 이렇다. 세상의 존재들이란 완전한 허
(虛)를 근본으로 삼고 있으며, 만물은 끝내 소멸됨을 증험했으
니, 신묘한 지혜는 고요히 엉겨 있음으로써 완전하지만 상념은
외물에 집착해서 스스로를 잃고, 깨어 있거나 꿈을 꾸거나 실상
은 차별이 없고,[9] 크건 작건 어느 한쪽에만 제한되지 않는다. 궁
핍하건 영화를 누리건 지력(智力)을 빌리지 않으며, 자신의 뜻
에 따라 몸을 간수하는 것이 중요하니, 자신의 본성을 따르면
행동하는 대로 다 합당하게 되어 물불도 건널 수 있으며, 마음
속에 생각을 잊어버리면 아무리 은미한 것이라도 다 비춰볼 수
있으니, 이것이 『열자』의 뜻이다.
　그러나 『열자』에서 천명한 내용이 불경과 서로 들어맞는 경우
가 많지만 전체의 요지는 노장과 같고, 말을 이어 붙이고 추론하
고 비유하는 문체는 특히 『장자』와 비슷하다. 『장자』와 『신도』
(愼到)와 『한비자』와 『시자』(尸子), 『회남자』와 『태현』과 『노자

---

8) 현시(玄示)는 양웅(揚雄)의 『태현』(太玄)을 지칭하는 것이거나, 『포박자(抱朴
　子) 내편(內篇)』「하남」(遐覽) 제19에 "三五中經 宣常經節解經 鄒陽子經 玄洞經十
　卷 玄示經十卷"이라고 하는 10권의 도교 서적 이름일 수도 있다.
9) 『장자』(莊子)「제물론」(齊物論)의 호접몽(胡蝶夢)의 내용을 인용한 것이다.

지귀』에서는 여러 차례 『열자』의 말을 일컬으면서 설명을 덧붙였다.

일러두기

1. 이 번역은 원문과 장담(張湛)의 주석을 충실하게 교감한 양백준(楊伯峻)의『열자집 석』(列子集釋)(北京: 中華書局, 1991)을 저본으로 삼았고, 쇼카츠고(諸葛晃)의『충허 지덕진경』(冲虛至德眞經)(富山房, 漢文大系本, 昭和47)을 참조했다.

2. 열자서 원문 번역은 장만수(莊萬壽)의『신역열자독본』(新譯列子讀本)(臺北: 三民書 局, 1996)과 엄북명(嚴北溟)·엄첩(嚴捷)의『열자역주』(列子譯注)(上海: 上海古籍出 版社, 1986)를 참조했다.

3. 장담의 주석 번역은 양백준의 주석과 소등복(蕭登福)의『열자고주금역』(列子古注今 譯)(臺北: 文津出版社, 1990)에 실린 고주(古注)들을 참조했다.

4. 분장(分章)과 단구(斷句)는 양백준의『열자집석』에 의거했다. 양백준은 전체 7편을 190개의 장으로 나누었으나, 이 책에서는 일부의 장을 합해서 135개의 장으로 나 눴다.

5. 각 장의 말미에는 135개의【역자 해설】을 덧붙여서 열자와 장담의 원의를 이해하 는 데 도움이 되도록 했고, 내용에 대한 보충 설명과 더불어 비평을 덧붙여서 오늘 날의 관점에서 감상할 수 있도록 했다.

제1편 천서(天瑞)

【장담 제주(題注)】

夫巨細舛錯 脩短殊性 雖天地之大 羣品之衆 涉於有生之分 關於動用之域
者 存亡變化 自然之符. 夫唯寂然至虛 疑[1]一而不變者 非陰陽之所終始 四時
之所遷革.

> 크기도 들쭉날쭉하고 성질도 다 달라서, 비록 천지가 크고 만물
> 이 많지만 (각자의) 생겨난 분수와 움직이는 영역에 미쳐서는
> 존망(存亡)의 변화가 저절로 그러하게 부합된다. 고요히 텅 비
> 워지면 하나의 근원으로 뭉쳐서 변치 않게 되니, 음양(陰陽)에
> 매이지 않으며 사시(四時)에 의해 바뀌지 않는다.

---

1) '의'(疑)는 두 가지 뜻으로 새긴다. 하나는 분명히 결정해서 단언하지 못한다는
   뜻이요(노중현, 『열자고주금역』, 8쪽 인용), 하나는 '응결'(凝)의 뜻이다(『충허지
   덕진경』「천서」天瑞, 2쪽 참조).

1장

子列子[1] 居鄭圃.[2] 四十年 人無識者.[3] 國君卿大夫眎之 猶衆庶也.[4] 國不足[5] 將嫁於衛.[6] 弟子曰

"先生往無反期 弟子敢有所謁. 先生將何以敎? 先生不聞壷丘子林之言乎?"[7]

子列子笑曰

"壷子何言?[8] 雖然 夫子嘗語伯昏瞀人 吾側聞之 試以告女.[9] 其言曰 有生[10]不生[11] 有化[12]不化.[13] 不生者 能生生[14] 不化者能化化.[15] 生者 不能不生 化者 不能不化[16] 故常生常化.[17] 常生常化者 無時不生 無時不化.[18] 陰陽爾 四時爾.[19] 不生者 疑獨[20] 不化者 徃復 其際不可終.[21] 疑獨 其道不可窮.[22]

黃帝書曰 谷神不死[23] 是謂玄牝.[24] 玄牝之門 是謂天地之根. 綿綿若存 用之不勤.[25] 故生物者 不生 化物者 不化,[26] 自生自化自形自色 自智自力 自消自息.[27] 謂之生化形色智力消息者 非也.”[28]

자열자(열자의 극존칭)가[1] 정(鄭)나라의 전원에서 산 지[2] 40년
이 되었으나, 열자를 알아보는 이가 없었다.[3] 나라의 왕이나 공
경대부들도 그를 평범한 사람으로 보았다.[4] 정나라에 흉년이 들
자[5] 자열자가 위(衛)나라로 떠나가려 했다.[6] 그러자 제자들이
물었다.

"선생님께서 가시면 언제 돌아오실지 기약이 없으시니, 저희는
감히 선생님을 찾아뵈려 왔습니다. 선생님께서 가르침을 주셨으
면 합니다. 선생님께서는 호구자림(壺丘子林)의 말씀을 듣지 않
으셨는지요?"[7]

자열자가 웃으면서 대답했다.

"호 선생님께서 무슨 말씀을 했었겠는가?[8] 그러나 선생님께서
일찍이 백혼무인(伯昏瞀人)에게 말씀하시는 것을 내가 곁에서
들은 적이 있으니 한번 그대들에게 말해보리라.[9] 호 선생님 말
씀에 '생(生)하는 것과[10] 생하지 않는 것이 있고,[11] 화(化)하는
것과[12] 화하지 않는 것이 있다고 했다.[13] 생하지 않는 것은 생
하는 것들을 생성할 수 있고,[14] 화하지 않는 것은 변화하는 것들
을 변화하게 할 수 있다.[15] 생하는 것은 생하지 않을 수 없고, 화
하는 것은 화하지 않을 수 없으므로[16] 항상 생성하고 항상 변화
한다.[17] 항상 생하는 것은 생하지 않는 때가 없고, 항상 화하는
것은 화하지 않는 때가 없으니,[18] 음양(陰陽)이 그렇고 사시(四
時)가 그렇다.[19] 생하지 않는 것은 하나의 실체일 것이요,[20] [2]
화하지 않는 것은 왕복 순환해서 끝을 보이지 않으니,[21] 하나의
실체는 그 도를 다할 수가 없다'고 했다.[22]

---

2) '독'(獨)을 하나의 실체로 의역했다. 소등복은 이를 '만물의 위에 독립해 있다'
   고 해석했다. 『열자고주금역』, 15쪽 참조.

황제(黃帝)의 글에 '골짜기의 신(神)은 죽지 않으니[23] 이를 현빈(玄牝)이라 하고,[24] 현빈의 문을 천지의 뿌리라고 한다. 이는 끊어질 듯 끊어질 듯하면서도 계속 존재하니, 아무리 써도 힘들지 않다'고 했다.[25] 그러므로 사물을 생하는 것 자체는 생겨난 것이 아니고, 사물을 화하게 하는 것 자체는 변화하지 않는다.[26] 사물은 저절로 생하고 저절로 화하며, 저절로 모양이 드러나고 저절로 색깔을 띠며, 저절로 지혜를 갖고 저절로 힘을 가지며, 저절로 사그라들고 저절로 자라난다.[27] 만일 이를 두고 생성 변화하게 하고 모양과 색깔을 갖게 하며, 지혜와 힘을 갖게 하며, 사그라들고 자라나게 하는 것이 있다고 하면 잘못이다."[28]

【장담 주석】

【1】載子於姓上者 首章或是弟子之所記故也.

열자의 성(姓) 앞에 (극존칭을 뜻하는) '자'(子)를 둔 것은 첫 장이 제자들에 의해 기록되었기 때문인 듯하다.

【2】鄭有圃田.

정나라에 있는 농원이다.

【3】非形不與物接 言不與物交, 不知其德之至 則同於不識者矣.

형체로서 사람들과 만나지 않는다는 것은 다른 사람들과 교제하지 않는 것은 아니지만, 그의 지극한 덕을 알지 못하니, 그의 존재를 알지 못하는 것과 같다.

【4】非自隔於物, 直言無是非 行無軌迹, 則物莫能知也.

스스로 다른 사람들과 사이를 둔 것이 아니라, 열자가 하는 말에 시비가 없고 하는 행동에 흔적이 없은즉, 다른 사람들이 그의 덕을 알 수가 없었다는 뜻이다.

【5】年饑.

그해에 기근이 들었다.

【6】自家而出謂之嫁.

집에서 나온 것을 '가'(嫁)라고 한다.

【7】壺丘子林 列子之師.

호구자림은 열자의 스승이다.

【8】四時行 百物生 豈假於言哉!

사시가 운행되고 온갖 만물이 생겨나니 무슨 말을 빌릴 것이 있겠는가!

【9】伯昏 列子之友 同學於壺子, 不言自受敎於壺子者 列子之謙者也.

백혼은 열자의 학우로서 호구자림 선생에게서 같이 배웠으나, 열자가 호구자림 선생에게서 직접 가르침을 받았다고 말하지 않은 것은 열자가 겸양하느라 그렇게 말한 것이다.

【10】今塊然之形也.

현실에서는 덩어리 모양이다.

【11】生物而不自生者也.

다른 사물을 생(生)하지만 스스로는 생하지 않는 존재다.

【12】今存亡變改也.

현실에서는 존망(存亡)이 자꾸 변하고 바뀐다.

【13】化物而不自化者也.

다른 사물을 변화시키지만 스스로는 변화하지 않는 존재다.

【14】不生者 固生物之宗.

생하지 않은 것이야말로 다른 사물을 생하는 근본이다.

【15】不化者 固化物之主.

화하지 않는 것이야말로 다른 사물을 변화하는 중심이다.

【16】生者 非能生而生 化者 非能化而化也. 直自不得不生 不得不化者也.

생한다는 것은 생하려고 해서 생하는 것이 아니고, 화한다는 것은 화하려고 해서 변화하는 것이 아니다. 그대로 생겨나지 않을 수 없고 변화하지 않을 수 없는 것이다.

【17】涉於有動之分者 不得暫無也.

움직이는 영역에 관련된 것은 잠깐이라도 없을 수가 없다.[3]

【18】生化相因 存亡復往 理無閒也.

생(生)과 화(化)가 서로 원인이 되어 존재와 소멸이 순환·반복하므로 틈이 있을 리가 없다.

---

3) 이 구절의 의미는 현상에서 존망의 변화가 있는 현상적 존재들은 일순간이라도 무(無)의 경지, 즉 도에 머물 수가 없다는 뜻이다.

【19】陰陽四時 節變化之物, 而復屬於有生之域者 皆隨此陶運.[4] 四時改而不停, 萬物化而不息者也.

음양과 사시는 변화를 조절하는 존재로서, 생명이 있는 존재의 범주에 속하는 것은 모두 이를 따라 빚어지고 움직여진다. 사시가 바뀌기를 멈추지 않으니, 만물도 변화함을 그치지 않는다.

【20】不生之主 豈可實而驗哉! 疑其冥一而無始終也.

생겨나지 않은 본체를 어떻게 실제로 확인해볼 수 있겠는가! 아마도 혼연일체로 되어 있어서 처음도 끝도 없는 것 같다.

【21】代謝無閒 形氣轉續 其道不終.

서로 쉼 없이 바뀌니 형기가 변환하며 이어져서 그 도가 끝나지 않는다.

【22】亦何以知其窮與不窮哉? 直自疑其獨立而不改 周行而不殆也.

또한 끝나는지 끝나지 않는지를 어찌 알겠는가? 아마도 바로 '홀로 서서 고치지 않으며 두루 운행하지만 위태롭지 않을'[5] 것이다.

【23】古有此書 今已不存. 夫谷虛而宅有 亦如莊子之稱環中. 至虛無物 故謂谷神, 本自無生 故曰 不死.

옛날에 이런 책이 있었으나 지금은 존재하지 않는다.[6] 골짜기는 비었으

---

4) 도운(陶運): 빚다(陶鈞), 제어하다(控制), 부리다(駕馭).
5) 이 내용은 『노자』25장에 나오는 구절을 인용한 것이다. "有物混成, 先天地生, 寂兮寥兮, 獨立不改, 周行而不殆, 可以爲天下母. 吾不知其名, 字之曰 道, 强爲之名曰 大" 참조.
6) 황제서(黃帝書)에서 인용되었다고 한 부분은 현재 『노자』6장에 있다. '지금은 존재하지 않는다'는 장담의 말도 『열자』 본문의 인용문이 『노자』에 보일 뿐이므로 황제서라는 제목의 책 자체가 보이지 않는다는 점을 지적한 것으로 보인

나 존재를 머금고 있으니 또한 장자가 말한 환중(環中)[7])과 같다. 완전히 비어서 형체가 없는 존재이므로 '곡신'(谷神)이라고 했고, 본래 스스로 생겨나지 않았으므로 '죽지 않는다'고 했다.

【24】老子有此一章. 王弼注曰 無形無影 無逆無違 處卑不動 守靜不衰 谷以之成而不見其形 此至物也. 處卑而不可得名 故謂之玄牝.[8])

『노자』에 이 장이 있는데,[9]) 왕필(王弼, 226-249)은 다음과 같이 주석했다. "형체나 그림자가 없고, 거스르거나 어기지 않으며, 낮은 곳에 처해 움직이지 않고, 고요함을 지켜 시들지 않으니, 골짜기가 이로 인해서 이루어지되 그 형상을 보이지 않으니 이는 지극한 존재다. 낮은 곳에 처해서 이름을 지을 수가 없으므로 '현빈'(玄牝)이라고 부른다."

【25】王弼曰 門者 玄牝之所由也. 本其所由與太極同體 故謂天地之根也. 欲言存邪 不見其形 欲言亡邪 萬物以生 故曰 綿綿若存. 無物不成而不勞也. 故曰 不勤.[10])

<hr />

다. 노자서를 황제서라고 불렀을 가능성도 있긴 하지만, 뒤에서 황제서를 인용한 부분이 『노자』에 나오지 않는 것을 보면 열자가 착각했을 가능성도 있다.

7) '환중'은 둥근 고리의 중심이라는 뜻으로, 대립하는 양극단이 아닌 그 중심에 서서 양극단에 모두 응한다는 말이다. 이 개념은 원래 『장자』 「제물론」 편에 나온다. "是亦彼也, 彼亦是也. 彼亦一是非, 此亦一是非. 果且有彼是乎哉? 果且無彼是乎哉? 彼是莫得其偶, 謂之道樞. 樞始得其環中, 以應無窮. 是亦一無窮, 非亦一無窮也. 故曰 莫若以明" 참조.

8) 쇼카츠고의 『충허지덕진경』 한문대계본에서는 다음과 같이 약간 다른 내용으로 되어 있다. "無形無影, 無逆無違, 處卑不動, 守靜不衰, 物以之成而不見其形, 此至物也. 處卑守靜不可得而名, 故謂之玄牝" 참조.

9) 『노자』 6장에 나온다.

10) 이 부분은 『노자』 6장의 왕필주에 나오는데, 현행본에서 이 구절은 다음과 같이 되어 있다. "玄牝之所由也. 本其所由, 與太極同體, 故謂之天地之根也. 欲言存邪, 則不見其形; 欲言亡邪, 萬物以之生, 故綿綿若存也. 無物不成而不勞也, 故曰 用

왕필이 말했다. "문(門)이란 현빈이 유래한 곳이다. 그것이 유래한 근본은 태극(太極)과 더불어 한 몸이므로 '천지의 뿌리'라고 부른다. 있다고 말하려고 하니 그 형상을 볼 수 없고, 없다고 말하려고 하니 만물이 그것으로 인해 생겨나므로 '끊어질 듯 끊어질 듯하면서도 계속 존재한다'고 했다. 사물을 이루지 못하는 게 없지만 수고롭지는 않으므로 '힘들지 않다'고 했다."

【26】莊子亦有此言 向秀注曰 吾之生也. 非吾之所生 則生自生耳. 生生者 豈有物哉? 故不生也. 吾之化也. 非物之所化 則化自化耳. 化化者 豈有物哉? 無物也. 故不化焉.

若使生物者 亦生 化物者 亦化 則與物俱化 亦奚異於物? 明夫不生不化者 然後能爲生化之本也.

『장자』에도 이 구절이 있는데,[11] 상수(向秀)[12]는 주석에서 다음과 같이 말했다. "나란 존재의 생성은 내가 생겨나게 한 것이 아닌즉 생성은 스스로 생성되었을 뿐이다. 생성을 생성하게 하는 것은 어찌 유형(有形)의 사물이겠는가? 그러므로 생겨나지 않는 존재다. 내가 변화됨은 사물에 의해서 변화된 것이 아닌즉 변화는 저절로 변화되었을 뿐이다. 변화를 변화하게 하는 것이 어찌 유형의 사물이겠는가? 무형의 존재이므로 변화되지 않는다.

만일 사물을 생성하게 하는 자도 생겨나고 사물을 변화하게 하는 자도 변화한다면, 사물들과 같이 변화되니 어찌 보통 사물들과 다르겠는가? 생겨나지도 변화나지도 않는 존재라야 생성과 변화의 근본이 될 수 있음을 밝힌 것

而不勤也." 임채우, 『왕필의 노자주』, 한길사, 2005, 68쪽 참조.

11) 『장자』「대종사」(大宗師)편에도 나온다. "殺生者 不死 生生者 不生. 其爲物 無不將也. 無不迎也. 無不毁也. 無不成也" 참조.

12) 상수(向秀)는 위나라의 현학가로 죽림칠현의 하나다. 그가 쓴 장자 주석은 전해지지 않고 있으나, 곽상(郭象, 252-312)의 『장자주』에 커다란 영향을 끼쳤다. 장담의 주석 속에 실린 이 구절은 현재 곽상의 『장자주』에 실려 있지 않아서, 당시에 상수의 주석이 별도로 전해지고 있었던 것으로 추정된다.

이다."

【27】皆自爾耳 豈有尸而爲之者哉?

모두 저절로 그러할 뿐 어찌 그렇게 하도록 시키는 존재가 있겠는가?

【28】若有心於生化形色 則豈能官天地而府萬物 贍羣生而不遺乎?

(세상의) 생성과 변화, 형체와 색깔 따위에 마음을 두었다면 어찌 천지를 다스리고 만물을 저장하며, 뭇 존재자들을 빠뜨리지 않고 충족시켜줄 수 있겠는가?

【역자 해설】

『장자』에서 열자는 바람을 타고 보름 동안을 노니는 경지에 있는 사람이지만, 아직 도를 얻은 진인(眞人)의 경지에는 이르지 못했다고 평가한 바 있다. 그러나 『열자』라는 책에서 열자는 대단한 존경을 받는 성현으로 등장한다. 열자(列子)라는 개념도 존칭인데, 그 앞에 다시 자(子)를 하나 더 덧붙이면 극존칭이 된다. 요즘 말투로 바꾼다면 '위대하신 선생님' 정도의 의미라고 할 수 있겠다. 『열자』에서 열자를 높이는 것은 당연한 일이겠지만, 아무튼 이 책은 다른 고전에서 찾아볼 수 없는 열자에 관한 많은 자료를 수록하고 있다.

열자서는 당 현종에 의해 『충허지덕진경』이라는 존호를 받아서, 『노자』『장자』『윤문자』와 함께 도가의 4대 경전으로 받들어졌다. 세상에는 보통 『충허경』『도덕경』『남화경』『문시경』이라는 약칭으로 널리 알려지게 되었다.

바람을 타고 보름씩 노닐다 돌아온다는 장자의 언급으로 인해 열자는 바람과 함께 연상되는 인물이 되었다. 마치 노자 하면 소를 타고

그림 1. 스카이다이빙

함곡관을 나서는 모습으로 그려지고, 장자는 잠을 자면서 호접몽을 꾸는 모습으로 그려지듯이 열자는 바람을 탄 모습으로 그려진다. 이 책의 화보에 수록한 필자 소장의 열자 그림을 보아도 마찬가지이니, 구체적으로 제명(題名)을 달지 않았어도 신선도에 이런 도상(圖像)이나 소재가 보이면 노자·장자·열자로 구별한다.

바람을 탄다는 설정은 하늘을 날 수 있는 방법을 고안하려 했던 중국판 레오나르도 다빈치라고 하겠으나 여기에선 소박한 상상에 그쳤다. 바람을 탄다는 것은 허공을 나는 것이지만 구름을 타거나 용을 타는 모습과는 달라서 형상화하기 쉽지 않다. 아톰이나 슈퍼맨처럼 주먹을 뻗고 엎드려 나는 포즈가 아니라 앞의 화보 그림처럼 점잖게 의관을 정제하고 직립한 상태에서 옷깃이 바람에 나부끼는 모습이다. 현대식으로 말하자면 패러글라이딩이나 스카이다이빙에 해당될 것인데, 복작거리는 세속을 벗어나 훨훨 창공을 난다는 상상만으로도 매우 신나는 일이었을 것이다.

2장

子列子曰

昔者 聖人因陰陽以統天地.【1】 夫有形者 生於無形【2】 則天地安從
生?【3】 故曰 有太易 有太初 有太始 有太素.【4】

太易者 未見氣也,【5】 太初者 氣之始也,【6】 太始者 形之始也,【7】 太
素者 質之始也.【8】 氣形質具而未相離【9】 故曰 渾淪. 渾淪者 言萬
物相渾淪而未相離也.【10】

視之不見 聽之不聞 循之不得 故曰 易也. 易無形埒【11】 易變而爲
一【12】 一變而爲七 七變而爲九 九變者 究也.【13】 乃復變而爲一, 一
者 形變之始也.【14】

淸輕者 上爲天 濁重者 下爲地【15】 沖和13)氣者 爲人. 故天地含精
萬物化生.【16】

---

13) 음기와 양기가 서로 조화롭게 어우러진 상태를 말한다. 『노자』, "萬物負陰而抱
  · 陽 沖氣以爲和" 참조.

자열자가 말했다.

"옛날 성인은 음양에 의거해서 천지를 거느렸다.[1] 유형의 존재가 무형의 존재에서 생겨 나왔다면[2] 천지는 어디에서 생겨났겠는가?[3] 그러므로 태역(太易)이 있었고, 태초(太初)가 있었고, 태시(太始)가 있었고, 태소(太素)가 있었다.[4]

태역은 아직 기운이 나타나지 아니한 때요,[5] 태초는 기운이 있기 시작한 때요,[6] 태시는 형체가 드러나기 시작한 때요,[7] 태소는 재질이 생겨나기 시작한 때를 말한다.[8] 기운과 형체와 재질이 갖추어지면 서로 엉켜서 떨어지지 않으므로[9] 혼륜(渾淪)이라고 한다. 혼륜이란 만물이 서로 뒤섞여서 서로 분리되지 않음을 말한다.[10]

보려 해도 보이지 않고, 들으려 해도 들리지 않고, 따라가도 잡을 수 없으므로 역(易)이라 한다. 역은 본래 형체와 구분이 없는데,[11] 역이 변해서 하나가 되고,[12] 하나가 변해서 일곱이 되고, 일곱이 변해서 아홉이 되니, 아홉까지 변했다는 것은 (더 변화할 수 없는) 궁극적인 상태다.[13] 이것이 다시 변화하면 하나가 되니 하나는 변화의 시원이다.[14]

맑고 가벼운 기운은 올라가서 하늘이 되고, 흐리고 무거운 기운은 내려가서 땅이 되고,[15] 음양이 조화롭게 어우러진 기운은 사람이 된다. 그러므로 하늘과 땅이 정기(精氣)를 머금어서 만물이 변화되어 생성된다."[16]

【장담 주석】

【1】天地者 擧形而言, 陰陽者 明其度數統理.

천지란 형체를 가지고 말한 것이요, 음양이란 천지의 도수(度數)와 이치를 밝힌 것이다.

【2】謂之生者 則不無, 無者 則不生. 故有無之不相生 理旣然矣. 則有何由而生? 忽爾而自生. 忽爾而自生 而不知其所以生. 不知所以生 生則本同於無. 本同於無而非無也. 此明有形之自形 無形以相形者也.

생성되었다고 하면 무(無)가 아니니, 무는 생성된 것이 아니다. 그러므로 유(有)와 무가 서로 상생하지 못하는 것은 당연한 이치이니, 그렇다면 유는 어떻게 해서 생성되는 것일까? 홀연히 저절로 생겨난다. 홀연히 저절로 생겨나니 그 생성의 이유를 알지 못한다. 생성된 이유를 알지 못하면서 생겨났다면 근본은 무와 같다. 그런데 근본은 무와 같으나 무는 아니다. 여기에서는 유형의 존재들은 스스로 형체를 이루며 무형으로써 형체를 돕는 것임을 밝혔다.

【3】天地 無所從生而自然生.

천지는 어딘가로부터 생겨난 것이 아니라 자연적으로 생겼다.

【4】此明物之自微至著, 變化之相因襲也.

여기에서는 은미한 상태의 사물이 분명히 드러나면서, 변화가 서로 말미암아 따르게 되었음을 밝혔다.

【5】易者 不窮滯之稱. 凝寂於太虛之域 將何所見? 卽如易繫之太極 老氏之渾成也.

역이란 막히지 않음을 이른다. 태허(太虛)의 상태에서 고요히 엉겨 있으니 무엇이 보이겠는가? 이것이 바로 주역 계사전에서 말한 태극이요,[14] 노자가 말한 혼성(渾成)이다.[15]

---

14) 태극 개념은 『주역』(周易) 「계사상전」(繫辭上傳) 11장에 나온다. "易有大極 是生兩儀 兩儀生四象 四象生八卦" 참조.

15) 혼성은 『노자』 25장 "有物混成, 先天地生, 寂兮寥兮, 獨立不改, 周行而不殆, 可以

【6】陰陽未判 即下句所謂渾淪也.

아직 음양이 갈라지지 않은 상태로, 아래 구절에서 말한 '혼륜'(渾淪)에 해당한다.

【7】陰陽旣判 則品物流形也.

이미 음양이 갈라졌으니 곧 만물이 형체를 이루게 된다.[16)]

【8】質者 性也. 旣爲物矣. 則方負剛柔靜躁沈浮 各有其性.

'질'(質)이란 성질이다. 이미 사물이 이뤄지면 모나고 둥글고 강하고 부드럽고 조용하고 시끄럽고 가라앉고 뜨는 각각의 자기 성질이 있게 된다.

【9】此直論氣形質 不復說太易. 太易爲三者 宗本 於後句別自明之也.

여기에서는 기·형·질을 바로 논하고 다시 태역을 들어서 말하지 않았다. 태역은 태초·태시·태소 셋의 근본으로 뒤 구절에서 특별히 밝혔다.

【10】雖渾然一氣 不相離散 而三才之道 實潛兆乎其中. 淪 語之助也.

비록 혼연일체의 기운 덩어리가 서로 분리되지는 않았지만, 삼재의 도가 실제로 그 가운데에 숨어서 움트고 있다. '윤'(淪)은 어조사다.

【11】不知此下一字.[17)] 老子曰 視之不見名曰希 而此曰易, 易亦希簡之別稱 也. 太易之義如此而已. 故能爲萬化宗主 冥一而不變者也.

爲天下母"에서 인용한 것이다.
16) 유형(流形)은 『주역』 건괘(乾卦) 단전(彖傳)에 나온다. 이 개념에 대해서 당 (唐) 공영달(孔穎達)은 '유포성형'(流布成形)이라고 해석했다.
17) 랄(埒)의 뜻을 모른다고 한 듯한데, 이 구절은 『역위』(易緯)「건착도」(乾鑿度) 를 인용한 것으로, 원문에서는 '랄'(埒)이 '반'(畔)으로 되어 있으며, 지경·경 계의 뜻이다.

이 아래의 글자 하나를 모르겠다. 노자는 '보려 해도 볼 수 없는 것을 희(希)라 한다'고 했는데, 여기에서는 '역'(易)이라고 했으니, 역은 또한 희미하다는 뜻의 별칭이다. 태역의 뜻은 이와 같을 뿐이므로 온갖 변화의 근본이자 혼연일체로 변치 않는 존재가 될 수 있는 것이다.

【12】所謂易者 窈冥惚恍[18] 不可變也. 一氣侍之而化 故寄名變耳.

이른바 역이란 아득하고 어둑하며 황홀해서 변하지 않는다. 혼연한 기운이 역에 의존해서 변화하므로 붙인 이름이 바뀌었을 뿐이다.

【13】究 窮也. 一變而爲七九 不以次數者 全擧陽數 領其都會.[19]

'구'(究)는 다했다는 뜻이다. 일(一)이 변해서 칠(七)·구(九)가 되는데, 차례대로 수를 헤아리지 않은 것은 모두 양수(陽數)[20]를 들어서 그 중요한 줄거리만을 거느린 것이다.

【14】旣涉於有形之域. 理數相推 自一之九 九數旣終 乃復反而爲一, 反而爲一 歸於形變之始. 此蓋明變化往復無窮極.

이미 유형의 영역에 들어온 상태다. 이수(理數)로서 서로 미뤄보면 1에서 9까지 이르고, 9에서 수가 끝나면 다시 돌아와서 1이 되니, 1로 돌아온 것은 형체가 변화하는 시초로 돌아온 상태다. 이는 변화가 끝없이 왕복함을 밝힌 것이다.

---

18) 이 구절은 『노자』 21장을 인용한 것이다. "孔德之容, 惟道是從. 道之爲物, 惟恍惟惚. 惚兮恍兮, 其中有象; 恍兮惚兮, 其中有物. 窈兮冥兮, 其中有精; 其精甚眞, 其中有信" 참조.

19) 도회(都會): 1.대도시, 2.집회(集會)·회취(會聚), 3.마당

20) 여기에서 양수(陽數)는 7·9에 대해서 말한 것인데, 이는 홀수를 양에 속한 수로 보기 때문이다. 이에 대해서는 『주역』「계사상전」9장 "天一地二天三地四天五地六天七地八天九地十" 참조.

【15】天地何邪? 直虛實淸濁之自分判者耳. 此一章 全是周易乾鑿度也.

천지란 무엇인가? 바로 허(虛)·실(實)과 청(淸)·탁(濁)이 저절로 갈라진 것일 뿐이다. 이 한 장은 모두 주역『건착도』에서 인용했다.

【16】推此言之 則陰陽氣徧交會而氣和 氣和而爲人生 人生則有所倚而立也.

이를 미루어보면 음양의 기운이 두루 만나고 사귀어서 기운이 조화를 이루는데, 기운이 조화되어서 사람이 생겨나고, 사람이 생겨나면 이에 의지해서 서는 바가 있게 된다.

【역자 해설】

이 장은 철학의 관점에서 말하자면 우주 본체론에 관한 내용이다. 장담은 주역『건착도』에서 인용했다고 했는데, 한나라 때에 나온『역위』(易緯)「건착도」를 말한다. 아울러『노자』와『주역』에서도 인용하고 있는데, 전체적으로 존재의 근원으로서 무형에서 유형으로 생성되는 과정과 상호 관계를 논한 우주 본체론에 관한 내용이다.

특히 역(易)에서 일(一)이 나오고 일(一)에서 칠(七)이 나오고 칠에서 구(九)의 끝까지 다했다가 다시 일(一)로 돌아온다는 구절은 주목을 끈다. 다만 여기에서 1·7·9가 구체적으로 무엇을 말하는지는 단정하기 어렵다.

『노자』에서는 도(道)는 일(一)을 낳고 일은 삼(三)을 낳으며 삼은 만물을 낳는다고 했고,『주역』「계사전」(繫辭傳)에서는 역(易)에는 태극(太極)이 있으니 태극이 양의(兩儀)를 낳고 양의는 사상(四象)을 낳으며 사상은 팔괘(八卦)를 낳으니 팔괘로 길흉을 정한다고 했다. 우리나라의「천부경」(天符經)에서는 일(一)이 삼극(三極)으로 갈라져서 삼(三)과 사(四)로 고리를 이루었다가 육(六)·칠(七)·팔(八)·구

(九)를 낳았다가 다시 일(一)로 돌아온다고 했다.

　열자와 비슷하지만 각기 다른 우주론상의 수리(數理)를 보여주고 있다. 이들 숫자가 의미하는 내용에 대해서는 태극(1)·음양(2)·삼재(3)·사상(4)·오행(5) 등과 연관시켜 설명하지만, 각자의 관점에 따라서 해석들이 분분하다.

3장

子列子曰

天地無全功 聖人無全能 萬物無全用.[1] 故天職生覆 地職形載 聖
職敎化 物職所宜.[2]

然則天有所短 地有所長 聖有所否 物有所通.[3] 何則? 生覆者 不
能形載 形載者 不能敎化 敎化者 不能違所宜.[4] 宜定者 不出所
位.[5]

故天地之道 非陰則陽 聖人之敎 非仁則義. 萬物之宜 非柔則剛.
此皆隨所宜而不能出所位者也.[6] 故有生者 有生生者 , 有形者
有形形者 , 有聲者 有聲聲者 , 有色者 有色色者 , 有味者 有味味
者.[7]

生之所生者 死矣. 而生生者 未嘗終, 形之所形者 實矣. 而形形者
未嘗有. 聲之所聲者 聞矣. 而聲聲者 未嘗發, 色之所色者 彰矣.
而色色者 未嘗顯, 味之所味者 嘗矣. 而味味者 未嘗呈,[8] 皆無爲
之職也.[9]

能陰能陽 能柔能剛 能短能長 能貟能方 能生能死 能暑能涼 能
浮能沈 能宮能商 能出能沒 能玄能黃 能甘能苦 能羶能香. 無知

也 無能也, 而無不知也 而無不能也.[10]

자열자가 말했다.

"천지도 공적(功績)이 완전하지 못하고, 성인도 재능이 완전하지 못하며, 만물도 기능이 완전한 것은 아니다.[1] 그러므로 하늘은 만물을 낳고 덮어주는 일을 맡고, 땅은 만물을 형성해 실어주는 일을 맡고, 성인은 사람을 교화하는 일을 맡아서, 만물이 각기 적합한 바를 맡을 뿐이다.[2]

그러면 하늘에도 단점이 있고 땅에도 장점이 있으며, 성인에도 막히는 부분이 있고 만물에도 통하는 부분이 있다.[3] 어떻게 된 일인가? 만물을 낳고 덮어주는 하늘은 만물을 형성하거나 실을 수 없고, 만물을 형성해 실어주는 땅은 사람을 교화할 수 없고, 사람을 교화할 수 있는 성인은 만물이 제각기 적합한 바를 어기지 못한다.[4] 적합하게 정해진 것은 각자의 자리에서 벗어나지 못한다.[5]

그러므로 천지의 도는 음이 아니면 양이요, 성인의 교화는 인(仁)이 아니면 의(義)요, 만물의 적합한 바는 유(柔)가 아니면 강(剛)으로 되어 있다.[21] 이는 각자가 모두 적합한 바를 따라서 그 자리에서 벗어날 수가 없는 것이다.[6] 그러므로 생하는 자도 있고 생겨나는 자를 생하게 하는 존재도 있으며, 유형의 것도 있고 유형을 유형으로 만드는 존재도 있으며, 소리가 있는 것이 있고 소리가 있는 것을 소리가 있게 만드는 존재도 있으며, 색깔이 있는 것도 있고 색깔이 있는 것을 색깔이 있게 만드는 존재도 있으며, 맛

---

21) 이 구절은 『주역』 「설괘전」(說卦傳) 제2장의 "昔者 聖人之作易也, 將以順性命之 聖. 是以立天之道曰 陰與陽. 立地之道 曰 柔與剛. 立人之道曰 仁與義"를 응용한 것이다.

있는 것이 있고 맛있는 것을 맛있게 만드는 존재도 있다.[7]

생하는 것이 생하게 한 존재는 소멸되지만 생겨나는 자를 생하게 하는 존재는 소멸한 적이 없고, 유형으로 형체가 드러나는 물건은 실재하지만 유형을 유형으로 만든 존재는 실재가 없다. 소리가 내는 소리는 들을 수 있지만 소리를 소리나게 만든 존재는 소리를 낸 적이 없고, 색깔이 비치는 색은 드러나지만 색깔을 색깔있게 만든 존재는 색깔을 드러낸 적이 없으며, 맛이 내는 맛은 맛볼 수 있지만 맛을 맛나게 만든 존재는 맛을 낸 적이 없으니,[8] 이는 모두가 무위로 한 일이다.[9]

음이 될 수도 있고 양이 될 수도 있으며, 부드러울 수도 있고 단단할 수도 있으며, 짧을 수도 있고 길 수도 있으며, 둥글 수도 있고 모날 수도 있으며, 살 수도 있고 죽을 수도 있으며, 더울 수도 있고 서늘할 수도 있으며, 뜰 수도 있고 가라앉을 수도 있으며, 궁성(宮聲)일 수도 있고 상성(商聲)일 수도 있으며, 나타날 수도 있고 사라질 수도 있으며, 검을 수도 있고 누럴 수도 있으며, 달 수도 있고 쓸 수도 있으며, 냄새가 날 수도 있고 향기가 날 수도 있다. 도(道)는 아는 것도 없고 할 줄 아는 것도 없으면서 알지 못하는 게 없고 하지 못하는 게 없다."[10]

【장담 주석】

【1】全猶備也.
전(全)은 완전히 갖추었다는 뜻이다.

【2】職者 主也. 生各有性 性各有所宜者也.
직(職)은 맡는다는 뜻이다. 태어나면 각기 본성이 있고, 본성에는 제각기 알맞은 바가 있는 것이다.

【3】夫體適於一方者 造餘塗則閡矣. 王弼曰 形必有所分 聲必有所屬. 若溫也. 則不能凉 若宮也. 則不能商.

몸체가 어느 한 곳에 맞으면 다른 곳에 가면 막히게 된다. 왕필이 말하기를 "형체는 반드시 구분되는 바가 있고, 소리는 반드시 속하는 곳이 있다. 따뜻한 것은 차가울 수가 없고 궁음은 상음이 될 수가 없다"고 했다.[22]

【4】順之則通也.
각자의 본성을 따르면 통하게 된다.

【5】皆有素分 不可逆也.
다 나름대로 본분이 있어서 거스를 수가 없다.

【6】方貞靜躁 理不得兼. 然尋形即事 則名分不可相干, 在理之通 方貞未必相乖. 故二儀之德 聖人之道[23] 燾育羣生 澤周萬物 盡其淸寧貞粹而已. 則殊塗融通 動靜澄一, 蓋由聖人不逆萬物之性 萬物不犯聖人之化. 凡滯於一方者 形分之所閡耳. 道之所運 常冥通而無待.[24]

네모와 동그라미, 조용함과 시끄러움은 동시에 겸할 수가 없다. 그런데 구

---

22) 이 구절은 왕필의 저작으로 실전되었다가 『정통도장』(正統道藏) 속에 무명 씨의 작으로 전해지던 것을 1946년 왕국유에 의해 발견되어 왕필의 작으로 고증된 「노자미지예략」(老子微旨例略)에 나온다. 왕필의 원문은 앞뒤의 구절이 바뀌었으나(若溫也. 則不能凉矣, 宮也. 則不能商矣. 形必有所分, 聲必有所屬), 이 장담의 인용문은 「노자미지예략」이 왕필의 작임을 증명하는 중요한 근거 가운데 하나다.

23) '이의지도'(二儀之道)는 『노자』 4장 왕필주에 나온다. "故人 雖知萬物治也., 治而不以二儀之道, 則不能贍也" 참조.

24) '명통'(冥通)과 '무대'(無待) 개념에 대해서는 『장자』 「소요유」(逍遙遊) 곽상주(注), "夫唯與物冥而循大變者 爲能無待而常通 豈獨自通而已哉? 又順有待者 使不失其所待 所待不失, 則同於大通矣. 故有待無待 吾所不能齊也" 참조.

체적인 사물에 나아가보면 명분은 서로 간여할 수가 없으나, 이치상에서 터놓고 보면 네모와 동그라미가 서로 모순되는 것만은 아니다. 그러므로 두 가지의 덕[25]은 성인의 도로서 뭇 생명들을 길러내고 그 은택이 만물에 두루 미치게 되니, 그 맑고 고요하며 곧고 순수함을 다할 뿐이다. 그런즉 길이 달라도 통하고 움직일 때나 고요할 때나 한결같을 수 있는 것은, 성인이 만물의 본성을 거스르지 않고 만물도 성인의 교화를 범하지 않기 때문이다. 무릇 존재자는 특정한 형식에만 매여 있어 형체의 한계에 제한되어 있을 뿐이나, 도의 운행이란 언제나 드러나지 않게 통하며 어느 것에도 의존하지 않는다.

【7】形聲色味 皆忽爾而生 不能自生者也. 夫不能自生 則無爲之本. 無爲之本 則無當於一象 無係於一味 故能爲形氣之主 動必由之者也.

형체와 소리와 색깔과 맛은 모두 홀연히 생긴 것으로 저절로 생겨날 수가 없는 것들이다. 저절로 생겨날 수가 없으면 무(無)가 그 근본이 된다. 무가 근본이 되면 특정한 형상에 맞지 않고 하나의 맛에 매임이 없으므로, 형기를 가진 존재들이 주인이 되며 모든 운동의 원인이 된다.

【8】夫盡於一形者 皆隨代謝而遷革矣. 故生者 必終 而生生物者 無變化也.

하나의 형체를 가진 존재는 모두 신진대사를 하면서 순환하고 변화한다. 그러므로 생성된 존재는 반드시 끝나게 되지만, 생겨난 사물을 생성하게 한 자는 변화가 없다.

【9】至無者 故能爲萬變之宗主也.

완전한 무이므로 온갖 변화의 중심이 될 수 있다.

---

25) 두 가지 덕이란 원문 "천지의 도는 음이 아니면 양이요, 성인의 교화는 인(仁)이 아니면 의(義)요, 만물의 적합한 바는 유(柔)가 아니면 강(剛)이다"에서의 음양·인의·강유를 말한다.

【10】知盡則無知 能極則無能. 故無所不知 無所不能. 何晏道論曰 有之爲有
恃無以生 事而爲事 由無以成. 夫道之而無語 名之而無名, 視之而無形 聽之而
無聲 則道之全焉. 故能昭音響而出氣物 包形神而章光影. 玄以之黑 素以之白
矩以之方 規以之貟. 貟方得形 而此無形, 白黑得名 而此無名也.

앎이 극에 이르면 앎이 없어지고 재능이 극에 이르면 재능이 없어진
다. 그러므로 알지 못하는 바가 없고 능하지 못하는 바가 없다. 하안(何晏,
190-249)[26]이 「도론」(道論)에서 말하기를 "모든 존재는 무(無)에 의지해서
생성되기 때문에 존재할 수 있고, 세상의 일도 무에 말미암아서 이뤄지기 때
문에 일이 될 수 있다"라고 했다. 도는 완벽하기 때문에, 말로 표현하려 해도
할 말이 없고 이름을 붙이려 해도 붙일 이름이 없으며, 보려 해도 형체가 없
고 들으려 해도 소리가 없다. 그러므로 소리와 메아리를 울리자 기운이 우러
나며, 육체와 정신을 감싸자 광경이 드러나게 된다. 검정은 이로 말미암아 검
어지고, 흰색은 이로 말미암아 희어지며 곱자는 이로 인해서 반듯해지고 둥
근자는 이로 인해서 둥글어진다. 동그라미와 네모는 그 형상을 얻었으나 이
것은 형상이 없고, 희고 검정은 이름을 얻었으나 이것은 이름이 없다.

---

26) 위나라의 현학자이자 정치가다. 그의 조부 하진(河潗)은 한나라 영제 때의 대
장군으로 조조와 더불어 환관의 전횡에 맞서 혁명을 모의했으나 실패하고 말
았다. 훗날 조조가 홀로 된 하안의 어머니 윤 씨를 거둬들임으로써, 하안은 조
조의 양자가 되었다. 위 명제 말년에 하안은 조상(曹爽)과 함께 정권을 잡았으
나, 사마의(司馬懿) 정변으로 죽임을 당했다. 하안은 용모가 뛰어났다고 전해
지며 자신을 비롯해 공안국(孔安國)·정현(鄭玄)·마융(馬融)·포함(包咸)·왕
숙(王肅) 등의 『논어』에 대한 주들을 모아 『논어집해』(論語集解)를 편찬했고,
당시 위진현학의 중심인물로 왕필의 후견인 노릇을 하는 등 학계에 커다란
영향을 끼쳤다.

【역자 해설】

천지(天地)도 성인(聖人)도 완전하지 못하다는 열자의 생각은 유교 뿐 아니라 노장 사상과도 차이를 보여준다. 유교에서의 성인은 요·순 이나 문왕·주공·공자 등에서와 같이 천명(天命)을 부여받은 절대적 인 권위를 갖고 있다. 노장에서도 성인을 도의 체득자 내지는 도의 실 천자로서 받아들이지만, 열자에서는 천지건 성인이건 세계를 구성하 는 하나의 부분으로, 모두 도의 하위개념일 뿐이다. 결국 본체론의 시 각에서 해석한다면, 현상계는 잡다하고 무상(無常)할 뿐이며, 오직 현상계의 배후에 있는 본체, 도(道)만이 유일하고 절대라는 사상을 보여준다.

이렇게 되면 천(天)과 인(人), 도(道)와 물(物)을 연결·조화시켜주 던 성인이라는 존재가 약화될 수밖에 없다. 장담은 이에 대해 유형의 존재자들은 무형의 본체에서 '홀연히' '저절로' 생겨난다고 설명하 고 있으나, 현상과 본체 사이가 이분법적으로 분리되는 문제점을 낳 게 된다. 장담 당시에도 영가의 난에 휩싸여 전국이 초토화되었던 바 와 같이, 갈수록 어지러워지기만 하는 당대 현실 정치에 대한 실망을 표현한 철학적 대유일 것이다.

장담은 주석에서 하안의 견해를 인용하면서 도를 무(無)로 설명하 고 있다. 노자는 천지의 시원을 무(無)라고 이름 붙인다고 했지만, 아 무것도 존재하지 않는 논리적인 '0'(Zero)을 의미하는 것이 아니라, 인간의 감각기관으로 감지하거나 인식할 수 없다는 무형(無形)의 의 미다.

한 중국학자는 무(無) 자에는 '있었다가 없어진'(有而後无) 망 (亡), '외견상으로는 없는 듯하지만 실은 있는'(似无實有) 무(無), '본 래부터 아무것도 없는'(无而絶无) 무(无)의 세 가지 뜻이 있다고 했 다. 특히 갑골문에서 무(無)는 사람이 두 손에 소꼬리나 띠풀을 추켜

들고 춤추는 모습을 본떠, 보이지 않는 신령스러운 존재를 섬기는 모습으로 나타난다. 『설문해자』(說文解字)에 보면, '축(祝)이라는 여자가 무형의 존재를 춤으로 섬겨서 신을 내리게 하는 자다'(祝也 女能事 無形以舞 降神者也)라고 했으니, 무(巫)는 주체고 무(無)는 대상이며 무(舞)는 주체와 대상을 매개하는 방법이다. 즉 고대시기 무(巫)·무(無)·무(舞)는 서로 긴밀하게 연결되어 있는 개념들이라고 할 수 있다.

4장

1절

子列子適衛食於道, 從者 見百歲髑髏 攓蓬而指.[1] 顧謂弟子百豐
曰

唯予與彼知 而未嘗生未嘗死也.[2] 此過養乎? 此過歡乎?[3] 種有
幾?[4] 若蛙爲鶉[5] 得水爲㡭 得水土之際 則爲蛙蠙之衣.[6] 生於
陵屯[7] 則爲陵舃[8] 陵舃得鬱棲 則爲烏足[9] 烏足之根爲蠐螬 其
葉爲胡蝶.[10] 胡蝶胥也[11] 化而爲蟲 生竈下 其狀若脫 其名曰 鴝
掇.[12] 鴝掇千日[13] 化而爲鳥 其名曰 乾餘骨, 乾餘骨之沫爲斯彌
[14] 斯彌爲食醯頤輅 食醯頤輅生乎食醯黃軦 食醯黃軦生乎九猷
九猷生乎瞀芮 瞀芮生乎腐蠸.[15]

열자가 위(衛)나라로 가는 도중에 식사를 하고 있었는데, 따르던
제자들이 더부룩한 쑥대를 뽑아내자 백 년 묵은 해골이 드러났
다.[1] 열자가 제자 백풍(百豐)을 돌아보며 말했다.

오직 나와 저 해골만은 태어나지도 않고 죽지도 않음을 알고 있
다네.[2] 너무 지나치게 양생을 한 탓일까?27) 너무 즐거움을 탐했

던 탓일까?[3] 생명의 씨는 몇 가지인가?[4] 가령 개구리가 메추라기가 되는데[5] 물을 만나면 수석(水舃)이 되고 물과 흙의 경계에서는 파래가 뒤덮이게 된다.[6] 이것이 언덕의 양지에서 나면[7] 질경이가 되고[8] 이 풀이 썩게 되면 오족(烏足)풀이 되고,[9] 오족의 뿌리는 굼벵이가 되며, 굼벵이가 탈바꿈해 나비가 된다.[10] 나비는 모두28) 자라서[11] 벌레가 되는데, 부뚜막 아래에서 살게 되면 허물 벗은 듯한 모습의 귀뚜라미가 된다.[12] 귀뚜라미가 1,000일 만에 죽어서[13] 건여골(乾餘骨)이라는 새가 되는데, 이 새의 정기가 사미(斯彌)라는 벌레가 되고,[14] 사미가 식혜의 구더기가 되었다가 식혜 구더기가 식혜 황황(黃軦)을 낳고 식혜 황황은 구유(九猷)라는 벌레를 낳고 구유는 파리매가 되고 파리매는 반딧불을 낳는다.[15]

【장담 주석】

[1] 擢 拔出.

건(擢)은 뽑는다는 뜻이다.

[2] 俱涉變化之塗 則予生而彼死. 推之至極之域 則理旣無生亦又無死也.

다 같이 변화하고 있는 도중에 있은즉, 나는 살아 있고 저 해골은 죽어 있다. 그러나 이를 지극한 경지에까지 미뤄보면 이치상 삶도 없고 죽음도 없다.

---

27) 유월(兪樾)은 『장자평의』(莊子平議)에서 '기를 양'(養)을 '근심 양'(恙)의 뜻으로 보았다.
28) 서(胥)에 대해서 장담은 모두 개(皆)의 뜻으로 보았으나, 여러 이견이 있다. 『장자주소』(莊子注疏)에서 당(唐) 성현영(成玄英)은 호접의 이름으로 보았고, 당 은경순(殷敬順)은 『열자석문』(列子釋文)에서 잠깐 사이라는 뜻으로 보았다. 『열자고주금역』, 39쪽 참조.

【3】遭形則不能不養 遇生則不能不歡 此過誤之徒 非理之實當也.

육체를 얻으면 기르지 않을 수 없고, 생명을 얻으면 기뻐하지 않을 수 없으나, 이는 잘못된 것으로 이치에 맞지 않는다.

【4】先問變化種數. 凡有幾條 然後明之於下.

먼저 변화하는 종류와 수를 물었다. 몇 가지가 있는데 아래에서 그 내용을 밝혔다.

【5】事見墨子.

이 일은 『묵자』에 보인다.

【6】衣猶覆蓋.

옷은 덮어 싼다는 뜻이다.

【7】陵屯 高潔處也.

능둔(陵屯)이란 높은 바위 언덕이다.

【8】此隨所生之處而變者也.

이는 생겨나는 곳을 따라서 변하는 것이다.

【9】此合而相生也.

이는 교합해서 서로 낳게 된다.

【10】根 本也. 葉 散也. 言烏足爲蠐螬之本 其未散化爲胡蝶也.

근(根)은 뿌리이고, 엽(葉)은 흩어진다는 뜻이다. 오족은 굼벵이의 근본이 되는데, 아직 나비로 탈바꿈하지 못했음을 말한다.

【11】胥 皆也. 言物皆化也.

서(胥)는 모두라는 뜻이니, 나비가 모두 변화한다는 말이다.

【12】此一形之內變異者也.

이는 속으로 변형하는 형체다.

【13】千日而死.

1,000일 만에 죽는다.

【14】沫 猶精, 華生起.

말(沫)은 정기로, 광채가 피어난다.

【15】此 皆死而更生之一形者也.

이들은 모두 죽었다가 다시 살아나는 형체들이다.

2절

羊肝化爲地皐 馬血之爲轉鄰也. 人血之爲野火也.【16】鷂之爲鸇
鸇之爲布穀 布穀久復爲鷂也. 鷰之爲蛤也 田鼠之爲鶉也. 朽瓜之
爲魚也 老韭之爲莧也 老羭之爲猨也.【17】魚卵之爲蟲.【18】

亶爰之獸 自孕而生曰 類【19】河澤之鳥 視而生曰 鶃【20】純雌其名
大䚡 純雄其名稺蜂.【21】

思士不妻而感 思女不夫而孕.【22】后稷生乎巨跡【23】伊尹生乎空
桑.【24】

厥昭生乎濕【25】醯雞生乎酒.【26】羊奚比乎不筍【27】久竹生靑寧【28】靑寧
生程【29】程生馬 馬生人. 人久入於機 萬物皆出於機 皆入於機.【29】【30】

66

양의 간은 지고(地皐)가 되고, 말의 피는 인화(燐火)가 되며, 사람의 피는 도깨비불이 된다.[16] 꿩이 새매가 되고, 새매가 뻐꾹새가 되는데, 뻐꾹새가 오래 묵으면 다시 꿩이 된다. 제비는 조개가 되고, 들쥐는 메추라기가 된다. 오이가 썩어 물고기가 되고 부추가 묵어 비름이 되고, 숫양이 묵어서 원숭이가 되며,[17] 물고기 알이 물벌레가 된다.[18]

전원(亶爰)산에 사는 짐승은 저절로 새끼를 배어 유(類)라는 살쾡이를 낳고,[19] 하택의 물가에 사는 새는 서로 바라보기만 하고도 역(鵁)이라는 새를 낳는다.[20] 대치(大㼝)라는 거북은 암컷만 있고 치봉(㼝蜂)이라는 거북은 수컷만 있다.[21]

사유(思幽)국의 남자는 아내가 없어도 음양이 감응되고, 사유국의 여자는 남편이 없어도 아이를 잉태하나니,[22] 옛날 후직(后稷)은 거인(巨人)의 발자국을 밟아서 낳았고,[23] 이윤(伊尹)은 뽕나무 밭에서 태어났다.[24]

궐소(厥昭)는 축축한 곳에서 생겨나고,[25] 초파리는 술에서 생겨난다.[26] 양해(羊奚)는 죽순과 가까이하고,[27] 구죽(久竹)은 청녕(青寧)이라는 벌레를 낳고,[28] 청녕은 정(程)이라는 짐승을 낳고,[29] 정은 말을 낳고, 말은 사람을 낳는다. 사람이 오래 살면 다시[30] 본래의 기미(幾微)로 들어가니, 만물은 다 기(幾)에서 나왔다가 기로 되돌아간다.[30]

---

29) 여기까지 열자가 해골을 만나 나눈 이야기는 『장자』 「지락」(至樂)편에도 비슷한 내용으로 실려 있다.

30) 원문의 구(久)에 대해 왕숙민(王叔岷)은 우(又) 자의 잘못으로 보았는데, 번역문에는 왕숙민의 견해를 참고해서 추가했다. 『열자집석』, 17쪽 참조.

【16】此皆一形之內 自變化也.

이들은 모두 하나의 형체 속에서 스스로 변화한다.

【17】羭 牡羊也.

유(羭)는 숫양이다.

【18】此皆無所因感 自然而變者也.

이들은 모두 교감하는 바 없이, 저절로 그렇게 변화하는 것이다.

【19】亶音蟬 山海經云 亶爰之山有獸 其狀如狸而有髮 其名曰類 自爲牝牡相生也.

선(亶)의 음은 선이다. 『산해경』에서는 선원의 산에 짐승이 있는데 그 모습이 살쾡이와 같으나 털이 있으니, 그 이름을 유(類)라고 하며 스스로 암수 노릇을 해서 새끼를 낳는다고 했다.

【20】此相視而生者也. 莊子曰 白鶂相視 眸子不運而風化之也.

이것들은 서로 바라봄으로써 새끼를 낳는 동물이다. 『장자』에서는 백역이 서로 바라볼 때는 눈동자도 움직이지 않은 채 바람으로 감응한다고 했다.[31]

【21】大穉 龜鼈之類也, 穉小也. 此無雌雄而自化. 上言蟲獸之理旣然 下明人道 亦有如此者也.

대치(大穉)는 거북의 종류이며, 치(穉)는 작다는 뜻이다. 이들은 암수 없

---

31) 『장자』「천운」(天運), "老子曰 幸矣子之不遇治世之君也! 夫六經, 先王之陳迹也, 豈其所以迹哉! 今子之所言, 猶迹也. 夫迹, 履之所出, 而迹豈履哉! 夫白鶂之相視, 眸子不運而風化. 蟲, 雄鳴於上風, 雌應於下風而風化. 類自爲雌雄, 故風化"참조.

이 스스로 생겨난다. 위에서는 동물들이 화하는 이치에 대해 말했고, 아래에서는 사람에도 또 이와 같은 것이 있음을 밝혔다.

【22】大荒經曰 有思幽之國 思士不妻 思女不夫 精氣潛感 不假交接而生子也. 此亦曰 鵙之類也.

『산해경』「대황경」에 사유국의 남자는 아내를 취하지 않고 사유국의 여자는 남편 없이 정기가 몰래 감응되니, 남녀가 교접하지 않고도 자식을 낳는다. 이는 또한 역새와 비슷한 경우라고 할 수 있다.

【23】傳記云 高辛氏之妃 名姜原 見大人跡 好而履之 如有人理感己者 遂孕因生后稷. 長而賢 乃爲堯佐 即周祖也.

후직의 전기를 보면 고신씨(高辛氏)의 왕비 강원(姜嫄)이 큰 거인의 발자국을 보고는 이에 이끌려서 밟자, 다른 사람이 자신과 감응하는 것과 같았고, 드디어 이로 인해서 후직을 낳았다. 자라서는 현명해 요임금의 신하가 되었으니, 주 왕실의 조상이다.

【24】傳記曰 伊尹母居伊水之上 旣孕夢 有神告之曰 臼水出而東走無顧. 明日視臼出水 告其鄰 東走十里 而顧其邑 盡爲水 身因化爲空桑[32). 有莘氏女子採桑得嬰兒于空桑之中 故命之曰 伊尹 而獻其君 令庖人養之 長而賢 爲殷湯相.

이윤의 전기를 보면 이윤의 어머니는 이수(伊水)의 위에서 살았다. 어느 날 태몽을 꾸었는데 신이 나타나서 절구에서 물이 나오거든 동쪽으로 도망치되 뒤돌아보지 말라고 했다. 다음 날 절구에서 물이 흘러나오는 것을 보고

---

32) 공상(空桑): 1.금슬(琴瑟)의 재목이 난다는 전설적인 산 이름, 2.고대 하지(夏至)에 땅제사를 지낼 때 쓰던 거문고 이름, 3.속이 빈 뽕나무, 4.부모를 알 수 없는 사람, 5.승려나 불문(佛門).

는 이웃에게 알리고 동쪽으로 10리를 도망쳤다. 그러고는 마을을 돌아보자 모두가 물에 잠겨버렸고, 그녀 자신도 속이 빈 뽕나무 고목으로 변했다. 유신씨(有莘氏)의 여자가 뽕을 따러 왔다가 속 빈 뽕나무 고목 가운데에서 아이를 얻었고, 그로써 이윤(伊尹)이라고 이름을 지어 임금에게 바쳤다. 임금이 포인(庖人)을 시켜 그를 양육하게 했는데 자라서는 현명해 은 탕왕의 재상이 되었다.

【25】此因蒸潤而生.

이는 축축한 습기로 인해서 생겨났다.

【26】此因酸氣而生.

이는 신 기운으로 인해서 생겨났다.

【27】此異類而相親比也.

이는 다른 종류가 서로 가까이한 경우다.

【28】因於林藪而生.

수풀 속에서 생겨난다.

【29】自從豑至於程 皆生生之物. 蚰鳥 蟲獸之屬, 言其變化無常 或以形而變 或死而更生 終始相因 無窮已也.

계(豑)에서 정(程)에 이르기까지 모두 계속 생겨나는 존재들이다. 뱀이나 새들은 동물의 종류인데, 그들의 변화는 일정하지 않아서 형체가 변하는 것도 있고 죽었다가 다시 살아나는 것도 있으니, 처음과 끝이 서로 맞물리면서 끝없이 순환된다.

【30】夫生死變化 胡可測哉? 生於此者 或死於彼 死於彼者 或生於此 而形
生之生 未嘗暫無. 是以聖人知生不常存 死不永滅 一氣之變 所適萬形 萬形萬
化而不化者 存歸於不化. 故謂之機 機者 羣有之始 動之所宗. 故出無入有 散
有反無靡不由之也.

저 생사의 변화를 어떻게 예측할 수 있겠는가? 여기에서 생겨났다가 저기
에서 죽기도 하고, 저기에서 죽었다가 여기에서 생겨나기도 하니, 형체가 생
겨나는 작용이 잠시도 멈춘 적이 없다. 이런 까닭에 성인은 살아 있다고 해
서 영원히 존재하는 것도 아니고 죽었다고 해서 영원히 사라진 것이 아님을
안다. 일기(一氣)가 변해서 온갖 형태로 되는데, 갖가지 형태로 변화하면서
도 변화하지 않는 것이 있으니, 존재는 불변의 상태로 돌아가게 된다. 그러므
로 이를 기(機)라고 부르니, 기란 모든 존재의 시원이며 운동의 중심이다. 그
러므로 무(無)에서 나와 유(有)에로 들어가거나, 유가 흩어져서 무에로 되돌
아가거나, 모두 이에 말미암지 않음이 없다.

【역자 해설】

『장자』에도 이와 비슷한 내용이 나오기는 하지만, 식물과 동물이
뒤엉킨 이 변신(變身)의 서사시 앞에 할 말을 잊는다. 굼벵이가 나비
로 탈바꿈한다는 것이나 초파리는 술에서 생겨난다는 정도는 실제로
매미의 우화(羽化)를 목도하거나 집에서 담근 술에 꼬이는 초파리를
경험해보고 한 말임을 알 수 있다. 사람의 피가 도깨비불이 된다는 것
은, 어릴 적 궂은날 저녁 시골의 고목나무나 공동묘지에서 파란 도깨
비불이 걸려 날뛰는 것을 보고 자란 우리 세대에게는 다소 익숙한 내
용으로, 뼈 속에 들어있는 인(燐) 성분이 발화점이 매우 낮아 도깨비
불이 된다는 사실과 관련 있는 말이다. 이런 내용은 과학적으로 의미
가 있다고 할 수 있다. 마지막 문장에서 사람이 오래 살다가 다시 기

(幾)로 들어가는데, 만물은 다 기에서 나왔다가 기로 되돌아간다는 내용은 천지를 하나의 유기체로 보고 그 속에서 생명이 미묘하게 생겨나고 변화하고 있다는 사상을 보여준다.

하지만 제비가 조개가 되고, 들쥐가 메추라기가 되며, 오이가 썩어 물고기가 된다고 하니, 비금류와 갑각류 등의 육해공이 뒤섞이는 정도를 넘어서 식물과 어류가 그 종차를 초월해서 서로 바뀌어진다거나 말이 사람을 낳는다는 말 앞에서는 이를 어떻게 이해해야 할지 난감하다.

저자 자신도 이를 사실로 믿고서 한 말 같지는 않다. 차라리 천년 묵은 구렁이가 이무기가 되고 천년 묵은 이무기가 승천한다는 말이 더 미덥게 느껴진다. 이런 상상력은 어디에서 나오는 것일까? 중국의 한 학자는 이를 두고 중국식 진화론이라고 찬양했지만, 이는 자연환경에 맞춰 생명이 진화했다는 과학적 사유라기보다는 고대인들의 물활론적 변신(變身 metamorphosis) 관념을 보여준다고 하겠다.

5장

1절

黄帝書曰

形動不生形而生影 聲動不生聲而生響【1】無動不生無而生有.【2】形
必終者也, 天地終乎? 與我偕終【3】終進乎? 不知也.【4】

道終乎? 本無始 進乎? 本不久.【5】有生則復於不生 有形則復於無
形.【6】

황제서(黃帝書)에서 말했다.

형체가 움직이면 형체가 생기는 것이 아니라 그림자가 생기며,
소리가 움직이면 소리가 생기는 것이 아니라 메아리가 생기듯,【1】
무가 움직이면 무가 생기지 않고 유가 생긴다.【2】형체를 가진 모
든 존재는 끝마침이 있으니, 하늘과 땅도 끝마침이 있는가? 나와
같이 모두 끝마침이 있다면,【3】끝마쳐서 사라져버리는 것인가?
알 수 없다.【4】

도는 본래 처음이 없었으니 끝마침이 있겠는가? 도는 본래가 있
지 않았으니, 사라짐이 있겠는가?【5】생성된 사물은 생성되지 않

는 존재로 되돌아가고 유형한 것은 무형한 존재로 되돌아간다.【6】

【장담 주석】

【1】夫有形必有影 有聲必有響. 此自然而並生 俱出而俱沒 豈有相資前後之差哉? 郭象注莊子 論之詳矣. 而世之談者 以形動而影隨 聲出而響應, 聖人則之 以爲喻 明物動則失本 靜則歸根33) 不復曲通影響之義也.

형체가 있으면 반드시 그림자가 있고, 소리가 있으면 반드시 메아리가 있게 마련이다. 이는 저절로 함께 생겨나서 같이 나왔다가 같이 사라지니, 어찌 앞뒤의 차이가 있을 수 있겠는가? 곽상이 『장자』를 주석하면서 이를 상세하게 논했다. 하지만 세상에서 따지기 좋아하는 자들이 형체가 움직이자 그림자가 따르고 소리가 나자 메아리가 응한다고 여기니, 성인이 이를 본받아서 사물이 움직이면 근본을 잃고 고요해지면 뿌리로 돌아가게 된다고 깨우쳐주었으나, 다시 그림자와 메아리의 뜻까지 곡진하게 통달하지는 못했다.

【2】有之爲有 恃無以生. 言生必由無 而無不生有. 此運通之功 必賴於無 故生動之稱 因事而立耳.

유(有)가 유일 수 있는 것은 무(無)에 의지해서 생겨났기 때문이다. 생성은 반드시 무에 말미암으니 모든 존재를 생성하지 않음이 없음을 말한다. 이 변화와 운동의 공은 반드시 무에 의지해야 하므로, 생성한다든지 움직인다든지 하는 이름은 현상의 사물에 말미암아서 (일시적으로) 세워진 것일 뿐이다.

---

33) 『노자』16장 "夫物芸芸, 各復歸其根. 歸根曰靜, 是謂復命", 26장 "輕則失本, 躁則失君" 참조.

【3】料巨細 計脩短 則與我殊矣, 會歸於終 理固無差也.

대소와 장단을 따져보면 나와는 다르지만 (즉 현상계의 만물은 제각기 다르지만) 결국 끝나서 돌아가버리니, 이치상 아무런 차이가 없다.

【4】進當爲盡. 此書盡字例 多作進也. 聚則成形 散則爲終 此世之所謂終始也. 然則聚者 以形實爲始 以離散爲終, 散者 以虛漠爲始 以形實爲終. 故迭相與爲終始 而理實無終無始者也.

진(進)은 진(盡)이 맞다. 이 책에서 쓰인 진(盡) 자의 예를 보면 진(進)으로 많이 쓰고 있다. 뭉치면 형체를 이루고 흩어지면 마침이 되니, 이것이 세상에서 말하는 시종(始終)이다. 그렇다면 뭉치는 현상은 형체가 채워짐으로써 시작되어서 분리되어 흩어짐으로 끝마치고, 흩어지는 현상은 텅 빈 상태로 시작되어 형체가 채워짐으로 끝마치게 된다. 그러므로 (현실에서는) 서로 갈마들면서 종시(終始)가 되지만, 이치상에서 보자면 실은 마침도 시작도 없는 것이다.

【5】久當爲有. 無始 故不終 無有 故不盡.

구(久)는 유(有)가 맞다. 시작이 없으므로 끝마침이 없고, 있은 적이 없으므로 사라지지도 않는다.

【6】生者 反終 形者 反虛, 自然之數也.

생성된 존재는 돌아가 끝나고, 형체는 허공으로 돌아가는 것이 자연의 도수(度數)다.

2절

不生者【7】非本不生者也.【8】無形者【9】非本無形者也.【10】生者 理

之必終者也. 終者 不得不終, 亦如生者之不得不生.【11】而欲恒其
生 盡其終 惑於數也.【12】

精神者 天之分 骨骸者 地之分. 属天淸而散 属地濁而聚. 精神離
形 各歸其眞【13】故謂之鬼. 鬼歸也. 歸其眞宅.【14】黃帝曰 精神入其
門 骨骸反其根 我尚何存?【15】

아직 생겨나지 않은 존재는【7】본래부터 생겨나지 않은 것이 아니
요,【8】무형의 존재는【9】본래부터 무형한 것이 아니다.【10】생겨난
것은 이치상 반드시 끝마침이 있고, 끝마치는 것은 어쩔 수 없이
끝마치지 않을 수 없으며, 생겨난 존재는 생겨나지 않을 수 없다.
그러나【11】생겨난 채로 영원히 있으려 하고 끝마치지 않으려고
한다면 도수(度數)를 제대로 알지 못한 것이다.【12】

정신이란 하늘에서 나뉜 것이요, 육체란 땅에서 나뉜 것이다. 하
늘에 속한 정신은 맑아서 흩어지기 쉽고, 땅에 속한 육체는 탁해
서 뭉치기 쉽다. 정신이 형체에서 분리되면 서로 각각 참된 근본
으로 돌아가니,【13】그러므로 이것을 귀(鬼)라고 한다. 귀(鬼)는
돌아간다는 귀(歸)의 뜻이니, 자신의 참된 집으로 돌아가는 것이
다.【14】황제는 '정신은 하늘의 문으로 들어가고, 육체는 근본인
땅으로 되돌아가니, 나라는 존재가 어떻게 존재하겠는가?'라고
했다.【15】

【장담 주석】

【7】此不生者 先有其生 然後之於死滅.

여기에서의 아직 생겨나지 않은 존재는 먼저 생겨난 뒤에 사멸로 가게
된다.

【8】本不生者 初自無生無滅.

'본래부터 생겨나지 않은 것'이란 처음부터 스스로 생성도 없고 소멸도 없다는 뜻이다.

【9】此無形 亦先有其形 然後之於離散.

여기에서의 무형도 먼저 그 형체가 생겨난 뒤에 분리되어 흩어지게 된다.

【10】本無形者 初自無聚無散者也. 夫生生物者 不生, 形形物者 無形. 故能生形萬物 於我體無變. 今謂旣生旣形 而復反於無生無形者, 此故存亡之徃復爾 非始終之不變者也.

'본래부터 무형한 것'이란 처음부터 스스로 뭉치지도 흩어지지도 않는 존재라는 뜻이다. 생겨난 물건을 생하게 하는 존재는 생겨나지 않고, 형체를 드러나게 하는 존재는 드러나지 않는다. 그러므로 만물을 생겨나고 드러나게 할 수 있지만 스스로의 몸체에는 변함이 없다. 이제 이미 생겨나고 이미 드러났다가 다시 생겨남도 없고 드러남도 없는 상태로 돌아갔다고 했으니, 이런 까닭에 존재와 소멸을 반복하므로 처음에서 끝까지 변하지 않는 존재는 아니다.

【11】生者 不生而自生. 故雖生而不知所以生, 不知所以生 則生不可絕, 不知所以死 則死不可禦也.

생겨난 존재는 누가 생한 것이 아니라 저절로 생겨난다. 그러므로 비록 생겨났더라도 생겨난 까닭을 알지 못하고, 생겨난 까닭을 알지 못한즉 생겨남을 끊을 수가 없다. 마찬가지로 죽는 까닭을 알지 못한즉 죽음을 막을 수가 없다.

【12】盡亡也.

모든 존재는 소멸되어 사라진다.

【13】天分歸天 地分歸地 各反其本.

하늘에서 나뉜 것은 하늘로 돌아가고 땅에서 나뉜 것은 땅으로 돌아가니, 각기 그 근본으로 돌아간다.

【14】眞宅 太虛之域.

진짜 집은 태허의 공간이다.

【15】何生之無形 何形之無氣 何氣之無靈? 然則心智形骸 陰陽之一體 偏積 之一氣. 及其離形歸根 則反其眞宅而我無物焉.

생겨나면 형체가 있고 형체에는 기가 있으며, 기에는 영혼이 있게 마련이다. 그런즉 마음이나 육체란 음양의 일부로서 한쪽으로 치우친 기운인데, 그것이 각기 분리되어 제 근본으로 돌아가게 되면 참된 태허에로 돌아가버리니 나라는 존재가 없어진다.

【역자 해설】

「천서」편은 앞에서부터 만물의 생성 문제에 대한 철학적 견해를 집중적으로 개진하고 있다. 우주의 본체는 무엇이며, 어떻게 해서 만물이 생성되고 또 소멸하는가에 관해 관심을 기울인 것은 도가의 특징적 사상이다. 가령 공자의 사상을 보면, 주로 인간 세상에서의 윤리와 도덕 그리고 예악(禮樂)과 형정(刑政)을 어떻게 올바르게 실천할 것인가에 관심을 집중할 뿐, 이런 형이상학적인 문제에 대해 언급한 것은 찾아보기 어렵다. 그래서 공자를 가장 가까이 모셨던 자공(子貢)조차 "선생님의 문장은 얻어들을 수 있으나, 선생님께서 성(性)과 천도(天道)를 말씀하시는 것은 얻어들을 수 없다"(『논어』「공야장」, "夫子之文章 可得而聞也 夫子之言性與天道 不可得而聞也")고 했다.

도가의 본체 개념을 대표하는 것은 도(道)라는 개념인데, 특히 여기에서는 도 개념을 유(有)와 무(無)라는 쌍 개념으로 설명한다. 유와 무는 서양철학에서의 현상과 본체 개념에 해당한다. 현상은 현실 속에서 유형의 형태로서 존재하지만, 현상을 낳은 본체는 무형(無形) 무상(無象)으로 존재한다. 그러므로 열자는 이를 유(有)와 무(無)라는 개념으로 정립한 것이다. 다만 현상의 배후에 있는 참된 존재는 인식 불가능하다고 본다는 점에서 본체와 무 개념은 통하지만, 플라톤의 이데아처럼 현상계의 존재자들이 각기 고유한 형상적 본체를 갖고 있는 것은 아니다. 열자의 무는 모든 형상을 초월한 절대 무형의 본체만을 인정하고 있다. 열자의 이 장은 동아시아철학에서 보기 드문 우주 본체론에 대한 문제의식을 보여준다는 점에서 철학사적 의미가 크다.

6장

人自生至終大化有四,[1] 嬰孩也. 少壯也. 老耄也. 死亡也. 其在嬰
孩 氣專志一 和之至也. 物不傷焉 德莫加焉.[2] 其在少壯 則血氣
飄溢 欲慮充起 物所攻焉 德故衰焉.[3] 其在老耄 則欲慮柔焉 體
將休焉 物莫先焉.[4] 雖未及嬰孩之全 方於少壯 閒矣. 其在死亡
也 則之於息焉 反其極矣.

사람이 이 세상에 태어나서 죽게 될 때까지 소년·중년·노년 그
리고 사망이라는 네 가지 큰 변화의 단계가 있다.[1] 소년기에는
기운과 정신이 흩어지지 않아서 완전히 조화를 이루고 있다. 외
부의 사물이 해칠 수도 없고 덧붙일 수도 없는 완전한 덕을 가지
고 있다.[2] 중년기에는 혈기가 넘쳐흐르고 욕망과 생각이 가득
일어나서 외부의 사물에 의해 공격을 당하므로 덕이 줄어든다.[3]
노년기에 들면 욕망과 생각이 약해지고 육체는 쉬고 싶어 하게
되어 남들과 앞을 다투지 않게 되니,[4] 완전했던 소년시절이나
혈기방장했던 중년시절과는 차이가 있다. 사망할 때에는 모든 것
이 휴식하게 되며 끝으로 돌아간다.

【1】其閒遷易 無時蹔停, 四者 蓋擧大較而言者也.

각 단계는 계속 바뀌고 옮겨져서 잠시도 멈추는 때가 없으니, 네 가지란 크게 비교해서 말한 것이다.

【2】老子曰 含德之厚 比於赤子.

노자는 '두터운 덕을 머금은 상태를 갓난아이에 비교할 수 있다'고 했다.

【3】處力競之地 物切不與也.

힘으로 다투게 되면, 남들이 함께 어울리려 하지 않는다.

【4】休 息也. 己無競心, 則物不與爭.

휴(休)는 쉰다는 뜻이다. 내가 경쟁심이 없어지니, 남들도 나와 다투지 않게 된다.

【역자 해설】

인생을 네 단계로 구분한 것은 열자의 분석적인 사유 방식을 보여준다. 원문에서는 어린아이(嬰孩)·소장(少壯)·늙은이(老耄)·사망(死亡)으로 썼지만, 우리의 언어 습관에 따라서 소년·중년·노년·사망으로 번역했다.

그런데 당시의 평균 수명이나 건강 상태는 오늘날과 상당히 다르다는 점을 주의할 필요가 있다. 동아시아 전통시대의 평균 수명은 20세 정도에 불과했으니 80세를 능가하는 오늘날과 비교해볼 때 많은 차이가 있다. 가령 전통시대엔 환갑을 살면 동네에서 잔치를 했고, 사람이 일흔 살을 살면 예부터 희귀한 일이라고(人生七十古來稀) 해서 나라에서 궤장(几杖)을 하사했다.[34] 아마도 70세는 장수의 대명사이자 인간 수명의 한계로 인식되었을 것이다. 하지만 오늘날은 장수한다고 하면 100세를 넘는 경우가 다반사가 되었다.

조선시대의 평균 수명은 25세로 15-18세기 프랑스인의 평균 수명 25세와 비슷한 수준이다. 사실 그 당시 호적에 오르지도 못한 영아 사망 등의 경우를 포함하면 아마 통계치보다 더 낮을 것이다. 비교적 정확한 생몰년 기록이 남아 있는 상류층의 경우를 보자. 고려시대 상류층의 묘지명 320여 개 등을 분석한『고려금석문연구』라는 책을 보면 고려 왕 서른네 명의 평균 수명은 42.3세고, 귀족들의 평균 수명이 39.7세였다고 한다. 정확한 자료가 남아 있는 조선 국왕 스물일곱 명의 평균 수명은 46.1세다. 가장 장수한 영조가 82세고 그다음이 태조로 72세까지 살았다. 이어서 광해군(66세)·고종(66세)·정종(62세)이 회갑 잔치를 받았다.

중국의 경우에는 기원전 247년의 한 고조부터 1908년 청 광서 황제까지 2,000여 년 사이에 재위한 총 208명의 황제들의 평균 수명이 38세다. 황제들 가운데 가장 장수한 황제는 청 건륭제로 88세에 죽었다. 황제들의 사망 원인에는 지존의 자리가 주는 과도한 스트레스로 인한 질병도 있겠지만, 권력 싸움에서 3분의 1에 달하는 황제가 목숨을 잃었다는 사실을 간과해서는 안 된다. 이러니 황제들이 비명횡사가 두려워 전전긍긍했으리니, 소위 하늘의 아들이라는 천자(天子)도 하늘은 편애하지 않았다고 하겠다.

중국 황제보다는 고려·조선의 왕이 5-6년쯤 더 장수했으며, 이는 우리나라가 그만큼 살기 편했음을 짐작하게 한다. 흥미롭게도 고려

---

34) 이 내용은『예기』(禮記)「곡례」(曲禮)에서 인용한 것이다. "大夫七十而致事. 若不得謝, 則必賜之几杖. 五十杖於家, 六十杖於鄕, 七十杖於國, 八十杖於朝" 참조.

승려의 평균 수명은 70.2세에 달했다고 하니, 전통시대에 누가 가장 마음 편하게 살았는지를 알 수 있다. 한 나라의 국왕보다 24년을 더 오래 산 것은 의학이나 영양의 수준보다 조용한 구도의 삶이 천수를 누리는 데 더 중요함을 말해준다.

7장

孔子遊於太山 見榮啓期行乎郕之野 鹿裘帶索 鼓琴而歌. 孔子問
曰

先生所以樂 何也?

對曰

吾樂甚多. 天生萬物 唯人爲貴 而吾得爲人 是一樂也.[1] 男女之
別 男尊女卑 故以男爲貴. 吾旣得爲男矣, 是二樂也.[2] 人生有不
見日月 不免襁褓者 吾旣已行年九十矣. 是三樂也. 貧者 士之常
也 死者 人之終也. 處常得終 當何憂哉?

孔子曰

善乎! 能自寬者也.[3]

　공자가 태산을 유람하다가, 영계기(榮啓期)가 노나라 성읍(郕邑)
의 들을 노닐면서 거친 갖옷을 입고[35] 새끼줄로 허리띠를 한 채

---

35) 녹구(鹿裘)는 사슴 가죽옷이란 뜻으로, 거친 옷을 의미한다. 『신역열자독본』,
　　61쪽 참조.

거문고[36])를 타며 노래를 부르는 모습을 보았다. 공자가 그에게 물었다.

"선생께서 즐거워하시는 이유가 무엇입니까?"

"나의 즐거움은 매우 많습니다. 하늘이 만물을 낼 적에 오직 사람만이 가장 귀한 존재인데, 내가 사람으로 태어났으니 이것이 바로 첫째 즐거움이요.[1] 또 남녀 가운데에서도 남자를 높이고 여자를 낮추는데, 내가 귀한 남자로 태어났으니 이것이 바로 둘째 즐거움이요.[2] 또 사람이 태어나도 해와 달도 보지 못하고서 그만 강보(襁褓) 속에서 죽는 경우도 있는데, 내 살아온 나이가 이미 구십이 되었으니 이것이 셋째 즐거움입니다. 가난은 도(道) 닦는 선비에게는 늘상 있는 일이요, 죽음이란 인생의 자연스러운 끝입니다. 이제 나는 평범하게 살다가 제 명에 끝마치게 되니, 내가 무엇을 근심하겠소?"

공자가 말했다.

"훌륭한 말씀이오나, 선생님은 스스로 넉넉한 척하는 분입니다."[3]

【장담 주석】

【1】推此而言 明人之神氣與衆生不殊 所適者異 故形貌不一. 是以榮啓期深測倚伏之緣 洞識幽顯之驗 故忻遇人形 兼得男貴 豈孟浪而言?

이로써 미뤄보건대, 사람의 신묘한 기(氣)는 다른 생명들과 다르지 않으나, 처해진 곳에 따라 다른 까닭에 모습이 한결같지 않은 것임을 밝혔다. 이런 까닭에 영계기는 다양한 인연을 깊이 헤아리고 숨고 드러나는 이치를 깊

---

36) 원래는 '금'(琴)이라는 중국 악기이지만 본서에서는 금과 비슷한 악기인 거문고로 번역해서 쓴다.

이 통찰하고 있다. 그러므로 사람의 형체를 얻은 데다가 겸해서 귀한 남자가 되기까지 한 것을 기뻐하니, 어찌 근거 없이 한 말이겠는가?

【2】人之將生 男女亦無定分 故復喜得男身.

사람이 태어남에 남녀로 정해진 분수가 있는 것은 아니었던 까닭에, 다시 남자 몸을 얻은 것을 기뻐한 것이다.

【3】不能都忘憂樂 善其能推理 自寬慰者耳.

기쁨이든 근심이든 모두 다 잊어버리지는 못하고, 이치를 미루어서 스스로 넉넉하다고 자위하는 사람일 뿐이다.

【역자 해설】

거문고 명인 영계기의 이야기는『공자가어』(孔子家語)에도 거의 같은 내용이 나오고,『회남자』(淮南子)에도 언급된 바 있다. 또『삼국사기』(三國史記)에는 신라의 거문고 명인 백결 선생이 영계기를 흠모해서 가난한 삶 속에서도 거문고를 즐겼다는 이야기가 실려 있기도 하니, 예로부터 우리나라에서도 그의 이름이 일컬어졌음을 알 수 있다.

중국이건 한국이건 전통시대에는 거문고 등의 풍류를 매우 즐겼던 것으로 보인다. 공자가 순임금의 음악을 듣고는 석 달 동안을 심취해 있었다는(子在齊聞韶 三月不知肉味 曰不圖爲樂之至於斯也) 이야기가 전해지고 있거니와,『열자』「탕문」편에는 호파(瓠巴)와 사문(師文)이라는 거문고의 명인과, 지음(知音)이라는 고사로 널리 알려진 백아(伯牙)와 종자기(鍾子期)의 이야기가 나온다.『장자』에도 거문고의 명인 소문(昭文)과 맹인 악사(樂士) 사광(師曠)의 이야기가 여러 차례 등장한다. 우리나라의 『삼국유사』에는 만파식적을 불면 온 나라에 병란과 질병이 물러갔다고 하고, 『청학집』 등을 보면 신녀 보덕(普德)에게서 거문고를 배운 옥보고가 연주하면 검은 학이 날아와서 춤을 추었다고 하는 이야기가 전해지고 있다.

원문에서는 공자가 영계기를 훌륭한 은군자라고 칭찬한 것처럼 보인다. 하지만 장담은 그의 주석에서 영계기를 스스로 넉넉한 척하는 사람일 뿐이라고 평가절하하고 있다. 그 이유는 뭇 존재들 가운데 사람으로 태어났다고 기뻐하고, 여자가 아닌 남자로 태어났다고 차별하고 있으며, 요절하지 않고 장수한 것을 기뻐하고 있어서 아직 도를 얻지는 못했다는 것이다. 다시 말해 그는 우연적 운명을 즐기고만 있을 뿐이며, 이런 모든 현상계의 차별상을 잊어버린 채 천지의 근원인 도에 화합한 경지에는 이르지 못했다는 것이다.

8장

1절

林類年且百歲[1] 底春被裘[2] 拾遺穗於故畦[3] 並歌並進.

孔子適衛 望之於野 顧謂弟子曰

彼叟可與言者 試往訊之.

子貢請行 逆之壠端 面之而歎曰

先生曾不悔乎? 而行歌拾穗.

林類 行不留歌不輟. 子貢叩之不已 乃仰而應曰

吾何悔邪?

子貢曰

先生少不勤行 長不競時 老無妻子 死期將至 亦有何樂而拾穗行歌乎?

임류(林類)의 나이가 백 살이 되었는데,[1] 봄이 되었건만 겨울에 입던 갖옷을 걸치고,[2] 묵은 밭고랑 사이에서 이삭을 주우면서[3] 노래를 부르며 걸어가고 있었다.

공자가 위나라에 가다가 들에서 그를 바라보고서는, 제자들을 돌아보며 말했다.

"저 노인은 더불어 대화를 나눠볼 만한 분이니, 한번 가서 말을 물어보거라."

자공이 나서서 가기를 청하고는 바로 밭두둑을 질러가 그를 마주치자 탄식하며 말했다.

"선생님께서는 가난한 삶을 후회한 적이 없으신가요? 이삭을 줍는데 즐겁게 노래를 부르고 계시네요."

임류는 발걸음을 멈추지 않았고, 노래도 그치지 않았다. 자공이 멈추지 않고 계속 말을 건네자, 허리를 펴며 대답했다.

"내가 무엇을 후회한단 말이오?"

자공이 말했다.

"선생님께서는 젊었을 때에 부지런히 일을 하지 않으셨고, 나이 들어서는 시대의 흐름에 맞춰 노력하지 아니하시다가, 늙어 부양해줄 처자식도 없는 채 죽을 때가 다가왔는데, 무엇이 즐겁다고 이삭을 주우며 노래를 부르십니까?"

【장담 주석】

【1】 書傳無聞 蓋古之隱者也.

책에 전해지지 않는 인물이니, 아마도 옛 은자일 것이다.

【2】 底當.

저(底)는 마주쳤다는 뜻이다.

【3】 收刈後 田中棄穀掘之也.

수확을 한 뒤에 밭 가운데에 떨어진 곡식을 줍고 있었다.

2절

林類笑曰

吾之所以爲樂 人皆有之而反以爲憂.[4] 少不勤行 長不競時 故能壽若此.[5] 老無妻子 死期將至 故能樂若此.[6]

子貢曰

壽者 人之情 死者 人之惡. 子以死爲樂 何也?

林類曰

死之與生 一往一反. 故死於是者 安知不生於彼? 故吾(安[37])知其不相若矣? 吾又安知營營而求生 非惑乎? 亦又安知吾今之死 不愈昔之生乎?[7]

子貢聞之 不喻其意 還以告夫子. 夫子曰

吾知其可與言 果然! 然彼得之而不盡者也.[8]

임류가 웃으며 말했다.

"다른 사람들도 내가 즐거워하는 까닭을 다 똑같이 가지고 있으나, 사람들은 도리어 걱정거리로 삼고 있을 뿐이요.[4] 내 젊어서는 일한다고 부산을 떨지 않았고 나이 들어서는 시류(時流)를 얻겠다고 급급해하지 않았기 때문에 이렇게 장수할 수 있었고,[5] 늙어서는 부양할 처자식이 없으니 홀가분하게 죽을 날이 다가오기 때문에 이렇게 즐거워할 수 있지요."[6]

자공이 다시 물었다.

"그렇다면 장수는 사람들이 다 원하는 것이요, 죽음은 사람들이 누구나 싫어하는 것입니다. 그런데 선생님께서는 죽음을 즐거워

---

37) 유월(兪樾)의 견해에 따라 안(安) 자를 보충해서 해석했다. 『신역열자독본』, 63쪽 참조.

하시니 어떻게 된 일입니까?"

임류가 대답했다.

"죽고 산다는 것은 한번 외출 나갔다가 한번 되돌아오는 것 같은 거요. 그러므로 여기에서 죽었다고 해도 저기에서 태어나지 않으리라고 어찌 단정하며, 그렇게 생사가 서로 같지 않다고 내가 어찌 알겠소? 내가 또 아등바등 살려고 발버둥 치는 것이 어찌 미혹이 아닌 줄 알겠으며, 내가 지금 죽는 것이 이전에 살아 있었던 것보다 못하리라고 어찌 알겠소?"【7】

자공은 임류의 말을 들었으나 그 뜻을 이해하지 못한 채 돌아가서 공자에게 아뢰었다. 공자가 말했다.

"나는 그분을 더불어 도를 논할 만한 사람으로 짐작했더니, 과연 그렇구나! 그러나 그분은 도를 터득하기는 했지만 아직 완전하지는 못하구나."【8】

【장담 주석】

【4】我所以爲樂者 人人皆同, 但未能觸事而夷, 故無蹔歡.

내가 즐거워하는 까닭을 다른 사람들도 누구나 다 같이 가지고는 있으나, 현실에서는 똑같이 대응하지 못한다. 그러므로 잠깐의 기쁨도 없는 것이다.

【5】不勤行則無名譽 不競時則無利欲. 二者 不存於胷中 則百年之壽 不祈而自獲也.

부지런히 일을 하지 않은 것은 곧 명예를 생각하지 않았기 때문이고, 때를 따라 노력하지 않은 것은 곧 이욕이 없었기 때문이다. 이 두 가지를 가슴 속에 두지 않았으니, 곧 빌지 않았어도 저절로 백 년이나 장수를 누릴 수 있었다.

【6】所謂樂天知命 故無憂也.[38)]

이른바 타고난 분수를 즐거워하고 천명을 알므로(樂天知命) 근심이 없다는 것이다.

【7】尋此旨 則存亡往復 無窮已也.

이 구절의 뜻을 찾아보면, 존재와 소멸의 순환이 끝없이 계속된다는 것이다.

【8】卒然聞林類之言 盛以爲已造極矣 而夫子方謂未盡. 夫盡者 無所不盡亦無所盡 然後 盡理都全耳. 今方對無於有 去彼取此 則不得不覺內外之異. 然所不盡者 亦少許處耳.

若夫萬變玄一 彼我兩忘[39)] 即理自夷而實無所遣. 夫冥內遊外 同於人羣者 豈有盡與不盡者乎?

갑자기 임류의 말을 들으면 참으로 이미 도가 완성된 경지에 이르렀다고 생각할 수 있으나, 공자는 아직 완전하지는 못하다고 했다. 다하지 못한 바도 없고 또한 다한 바도 없어야만 완전한 경지다. 이제 막 유(有)에 대해 무(無)를 대립시켜놓고서 저것을 버리고 이것을 취하니, 부득불 (임류의 경지는) 안과 밖이 같지 못함을 알 수 있다. 그런데 (공자가 아직) 완전하지는 못하다고 한 것은 또한 약간은 인정한 부분도 있다는 뜻이다.

그러나 만 가지로 변화하는 속에서도 하나의 현묘함을 유지한다면, 피아를 다 잊어버리고 천리(天理)에 나아가 저절로 동화되어 실제상에서 놓치는 것이 없게 된다. 저 안으로는 명합(冥合)하고 밖으로는 소요해서 사람들과

---

38) 이 내용은 『주역』에서 인용한 구절이다. 『주역』 「계사상전」 4장, "樂天知命, 故
不憂, 安土敦乎仁, 故能愛" 참조.

39) 양망(兩忘)에 대해서는 『장자』 「대종사」, "泉涸, 魚相與處於陸, 相呴以濕, 相濡
以沫, 不如相忘於江湖. 與其譽堯而非桀也, 不如兩忘而化其道" 참조.

함께할 수 있는 이라면, 어찌 다하고 못하고의 구별이 있겠는가?

【역자 해설】

대화의 주인공인 자공(子貢, 기원전520-?)의 성은 단목(端木), 이름은 사(賜), 자공은 그의 자다. 춘추시대 위나라 출신으로 언변과 외교의 재능이 뛰어났고 장사도 잘해 재산이 많았다고 한다. 공문십철(孔門十哲) 가운데 한 명으로 『논어』에 가장 많이 등장하고 있다. 오랫동안 공자를 수행했고, 공자가 돌아가자 6년간 시묘살이를 했다고 할 정도로 공자를 존경하고 또 극진히 모신, 공자의 애제자 가운데 한 명이다. 공자는 그가 세상의 사리(事理)에 통달했다고 칭찬한 바 있다. 이 장에서는 임류의 말을 이해하지 못한 채 공자에게 고한 것으로 설정되어 있는데, 뒤의 「주목왕」이나 「중니」편에서는 자공이 안회의 영특함에 비교되고 있는 장면도 등장한다.

2003년도 서울대학교 의과대학 체력과학노화연구소에서 전국의 100세 이상 노인 150여 명의 생활을 조사한 연구는 맑은 공기, 꾸준한 운동, 균형 잡힌 식사를 장수의 이유로 꼽았고, 이외에 오늘 할 일을 내일로 미루는 마음의 여유가 장수의 비결이었다고 한다. 앞의 7장에서 영계기의 경지와 마찬가지로 임류도 마음의 여유를 통해 건강과 장수를 얻었다고 하니, 시골 노인 임류가 빈한하지만 100세까지 장수한 비결은 바로 위 연구 결과와 정확하게 일치한다.

그러나 장담은 "갑자기 임류의 말을 들으면 참으로 이미 도가 완성된 경지에 이르렀다고 생각할 수 있으나, 아직 완전하지는 못하다"고 평가했다. 임류의 경지도 대단하고, 그를 알아본 공자도 위대하지만, 궁극의 경지는 도(道) 안에서 모든 욕망과 차별상을 다 놓아버리는 경지라는 것이다. 다시 말해 임류는 생사에 대한 세속의 욕망에서 탈속(脫俗)한 은군자라고 할 수는 있지만, 내외를 모두 잊고 도와 일체가 된 지인(至人)에까지는 도달하지 못했다는 것이다. 참으로 산 넘어 산이다.

9장

1절

子貢倦於學 告仲尼曰

願有所息.[1]

仲尼曰

生無所息.[2]

子貢曰

然則賜息無所乎?

仲尼曰

有焉耳, 望其壙. 睪如也. 宰如也. 墳如也. 鬲如也. 則知所息矣.[3]

子貢曰

大哉! 死乎! 君子息焉, 小人伏焉.[4]

仲尼曰

賜汝知之矣. 人胥知生之樂 未知生之苦 知老之憊 未知老之佚 知死之惡 未知死之息也.[5]

자공이 배우기가 싫증이 나서 공자에게 아뢰었다.

"이젠 좀 쉬고 싶습니다."[1]

중니(仲尼, 공자의 이름)가 말했다.

"살아서는 쉴 곳이 없다네."[2]

자공이 말했다.

"그러면 저에겐 쉴 곳이 없다는 말씀입니까?"

중니가 답했다.

"있기는 있으니, 저 무덤을 보라. 언덕 같고 우뚝한 듯하고 솟은 듯하고 솥과 비슷한 거기가 바로 쉴 곳인 줄 알게나."[3]

자공이 말했다.

"위대합니다! 죽음이여! 군자는 죽어서 편안히 쉬지만, 소인은 죽어 엎어져 있을 뿐입니다."[4]

중니가 말했다.

"자공아! 그대는 알아두라. 사람들은 거의 다 삶이 즐거운 줄만 알고 삶의 괴로움을 모르며, 늙음이 고달픈 줄만 알고 늙음의 편안함을 모르며, 죽음을 싫어할 줄만 알지 죽어서 쉬는 줄을 알지 못하노라."[5]

【장담 주석】

【1】學者 所以求復其初, 乃至於厭倦 則自然之理 虧矣.

배운다는 것은 원래의 처음으로 되돌아가기를 구하는 것인데, 싫증이 나게 되었다면 저절로 그러하게 되는 (즉 처음으로 돌아가는) 이치도 어그러지게 되었다.

【2】勞知慮 役支體 此生者之事, 莊子曰 生爲徭役.[40)]

부지런히 생각하고 육체를 부리는 것은 살아 있는 자의 일이니, 장자는 삶이란 힘들여 일하는 것이라고 했다.

【3】見其墳壤貴翼 則知息之有所. 莊子曰 死爲休息也.[41]

저 무덤이 벌려진 모양을 보면 휴식하는 곳이 있음을 알 수 있나니, 장자
는 죽음이란 휴식이라고 했다.

【4】樂天知命 泰然以待終 君子之所以息. 去離憂苦 昧然而死 小人之所以
伏也.

군자가 천명을 편안히 받아들이며 태연하게 죽음을 맞이하는 것이 바로
군자가 쉬는 바이다. 소인이 죽어서 엎드려 있는 바란, 이리저리 흩어져서 근
심하고 괴로워하다가 몽매한 상태로 죽는 것이다.

【5】莊子曰 大塊載我以形 勞我以生 佚我以老 息我以死耳.[42]

장자가 말했다. "저 조물주는 나의 형체를 실어주고 삶으로써 나를 수고
롭게 하고 늙음으로써 나를 편안히 해주고 죽음으로써 쉬게 해준다."

2절

晏子曰
善哉! 古之有死也![6] 仁者 息焉 不仁者 伏焉[7] 死也者 德之徼

---

40) 위와 같은 문장은 장자서에 보이지 않고, 비슷한 뜻으로는 다음을 참조할 수
있다. 『장자』「제물론」, "一受其成形, 不亡以待盡. 與物相刃相靡, 其行進如馳, 而
莫之能止, 不亦悲乎! 終身役役而不見其成功, 苶然疲役而不知其所歸, 可不哀邪!
人謂之不死, 奚益" 참조.

41) 『장자』「각의」(刻意), "其生若浮 其死若休" 참조.

42) 이 내용은 『장자』에서 인용한 구절이다. 『장자』「대종사」, "夫大塊載我以形, 勞
我以生, 佚我以老, 息我以死. 故善吾生者 , 乃所以善吾死也" 참조.

也.【8】 古者 謂死人爲歸人. 夫言死人爲歸人 則生人爲行人矣. 行
而不知歸 失家者也. 一人失家 一世非之, 天下失家 莫知非焉.【9】
有人去鄕土 離六親廢家業 遊於四方而不歸者 何人哉? 世必謂之
爲狂蕩之人矣. 又有人鍾賢世【10】 矜巧能脩名譽 誇張於世而不知
已者 亦何人哉? 世必以爲智謀之士. 此二者 胥失者也【11】 而世與
一不與一, 唯聖人知所與知所去.【12】

제나라 재상 안자(晏子)⁴³⁾가 말했다.

"옛사람은 죽어서 훌륭하게 돌아가셨도다!【6】 어진 이는 죽어서
쉬고, 어질지 못한 자는 죽어서 엎어져 있도다.【7】 죽음이란 돌아
갈 곳을 얻은 것이니【8】 옛날에는 죽은 사람을 '돌아가신 분'이라
일렀다. 죽은 사람을 돌아간 분이라 한다면 산 사람은 떠나가는
길손이라 할 것이다. 떠돌아다니면서 돌아갈 줄 모른다면 자기
집을 잃어버린 고아다. 한 사람이 집을 잃으면 당대의 사람들이
그것을 잘못되었다고 지적하지만, 천하 사람들이 모두 집을 잃어
버리면 잘못된 줄을 모른다.【9】

고향의 일가 친척을 떠나 가업을 돌보지 않고, 사방으로 놀러 다
니면서 돌아오지 않는 자가 있다면 그는 어떤 사람이라 할까? 세
상에서는 그 사람을 미친 탕아라 부른다. 또 어떤 사람은 육신의
삶을 중시하며【10】 재주를 뽐내고 명예를 구하면서 세상에 떠벌
리기를 멈출 줄 모르니, 또한 그는 어떤 사람인가? 세상에서는 반
드시 그 사람을 꾀 많은 모사꾼이라 생각할 것이다. 이 두 부류의
사람은 다 잘못된 자들이나【11】 세상 사람은 한쪽은 인정하면서

---

43) 제나라 영공(靈公)·장공(莊公)·경공(景公) 때의 재상으로 자는 평중(平仲)이
다. 『안자춘추』(晏子春秋)는 후인이 그의 이름에 가탁한 것이다.

다른 한쪽은 인정하지 않는다. 그러나 오직 성인만이 인정할 바와 부정할 바가 무엇인지를 안다."[12]

【장담 주석】

【6】生死古今所同 而獨善古之死者 明古人不樂生而惡死也.

생사는 고금이 같지만, 옛날의 죽음에 대해서만 훌륭하다고 말한 것은 옛사람들이 삶을 좋아하고 죽음을 미워하지만은 않았기 때문임을 밝힌 것이다.

【7】脩身慎行 恒懷兢懼 此仁者 之所憂. 貪欲從肆 常無厭足 此不仁者 之所苦. 唯死而後休息寢伏之.

몸을 닦고 행실을 삼가며 늘 전전긍긍하면서 두려워함은 어진 이가 근심하는 바이고, 제멋대로 탐욕을 부리면서도 항상 만족할 줄 모름은 어질지 못한 이가 괴로워하는 바이다. 그러니 죽은 뒤에라야 비로소 잠들어 휴식할 수가 있다.

【8】德者 得也 徼者 歸也, 言各得其所歸.

덕(德)은 득(得)이요, 요(徼)는 돌아간다는 뜻이니, 각기 그 돌아갈 곳을 얻었음을 말한다.

【9】此衆寡相傾者也. 晏子儒墨爲家 重形生者 不辨有此言 假託所稱耳.

여기에서는 숫자상의 다소(多少)로서 서로를 비교했다. 안자나 유가·묵가의 학파는 육신의 삶을 중히 여기지만, 이런 학설을 분명히 따지지 않고 안자를 가탁해서 일컬었을 뿐이다.

【10】鍾賢世 冝言重形生.

종현세(鍾賢世)는 중형생(重形生)으로 써야 하니, 육체로 살아가는 것을 중시한다는 뜻이라 할 수 있다.

【11】此二者 雖行事小異 而並不免於溺喪[44]也.

이 두 가지는 비록 행하는 일이 약간 다르지만, 모두 일찍 집을 잃어버린 고아라는 점에서는 마찬가지다.

【12】以生死爲瘍痍者 與之 溺喪忘歸者 去之.

성인은 생사(生死)를 한바탕 꿈으로 여기는 이는 인정해주지만, 어린 나이에 고아가 되어 고향에 돌아갈 줄 모르는 이는 부정한다.

【역자 해설】

사람들이 가장 두려워하는 것은 무엇일까? 가장 싫어하는 것은 무엇일까? 여러 답변을 하겠지만, 아마도 '죽음'이라는 점을 부정할 수는 없을 것이다. 삶의 의욕을 잃고 알 수 없는 우울증에 빠졌던 내 지인은, 정신과 상담을 받으며 마음속 깊은 심연에 죽음에 대한 공포가 도사리고 있음을 비로소 깨달은 순간 하염없는 눈물을 흘렸다고 한다. 도대체 죽음이라는 사태는 무엇인가.

도가 사상의 큰 특징 가운데 하나는 바로 죽음에 대한 순응과 수용

---

44) 노문초(盧文弨)는 닉(溺)을 약(弱)으로 보아야 한다고 했다.『열자집석』, 29쪽 참조.『충허지덕진경』 한문대계본에는 본문 자체가 약상(弱喪)으로 나온다. 약상은 너무 어릴 때 길을 잃어 자기 집을 찾아갈 수도 없는 고아를 일컫는 말로, 여기에서는 이 뜻으로 해석한다.『장자』「제물론」, "予惡乎知惡死之非弱喪而不知歸者 邪!" 참조.

적 태도다. 거꾸로 매달려도 이승이 좋다고들 하는데, 열자는 오히려 삶을 수고로움으로, 죽음을 휴식으로 말한다. 『장자』에는 들판에 누워 있는 해골을 베고 자다가 꿈을 꾸는 장면에서 수고로운 삶보다 안락한 죽음을 찬양하는 장면이 나온다. 이는 힘들고 고달픈 민중의 입장을 역설적으로 대변한 것일 수도 있지만, 제자백가 가운데 죽음이라는 궁극적 사태 앞에서 가장 초연한 태도를 갖는다고 할 수 있다.

여기에서는 공자의 입을 빌려 죽음을 수용하는 입장을 보여주고 있으나, 주석에서 장담은 "안자나 유가·묵가의 학파는 육신의 삶을 중히 여긴다"고 지적했다. 이들은 모두 현실을 중히 여기는 사상가라고 할 수 있다. 『논어』에서는 자로가 죽음을 묻자 공자는 '삶을 모르면 어찌 죽음을 알리오?'라고 해서, 죽음에 대한 직접적인 답변을 회피하고 삶의 연장선상에서 추리를 하라는 말로 대신하고 있다.

도교에서도 죽음은 극복의 대상으로 본다. 그래서 불로장생(不老長生)이니 우화등선(羽化登仙)이니 하면서 불사(不死)를 추구한다. 일반적으로 도가와 도교는 유사한 사상을 갖고 있다고 생각하지만, 죽음을 부정하느냐 수용하느냐의 태도에서 양자는 분명히 구별된다. 과연 도가들은 정말로 죽음을 휴식처럼 받아들일 수 있을까? 일말의 두려움 없이 생사의 관문을 넘어선다는 것은 참으로 어려운 일일 것이지만, 도가로서의 정체성을 얻으려면 생사를 초월할 정도의 마음가짐은 지녀야 한다는 은유일 수도 있겠다고 본다.

장담은 첫마디에서 "배운다는 것은 그 처음으로 되돌아가기를 구하는 것이다"라고 했는데, 도가 학문의 목적이 현대와는 다름을 보여준다. 장담이 생각하는 공부와 학문을 연구하는 목적은 인간의 본래의 모습을 회복하기 위한 것이라는 말이요, 결국 전통 학문에서는 자기 수양론 위주가 된다는 뜻이다.

그런데 이 말은 자칫하면 오해를 낳을 수도 있다. 인간이 평생 땀 흘리며 쌓아온 경험적 지식을 부정하거나, 인류가 축적해온 역사와 문명을 인정하지 않는 것으로 해석될 수도 있기 때문이다. 인류의 역사가 진보가 아닌 퇴화의 역사라고 한다면, 강보에 싸여 젖을 먹던 갓난아이의 모습으로 돌아가자는 것인가? 굶주림과 추위에 시달리고 맹수에 쫓기면서 하루하루 목숨을 부지하기에 전전긍긍하던 원시의 삶으로 돌아가자는 말인가? 인위(人爲)의 허위의식과 부조리를 들춰낸 것은 도가의 공이지만, 자칫 인류의 삶을 윤택하게 해준 인위의 공덕마저 무시하지는 않도록 해야 할 것이다.

10장

或謂子列子曰

子奚貴虛?

列子曰

虛者 無貴也.[1]

子列子曰 45)

非其名也.[2] 莫如靜 莫如虛,靜也 虛也 得其居矣, 取也 與也 失其所矣.[3] 事之破碼而後有舞仁義者 弗能復也.[4]

어떤 사람이 자열자에게 물었다.

"선생님께서는 무슨 까닭으로 허(虛)를 귀히 여기십니까?"

열자가 답했다.

"귀하게 여기는 것이 없는 경지가 허입니다."[1]

또 말했다.

---

45) 쇼카츠고는 '자열자왈'(子列子曰) 4자가 잘못 끼어들어 간 연문(衍文)으로 보았다. 『충허지덕진경』 한문대계본 권1, 15쪽 참조.

"허는 이름을 붙일 수 있는 존재가 아닙니다.[2] 이보다 더 고요한 것이 없고 이보다 더 빈 것이 없으니, 고요히 비우면 제자리를 얻지만, 잡으려고 하거나 함께하려고 하면 제자리를 잃어버리게 됩니다.[3] 일이 망가진 뒤에 인의(仁義)를 가지고 춤추는 이가 생기게 되지만, 이렇게 해서는 제대로 회복할 수 없습니다."[4]

【장담 주석】

【1】凡貴名之所以生 必謂去彼而取此 是我而非物. 今有無兩忘 萬異冥一 故謂之虛. 虛旣虛矣, 貴賤之名 將何所生?

귀하다는 말은 한쪽을 버리고 한쪽만을 취하려 하며, 나는 옳다 하고 다른 사람은 그르다고 하기 때문에 생겨나게 된다. 이제 유무(有無)를 모두 초월하고 온갖 차별들을 하나로 명합(冥合)한 것을 일러 허(虛)라고 한다. 허는 비어 있으니, 귀천이라는 이름이 어디에서 생겨날 수 있겠는가?

【2】事有實著 非假名而後得也.

일에 실제로 드러나니, 이름을 빌려야만 하는 것이 아니다.

【3】夫虛靜之理 非心慮之表形骸之外. 求而得之 卽我之性內, 安諸己 則自然眞全矣. 故物以全者 皆由虛靜. 故得其所安所以敗者 皆由動求 故失其所處.

허정(虛靜)의 이치는 사유의 범주나 형체의 외면에 있지 않다. 이는 나의 본성 안에 있으니, 이를 구해서 얻을 때에는 자신에게서 편안하게 두면 저절로 참되고 온전해진다. 그러므로 사물은 허정으로 말미암아 온전해진다. 그래서 그 편안한 바를 얻으려다가 잘못되는 까닭은 모두 소란스럽게 움직여서 구하려 하기 때문에 그것이 처한 바를 놓치게 되는 것이다.

【4】當爲之於未有 治之於未亂.[46] 乃至虧喪凋殘 方欲鼓舞仁義以求反性命

之極者 未之得也. 磑音毀.

노자도 말했다시피 제대로 일을 하려면 조짐이 드러나기 전에 작업을 해야 하고, 제대로 다스리려면 어지러워지기 전에 다스려야 한다. 일이 어그러지고 망가지고 난 뒤에 인의를 고무시켜서 성명의 극치에 돌아가기를 구해 보지만 되지 않는다. 훼(磑)의 음은 훼(毀)다.

【역자 해설】

허(虛)란 모든 욕망을 떨쳐버리고 마음이 텅 비워진 상태이므로, 귀히 여기는 바가 없는 경지라고 했고, 허를 무어라고 부르거나 규정할 수 없기에 이름을 붙일 수 없다고 했다. 이름을 붙일 수 없다는 말을 철학적으로 바꿔 말하면 개념적으로 인식할 수 없고, 개념화할 수 없다는 것이다.

결국 허는 인간의 감정과 욕망, 이성적인 사유를 벗어나서 이르게 되는 정신적 경지라고 할 수 있다. 서양철학에서는 인간을 이성적 동물이라고 하면서 '나는 생각한다 고로 존재한다'고 말하지만, 동양에서는 이성과 사유마저 배제된 허정의 상태를 인간의 본질로 본다. 늘 생각에 빠지고 오욕칠정에 사로잡히는 인간이 과연 이런 정신의 공백 상태를 유지할 수 있을까? 도가에 의하면 이는 고도의 정신집중 상태에서 일어나며, 이렇게 자신을 비움으로써 도와 합일하거나 동화할 수 있다고 한다. 이는 오늘날 서구사회에서 각광을 받고 있는 선(禪)이나 요가 등의 명상과도 상당히 유사한 내용이니 2,000년 전의 도가 사상이 현대에 다시 부활하고 있다고 할 수 있겠다.

---

46) 이 내용은 『노자』에서 인용한 구절이다. 『노자』 64장, "其安易持, 其未兆易謀, 其脆易泮, 其微易散. 爲之於未有, 治之於未亂. 合抱之木, 生於毫末; 九層之臺, 起於累土; 千里之行, 始於足下. 爲者 敗之, 執者 失之" 참조.

11장

粥熊曰

運轉亡已 天地密移 疇覺之哉?【1】故物損於彼者 盈於此 成於此者 虧於彼【2】損盈成虧 隨世〔生〕隨死,【3】往來相接 間不可省 疇覺之哉?【4】

凡一氣不頓進 一形不頓虧 亦不覺其成 不覺其虧.【5】亦如人自世〔生〕【6】至老貌色智態 亡日不異, 皮膚爪髮 隨世〔生〕隨落, 非嬰孩時有停而不易也.【7】間不可覺 俟至後知.

초나라 제후 육웅[47]이 말했다.

"세상은 운행을 멈추지 않고 천지는 정밀하게 움직이는데 누가 이를 알겠는가?【1】그러므로 저쪽에서 덜어진 사물은 이쪽에서

---

47) 주(周) 문왕(文王)의 스승으로 초(楚)에 봉해져서 초나라의 시조가 되었다. 제자백가 가운데 초기 도가 사상을 가진 인물로 뒤의 「양주」편에서는 '육자'(鬻子)라고도 한다. 『한서』(漢書) 「예문지」(藝文誌) 도가(道家)에 "鬻子二十二篇. 名熊 爲周師 自文王以下問焉 周封爲楚祖"라고 했고, 소설가(小說家)에 "鬻子說十九篇後世所加"라고 한 바 있다. 『열자집석』, 29쪽 참조.

채워지고, 여기에서 이뤄진 물건은 저기에서 허물어지게 된다.[2]
세상의 생사(生死)를 따라 덜고 차고 이루고 허물어지건만,[3] 오
고 가며 서로 만나는 사이를 살필 수 없으니, 누가 이 변화를 알아
챌 수 있겠는가?[4]

하나의 기(氣)도 갑자기 뭉치는 것이 아니요, 하나의 사물도 갑자
기 이지러지는 것이 아니니, 그것이 이뤄질 때도 깨닫지 못하고
이지러질 때도 깨닫지 못한다.[5] 이는 또한 사람도 마찬가지라,
세상에 나면서부터[6] 늙어 죽을 때까지 그 외모와 낯빛과 지혜와
태도가 매일 달라지고, 피부와 손톱과 모발이 생겨나면서 동시
에 벗겨지니, 어린 시절 그대로 바뀌지 않고 멈춰 있는 경우는 없
다.[7] 이와 같이 변화하는 사이를 깨닫지 못하고 있다가, 변화가
이뤄진 뒤에야 비로소 알게 된다."

【장담 주석】

【1】此則莊子舟壑之義, 孔子曰 日夜無隙 丘以是徂, 夫萬物與化爲體. 體隨
化而遷 化不蹔停 物 豈守故? 故向之形生 非今形生 俯仰之閒 已涉萬變. 氣散
形朽 非一旦頓至 而昧者 操必化之器 托不停之運 自謂變化可逃 不亦悲乎?

이는 『장자』에 나오는 골짜기에 배를 숨겨두었다는 이야기[48]에 담긴 뜻

---

48) 『장자』「대종사」, "배를 골짜기에 감추고 산을 연못에 숨겨두고서 그것을 튼
튼하다고 말한다. 한밤중에 힘센 자가 그것을 짊어지고 달아나버리지만, 어
리석은 자는 (그 도리를) 알지 못한다. 크건 작건 잘 감추었다 해도 역시 달아
날 데는 있다. 만약 천하를 천하 속에 감춘다면 달아난 곳을 찾을 수 없으니 이
것이 영원한 만물의 실정이다. 그저 사람의 형체를 얻고 태어나기만 해도 기
뻐하는데, 사람의 형체는 만 가지로, 변화함에 끝이 없으니 그 즐거움은 이루
헤아릴 수 없지 않겠는가? 그러므로 성인은 아무 데도 달아날 수 없어서 모두
가 보존하는 경지에서 노닌다. 요절해도 좋고 오래 살아도 좋으며, 태어나도
좋고 죽어도 좋은데도 사람들은 그를 본받으려 하거늘, 더구나 만물이 매이
고 모든 변화가 의존하는 바임에랴"(夫藏舟於壑, 藏山於澤, 謂之固矣. 然而夜半

과 같나니, 여기에서 공자는 낮과 밤이 쉼 없이 돌아가니 자신도 이렇게 살아간다고 했거니와,[49] 만물은 변화와 함께 한 몸이다. 몸체는 변화를 따라 바뀌어가고, 변화는 잠시도 쉬지 않으니, 어찌 만물이 과거를 지키고 있겠는가? 그러므로 이전의 형체는 지금의 형체가 아니요, 잠깐 사이에 온갖 형태로 변화한다. 기(氣)가 흩어지면 형체는 썩으니 하루아침에 갑자기 그렇게 된 것이 아니지만, 무지한 이는 변화하게 되어 있는 형기(形器)를 붙잡아두거나 멈추지 않는 운행을 밀쳐버리면 변화에서 벗어날 수 있다고 생각하고들 있으니, 슬프지 아니한가?

【2】所謂川竭谷虛 丘夷淵實也.

이른바 강물이 말라서 골짝이 비고, 언덕이 평평해져서 연못이 채워진다는 것이다.

【3】此世 亦宜言生.

여기에서의 세(世)는 생(生)이라고 해야 맞다.

【4】成者 方自謂成 而已虧矣, 生者 方自謂生 潛已死矣.

이룬다는 것은 스스로 이뤘다고 하는 순간 이미 어그러지고 있고, 생겨났다는 것은 스스로 생겨났다고 하는 순간 남모르게 이미 죽어가고 있다.

有力者 負之而走, 昧者 不知也. 藏小大有宜, 猶有所遯. 若夫藏天下於天下而不得所遯, 是恒物之大情也. 特犯人之形而猶喜之. 若人之形者, 萬化而未始有極也, 其爲樂可勝計邪! 故聖人將遊於物之所不得遯而皆存. 善夭善老, 善始善終, 人猶效之. 又 況萬物之所係, 而一化之所待乎) 참조.

49) 이 내용은 『장자』에서 인용한 구절이다. 『장자』「전자방」(田子方), "吾一受其成形, 而不化以待盡, 效物而動, 日夜無隙, 而不知其所終., 薰然其成形, 知命不能規乎其前, 丘以是日徂" 참조.

108

【5】皆在冥中而潛化 固非耳目所瞻察.

온통 검고 어두운(玄冥) 가운데 남모르게 변화하니, 눈과 귀로 보고 들을 수 있는 것이 아니다.

【6】世音生.

세(世)는 생(生)이다.

【7】形色髮膚有精麤者 新故相換 猶不可識, 況妙於此者乎!

형체와 낯빛과 모발과 피부에는 곱고 거친 것이 있는데, 새 것과 헌 것이 서로 바뀌어도 알아채지 못하거늘, 하물며 이보다 묘한 존재에 있어서랴!

【역자 해설】

원문에서 말한 '이쪽에서 덜면 저쪽에서 채워진다'는 표현이나, 장담의 주석 "이른바 강물이 말라서 골짝이 비고, 언덕이 평평해져서 연못이 채워진다"는 것은 요즘 말로 하면 풍선 효과라고 하겠으나, 과학적으로 말하자면 평형 이동의 법칙과도 깊은 관계가 있다고 할 수 있다. 동양에서는 특별히 조화와 균형을 중시한다. 그래서 천지도 만물도 모두 자동적으로 평형을 이루는 방향으로 운동하고 변화한다고 생각했다.

그런데 평형을 이루게 되면 정체 상태에 빠질 가능성이 크다. 변화는 에너지가 평형을 이루는 방향으로 진행되지만, 변화가 일어남으로써 새로운 차원으로 발전하게 된다. 『주역』에서는 고착상태에 빠지면 변화가 일어나고, 변화가 일어나면 통하게 되며, 통하게 되면 그 상태가 지속되다가 다시 변화가 시작된다고 했다(「계사하전」繫辭下傳, "易 窮則變 變則通 通則久"). 상황이 막히고 정체되었을 때, 전체를 한 번에 바꾸기는 쉽지 않다. 우리는 자원과 역량을 전략적 요충지에 집중시킴으로써 변화를 일으키고, 여기에서부터 물결처럼 상호 영향을 미치게끔 유도하면서 정체된 상태를 깨뜨리고 새로운 단계로 나아간다.

희랍의 소피스트 헤라클레이토스는 '인간은 같은 강물에 두 번 들어갈 수 없다'고 했다. 사실 흐르는 강물만 그때의 그 강물이 아니라, 인간 자신도 그때의 그 사람이 아니다. 인간의 육신은 그대로인 것 같지만 사실은 그렇지 않다. 인간의 피부세포는 시간당 3-4만 개가 새로 만들어져서 매년 3.6킬로그램에 달하는 양이 생성된다. 창자세포는 2-3일, 허파세포는 2-3주, 적혈구는 4개월, 간세포는 5개월 만에 새로 만들어진다고 한다. 태어나면서 그대로 유지해온 것으로 알았던 우리의 육신마저도 엄밀히 말하면 피부가 다르고 창자가 다르고 허파가 달라져 있기 때문에, 어제의 나는 오늘의 나와 같다고 말할 수 없다. 그렇다면 강은 강이 아니고 나는 나가 아닌 것이란 말인가? 영원불변할 줄 알았던 모든 존재는 시간의 축선 상에서는 실체가 없는 변화무쌍한 허명일 뿐인가?

세상에서 가장 알기 쉽고 이해하기 쉬운 것이 흑백의 이분법이다. 그러나 열자는 왕래(往來)와 존망(存亡)과 생사(生死), 나아가 시비(是非)나 선악(善惡) 같은 이분법적 구분이 무의미하고, 이들이 대립적으로 존재하는 것이 아니라 양자가 동시에 일어나고 변증법적으로 전개되고 있다는 사실을 직시하라고 말한다. 열자는 우리가 참이라고 당연시했던 타성과 관습에 물든 지식의 허점을 폭로한다. 그리고 보이지 않고 들리지 않아서 간과하고 있던 기미(幾微)를 살펴보라고 가르쳐준다.

12장

1절

杞國有人 憂天地崩墜 身亡所寄 廢寢食者. 又有憂彼之所憂者 因往曉之[1] 曰

天積氣耳 亡處亡氣. 若屈伸呼吸 終日在天中行止 奈何憂崩墜乎?[2]

其人曰

天果積氣 日月星宿不當墜邪?

曉之者 曰

日月星宿 亦積氣中之有光耀者.[3] 只使墜 亦不能有所中傷.

其人曰

奈地壞何?

曉者 曰

地積塊耳. 充塞四虛 亡處亡塊. 若躇步跐蹈 終日在地上行止 奈何憂其壞?

其人 舍然大喜,[4] 曉之者 亦舍然大喜.[5]

기(杞)나라에 천지가 무너지면 몸 둘 곳이 없어질까 하여 침식을 잊은 채 걱정하는 사람이 있었다. 그런데 또 그렇게 걱정하는 그를 걱정스러워하는 이가 있어서 그를 깨우쳐주러 가서[1] 말했다. "하늘은 기(氣)로 쌓여 있을 뿐이라, 어느 곳에도 모두 기가 차 있네. 예를 들어 우리가 아무리 굽혔다 폈다 움직이거나, 내쉬었다 들이마셨다 호흡을 한다 하더라도 종일토록 이 하늘 가운데에서 움직이고 있는 격이니, 어떻게 천지가 무너져 내린다고 걱정하겠나?"[2]

걱정꾼이 말했다.

"하늘이라는 것이 과연 기가 쌓여 있는 것이라면, 해와 달과 별들이 떨어져야 하는 것 아닙니까?"

깨우치는 이가 대답했다.

"해와 달과 별들도 기가 쌓인 가운데에서 빛을 내고 있는 것이네.[3] 다만 그것들을 떨어지게 한다 하더라도 역시 어디에 부딪쳐서 상하게 할 수가 없다네."

걱정꾼이 말했다.

"그러면 땅은 어떻게 된 것입니까?"

깨우치는 이가 말했다.

"땅은 흙덩어리가 쌓여 있을 뿐이네. 네 귀퉁이까지 꽉 채우고 있어서 어느 곳인들 흙덩어리가 없는 곳이 없다네. 예를 들어 우리가 아무리 걷고 뛰고 밟는다 하더라도 종일토록 땅 위에서 돌아다니고 있으니, 어떻게 그것이 무너질까 걱정하겠나?"

그러자 천지가 무너질까 걱정하던 사람도 의혹이 풀려져서 크게 기뻐했고,[4] 그 깨우쳐주던 이도 걱정을 하던 것이 풀려서 크게 기뻐했다.[5]

【장담 주석】

【1】彼之所憂者 惑矣, 而復以不惑 憂彼之所惑 不憂彼之所憂. 喻積惑彌深 何能相喻也.

기나라 사람이 걱정하던 것은 잘못된 미혹 때문이었으나, 미혹되지 않은 이는 저 사람의 미혹을 걱정했으나 저 사람의 걱정거리를 걱정하지는 못했다. 이는 미혹이 쌓인 것이 더욱 깊어지면 서로 깨우쳐줄 수 없음을 깨우쳐 준다.

【2】夫天之蒼蒼 非鏗然之質 則所謂天者 豈但遠而無所極邪? 自地而上則 皆天矣. 故俯仰喘息 未始離天也.

푸른 하늘이 튼실한 재질이 아니라면, 하늘이라는 존재가 어찌 그리 끝없이 멀 수 있겠는가? 지상에서 그 위로는 모두가 하늘이다. 그러므로 굽히거나 우러르거나 기침하거나 숨을 쉬거나 하늘에서 떠나지 못한다.

【3】氣亦何所不勝? 雖天地之大 猶自安於太虛之域, 況乃氣氣擧者也!

기가 감당치 못할 것이 있겠는가? 크다고 하는 천지라도 태허의 공간에서 스스로 편안히 있거늘, 하물며 기와 기가 서로 들어주고 있는 상황임에랴!

【4】舍宜作釋, 此書釋字作舍.

사(舍)는 석(釋)으로 써야 하니, 이 책에서는 '석'자가 '사' 자로 쓰여져 있다.

【5】此二人 一以必破[50]爲憂 一以必全爲喜, 此未知所以爲憂喜也. 而互相 慰喻 使自解釋, 固未免於大惑也.

---

50) 도장본(道藏本)에는 패(敗)로 되어 있다.

이 두 사람은 하나는 반드시 무너질 것이라고 걱정하고, 하나는 반드시 온전할 것이라고 기뻐하고 있으나, 이들은 걱정하고 기뻐하는 까닭이 무엇인지를 알지 못한 채 서로 깨달았다고 스스로 해석하며 흡족해하고 있으니, 진실로 큰 미혹을 면하지 못했다.

2절

長廬子聞而笑之曰

虹蜺也 雲霧也 四時也 此積氣之成乎天者也. 山岳也 河海也 金石也 火木也 此積形之成乎地者也. 知積氣也 知積塊也 奚謂不壞?[6] 夫天地 空中之一細物 有中之最巨者 難終難窮 此固然矣, 難測難識 此固然矣. 憂其壞者 誠爲大遠 言其不壞者 亦爲未是. 天地不得不壞 則會歸於壞 遇其壞時 奚爲不憂哉?[7]

子列子聞而笑曰

言天地壞者 亦謬 言天地不壞者 亦謬. 壞與不壞 吾所不能知也, 雖然彼一也 此一也.[8] 故生不知死 死不知生 來不知去 去不知來, 壞與不壞 吾何容心哉?[9]

장려자(長廬子)가 이 말을 듣고 웃으며 말했다.

"무지개와 운무(雲霧)와 풍우와 사계절 같은 것도 다 하늘에서 기가 쌓여서 이루어진 것들이다. 산악과 하해(河海)와 금석(金石)과 불과 나무 같은 것은 다 땅에서 형체가 쌓여서 이루어진 존재들이다. 기가 쌓인 존재도 알고 덩어리가 쌓인 존재도 안다면 이들이 어찌 허물어지지 않는다고 하겠는가?[6] 저 하늘과 땅은 무한한 허공 가운데에서 하나의 작은 존재이지만, 존재하는 것 가운데 가장 거대해서 끝나거나 다하기 어려운 것은 당연한 이치요,

측량하기도 알기도 어려운 것 역시 당연한 이치다. 하늘과 땅이 무너질까 걱정하는 자도 참으로 우원(迂遠)하거니와, 그것이 무너지지 않는다고 하는 이도 역시 옳지 못하다. 하늘과 땅도 허물어지지 않을 수 없은즉, 한번 모인 것은 흩어지게 되어 있으니, 그것이 허물어질 때를 닥치게 된다면 어찌 걱정하지 않겠는가?"【7】
열자가 이 말을 듣자 웃으며 말했다.

"하늘과 땅이 무너진다고 하는 것도 잘못이요, 무너지지 않는다고 하는 것도 잘못이다. 천지가 무너지는지 아닌지 나는 알 수가 없으나, 무너져도 한가지요 안 무너져도 한가지다.【8】 그러므로 살아 있을 때는 죽음을 모르고 죽어서는 삶을 모르며, 올 때는 갈 줄을 모르고 갈 때는 올 줄을 모른다. 그러니 무너지든 안 무너지든 내가 무슨 마음에 담아둘 것이 있겠는가?"【9】

【장담 주석】

【6】 彼一謂不壞者也 此一謂壞者也. 若其不壞 則與人偕全, 若其壞也 則與人偕亡, 何爲欣戚於其閒哉?

저것도 한가지란 무너지지 않는다는 설을 일컬음이요, 이것도 한가지란 무너진다는 설을 말함이다. 만일 무너지지 않는다면 다른 사람들과 함께 모두가 다 무사할 것이요, 무너진다면 다른 사람들과 함께 모두 사라지게 될 것이니, 그 사이에 무슨 기뻐하고 근심하고 할 것이 있겠는가?

【7】 生之不知死 猶死之不知生. 故當其成也 莫知其毀, 及其毀也 亦何知其成? 此去來之見驗 成敗之明徵 而我皆即之 情無彼此 何處容其心乎?

살아 있을 때 죽음을 모름은 죽어서는 삶을 알지 못하는 격과 같다. 그러므로 이뤄질 때는 무너질 줄 모르니, 무너질 때에 어떻게 그것이 이뤄짐을 알겠는가? 가고 오며 이뤄지고 부서지는 징험이 분명하지만, 내가 그에 대하는 감정에는 피차의 구별이 없으니, 어디에 마음을 담아두겠는가?

【8】夫混然未判 則天地一氣 萬物一形. 分而爲天地 散而爲萬物 此盖離合
之殊異 形氣之虛實.

혼돈이 아직 나뉘지 않은 상태에서는 천지도 한 덩어리의 기운이요, 만물
도 한 덩어리의 형체였을 뿐이다. 이것이 나뉘어 천지가 되고 흩어져 만물이
되니, 각기 다르게 이합(離合)해서 형기(形氣)의 허실이 생긴다.

【9】此知有始之必終 有形之必敗 而不識休戚與陰陽升降 器質與天地顯沒
也.

이는 시작이 있으면 반드시 마침이 있고, 형체가 있으면 반드시 허물어지
는 때가 있음을 알고는 있으나, 음양을 따라 기쁨과 슬픔이 오르내리고, 천지
와 함께 온갖 존재가 생성·소멸함을 알지 못한 것이다.

【역자 해설】

기우(杞憂)는 일반적으로 어리석음을 비웃는 성어로 자주 인용되
지만, 위에서 원의를 음미해보면 특별히 어리석은 사람만의 이야기
는 아니다. 뒤의 「황제」편에 나오는 조삼모사(朝三暮四)와 더불어, 어
린 시절 나 자신의 좁은 소견을 보여주는 우화이며, 나아가 우리 모두
의 이야기다. 우리가 얼마나 어리석은 생각을 하며 행동해왔는지, 또
슬기롭지 못한 행동을 하며 살아왔는지를 한번 되돌아볼 필요가 있
다. 이들 우화는 단순히 비웃을 이야기가 아니라, 우리 인간의 소견이
나 지식이 얼마나 제한적인지를 보여주는 반성의 소재이며, 또한 인
류의 지성이 시행착오를 겪으며 진보·발전해간다는 사실을 역설적
으로 말해준다.

장려자가 말한 천지도 허물어질 때가 있다는 말이나, 우주는 "기와 기가 서로 들어주고 있"다는 장담의 설명도 매우 흥미롭다. 장려자는 이미 천지라는 몸체가 이 태허의 공간에 고착되어 있다고 하는 개천설(蓋天說)을 넘어서, 무궁한 우주 가운데에 있는 상대적이고 유한한 천지를 언급하고 있다. 또 천지의 구조가 기와 덩어리로 꽉 채워져 영원히 튼튼하다고 했지만, 이에 대해 장담은 "기와 기가 서로 들어주고 있"다고 해석함으로써 무한한 우주가 기운의 작용으로 운행하고 있다는 혼천설(渾天說)을 언급한 것으로 이해할 수 있다.

13장

舜問乎丞曰

道可得而有乎?[1]

曰 汝身非汝有也 汝何得有夫道?[2]

舜曰

吾身非吾有 孰有之哉?[3]

曰 是天地之委形也.[4] 生非汝有 是天地之委和也.[5] 性命非汝有

是天地之委順也.[6] 孫子非汝有 是天地之委蛻也.[7] 故行不知所

往 處不知所持 食不知所以.[8] 天地強陽氣也 又胡可得而有邪?[9]

　순임금이 증(丞)에게 물었다.

　"도를 얻어 가질 수 있습니까?"[1]

　증이 대답했다.

　"그대의 육신도 그대가 가지고 있는 게 아닌데, 그대가 어떻게 도
를 얻어 가질 수 있겠습니까?"[2]

　순이 말했다.

　"나의 육신이 내가 가진 게 아니라면 누가 가지고 있다는 건가

요?"[3]

증이 대답했다.

"천지가 형체를 맡겨둔 것입니다.[4] 그대가 살아 있음도 그대가 가진 게 아니요, 천지가 조화(調和)를 맡겨둔 것이고,[5] 그대의 성명(性命)도 그대가 가진 게 아니고 천지가 순리(順理)를 맡겨둔 것이며,[6] 그대의 자손도 그대가 가진 게 아니라 그대가 허물 벗도록 천지가 맡겨둔 것입니다.[7] 그러므로 그대가 움직여도 가는 곳을 모르고, 멈춰 있어도 지키고 있어야 할 바를 모르며 음식을 먹어도 그 까닭을 모릅니다.[8] 천지는 굳센 기운 덩어리이니, 우리 인간이 어떻게 소유할 수 있겠습니까?"[9]

【장담 주석】

【1】 舜欲明羣有 皆同於無 故擧道以爲發問之端.

순임금은 모든 존재의 본질이 무(無)와 동일함을 증명하고 싶었다. 그래서 도를 들어서 질문의 실마리로 삼았다.

【2】 郭象曰 夫身者 非汝所能有也, 塊然而自有耳. 有非所有而 況無哉!

곽상이 말했다. "저 육신이란 사람이 능동적으로 소유한 게 아니라 피동적으로 그냥 갖게 되었을 뿐이다. 갖고 있는 유(有)도 소유한 것이 아니거늘 하물며 무(無)인 도(道)임에랴!"

【3】 據有此身 故重發問.

육신을 가지고 있다는 사실에 의거해서 거듭 질문을 했다.

【4】 是一氣之偏積者也.

이는 본체 일기(一氣)의 한 부분이 쌓인 결과다.

【5】積和 故成生耳.

조화롭게 뭉쳤으므로 생겨난 것일 뿐이다.

【6】積順 故有存亡耳. 郭象曰 若身是汝有 則美惡死生 當制之由. 汝今氣聚而生 汝不能禁也, 氣散而死 汝不能止也, 明其委結而自成 非汝之有也.

순리로 뭉쳤으므로 생멸이 있을 뿐이다. 곽상은 '만일 육신이 그대의 것이라면 그대는 미추(美醜)와 생사(生死)를 조절할 수 있어야 할 것이다. 그러나 그대는 이제 기가 뭉쳐서 생겨났지만 그대는 이를 막을 수가 없고, 기가 흩어져서 죽게 되어도 이를 멈출 수가 없으니, 위탁받아서 저절로 이뤄졌을 뿐 그대가 소유한 것이 아니다'라고 했다.

【7】氣自委結而蟬蛻耳. 若是汝有 則男女多少 亦當由汝也.

기가 스스로 맺혔다가 스스로 허물 벗을 뿐이다. 만일 그대가 소유한 것이라면, 남녀(男女)나 다소(多少)를 그대가 결정해야 한다.

【8】皆在自爾中來 非知而爲之也.

모두가 저절로 온 것이지, 인간이 알아서 그렇게 한 것이 아니다.

【9】天地 即復委結中之最大者也. 今行處食息 皆彊陽氣之所運動 豈識其所以然? 彊陽 猶剛實也. 非剛實理之至 反之虛和之極, 則無形無生 不死不終, 則性命何所委順 子孫何所委蛻 行處何所止泊 飮食何所因假也?

천지는 본체가 기운을 뭉쳐서 맡겨둔 것 가운데에서 가장 큰 존재다. 이제 움직이건 멈춰 있건 먹고 있건 쉬고 있건 간에 모두가 굳센 기에 의해 움직여졌으나, 어떻게 그렇게 된 까닭을 알겠는가? 강양(彊陽)은 강하고 꽉 차 있다는 뜻이다. 지극히 강하고 꽉 찬 기운으로서 허무와 조화의 극치로 되돌아가지 못한다면 형체도 없고 생명도 없으며 죽지도 못하고 끝마치지도 못하게 되리니, 성명(性命)이 어떻게 맡겨지고 자손이 어떻게 태어났으며 가고 옴에 어떻게 머무르며 먹은 음식이 어떻게 의탁하겠는가?

【역자 해설】

도(道)라는 개념처럼 동양철학에서 자주 쓰이는 말은 없다. 하지만 기(氣)와 무(無) 그리고 자연(自然) 개념은 유가나 묵가를 비롯한 다른 고전에서는 잘 쓰이지 않는, 도가의 특징을 보여주는 고유의 개념들로 도가 사상에서 전가의 보도처럼 쓰인다.

이들은 도의 실체나 속성 등을 설명해주는 개념이다. 즉 기는 도의 실체이고, 무는 무형·무색·무미의 속성이며 자연은 저절로 그러한 기능이라고 할 수 있다. 그렇지만 모든 것을 기의 작용으로서 그 이치가 저절로 그렇게 되는(自然) 것이라고 하거나, 그 속성은 무(無)나 무위(無爲)라고만 말한다면, 여산(廬山)의 진면목(眞面目)을 보지 못한 채 모호한 안개 속에 있는 도를 바라보거나 먼발치에서 흐릿한 원경(遠景)만을 구경하는 셈이니, 별다른 내용 없는 빈 말이라고 하겠다.

동양의 초탈한 도인들은 그저 무위자연이란 말 한마디로 삼라만상의 차별상을 초월해서 모든 자연현상의 본질을 설명했다고 할 것이다. 좀더 구체적으로 묻는다면, 아마도 '말로는 설명할 수 없으니, 네가 도를 깨우쳐보면 알 것'이라고 대답할 것이다. 그러나 서양에서는 구체적 사물의 특징을 일정한 양식과 규칙으로 인식하고 수학의 공식으로 객관화시킴으로써 학문적으로 체계화하려 한다. 이 점에서 동서의 차이가 드러난다. 우리는 한번에 도를 깨우치는 것이 아니라 수많은 시행착오를 겪으면서 진실에 다가가는 것인지 모른다. 이제는 도의 존재 양식과 운동 방식을 어떻게 구체화하고 객관적으로 설명할 수 있을지 물어보아야 할 것이다.

14장

1절

齊之國氏大富 宋之向氏大貧, 自宋之齊 請其術. 國氏告之曰

吾善爲盜. 始吾爲盜也 一年而給 二年而足 三年大壤. 自此以往 施及州閭.

向氏大喜, 喻其爲盜之言而不喻其爲盜之道. 遂踰垣鑿室 手目所及 亡不探也. 未及時以贓獲罪 沒其先居之財. 向氏以國氏之謬己也, 往而怨之.

國氏曰

若爲盜 若何?

向氏言其狀, 國氏曰

嘻! 若失爲盜之道 至此乎! 今將告若矣. 吾聞天有時地有利[1] 吾盜天地之時利 雲雨之滂潤 山澤之産育 以生吾禾 殖吾稼 築吾垣 建吾舍. 陸盜禽獸 水盜魚鱉 亡非盜也. 夫禾稼土木禽獸魚鱉 皆天之所生 豈吾之所有?[2] 然吾盜天而亡殃[3] 夫金玉珍寶穀帛財貨 人之所聚 豈天之所與?[4] 若盜之而獲罪 孰怨哉![5]

제나라의 국(國) 씨는 아주 부유했고, 송나라의 상(向) 씨는 아주 가난했다. 상 씨는 송나라에서 제나라를 찾아가서 국 씨에게 그 방법을 알려달라고 부탁했다. 국 씨는 상 씨에게 말했다.

"나는 도둑질을 잘하오. 처음 내가 도둑질을 하고 1년이 되자 필요한 것을 얻을 수 있었고, 2년이 되자 넉넉해졌고, 3년이 되자 아주 풍족해졌소. 이 뒤로는 동네 사람들에게까지 인심을 쓸 수 있게 되었지요."

상 씨는 이 말을 듣고 크게 기뻐했으나 도둑질한다는 말만 알아들었지 도둑질을 하는 도를 알지 못했다. 드디어 상 씨는 담장을 넘고 벽을 뚫고 들어가 닥치는 대로 훔치지 않는 물건이 없었다. 그러나 얼마 못 가서는 도둑질로 죄를 얻어 이전에 갖고 있던 그의 재산까지 몰수당하고 말았다. 상 씨는 국 씨가 자기를 그르쳤다고 하여 그를 찾아가서 원망했다.

국 씨가 물었다.

"당신은 어떻게 도둑질을 했소?"

상 씨가 그 상황을 설명하자, 국 씨가 말했다.

"아! 이제 보니 당신은 도둑질을 하는 도를 잃어서 이 지경에 이른 것이구려! 이제 당신에게 일러주리다. 나는 천시(天時)와 지리(地利)라는 게 있다고 들었소.[1] 그래서 나는 하늘의 때와 땅의 이로움과 비가 내려주는 윤택함과 산택(山澤)에서 나는 물건을 도둑질해다가 밭의 곡식을 키우고, 집을 짓고 담도 쌓았소. 육지에서는 새와 짐승을 도둑질했고 물에서는 물고기와 자라를 도둑질했으니, 이렇게 훔치지 않은 것이 없었소. 저 벼와 곡식, 흙과 나무, 새와 짐승, 물고기와 자라 따위들은 다 하늘이 낸 것이지 어찌 나의 소유라 하겠소?[2] 그렇게 나는 하늘이 낸 물건을 훔쳤으나 재앙이 없었소.[3] 그렇지만 금과 옥, 진주와 보물, 곡식과 비단

같은 재물은 사람들이 모은 것이지 어찌 하늘이 준 것이겠소?【4】 당신이 이것들을 도둑질하다가 죄를 얻었으니, 누구를 원망하겠소?"【5】

【장담 주석】

【1】謂春秋冬夏 凡土出有也.

여기에서는 춘하추동의 사계가 땅에서 나왔다고 보았다.

【2】天尚不能自生 豈能生物? 人尚不能自有 豈能有物? 此乃明其自生自有者也.

하늘은 제 스스로를 낳지 못하는데, 어찌 사물을 낳을 수 있겠는가? 사람도 제 스스로를 소유하지 못하는데, 어찌 사물을 소유할 수 있겠는가? 이는 바로 스스로를 낳고 스스로를 소유하는 자를 밝힌 것이다.

【3】天亡其施 我公其心 何往而有怨哉?

하늘은 베풀어주지를 않았고,51) 나는 사사로운 마음이 없었으니, 어디에 간들 원망이 있겠는가?

【4】天尚不能與 豈人所能聚? 此亦明其自能自聚.52)

하늘도 줄 수가 없거늘 어찌 사람이 모을 수 있겠는가? 이는 또한 그것들이 스스로 작동해서 스스로 모인 것임을 밝힌다.

---

51) 벼와 곡식, 흙과 나무, 금수와 어별 등은 모두 천연적으로 생긴 것이지 하늘이 특별히 덕을 베풀어 낳은 것이 아니라는 뜻이다.
52) 양백준(楊伯峻)은 자능자취(自能自聚)를 자여자취(自與自聚)로 고쳐야 옳다고 보았다. 『열자집석』, 37쪽.

【5】人有其財 我犯其秘 所以致咎.

사람들은 그 재물들을 갖고 있는데, 내가 그 감춰둔 것을 건드린 까닭에 허물이 생긴 것이다.

2절

向氏大惑 以爲國氏之重罔己也, 遇東郭先生問焉. 東郭先生曰 若一身 庸非盜乎? 盜陰陽之和以成若生 載若形 況外物而非盜哉?【6】誠然天地萬物不相離也, 仍⁵³⁾而有之 皆惑也.【7】國氏之盜 公道也, 故亡殃. 若之盜 私心也. 故得罪.【8】有公私者 亦盜也,【9】亡公私者 亦盜也.【10】公公私私 天地之德,【11】知天地之德者 孰爲盜邪? 孰爲不盜邪?【12】

상 씨는 국 씨의 말이 아주 이해되지 않았고 그가 거듭해서 자기를 속인다고 생각해서, 동곽(東郭) 선생을 만나 물었다. 동곽 선생이 대답했다.

"그대의 한 몸뚱이도 어찌 훔친 것이 아니겠소? 이미 음양의 화기(和氣)를 도둑질해다가 그대를 태어나게 만들었고 그대의 형체를 유지하고 있거늘, 거기에 더해 다른 재물까지 손댄 것이 어찌 도둑질이 아니겠소?【6】참으로 천지만물은 서로 분리되지 않는 존재들인데 자기의 사유로 생각한다면 이는 잘못된 생각이요.【7】다만 국 씨의 도둑질은 공도(公道)로 한 것이라 재앙이 없었지만, 그대의 도둑질은 사심(私心)으로 한 짓이므로 죄를 얻게된 거요.【8】공이든 사든 모두 도둑질이고【9】공·사가 없다 해도

---

53) 도장본에는 인(認) 자로 되어 있는데, 같은 뜻이다. 『열자집석』, 37쪽 인용.

다 도둑질이요.[10] 공을 공이 되게 하고 사를 사가 되게 하는 것
은 천지의 덕이니,[11] 만일 천지의 덕을 아는 이라면 누구를 도둑
이라고 하고 누구를 도둑이 아니라고 하겠소?"[12]

【장담 주석】

【6】若其有盜邪 則我身即天地之一物 不得私而有之, 若其無盜邪 則外內不
得異也.

도둑질을 했더라도 내 육신이 바로 천지의 일부이니 사사로이 소유할 수
가 없고, 만일 도둑질이 아니더라도 안과 밖이 구별되지 않는다.

【7】夫天地 萬物之都稱 萬物 天地之別名, 雖復各私其身 理不相離, 仍而有
之 心之惑也. 因此而言 夫天地委形 非我有也, 飭愛色兒矜伐智能 已爲惑矣.
至於甚者 橫仍外物 以爲己有 乃標名氏以自異 倚親族以自固 整章服以耀物
籍名位以動衆 封殖財貨 樹立權黨 終身欣玩 莫由自悟. 故老子曰 吾所以有大
患 爲吾有身, 莊子曰 百骸六藏 吾誰與爲親? 領斯旨也 則方寸與太虛齊空 形
骸與萬物俱有也.

저 천지는 만물의 총칭이고 만물은 천지의 별명으로, 비록 각자 자기 형
체를 갖고 있다 하더라도 이치상 분리되지 않으니, 이를 자신이 소유하고 있
다고 여긴다면 잘못 생각한 것이다. 그래서 천지가 형체를 맡긴 것이지 나의
소유가 아니니, 내가 외모에 신경 쓰고 지능을 자랑하는 것은 잘못이라고 말
했다. 심한 경우에는 다른 물건들을 제멋대로 가져다가 자기 소유로 만들고
는, 여기에 자기의 이름을 내세워 자신을 돋보이고 친지들에 의지해서 세력
을 강화하고 의관을 차려입고 남들 앞에 자랑하고 지위를 빙자해서 사람들
을 동원하며, 재화를 불리고 붕당(朋黨)을 세력화하니, 이런 짓을 죽을 때까
지 즐기면서 스스로 반성할 줄 모른다. 그러므로 노자는 '내가 가진 가장 큰
우환거리는 내가 육신을 가지고 있기 때문'이라고 했고, 장자는 '오장육부의

육신 가운데 내가 구태여 어느 것과 더 친하겠는가'라고 물었다. 이 뜻을 깨
닫는다면 한 치의 마음이나[54] 태허의 창공이 그 본질은 모두 공(空)이 되고,
나의 오장육부나 만물이 그 본질은 모두 유(有)가 된다.

【8】公者 對私之名, 無私 則公名滅矣. 今以犯天者 爲公, 犯人者 爲私 於理
未至.

　공이란 사에 대립되어 성립하는 개념으로, 사가 없다면 공 개념도 존재할
수가 없다. 이제 하늘이 준 것을 범하면 공이 되고, 사람이 가진 것을 범하면
사가 된다고 한다면 논리적으로 타당하지 못하다.

【9】直所犯之異耳 未爲非盜.

　바로 범한 곳이 다를 뿐이지, 도둑질이 아닌 것은 아니다.

【10】一身不得不有 財物不得不聚, 復欲遣之 非能即而無心者也.

　자신의 육신은 어쩔 수 없이 소유하게 되었고 재물은 어쩔 수 없이 모으게
되었는데, 이를 다시 버리고자 한다면 무심으로 대하지 못하는 셈이다.

【11】生即天地之一理 身即天地之一物. 今所愛吝 復是愛吝天地之閒生身
耳. 事無公私, 理無愛吝者也.

　태어난 것은 바로 천지의 한 가지 이치고 육신은 바로 천지의 한 가지 사
물이다. 이제 아깝게 여길 바는 천지 사이에 어렵게 태어나고 몸 받은 육신
뿐이다. 그러나 본래 일에는 공·사가 없으니, 논리적으로 아까운 것도 없다.

---

54) 본문 뒤의 「중니」(仲尼)편에 "吾見子之心矣 方寸之地虛矣, 幾聖人也. 子心六孔
　流通 一孔不達, 今以聖智爲疾者 或由此乎? 非吾淺術所能已也."라고 나온다. 방촌
　(方寸)은 본래 한 치 크기의 심장을 가리키지만 텅 빈 마음을 뜻한다.

【12】天地之德 何邪? 自然而已. 自然而已 何所歷其公私之名? 公私之名既廢 盜與不盜 理無差也.

천지의 덕이란 무엇인가? 저절로 그러할 뿐이다. 저절로 그러할 뿐이니 무슨 공이니 사니 하는 이름들을 나열할 것이 있겠는가? 공·사라는 개념 자체가 성립될 수 없다면, 도둑질과 도둑질이 아닌 것 역시 논리적으로 아무런 차이가 없다.

【역자 해설】

사유재산을 근간으로 성립된 현대 자본주의 사회에서 도둑질은 중대한 범죄행위이지만, 사실 약탈은 오랫동안 고대 인류의 주된 경제활동 방식이었다. 새로운 왕조가 들어설 때—선양(禪讓)이라는 허울을 취하는 경우도 있지만—무력에 의한 왕위 강탈과 간계에 의한 정권 탈취는 지금도 일부에서 자행되고 있는 주요한 정권 교체 방식이다.

주역에서도 도둑의 이야기가 자주 등장하는데, 「계사전」에는 '얼굴을 예쁘게 꾸미는 것은 음란함을 가르치는 것이요, 재물을 간수하기에 게으른 것은 도둑질을 가르치는 것이다'라는 말을 남겼다. 도둑질 자체를 비윤리적 행위이자 정당하지 못한 행위라고 비난하기 전에, 먼저 도둑질을 당한 사람의 부주의를 탓한 점을 주목할 필요가 있다.

이 장에서는 도둑질을 천지 사이에 난 금수초목을 가져다가 인간이 사육하고 이용하는 행위 자체에까지 확장시키고 있다. 우리는 이를 수렵이니 채취니 하는 개념으로 부르지만, 사실 하늘을 나는 새 한 마리, 땅 위에서 난 풀 한 포기 본래 인간의 것은 없다. 인간이 영리하다는 이유 하나로 지구상에서 사용하고 있는 재화(財貨)는 모두 허락을 받지 않고 임의로 가져다 쓴 것이 아닌가? 그렇다면 도둑질과 무엇이 다르다는 말인가? 이제 우리 인간들은 바닷속 심연을 헤집어 오염시키고, 우주에까지 그 손길을 뻗치고 있다.

사실 고대인들은 천지로부터 재화를 마음대로 가져다 쓰는 것도 아니었다. 그들은 천지 사이에 자라난 생명을 취하는 것에 양심의 가책이 있었고, 심지어 돌멩이 하나 건드리는 것에 대해 두려운 마음이 있었다. 그렇기에 재화를 취하기 전 하늘에 희생으로 고하고 땅에 제물을 바쳐서 신의 허락을 구했던 것이다. 사냥을 가든 나무를 하든 산에 들어가기 전에는 서낭당에 모신 산주에 고유제(告由祭)를 경건하게 올렸고, 땅에 말뚝 하나 박기 전에도 터주에게 공손히 제물을 올리는 동토제(動土祭)를 드렸다. 고기잡이를 하기 전에는 용왕(龍王)이나 해신(海神)에게 제사를 드렸으니, 지금은 풍어(豊漁)를 빈다고 생각하지만 필자의 견해로는 본래 바다의 터주인 수신(水神)의 양해를 구한 것이었다고 본다.

이곳도 열자의 원문과 장담의 주석 내용이 일치하지 않는다. 열자는 금은보화는 하늘이 낸 것이 아니라 인간이 노력해서 모은 사유재산이라고 했으나, 장담은 인간 소유의 사유재산으로 보지 않고, 이들 금은보화가 스스로 모인 것이라고 설명했다.

그렇다면 상 씨의 죄는 어디에서 비롯한 것인가? 열자의 원문에 의하면 하늘이 낸 것을 도둑질하는 것은 상관없지만, 상 씨는 사람들이 가진 것을 도둑질했기 때문이라고 했다. 그러나 장담의 설명에 의하면 국 씨는 천지에 펼쳐진 금수초목을 훔쳐서 남들과 함께 공유(公有)로 했지만, 상 씨는 감춰진 금은보화를 남몰래 가져와서 혼자 독차지하려고 했기 때문이라고 했다. 열자와 장담 사이에는 미묘하지만 해석의 차이가 있는데, 이는 주석의 형식을 빌려 자신의 사상을 피력하는 전통 경학의 방식이다.

제2편 황제(黃帝)

【장담 제주(題注)】

稟生之質謂之性 得性之極謂之和. 故應理處順 則所適常通, 任情背道 則遇物斯滯.

> 66 사람이 타고난 본질을 성(性)이라 하고, 성을 완전히 구현한 상태를 화(和)라고 한다. 그러므로 이치에 따라 유순하게 산다면 가는 곳마다 늘 통하게 되지만, 도를 등지고 마음대로 한다면 만나는 것마다 막히게 된다. 99

1장

1절

黃帝即位十有五年, 喜天下戴己【1】 養正命【2】 娛耳目 供鼻口, 焦
然肌色䵟䵢 昏然五情爽惑.【3】
又十有五年 憂天下之不治【4】 竭聰明進智力營百姓 焦然肌色䵟
䵢 昏然五情爽惑【5】
黃帝乃喟然讚曰【6】
朕之過淫矣.【7】 養一己 其患如此, 治萬物 其患如此!【8】
於是放萬機舍宮寢 去直侍 徹鐘懸 減廚膳 退而間居大庭之館 齋
心服形.【9】 三月不親政事 晝寢而夢【10】 遊於華胥氏之國.

황제(黃帝)가 즉위한 지 15년이 되자, 천하가 다 자기를 떠받들
면서【1】 성명(性命)을 기르고【2】 귀와 눈을 즐겁게 하며, 입과 코에
맛난 음식을 바쳐주니 좋긴 했으나, 그을린 듯 얼굴엔 기미가 끼
고 오정(五情)이 흐리멍텅해지고 말았다.【3】
다시 15년이 지나자 천하가 잘 다스려지지 않음이 걱정스러웠고
【4】 총명과 지혜를 쥐어짜내서 백성을 돌보았으나, 탄 것처럼 얼

굴에는 기미가 검게 끼고 희로애락의 감정이 어지러워지고 말았다.[5]

이에 황제는 탄식하면서 말했다.[6]

"짐의 잘못이 심하도다![7] 내 한 몸을 기르는 것도 이렇게 걱정스럽고, 사람들을 다스리는 것도 이렇게 걱정스럽구나!"[8]

그러고는 온갖 정사(政事)에서 손을 떼고, 궁궐도 버리고, 시종들을 내보내고, 악기도 걷어치우며, 반찬도 줄이고는, 물러나 정원이 널찍한 집에서 한가로이 머물며 마음을 재계하고 몸을 다스렸다.[9] 석 달 동안 정사를 돌보지 않고 한가로이 낮잠을 자다가 화서씨(華胥氏)의 나라에 노니는 꿈을 꾸었다.[10]

【장담 주석】

【1】隨世而喜耳.

세상을 따라서 기뻐했다는 뜻이다.

【2】正當爲性.

정(正)은 성(性)으로 써야 맞다.

【3】役心智 未足以養性命 祇足以焦形也.

꾀를 부려서는 성명을 기를 수가 없고 애만 태울 뿐이다.

【4】隨世而憂耳.

세상을 따라서 걱정한다는 뜻이다.

【5】用聰明 未足以致治 祇足以亂神也.

꾀를 써서는 다스려질 수가 없고, 다만 정신만 어지럽힐 뿐이다.

【6】讚當作歎.

찬(讚) 자는 탄(歎)으로 써야 맞다.

【7】淫當作深.

음(淫) 자는 심(深)으로 써야 맞다.

【8】惟任而不養 縱而不治 則性命自全 天下自安也.

오직 맡겨놓고 기르지 않고 놓아버려서 다스리지 않으면, 성명이 저절로 온전해지고 천하는 저절로 편안해진다.

【9】心無欲 則形自服矣.

마음에 욕심이 없으면 몸은 저절로 복종한다.

【10】將明至理 不可以情求 故寄之於夢. 聖人無夢也.

지극한 이치를 밝히고자 하면 인간의 정리(情理)로는 구할 수가 없으므로 꿈에 기탁한 것이다. 성인은 꿈이 없다.

2절

華胥氏之國 在弇州之西台州之北【11】不知斯齊國幾千萬里.【12】蓋非舟車足力之所及 神游而已.【13】

其國無師長 自然而已, 其民無嗜慾 自然而已.【14】不知樂生 不知惡死 故無夭殤, 不知親己 不知疎物 故無愛憎, 不知背逆 不知向順 故無利害.【15】都無所愛惜 都無所畏忌, 入水不溺 入火不熱, 斫撻無傷痛 指摘無痟癢.【16】乘空如履實 寢虛若處牀 雲霧不硋其視 雷霆不亂其聽 美惡不滑其心 山谷不躓其步 神行而已.【17】

화서씨의 나라는 엄주(弇州) 서쪽과 태주(台州) 북쪽에 있는데,
【11】 이 나라는 중국에서 몇천만 리나 떨어져 있는지 알 수 없었다.【12】 배나 수레를 타고 갈 수도 없고 걸어갈 수도 없으니, 신(神)으로 유람할 수 있을 뿐이었다.【13】

그 나라에서는 스승이나 관리 없이 스스로 살아가고, 백성들은 좋아하는 것도 욕심내는 것도 없이 저절로 되어가는 대로 살 뿐이었다.【14】 삶을 좋아할 줄도 모르고 죽음을 싫어할 줄도 모르므로 요절하는 일이 없고, 자기와 친하게 지낼 줄도 모르고 남을 멀리할 줄도 모르므로 애증이 뭔지 모르며, 거스를 줄도 모르고 영합할 줄도 모르므로 이해(利害)가 뭔지 모른다.【15】 사랑할 줄도 싫어할 줄도 모르고, 물속에 들어가도 빠지지 않고 불 속에 들어가도 타지 않으며, 때려도 아파할 줄 모르고 간지럽혀도 간지러운 줄 모른다.【16】 허공을 타고 다니지만 마치 땅에서 걷는 듯하고 공중에서 잠을 자지만 마치 침상 위에 누워 있는 듯하며, 운무가 껴도 보는 것을 가리지 못하고 천둥이 쳐도 듣는 것을 어지럽히지 못하며, 아름다움과 추함으로도 마음을 흔들지 못하고, 산과 골짜기도 걸리적거리게 하지 못했으니, 신(神)으로 행할 뿐이기 때문이었다.【17】

【장담 주석】

【11】 不必便有此國也, 明至理之必如此耳. 淮南云 正西曰弇州 西北曰台州.
반드시 이 나라가 있다는 것이 아니라, 지극한 이치가 이러할 뿐이란 것을 밝힌 것이다. 『회남자』에는 서쪽에 엄주가 있고 서북쪽에 태주가 있다고 했다.

【12】 斯離也. 齊中也.

사(斯)는 떨어졌다는 뜻이고, 제(齊)는 중(中)이다.

【13】舟車足力 形之所資者耳. 神道恍惚 不行而至者也.

배와 수레와 발은 물체가 의지하는 도구일 뿐이다. 신(神)의 도는 정해진 형상 없이 황홀할 뿐이지만[1] 가지 않아도 이르는 것이다.

【14】自然者 不資於外也.

저절로 그렇게 되어감(自然)이란 외물에 의존하지 않는다는 뜻이다.

【15】理無生死 故無所樂惡, 理無愛憎 故無所親疎, 理無逆順 故無所利害也.

이치에는 생사가 없으므로 좋고 싫을 게 없고, 이치에는 애증이 없으므로 가깝고 멀 게 없으며, 이치에는 순역이 없으므로 이롭고 해로울 게 없다.

【16】至和者 無物能傷, 熱溺痛癢 實由矜懼, 義例詳於下章. 痟癢酸痟也, 義見周官.

완벽하게 조화를 이루고 있으면 누구도 그를 손상케 할 수가 없으니, 태우고 빠지고 아프고 간지러운 것은 사실 뽐내거나 두려워하는 마음에서 말미암아 생기니, 그 사례가 아래 장에서 자세하게 나온다. 소양(痟癢)은 시고 아프다는 뜻으로, 그 뜻은 『주관』(周官)에 보인다.[2]

---

1) 『노자』 21장에 '도라는 존재는 오직 황홀하다'(道之爲物, 惟恍惟惚)고 했고, 왕
필은 "황홀은 일정한 형상이 없이 고정되어 있지 않음을 찬탄한 말이다"(恍惚,
無形不繫之歎)라고 주석했다. 성현영(成玄英)은 "있지 않으면서 있고 있으면서
도 있지 아니하며, 없지 않으면서 없고 없으면서도 없지 않으니, 있고 없음이
정해지지 않으므로 황홀이라고 했다"(不有而有, 雖有不有, 不無而無, 雖無不無,
有無不定, 故言恍惚)라고 설명했다. 성현영, 『노자의소』(老子義疏) 참조.
2) 『주례』(周禮) 「천관」(天官) 질의(疾醫)편의 정현(鄭玄) 주석에 나온다. 『열자집

【17】至順者 無物能逆也.

완전히 유순한 이는 어떤 사물도 거스를 수가 없다.

3절

黃帝既寤【18】怡然自得 召天老力牧太山稽【19】告之曰
朕閒居三月 齋心服形 思有以養身治物之道 弗獲其術.【20】疲而睡
所夢若此 今知至道不可以情求矣. 朕知之矣 朕得之矣, 而不能以
告若矣.【21】
又二十有八年 天下大治 幾若華胥氏之國. 而帝登假【22】百姓號之
二百餘年不輟.

황제가 꿈에서 깨어나자【18】 흐뭇하게 마음에 들어서, 천로(天老)
와 역목(力牧)과 태산계(太山稽) 세 재상을 불러서【19】 일렀다.
"짐이 정사를 놓고 석 달 동안 한가롭게 지내면서 마음을 재계하
고 육신을 다스리며 자신을 수양하고 사람들을 다스리는 도를 생
각해보았으나 그 방법을 얻지 못했소.【20】 그러다가 지쳐 잠이 들
었다가 이와 같은 꿈을 꾸게 되었고, 이제서야 나는 지극한 도
는 사람의 뜻을 가지고는 구할 수 없다는 것을 알았소. 짐은 이
제 도를 알았고 체득했으나 이것을 그대들에게 일러줄 수가 없구
려."【21】
그 후 28년 동안 천하가 크게 다스려져서 거의 화서씨의 나라와
같이 되었다. 그러고는 황제가 세상을 떠나자【22】 백성들은 200여
년 동안이나 호곡(號哭)하기를 그치지 않았다.

석』, 42쪽 참조.

【18】亦寄之眠寤耳, 聖人無眠覺也.

　잠들었다가 깨어난 상황에 빗대었으나, 성인은 잠을 자거나 깨어나거나 하는 일이 없다.

【19】三人 黃帝相也.

　세 사람은 황제의 재상들이다.

【20】身不可養 物不可治, 而精思求之 未可得.

　자신을 수양할 수가 없고 사람들을 다스릴 수가 없으니, 아무리 깊이 생각해서 구한다 해도 얻을 수가 없다.

【21】不可以情求 則不能以情告矣.

　사람의 뜻으로 구할 수가 없은즉 뜻으로 일러줄 수가 없다.

【22】假當爲遐.

　가(假)는 하(遐)로 써야 맞다.

【역자 해설】

　꿈은 인간에게 현실의 제한을 초월해서 신비를 경험하게 해준다. 그래서 도가에서는 종종 꿈을 빌려 방외의 세계를 보여준다. 장담도 주석에서 "반드시 이 나라가 있다는 것이 아니라, 지극한 이치가 이러할 뿐이란 것을 밝힌 것이다"라고 했듯이, 꿈은 현실에서 불가능한 상황을 실감나게 설명해주는 편리한 장치다. 도에 대해 글로 설명하자면 따분하고 지루한 일이 될 것이다. 하지만 꿈은 이상한 나라의 앨리스처럼 별안간 우리를 환상의 세계에 빠뜨려 현실처럼 생생하게 체험하도록 만든다.

얼핏 든 잠은 선잠이라고 한다. 이 선잠 속에서 우리는 비몽사몽간에 몽조(夢兆)를 얻고 영감을 얻기도 한다. 위에서 황제는 자신을 수양하고 사람들을 다스리는 도를 깊이 고민하다가 꿈을 꾸었지만, 평소 둔감하던 필자도 선잠 속에서 몽조를 얻었던 적이 있었다. 한학을 배웠던 선생님께서 위독하시다는 전언을 듣고 부랴부랴 찾아뵈러 가던 길에 얼핏 든 선잠에서였다.

남가일몽(南柯一夢)이니 한단지몽(邯鄲之夢)이니 하는 중국의 성서를 비롯해 동서고금을 막론하고 많은 꿈 이야기가 있지만, 그 가운데 『삼국유사』에 나오는 조신(調信)의 꿈 이야기는 압권이다. 그 짧은 자수(字數)로 풀어낸 극적인 깨달음의 경지는 어떤 꿈 이야기도 당해내지를 못한다.

젊은 스님 조신이 불공을 드리러 온 대갓집 규수를 남몰래 사모하다가, 우연히 서로의 마음을 확인하고 사랑의 도피를 떠난다. 그러나 기쁨은 잠시뿐, 현실에서 사랑의 도피 행각을 떠난 이들이 발붙이며 살 곳은 없었다. 세상을 떠돌며 온갖 고생을 겪다가 마침내 굶주림을 참으며 구걸하던 막내 아이가 부잣집 개에 물려 죽는 지경에 이른다. 조신 부부가 피눈물을 흘리며 생이별에 처절하게 몸부림치다가 문득 깨어나 보니, 이 처절한 한바탕의 일들이 종소리의 여운이 멈추지 않은 그 짧은 사이의 꿈이었고, 그로 인해서 스님은 인간사의 미혹과 욕망을 모두 벗어버렸다는 이야기다.

도대체 사랑은 무엇일까? 어쩌면 한바탕의 미몽(迷夢)과 같다. 영화 「엘비라 마디간」(1967)에서 첫눈에 반한 두 젊은 연인은 자신들의 사랑을 용인하지 않는 사회적 관습을 벗어나 조신처럼 사랑의 도피를 택한다. 하지만 현실은 절망적일 뿐, 최후에는 서로의 사랑을 확인

그림 2. 장자의 꿈

한 후 두 마리의 나비로 승화한다. 그렇게 모차르트의 아름다운 선율 속에 처절한 사랑은 막을 내린다. 인간은 불나방처럼 한때의 꿈에 빠져 죽기도 하는 어리석은 신비주의자이기도 하다.

　도가에서 가장 유명한 꿈은 『장자』에 나오는 호접몽(胡蝶夢)일 것이다. 만일 장자가 나비처럼 훨훨 날아가는 그 경지를 말로 설명했다면, 사람들로부터 무슨 황당한 말이냐고 핀잔을 받았을 것이다. 하지만 그는 물아일체의 걸림 없는 대자유의 화경(化境)을 꿈으로 은유함으로써 독자가 깊이 공감하게 했다. 도가는 꿈의 철학이다.

2장

列姑射山 在海河洲中【1】 山上有神人焉【2】 吸風飮露 不食五穀【3】
心如淵泉 形如處女.【4】 不偎不愛【5】 仙聖爲之臣【6】 不畏不怒 愿愨
爲之使.【7】 不施不惠 而物自足 不聚不斂 而己無愆.【8】 陰陽常調
日月常明 四時常若【9】 風雨常均 字育常時 年穀常豐. 而土無札傷
人無夭惡 物無疵厲 鬼無靈響焉.【10】

열고야산은 큰 바다 가운데 솟아 있는데【1】 산 위에는 신인(神人)
이 살고 있다.【2】 그는 곡식을 먹지 않고 바람을 마시고 이슬을 먹
고 사는데,【3】 마음은 연못처럼 고요하고 몸은 처녀와 같이 고왔
다.【4】 특별히 가까이하거나 사랑하는 이가 없으니【5】 그들 가운데
오래 살고 총명한 자들을 신하로 삼고,【6】 권위를 부리지도 위엄
을 떨치지도 않았으니 성실한 사람을 신하로 삼았다.【7】 베풀어주
지도 않고 은혜를 주지 않아도 사람들은 스스로 풍족했고, 모으
지 않고 거두지 않아도 자신에게 모자람이 없었다.【8】 음양은 늘
조화로웠고, 일월은 늘 밝았으며, 사시(四時)는 늘 순조로웠고,【9】
항상 우순풍조(雨順風調)해서 만물이 늘 때에 맞게 자랐으며, 농

사는 해마다 늘 풍년이었다. 땅에는 재해가 없고 사람에게는 악질(惡疾)이 없고, 사물에는 재난이 없으며, 귀신은 영험스럽지 않았다.【10】

【장담 주석】

【1】見山海經.

『산해경』에 보인다.[3]

【2】凝寂 故稱神人.

고요하게 머물러 있으므로 신인이라고 일컫는다.

【3】旣不食穀矣. 豈復須吸風飮露哉? 蓋吐納之貌 不異於物耳.

곡식을 먹지 않는데 바람을 마시고 이슬을 먹을 필요가 있겠는가? 아마도 토납(吐納)하는 모습이 남들과 다르지 않게 보였을 뿐이다.

【4】盡柔虛之極者 其天姿自粹 非養而不衰也.

완전히 부드러우면서 텅 비울 수 있는 이는 그 타고난 모습이 스스로 깨끗해서, 기르지 않아도 노쇠하지 않게 된다.

【5】偎亦愛也. 芻狗萬物 恩無所偏. 偎音隱偎.[4]

---

3) 진(晉) 곽박(郭璞), 『산해경』 권12, 「해내북경」(海內北經), "列姑射 在海河洲中 姑射國在海中 属列姑射 西南山環之" 참조.

4) 진 곽박, 『산해경』 권18, 「해내경」(海內經), "東海之內 北海之隅有國 名曰朝鮮天毒 其人水居 偎人愛之"라 했고, 주석에 조선(朝鮮)은 지금의 낙랑군(樂浪郡)이라고 한 것을 보면 우리나라를 연상한 것으로 보인다. 주석에 '외역애야(偎亦愛也) 음은외반(音隱隈反)'이라고 했으니, 본문의 맨 뒤에 반(反) 자가 생략되었다.

외(偎)도 사랑한다는 뜻이다. 만물을 풀이나 개처럼 여기니[5] 은애(恩愛)가 치우치지 않는다. 외(偎)의 음은 외다.

【6】仙 壽考之跡 聖 治世之名.

오래 산 자취를 선(仙)이라 하고, 세상을 잘 다스린 명성을 성(聖)이라고 한다.

【7】畏威也. 若此 豈有君臣役使之哉? 尊卑長短各當其分 因此而寄稱耳.

외(畏)는 권위를 부리는 것이다. 이와 같다면 어찌 임금 신하 간에 누가 부리고 시키고 하겠는가? 윗사람과 아랫사람, 긴 것과 짧은 것이 각자에 알맞게 자기 직분을 맡고 있어서, 그에 따라 호칭을 붙여두었을 뿐이다.

【8】愆 蹇乏也.

건(愆)은 모자란다는 뜻이다.

【9】若順也.

약(若)은 순조롭다는 뜻이다.

【10】天人合德 陰陽順序 昏明有度 災害不生, 故道合二儀 契均四時, 老子曰 以道涖天下者 其鬼不神.

하늘과 사람이 덕을 합하니, 음양이 순서에 맞고 주야가 법칙대로 바뀌며 재앙이 일어나지 않는다. 그러므로 도가 음양에 들어맞고 사시에 고르니, 노자가 '도로 천하를 다스리면 귀신도 영험스럽지 못하게 된다'고 했다.

---

5) 이 구절은 『노자』 5장에서 따온 말이다. "천지(天地)는 어질지 않으니 만물을 풀이나 개로 삼고, 성인(聖人)은 어질지 않으니 백성을 풀이나 개로 삼는다"(天地不仁 以萬物爲芻狗, 聖人不仁 以百姓爲芻狗)고 했다.

【역자 해설】

먼지투성이의 벌판과 달리 바다는 깊고 산은 높으며, 진애(塵埃)를 벗어난 생기(生氣) 충만한 공간이다. 그래서 바다에는 해신(海神)이 있고 산에는 산신(山神)이 있다고 믿어졌는데, 더구나 바다 가운데 솟아 있는 산은 더욱 신령스럽게 여겨져서 예로부터 숭배의 대상이 되어왔다.

여기에서는 바다 위에 솟아 있는 열고야산이라고 했는데,『장자』「소요유」편에도 이 장과 비슷한 내용이 나온다. 다만 열고야산이『장자』에서는 막고야(藐姑射)산으로 나온다. "막고야산에 신인(神人)이 살고 있는데 피부가 얼음처럼 깨끗하고 처녀와 같이 곱다고 합니다. 곡식을 먹지 않고 바람과 이슬을 마시며 구름을 타고 용을 부려서 사해(四海)의 밖에 노닙니다. 그 정신을 집중하면 사물이 병들지 않고 해마다 곡식을 익게 한다고 하니 너무 허황되어 내가 믿지 못하겠습니다"(藐姑射之山, 有神人居焉, 肌膚若冰雪, 淖約若處子; 不食五穀, 吸風飮露. 乘雲氣, 御飛龍, 而遊乎四海之外. 其神凝, 使物不疵癘而年穀熟. 吾以是狂而不信也)라고 해서, 보다 구체적으로 기술하고 있다.

중국의 위정생(衛挺生, 1890-1977)은『장자』「소요유」편에 신인이 사는 곳으로 등장하는 고야산이 한국의 예성강과 한강의 입구에 위치하고 있다고 고증한 바 있다. 이곳은 바로 강화도 마니산에 해당한다. 중국인들이 한라산을 영주(瀛州)라는 삼신산으로 부르고 있는 것을 보면 중국에는 바다 위에 솟은 영산(靈山)이라는 전설로만 남아 있을 뿐이고, 오히려 우리나라의 마니산과 한라산을 신선섬이니 삼신산이니 부르면서 동경의 대상으로 여겼음을 알 수 있다.

3장

1절

列子師老商氏 友伯高子 進二子之道 乘風而歸.[1]

尹生聞之從列子 居數月 不省舍 因間請蘄其術者十反而十不告.

尹生懟而請辭 列子又不命.

尹生退數月意不已 又往從之. 列子曰

汝何去來之頻?

尹生曰

曩章戴有請於子[2] 子不我告 固有憾於子 今復脫然 是以又來.

열자는 노상(老商) 씨를 스승 삼고 백고자(伯高子)를 도반으로 삼았는데, 두 분의 도를 다 배우고는 바람을 타고 집으로 돌아왔 다.[1]

윤생(尹生)이 이 소문을 듣고 열자를 따라다녔는데, 수개월 동안 가족들을 살피지 않은 채, 틈날 때마다 바람 타는 도술을 가르쳐 달라고 청하기를 열 번을 했으나 열 번 모두 일러 주지 않았다. 윤 생은 원망하며 떠나가기를 청했으나 열자는 가라고 명하지도 않왔다.

윤생은 물러간 지 몇 달이 되었으나 뜻을 버릴 수가 없어서 또 열
자에게로 와서 따라다녔다. 열자가 말했다.

"그대는 어째서 번거롭게 왔다 갔다 하는가?"

윤생이 대답했다.

"전에 저 윤장대가[2] 선생님께 도술을 청했지만, 선생님께서는
저에게 일러주시지 않았습니다. 그때는 참으로 선생님께 섭섭했
었으나, 지금은 다시 마음이 풀어졌기 때문에 또 찾아왔습니다."

【장담 주석】

【1】莊子云 列子御風而行 冷然善 旬五日而後反. 蓋神人 禦冠稱之也.

장자는 '열자가 바람을 잘 부려서 보름을 타고 다니다가 돌아온다'고 했
다. 여기에서의 신인(神人)은 열어구(列御寇)를 지칭한다.

【2】章戴 尹生名.

장대는 윤생의 이름이다.

2절

列子曰

曩吾以汝爲達[3] 今汝之鄙至此乎! 姬! 將告汝.[4] 所學於夫子者
矣. 自吾之事夫子友若人也[5] 三年之後 心不敢念是非 口不敢言
利害 始得夫子一眄而已.[6]

五年之後 心庚念是非 口庚言利害[7] 夫子始一解顔而笑.[8]

七年之後 從心之所念 庚無是非 從口之所言 庚無利害 夫子始一
引吾並席而坐.[9]

九年之後 橫心之所念 橫口之所言 亦不知我之是非利害歟 亦不
知彼之是非利害歟 亦不知夫子之爲我師 若人之爲我友 內外進
矣.【10】

而後眼如耳 耳如鼻 鼻如口 無不同也. 心凝形釋 骨肉都融 不覺
形之所倚 足之所履. 隨風東西 猶木葉幹殼 竟不知風乘我邪? 我
乘風乎?【11】

今女居先生之門 曾未浹時6) 而懟憾者 再三 女之片體 將氣所不
受 汝之一節 將地所不載,【12】履虛乘風 其可幾乎?

尹生甚怍 屛息良久 不敢復言.

열자가 말했다.

"이전에는 나는 그대가 트인 사람이라고 생각했었는데【3】 지금
보니 그대가 이렇게 옹졸했던가! 거기 앉게! 내가 선생님께 배웠
던 것을 그대에게 일러주겠네.【4】 내가 노상 선생님을 섬기고, 백
고자를 도반으로 삼은 지【5】 3년이 지난 뒤에 마음에 옳고 그른
것을 감히 생각하지 못하게 되고, 입으로는 이롭다 해롭다는 말
을 감히 꺼내지 못하게 되자 비로소 선생님께서 한 번 나를 곁눈
질로 보셨을 뿐이네.【6】

5년이 지난 뒤에 마음으로 다시 시비를 생각하고 입으로 다시 이
해를 말하게 되자,【7】 선생님께서 한 번 얼굴을 펴고 웃으셨네.【8】

7년이 지난 뒤에 마음대로 생각해도 시비가 없고, 하고 싶은 대
로 말을 해도 이해가 없어지자, 선생님께서 처음으로 같은 자리
에 나란히 앉으라고 끌어주셨네.【9】

9년이 지난 뒤에 마음 내키는 대로 생각하고 하고 싶은 그대로

---

6) 협시(浹時): 일계(一季), 짧은 시간을 나타낸다.『한어대사전』(漢語大詞典) 참조.

말해도 나의 시비 이해를 모를 뿐 아니라 다른 사람의 시비 이해도 몰랐고, 또 노상 씨가 나의 스승인지 백고자가 나의 도반인지도 알 수가 없었으니 안과 밖이 모두 사라져버렸다네.[10]

그러자 나의 눈이 귀와 같고, 귀가 코와 같고, 코가 입과 같아져서 모두 같지 않은 것이 없어졌네. 마음은 집중되고 형체는 풀어지니, 뼈와 살이 다 녹아버린 듯해서 몸이 있는 곳이나 발붙인 데를 깨닫지 못하게 되었지. 바람 따라 이리저리 불려가는 내 모습이 마치 나뭇잎이나 마른 나무껍질과 같아서 마침내 바람이 나를 탄 것인지 내가 바람을 탄 것인지 도무지 알 수가 없었네.[11]

이제 그대는 공부하겠다고 입문한 지 얼마 되지도 않았는데 두세 번씩이나 선생을 원망하고 있으니, 그대의 몸 한 부분도 기(氣)를 받을 수 없고, 그대의 뼈마디 하나도 땅이 실어주지 않을 것이요.[12] 그러니 어떻게 그대가 허공을 밟고 바람을 타고 다닌다는 게 되겠는가?"

윤생은 심히 부끄러워서 한참 동안 숨도 쉬지 못한 채 감히 다시 말하지 못했다.

【장담 주석】

【3】 曩 昔也.
낭(曩)은 이전의 뜻이다.

【4】 姬 居也.
희(姬)는 앉으라는 뜻이다.

【5】 夫子謂老商 若人謂伯高.
선생님은 노상을 말하고, 약인(若人)은 백고를 말한다.

【6】實懷利害而不敢言 此匿怨藏情者也 故眄之而已.

열자가 실제로는 이해를 품고 있으나 감히 말을 하지 못하고 있으니, 이는 원망을 품은 채 속뜻을 감춘 상태이므로 선생이 곁눈질했을 뿐이다.

【7】庚 當作更.

경(庚)은 경(更)으로 써야 맞다.

【8】是非利害 世間之常理. 任心之所念 任口之所言 而無矜吝[7]於胸懷 內外如一 不猶踰於匿而不顯哉? 欣其一致 聊寄笑焉.

시비와 이해는 세상의 일반적인 법칙이다. (즉 세상사람들은 으레 시비와 이해를 따지게 마련이다.) 마음에서 생각하는 대로 맡기고 입에서 나오는 대로 말하지만 가슴속에 아까워하는 바가 없다면 안과 밖이 한결같으니, 숨겨 두고 드러내지 않는 경지보다 낫지 않겠는가? 그렇게 안과 밖이 일치된 것을 보고, 기뻐서 한 번 웃어준 것이다.

【9】夫心者 何? 寂然而無意想也. 口者 何? 默然而自吐納也. 若順心之極 則無是非 任口之理 則無利害. 道契師友 同位比肩 故其宜耳.

마음이란 무엇인가? 고요해서 뜻이나 생각이 일어나지 않는 상태를 말한다. 입이란 무엇인가? 조용히 저절로 숨을 쉬는 기관을 말한다. 만일 마음을 따라 끝에 이른다면 시비가 없어지고, 입에 맡겨서 순리대로 둔다면 이해가 없어지게 된다. 스승과 도반의 경지에 이르렀다면 같은 자리에서 어깨를 나란히 해도 마땅하다.

【10】心旣無念 口旣無違 故能恣其所念 縱其所言. 體道窮宗 爲世津梁. 終

---

7) 긍린(矜吝): 비색(鄙嗇) · 인석(吝惜). 『한어대사전』참조.

日念而非我念 終日言而非我言 若以無念爲念 無言爲言 未造於極也. 所謂無
爲而無不爲者 如斯 則彼此之異 於何而求? 師資之義 將何所施? 故曰 內外盡
矣.

마음에 생각이 없고 입에 어김이 없으므로 생각하는 대로 맡기고 내키는
대로 말할 수 있으며, 도를 체득하고 근본을 얻었으니 사람들을 구제하는 세
상의 다리가 되었다고 할 수 있다. 하루 종일을 생각해도 내 생각이 아니고
종일토록 말을 해도 내 말이 아니니, 만일 무념(無念)으로 생각을 삼고 무언
(無言)으로 말을 삼는다면 아직 극치에 이르지는 못한 경지다. 이른바 '무위
하지만 하지 못하는 것도 없다'는 경지에 다다르면 피차간의 다름을 어디에
서 찾겠으며 스승의 뜻을 어디에 펼치겠는가? 그러므로 안과 밖이 사라졌다
고 했다.

【11】夫眼耳鼻口 各有攸司 今神凝形廢 無待於外 則視聽不資眼耳 臭味不
賴鼻口. 故六藏七孔四支百節 塊然尸居 同爲一物 則形奚所倚? 足奚所履? 我
之乘風 風之乘我 孰能辨也?

이목구비는 각기 맡은 기능이 있는데, 여기에서는 정신이 뭉쳐지고 형체
가 사라지면서 밖에 의지하는 바가 없어진즉 보고 듣는 기능을 이목에 의지
하지 않고 냄새 맡고 맛보는 기능을 구비(口鼻)에 의존하지 않게 되었다는
뜻이다. 그러므로 육장칠공(六藏七孔)과 사지백절(四支百節)이 뻣뻣하게 한
덩어리로 굳어버렸으니 몸뚱이가 어디에 의지하며 발이 어디를 밟고 있겠는
가? 내가 바람을 타는지 바람이 나를 타는지 누가 분별할 수 있겠는가?

【12】用其情 有其身 則肌骨不能相容 一體將無所寄 豈二儀之所能覆載?

자기 생각으로써 자기 몸뚱이를 소유하려 한다면 뼈와 살도 서로를 받아
들일 수가 없게 되나니, 몸체 하나도 맡길 수가 없거늘 어찌 음양이 그를 덮
어주고 실어줄 수 있겠는가?

【역자 해설】

이 장의 후반부는 뒤의 「중니」편 6장에서도 일부가 나온다. 다만 뒤에서는 바람 타는 법에 관한 내용은 나오지 않는다. 아무튼 『장자』 「소요유」편에서도 언급했었던 것이지만, 이 당시 열자는 바람을 타고 다니는 도술을 가진 선인으로 인식되었음을 알 수 있다.

열자는 자신의 공부 단계를 3년·5년·7년·9년으로 나누어 그 경지를 설명했다. 일반적으로 중국인은 짝수를 좋아하고, 홀수를 꺼린다. 중국철학에서 왼쪽을 높이는가 오른쪽을 높이는가, 혹은 좌우에 음양을 대응시키는 좌우(左右) 문제와 더불어 홀수·짝수의 기우(奇偶) 문제는 시대와 장소 및 학자에 따라서 해석이 다르긴 하지만, 홀수 선호는 단연코 한국의 풍속이다. 그런데 이 장에서 3·5·7·9의 홀수만 든 것은 흥미롭다. 이렇게 홀수를 많이 쓰는 것은 도가 사상 계열에서 자주 보이는데, 한국의 습속과 매우 흡사하다는 점은 주목할 필요가 있다.

원문에서 내외의 구별이 모두 사라져버린 뒤에, "나의 눈이 귀와 같고, 귀가 코와 같고, 코가 입과 같아져서 모두 같지 않은 것이 없어졌네. 마음은 집중되고 형체는 풀어지니, 뼈와 살이 다 녹아버린 듯해서 몸뚱이 둔 곳과 발붙인 데를 깨닫지 못하게 되었지. 바람 따라 이리저리 불려가는 내 모습이 마치 나뭇잎이나 마른 나무껍질과 같아서 마침내 바람이 나를 탄 것인지 내가 바람을 탄 것인지 도무지 알 수가 없었다"라는 말은 망아(忘我)와 무아(無我)의 경지 혹은 혼연일체(渾然一體)의 경지가 무엇인지를 잘 말해준다. 작자의 체험에서 우러나오지 않고는 이렇게 구체적이고 생동감 있는 표현은 불가능하지 않을까 싶다.

또 장담의 "하루 종일을 생각해도 내 생각이 아니고 종일토록 말을 해도 내 말이 아니니, 만일 무념으로 생각을 삼고 무언으로 말을 삼

그림 3. 제9도 반본환원(返本還元)　　　　　　　그림 4. 제10도 입전수수(立廛垂手)

는다면 이는 극치에 이르지는 못한 경지다"라는 말은 견성성불(見性成佛)의 과정을 우화적으로 표현한 십우도(十牛圖)의 아홉 번째 반본환원(返本還元)에서 마지막 열 번째 입전수수(立廛垂手)의 경지를 떠올리게 한다. 무념과 무언을 궁극의 경지로 삼는 것이 아니라, 생각나는 대로 말하는 자연스러운 경지가 궁극이라는 것이다.

4장

列子問關尹曰

至人潛行不空【1】蹈火不熱 行乎萬物之上而不慄【2】請問何以至
於此?

關尹曰

是純氣之守也. 非智巧果敢之列【3】姬! 吾語汝【4】凡有貌像聲色者
皆物也,【5】物與物 何以相遠也?【6】夫奚足以至乎先? 是色而已.【7】
則物之造乎不形 而止乎無所化【8】

夫得是而窮之者 焉得爲正焉?【9】彼將處乎不深之度【10】而藏乎無
端之紀【11】游乎萬物之所終始.【12】壹其性 養其氣 含其德 以通乎
物之所造【13】夫若是者 其天守8)全 其神無郤 物奚自入焉?【14】

夫醉者之墜於車也 雖疾不死 骨節與人同 而犯害與人異 其神全
也. 乘亦弗知也 墜亦弗知也,【15】死生驚懼 不入乎其胸 是故逆物
而不慴【16】彼得全於酒而猶若是【17】而況得全於天乎!【18】聖人藏
於天 故物莫之能傷也.【19】

---

8) 수(守)는 임사(任事)·임직(任職)의 뜻이다.

154

열자가 관윤(關尹)에게 물었다.

"지인(至人)은 빈틈이 없는 곳도 들어가고[9][1] 불을 밟아도 타지 않으며 세상의 꼭대기에 올라가도 무서워 떨지 않으니,[2] 어떻게 이런 경지에 이를 수 있는지요?"

관윤이 대답했다.

"이는 순수한 기(氣)를 지키고 있기 때문이지, 사람의 꾀나 담력으로 할 수 있는 것은 아니요.[3] 아! 내가 그대에게 말을 해주겠소.[4] 모든 존재란 모습과 형상과 소리와 색깔을 가진 사물인데,[5] 존재하는 사물들이 무어 그리 다르겠으며,[6] 이런 사물들이 어떻게 시원이 될 수 있겠소? 모두 형체와[10] 색깔을 가진 존재들일 뿐이요.[7] 사물은 드러나지 않은 상태에서 만들어졌다가 더 이상 변화하지 않는 상태에서 그치게 됩니다.[8]

이런 겉모습을 가지고서 지인을 찾고자 한다면 어떻게 제대로 될 수 있겠소?[9] 저 지인은 평이한 도수(度數) 안에 있고,[10] 실마리 없는 벼리 속에 숨어서[11] 만물의 처음과 끝에서 더불어 노닐고 있소.[12] 타고난 본성대로 한결같은 채로, 그 기운을 기르며 그 덕을 머금고서 사물이 생성되는 근원에 통하고 있으니,[13] 이런 분은 타고난 대로 온전하게 지키고 정신에 틈이 없으니 외물이 어떻게 들어오겠소?[14]

술 취한 사람이 수레에서 떨어지면 비록 다치기는 할지라도 죽지는 않으니, 골절이 다른 사람과 같으나 덜 다치는 것은 그의 정신이 온전했기 때문이요. 수레를 타도 탄 줄을 모르고 떨어져도 떨

---

9) 도장본과 송휘종본(宋徽宗本)에는 부공(不空)이 부질(不窒)로 되어 있어서, 물 속으로 다녀도 숨이 막히지 않는다는 뜻으로 보았다. 『열자집석』, 48-49쪽 참조.

10) 원문에는 '色而已'로 되어 있으나 양백준은 앞에 '形' 자를 넣어야 한다는 견해를 따라 형색(形色)으로 해석했다. 『열자집석』, 49쪽 참조.

어지는 줄을 모르니,[15] 죽건 살건 간에 놀라고 두려운 생각이 그의 가슴속에 들어가지 않으므로 어떤 사고를 당해도 두려워하지 않소.[16] 저 사람이 술에 완전히 취해도 이럴 수 있거늘,[17] 하물며 하늘과 완전히 하나가 된 사람이야 더 말할 것 있겠소?[18] 성인은 하늘 속에 숨어 있으므로 누구도 그를 해칠 수가 없소.[19]

【장담 주석】

【1】不空者 實有也. 至人動止 不以實有爲閡者也. 郭象曰 其心虛 故能御羣實也.

불공(不空)이란 속이 차 있다는 뜻이다. 사물의 속이 꽉 차 있어도 지인의 행동을 막지 못한다. 곽상은 '그 마음이 비어 있으므로 속이 차 있는 사물들을 부릴 수가 있다'고 했다.

【2】向秀曰 天下樂推而不厭, 非吾之自高 故不慄者也.

상수는 '천하 사람들이 (지인을 왕위에) 즐거이 추대하고 싫어하지 않음은, 지인 스스로 높은 척하지 않기 때문이므로 두려워하지도 않는다'라고 했다.

【3】至純至眞 卽我之性分 非求之於外. 愼而不失 則物所不能害 豈智計勇敢而得冒涉艱危哉?

내가 타고난 본성은 지극히 순수하고도 참되니 밖에서 구한 것이 아니다. 이를 잃지 않도록 조심하면 외물이 해칠 수가 없는데, 어찌 꾀와 용기를 부려서 위험을 무릅쓰겠는가?

【4】魚當作吾.

어(魚)는 오(吾)로 써야 맞다.

156

【5】上至聖人 下及昆蟲 皆形聲之物. 以形聲相觀 則無殊絶者也.

위로는 성인에서 아래로는 벌레에 이르기까지 모두 형체와 소리를 가진 존재들이다. 형체와 소리라는 관점에서 본다면 크게 다른 게 없다.

【6】向秀曰 唯無心者 獨遠耳.

상수는 '오직 무심(無心)할 수 있는 이만이 사물들과 가장 차이가 난다'고 했다.

【7】曰 同是形色之物耳 未足以相先也. 以相先者 唯自然也.

상수는 '똑같이 형체와 색깔을 가진 존재자들일 뿐이니 서로 앞이 되기에는 부족하며, 저절로 그러함(自然)으로써 앞세운다'라고 했다.

【8】有既無始 則所造者 無形矣, 形既無終 則所止者 無化矣. 造音作.

존재에 시원이 없으니 형체가 없는 곳에서 만들어졌고, 형체에 끝이 없으니 변화가 없는 곳에서 그치게 된다. 조(造)는 조작(造作)한다는 뜻이다.[11]

【9】尋形聲 欲窮其終始者 亦焉得至極之所乎?

형체와 소리를 찾아서 그 시작과 끝을 궁구하고자 하니, 어떻게 궁극에 이를 수 있겠는가?

【10】即形色而不求其終始者 不失自然之正矣. 深當作淫.

형체와 색깔을 대하면서도 그 종시(終始)를 구하지 않는 이는 저절로 바르게 된다. 심(深)은 음(淫)으로 써야 맞다.

---

11) 노문초(盧文弨)는 작(作) 앞에 조(造)가 있어야 한다고 했다.『열자집석』, 50쪽 참조.

【11】至理 豈有隱藏哉? 任而不執 故冥然無迹 端崖不見.

지극한 이치가 어찌 숨어 있겠는가? 사물에 맡겨둔 채로 집착하지 않으므로 아무런 자취가 없어서 그 실마리가 보이지 않는 것이다.

【12】乘理而無心者 則常與萬物並遊 豈得無終始之迹者乎?

순리대로 무심한 지인이라면 항상 만물과 같이 노닐고 있으니, 어찌 시작하고 마치는 자취가 없겠는가?

【13】氣壹德純者 豈但自通而已哉? 物之所至 皆使無閡 然後通濟羣生焉. 造音操.

기가 전일하고 덕이 순수한 사람은 어찌 스스로만 통할 뿐이겠는가? 만나는 사람들마다 다 막힘이 없도록 하고 그런 다음에 뭇 중생들을 두루 제도한다. 조(造)의 음은 조다.

【14】自然之分 不虧 則形神全一 憂患奚由而入也?

스스로 타고난 본분이 어그러지지 않으면 육체와 정신이 전일하게 되니, 우환이 어디에 말미암아 들어오겠는가?

【15】此借麤 以明至理之必然也.

이는 추한 예를 들어서 지극한 이치의 필연성을 밝힌 것이다.

【16】向秀曰 遇而不恐也.

상수는 '사고를 만나더라도 두려워하지 않는다'고 했다.

【17】向秀曰 醉故 失其所知耳 非自然無心也.

상수는 '취했기 때문에 인식 기능을 잃은 것일 뿐 스스로 무심의 경지에

든 것이 아니다'라고 했다.

【18】向秀曰 得全於天者 自然無心 委順至理也.

상수는 '하늘에서 타고난 본성대로 완전한 이는 저절로 무심해지면서 지극한 이치에 맡긴다'고 했다.

【19】郭象曰 不關性分之外 故曰藏也.

곽상은 '자기의 본성 이외에는 관여하지 않으므로 숨는다'고 했다.

【역자 해설】

불 속에 들어가도 타지 않고 물속에 들어가도 빠지지 않는다는 신인의 초월적 능력을 설명하기 위해서, 열자는 술에 취한 채 수레에서 떨어진 사람의 예를 들고 있다. 일반인은 사고를 당하면 마음으로 두려워 미리 떨기 때문에 크게 다치지만, 술 취한 사람은 술에 취해 무심과 비슷한 상태에 있어서 덜 다친다는 것이다. 『장자』「달생」(達生)편에도 같은 내용이 나오지만, 과연 아무 정신없이 달리는 마차에서 떨어진 사람이 제정신인 상태에서 떨어진 사람보다 온전하다고 할 수 있을까?

음주 상태에서는 반응 속도가 느려서 사고를 막기 어렵다는 것이 상식인데, 이와 너무 달라서 의심스러운 면이 있다. 교통안전교육을 받아보면 사고를 예견하라고 말한다. 그래야만 운전자가 재빠르게 대처해서 큰 사고를 예방할 수 있다는 것이다. 만일 열자의 논리대로라면 골목 어귀에서 운전자는 무심히 운전을 하는 것이 방어 운전을 하는 것보다 더 안전하다는 것이며, 심지어는 음주 운전이 안전하다는 말인가? 열자의 말은 인간의 자질구레한 지식과 약은 꾀가 오히려 일을 망치기 쉬움을 비유한 것일 뿐이지, 설마 이런 뜻은 아닐 것이다.

장담이 말한 "기가 전일하고 덕이 순수한 사람은 어찌 스스로만 통할 뿐이겠는가? 만나는 사람들마다 다 막힘이 없도록 하고 그런 다음에 뭇 중생들을 모두 제도한다"는 내용은 마치 유교의 수기치인(修己治人)의 도를 담고 있는 듯도 하지만, 자신을 수양해서 도를 얻은 다음에는 중생을 구제한다는 보살도(菩薩道)의 영향이 보이는 듯하다.

5장

列禦寇爲伯昏無人射 引之盈貫[1] 措杯水其肘上.[2] 發之鏑矢復
沓[3] 方矢復寓.[4] 當是時也 猶象人[12)]也. 伯昏無人曰
是射之射[5] 非不射之射也.[6] 當與汝登高山 履危石 臨百仞之淵
若能射乎?[7]
於是 無人遂登高山 履危石臨百仞之淵 背逡巡 足二分垂在外 揖
禦寇而進之, 禦冠伏地汗流至踵. 伯昏無人曰
夫至人者 上闚青天 下潛[13)]黃泉 揮斥八極 神氣不變.[8] 今汝怵然
有恂目之志 爾於中也殆矣夫![9]

열어구(列禦寇, 열자의 이름)가 백혼무인(伯昏無人)에게 활쏘기
를 보여주면서 활시위를 끝까지 팽팽하게 당긴 채[1] 물 한 잔을
팔뚝 위에 올려놓았다.[2] 그러고는 화살을 쏘고 또 쏘는데,[3] 쏘

---

12) 상인(象人): 1.목우인(木偶人), 니인(泥人), 2.한(漢) 궁중의 예인(藝人). 『한어
대사전』 참조.
13) 곽경번(郭慶藩)은 잠(潛)을 측(測)의 뜻으로 해석했다. 『신역열자독본』, 79쪽
재인용.

자마자 화살을 시위에 바로 다시 메겨두었다.[4] 이때 열어구의 모습은 마치 나무 인형과 같았다. 백혼무인이 말했다.

"이는 활을 쏘는 활쏘기지,[5] 활을 쏘지 않는 활쏘기는 아닐세.[6] 그대와 함께 높은 산에 올라가서 높은 바위 끝을 밟고, 백 길이나 되는 연못 위에 서서도 제대로 활을 쏠 수 있을까?"[7]

그리고 백혼무인은 마침내 높은 산으로 올라가서 험한 바위 끝을 밟고 백 길 아래 연못 위에 섰다. 다시 주춤 뒤로 돌아서서 발의 3분의 2를 허공에 걸치고는 열어구에게 읍을 하면서 나아오라고 하자, 열어구는 땀을 발끝까지 흘리며 땅바닥에 주저앉고 말았다. 백혼무인이 말했다.

"저 지인은 위로 창공을 엿보고 아래로 황천(黃泉)에 들어가면서 사방팔방을 제 마음대로 휘젓고 다녀도 기색 하나 변하지 않는다네.[8] 이제 그대는 두려워 떨면서 눈이 휘둥그레지니, 그대가 활을 쏘아 맞추기는 어렵겠네!"[9]

【장담 주석】

【1】 盡弦 窮鏑.
시위를 완전히 살 끝까지 당긴 모양이다.

【2】 手停審 故杯水不傾.
손이 정확하게 고정되어서 잔의 물이 쏟아지지 않았다.

【3】 郭象曰 矢去也. 箭鏑去復往畓.
곽상은 '살이 발사되어 화살이 가면 다시 살을 메운다'고 했다.

【4】 郭象曰 箭方去 未至的 以復寄杯於射 言敏捷之妙也.

곽상은 '화살이 막 발사되어 과녁에 이르지 못한 상태에서 다시 활에 잔을 올려두니, 민첩하기가 말할 수가 없다'고 했다.

【5】雖盡射之理 而不能不以矜物也.

비록 활 쏘는 이치는 통달했으나, 다른 사람들에게 뽐내려는 마음을 갖지 않을 수 없었다.

【6】忘其能否 雖不射 而同乎射也.

잘 쏘고 못 쏘고를 잊는다면, 비록 쏘지 않더라도 쏜 것과 동일하다.

【7】內有所畏懼 則失其射矣.

속마음에 두려운 바가 있다면 제대로 쏠 수가 없게 된다.

【8】郭象曰 揮斥猶縱放也. 夫德充於內 則神滿於外 無遠近幽深 所在皆明. 故審安危之機 而泊然自得也.

곽상은 '휘척(揮斥)은 마음대로 한다는 말이다. 덕이 속마음에 차면 신이 밖에까지 차게 되어, 멀거나 가깝거나 깊거나 얕거나 막론하고 모든 것이 밝아진다. 그러므로 안전하든 위험하든 부딪친 상황을 잘 살펴서, 담담하게 정신을 차리고 있을 수 있었다'고 했다.

【9】郭象曰 不能明至分 故有懼 而所喪者 多矣, 豈唯射乎?

곽상은 '정확한 분수를 분명히 알지 못하므로 두려워하게 되고 잃는 게 많아지니, 어찌 활쏘기만 그러하겠는가?'라고 했다.

【역자 해설】

활은 창과 더불어 가장 오래된 무기이자 전통시대에 가장 효율적인 무기였다. 본문에서 열자는 전문 사수(射手)라고 할 수는 없으나 활을 잘 쏘는 인물로 나오지만, 백혼무인은 거의 고공 줄타기 수준으로 몸의 균형을 잡는 인물로 나온다.

활쏘기는 전통시대 무인(武人)들만 익히는 무술이 아니었다. 공자도 육예(六藝)라는 여섯 과목 가운데 네 번째로 활쏘기를 두어 제자들을 가르쳤다고 하거니와, 문인(文人)들도 교양필수로 활쏘기를 익혔다. 활쏘기는 무술도 되지마는「향사례」(鄕射禮)라고 하는 일종의 스포츠 예법을 익히는 장이기도 했다. 이렇게 문인들도 활을 통해 심신을 단련했으니, 가히 문무겸전(文武兼全)이라고 할 수 있겠다.

어쩌면 오랜 옛날 인류가 거친 밀림을 헤치고 맹수를 물리쳐서 지상의 주인이 된 비결이 바로 활의 발명에 있었는지도 모르겠다. 활이 무예였을 뿐 아니라, 문인들까지 활쏘기를 배우고 심신을 단련하는 스포츠로 발전시키며 예법으로까지 승화했다는 것은 전통시대에 활이 얼마나 중시되었는지를 잘 보여준다.

6장

1절

范氏有子曰 子華, 善養私名.[14][1] 擧國服之 有寵於晉君 不仕而
居三卿[15]之右. 目所偏視 晉國爵之 口所偏肥[2] 晉國黜之,[3] 游其
庭者 侔於朝. 子華使其俠客 以智鄙相攻 彊弱相凌. 雖傷破於前
不用介意 終日夜以此爲戱樂 國殆成俗.
禾生子伯 范氏之上客 出行經坰外[4] 宿於田更商丘開之舍.[5] 中
夜禾生子伯二人相與言 子華之名勢 能使存者亡 亡者存 富者貧
貧者富.

범(范) 씨에게는 자화(子華)라는 아들이 있었는데, 자기 수하에
협객들을 잘 돌봐주고 있었다.[1] 온 나라가 그를 따랐고 진(晉)
나라 임금에게 총애를 받아서, 벼슬은 하지 않았지만 재상보다도
더 힘을 쓰고 있었다. 자화에게 한번 주목을 받으면 진나라에서

---

14) 명(名)은 객(客) 자의 괴자(壞字)다. 『열자집석』, 53쪽 참조.
15) 삼경(三卿)은 사도(司徒)·사마(司馬)·사공(司空)으로 대국(大國)에서 두었
    던 직관이다.

작위를 주었고, 자화의 입에서 좋지 않은 말이 나오면[2] 온 진나라 사람이 다 그 사람을 나무랐으니,[3] 그의 집 뜰에는 찾아온 사람들이 마치 조정에서 조회를 여는 것처럼 북적였다. 자화는 협객들에게 꾀가 있는지 없는지 서로 비판하게 시켰고, 힘이 센지 약한지 서로 싸우게 했다. 그의 앞에서 부상을 당해도 개의치 않은 채 낮이나 밤이나 계속 이를 즐겼으니, 진나라의 국속(國俗)으로 되어가고 있었다.

범 씨의 문객 가운데 화생(禾生)과 자백(子伯)이라는 귀빈이 있었는데, 교외의 밖으로 출행을 나갔다가[4] 날이 저물어 상구개(商丘開)라는 시골 노인네 집에서 자게 되었다.[5] 한밤중에 화생과 자백 두 사람은 대화를 나누면서 자화의 위세는 산 자를 죽일 수도 있고 죽을 사람을 살릴 수도 있으며 부자를 가난하게 만들 수도 있고 가난한 사람을 부자로 만들 수도 있다고 했다.

【장담 주석】

【1】遊俠之徒也.
유협의 무리다.

【2】音鄙.
비(肥)의 음은 비다.

【3】肥 薄也.
비(肥)는 깔본다는 뜻이다.

【4】坰 郊野之外也.
경(坰)은 교외의 밖이다.

【5】更 當作叟.

경(更)은 수(叟)로 써야 맞다.

2절

商丘開先窘於飢寒. 潛於牖北聽之 因假糧荷畚 之子華之門. 子華
之門徒 皆世族也, 縞衣乘軒 緩步闊視. 顧見商丘開 年老力弱 面
目黎黑 衣冠不檢 莫不眲之.**【6】**既而狎侮欺詒 攩㧖挨抌**【7】**亡所不
爲. 商丘開常無慍容 而諸客之技 單㦝於戲笑.

遂與商丘開 俱乘高臺 於衆中漫言曰

有能自投下者 賞百金

衆皆競應 商丘開以爲信然 遂先投下. 形若飛鳥 揚於地 肌骨無
礔. 范氏之黨以爲偶然 未詎怪也. 因復指河曲之淫隈曰

彼中有寶珠 泳可得也.

商丘開復從而泳之**【8】**既出果得珠焉. 衆昉同疑**【9】**子華昉令豫肉
食衣帛之次. 俄而范氏之藏大火. 子華曰

若能入火取錦者 從所得多少賞若

商丘開往無難色 入火往還 埃不漫 身不焦. 范氏之黨以爲有道 乃
共謝之曰

吾不知子之有道而誕子**【10】**吾不知子之神人而辱子, 子其愚我也
子其聾我也 子其盲我也 敢問其道.

상구개는 본래부터 가난해서 굶주림과 추위에 시달리며 살고 있
었다. 그는 들창 밑에서 그들의 이야기를 엿듣고는 양식을 빌리
려고 삼태기를 둘러메고 자화의 집을 찾아갔다. 자화의 문객들
은 모두 당시의 거족들이라 비단옷을 입고 수레를 탔으며 발걸음

을 느릿느릿 옮기면서 멀리 둘러보고는 했다. 나이는 늙어 힘이 약하고 얼굴은 타서 시커멓고 의관을 정제하지 못한 상구개를 보고는 업신여기지 않는 자가 없었다.[6] 멸시하고 모욕하며 밀치고 때리고[7] 하지 못하는 짓이 없었다. 그러나 상구개는 한 번도 성내지 않았으니, 나중에는 여러 문객들이 그만 놀리기에 지쳐버리고 말았다.

어느 날 자화는 상구개와 함께 높은 누대에 오르게 되었는데, 자화는 여러 사람들에게 장난삼아 말했다.

"여기에서 아래로 뛰어내릴 사람이 있으면 상으로 황금 백 냥을 주겠다."

여러 사람들이 다투어 응답하기는 했는데, 상구개는 그 말을 믿고 드디어 먼저 뛰어내리게 되었다. 그런데 그의 모습이 마치 새처럼 땅 위에 떠서 나는 듯해서 상처 하나 나지 않았다. 범 씨 집의 문객들은 우연이려니 여기고 괴이하게 생각하지 않았다.

다시 자화는 강굽이의 깊은 웅덩이를 가리키며 말했다.

"저 속에는 보주(寶珠)가 있는데 헤엄쳐서 들어가면 얻을 수 있다."

상구개는 또다시 그 말을 따라 물속으로 헤엄쳐 들어갔고,[8] 이윽고 그 구슬을 가지고 나왔다. 여러 문객들은 비로소 자신들이 잘못 생각한 게 아닌가 의심하기 시작했고,[9] 자화도 그를 귀빈으로 대우해서 고기반찬을 먹고 비단옷을 입도록 해주었다.

얼마 뒤 범 씨 집 창고에 큰불이 났다. 자화가 말했다.

"만일 저 불 속에 들어가서 비단을 꺼내오는 자가 있다면 가지고 나오는 개수에 따라서 상을 주겠다."

상구개는 조금도 난색을 보이지 않고 불구덩이로 들어갔다가 나왔으나 몸에는 재도 묻지 않았고 불에 그슬리지도 않았다. 범 씨

의 문객들은 이제 그가 도(道)를 가진 분이라고 생각하게 되었고
다 같이 그에게 사과했다.

"우리는 선생님이 도를 가진 분인 줄 모르고 선생님을 속였고,[10]
우리는 선생이 신인(神人)인 줄을 모르고 선생님을 모욕했으니,
선생님은 우리를 어리석다고 생각하셨을 것이고 제대로 듣지도
못하고 보지도 못하는 바보라고 생각하셨을 것입니다만, 감히 선
생님의 도가 어떤 것인지를 여쭙니다."

【장담 주석】

【6】眲音奴革.
액(眲)의 음은 액이다.

【7】攩音晃 祕音扶閉 挨音烏待 抌音都感切
당(攩)의 음은 당이고, 비(祕)의 음은 비이고, 애(挨)의 음은 애이며, 침
(抌)의 음은 침이다.[16]

【8】水底潛行日泳.
물속으로 잠수해서 헤엄치는 것을 영(泳)이라고 한다.

【9】昉 始也.
방(昉)은 시작한다는 뜻이다.

【10】誕 欺也.

---

16) 장담 주석의 음가(音價)는 애(挨)를 제외하고는 모두 지금의 음과 다르다. 장
담 시대의 음가와 지금의 혼란을 피하기 위해 여기에서는 현대음을 기준으로
고쳤다.

탄(誕)은 속인다는 뜻이다.

3절

商丘開曰

吾亡道. 雖吾之心 亦不知所以. 雖然有一於此 試與子言之. 曩子二客之宿吾舍也, 聞譽范氏之勢 能使存者亡 亡者存 富者貧 貧者富 吾誠之無二心.

故不遠而來 及來以子黨之言 皆實也. 唯恐誠之之不至 行之之不及 不知形體之所措 利害之所存也. 心一而已 物亡迕者 如斯而已. 今昉知子黨之誕我 我內藏猜慮 外矜觀聽 追幸昔日之不焦溺也. 怛然白熱 惕然震悸矣. 水火 豈復可近哉?

自此之後 范氏門徒 路遇乞兒馬醫 弗敢辱也, 必下車而揖之. 宰我聞之以告仲尼, 仲尼曰

汝弗知乎? 夫至信之人 可以感物也, 動天地 感鬼神. 橫六合 而無逆者 豈但履危險入水火而已哉? 商丘開信僞物 猶不逆 況彼我皆誠哉? 小子識之.

상구개는 대답했다.

"나는 도가 없습니다. 비록 나의 마음이라도 그 까닭을 모릅니다. 그러나 여기에 한 가지를 당신들과 말해보려 합니다. 얼마 전에 두 손님이 우리 집에서 묵었는데, 범 씨 댁의 위세가 아주 커서 산 자를 죽일 수도 있고 죽을 사람을 살릴 수도 있으며 부자를 가난하게 만들 수도 있고 가난한 사람을 부자로 만들 수도 있다고 칭송하는 말을 듣고는, 나는 참으로 믿어 의심하지 않았습니다.

그래서 먼 길을 마다 않고 찾아왔고 여기 와서 보니 당신네 사람들에게 들은 말이 모두 사실이었습니다. 나는 그저 내가 성실함을 다하지 못할까, 나의 행동이 따르지 못할까 두려웠을 뿐, 내가 어디에 있어야 할지, 이로운 곳이 어디며 해로운 곳이 어딘지를 생각도 못 했습니다. 오직 한마음이 되자 외부의 사물에 거스르지 않게 되었을 뿐입니다. 이제야 비로소 당신네들이 나를 속였던 것을 알게 되니 나의 마음속으로는 시기와 의구심을 품게 되고 겉으로는 보고 들은 것을 뽐내게 되었으며, 전에 불에 타지 않았고 물에 빠지지 않았던 기억을 회상해보자니 천만다행이라 생각하게 되었습니다. 지금 나는 놀라서 맨몸이 타는 것 같고, 두려워 몸이 덜덜 떨립니다. 이제 물과 불을 어떻게 가까이할 수나 있겠습니까?"

그 후부터 범 씨의 문객들은 길을 가다가 거지나 마의(馬醫)를 만나도 감히 모욕하지 못하고, 반드시 수레에서 내려 읍례(揖禮)를 하게 되었다.

재아(宰我)가 이 말을 듣고 공자에게 아뢰었다. 공자가 말했다. "그대는 모르는가? 믿음이 지극하면 외물과 감응할 수 있고 천지를 움직일 수 있고 귀신을 감동시킬 수 있네. 천지 사방을 휘젓고 다녀도 거스르는 것이 없으니, 어찌 위험한 벼랑에 서고 물과 불 속에 들어가는 것뿐이겠는가? 상구개는 거짓된 것을 믿고서도 거스름이 없었으니 하물며 상대방과 내가 다 같이 진실한 경우랴? 그대는 이 말을 새겨두게."

【역자 해설】

빈궁한 시골 농부 상구개가 도시 귀족들의 화려한 생활을 엿듣고는 양식이라도 빌리겠다고 삼태기를 메고 자화의 집을 찾아가는 장면이나, 위험을 무릅쓰고 물불에 뛰어드는 순박한 모습에는 눈물겨운 삶의 애환이 느껴진다. 어찌 이런 일이 상구개와 자화의 집안에서만 일어나는 일이랴!

지체 높은 귀인들 사이에서 이런 삼태기를 메고 찾아온 시골 농부까지 문객으로 받아들여준 당대의 식객 문화도 흥미롭다. 이렇게 다양한 사람들이 문하에 뒤섞여 있었던 탓에, 계명구도(鷄鳴狗盜)라는 성어처럼 주인이 위급할 때에 문객들이 각자의 재주를 발휘해서 도울 수 있었을 것이다. 위 장에서 당시의 귀인들이 비단옷을 입고 수레를 탔다는 것은 상투적인 표현이지만, '느릿느릿 걸으면서 멀리 바라보곤 했다'(緩步闊視)는 말은 간결하면서도 매우 생동감이 넘친다.

7장

周宣王之牧正 有役人梁鴦者 能養野禽獸. 委食於園庭之內 雖虎狼
鵰鶚之類 無不柔馴者, 雄雌在前 孳尾成羣 異類雜居 不相搏噬也.
王慮其術終於其身 令毛丘園傳之, 梁鴦曰

鴦賤役也, 何術以告爾? 懼王之謂隱於爾也. 且一言我養虎之法.
凡順之 則喜 逆之 則怒 此有血氣者之性也. 然喜怒 豈妄發哉? 皆
逆之所犯也. 夫食虎者 不敢以生物與之 爲其殺之之怒也,[1] 不敢
以全物與之 爲其碎之之怒也.[2] 時其饑飽 達其怒心[3] 虎之與人
異類 而媚養己者 順也.[4] 故其殺之 逆也.[5]

然則 吾豈敢逆之使怒哉? 亦不順之使喜也. 夫喜之復也 必怒 怒
之復也 常喜 皆不中也.[6] 今吾心無逆順者也 則鳥獸之視吾 猶其
儕也. 故游吾園者 不思高林曠澤 寢吾庭者 不願深山幽谷, 理使
然也.[7]

주나라 선왕(宣王)의 목장 관리인 가운데 양앙(梁鴦)이라는 일꾼
이 있었는데 들짐승을 잘 길렀다. 그가 임금의 정원 안에서 먹이
를 주면 호랑이나 독수리 같은 맹수 종류일지라도 유순하지 않은

놈이 없었으니, 먼저 암수를 데려다가 새끼를 치면 떼를 이루었고, 종류가 다른 짐승들과 섞어놓아도 서로 싸우지 않았다.

선왕이 그 기술이 양앙에게서만 끝나고 말까 염려되어서 모구원(毛丘園)이라는 사람에게 전하라고 명을 내렸다. 양앙이 모구원에게 말했다.

"저 양앙은 천한 잡역부로 그대에게 일러드릴 만한 무슨 기술이 있겠소? 그러나 왕께서 내가 그대에게 기술을 숨긴다고 생각하실까 싶어, 내가 범을 기르는 법을 한번 말씀드리겠습니다.

따라주면 기뻐하고 거스르면 성을 내는 것은 혈기를 가진 동물의 본성입니다. 그러니 어찌 이유 없이 기뻐하고 성내겠습니까? 다 성질을 거스르는 데서 사고가 나는 것입니다. 범에게 먹이를 주는 사람이 감히 살아 있는 먹이를 주지 않는 것은 생물을 죽이다가 성을 내게 될까 염려해서이며,[1] 통째로 먹이를 주지 않는 것은 먹잇감을 뜯어먹다가 성을 내게 될까 염려하기 때문입니다.[2] 범을 기르려면 범이 주리고 배부른 때를 맞출 수 있어야 하고 범이 노하는 성질에 통달해야 하니,[3] 범과 사람은 종류가 다르지만 자기의 성질을 맞추어주면 순해집니다.[4] 그러므로 범이 사람을 죽이는 것은 성질을 거스른 탓입니다.[5]

그런즉 내가 어떻게 감히 범의 뜻을 거슬러 성을 내게 하겠습니까? 그렇다고 해서 범의 성질에 맞춰서 기쁘게만 해주면 안 됩니다. 기뻐하면 결국에는 반드시 성을 내게 되고, 성내게 되면 결국에는 기뻐하게 되니, 이는 다 중용의 도가 아닙니다.[6] 이제 내 마음은 거스르려고도 따르려고도 하지 않지만 짐승들은 나를 그들의 동무로 봅니다. 그러므로 나의 동산에 와서 노는 짐승들은 깊은 숲과 넓은 물가로 갈 생각을 하지 않고, 나의 뜰에 와서 잠자는 것들은 깊은 산과 으슥한 골짜기로 가기를 원하지 않으니, 순리대로 그렇게 된 것입니다."

【장담 주석】

【1】恐因殺以致怒.

먹이를 죽임으로써 성내게 될까 두려운 것이다.

【2】恐因其用力致怒.

범이 힘을 씀으로써 성내게 될까 두려운 것이다.

【3】向秀曰 達其心之所以怒而順之也.

상수는 '범이 성내는 까닭에 통달해서 그 성질에 맞춰준다'고 했다.

【4】殊性而愛媚 我順之故也.

나와 본성이 다르나 범이 나를 좋아하는 것은 내가 범의 성질에 맞춰주었기 때문이다.

【5】所以害物 逆其心故.

사람을 해치는 까닭은 범의 마음을 거슬렀기 때문이다.

【6】不處中和 勢極則反 必然之數.

중화(中和)에 처하지 못하면 형세가 극에 이르게 되어서 다시 되돌아가는 것은 필연적인 법칙이다.

【7】聖人所以陶運羣生 使各得其性, 亦猶役人之能 將養禽獸 使不相殘害也.

성인이 중생들을 잘 부려서 각기 자신의 본성에 맞춰 살게 해주는 것은,

일꾼이 짐승들을 잘 길러서 서로 해치지 않게 해주는 것과 같다.

【역자 해설】

　원시의 수렵·채취시대 인간은 오랜 세월 동안 동물과 잡아먹느냐, 먹히느냐의 생존을 건 경쟁 상대였다. 힘이나 속도에서 늘 동물보다 열등함을 면치 못했지만, 인간이 그나마 동물을 사냥할 수 있었던 것은 지혜가 있었기 때문이었다. 그러다가 신석기시대 후반, 가축을 길들이기 시작하면서 인간의 삶의 질은 크게 바뀌었다. 안정적인 단백질원을 확보했고, 동물들의 힘을 수렵뿐 아니라 농경과 교통에 이용하면서, 인간은 밀림을 지배하는 먹이사슬의 최상위 포식자로 변했다. 이를 바탕으로 인류 문명은 급속도로 발전하게 되었다.

　단군신화에도 등장하는 곰과 범은 마지막까지 남았던 야생의 강자들이었지만, 그 밀림의 왕들조차 멸종되거나 포획되어 구경거리로 전락하고 말았다. 이 장은 주나라 선왕 때에 이미 범을 잡아다가 구경거리로 삼았을 뿐 아니라 이들을 길들이는 방법에 골몰하고 있었음을 보여준다. 불과 20여 년 전까지만 해도 일부 국가에서는 야생의 곰을 잡아다가 웅담 채취 도구로 사용했다. 뿐만 아니라 곡마단에서는 산중의 왕 범을 길들여서 재주를 부리게 했다. 인간은 하늘의 제왕 송골매도 길들여 사냥용으로 쓰고 바다의 왕자 돌고래도 쇼를 하게 만드니, 지구상에 인간을 당해낼 존재는 남지 않게 되었다. 현대에는 야생동물보호법이라는 엄격한 국제법을 만들어서 동물을 보호하려고 하지만, 이제 인간의 삶을 위협하던 맹수는 사라지고 결국 인간을 위협하는 가장 큰 적은 인간이 될 수밖에 없게 되었다. 휴머니즘과 도를 잃어버린 인간의 꾀는 스스로 지구 전체를 파멸시킬 수도 있는 위험한 시험대 위에 서게 되었다.

8장

顔回問乎仲尼曰

吾嘗濟乎觴深之淵矣, 津人操舟若神. 吾問焉曰 操舟可學邪? 曰
可能. 游者 可教也. 善游者 數能.[1] 乃若夫沒人 則未嘗見舟 而謖
操之者也.[2] 吾問焉而不告, 敢問何謂也.

仲尼曰

譆! 吾與若玩其文也 久矣, 而未達其實. 而固且道與.[3] 能游者可
教也 輕水也. 善游者之數能也 忘水也.[4] 乃若夫沒人之未嘗見舟
也而謖操之也 彼視淵若陵, 視舟之覆 猶其車却也. 覆却萬物 方
陳乎前 而不得入其舍[5] 惡往而不暇.[6] 以瓦摳者巧 以鉤摳者憚
以黃金摳者惛[7], 巧一也 而有所矜 則重外也. 凡重外者 拙內[8]

안회(顔回)가 중니에게 물었다.

"제가 깊은 호수를 건넌 적이 있었는데 뱃사공이 귀신같이 배를
잘 저었습니다. 제가 '배 젓는 기술을 배울 수 있습니까?' 하고 물
었더니, '가능합니다. 헤엄을 칠 줄 아는 사람은 가르칠 만하고,
헤엄을 잘 치는 사람이면 금방 능해질 수 있지요.[1] 그런데 물속

에 잠수할 줄 아는 사람은 배를 본 적이 없어도 바로 일어서서 배를 젓지요'[2]라고 했습니다. 제가 더 물었으나 말해주지 않았습니다. 선생님께 감히 여쭈어보건대 무슨 말을 한 것입니까?"

중니가 대답했다.

"아! 내가 그대와 같이 글을 읽은 지 오래되었으나, 그대는 아직 그 속의 의미를 통달하지는 못했구나. 내가 한번 그대에게 말해보리라.[3] 헤엄칠 줄 아는 사람을 가르칠 만한 것은 물을 무서워하지 않기 때문이요. 헤엄을 잘 치는 사람이 금방 배우는 것은 물을 잊어버리기 때문이다.[4] 물속에 잠수하는 사람이 배를 본 적도 없으나 일어서서 배를 저을 수 있는 것은 호수를 평지처럼 보니, 배가 뒤집히는 것이 마치 수레가 뒤로 후진하는 것과 같을 뿐이다. 세상 만물이 뒤집히고 역행하는 사태가 자기 앞에 닥치더라도 마음에 영향을 줄 수가 없으니[5] 어디에 간들 여유롭지 않겠는가?[6]

깨진 기와를 가지고 내기[17]를 하면 잘 맞추다가, 은(銀)고리를 걸면 떨리게 되고, 금덩어리를 걸면 실력이 형편없어지는 것은,[7] 기술은 다 한가지이나 내면에 자랑하려는 욕심이 생기면 바깥에 기울어지기 때문이다. 바깥을 중히 여기는 사람은 그 안이 형편없어지는 법이다."[8]

---

17) 섣달에 음제(飮祭)를 마치고 남녀노소가 놀던 장구(藏鉤)라는 놀이로, 한 손 안에 물건을 감추고 어느 손에 들었는지를 맞히는 놀이다. 원(元) 도종의(陶宗儀), 『설부』(說郛) 권102 「장구」, "義陽臘日飮祭之後 叟嫗兒童為藏鉤之戲. 分為二曹 以交勝負. 若人偶 即敵對 人奇 即人為遊附. 或屬上曹 或屬下曹 名為飛鳥 以齊二曹人 數一鉤藏在數手 中曹人當射知所在. 一藏為一籌 三籌為一都" 참조.

【장담 주석】

【1】向秀曰 其數自能也, 言其道數必能 不懼舟也.

상수는 '그의 배 젓는 기술이 저절로 능해지는 것은 헤엄치는 기술로 능히 할 수 있어서 배를 두려워하지 않기 때문'이라고 했다.

【2】謖 起也. 向秀曰 能鶩沒之人也.

속(謖)은 일어난다는 뜻이다. 상수는 '능히 오리처럼 물속으로 잠수할 수 있는 사람'이라고 했다.

【3】見操舟之可孥 則是玩其文, 未悟沒者之自能 則是未至其實. 今且爲汝 說之也.

배 젓는 법을 배울 수 있음을 보았다는 것은 글을 읽은 것에 해당하고, 잠수하는 이가 저절로 능하다는 뜻을 이해하지 못함은 그 속의 의미를 깨닫지 못한 것에 해당한다. 그래서 이제 그대를 위해 말하고자 하는 것이다.

【4】忘水 則無矜畏之心.

물을 잊고 있다면 뽐내려거나 두려워하는 마음이 없다.

【5】神明所居 故謂之舍.

신명(神明)이 머무는 곳을 사(舍)라고 부른다.

【6】所遇 皆閒暇也.

무엇을 만나든 모두 한가하고 여유롭다.

【7】互有所投曰攎. 郭象曰 所要愈重 則其心愈矜也.

내기에 서로 거는 것을 구(攎)라고 한다. 곽상은 '요구하는 것이 귀중해질

수록 그 마음은 더욱 욕심을 내게 된다'고 했다.

【8】唯忘內外遺輕重 則無巧拙矣.

오직 내외(內外)를 잊고 경중(輕重)을 놓아버려야 잘하느니 못하느니 따지는 마음도 없게 된다.

【역자 해설】

안회(顏回, 기원전 521–기원전 490)의 자는 자연(子淵)이고 춘추시대 노나라 출신이다. 공자의 가장 뛰어난 제자 가운데 하나로 공자의 칭찬과 기대를 받았으나 32세의 나이로 일찍 요절했다. 가난함에도 도를 즐겼고(安貧樂道) 손에서 책을 놓지 않았으니 후세 유학자의 모범이 되었다. 어리석게 보일 정도로 한마음으로 자신의 학문과 덕행을 닦았으며, 하나를 들으면 열을 안다는 문일지십(聞一知十)이라는 고사는 바로 그의 재주를 가리키는 말에서 나왔다. 공자는 안회의 덕행과 학문을 여러 차례 칭찬했고, 그가 요절했을 때에는 '하늘이 나를 버린다'는 탄식을 했을 정도로 그를 아꼈다. 사후에는 공자 제자 72현의 첫머리에 배열되었고, 훗날 복성공(復聖公)으로 추존되었다.

"깨진 기와를 가지고 내기를 하면 잘 맞추다가, 은(銀)고리를 걸면 떨리게 되고, 금덩어리를 걸면 실력이 형편없어"진다는 말은 보통 사람들의 탐욕과 어리석음을 동시에 지적한 말이다. 보통 사람들은 처음에는 잘하다가도 내기가 커지면 점점 더 욕심이 동해서, 실수를 하거나 상대에게 말려드는 어리석은 짓을 하고는 한다.

그러나 도박사나 전문가라면 정반대로 행동할 것이다. 배팅이 올라갈수록 집중력을 발휘해서 상대의 패를 읽고 심리를 뒤흔들어서 판을 끝낼 것이다. 보통 '선수'라고 불릴 정도의 프로가 되려면 7할의

그림 5. 주사위 도박

승률을 유지해야 한다고 한다. 당연히 이 승률은 온갖 수단과 방법을 동원한 결과이지, 우연에만 의존한 결과는 아니다.

흥미로운 것은 1973년 중국 마왕퇴(馬王堆)에서 발견된 백서주역(帛書周易)에도 공자가 '나는 백 번 점을 치면 일흔 번을 맞추었다'고 고백하는 장면이 나온다. 어쩌면 7할이라는 승률 혹은 적중률은 인간의 한계일지도 모른다. 무엇을 하든 속임수를 쓰지 않고 7할의 적중률을 유지할 수 있다면, 그는 입신(入神)의 경지라고 불러도 무방하겠다.

9장

1절

孔子觀於呂梁 懸水三十仞 流沫三十里 黿鼉魚鼈 所不能游也, 見
一丈夫游之. 以爲有苦而欲死者也, 使弟子幷流而承之. 數百步而
出 被髮行歌而游於棠行[1]

孔子從而問之曰

呂梁懸水三十仞 流沫三十里 黿鼉魚鼈所不能游 向吾見子道之
[2] 以爲有苦而欲死者 使弟子並流將承子. 子出而被髮行歌 吾以
子爲鬼也, 察子 則人也. 請問蹈水有道乎?

공자가 여량(呂梁) 땅을 지나다가 30길 낭떠러지에서 떨어지는
폭포를 보았다. 포말이 30리나 튀어서 악어나 자라도 놀 수가 없
었는데, 한 장부가 물속에 떠 있는 것을 보았다. 공자는 그가 괴로
운 일이 있어서 자살하려는 것이라고 생각해 제자들에게 물길을
따라가서 구해주라고 시켰다. 그러나 그는 수백 보를 흘러가다가
나와서 머리를 풀어헤친 채 노래를 부르면서 호수 아래에서 산보
를 즐기고 있었다.[1]

공자가 그에게로 가서 물었다.

"여량의 30길 낭떠러지에서 떨어지는 폭포수는 포말이 30리나 튀어서 악어나 자라도 놀 수가 없소. 내가 아까 그대가 물속으로 뛰어드는 것을 보고는,[2] 괴로워서 죽으려 한다고 생각해서 제자들에게 물길을 따라가서 그대를 구하라고 시켰소. 그런데 그대는 물에서 나와 머리를 풀어헤치고 노래를 부르니 나는 그대를 물귀신인가 여겼으나 가만히 살펴보니 사람이구려. 묻건대 물에 뛰어드는 도가 있는 것이요?"

【장담 주석】

【1】棠當作塘 行當作下.

당(棠)은 당(塘)으로 써야 하고, 행(行)은 하(下)로 써야 맞다.

【2】道當爲蹈.

도(道)는 도(蹈)로 써야 맞다.

2절

曰 亡, 吾無道. 吾始乎故 長乎性 成乎命, 與齎俱入 與汨偕出.[3]
從水之道 而不爲私焉, 此吾所以道之也.
孔子曰
何謂始乎故 長乎性 成乎命也?
曰 吾生於陵而安於陵 故也,[4] 長於水而安於水 性也,[5] 不知吾所以然而然 命也.[6]

장부가 대답했다.

"없소, 나는 특별한 도가 없습니다. 나의 물질은 본디 타고난 바탕대로 시작되었고, 본성대로 자라났으며, 천명대로 이뤘으니, 폭포수의 소용돌이를 따라 같이 들어갔다가 용솟음과 함께 빠져나옵니다.[3] 이렇게 물의 길을 따를 뿐이지 내 멋대로 하지 않으니, 이것이 바로 물에 뛰어들 수 있는 까닭입니다."

공자가 말했다.

"본디 타고난 바탕을 따라 시작했고, 본성대로 자라났으며, 천명대로 완성했다는 것은 무엇을 말하는 것입니까?"

대답했다.

"우리가 땅에서 나서 땅에 편안한 것이 본바탕이라는 것이고,[4] 물에서 자라서 물에 편안한 것을 본성이라 하고,[5] 왜 그러하게 되는지 알 수 없는 것을 천명이라 합니다."[6]

【장담 주석】

【3】齎汨者 水迴入涌出之貌.

재골(齎汨)이란 물이 소용돌이로 들어갔다가 용솟음쳐 나오는 모양이다.

【4】故猶素也. 任其眞素 則所遇而安也.

고(故)는 본바탕과 같다. 참된 본바탕대로 맡기면, 만나는 바가 다 편안하게 된다.

【5】順性之理 則物莫之逆也.

본성의 이치대로 따르면 어떤 것도 거스르지 못한다.

【6】自然之理 不可以智知 知其不可知 謂之命也.

저절로 그러한 이치는 인간의 지혜로 알 수가 없으니, 그것이 알 수 없음을 아는 것을 명(命)이라고 부른다.

【역자 해설】

　웅장한 폭포 앞에 마주 서본 사람은 포말을 내뿜는 기세와 풍압의 위력이 숨쉬기가 어려울 정도로 대단함을 안다. 하지만 여산(廬山)의 폭포를 바라보며 '3,000척을 떨어져 내린다'(飛流直下三千尺)고 한 이백의 시구나, 쏟아져 내리는 물길의 포말이 30리나 튄다는 것은 중국인의 과장법이다. 척도는 시대마다 다르긴 하지만, 오늘날을 기준으로 3,000척이면 대략 1킬로미터 가까운 높이가 되고, 30리면 12킬로미터 정도가 된다. 『장자』 「소요유」의 첫머리에 나오는 대붕(大鵬)은 날갯짓 한 번에 3,000리의 파도를 일으키며 9만 리 상공에 회오리바람을 일으키며 6개월을 날아가 한 번 쉰다고 하니, 대륙 간 탄도탄 정도가 아니라 유성 충돌에 비견될 정도의 파워를 가졌다고 하겠다.

　도가에서는 일찍이 언어가 실재를 제대로 드러낼 수 없으니, 도를 언어로 표현할 수 없다는 생각을 갖고 있었다. 그래서 노자는 '이름 붙일 수 있는 이름은 참된 이름이 아니다'(名可名非常名)라 했고, 장자는 '이름이란 실재의 손님이다'(名者實之賓也)라는 명제를 남겼다. 그러다 보니 도가를 비롯한 중국사상에서는 대상을 정확하게 분석하고 구체적으로 기술하기보다는 은유(隱喩)로 우회하거나 과장하는 방식을 즐겨 쓴다. 특히 도가서를 읽을 때는 이 모호한 은유와 강렬한 과장을 간파해서 감상하는 안목이 필요하다.

10장

仲尼適楚 出於林中 見痀僂者, 承蜩猶掇之也. 仲尼曰
子巧乎! 有道邪?
曰 我有道也. 五六月纍垸二而不墜 則失者錙銖,[1] 纍三而不墜
則失者十一, 纍五而不墜 猶掇之也.[2] 吾處也. 若橜株駒[3] 吾執
臂 若槁木之枝. 天地之大 萬物之多 而唯蜩翼之知, 吾不反側 不
以萬物易蜩之翼 何爲而不得?[4]
孔子顧謂弟子曰
用志不分 乃凝於神[5] 其痀僂丈人之謂乎!
丈人曰
汝逢衣徒也. 亦何知問是乎? 脩汝所以 而後載言其上.[6]

   중니가 초(楚)나라에 가는데 숲속을 나오다가 한 등 굽은 노인
이 마치 줍듯이 매미를 잡고 있는 것을 보았다. 이를 본 중니가 물
었다.
   "당신의 기술이 참 뛰어납니다! 무슨 도가 있는 것입니까?"
   노인이 대답했다.

"나는 도가 있습니다. 대여섯 달 동안을 연습해서 장대 끝에 구슬 두 개를 포개놓고서 떨어뜨리지 않게 되면 놓치는 것이 적어지게 되고,[1] 세 개를 포개놓고서 떨어뜨리지 않게 되면 놓치는 것이 열에서 한 마리쯤 되며, 다섯 개를 포개놓고도 떨어뜨리지 않게 되면 마치 물건 줍듯이 잡게 됩니다.[2] 나는 매미 잡는 데에만 정신이 쏠려 마치 나뭇등걸처럼 가만히 멈추고[3] 나의 팔은 고목나무의 마른 가지같이 움직이지 않은 채 매미를 잡습니다. 하늘과 땅이 아무리 크고 만물이 아무리 많다고 하더라도 나는 오직 매미의 날개만 알아볼 뿐 나의 몸은 꼼짝하지 않고 세상 어떤 일이 생겨도 매미 날개에만 집중하니, 어떻게 잡지 못하겠소?"[4]

공자가 제자를 돌아다보면서 말했다.

"뜻이 흩어지지 않으면 신(神)과 비슷한 경지에 이른다고 함은[5] 등 굽은 어른을 두고 한 말인가 보다!"

그러자 등 굽은 노인이 말했다.

"무리 지어 큰 예복18)을 입고 다니는 당신들이 무엇을 안다고 이를 묻는 거요? 당신들이 구현하겠다는 도부터 제대로 바로잡은 뒤에 이런 말을 입에 올리시오."[6]

【장담 주석】

【1】 向秀曰 累二丸而不墜 是用手之停審也. 故承蜩所失者 不過錙銖之閒耳.

상수는 '구슬 두 개를 포개놓고서 떨어뜨리지 않는다는 것은 손동작이 정확하기 때문이다. 그러므로 매미를 잡는데 놓치는 것이 아주 적어진다'고

---

18) 장만수(莊萬壽)는 큰 소매를 가진 심의(深衣)로 해석했다. 『신역열자독본』, 88-89쪽 참조.

했다.

【2】用手轉審 則無所失者也.

손을 정확하게 놀리면 놓치는 것이 없게 된다.

【3】崔譔曰 橛株駒 斷樹也.

최선(崔譔)은 '궐주구(橛株駒)가 부러진 나뭇등걸'이라고 했다.

【4】郭象曰 遺彼 故得此也.

곽상은 '저것을 버리므로 이것을 얻게 된다'고 했다.

【5】分猶散. 意專 則與神相似者也.

분(分)은 흩어진다는 뜻이다. 뜻이 전일(專一)하게 되면 신의 경지에 비슷하게 된다.

【6】脩治也. 言治汝所用仁養之術 反於自然之道 然後可載此言於身上也.

수(脩)는 다스린다는 뜻이다. 그대가 백성을 인자하게 양육해준다는 도술을 무위자연의 도에 되돌린 뒤에야 이런 말을 입에 올릴 수 있다고 말한 것이다.

【역자 해설】

공자는 열자의 입을 대신해주는 역할도 하지만, 또 유가 사상을 대표해서 도가에게 비판을 당하는 악역도 자주 맡는다. 오히려 공자 제자들보다는 공자가 이렇게 등 굽은 노인에게 비판당하는 것을 보면, 열자서가 쓰였던 당시에는 적어도 도가 사상가들에게 공자가 유명한 사상가이긴 하지만 불세출의 대성인으로는 인정받지 못했다는 반증으로 보아도 될 듯싶다.

공자가 정신을 집중해 입신(入神)의 경지에 들 수 있었던 촌로의 기술을 높이 평가한 것이 틀린 말은 아니다. 하지만 공자에 대한 노인의 비판은 통렬하다. 내 기술은 실제로 매미 잡는 데에 쓰이고 있지만, 당신네들은 쓸데없이 예복을 크게 차려입고서는 현실의 실정에 맞지 않는 도를 강요한다는 그의 말은 백성들이 마음 놓고 자생자화(自生自化)할 수 있도록 자연스러운 도를 따르라는 경고다.

11장

海上之人有好漚鳥者, 每旦之海上 從漚鳥游, 漚鳥之至者 百住而不止.[1] 其父曰

吾聞漚鳥皆從汝游 汝取來 吾玩之.

明日之海上 漚鳥舞而不下也.[2] 故曰 至言去言 至爲無爲, 齊智之所知 則淺矣.[3]

바닷가에 갈매기를 좋아하는 아이가 있었다. 매일 아침 바닷가에서 갈매기를 따라 놀면, 쫓아오는 갈매기 떼가 몇백 마리가 되는지 헤아릴 수가 없었다.[1]

그의 부친이 말했다.

"내 들으니 갈매기들이 너를 따라서 논다고 하니 한번 데려와보거라, 나도 한번 보고 싶다."

다음 날 아침 바닷가로 갔으나 갈매기들이 춤만 추면서 내려와 앉지를 않았다.[2] 그러므로 "가장 완전한 말은 말로 할 수 없고 가장 완벽한 행동은 행동으로 할 수 없다"고 하니, 세상의 지혜로 아는 정도는 아주 얕은 데에 불과하다.[3]

【장담 주석】

【1】 心和而形順者 物所不惡. 住當作數.

마음은 온화하고 모습은 유순하니 사람들이 미워하지 않는다. 주(住)는 수(數)로 써야 맞다.

【2】 心動於內 形變於外 禽鳥猶覺人 理豈可詐哉?

마음이 속에서 움직이면 모습이 밖에서 변하고 새들도 사람의 마음속을 알아채니, 어찌 속일 수 있겠는가?

【3】 言爲都忘 然後物無疑心, 限於智之所知 則失之遠矣. 或有疑丈人假僞 形以獲蟬 海童任和心而鷗游, 二情相背 而同不忤物.

夫立言之本 各有攸趣 似若乖互 會歸不異者 蓋丈人明夫心慮專一 猶能外 不駭物 況自然冥至 形同於木石者乎? 至於海童 誠心充於內 坦蕩形於外 雖未 能利害兩忘 猜忌兼消. 然輕羣異類 亦無所多怪 此二喻者 蓋假近以徵遠 借末 以明本耳.

말과 행동을 모두 잊어야만 남들이 의심하지 않게 되는데, 꾀를 부려 아는 바에 머물러 있게 되면 크게 실패하게 된다. 시골 노인은 장대라는 거짓 형체를 빌려서 매미를 잡았고, 바다의 아이는 온화한 마음을 품고서 갈매기와 놀았는데, 혹자는 이 두 가지가 서로 반대되는 상황이지만 어떻게 똑같이 사물을 거스르지 않을 수 있었는지 의심하기도 한다.

사람들의 말속에는 근본 의도가 있어서 서로 다른 내용인 듯하지만 결국에는 하나로 귀착하게 된다. 촌로가 말하려는 바는, 대개 마음을 하나로 모으기만 해도 사람이 외물의 영향을 받지 않을 수 있거늘, 하물며 자연과 혼연일체가 되어 육신이 목석처럼 되면 더 말할 나위가 없다는 것이다. 바다의 아이는 진실된 마음이 안에 가득 차 있어서 밖으로 그대로 드러나니, 비록 이해(利害)를 다 잊은 경지에 이르지는 못했으나 의심이나 시샘은 다 사라진 상태다. 그러므로 다른 동물들과 편하게 어울려도 별로 경계하지를 않았으니, 이 두 가지 비유는 가까운 것을 빌려서 먼 것을 징험하고, 말단을 빌려서 근본을 밝힌 것이다.

【역자 해설】

아이가 순수한 마음으로 갈매기와 어울려 놀 때에는 갈매기도 경계를 하지 않았으나, 아버지의 명으로 갈매기를 잡아가려고 하자 갈매기가 눈치채고 접근을 하지 않았다는 이야기다. 앞부분은 갈매기와 동심이 어우러진 동화와 같이 순수하고 아름다우나, 아버지의 명을 받은 이후에는 이야기가 비속하게 급전직하하고 있다. 사실 노자는 인간의 때가 전혀 묻지 않은 갓난아이의 덕에 대해서는 여러 차례 칭송했었으나, 이 장에서의 아이는 사회적 관습과 편견에 인간의 타고난 천진(天眞)이 이미 오염되기 시작한 상태를 은유하고 있다.

훗날 동양철학의 이단아 이지(李贄, 1527-1602)는 동심설(童心說)이라는 글을 통해 인간의 때 묻지 않은 본성을 동심에 비유하면서, 동심이야말로 참된 마음이지만 후천적인 교육과 경험에 의해 동심을 잃게 된다고 했다.

스티븐 스필버그 감독의 「이티」(1982)라는 영화에도 비슷한 설정이 있었다. 지구인과 다른 종류의 외계인을 보자 이들을 잡아서 제거해버리려는 어른들과 달리 외계인을 아무런 의심 없이 대하면서 교감하는 아이들의 이야기에 전 세계가 환호작약했었던 기억이 새롭다. 꿈결처럼 아련한 동심은 모든 어른들의 마음의 고향으로 남아 있다.

12장

1절

趙襄子率徒十萬 狩於中山.[1] 藉芿燔林 扇赫百里.

有一人從石壁中出 隨煙燼上下 衆謂鬼物. 火過 徐行而出 若無所經涉者.

襄子怪而留之 徐而察之. 形色七竅人也 氣息音聲人也. 問

奚道而處石? 奚道而入火?

其人曰

奚物而謂石? 奚物而謂火?[2]

襄子曰

而嚮之所出者 石也, 而嚮之所涉者 火也.

其人曰

不知也.[3]

조(趙)나라의 양자(襄子)가 십만의 무리를 거느리고 중산(中山)에 겨울사냥을 갔다.[1] 잡초더미를 가져다가 숲에 불을 지르자, 불길이 백여 리에 뻗쳤다.

그때 어떤 사람이 뭉게뭉게 피어오르는 연기와 불길을 따라 이리 저리 절벽을 오르내리자, 사람들이 귀신인가 보라고 수군거렸다. 불길이 지나가자 마치 아무 일도 없었던 듯 천천히 걸어 나왔다. 양자는 기이한 일이라고 생각해 그를 가지 못하게 한 다음 자세히 살펴보았다. 겉모습은 칠규(七竅)를 가진 사람이요, 숨 쉬는 거나 말소리나 보통 사람들과 같았다. 양자가 물었다.

"그대는 무슨 도가 있길래 바위 절벽에 살고, 무슨 도가 있길래 불구덩이 속에 들어갈 수 있는가?"

그 사람이 대답했다.

"무슨 물건을 바위라 하고, 무슨 물건을 불이라 하는 거요?"**[2]**

양자가 말했다.

"그대가 아까 나온 곳이 바위요, 아까 넘어간 것이 불이네."

그 사람이 말했다.

"난 아무것도 모르겠소."**[3]**

【장담 주석】

【1】 火畋 曰狩.

불을 질러서 사냥하는 것을 수(狩)라고 한다.

【2】 此則都不覺有石火 何物而能閡之?

이 사람은 돌이든 불이든 모두 알지 못했으니, 어떤 물건인들 이를 막을 수 있겠는가?

【3】 不知之極 故得如此.

알지 못하는 경지의 극치에 이르면, 이 사람과 같이 될 수 있다.

2절

魏文侯聞之 問子夏曰

彼何人哉?

子夏曰

以商所聞夫子之言 和者 大同於物 物無得傷閡者 游金石蹈水火
皆可也.

文侯曰

吾子奚不爲之?

子夏曰

刳心去智 商未之能. 雖然 試語之 有暇矣.[4]

文侯曰

夫子奚不爲之?

子夏曰

夫子能之而能不爲者也.

文侯大說.[5]

위(魏)나라 문후(文侯)가 이 이야기를 듣고 자하(子夏)에게 물
었다.

"저런 사람은 대체 어떤 인물입니까?"

자하가 말했다.

"제가 공자님께 들기로 조화(調和)를 이루면 모든 만물과 함께
할 수 있으니, 누구도 이를 막거나 해칠 수 없으며, 쇠와 돌 속에
들어가 놀 수도 있고 물과 불을 밟고 지나갈 수도 있다고 하셨습
니다."

문후가 말했다.

"그러면 선생께서는 어째서 그렇게 하지 않습니까?"

자하가 대답했다.

"저는 아직 마음을 버리고 지혜를 버릴 수 없기 때문입니다. 다만 제 공부가 부족하지만, 이렇게 한번 설명해볼 수는 있습니다."[19][4]

문후가 말했다.

"그렇다면 공자께서는 왜 그렇게 행하시지 않습니까?"

자하가 대답했다.

"우리 선생님께서는 그렇게 할 수도 있지만 하지 않을 수도 있는 분입니다."

문후가 이 말을 듣고는 크게 기뻐했다.[5]

【장담 주석】

【4】夫因心以剋心 借智以去智 心智之累誠盡, 然所遣心智之跡 猶存. 明夫至理 非用心之所體 忘, 言之 則有餘暇矣.

마음으로써 마음을 깨뜨리고 꾀를 빌려서 꾀를 버린다면 마음과 꾀의 속박을 다 벗을 수는 있으나, 마음과 꾀를 내버린 자취는 여전히 남게 된다. 저 지극한 이치를 밝히는 데 있어서, 자하가 마음으로 잊음을 체득한 것은 아니지만, 말로 설명하기는 충분하다.

【5】天下有能之而能不爲者 有能之而不能不爲者 有不能而彊欲爲之者 有不爲而自能者. 至於聖人 亦何所爲 亦何所不爲 亦何所能 亦何所不能? 俛仰同俗 升降隨物 奇功異迹 未嘗暫顯, 體中之絶妙處 萬不視一焉.

此卷自始篇至此章 明順性命之道而不係著五情 專氣致柔誠心無二者 則處

---

19) 마지막 구절의 해석은 당(唐) 노중현(盧重玄)의 주해를 따랐다. 『열자집석』, 69쪽 참조. 『신열자독본』 90쪽에서는 시(試)가 성(誠)으로 되어 있다.

水火而不燋溺 涉木石而不挂硋 觸鋒刃而無傷 殘履危險而無巔墜. 萬物靡逆其心 入獸不亂羣. 神能獨游 身能輕擧 耳可洞聽 目可徹照. 斯言不經 實駭常心 故試論之.

夫陰陽遞化 五才[20]偏育 金土以母子相生 水火以燥濕相乘 人性以靜躁殊途 升降以所能異情. 故有雲飛之翰 淵潛之鱗 火遊之鼠 木藏之蟲.

何者? 剛柔炎涼 各有牧宜 安於一域 則困於餘方. 至於至人 心與元氣玄合 體與陰陽冥諧. 方圓不當於一象 溫涼不值於一器. 神定氣和 所乘皆順 則五物[21]不能逆 寒暑不能傷 謂含德之厚 和之至也. 故常無死地 豈用心去就而後[22]全哉? 蹈水火 乘雲霧 履高危 入甲兵 未足怪也.

천하에는 능히 할 수 있으면서 능히 하지 않는 것도 있고, 할 수 있으면서 하지 않을 수가 없는 것도 있고, 할 수 없지만 억지로 하려는 것도 있으며, 하지 않지만 저절로 능한 것도 있다. 성인의 경지에 이르면 또한 무엇을 해야 하고 무엇을 하지 말아야 하며 어느 것에 능하고 어느 것에 능하지 못한 게 있겠는가? 예절은 세속을 따르고 행동은 사람들을 따를 뿐, 잠시도 특이한 행적을 드러내지 않으니, 성인의 절묘한 경지를 만에 하나도 볼 수 없는 것이다.

이 책은 첫 편에서 이 장에 이르기까지, "성명(性命)의 도를 따를 뿐 오정(五情)[23]을 드러내지 않았으니, 기(氣)를 전일하게 갖고 부드러움을 지키며

---

20) 오재(五才 또는 五材), 1.금(金)·목(木)·수(水)·화(火)·토(土)의 다섯 가지 질료, 2.금·목·피(皮)·옥(玉)·토(土)의 다섯 가지 물질, 3.다섯 가지 덕성(德性).『한어대사전』참조.

21) 오물(五物):1.다섯 지역에서 나온 물산(物産), 2.오사(五事), 3.오행(五行), 4.지금(指金)·은(銀)·귀(龜)·패(貝)·포(布)의 다섯 가지 화폐(貨幣), 5.오색(五色).『한어대사전』참조.

22)『열자집석』에는 후(後)가 부(復)로 되어 있으나, 여기에서는 의미상『충허지덕진경』한문대계본을 따라 후(後)로 썼다.

23) 희(喜)·노(怒)·애(哀)·락(樂)·원(怨)의 다섯 가지 정감(情感). 조식(曹植)『문선』(文選)「상책궁응조시표」(上責躬應詔詩表)"形影相弔 五情愧赧. 劉良注,

진실된 마음으로 한결같은 자는 물불에도 빠지지 않고 목석(木石)에도 걸리지 않으며 칼을 맞아도 다치지 않고 낭떠러지에 서 있어도 떨어지지 않는다. 만물이 그 마음을 거스르게 할 수 없고 짐승 무리 속에 들어가도 놀라 달아나지 않는다. 정신은 홀로 소요하고 육신은 경쾌하게 움직일 수 있으며, 귀로는 속속들이 들을 수 있고, 눈으로는 환히 볼 수 있다"는 점을 밝혔다. 그러나 이러한 말은 현실에 맞지 않아서 사람들의 마음을 놀라게 하므로, 시험 삼아 논의해본 것이다.

저 음양이 서로 바뀌면서 오행이 만물을 잘 길러주니, 금(金)과 토(土)는 어미와 자식처럼 서로를 살려주고 수(水)와 화(火)는 건조함과 습기를 서로 이용한다. 사람의 본성은 차분함과 조급함으로 길이 갈리고, 지위(地位)의 고하는 능력으로써 정황이 달라진다. 그러므로 구름에 나는 새도 있고, 못 속에 잠기는 물고기도 있고, 불 속에 노니는 쥐도 있고, 나무 속에 숨는 벌레도 있는 것이다.

왜 그런가? 강하고 부드러우며 뜨겁고 차가움이란 각기 맞는 바가 있으니, 어느 한쪽에서는 편안하지만 다른 쪽에서는 곤궁스럽게 된다. 지인(至人)은 마음이 우주의 원기(元氣)와 현묘하게 합일하고 몸은 음양과 남모르게 화합한다. 네모와 동그라미는 같은 형상에는 맞지 않고 얼음과 불은 한 그릇 속에 둘 수가 없다. 정신이 안정되고 기운이 조화되면 만나는 사물들이 모두 순종하게 된즉 오행도 거스르지 못하고 한서(寒暑)가 해칠 수가 없게 되니, 이를 두터운 덕을 머금고 있는 어린아이처럼 완전하게 조화된 상태라고 했다.[24] 그러므로 언제 어디서나 다치는 곳이 없으니 어찌 가고 오는 데

五情: 喜·怒·哀·樂·怨" 참조. 여기에서는 성명의 도와 대비되는 세속의 욕망을 의미한다.

24) 본문에는 어린아이란 말이 없으나, 『노자』 55장의 원문 "含德之厚, 比於赤子. 蜂蠆虺蛇不螫, 猛獸不據, 攫鳥不搏, 骨弱筋柔而握固, 未知牝牡之合而全作, 精之至也. 終日號而不嗄, 和之至也"에 의거해서 보충한 것이다.

에 신경을 써가면서 몸을 지키겠는가? 수화(水火)를 밟고 운무(雲霧)를 타고 절벽에 서며 칼날에 맞는 따위는 신기할 게 없는 것이다.

【역자 해설】

자하(子夏)의 성은 복(卜), 이름은 상(商)이며, 자하는 그의 자(字)다. 춘추시대 위나라 출신으로 재주가 영민해 공자의 칭찬을 받은 기록이 『논어』에 보인다. 공자의 제자 가운데 문학 방면에 뛰어났고, 공자 사후에 제자를 길러 공자의 도를 전했다고 한다. 『시』『춘추』『역』『예』에 정통했다고 하며, 특히 공자의 주역사상이 자하에게로 전해져서, 그의 이름을 가탁(假託)한 것이라고 하는 『자하역전』(子夏易傳)이라는 책이 전한다.

필자는 지혜(智)를 대부분 '꾀'라는 개념으로 번역했다. 지혜와 꾀는 어감이 많이 다르다. 일반적으로 지혜는 긍정적인 의미로 쓰이지만 꾀는 부정적인 문맥으로 쓰인다. 다시 말해 지혜는 인간의 이성을 바탕으로 한 지식의 정수라고 한다면, 꾀는 지혜가 이기적으로 타락한 형태라고 구분해볼 수 있겠다.

유교에서 강조하는 인의예지신(仁義禮智信)의 오덕에 들어 있는 지(智)가 바로 지혜와 관련되어 긍정적 의미로 사용된다고 할 수 있다. 하지만 도가에서의 지(智)는 대부분 부정적인 의미로 쓰인다. 즉 인간 자신의 입장에서는 최고의 지혜라고 생각하지만, 도의 시각에서 볼 때는 정저지와(井底之蛙)와 같은 좁은 소견이나 조삼모사(朝三暮四)와 같은 잔꾀에서 벗어나지 못한다는 의미로 쓰이기 때문에, 여기에서는 꾀라는 개념으로 번역했다.

마지막에 '공자는 그렇게 할 수도 있고 안 할 수도 있다는 자하의 말을 듣자 위 문후가 기뻐했다'는 말도 흥미롭다. 우리 한국사람은 성정이 투명해서 이런 모호한 양시론(兩是論)을 받아들이기 어렵다. 우리는 '예스'(Yes)와 '노'(No) 가운데에서 선택하거나 분명하게 자기 입장을 밝히라고 요구할 것이다. 그러나 중국인은 복합적이거나 모호한 상태에 대해서 섣부르게 단정하기 보다는, 그냥 놔두고 그 의미를 다양한 시각에서 음미하기를 좋아하는 것 같다. 이를 현묘(玄妙)하다거나 유무혼일지상(有無混一之象, 유와 무가 하나로 혼재되어 있는 모습) 같은 철학적 개념들로 나타내기도 하고, 여산진면목(廬山眞面目)이니 '여백의 미' 같은 미학적 개념들로 표현하기도 한다.

　장담은 어느 한쪽에 치우친 형상이나 재능은 전체를 아우를 수 없고 각 부분들을 초월할 수 없으며, 도를 반영하지 못한다는 입장에서 마지막 자하의 말을 명확한 논리로 풀었다. 그래서 공자는 불 속에 들어가도 타지 않는 일정한 능력을 발휘할 수도 있지만, 한쪽으로 치우치지 않는 '무'(無)의 경지에 있다는 것이다. 장담은 매우 논리적인 학자였던 것으로 보인다.

13장

1절

有神巫 自齊來處於鄭 命曰季咸. 知人死生存亡禍福壽夭 期以歲
月旬日如神. 鄭人見之 皆避而走.[1]

列子見之而心醉.[2] 而歸以告壺丘子曰

始吾以夫子之道爲至矣 則又有至焉者矣.[3]

壺子曰

吾與汝 旣其文 未旣其實 而固得道與? 衆雌而無雄 而又奚卵
焉?[4] 而以道與世抗 必信矣夫. 故使人得而相[5] 汝嘗試與來 以
予示之.

계함(季咸)이라는 귀신같은 무당이 제(齊)나라에서 정(鄭)나라
로 왔다. 그가 사람들이 언제 죽고 살지, 언제 나타났다가 사라질
지, 화복(禍福)과 수요(壽夭)의 날짜가 어느 해 어느 달 어느 순
(旬) 무렵인지를 귀신같이 예측하자, 정나라 사람들은 그를 보기
만 하면 다 도망쳤다.[1]

열자가 그를 만나보고는 그만 반해버렸다.[2] 돌아가서 호구자(壺

丘子)에게 말했다.

"제가 처음에는 선생님의 도(道)가 최고라고 생각했습니다만, 더한 분이 있었습니다."[3]

호자가 말했다.

"내가 그대에게 겉모습은 보여주었지만 아직 내면은 보여주지 않았는데, 그대가 나의 도를 제대로 알고 있을까? 암컷이 아무리 많이 있다고 해도 수컷이 없으면 어찌 알을 낳겠는가?[4] 세상 사람들과 대응해서 도를 보여줘야만 믿으니 그 사람이 상을 보도록 하겠네.[5] 그대는 한번 시험 삼아 데려오게. 나를 보여주겠네."

【장담 주석】

【1】向秀曰 不喜自聞死日也.

상수는 '자기 죽을 날을 들으면 좋아하지 않기 때문이다'라고 했다.

【2】向秀曰 迷惑其道也.

상수는 '그의 도에 미혹되었다'고 했다.

【3】郭象曰 謂季咸之至 又過於夫子也.

곽상은 '계함의 경지가 선생님보다 뛰어나다'고 했다.

【4】向秀曰 夫實由文顯 道以事彰. 有道而無事 猶有雌無雄耳. 今吾與汝 雖深淺不同 然俱在實位 則無文相發矣 故未盡我道之實也. 此言至人之唱 必有感而後和者也.

상수는 '내실(內實)은 겉모습으로 말미암아 드러나고, 도는 일로 인해서 나타나게 된다. 도가 있어도 일이 없으면 암컷만 있고 수컷이 없는 격이다. 이제 나와 너는 비록 경지의 깊이가 같지 않아서 같이 있었어도 겉모습으로 드러내지 않았으므로, 너는 나의 도의 내면을 파악하지 못했던 것이다. 이는 지인(至人)이 선창(先唱)하게 되면 상대가 그에 감응해서 그에 화답(和答)하게 됨을 말한다.

【5】向秀曰 亢²⁵⁾其一方 以必信於世 故可得而相也.

상수는 '한 부분이라도 들어 보여야 세상에서 믿어주니 관상을 보게 되었다'고 했다.

2절

明日列子與之見壺子 出而謂列子曰

譆! 子之先生死矣. 弗活矣 不可以旬數矣. 吾見怪焉 見濕灰焉.

列子入 涕泣沾衿, 以告壺子. 子曰

向吾示之以地文【6】 罪乎不誫不止【7】 是殆見吾杜德幾也.【8】 嘗又與來明日. 又與之見壺子 出而謂列子曰 幸矣! 子之先生遇我也 有瘳矣. 灰然【9】 有生矣. 吾見杜權矣.【10】

列子入告壺子, 壺子曰

向吾示之以天壤【11】 名實不入【12】 而機發於踵【13】 此爲杜權 是殆見吾善者幾也.【14】 嘗又與來明日. 又與之見壺子 出而謂列子曰 子之先生坐不齋【15】 吾無得而相焉. 試齋將且復相之.

列子入告壺子 壺子曰

向吾示之以太沖莫眹【16】 是殆見吾衡氣幾也.【17】 鯢旋之潘【18】爲淵 止水之潘爲淵 流水之潘爲淵 濫水之潘爲淵 沃水之潘爲淵 汎水之潘爲淵 雍水之潘爲淵 汧水之潘爲淵 肥水之潘爲淵 是爲九淵

---

25) 여기에서의 항(亢)은 들다(擧)·일으키다(興起)의 뜻이다.

焉.【19】嘗又與來明日.

又與之見壺子 立未定自失而走.

다음 날 열자는 계함과 같이 와서 호자를 보았는데, 밖으로 나와
서 열자에게 말했다.

"아! 당신의 선생님은 죽습니다. 더 이상 살 수 없으니, 열흘도 지
날 수가 없습니다. 나는 괴이한 상을 보았으니, 마치 불씨가 완전
히 꺼진 재²⁶⁾와 같습니다."

열자가 방으로 들어가자 눈물이 떨어져 옷깃을 적셨고, 호자에게
들은 대로 고했다. 호자가 열자에게 말했다.

"아까는 내가 그에게 땅의 모습을 보였네.【6】 꼼짝도 하지 않으면
서 가만히 멈춰 있지도 않았으니【7】 이는 내가 덕(德)의 기미를
막고 있는 상태를 보여준 셈이네.【8】 내일 다시 함께 오게."

다음 날 다시 계함과 함께 호자를 뵈었다. 계함은 밖으로 나와서
열자에게 말했다.

"다행입니다! 당신의 선생님은 나를 만나서 병이 나았습니다. 죽
은 재와 같았는데【9】 이제 생기가 있습니다. 나는 당신 선생님에
게서 막혀 있는 가운데 변화하고 있는 상태를 보았습니다."【10】

열자가 방에 들어가 호자에게 고하자 호자가 말했다.

"아까는 내가 그에게 하늘과 땅을 보여주었네.【11】 명분이든 실리
든 나의 마음속에 들이지를 않았으니【12】 기운의 작용이 발뒤꿈
치에서부터 일어났네.【13】 이는 변화를 막은 것으로, 나의 좋은 기
미를 보여준 셈이네.【14】 내일 다시 함께 오게."

---

26) 원문은 습회(濕灰)이나 상수가 사회(死灰)라고 한 주석에 따라 '불씨가 다 꺼
져버린 재'로 해석했다.

다시 함께 와서 호자를 뵙고는 나가서 열자에게 말했다.

"당신의 선생님께서는 엄숙히 머물러 계시지를 않으니,[15] 내가 상을 볼 수가 없습니다. 제대로 되면 다시 상을 보겠습니다."

열자가 들어가서 호자에게 고하자, 호자가 말했다.

"아까는 내가 그에게 크게 비어 아무 조짐도 없는 상태를 보였네.[16] 내가 평형을 이루도록 기운을 운행한 기미를 보여준 셈이네.[17] 소용돌이쳐서 생긴 물굽이도[18] 못이 되고, 흐름을 그쳐서 생긴 물굽이도 못이 되고, 물이 흘러 생긴 물굽이도 못이 되고, 물이 솟구쳐 생긴 물굽이도 못이 되고, 아래로 떨어져서 생긴 물굽이도 못이 되고, 옆으로 새면서 생긴 물굽이도 못이 되고, 물을 막아서 생긴 물굽이도 못이 되고, 샘물이 스며들어 생긴 물굽이도 못이 되며, 물길이 합쳐져서 생긴 물굽이도 못이 되니, 이것이 아홉 가지 연못이네.[19] 내일 다시 함께 오게."

다시 계함과 함께 호자를 뵙자, 제대로 서지도 못하고 정신을 차리지 못한 채 달아나버렸다.

【장담 주석】

【6】向秀曰 塊然若土也.

상수는 '흙덩어리같이 굳어 있는 모습'이라고 했다.

【7】罪或作萌. 向秀曰 萌[27]然不動 亦不自止 與枯木同, 其不華死灰 均其寂

---

27) 왕숙민(王叔岷)은 열자 원문의 죄(罪)를 죄(辠)의 잘못으로 보는 유월(兪樾)을 오류라고 비판하고, 맹(萌)이 옳으며 그 뜻은 생(生)이라고 했다.『열자집석』, 72쪽 참조.『장자』「응제왕」(應帝王)에도 이 부분이 실려 있는데, 원문이 '맹호부진부정'(萌乎不震不正)으로 되어 있고, 곽상의 주석에는 상수의 주석이 그대로 전재되어 있다. 임희일(林希逸)의『장자구의』(莊子口義)에서는 맹(萌)을 싹의 뜻으로 보아서 '생긴 듯 안 생긴 듯하다는 뜻'(萌乎若生而不生之

魄, 此至人無感之時也. 夫至人 其動也 天 其靜也 土, 其行也 水流 其湛也 淵嘿. 淵嘿之與水流 天行之與地止 其於不爲而自然 一也.

今季咸見其尸居而坐忘 即謂之將死, 見其神動而天隨 便爲之有生. 苟無心而應感 則與變升降 以世爲量 然後足爲物主 而順時無極耳 豈相者之所覺哉?

죄(罪)는 맹(萌)으로 쓰여 있는 판본도 있다. 상수는 '꼼짝하지 않으면서 스스로 그치지도 않는 모습이 고목나무와 같아서, 꽃이 피지 않는 불 꺼진 재같이 적막한 형체로, 이는 지인이 아무런 감응이 없는 상태다. 저 지인이 움직임은 하늘과 같고 고요함은 땅과 같으며, 다닐 적에는 물 흐르듯하고 침묵할 때는 연못처럼 고요하다. 연못의 고요함과 물의 흐름, 하늘의 운행과 땅의 그침은 모두 인위적이지 않고 자연스럽게 이뤄진다는 점에서 동일하다.

이제 계함이 죽은 듯이 앉아서 좌망(坐忘)에 든 호구자를 보고는 장차 죽을 것이라고 말했다가, 그의 정신이 움직이자 천기(天機)도 작동하는 것을 보고는 곧 살겠다고 여겼다. 참으로 무심으로 감응을 한다면 상대가 변화하는 대로 오르내리면서 세속을 좇아 기준으로 삼은 다음에 만물들의 주인이 되어 때에 따라서 무궁하게 존재하지만, 어떻게 관상쟁이가 이를 깨달을 수 있겠는가?

【8】向秀曰 德幾不發 故曰杜也.
상수는 '덕의 작용을 펴지 않았으므로 막았다고 했다'고 했다.

【9】灰 或作全.
회(灰)를 전(全)으로 쓴 판본도 있다.

意)이라고 해석했다. 그러나 상수가 맹연부동(萌然不動)이라고 했는데, 맹연(萌然)은 왕숙민이 말한 '生'의 뜻으로 해석할 수가 없다. 『한어대사전』 등에서 맹연의 단어가 발견되지 않으며, 여기에서는 상수의 문맥을 따라서 갓 돋아난 움처럼 꼼짝하지 않는다는 뜻으로 해석했다.

【10】有用而無利 故謂之杜權.

쓸모는 있으나 이로움은 없으므로 막혀 있는 가운데 변화하고 있다고만 했다.

【11】向秀曰 天壤之中 覆載之功見矣. 比地之文 不猶外乎!

상수는 '하늘과 땅의 가운데에 덮어주고 실어주는 공이 드러나니, 땅의 모습보다는 외연이 넓다!'고 했다.

【12】向秀曰 任自然而覆載, 則名利之作 皆爲棄物.

상수는 '저절로 그렇게 되는 대로 맡긴 채 하늘은 덮어주고 땅은 실어주고 있으니, 세속적인 명리(名利)가 생겨나도 결국은 모두 버려지고 만다'고 했다.

【13】郭象曰 常在極上起.대롱

곽상은 '(기운이) 늘 극점에서 일어나게 된다'고 했다.

【14】向秀曰 有善於彼 彼乃見之 明季咸之所見者 淺矣.

상수는 '저쪽에 좋은 것이 있으면 저쪽을 바라보게 되니, 계함이 바라보는 것이 천박함을 밝힌 것이다'라고 했다.

【15】或無坐字. 向秀曰 無往不平 混然一之 以管窺天者 莫見其崖 故以不齊也.

간혹 좌(坐) 자가 없는 판본도 있다. 상수는 '호구자는 어디에서도 늘 균등하게 처해 있어서 혼연일체로 있으나, 계함같이 붓 대롱으로 하늘을 관측하려는 자는 그 너름을 보지 못하므로 (기운이) 고르지 못하다고 생각한 것이다'라고 했다.

【16】向秀曰 居太冲之極 皓然泊心 玄同萬方 莫見其迹.

상수는 '완전히 비워진 극치에 이르면 깨끗하게 마음을 쉬고 있어서, 모든 곳에 현묘하게 동화하니 그 자취를 볼 수가 없다'고 했다.

【17】衡 平也.

형(衡)은 평(平)의 뜻이다.

【18】音藩.

반(潘)의 음은 번이다.

【19】此九水名義見爾雅. 夫水一也 而隨高下夷險 有洄激流止之異, 似至人之心 因外物難易 有動寂進退之容. 向秀曰 夫水流之與止 鯢旋之與龍躍 常淵然自若 未始失其靜黙也. 郭象曰 夫至人用之 則行 舍之 則止 雖波流九變 治亂紛紜 若居其極者 常澹然自得 泊乎無爲也.

이 아홉 가지 물 이름의 뜻은 『이아』(爾雅)에 보인다. 물은 하나이지만 높낮이와 험난한 정도에 따라 거슬러 돌고 내리치며 흐르고 멈추는 차이가 있으니, 이는 지인의 마음이 외물의 난이(難易)에 말미암아 움직이고 고요하며 나아가고 물러나는 모습이 있는 것과 같다. 상수는 '물이 흐르는 것과 멈추는 것, 소용돌이와 솟구침에 늘 잠잠하게 태연자약해서 그 고요함을 잃지 않는다'고 했다. 곽상은 '지인은 쓰이면 행하고 쓰이지 못하면 멈추나니, 비록 물결이 아홉 가지로 바뀜에, 치란(治亂)이 어지럽다고 하더라도 그 극에 거해서 늘 조용하면서 흡족하고 담담하면서 무위한다'고 했다.

3절

壷子曰

追之.

列子 追之而不及 反以報壺子曰

已滅矣 已去矣 吾不及也.

壺子曰

向吾示之以未始出吾宗.【20】吾與之虛而猗移【21】不知其誰何.【22】

因以爲茅靡 因以爲波流 故逃也.【23】

然後列子自以爲未始學 而歸三年不出【24】爲其妻爨【25】食豕如食

人【26】於事無親.【27】雕琢復朴 塊然獨以其形立,【28】紛然而封戎【29】

壹以是終【30】

호자가 말했다.

"그를 쫓아가보게."

열자가 그를 쫓아갔으나 따라잡지를 못하고 돌아와서 호자에게
보고했다.

"이미 사라져버렸습니다. 벌써 떠나가버려서 저는 따라가지를
못했습니다."

호자가 말했다.

"아까는 내가 그에게 나의 근본을 드러내 보이지 않았네.【20】 나
는 그에게 텅 비운 채로 변화에 내맡기는 순한 모습을 보였으니
【21】 누가 누구인지를 모르게 되었을 것이네.【22】 그래서 변화에 무
너져버린 듯 파도 속에 휩쓸려버린 듯이 생각했으므로 도망친 것
일세."【23】

그 뒤 열자는 지금까지 제대로 배우지를 못했다고 생각하고는
돌아가 3년을 문밖에 나가지 않았다.【24】 그의 처를 위해 밥을 지
어주고【25】 돼지치기를 사람 공양하듯이 했으며,【26】 치우치지 않
고 공평하게 일했다.【27】 열심히 수양을 하고 절차탁마해서 본래

의 질박한 모습으로 되돌아가, 세상을 초월해서 홀로 서게 되었으니,[28] 세상은 어지러웠으나 함구한 채[29] 종신토록 한결같았다.[30]

【장담 주석】

【20】向秀曰 雖進退同羣 而常深根寧極也.

상수는 '호구자는 나아가고 물러나는 것은 사람들과 똑같지만, 언제나 근원의 깊은 극치점에서 편안히 머물고 있다'고 했다.

【21】向秀曰 無心以隨變也.

상수는 '무심으로 변화를 따른다'고 했다.

【22】向秀曰 汎然無所係.

상수는 '특별히 매이는 바가 없다'고 했다.

【23】茅靡 當爲頹靡. 向秀曰 變化頹靡 世事波流 無往不因 則爲之非我 我雖不爲 而與羣俯仰. 夫至人一也 然應世變而時動, 故相者 無所用其心 自失而走者也.

모미(茅靡)는 퇴미(頹靡)로 써야 맞다. 상수는 '변화에 무너지고 세상일이 파도에 휩쓸리는 듯한 것에 모두 원인이 있으나, 나 때문이 아니다. 내가 작위한 것이 아니라 다른 사람들과 더불어 같이 움직였을 뿐이다. 저 호구자라는 지인은 한사람이지만 세상의 변화에 응해서 때에 따라 움직이자, 관상쟁이가 관상을 보는 그 마음을 제대로 쓰지를 못하고 정신을 차리지 못한 채 도망간 것이다'라고 했다.

【24】向秀曰 棄人事之近務也.

상수는 '사람이 해야 할 자잘한 일들을 포기했다'고 했다.

【25】向秀曰 遺恥辱.

상수는 '부끄럽다는 생각을 버렸다'고 했다.

【26】向秀曰 忘貴賤也.

상수는 '귀하거나 천하다는 생각을 잊었다'고 했다.

【27】向秀曰 無適無莫也.

상수는 '맞는 것도 안 맞는 것도 없다'고 했다.

【28】向秀曰 雕琢之文 復其眞朴 則外事去矣.

상수는 '겉모습을 화려하게 꾸몄다가 본래의 진실된 질박함을 회복했으니, 외부의 일들은 버렸다'고 했다.

【29】向秀曰 眞不散也. 戎或作哉.

상수는 '참된 본질을 흩트리지 않았다'고 했다. 간혹 융(戎)은 재(哉)로 쓰여진 판본도 있다.

【30】向秀曰 遂得道也.

상수는 '드디어 도를 얻었다'고 했다.

【역자 해설】

중국에는 일찍부터 관상이 발달했다. 처음에는 얼굴을 위주로 관상을 보다가, 손금을 보는 수상(手相)도 등장하고, 발금을 보는 족상

(足相)도 나왔으며, 몸 전체를 보는 체상(體相)도 생겨났다. 속언(俗諺)에 관상은 기상(氣相)만 못하고, 기상은 심상(心相)만 못하다는 말도 있으니, 사람 겉모습의 생김새를 볼 뿐만 아니라 기운의 상(氣象)도 보고 마음의 상(心相)도 본다고 할 수 있다. 나중에는 사람뿐 아니라 말·소·낙타의 상을 보는 전문 상서(相書)까지 등장했다.

이렇게 생명을 가진 존재뿐만 아니라, 삼라만상의 모든 존재의 상을 본다. 이를테면 하늘의 별자리를 관찰해서 인간사회의 흥망성쇠를 예견하는 천상(天象)의 점성술과 천문학, 땅의 용맥(龍脈)과 물의 모습을 보고서 길흉화복을 예측하는 지상(地相)의 풍수도 크게 보면 상술(相術)에 관련된다고 할 수 있다.

관상이란 그 종류야 어떻든 간에 처음에는 겉모습을 통해 그 내면의 선악과 길흉을 직관적으로 파악하던 것이었는데, 한 대 이후에는 음양오행설과 결합되어 갖가지의 이론 체계를 갖춘 상법들이 등장하게 되었다. 그러나 관상의 근본은 어떤 사물이 생기가 있는가, 중정(中正)과 조화(調和)를 얻었는가를 간파하는 데 있다고 할 수 있다.

14장

1절

子列子之齊 中道而反[1] 遇伯昏瞀人. 伯昏瞀人曰

奚方而反?

曰 吾驚焉!

惡乎驚?

吾食於十漿[2] 而五漿先饋.[3]

伯昏瞀人曰

若是 則汝何爲驚己?

曰 夫內誠不解[4] 形諜成光[5] 以外鎭人心[6] 使人輕乎貴老[7] 而
韲其所患.[8] 夫漿人特爲食羹之貨 多餘之贏[28][9] 其爲利也薄 其
爲權也輕 而猶若是[10] 而況萬乘之主? 身勞於國而智盡於事[11]
彼將任我以事 而效我以功 吾是以驚.[12] 伯昏瞀人曰

善哉! 觀乎[13] 汝處己 人將保汝矣.[14]

---

28) 영(贏) 자는 『충허지덕진경』 한문대계본에는 영(嬴)으로 되어 있고 다여지영
　　(多餘之贏) 앞에 무(無) 자가 있다. 유월(兪樾)과 왕중민(王重民)은 '無' 자가
　　없어야 한다고 보았다. 『열자집석』, 77쪽 참조.

자열자가 제(齊)나라로 가는 도중에 되돌아오다가[1] 백혼무인
(伯昏瞀人)을 만났다. 백혼무인이 물었다.

"어디 다녀오시는 길이요?"

열자가 대답했다.

"저는 놀라고 말았습니다!"

"어찌해서 놀랐는가요?"

"내가 제나라로 가는 도중에 열 곳의 객잔에서 밥을 먹었는데,[2]
다섯 집에서 먼저 밥을 내왔습니다."[3]

백혼무인이 말했다.

"그런데 대체 그대가 무엇 때문에 놀랐다는 것이요?"

열자가 대답했다.

"속마음이 진실한 것 같지 않은데,[4] 겉만 번지르르한 행동으로
[5] 사람의 마음을 억누르고,[6] 저를 대우해준다고 해서 나이 든
노인을 존중할 줄 모르게 만드니[7] 걱정으로 혼란해졌습니다.[8]
주막에서는 밥과 국을 지어 팔지만 남기는[9] 이익도 박하고 권세
도 없는데도 이와 같을진대,[10] 하물며 만승지국(萬乘之國)의 임
금이라면 어쩌하겠습니까? 국사(國事)로 끙끙대며 힘들여 지혜
를 짜내다가,[11] 나에게 일을 맡기고 공(功)을 세우라고 요구하
게 되리니 내가 그래서 놀란 것입니다."[12]

백혼무인이 말했다.

"참 잘 보았소![13] 그대는 가만히 있어야 사람들이 그대를 보호
해줄 거요."[14]

【장담 주석】

【1】驚人之推敬於己 故不敢遂進.

사람들이 나를 받들고 공경하는 것을 보고 놀라서 감히 앞으로 더 가지를

못한 것이다.

【2】客舍賣漿之家.

객사에서 음식을 파는 집이다.

【3】人皆敬下之也.

사람들이 모두 열자를 공경했다.

【4】郭象曰 外自矜飾 內不釋然也

곽상은 '밖으로는 뽐내면서 꾸미지만 안으로는 이해하지 못했다'고 했다.

【5】郭象曰 擧動便辟 成光儀.[29]

곽상은 '거동이 편벽되면서 겉만 번지르르하다'고 했다.

【6】外以矜嚴服物 內實不足.

밖으로는 위엄을 부려서 사람들을 굴복하게 하지만, 안으로는 내실이 부족하다.

【7】使人輕而尊長之者 由其形諜成光故也.

사람들이 어른 공경하는 것을 가볍게 만든 것은 편벽되고도 겉만 번지르르한 행동 때문이다.

【8】郭象曰 以美形動物 則所患亂至也.

---

29) 광의(光儀): 광채(光彩) 나는 의용(儀容). 사람의 용모를 칭송하는 말로, 존안(尊顏)과 같다. 『한어대사전』 참조.

곽상은 '겉모습이 아름답다고 해서 사람들을 움직이게 한다면 걱정거리가 어지럽게 이르게 된다'고 했다.

【9】所貨者 羹食 所利者 盈餘而已.
국과 밥을 파는데, 이문은 약간 남기는 것일 뿐이다.[30]

【10】郭象曰 權輕利薄可無求於人 而皆敬己 是高下大小無所失者.
곽상은 '권세와 이문이 박해서 사람들에게 구하는 것이 없지만 나에게 공경하니, 이는 지위가 높고 낮건 나이가 많고 적건 마찬가지였다'고 했다.

【11】所以不敢之齊.
이것이 감히 제나라에 가지 못한 까닭이다.

【12】推此類也. 則貨輕者 望利薄 任重者 責功多.
이를 유추해보면 파는 물건이 싸면 이문을 바라는 것도 박하고, 책임이 무거우면 공적을 따지는 것도 많아진다.

【13】汝知驚此者 是善觀察者也.
그대가 이를 놀랍게 여길 줄 아는 자이니, 잘 관찰할 줄 아는 사람이다.

【14】汝若黙然不自顯曜 適齊之與處此 皆無所懼. 苟違(達)[31]此義 所在見保矣.

---

30) 『열자집석』에는 贏(이가 남을 영), 『충허지덕진경』 한문대계본에는 贏(찰 영)
　　자로 되어 있다.
31) 왕중민은 위(違)를 달(達)의 오자로 보아야 뜻이 통한다고 했다. 『열자집석』,
　　78쪽 참조.

그대는 침묵하면서 스스로를 뽐내지 않아야 하니, 제나라에 가서 이렇게 처신한다면 두려워할 것이 없다. 이 뜻을 정확하게 알아야 머무는 곳에서 보호를 받을 수 있다.

2절

無幾何而往 則戶外之屨滿矣.【15】伯昏瞀人北面而立 敦杖蹙之乎頤【16】立有閒 不言而出. 賓者 以告列子 列子提屨徒跣而走 暨乎門 問曰

先生旣來 曾不廢藥乎?【17】

曰 已矣. 吾固告汝曰 人將保汝 果保汝矣. 非汝能使人保汝【18】而汝不能使人無汝保也.【19】而焉用之感也?【20】感豫出異.【21】且必有感也 搖而本身 又無謂也.【22】與汝遊者 莫汝告也.【23】彼所小言盡人毒也.【24】莫覺莫悟 何相孰也.【25】

얼마 안 되어서 백혼무인이 열자를 찾아가보니 문밖에 신발이 가득 차 있었다.【15】백혼무인은 북쪽을 바라보고 서서 지팡이를 세운 채 찡그리고 있다가【16】잠시 후 말없이 나가버렸다. 이를 본 빈객이 열자에게 일렀다. 열자는 신발을 든 채 백혼무인의 집까지 맨발로 달려가서 그에게 물어보았다.

"선생님, 저희 집에 오셨으면서도 어째서 약(藥)과 같은 좋은 말씀을 해주지 않으십니까?"【17】

백혼무인이 대답했다.

"그만두게, 내가 그대에게 사람들이 장차 그대를 보호해줄 것이라고 했는데, 과연 사람들이 그대를 보호해주고 있었네. 그런데 그대는 사람들이 그대를 보호하게 하는 것이 아니었으니,【18】그대는 사람들이 그대를 보호할 필요가 없도록 하지를 못했네.[19] 어째서 사람들을 감동시키려는 것인가?[20] 사람들을 기쁘게 감동시키면 이상한 행동이 나오게 되네.[21] 또 사람들을 감동시키려고 하게 되면 그대 자신부터 뒤흔들어야 하니 뭐라고 말할 것도 없네.[22] 그대와 같이 어울리는 사람들은 그대에게 충고하지 않을 것이고,[23] 저 사람들의 자질구레한 말들은 다 독이 될 것이네.[24] 정신 차리지도 못하고 깨닫지도 못하면서 누가 누구를 돕겠는가?"[25]

【장담 주석】

【15】歸之果衆.
열자에게 찾아온 사람들이 참으로 많았다.

【16】敦 堅也.
돈(敦)은 세운다는 뜻이다.

【17】廢 置也. 曾無善言以當藥石也.
폐(廢)는 버려둔다는 뜻이다. 약과 같은 좋은 말씀이 없었다는 것이다.

【18】順乎理以接物 則物不保之. 今背理而感物 求物不保 不可得.
순리대로 사람들을 대하게 되면 사람들이 구태여 그를 보호하려 하지 않을 것이다. 이제 이치에 맞지 않게 사람들을 감동시키게 되면 사람들이 보호하지 않기를 바라도 그렇게 될 수가 없다.

【19】郭象曰 任平而化 則無感無求 無感無求 乃不相保.
곽상은 '공평하게 사람들을 감화시켰다면 감동을 줄 것도 없고 구할 것도

없으니, 감동도 구함도 없어야 서로 보호해줄 것도 없다'고 했다.

【20】 汝用何術 乃感物如此乎?
그대는 어떤 기교를 부려서 이와 같이 사람들을 감동시킬 수 있었는가?

【21】 郭象曰 先物施惠 惠不因彼 豫出而異者.
곽상은 '미리 앞서서 은혜를 베푼다면, 은혜가 저 사람들 스스로에서 말미암아 나오지 못하고, 미리 나에게서 나오니 이상해진 것이다'라고 했다.

【22】 必恒使物感己 則彼我之性 動易之.
반드시 사람들이 나에게 감동하도록 하게 해야 하니, 사람들과 나의 본성이 동요되어 바뀌게 된다.

【23】 皆搖本之徒 不能相啓悟也.
본성을 뒤흔드는 무리는 서로 깨우쳐줄 수가 없다.

【24】 小言細巧 易以感人, 故爲人毒害也.
자잘한 말로 기교를 부리면 사람을 감동시키기 쉬우므로, 사람에게 해로운 독이 된다고 했다.

【25】 不能相成濟也.
서로를 완성되도록 도와줄 수가 없다.

【역자 해설】
이곳에 등장하는 백혼무인은 여러 군데에서 열자의 대화 상대로 등장한다. 열자의 동학(同學)이라고는 하지만 대개 열자에게 훈계를 하고 있어서, 그보다 선배이거나 연상으로 추정된다. 뒤의 「중니」편을 보면 "자열자는 호구자림을 스승으로 섬기고, 백혼무인과 교유하면서 남쪽성(南郭)에서 살고 있었다. 그런데 자열자를 쫓아와 사는 사람이 날마다 수를 다 헤아릴 수 없"을 정도였다고 했다. 여기에서도 보면 열자는 따르는 이가 많았음을 짐작할 수 있다.

이 이야기의 무대인 객잔은 무협 영화의 단골 소재다. 우리의 전통으로 말하자면 주막이나 여관에 해당하고, 미국 서부개척시대로 말하자면 선술집(tavern)이라고 할 수 있겠다. 대개 객잔은 아래층에는 탁자가 있어서 식사를 하거나 음료를 마실 수 있고, 위층은 숙소로 되어 있는 복층식 구조가 많다. 무림비급(武林祕笈)을 찾는 협객이든 현상금을 노리는 카우보이든, 외따로 떨어져 있는 이 밀폐된 공간에서의 뜻밖의 해후(邂逅)가 긴장감을 일으키며 극적으로 전개되는 경우가 많다.

이와 달리 역참(驛站)이라는 것도 있다. 이는 파발마를 바꿔 타는 곳으로, 대개 공무 수행을 위해 길을 떠난 말도 갈아타고 사람도 쉬어가는 관청에 딸린 숙소다. 주막이든 역참이든 대개 40-50리 정도의 하루에 당도할 수 있는 거리마다 위치해 교통과 통신이 발달하지 못했던 전통시기에 나그네의 편의를 제공해주는 역할을 수행했다.

15장

楊朱南之沛 老聃西遊於秦 邀於郊 至梁而遇老子.[1] 老子中道 仰
天而歎曰

始以汝爲可敎 今不可敎也.[2]

楊朱不答, 至舍 進盥漱巾櫛 脫履戶外 膝行而前曰

向者 夫子仰天而歎曰 始以汝爲可敎 今不可敎. 弟子欲請夫子辭
行不閒 是以不敢. 今夫子閒矣 請問其過.

老子曰

而睢睢而盱盱 而誰與居?[3] 大白若辱 盛德若不足.[4]

楊朱蹴然變容曰

敬聞命矣.

其往也 舍迎將 家[5]公執席 妻執巾櫛. 舍者 避席 煬者 避竈.[6] 其
反也 舍者 與之爭席矣.[7]

양주(楊朱)는 남쪽으로 패(沛) 땅에 가고, 노담(老聃)은 서쪽으로
진(秦)나라에 유람하고 있었는데, 양주가 교외로 마중을 나가 양
(梁) 땅에서 노자를 만났다.[1] 노자는 도중에서 하늘을 우러러 탄

식하며 말했다.

"처음에 그대를 가르칠 만하다고 생각했더니, 지금 보니 가르칠 수가 없겠네."【2】

양주는 아무 대꾸를 못 한 채 객사에 이르자, 세숫물과 수건과 빗 등의 세면도구를 올리면서 신을 문밖에 벗어놓고 무릎걸음으로 다가가서 말했다.

"아까 선생님께서 하늘을 우러러 탄식하면서 처음에 그대를 가르칠 만하다고 생각했더니, 지금 보니 가르칠 수가 없겠다고 하셨습니다. 제자는 선생님께 말씀을 청해 듣고 싶었으나 선생님께서 쉬지 않고 가서서 감히 여쭙지 못했습니다. 지금 선생님께서 틈이 있으시니 저의 잘못을 여쭈어보고자 합니다."

노자는 양주에게 대답했다.

"그대는 사람들에게 눈을 흘기고 부릅뜨는데, 그대는 누구와 같이 살겠다는 겐가?【3】 너무 깨끗한 것은 금방 더럽혀지기 쉬우니, 성대한 덕을 가진 이는 부족한 듯 보이는 법이라네."【4】

양주는 놀라 정색하면서 말했다.

"삼가 명하신 말씀을 따르겠습니다."

양주가 처음에 객사에 갔을 때에 종업원들은 그를 영접해 들였고, 객사의【5】 주인장은 자리를 시중들었고, 안주인은 수건과 빗을 받들었다. 손님들은 자리를 피했고, 불을 쬐고 있던 사람들은 아궁이에서 물러났다.【6】

그러나 양주가 돌아갈 무렵에는 객사에 있는 사람들이 양주와 자리를 다투게 되었다.【7】

【장담 주석】

【1】莊子云 楊子居子居 或楊朱之字. 又不與老子同時 此皆寓言也.

222

장자는 양자가 자거(子居)에 산다고 했는데, 어떤 이는 자거는 양주의 자(字)라고도 한다. 양주와 노자는 산 시대가 같지 않았으니, 이는 모두 우언(寓言)이다.

【2】與至人遊而未能去其矜夸 故曰 不可敎者也.

지인과 같이 노닐면서도 뽐내는 버릇을 버리지 못하고 있었으므로 '가르칠 수가 없겠다'고 말한 것이다.

【3】汝云何自居處而夸張 若此使物? 故歎之乎.

그대는 어떻게 스스로 몸가짐을 하면서 뽐냈길래 이렇게 사람들을 부리고 있는가? 그래서 이를 탄식한 것이다.

【4】不與物競 則常處卑而守約也.

사람들과 다투지 않는다면 항상 낮은 곳에 처하고 검약하게 산다.

【5】客舍家也.

객사의 집을 말한다.

【6】厚自藏異 則物憚之也.

스스로 남다른 행동을 많이 하니 사람들이 그를 꺼리게 된 것이다.

【7】自同於物 物所不惡也.

스스로 사람들과 동화되니 사람들이 미워하지 않게 된 것이다.

【역자 해설】

　도가에서 가장 싫어하는 것 가운데 하나는 교만이다. 노자는 특히 겸손의 덕을 강조하는데, 자신에게 세 가지 보물이 있다고 하면서 "하나는 자애로움이고, 둘은 검약함이고, 셋은 감히 천하에 앞장서지 않는 것이다. 자애로우므로 용감할 수 있고, 검소하므로 넉넉할 수 있고, 감히 천하에 앞장서지 않으므로 천하의 수장이 될 수 있다"(『노자』 67장)고 했다. 노자의 세 가지 보물을 한마디로 요약한다면 겸하(謙下)라고 할 수 있겠다.

　노자가 말한 화광동진(和光同塵)이라는 성어도 이런 겸손의 미덕이 잘 발현된 경우라고 할 수 있다. 이 성어의 원의는 빛을 번쩍거리지 않고 부드럽게 만들며 세속과 함께한다는 뜻이다. 열자가 처음에는 어디에 가든지 사람들이 그를 특별히 존중해서 대우해주다가, 노자의 지적을 듣고 열심히 노력한 결과 보통 사람들과 전혀 구별되지 않게 되었다고 했는데, 바로 이것이 화광동진이다. 무협지에서도 초절정 고수의 경지를 화광동진으로 표현하기도 한다. 절정의 고수가 되면 눈빛이 형형하며 사람을 압도하는 기운이 뿜어져 나오지만, 그 단계를 넘어서 초절정의 고수가 되면 보통 사람들과 전혀 구별이 되지 않는 평범한 모습으로 되돌아간다는 뜻이다.

　열자서에는 양주와 열자라는 두 명의 주인공이 등장한다. 전 편에 걸쳐서 열자와 양주의 언행이 상당수 수록되어 있는데, 거의 대부분이 다른 곳에서는 볼 수 없는 내용들이어서 열자와 양주라는 선진시대의 두 도가 철학자의 사상을 연구하는 데에 결정적인 자료를 제공해주고 있다. 또 열자서에서 노자는 주인공으로 십여 차례 등장하지만 장자는 실명으로 등장하지는 않는다. 열자서의 문체나 사상은 노자보다는 장자와 훨씬 더 가깝지만 정작 열자서에서는 장자를 주인공으로 내세운 곳이 없다는 점도 주목할 만하다.

16장

楊朱過宋東之於逆旅 逆旅人有姜二人. 其一人美 其一人惡, 惡者
貴而 美者 賤. 楊子問其故 逆旅小子對曰
其美者 自美 吾不知其美也, 其惡者 自惡 吾不知其惡也.
楊子曰
弟子記之 行賢而去自賢之行 安往而不愛哉?[1]

　양주가 송(宋)나라를 지나 동쪽으로 가다가 어느 객사에서 묵게
되었는데, 객사의 주인에게는 첩이 두 사람 있었다. 한 사람은 예
쁘고 한 사람은 못생겼는데, 추녀는 귀여움을 받았고 미녀는 천
대받고 있었다. 양자가 객사의 젊은이에게 그 까닭을 묻자, 대답
해서 말했다.
　"미녀는 스스로 예쁘다고 하니 난 그가 예쁜지 모르겠으나, 추녀
는 스스로 못생겼다고 하니 난 그가 못생긴 줄 모르겠습니다."
　양자가 이 말을 듣고 제자들에게 말했다.
　"제자들은 이를 기억해두라. 어진 일을 행하는데 스스로 어질다
고 여기는 마음을 잊어버린 채 행한다면 어디에 간들 사랑받지

않겠는가?"[1]

【장담 주석】

【1】夫驕盈矜伐 鬼神人道之所不與, 虛己以脩理[32] 天下之所樂推 以此而往 孰能距之?

교만하고 뽐내는 자는 귀신과 사람이 함께하지를 않으나, 자신을 비우고 삼가는 이는 천하 사람들이 기꺼이 추대하니, 이렇게 행동한다면 누가 그를 거부하겠는가?

【역자 해설】

앞장과 비슷하게 교만을 경계하고 겸손을 높이는 주제다. '선비는 자신을 알아주는 사람을 위해 죽고, 여자는 자신을 예쁘다고 해주는 이를 위해 단장한다'(士爲知己者死 女爲悅己者容 사위지기자사 여위열기자용)고 한다. 그렇지만 자신이 예쁘다고 뽐내는 것은 별도의 문제다. 아무리 미인이라고 할지라도 스스로 예쁜 척한다면, 사람들은 그를 교만하다고 할 것이고, 아무리 미인이라도 싫어하게 될 것이다.

여기에서는 여성의 미모를 가지고 말했지만 남자에게 있어서도 마찬가지다. 용모나 재주를 자랑하거나 과잉의 자의식을 가지고 있는 사람들을 종종 본다. 물론 주머니 속의 송곳처럼 감추려고 해도 자연스럽게 드러나는 재주야 어쩔 수는 없다. 하지만 가장 역겨운 것은 스스로 주머니를 열고 그 속에 든 황금을 자랑하는 이들이다.『주역』에서 이런 행위는 도둑질을 가르치는 짓이니, 도둑이 그를 치려고 노린

---

32) 수리(脩理): 1.조심하며 삼가다(端謹整飭), 2.조지(操持)·요리(料理), 4.정치(整治)·정수(整修).『한어대사전』참조.

다고 했다. 잘난 척하는 자보다는 자신의 장점과 재주를 감추고 함께
어울리는 이를 더 높여주는 것이 인지상정이다. 그들에게 줄 수 있는
일침(一鍼)이 바로 열자의 이 글이다.

17장

1절

天下有常勝之道 有不常勝之道, 常勝之道曰 柔, 常不勝之道曰
彊. 二者 亦〔易〕知[1] 而人未之知. 故上古之言 彊 先不己若者 [2]
柔 先出於己者.[3] 先不己若者 至於若己 則殆矣.[4] 先出於己者
亡所殆矣.[5] 以此勝一身若徒33) 以此任天下若徒 謂不勝而自勝
不任而自任也.[6]

천하에는 언제나 이기는 도가 있고, 언제나 지는 도가 있으니, 부
드러움은 언제나 이기는 도요, 억셈은 언제나 지는 도다. 이 두 가
지 도는 알기 쉬우나[1] 사람들은 알지 못한다. 그러므로 옛말에
'억센 이는 자기보다 못한 사람보다 앞서지만,[2] 부드러운 이는
자기보다 나은 사람에게 앞을 내준다'고[3] 했다. 자기만 못한 사
람보다 앞장서려는 자는 자기와 비슷한 자를 만나게 되면 위태로

---

33) 약도(若徒)는 '이런 종류의 사람'이란 뜻으로 해석하기도 하나(『신역열자독
본』, 100쪽 참조), 여기에서는 도(徒)를 공묵(空黙)의 뜻으로 본 장담의 주석에
따라 해석했다.

워지나,[4] 자기보다 나은 이를 앞자리에 양보하는 이는 위태로울 일이 없다.[5] 이렇게 아무 하는 일 없이 부드러움으로써 승리를 얻는 이와 아무 하는 일 없이 부드러움으로써 천하를 갖는 이는, 이기지 못한다고 말은 하지만 저절로 이기게 되고, 갖지 않는다고 하지만 저절로 갖게 된다.[6]

【장담 주석】

【1】 亦當作易.
역(亦)은 이(易, 쉬울 이)로 써야 맞다.

【2】 所勝 在己下者耳.
그가 이기는 것은 자기보다 아래에 있는 자들일 뿐이다.

【3】 不與物競 則物不能加也.
사람들과 경쟁하지를 않는다면 다른 사람들이 덤비지를 않는다.

【4】 遇敵 必危之也.
비슷한 적수를 만나면 반드시 위태롭게 된다.

【5】 理常安也.
이치상 언제나 편안할 수밖에 없다.

【6】 夫體柔虛之道 處不競之地, 雖一身之貴天下之大 無心而御之 同於徒矣. 徒 空黙之謂也. 郭象曰 聽耳之所聞 視目之所見 知止其所不知 能止其所不能 用其自用 爲其自爲 順性而不競於物者 此至柔之道也. 故擧其自擧 持其自持 旣無分銖之重 而我無力焉.

저 유허(柔虛)의 도를 체득해서 다투지 않는 경지에 있다면, 비록 존귀한 몸으로 광대한 천하를 대하더라도 무심으로 이를 부리니 아무 일도 하지 않는 것과 같다. 도(徒)는 텅 비고 침묵한 상태를 말한다. 곽상은 '귀로 들리는 대로 듣고 눈으로 보이는 대로 보며, 알지 못하는 곳에서는 그칠 줄 알고 할 수 없는 곳에서는 멈출 수 있고, 저절로 쓰이는 대로 쓰고 저절로 행해지는 대로 행해서, 본성을 따라서 남들과 다투지 않는 것이 여기에서 말하는 지극히 부드러운 도다. 그러므로 스스로 들 수 있는 만큼만 들고 스스로 가질 수 있는 만큼만 갖는다면, 털끝만큼도 부담될 게 없으니 내게는 억센 힘이 필요 없는 것이다.

2절

粥子曰 欲剛 必以柔守之 欲彊 必以弱保之.[7] 積於柔 必剛 積於弱 必彊 觀其所積 以知禍福之鄉.[8] 彊勝不若己 至於若己者 剛〔折〕[9] 柔勝出於己者 其力不可量.
老聃曰 兵彊 則滅[10] 木彊 則折[11] 柔弱者 生之徒 堅彊者 死之徒.

육자(粥子, 즉 죽웅粥熊)가 말했다.

"강해지고 싶으면 부드러움을 지키고 있어야 하고,[7] 힘세지고 싶으면 연약함을 간직하고 있어야 한다. 부드러움이 쌓이면 강해지고 연약함이 쌓이면 힘세지나니, 그가 무엇을 쌓았는가를 살펴보면 화복이 깃들어 있는 곳을 알 수 있다."[8]

힘센 자는 자기만 못한 사람을 이기지만, 자기와 비슷한 적수를 만나게 되면 부러진다.[9] 그러나 부드러운 이는 자신보다 나은 사람을 이기므로 부드러운 힘은 측량할 수가 없다. 그래서 노담은 다음과 같이 말했다.

"군사가 강하기만 하면 결국 멸망당하고,【10】 나무가 단단해지면 부러지나니,【11】 유약한 것은 삶의 무리고 억세고 단단한 것은 죽음의 무리다."

【장담 주석】

【7】守柔 不以求剛而自剛 保弱 不以求彊而自彊, 故剛彊者 非欲之所能致也.

부드러움을 지키면 강해지려고 하지 않아도 저절로 강해지고, 연약함을 간직하고 있으면 힘세지려고 하지 않아도 저절로 힘세지나니, 욕심부린다고 강하고 힘세지는 것이 아니다.

【8】禍福 生於所積也.

화와 복은 쌓은 데에서 생겨난다.

【9】必有折也.

반드시 부러지게 된다.

【10】王弼曰 物之所惡 故必不得終焉.[34]

왕필은 '(무력은) 사람들이 싫어하는 바이므로 결국 목적을 제대로 끝마칠 수가 없게 된다'고 했다.

【11】彊極 則毀矣.

---

34) 『노자』 76장 '是以兵强則不勝'에 대한 왕필 주석에 "强兵以暴於天下者, 物之所惡也, 故必不得勝"이라고 했다.

강한 것은 끝에 가면 부서져버리게 된다.

【역자 해설】

노자는 '유약함이 강함을 이긴다'(柔弱勝剛)고 했다. 사실 여기에서의 '유약'은 보통 우리가 말하는 강함의 반대말로서 힘이 없고 약한 상태를 의미하는 것이 아니다. 노자는 그런 예로서 어린아이의 유연함과 어린싹의 부드러움을 들었다. 연약하기 그지없는 어린아이는 종일토록 발버둥 치며 소리 질러 울어도 목이 쉬지 않는다고 한다. 이에 비해 강하고 튼튼한 성인은 어떨까? 어린아이처럼 5분을 울 수 없다. 바로 목이 쉴 뿐만 아니라 힘들어서 발버둥 치며 울지를 못한다. 또 고목나무는 딱딱하게 굳지만, 새싹은 어릴수록 부드럽다. 이를 보면 유약함은 강함의 결핍이나 훼손 상태가 아니라 생명력을 보여주는 신호며, 충만한 생명력에서 우러나는 부드럽고 유연한 현상이라고 해야 옳다.

노자는 이 유약함을 생명력의 속성으로 보았을 뿐 아니라, 도가 작용하는 모습이라고 했다. 도는 움직여서 근본으로 되돌아가고, 유약하게 작용한다고 했다(『노자』 40장, "反者 道之動, 弱者, 道之用").

노자의 도를 현시대에 비춰본다면 퇴영적인 현실도피로 보인다. 현대인은 누구나 앞서 나가려고 하며 강해지기를 바란다. '보다 세게 · 보다 높게 · 보다 빠르게'라는 올림픽의 구호와 '최소의 비용으로 최대의 효과'라는 자본주의의 모토(motto)는 남보다 더 빨리 부강(富强)해지고 싶은 욕망을 제도적으로 구조화한 것이다. 불행히도 산업혁명 이후 강해지고 싶은 인간의 욕망은 제국주의 시대를 잠깐 경유한 뒤 '돈'에 집약되었다. 지금 우리 시대만큼 모든 가치가 돈으로 환산되고 환원된 적은 없었다.

그러나 노자나 열자는 앞으로 빨리 나아가려는 생각을 뒤집어 되돌아가라고 요청하고, 다른 이보다 강해지려는 욕심을 뒤집어 유약해지라고 권한다. 노자와 자본주의는 양극단에 있는 듯하다. 이제 돈과 도의 반비례 관계에 대해 반성해볼 때가 되지 않았을까? 최근 '자기 관리'라는 명목하에 근육을 내놓고 과시하는 풍조가 있는데, 근육은 그렇게 인위적으로 만들어내는 것이 아니며 진짜 운동한 사람의 몸은 노자의 말처럼 어린아이같이 부드럽다는 사실을 명심할 필요가 있겠다.

18장

1절

狀不必童[1]而智童 智不必童而狀童. 聖人取童智而遺童狀, 衆人
近童狀而疏童智. 狀與我童者 近而愛之 狀與我異者 疏而畏之.
有七尺之骸 手足之異 戴髮含齒 倚而趣者 謂之人 而人未必無獸
心. 雖有獸心 以狀而見親矣.
傅翼戴角 分牙布爪 仰飛伏走 謂之禽獸, 而禽獸未必無人心. 雖
有人心 以狀而見疏矣.

겉모습이 같지는 않으나 속에 든 지혜가 같기도 하고, 지혜가 같
지는 않으나 겉모습이 같기도 하다. 성인은 지혜를 같이하는 이
는 취하고 겉모습이 같은 이는 버리나, 세상 사람들은 자기와 겉
모습이 같은 사람은 가까이하고 지혜가 같은 사람은 멀리한다.
겉모습이 자기와 같으면 가까이 사랑하지만 겉모습이 다른 사람
은 멀리하며 두려워한다. 칠척(七尺)의 신체에 손과 발의 모양이
다르며 머리털이 나고 이빨을 감추고서 서서 달리는 존재를 사람
이라고 하는데, 사람이라고 해서 반드시 짐승 같은 마음이 없는

것은 아니다. 그러나 짐승 같은 마음을 가졌어도 사람들은 겉모습만 보고서 가까이한다.

옆에 날개가 붙고 뿔이 나고, 어금니가 뻗치고 발톱을 세우며, 하늘로 날아오르거나 땅에 엎드려 달리는 존재를 금수(禽獸)라고 하는데, 금수라고 해서 반드시 사람 같은 마음이 없는 것은 아니다. 그러나 비록 사람 같은 마음을 가졌어도, 사람들은 모습만 보고서 멀리한다.

【장담 주석】

【1】 童當作同.

동(童)은 동(同)으로 써야 맞다.

2절

庖犧氏女媧氏神農氏夏后氏 蛇身人面 牛首虎鼻 此有非人之狀 而有大聖之德.【2】夏桀殷紂魯桓楚穆 狀貌七竅 皆同於人 而有禽獸之心. 而衆人守一狀 以求至智 未可幾也.

黃帝與炎帝 戰於阪泉之野 帥熊羆狼豹貙虎爲前驅 鵰鶡鷹鳶爲旗幟 此以力使禽獸者也. 堯使夔典樂 擊石拊石 百獸率舞 簫韶九成 鳳皇來儀 此以聲致禽獸者也.

然則 禽獸之心 奚爲異人? 形音與人異 而不知接之之道焉, 聖人無所不知無所不通 故得引而使之焉.

禽獸之智 有自然與人童者. 其齊欲攝生 亦不假智於人也, 牝牡相偶 母子相親 避乎依險 違寒就溫, 居則有羣 行則有列 小者居內 壯者居外, 飮則相攜 食則鳴羣.

太古之時 則與人同處 與人並行,【3】帝王之時 始驚駭散亂矣. 逮

於末世 隱伏逃竄 以避患害.【4】

今東方介氏之國 其國人數數解六畜之語者 蓋偏知之所得.【5】太
古神聖之人 備知萬物情態 悉解異類音聲. 會而聚之 訓而受之 同
於人民. 故先會鬼神魑魅【6】 次達八方人民 末聚禽獸蟲蛾,【7】言
血氣之類 心智不殊遠也. 神聖知其如此 故其所教訓者 無所遺逸
焉.

포희(包犧) 씨와 여와(女媧) 씨와 신농(神農) 씨와 하후(夏后) 씨
는 뱀의 몸뚱이에 사람의 얼굴을 하거나, 소의 머리에 범의 코를
가지고 있어서 사람의 모습을 갖고 있지 않았으나 위대한 성인의
덕이 있었다.【2】 하나라의 걸왕(桀王)과 은나라의 주왕(紂王)과
노나라의 환공(桓公)과 초나라의 목공(穆公)은 겉모습과 일곱 구
멍이 다 사람과 같았으나 금수 같은 마음을 갖고 있었다. 그런데
사람들은 겉모습 하나만 갖추고 있으면 그 속에 지극한 지혜가
있다고 여기니, 제대로 알지 못한 것이다.

황제(黃帝)와 염제(炎帝)가 판천(阪泉)의 들에서 전쟁하면서 곰
과 말곰과 이리와 표범과 삵과 범을 끌어다가 전위를 삼고, 수리
와 독수리와 매와 소리개로 깃발을 삼았으니, 이는 힘으로 금수
를 부린 것이다. 요(堯)임금은 기(夔)로 하여금 음악을 맡게 해
석경(石磬)을 치고 두드려서 장단을 맞추자 온갖 짐승들이 춤을
추었고, 피리를 불어 아홉 곡을 연주하자 봉황이 날아와 거동을
보였으니, 이는 소리로 금수를 오게 한 것이다.

그렇다면 금수의 마음이 어찌 사람과 다르겠는가? 겉모습과 우
는 소리가 사람과 달라서 이들과 소통하는 길을 모를 뿐이나, 성
인은 알지 못하는 것이 없고 통하지 못하는 것이 없으므로 이들
을 데려다가 부릴 수 있었던 것이다.

236

금수의 지혜도 저절로 사람과 같은 점이 있다. 다 같이 생명을 지키려고 하는 본능은 사람에게서 그 지혜를 빌리지 않고도 같으니, 암수가 서로 짝을 짓고 어미와 새끼가 서로 사랑하고 험한 곳에 의지해서 피신하고 추운 곳을 피해 따뜻한 곳으로 가며, 머물러 있을 때는 떼를 짓고 날아갈 때에는 열을 지며, 어린 새끼는 둥지 안에 있고 크면 밖에서 돌아다니며, 물을 마실 때에는 서로 데려가고 먹을 것이 생기면 짖어서 무리에게 알려준다.

태고의 원시 시절에는 짐승이 사람들과 함께 살았고 같이 돌아다녔으나,[3] 제왕(帝王)이라는 존재가 등장하게 되자 짐승들이 인간을 보면 놀라 도망치기 시작하게 되었고, 말세가 되자 구멍 속으로 도망쳐서 인간의 재앙을 피해 살게 되었다.[4]

지금 동쪽에 있는 개씨(介氏)나라에서는 종종 육축(六畜)35)의 말을 알아듣는 이들이 있는데, 일부만 알아듣는 것이다.[5] 태곳적 신성(神聖)했던 사람들은 만물의 실정을 고루 다 알았고 인간과 다른 동물들의 음성을 다 알아들었으니, 같이 모여 살았고 그것들을 길들여서 받아들임으로써 사람들과 같이 살았다. 먼저 귀신과 도깨비들을 이해했고,[6] 다음에는 팔방의 다른 나라 백성들과 통했으며 마지막으로는 금수와 곤충들을 모여들게 했으니,[7] 혈기(血氣)가 통해서 살아 움직이는 동물은 그 마음이나 지각이 사람과 큰 차이가 있지 않기 때문이다. 신성(神聖)한 태곳적 사람들의 지혜가 이와 같았기 때문에 그들이 가르치면 길들이지 못하는 동물이 없었다.

---

35) 집에서 기르는 6종의 가축으로 소·말·돼지·양·닭·개를 가리킨다.

【2】人形貌 自有偶與禽獸相似者 古諸聖人多有奇表. 所謂蛇身人面 非被鱗臆行 無有四支, 牛首虎鼻 非戴角垂胡曼頤解領, 亦如相書龜背鵠步鳶肩鷹啄耳.

사람의 외모가 저절로 짐승과 비슷한 경우도 있었으니, 고대의 여러 성인들에게는 기이한 모습이 많았다. 그러나 이른바 몸뚱이는 뱀이고 얼굴은 사람 모습을 했다는 복희 같은 경우는 사지가 없어서 비늘로 덮이고 가슴으로 기어 다녔다는 것이 아니고, 소의 머리에 범의 코를 했다는 신농 같은 경우도 뿔이 나고 턱살이 늘어지고 콧마루가 길며 턱이 늘어졌다는 것이 아니니, 관상서에서 말하는 거북의 등이니 기러기의 걸음이니 솔개의 어깨니 매의 부리와 같다는 뜻이다.

【3】德純者 禽獸不忌也.

순수한 덕을 가진 이는 금수가 기피하지 않는다.

【4】人有害物之心 物亦知避之也.

사람이 동물을 해치려는 마음을 갖고 있으면, 동물도 그것을 알아채고서 피한다.

【5】夫龜龍 甲鱗之宗 麟鳳 毛羽之長, 爰逮蚑飛蠕動 皆鳴呼相聞, 各有意趣 共相制御 豈異於人? 但人不能解 因謂禽獸之聲無有音章.

是以窮理備智 則所通萬途. 因事偏達 偶識一條, 春秋左氏傳曰 介葛盧聞牛鳴, 曰是生四子 盡爲犧矣.

거북과 용은 견갑(堅甲)과 비늘을 가진 종류 가운데 으뜸이요, 기린과 봉황은 털과 깃을 가진 종류 가운데 어른인데, 날고 기는 모든 동물들이 서로를 부르며 우는 데에는 제각기 뜻을 담고 있어서 서로 맞춰 행동하니 어찌

사람과 다르겠는가? 그러나 사람들은 이를 알지 못하고 금수들이 짖는 소리
에는 담겨 있는 뜻이 없다고 말한다.

이런 까닭에 천하의 이치를 궁구해서 지식을 체계화한다면, 소통하는 방
도가 수만 가지가 될 것이다. 그러나 우연히 어떤 일에 말미암아서 통하게
되면 그 한 가지만을 알 뿐이니, 『춘추좌씨전』에서 개나라의 갈로(葛盧)가
소가 우는 소리를 듣고는 '소가 새끼 네 마리를 낳았는데, 모두가 희생이 될
것이다'라고 예측했던 것이 그런 경우다.[36]

【6】禹朝羣神於會稽 是也.
우임금이 회계(會稽)에서 여러 신들을 조회한 일이 이것이다.

【7】百獸率舞 是也.
요임금이 음악을 연주하자 온갖 동물들이 그에 맞춰 춤을 춘 일이 이것
이다.

【역자 해설】

금수에 대해 "옆에 날개가 붙고 뿔이 나고, 어금니가 뻗치고 발톱
을 세우며, 하늘로 날아오르거나 땅에 엎드려 달리는 존재"라고 정의
한 것도 재밌지만, 인간을 "칠척의 신체에 손과 발의 모양이 다르며
머리털이 나고 이빨을 감추고서 서서 달리는 존재"라고 정의한 것은
흥미롭다. 날짐승과 길짐승을 포함하는 금수는 동물이라는 개념에

---

36)『춘추좌씨전』의 원문은 위 본문과 약간의 차이가 있다. 원문에서 개나라의 갈
로는 소 울음소리를 듣고 소 세 마리가 희생으로 쓰일 것을 예측했는데, 나중
에 사실로 확인되었다는 내용이지만 여기에서는 장담의 주석에 의거해서 해
석했다.

해당한다. 원문을 보면 양자를 일대일로 비교한 것임을 알 수 있다. 즉 동물은 날개나 뿔이 있으나 인간은 머리털이 나고, 동물은 어금니가 뻗쳐 있으나 인간은 이빨을 감추고 있으며, 동물은 날거나 엎드려 달리는데 인간은 서서 달린다고 하나하나 분석적으로 비교한 것이 흥미롭다. 동물은 손과 발의 구별이 없지만, 인간만은 손과 발의 모양을 달리하고 있다는 것도 매우 뛰어난 관찰력을 보여주는 대목이다.

이와는 달리 인간을 천지와 비교해서 설명하는 방식도 있다.

사람은 천지의 기운과 형체를 받아 생겨났으나 인간만이 동물과 다른 것은 천지의 순수함과 완전함을 받았기 때문이다. 위에 하늘의 둥근 형체가 있으니 사람의 머리가 그에 응하고, 아래에 땅의 네모난 형체가 있으니, 사람의 발이 그에 응한다. 밖에서 사계절이 운행하니 사람의 사지가 밖에서 응하고, 오행이 안에 있으니 오장이 안에서 응해서, 백 가지 골절이 천지음양에 응하지 않음이 없으므로 이런 까닭에 사람은 만물의 영장으로 동물과 달리 천지와 나란한 것이다(왕규王逵, 『려해집』蠡海集).

여기에서는 사람이 동물과 다른 것은 천지를 본받았기 때문이라고 하면서, 사람의 머리는 둥글지만 발은 네모난(頭員足方) 것을 천원지방(天圓地方)에 유비하고, 자연의 사시(四時)를 인간의 사지에 비유하는 등 관념적으로 인간이 천지자연의 본질을 그대로 구현하고 있다고 말한다. 하지만 두원족방(頭員足方)이 어찌 인간에게만 적용되고 동물에게는 해당되지 않으며 사지(四肢)가 왜 네 발 달린 짐승에게 해당되지 않으며, 오장(五臟)이 어찌 사람만 가지고 있다고 하겠는가? 이는 인간중심주의에 빠진 관념적이고도 독단적인 주장이 될 수도 있으니, 동물과의 공통성에 주목한 열자의 견해가 오히려 더 편견 없는 공평한 견해라고 하겠다.

특히 "금수의 마음이 어찌 사람과 다르겠는가? 겉모습과 우는 소리가 사람과 달라서 이들과 소통하는 길을 모를 뿐"이라든지, "혈기가 통해서 살아 움직이는 동물은 그 마음이나 지각이 사람과 큰 차이가 있지 않"으며, "신성한 태곳적 사람들의 지혜는 이와 같았기 때문에 그들이 가르치고 훈련하면 길들이지 못하는 동물이 없었다"는 말은 현대의 동물애호론자들의 주장과도 일맥 상통한다. 유가와 비교해볼 때 도가의 동물관은 반려동물을 사랑하는 현대인들이 들으면 반색할 만한 내용이라 하겠다.

또한 몸뚱이는 뱀이고 얼굴은 사람 모습을 했다는 복희가 실제로 사지가 없어서 비늘로 덮이고 가슴으로 기어 다녔다는 것이 아니고 그의 체상이 뱀처럼 길쭉했던 것으로, 소의 머리에 범의 코를 했다는 신농 같은 경우도 두상이 소와 비슷한 것으로 해석한 것을 보면 4세기 무렵 장담 같은 철학자들은 신화적 사유에서 완전히 벗어나 현실에 맞게 합리적으로 사유했으며, 과학적 사유에 접근해 있음을 알 수 있다.

19장

宋有狙公者【1】 愛狙 養之成羣. 能解狙之意 狙亦得公之心. 損其
家口 充狙之欲.
俄而匱焉 將限其食 恐衆狙之不馴於己也.【2】先誑之曰
與若芧【3】朝三而暮四 足乎?
衆狙皆起而怒. 俄而曰
與若芧朝四而暮三 足乎?
衆狙皆伏而喜.
物之以能鄙相籠 皆猶此也. 聖人以智籠羣愚 亦猶狙公之以智籠
衆狙也. 名實不虧 使其喜怒哉!

　송(宋)나라에 저공(狙公)이라는 사람이 있었는데,【1】원숭이를 좋
아해 기르다 보니 무리를 이루게 되었다. 그는 원숭이의 뜻을 잘
이해했고, 원숭이도 공의 마음을 알아듣게 되었다. 그는 자기 집
식구의 양식을 덜어서 원숭이들이 원하는 대로 먹을 수 있도록
해주었다.
　얼마 못 가서 식량이 떨어져가자 원숭이의 먹이를 줄이려고 했

는데, 여러 원숭이들이 자기 말을 따르지 않을까 봐 걱정스러웠다.[2] 그래서 그는 먼저 속임수를 써서 말했다.

"내가 밤을 주겠는데[3] 아침에 3개, 저녁에 4개를 주면 괜찮겠지?"

원숭이들이 일제히 일어나서 성을 냈다. 잠시 기다렸다가 말했다.

"그래, 그러면 너희들에게 아침에는 4개를 주고 저녁에는 3개를 주면 충분하겠지?"

이 말을 듣자 원숭이들이 모두 땅바닥에 엎어지면서 기뻐했다.

똑똑한 자가 어리석은 사람을 농락하는 것도 다 이와 같다. 소위 성인이라는 이가 지혜를 가지고서 우둔한 민중들을 농락하는 것도 저공이 꾀를 내서 여러 원숭이들을 농락하는 것과 같다. 겉의 이름이든 속의 내용이든 어그러진 것은 없는데, 기쁘게도 하고 성내게도 할 수 있는 것이다.

【장담 주석】

【1】好養猿猴者 因謂之狙公也.

원숭이를 좋아해서 기른 사람이라 원숭이 저(狙)를 써서 저공이라고 부른 것이다.

【2】馴音屑.

순(馴)의 음은 순이다.

【3】芧 栗也.

서(芧)는 밤이다.

【역자 해설】

이것이 유명한 조삼모사(朝三暮四)의 원전이다. 이 이야기는 『장자』에도 나오기는 하지만 아주 간략하게 나올 뿐이니,[37] 전후 문맥을 분명히 기술하고 있는 열자가 그 원전이라고 할 수 있겠다. 원숭이 먹이인 서(芧)를 두고는 여러 해석이 있는데, 보통은 상수리나 도토리라고 해석하지만, 장담은 밤이라고 해석했다.

사실 밤이나 도토리나 상수리는 모두 참나무 종류로서 서로 유사하다. 온대와 열대에 걸쳐서 서식하는 참나무 종류의 열매는 보통 도토리라고 부르며 옛날부터 중요한 먹거리였다. 상수리나무 열매는 특별히 상수리라고 호칭하는데, 이는 임진왜란 때 피란을 간 선조 대왕이 이 열매로 묵을 써서 수라상에 올렸다는 상수라에서 기원한다고 전해진다. 밤 역시 밥을 대신하는 밥나무로 불리다가 밤나무가 되었다고 전해지니, 전통시대 백성들의 허기진 배를 채워주던 중요한 구황(救荒) 식물이었음을 알 수 있다.

원숭이는 가장 영리한 동물로서 예로부터 중국인들의 애완물이었으나 우리나라에서는 서식하지 않았다. 『예기』에서는 '성성(猩猩)이는 말을 할 수 있다'(猩猩能言)고 했으니, 원숭이 종류의 영리함은 다른 동물과 분명히 구분된다. 또 새끼를 찾다가 죽은 원숭이를 두고 단장원(斷腸猿)이라는 고사도 만들어졌다.

환공(桓公)이 촉(蜀) 땅에 들어가 삼협(三峽)에 이르렀을 때, 한 부하가 원숭이 새끼를 주워왔다. 그러자 그 어미가 강변에서 슬프게 부르짖으며 백여 리를 쫓아왔다. 그러다가 드디어 배 위에 뛰어들

---

37) 전문은 다음과 같다. 『장자』 「제물론」, "勞神明爲一而不知其同也, 謂之朝三. 何謂朝三? 狙公賦芧, 曰: 朝三而暮四. 衆狙皆怒, 曰: 然則朝四而暮三. 衆狙皆悅. 名實未虧而喜怒爲用" 참조.

자 이내 숨이 끊어져 죽고 말았다. 그 배를 갈라보자 장이 마디마디 끊어져 있었다. 환공이 노해서 그 부하를 내쫓아버렸다(『세설신어』世說新語 「출면」黜免).

단장지통(斷腸之痛)은 예로부터 사람 못지않은 영특한 동물로 여겨진 원숭이의 이야기를 빌려 인간의 모성애를 비유하는 성어로 발전되었다.

송나라는 은(殷)나라가 망하고 난 뒤에 세워진 작은 읍국(邑國)으로서, 중국 고전에서 송나라 사람은 어리석은 행동을 하는 것으로 기술되는 경우가 많다. 여기에서도 송나라 저공은 사실 지혜로운 사람이라기보다는 우직한 인물이라고 할 수 있다. 원숭이를 사랑하지만 어쩔 수 없이 꾀를 부리는 인간상이 어우러진 한바탕의 멋진 우화다.

조삼모사는 우직한 송인이 꾀를 부려 영특한 원숭이를 속인 이야기지만, 실은 원숭이를 빌려 인간 자신의 어리석음을 폭로하는 촌철살인(寸鐵殺人)의 반전 드라마다. 열자는 "소위 성인이라는 이가 지혜를 가지고서 우둔한 민중들을 농락하는 것"과 같다고 했는데, 꼭 우리나라 정치인들이 국민의 혈세를 가지고 자기가 인심 쓰는 양 떠벌리는 말솜씨를 보는 것 같아서 씁쓸하다.

20장

紀渻子爲周宣王養鬪鷄. 十日而問

鷄可鬪已乎?

曰 未也. 方虛驕而恃氣.[1]

十日又問曰

未也. 猶應影響.[2]

十日又問

未也. 猶疾視而盛氣.[3]

十日又問曰

幾矣. 鷄 雖有鳴者 已無變矣.[4] 望之似木鷄矣, 其德全矣.[5] 異鷄
無敢應者 反走耳.[6]

　　기성자(紀渻子)가 주나라의 선왕(宣王)을 위해 싸움닭을 길렀다.
왕이 열흘 만에 물었다.
　　"이제 싸움을 붙여볼 만한가?"
기성자가 대답했다.
　　"아직 안 됩니다. 막 허세를 부리며 기운을 뽐내고 있습니다."[1]

열흘 후에 다시 묻자, 대답했다.

"아직 안 됩니다. 다른 닭의 소리만 들리면 덤벼듭니다."[2]

열흘 후에 또 묻자, 대답했다.

"아직 안 됩니다. 적을 노려보면서 기세를 세웁니다."[3]

열흘 후에 또 묻자, 대답했다.

"거의 된 것 같습니다. 다른 닭이 앞에서 울고 있더라도 아무런 변화가 없습니다.[4] 마치 나무로 조각해놓은 닭처럼 미동도 하지 않습니다. 타고난 덕 그대로 완전하니[5] 다른 닭들이 감히 싸움을 걸지도 못하고 도리어 달아나버립니다."[6]

【장담 주석】

【1】無實而自矜者.

내실이 없으면서 스스로 뽐내는 놈이다.

【2】接悟之速.

만나서 알아채는 게 재빠르다.

【3】常求敵 而必己之勝.

언제나 상대를 찾아서 자기가 이기려고 든다.

【4】彼命敵而我不應 忘勝負矣.

상대는 싸우자고 소리치지만 나는 응하지 않으니, 승부를 초월한 경지다.

【5】至全者 更不似血氣之類.

완전한 덕을 지키고 있는 자는 혈기를 가진 동물 같지가 않다.

그림 6. 명나라 때의 투계

【6】德全者 非但己無心 乃使外物不生心. 郭象曰 養之以至於全者 猶無敵
於外 況自全乎?

덕이 완전한 이는 자신만 무심할 뿐 아니라, 상대방도 싸울 마음이 들게
하지 않는다. 곽상은 '완전한 경지까지 양생하게 되면 외부에 적이 없어지
니, 하물며 스스로를 온전히 지키는 것임에랴?'라고 했다.

【역자 해설】

무사라면 상대 적수에 대해 예의를 지킬 수는 있어도, 싸움 자체를
피할 수는 없다. 싸우려 하지 않는 자를 무사나 전사라고 부를 수는
없다. 동물은 본능에 따라 행동하는 존재인데, 육계(肉鷄)라면 모를
까 싸움을 훈련시킨 닭(鬪鷄)이 과연 해탈한 도인처럼 승부를 초월한

탈속적인 모습에 이르게 할 수 있을지는 의문이다.

어쩌면 느리고 부드러움을 추구하는 태극권이나 태극검의 고수라면 이런 경지가 가능할지는 모르겠다. 하지만 전 세계 유튜브를 뜨겁게 달궜던 태극권 고수와 시골 격투기 수련생의 대결 영상은 태극권의 내공이 얼마나 출중한지는 알 수 없으나 실전에서 허망하기 그지없음을 그대로 보여주고 말았다.

내가 보았던 가장 존경스러운 무술인은 어느 세계 챔피언 권투 선수였다. 벌써 수십 년이 지난 일이라서 그 이름은 잊었지만 그는 경기 내내 깨끗한 플레이를 펼쳤고, 자신이 이기면 상대를 포용하며 눈물을 흘리고는 했다. 배고프고 힘들었던 자신의 지난 과거가 떠올랐기 때문이거니와, 너무나 힘들게 시합을 준비했을 패배자의 슬픔을 잘 알기 때문이었다. 그 장면은 참으로 감동이었다. 노자는 전쟁에서 이기더라도 상례로서 대하라(『노자』 31장, "殺人之衆, 以哀悲泣之. 戰勝. 以喪禮處之")고 했지만, 실제 권투건 축구건 테니스건 상대를 이겼다고 좋아 날뛰는 선수들만 보았을 뿐, 패자의 아픔을 헤아려서 진정으로 상대를 위해 울어주는 사람은 그가 유일했다. 이를 악물고 오직 금메달만을 노리는 선수와 충혈된 눈으로 일확천금을 노리는 도박꾼, 수단과 방법을 가리지 않고 대통령이 될 기회만을 노리고 있는 정치꾼을 과연 다르다고 볼 수 있을까? 어쩌면 지금 나도 이욕을 위해 저러고 있지는 않은지, 노자처럼 살 수는 없을지라도 또한 도를 운위할 것까지는 없더라도, 인간다운 삶을 위해 도가의 충고에 한번 자신을 돌아보지 않을 수가 없다.

21장

惠盎[1]見宋康王 康王蹀足謦欬 疾言曰

寡人之所說者 勇有力也, 不說爲仁義者也. 客將何以敎寡人?

惠盎對曰

臣有道於此 使人雖勇 刺之不入 雖有力 擊之弗中. 大王獨無意邪?

宋王曰

善! 此寡人之所欲聞也.

惠盎曰

夫刺之不入 擊之不中 此猶辱也.

臣有道於此, 使人雖有勇 弗敢刺 雖有力 弗敢擊, 夫弗敢 非無其志也.

臣有道於此 使人本無其志也. 夫無其志也 未有愛利之心也.

臣有道於此. 使天下丈夫女子 莫不驩然 皆欲愛利之, 此其賢於勇有力也. 四累之上也. 大王獨無意邪?[2]

宋王曰

此寡人之所欲得也.

惠盎對曰

孔墨是已. 孔丘墨翟無地而爲君 無官而爲長, 天下丈夫女子 莫不
延頸擧踵而願安利之. 今大王萬乘之主也 誠有其志 則四境之內
皆得其利矣, 其賢於孔墨也 遠矣.

宋王無以應 惠盎趨而出. 宋王謂左右曰

辯矣! 客之以說服寡人也.

혜시(惠施)의 집안되는 혜앙(惠盎)이[1] 송나라의 강왕(康王)
을 뵈었다. 강왕이 헛기침을 하며 느릿느릿 걸어와서는 불쑥 말
했다.

"과인은 용감하고 힘이 있는 사람을 좋아하지, 인의(仁義)를 주
장하는 자를 좋아하지 않소. 빈객께서는 무엇으로 과인을 가르쳐
주려는 거요?"

혜앙이 대답했다.

"신에게는 도(道)가 있으니, 사람을 용감하게 만들어서 칼로 찔
러도 칼날이 들어가지 않고, 힘세게 만들어서 때려도 맞지 않게
하는 경지입니다. 대왕께서는 이런 도에 뜻이 없으신지요?"

송나라 왕이 말했다.

"좋소! 그게 바로 과인이 듣고 싶어 했던 바요."

혜앙이 말했다.

"찔러도 들어가지 않고 때려도 맞지 않는다는 경지는 오히려 치
욕스럽습니다. 신에게는 두 번째 도가 있습니다. 사람을 용감하
게 만들되 다른 사람이 감히 찌르지 못하고, 힘 있게 만들되 감히
때리지 못하게 하는 경지입니다. 다만 감히 그렇게 못하는 것이
지, 덤비려는 뜻까지 품지 못하게 한 경지는 아닙니다.

그래서 신에게는 세 번째 도가 있으니, 다른 사람이 아예 뜻을

품지 못하게 하는 경지입니다. 다만 덤비려는 뜻을 품지 못하게 할 수는 있지만, 나를 아껴주고 이롭게 하려는 마음까지는 없습니다.

마지막으로 신에게는 네 번째 도가 있습니다. 그것은 온 천하의 남녀들이 좋아해서 나를 아껴주고 이롭게 해주려고 하는 경지로, 이것은 용감하고 힘센 것보다 나은 도입니다. 이는 네 단계 가운데에서 가장 위에 있으니 대왕께서만 이에 뜻이 없으신지요?"[2]

송왕이 대답했다.

"이야말로 내가 얻고 싶었던 바요."

혜앙이 말했다.

"공자와 묵자가 그러한 사람입니다. 공구(孔丘, 공자의 이름)와 묵적(墨翟, 묵자의 이름)은 봉지(封地)도 없으면서 인군 노릇을 하고 관직도 없으면서 수장 노릇을 하지만, 천하의 남녀들이 고개를 빼고 발돋움을 하면서 그를 편안케 모시고 이롭게 해주려 하고 있습니다. 이제 대왕께서 만승(萬乘)의 주인으로 참으로 이런 뜻이 있으시다면 국경 안의 모든 백성들이 그 이로움을 받게 되리니, 공자·묵자보다 훨씬 더 나을 것입니다."

송왕은 응답 없이 묵묵히 있었고, 혜앙은 종종걸음으로 물러나왔다.

송왕이 좌우의 신하들에게 중얼거렸다.

"참으로 말을 잘하도다! 빈객의 유세(遊說)가 과인을 설복하도다."

【장담 주석】

【1】惠盎 惠施之族.

혜앙은 혜시(惠施)의 집안붙이다.[38]

【2】處卿大夫士民之上 故言四累也.

공경(公卿)과 대부(大夫)와 선비와 평민의 위에 있으므로, 네 계층으로 중첩되었다고 말했다.

【역자 해설】

송나라 강왕의 접족(蹀足)이라는 걸음걸이에 대해서는 몇 가지 다른 해석이 있다. 세계 최대의 한자 사전이라는 『한어대사전』에는 접족을 '발로 걷다'(踏足)와 '쿵쿵거리며 걷다'(頓脚)의 뜻으로 설명한다. 열자 연구의 대가인 양백준은 접족에 대해 '느릿느릿 걷다'와 '빠르게 걷다'라는 두 가지 해석이 있다고 했다(『열자집석』, 87-88쪽).

그러나 일국의 왕이 아랫사람에게 말을 불쑥 꺼낼 수는 있으나, 무슨 급한 일이 있는 것도 아닌데 빠른 걸음으로 걷는다는 것은 품격에 맞지 않는다. 같은 「황제」편 6장에서도 진(晉)나라 귀인들의 걸음걸이를 '느릿느릿 걸으면서 멀리 바라보고는 했다'(緩步闊視)고 설명한 내용을 참조해본다면, 송나라 강왕이 헛기침을 하며 느릿느릿 걸어왔다고 보는 것이 훨씬 더 순통하다고 하겠다.

본문의 말미에 '네 단계'(四累)가 나오는데, 장담은 공경·대부·선비·평민의 네 계급이라고 주석을 달았으나, 위에서 말한 칼로 찔러도 다치지 않는 경지, 감히 덤비지 못하게 하는 경지, 덤비려는 뜻을 품지 못하게 하는 경지, 그리고 모든 사람들이 좋아하고 아껴주는 경지라고 해석하는 것이 더 문맥에 맞겠다(『열자집석』, 88쪽 참조).

---

38) 도장본에는 혜시의 손자라고 되어 있다. 『열자집석』, 87쪽 참조.

제3편 주목왕(周穆王)

【장담 제주(題注)】

夫稟生受有謂之形 俛仰變異謂之化 神之所交謂之夢 形之所接謂之覺, 原
其極也 同歸虛僞.

何者? 生質根滯 百年乃終 化情枝淺 視瞬而滅. 神道恍惚 若存若亡, 形理顯
著 若誠若實. 故洞監知生滅之理均 覺夢之塗一, 雖萬變交陳 未關神慮.

愚惑者 以顯昧爲成驗 遲速而致疑. 故竊然而自私 以形骸爲眞宅, 孰識生化
之本 歸之於無物哉?

> 생명을 부여받아 갖고 있게 된 것을 형(形)이라 하고, 잠깐 사
> 이에 다르게 바뀌는 것을 화(化)라 하고, 정신이 나가서 외물과
> 만나는 현상을 꿈(夢)이라 하며, 형체가 실제로 접촉하는 것을
> 생시(覺)라고 하는데, 그 본질을 규명해보면 모두 허상이다.
> 어째서인가? 타고난 육신의 뿌리는 백 년이면 끝나고, 변화하
> 는 실상은 피상적이라서 순식간에 사라진다. 신묘한 도는 황홀
> 해서 있는 듯 없는 듯하지만, 형체의 이치는 밖으로 드러나 있
> 으니 믿음직하고 진실된 듯하다. 그러므로 꿰뚫어 보는 이는
> 생성과 소멸의 이치가 같고, 생시와 꿈이 한가지임을 아나니,
> 비록 수만 가지 변화가 앞에서 펼쳐져도 내면의 정신(精神)에
> 는 아무런 영향을 주지 못한다.
> 어리석어 혼동에 빠진 이들은 겉으로 드러난 현상만을 증거로
> 삼으니, 나타난 현상이 늦어지거나 빨라지거나 하면 의심을 품
> 는다. 그러므로 남모르게 혼자만의 이익을 꾀하고 껍데기를 본
> 질로 삼으니, 그 누가 생성과 변화의 근원이 무(無)에 귀결됨을
> 알겠는가?

1장

1절

周穆王時 西極之國 有化人來.【1】 入水火 貫金石 反山川 移城邑.
乘虛不墜 觸實不硋, 千變萬化 不可窮極. 旣已變物之形 又且易
人之慮.【2】

穆王敬之若神 事之若君. 推路寢以居之 引三牲¹⁾以進之 選女樂
以娛之. 化人以爲王之宮室 卑陋而不可處 王之廚饌 腥螻而不可
饗【3】 王之嬪御 膻惡而不可親.

주나라 목왕(穆王) 때에 서역의 끝에서 마술사가 왔다.【1】 물불 속
에도 들어가고, 쇠와 돌도 뚫고 지나가며, 산천을 뒤엎고 마을을
통째로 옮겼다. 허공에 올라타도 떨어지지 않았고 속이 차 있는
곳도 막힘없이 투과했으니, 천만 가지 변화가 끝이 없었다. 그는
사물의 형상을 변화시켰을 뿐 아니라, 사람의 마음도 바꾸어놓았

---

1) 노침(路寢)은 천자가 조회를 하는 정침(正寢)이고, 삼생(三牲)은 우양시(牛
羊豕)를 말한다.

다.【2】

목왕은 그를 신을 모시듯 공경했고 임금을 모시듯 섬겼다. 천자의 정전(正殿)을 내주어 머물게 하고, 최고급 요리를 갖다가 바쳤으며, 아리따운 여악사(女樂士)들을 보내서 즐겁게 해주었다. 그러나 마술사는 왕의 궁궐이 누추하다고 하면서 거처하지 않았고, 왕의 반찬이 비리고 악취가 난다고 해서 먹지 않았으며,【3】 왕의 시녀들도 냄새나고 못생겨서 가까이할 수 없다고 했다.

【장담 주석】

【1】化幻人也.

환술(幻術)을 하는 사람이다.

【2】能使人 暫忘其宿所知識

사람들이 익히 알고 있던 것을 일시적으로 잊게 만들 수 있었다.

【3】螻 蛄臭也.

루(螻)는 땅강아지에서 나는 악취다.[2)]

2절

穆王乃爲之改築, 土木之功 赭堊之色 無遺巧焉. 五府爲虛 而臺始成. 其高千仞 臨終南之上 號曰 中天之臺.

簡鄭衛之處子娥媌靡曼者【4】 施芳澤 正蛾眉 設笄珥【5】 衣阿錫【6】

---

2) 땅개·땅개비·게발두더지·하늘밥도둑 등이라고도 부르며, 몸길이는 3센티미터 정도다. 짙은 갈색이고 온몸이 가는 털로 덮여 있다. 땅강아지는 위협을 느끼면 냄새나는 갈색 액체를 뿜는데, 이것이 땅강아지를 악취와 연관시킨 이유가 된 듯하다.

曳齊紈.【7】粉白黛黑 珮玉環. 雜芷若【8】以滿之,【9】奏承雲 六瑩九
韶晨露以樂之.【10】月月獻玉衣 旦旦薦玉食【11】

化人猶不舍然 不得已而臨之. 居亡幾何 謁王同游. 王執化人之
袪【12】騰而上者 中天迺止 曁及化人之宮.

목왕은 이에 그를 위해 궁실을 개축하기로 했다. 토목 공사를 일
으킨 다음 붉은 점토와 흰 회칠로 색을 칠했고, 모든 기교를 다해
꾸몄다. 건축 비용으로 인해 천자의 다섯 창고가 모두 빌 무렵에
누대(樓臺)가 비로소 낙성되었는데 그 높이가 천 길로 종남산(終
南山)의 정상을 내려다보았으니, 이를 중천대(中天臺)라 불렀다.
정(鄭)나라와 위(衛)나라의 처녀 가운데 아리땁고 고운 이들을
뽑아서【4】향내 나면서 매끄러운 피부와 예쁘게 그린 눈썹과 귀막
이 옥으로 꾸민 머리 장식에【5】값비싼 세모시 옷을 입히고,【6】제
(齊)나라 비단을 늘어뜨리고,【7】흰 분을 바르고 눈썹을 검게 칠하
고, 옥고리를 허리에 차게 했다. 궁실에는 향풀을 매달아【8】향기
를 피우고,【9】황제(黃帝)의 음악 승운(承雲)과 제곡(帝嚳)의 음악
육형(六瑩)과 순임금의 음악 구소(九韶)와 탕왕의 음악 신로(晨
露)를 연주해서 귀를 즐겁게 했다.【10】매달마다 옥으로 꾸민 옷을
바쳤고 아침마다 산해진미를 진상했다.【11】

그러나 그 마술사는 탐탁치 않아하면서 어쩔 수 없다는 듯이 받
아두었다. 얼마 지나지 않아, 마술사가 왕에게 놀러 가자고 청했
다. 왕이 마술사의 옷소매를 잡자【12】솟구쳐 올랐고, 이내 하늘
한가운데에 이르렀는데 여기가 마술사의 궁궐이었다.

【장담 주석】

【4】娥媌妖好也. 靡曼柔弱也.

아묘(娥媌)는 아리땁다는 뜻이고, 미만(靡曼)은 연약하다는 뜻이다.

【5】笄首飾 珥瑱也.

계(笄)는 머리 장식이고, 이(珥)는 귀막이 옥이다.

【6】阿細縠³⁾ 錫細布.

아(阿)는 가는 비단이고, 석(錫)은 가는 모시다.

【7】齊 名紈所出也.

제나라는 유명한 흰 비단이 나는 곳이다.

【8】芷若 香草.

지약(芷若)은 향풀이다.

【9】充滿臺館.

향기가 누대에 가득 차게 했다.

【10】承雲 黃帝樂, 六瑩 帝嚳樂, 九韶 舜樂, 晨露 湯樂.

승운은 황제의 음악이고, 육형은 제곡의 음악이고, 구소는 순임금의 음악이며, 신로는 탕왕의 음악이다.

【11】言其珍異.

진기한 음식을 말한다.

---

3) 縠의 음훈(音訓)은 알 수 없으나, 『한서』 「예악지」(禮樂志)에 '아세증(阿細繒) 석세포(錫細布)'에 의거해서 가는 비단으로 해석했다.

【12】袪衣袖也.

거(袪)는 옷소매다.

3절

化人之宮 構以金銀 絡以珠玉 出雲雨之上 而不知下之據 望之若
屯雲焉. 耳目所觀聽 鼻口所納嘗 皆非人閒之有. 王實以爲淸都
紫微 鈞天廣樂[4] 帝之所居.【13】王俯而視之 其宮榭若累塊積蘇焉.
王自以居數十年 不思其國也.【14】

化人復謁王同游 所及之處 仰不見日月 俯不見河海. 光影所照 王
目眩不能得視 音響所來 王耳亂不能得聽. 百骸六藏 悸而不凝.
意迷精喪 請化人求還.【15】化人移之【16】王若碩虛焉.【17】

마술사의 궁궐은 금은으로 세우고 주옥으로 꾸며졌고 구름 위에
있어서 그 아래가 무엇에 의지해서 세워진 것인지 알 수 없었는
데, 멀리서 바라보면 뭉게구름 같았다. 여기에서 이목으로 보고
듣는 것이나, 코로 냄새 맡고 입으로 맛보는 것들은 모두 인간 세
상에 없는 것들이었다. 왕은 이곳이 진짜로 하늘의 궁궐인 자미
궁(紫微宮)이요, 천상의 음악을 연주하는 상제가 계신 곳이라고
생각했다.【13】왕이 자신이 살던 궁궐을 내려다보니, 마치 흙덩어
리와 풀 더미처럼 보였다. 왕은 천궁에서 스스로 수십 년을 살았
으나 고국이 생각나지도 않았다.【14】

---

4) 청도(淸都)는 천궁(天宮)이고, 자미(紫微)는 성숙(星宿)의 중심부인 자미궁(紫
微宮)으로 상제가 사는 지역이다. 균천(鈞天)은 하늘의 중앙을 지칭하며 여기
에 팔방(八方)의 천(天)을 합해서 구천(九天)이라고 부른다. 광악(廣樂)은 천제
(天帝)의 악곡이다.『신역열자독본』, 111쪽 참조.

마술사가 다시 임금께 같이 놀러 가기를 청해서 같이 가보니, 위로는 해와 달을 볼 수 없고 아래로는 강과 바다가 보이지 않았다. 빛이 비추고 그림자가 생기지만 왕은 눈이 부셔 제대로 볼 수가 없었고, 소리가 나고 메아리가 들려오기는 하지만 왕은 귀가 어지러워 잘 들을 수가 없었다. 오장육부가 마구 두근거려 정신을 차리지 못하다가, 의식이 아득해지고 정신을 잃을 지경이 되자 왕은 마술사에게 되돌아가자고 요청했다.[15] 마술사가 왕을 떠밀자,[16] 왕은 허공 속으로 떨어지는 것 같았다.[17]

【장담 주석】

【13】淸都紫微 天帝之所居也. 傳記云 '秦穆公疾不知人 旣寤曰 我之帝所甚樂 與百神游鈞天廣樂 九奏萬舞 不類三代之樂 其聲動心.'[5] 一說云 趙簡子亦然也.

청도(淸都)와 자미(紫微)는 하늘의 상제가 거처하는 곳이다. 전기(傳記)에는 진 목공이 질병으로 사람을 알아보지 못하다가 깨어나서 하는 말이 '내가 상제의 처소에서 아주 즐거웠는데, 온 신(神)들과 노닐면서 다 함께 즐겼다. 하늘 한가운데에서 천제의 악곡을 여러 번 연주하고 온갖 춤을 추는데 삼대(三代)의 음악에 비교할 바가 아니었으니, 그 음악 소리는 마음을 감동시켰다'고 했다. 일설에는 조간자(趙簡子)[6]도 똑같은 일이 있었다고 한다.

---

5) 이 내용은 『사기』(史記)에 보인다. 『사기』 권43 「조세가」(趙世家) 제13, "聞今主君之疾與之同 不出三日 疾必間 間必有言也. 居二日半 簡子寤語大夫曰 我之帝所甚樂 與百神游於鈞天廣樂 九奏萬舞 不類三代之樂 其聲動人心. 有一熊欲來援我 帝命我射之 中熊 熊死. 又有一羆來我 又射之 中羆 羆死. 帝甚喜 賜我二笥 皆有副吾見兒在帝側 帝屬我一翟犬 曰及而子之壯也 以賜之 帝 告我晉國 且世衰七世而亡" 참조. 같은 내용이 『사기』 105 「편작창공열전」(扁鵲倉公列傳) 제45에도 나온다.

6) 진나라 대부 조앙(趙鞅)으로, 조무(趙武)의 손자이며 조성(趙成)의 아들로 지부(志父)라고도 불렸다. 진나라에서 전권(專權)을 휘둘렀다. 『좌전』(左傳) 소공

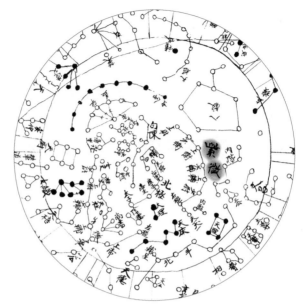

그림 7. 천문도 자미원

【14】所謂 易人之慮也.

이것이 이른바 사람의 생각을 바꾼다는 것이다.

【15】太虛恍惚之域 固非俗人之所涉 心目亂惑 自然之數也.

태허(太虛)는 아득히 황홀한 곳이니 진실로 일반 사람들이 건너갈 수 있는 곳이 아니며, 마음이 어리둥절하고 눈이 어지러운 것은 자연스러운 현상이다.

【16】移猶推也.

이(移)는 민다는 뜻이다.

·정공·애공 기사와『사기』조세가에 나온다.

【17】 隕墜也.

운(隕)은 떨어진다는 뜻이다.

4절

既寤 所坐 猶嚮者之處 侍御 猶嚮者之人. 視其前 則酒未清 肴未
晞.【18】 王問所從來, 左右曰

王黙存耳.

由此穆王自失者三月 而復更問化人,【19】 化人曰

吾與王神游也, 形奚動哉?【20】 且曩之所居奚異王之宮 曩之所游
奚異王之圃? 王閒恒有 疑暫亡.【21】 變化之極 徐疾之間 可盡模
哉?【22】

王大悅, 不恤國事 不樂臣妾【23】 肆意遠游. 命駕八駿之乘 右服【24】
騕騮而左綠耳 右驂赤而左白㹀【25】 主車 則造父爲御 泰丙【26】爲
右. 次車之乘 右服渠黃而左踰輪 左驂盜驪而右山子 柏天主車 參
百爲御 奔戎爲右.

이윽고 왕이 깨어나서 보니, 자기가 앉아 있는 자리가 바로 아까
앉아 있던 그 좌석이었고, 시중들던 자들도 역시 방금 전의 그 시
종들이었다. 앞을 보니 술은 아직 맑아지지 않았고[7] 안주도 아직
마르지 않은 채로 있었다.【18】 왕이 내가 어디에서 왔느냐고 묻자,
좌우에서 대답했다.

"대왕께서는 묵묵히 계셨을 뿐입니다."

---

7) 고대의 술이나 음료는 아주 진해서, 한참을 그대로 두어야 침전이 되어 윗부분
이 맑아진다.『신역열자독본』, 111쪽 참조.

이 일을 겪은 뒤부터 목왕은 석 달을 정신을 차리지 못하고 멍한 채로 있다가, 다시 마술사에게 어떻게 된 일인지를 묻자, 마술사가 대답했다.[19]

"저는 대왕님과 함께 정신으로만 노닐었을 뿐, 형체는 미동도 하지 않았습니다.[20] 또 방금 전에 계신 곳도 대왕의 궁궐이었고, 아까 대왕께서 노닐던 곳도 바로 대왕의 동산이었습니다. 대왕께서는 사물들이 늘 있는 그대로 존재한다는 사실에만 익숙해서 순식간에 소멸됨을 의심하오나,[21] 느리고 빠른 차이를 가지고 더듬어 헤아려본다고 해서 변화의 극치를 알 수가 있겠습니까?"[22] 왕은 이 말을 듣고 크게 기뻐했다. 그 후로는 나랏일을 염두에 두지 않았으며, 신하나 비빈에도 관심을 두지 않은 채[23] 마음껏 멀리까지 유람을 하고는 했다.

왕의 수레는 여덟 마리의 준마가 끌도록 했는데, 우(右) 복마(服馬)에는[24] 준마 화류(驊騮)를 좌(左) 복마에는 녹이(綠耳)를 메우고, 바깥 우 참마(驂馬)에는 적기(赤驥)를 바깥 좌 참마에는 백의(白�)를 메웠다.8)[25] 목왕이9) 주빈이 되고 조보(造父)가 몰며 태병(泰丙)이[26] 오른편에 배석했다.10) 뒤따르는 수레에는 우 복마에 거황(渠黃)을 좌 복마에 유륜(踰輪)을 메우고, 좌 참마에는 도려(盜驪)를 우 참마에는 산자(山子)를 메웠으며, 백요(伯夭)

---

8) 큰 수레에는 네 필의 말을 메운다. 먼저 중간에 두 필을 좌우 복마(服馬)라 하고, 복마의 양쪽 바깥으로 두 필을 좌우 참마(驂馬)라고 한다.

9) 손이양(孫詒讓)과 왕숙민의 주석에 따라 주차(主車) 앞에 '왕'(王) 자가 탈락된 것으로 보아 목왕을 주어로 삼아 해석했다. 『열자집석』, 96쪽 참조.

10) 수레를 탈 때에는 주빈이 왼편에 타고 마부가 중간에 타며 참승이 오른편에 배석해 타서 수레가 기울어지는 것을 방비했다. 『한서』「문제기」(文帝纪), "乃令 宋昌 驂乘. 颜师古 注, 乘車之法 尊者居左 御者居中 又有一人處車之右 以備傾側. 是以戎事則稱車右 其餘則曰驂乘" 참조.

가 주빈이 되고 삼백(參百)이 몰며 분융(奔戎)이 오른편에 배석
했다.

【장담 주석】

【18】扶貴反.

비(睥)는 비로 읽는다.

【19】問其形不移之意.

형체가 꼼짝하지 않았던 이유를 물은 것이다.

【20】所謂神者 不疾而速 不行而至. 以近事喻之 假寐 一昔所夢 或百年之事
所見 或絶域之物 其在覺也 俛仰之須臾 再撫六合之外. 邪想淫念猶得如此 况
神心獨運 不假形器 圓通玄照 寂然凝虛者乎!

이른바 신(神)이라는 것은 직접 달리지 않아도 빠르며 가지 않아도 도달
하는 존재다.[11] 가까운 예를 들어보면 선잠에 한평생의 일을 꿈꾸기도 하고,
완전히 다른 세상의 사물을 보기도 하며, 생시의 잠깐 고개 돌리는 사이에
세상 밖을 두 번이나 나갔다 오는 꿈을 꾸기도 한다. 잡다한 생각으로도 이
와 같은 작용이 일어나는데, 하물며 사물의 형상을 빌리지 않고 순수한 정신
으로 관조하면서 고요히 허심으로 집중하는 이에 있어서랴!

【21】彼之與此 俱非眞物, 習其常存 疑其蹔亡者 心之惑也.

저것이나 이것이나 모두 참존재는 아니지만, 습관적으로 사물들이 항상
존재하고 있다고만 생각해서 잠깐 사이에 소멸되는 것을 의심하니, 이는 마

---

11) 『주역』「계사상전」, 10장, "夫易 聖人之所以極深而硏几也.唯深也, 故能通天下之
志, 唯几也 故能成天下之務, 唯神也 故 不疾而速 不行而至" 참조.

음이 미혹된 것이다.

【22】變化不可窮極. 徐疾 理亦無閒, 欲以智尋象 模未可測.

변화의 끝을 궁구할 수가 없고, 늦거나 빠르거나 이치상으로는 차이가 없으니, 인간의 지혜를 가지고 현상에서 찾으려 한다면 아무리 더듬어봐도 헤아릴 수가 없다.

【23】感至言 故遺世事之治亂 忘君臣之尊卑也.

지극한 말에 감동해서, 세상이 다스려지는지 어지러운지 군신 간의 존비 계급까지 다 잊어버리게 되었다.

【24】古驊字.

화(驊)의 고자(古字)다.

【25】古義字.

의(義)의 고자다.

【26】上齊下合 此古字 未審.

원래 글자는 위는 제(齊) 아래는 합(合)으로 '齍'인데, 옛 글자라서 뜻을 알 수 없다.[12]

---

12) 원문은 현재 쓰이지 않는 고자이지만, 여기에서는 손이양의 주석에 따라서 '태병'(泰丙)으로 읽었다. 『열자집석』, 95-96쪽 참조.

5절

馳驅千里 至于巨蒐氏之國. 巨蒐氏 乃獻白鵠之血 以飲王 具牛馬
之湩 以洗王之足.[27] 及二乘之人 已飲而行 遂宿于崑崙之阿 赤
水之陽.[28]

別日升于崑崙之丘 以觀黃帝之宮, 而封之以詒後世. 遂賓于西王
母 觴于瑤池之上.[29] 西王母爲王謠[30] 王和之,[31] 其辭哀焉. 酒
觀日之所入[32] 一日行萬里. 王乃歎曰

於乎! 予一人 不盈于德而諧於樂[33] 後世 其追數吾過乎![34]

穆王幾神人哉?[35] 能窮當身之樂 猶百年乃徂[36] 世以爲登假
焉.[37]

이 팔준마가 끄는 수레를 타고 천 리를 달려가서 거수(巨蒐) 씨
의 나라에 도착했다. 거수 씨는 이에 왕에게 흰 고니의 피를 바
쳐서 마시게 하고, 소와 말의 젖을 가져와서 왕의 발을 씻어주었
다.[27] 그리고 두 수레에 동승했던 사람도 음료를 마신 뒤에 다시
출발해서 드디어 곤륜(崑崙)산의 언덕, 적수(赤水)의 북쪽에서
머물게 되었다.[28]

다음 날 곤륜산에 올라가서 황제(黃帝)의 궁전을 보았고, 그곳을
봉(封)해서 후세에 전하도록 해주었다. 그러고는 서왕모(西王母)
를 방문해서 요지(瑤池) 위에서 술을 마셨다.[29] 서왕모는 왕을
위해 노래를 불렀고,[30] 목왕은 거기에 답창을 하니,[31] 그 가사
가 구슬펐다. 이윽고 해가 지는 곳을 바라보는데,[32] 해가 하루에
1만 리를 가는지라, 목왕이 탄식하며 말했다.

"아아! 내가 덕은 부족하지만 이렇게 즐기는 일은 잘하니,[33] 후
세에서 나의 허물을 따지겠구나!"[34]

목왕은 신인(神人)이라 하기에는 부족했으니,[35] 그는 육신의 즐

거움을 만끽하다가 백 년의 삶을 마쳤는데,[36] 세상 사람들은 신선이 되어 승천했다고 한다.[37]

【장담 주석】

【27】渾乳也. 以己所珍貴 獻之至尊.

종(渾)은 젖이다. 자신이 귀중하게 여기는 것을 가장 존귀한 왕에게 바친 것이다.

【28】山海經云 崑崙山有五色水也.

『산해경』에 '곤륜산에 오색수가 있다'고 했다.

【29】西王母 人類也, 虎齒蓬髮 戴勝善嘯也 出山海經.

서왕모는 인간의 종류인데, 『산해경』에 범의 이빨에 헝클어진 머리를 하고 옥비녀에 휘파람을 잘 불었다고 나온다.[13]

【30】徒歌曰謠. 詩名白雲.

노래만 하는 것을 요(謠)라고 한다. 노래한 시의 이름은 백운(白雲)이다.

【31】和 答也. 詩名東歸.

화(和)는 화답의 뜻이다. 노래한 시의 이름은 동귀(東歸)다.

【32】穆天子傳云 西登弇山.

『목천자전』(穆天子傳)에 서쪽으로 엄산(弇山)에 올랐다고 했다.

---

13) 『산해경』「서산경」(西山经), "西王母 其狀如人 豹尾虎齒而善嘯 蓬髮戴勝" 참조.

【33】諧辨.

해(諧)는 분별할 줄 안다는 뜻이다.

【34】自此已上 至命駕八駿之乘 事見穆天子傳.

여기에서부터 '왕의 수레는 여덟 마리의 준마가 끌도록 했다'는 곳까지 『목천자전』에 그 일이 보인다.

【35】言非神也.

신(神)이 아니라는 말이다.

【36】知世事無常 故肆其心也.

세상의 일이 무상함을 알았기 때문에, 자기 마음대로 즐긴 것이다.

【37】假字當作遐, 世以爲登遐 明其實死也.

가(假) 자는 하(遐)로 써야 맞다. 세상에서는 신선이 되어 승천했다고 하지만 실제로는 죽었음을 밝힌 것이다.

【역자 해설】

'서역에서 온 화인(化人)'은 도사라기보다는 마술사에 가깝다. "물불 속에도 들어가고, 쇠와 돌도 뚫고 지나가며, 산과 강도 엎으며, 한 마을을 통째로 옮겼다. 허공을 올라타도 떨어지지 않았고 속이 차 있는 곳도 막히지 않고 투과했으니, 천 가지 만 가지 변화는 끝이 없었다. 그는 사물의 형상을 변화시켰을 뿐 아니라, 사람의 마음도 바꾸어 놓았다"고 했으니, 아라비아의 연금술사를 연상시킨다. 이 고대 마술사의 이야기는 매우 흥미로운데, 물불 속에 들어가는 것은 훈련을 통

그림 8. 마술사

해 가능할 수도 있겠으나, 산하를 뒤엎고 마을을 옮기는 따위는 마술이 아니라 속임수다. 지금 같으면 과학 기술을 이용해서 거대한 세트를 꾸며놓거나 카메라 촬영 기법으로 연출하겠지만, 고대시기에 이런 장비는 없었으니 아마도 최면이나 환각 같은 속임수를 쓰지 않았을까 추정한다.

그렇다면 고대에 과연 최면술이 있었을까? 동아시아 고전에서 그흔적을 찾아보기는 어렵다. 하지만 장담이 사람의 마음을 바꾼 마술에 대해 환술(幻術)이라고 하면서 "익히 알고 있던 것을 일시적으로 잊게 만들 수 있었다"고 설명하고 있는데, 이는 최면술이라 하지 않을 수 없거니와, 장담은 이것이 일시적 환각 작용이라는 사실도 이미알고 있었음을 보여준다.

주 목왕이 수십 년 동안이나 온갖 즐거움을 만끽하며 천상에서 노닐었다고 생각하게 할 정도였다고 하니, 마술사는 상당히 고급 최면술을 썼거나 아니면 일종의 유체이탈법을 사용했을 수도 있겠다. 정신이 밖으로 나가 노는 사이 현실에 남아 있던 그의 육신은 꼼짝도 하지 않았다는 증언도 흥미롭고, 또 외계에서의 수십 년이 지구상에서는 국도 식지 않은 짧은 시간이었다는 기술도 매우 생동감 넘친다. 종소리가 끝나기도 전의 짧은 시간에 한평생의 희로애락을 경험했다고 하는 『삼국유사』 속 조신의 꿈 이야기를 연상시킨다.

또 이 장의 내용을 잘 읽어보면 당대 왕궁의 내막을 적나라하게 볼 수 있다. 궁녀들에게서 냄새가 나서 가까이하기 싫었다는 말도 흥미롭다. 향기의 취향이 달라서 분내가 싫었을 수도 있지만, 중국이라는 나라가 본래 물이 귀하니 신분이 낮은 궁녀는 세수도 제대로 하지 못했을 수 있을 것도 같다. 프랑스 베르사유궁 귀족들의 악취를 감추기 위해서 향수가 발달했다는 사실을 떠올려보면, 이 또한 매우 실감 나는 묘사라고 하겠다.

아무튼 이 장에서는 고대인들의 놀라운 상상력을 볼 수 있다.

마술사의 궁궐은 구름 위에 올라 있어서 그 아래가 무엇에 의지해서 세워진 것인지 알 수 없었는데 멀리서 바라보면 뭉게구름 같았다. …왕이 자신이 살던 궁궐을 내려다보니, 마치 흙덩어리와 풀 더미처럼 보였다.

하늘 궁전이 어떤 곳에도 의지하지 않고 구름 위에 떠 있다는 설정은 마치 별들이 서로 간의 인력으로 떠 있는 우주 공간을 연상시킨다. 당시로서 어떻게 이런 상상력을 발휘했을까 놀랍다. 미야자키 하야오 감독의 명작 「천공의 성 라퓨타」(1986)에서는 하늘 위에 떠 있지만 항시 구름 속에 둘러싸여 있어서 오랫동안 인간들이 발견할 수 없었다는 라퓨타 제국이 나오는데, 혹시 열자를 보고 영감을 얻었던 것이 아닐까 의심스러울 정도로 일치한다.

"위로는 해와 달을 볼 수 없고 아래로는 강과 바다가 보이지 않았다. 빛이 비추고 그림자가 생기지만 왕은 눈이 부셔 제대로 볼 수가

272

없었고, 소리가 나고 메아리가 들려오기는 하지만 왕은 귀가 어지러워 잘 들을 수가 없었다. 오장육부가 마구 두근거려 집중할 수가 없었고, 의식이 아득해지고 정신을 잃을 지경이 되었으니, 왕은 마술사에게 되돌아가자고 요청했다. 마술사가 왕을 떠밀자, 왕은 허공 속으로 떨어지는 것 같았다"는 표현도 점입가경이다. 마치 지구를 벗어난 우주 공간의 모습을 묘사한 듯하다. 특히 아무런 저항 없는 진공 상태에서 강렬하게 비치는 태양의 빛과 외계의 음향을—마치「2001 스페이스 오딧세이」(1968)나「인터스텔라」(2014) 같은 SF 영화를 보는 듯—경탄을 자아내게 하는 놀라운 상상력으로 그려내고 있다.

서왕모가 사는 요지(瑤池)에 나는 천도복숭아는 불사의 상징이기도 하다. 현실에서의 온갖 부귀영화를 다 누리다가, 도사를 만나 인간 세계를 초월해 서왕모와 함께 신선불사의 영역에까지 이른 주 목왕은 중국인의 꿈을 대표하는 인물이 되었다.

2장

老成子·學幻於尹文先生 三年不告. 老成子請其過而求退.
尹文先生揖而進之於室 屏左右而與之言曰

昔老聃之徂西也 顧而告予曰 有生之氣 有形之狀 盡幻也. 造化之
所始 陰陽之所變者 謂之生謂之死, 窮數達變因形移易者 謂之化
謂之幻.[1] 造物者 其巧妙 其功深 固難窮難終.[2] 因形者 其巧顯
其功淺 故隨起隨滅.[3] 知幻化之不異生死也 始可與學幻矣.[4] 吾
與汝 亦幻也, 奚須學哉?[5]

老成子歸 用尹文先生之言 深思三月. 遂能存亡自在 憣校四時 冬
起雷 夏造冰 飛者走 走者飛.[6] 終身不著 其術固世莫傳焉.[7]

子列子曰

善爲化者 其道密庸 其功同人.[8] 五帝之德 三王之功 未必盡智勇
之力 或由化而成 孰測之哉?[9]

노성자(老成子)가 윤문(尹文) 선생에게 환술(幻術)을 배우고자
했으나, 3년이 지났어도 가르쳐주지 않았다. 노성자는 자청해서
자기가 잘못 생각했다고 하면서 그만 돌아가겠다고 했다.

그러자 윤문 선생은 읍례(揖禮)를 하고는 그를 방 안으로 들어오라 하면서 주위를 물리치고 그에게 말했다.

"옛날 노담이 서쪽으로 떠나실 때에 나를 돌아보며 말씀하기를 '생명의 기가 있고 형체의 모습이 있는 존재는 모두가 환상(幻像)이다. 조화가 시작되는 것을 생(生)이라 하고 음양이 변하는 것을 사(死)라고 하며, 도수(度數)를 궁구해서 변화에 통달한 것을 화(化)라 하고, 형체에 따라 바꾸어 옮기는 것을 환(幻)이라 한다.[1] 조물주의 기술은 오묘하고 능력이 뛰어나서 무궁하게 살아 움직이나,[2] 형체에 의존하는 사람의 기술은 겉으로 드러나지만 그 능력이 천박해서 생겨났다가 바로 사라진다'고 했네.[3] 환·화가 생·사와 다르지 않음을 알아야만 비로소 환술을 배울 수가 있네.[4] 나와 그대나 우리 자체가 모두 환상인데, 어찌 환술을 배워야만 하겠는가?"[5]

노성자는 집으로 돌아가서 석 달간 윤문 선생의 말을 곰곰이 생각했다. 그 결과 마침내 존망(存亡)을 마음대로 할 수 있었고, 사계절의 질서를 뒤집어서 겨울에 우레가 치고 여름에 얼음이 얼게 하며, 나는 새를 걷게 하고 걷는 짐승을 날게 할 수 있었으나[6] 죽을 때까지 그 술법을 내보이지 않았으므로 세상에 전해지지 않았다.[7]

자열자가 말했다.

"환술을 잘 부리는 사람은 그 도를 남모르게 쓰므로 그 능력이 사람들과 똑같이 보인다.[8] 고대 오제(五帝)[14]의 덕이나 삼왕(三王)[15]의 공도 모두가 다 자신의 지혜와 용기를 발휘한 것이 아

---

14) 고대의 성왕 소호(少昊)·전욱(顓頊)·고신(高辛)·요(堯)·순(舜)을 말한다.

15) 삼왕은 하은주의 성왕에서 한당시대의 인물까지 10여 가지 설이 있으나, 역자는 하우(夏禹)·상탕(商湯)·주문왕(周文王)으로 본다.『맹자』(孟子)「고자

니라 더러는 환술을 부린 것이니, 누가 그것을 헤아릴 수 있겠는
가?"【9】

【장담 주석】

【1】窮二儀之數 握陰陽之紀者 陶運萬形 不覺其難也.

음양의 도수를 궁구해서 그 핵심을 파악할 수 있는 이는 만물을 빚어내는
일도 어렵지 않게 생각한다.

【2】造物者 豈有心哉? 自然似妙耳. 夫氣質憤薄[16] 結而成形 隨化而往 故
未即消滅也.

조물주가 어찌 마음이 있겠는가? 저절로 오묘한 듯 보일 뿐이다. 기운이
충만해지면 응결되어 형체를 이루었다가, 다시 화(化)하는 대로 변화해가는
것이지 바로 소멸되지 않는다.

【3】假物而爲變革者 與成形而推移. 故暫生暫沒, 功顯事著 故物皆駭.

사물을 빌려서 바꾸고 고치는 자는 이미 이뤄진 형체를 따라서 밀고 당기
므로 갑자기 생겨났다가 갑자기 사라지면서 능력이 드러나고 일이 나타나므
로, 만물이 당황하게 된다.

【4】注篇目 已詳其義.

이 편의 제목에 대한 주석에서 이 부분의 뜻을 이미 상세하게 밝혔다.

【5】身則是幻 而復欲學幻, 則是幻幻相學也.

하」(告子下), "五霸者 三王之罪人也. 趙岐注, 三王 夏禹·商湯·周文王是也." 참조.
16) 분박(憤薄):1.충일(充溢)·분용(奔涌), 2.교영(骄盈).『한어대사전』참조.

자신이 환상인데 다시 환술을 배우려고 한다면, 환상이 다시 환술을 배우는 셈이다.

【6】深思一時 猶得其道 況不思而自得者乎? 夫生必由理 形必由生. 未有有生而無理 有形而無生 生之與形 形之與理 雖精麤不同 而迭爲賓主 往復流遷 未始暫停. 是以變動不居 或聚或散.

撫之有倫 則功潛而事著, 脩之失度 則迹顯而變彰. 今四時之令或乖 則三辰錯序 雷冰反用, 器物蒸爍 則飛鍊雲沙以成水頊.

得之於常 衆所不疑. 推此類也 盡陰陽之妙數 極萬物之情者 則陶鑄羣有 與造化同功矣.

若夫偏達數術 以氣質相引, 俛仰 則一出一沒, 顧眄[17] 則飛走易形, 蓋術之末者也.

잠시 석 달 동안 깊이 생각해서 그 도를 얻을 수 있었다면, 생각하지 않고도 자득하는[18) 경우임에랴! 생명은 이치에 말미암아 태어나고 형체는 생명에 말미암아 드러난다. 생명만 있고 이치가 없거나 형체만 있고 생명이 없는 경우는 있지 아니하니, 생명과 형체 및 형체와 이치는 비록 정조(精粗)의 정도는 다르지만 서로 주객(主客)을 바꾸어가면서 유행함을 잠시도 멈춘 적이 없다. 그러므로 변해 움직여서 멈추지 아니하나니, 뭉치기도 했다가 흩어지기도 하는 것이다.

차서(次序)가 있게 다루면 공(功)은 보이지 않아도 일은 드러나게 되고, 법도를 잃은 채 다스리면 자취가 드러나고 변화가 발생하게 된다. 이제 사시(四時)의 절기가 어그러지면 일월성(日月星)이 차서를 잃어서 우레와 얼음

---

17) 고면(顧眄):1.둘러보다·곁눈질하다·흘겨보다·회시(回視)·사시(斜視), 2.의기양양해서 좌우를 바라보다, 3.중시하다·알아주다·간중(看重)·상신(赏识), 4.눈빛.『한어대사전』(漢語大詞典) 참조.
18)『중용』(中庸), "誠者不勉而中, 不思而得, 從容中道, 聖人也" 참조.

이 거꾸로 쓰이고, 기물(器物)을 가열하고 찌면 백운(白雲)과 황사(黃砂)를 법제해서 수은을 제조할 수 있게 된다.

언제 어디서나 보편적으로 이루어지는 사실은 누구도 의심하지 않는다. 이렇게 미루어나가서 음양의 묘한 법칙과 만물의 실정을 통달하게 되면 만물을 만들어내게 될 수 있고, 조물주와 공이 같게 될 것이다.

만일 기(氣)로 질(質)을 끌어당기는 식의 술수에만 통하게 되면, 잠깐 고개를 돌리는 사이에 한 번 나왔다가 한 번 사라지게 한다거나, 이리저리 곁눈질하는 사이에 나는 새와 달리는 짐승이 서로 형체를 바꾸게도 하지만, 이런 따위는 저급한 술수다.

【7】日用而百姓不知 聖人之道也, 顯奇以駭一世 常人之事耳.

성인의 도는 날마다 써도 백성은 알지 못하지만, 보통 사람들에게 기이한 것을 보여주면 온 세상이 놀라워한다.

【8】取濟世安物而已. 故其功 潛著而人莫知焉.

세상을 제도하고 사람들을 편안케 할 뿐이다. 그러므로 그 공은 드러나지 않고 사람들은 알 수가 없게 된다.

【9】帝王之功德 世爲之名 非所以爲帝王也. 揖讓干戈 果是所假之塗 亦奚 爲而不假幻化哉? 但駭世之迹 聖人密用而不顯焉.

제왕의 공덕은 세상에서는 명예로 삼으나, 제왕으로서의 본질은 아니다. 제왕이라는 자들은 (시끌벅적한) 음양(揖讓)의 예나 간벌(干伐)의 무력은 빌리지만, 어찌해서 (사람들이 눈치채지 못하는) 환술의 조화를 빌리지 않는가? 성인은 세상을 놀라게 할 수 있는 일은 세상에 드러내지 않고 남모르게 행하는 것이다.

【역자 해설】

앞 1장에 이어서 계속 환술을 이야기하고 있다. 주석에서 말한 순식간에 사물을 사라지게 한다거나 곁눈질하는 사이에 '나는 새와 달리는 짐승이 형체를 바꾸게 하는' 기술은, 오늘날에도 흔히 볼 수 있는 손에 쥔 카드를 사라지게 한다거나 비둘기를 토끼로 바꾸는 마술을 연상시킨다. 하지만 장담은 이런 눈속임 따위는 저급한 술수라고 했다. 본문에서는 환(幻)의 의미를 형이상학적으로 확장해서 말한다.

"생명의 기가 있고 형체의 모습이 있는 존재는 모두가 환상(幻像)이다. 조화가 시작되는 것을 생(生)이라 하고 음양이 변화하는 것을 사(死)라고 하며, 도수(度數)를 궁구해서 변화에 통달한 것을 화(化)라 하고, 형체에 따라 바꾸어 옮기는 것을 환(幻)이라 한다"고 하면서 생은 환으로, 사는 화로 보았다. 그래서 여기에서의 환화(幻化)는 마술을 넘어서 마술 같은 천지의 변화무쌍함을 환화로 부른 것일 뿐이다. 그래서 생사 자체가 환화와 동의어라고 본 것이다. 다시 말해 여기에서의 환화는 거짓으로 조화를 부리는 마술이 아니라, 현실의 만물은 실체 없이 변화무쌍하다는 뜻이다.

흥미로운 것은 사계절의 법칙을 뒤바꾸는 기술이다. 한겨울에 우레를 치게 하고 여름에 얼음을 만드는 환술은 오늘날 물리학과 화학에 해당한다고 할 수 있다. 장담의 주석에는 "기물을 가열하고 찌면 백운과 황사를 법제해서 수은을 제조할 수 있게 된다"고 했으니, 당시 불사의 단약(丹藥)을 구하던 연단술의 단면을 보여주고 있다. 이는 기체나 액체를 고체로 뒤바꾼다거나 약물을 제련해서 다른 분자구조를 가진 물질로 법제하는 고대시기 화학 실험을 보여주는 흥미로운 내용이다.

3장

1절

覺有八徵 夢有六候.【1】奚謂八徵? 一曰故【2】二曰爲【3】三曰得 四
曰喪 五曰哀 六曰樂 七曰生 八曰死, 此者 八徵 形所接也.
奚謂六候? 一曰正夢【4】二曰蘁夢【5】三曰思夢【6】四曰寤夢【7】五曰
喜夢【8】六曰懼夢,【9】此六者 神所交也.【10】

사람이 깨어 있을 때에는 여덟 가지 징험이 있고, 꿈을 꾸고 있을
때에는 여섯 가지 점후(占候)가 있다.【1】여덟 가지 징험이란 무엇
인가? 첫째는 지난 사건이요,【2】둘째는 지금 하고 있는 일이요,【3】
셋째는 얻은 것이요, 넷째는 잃어버린 것이요, 다섯째는 슬픔이
요, 여섯째는 즐거움이요, 일곱째는 삶이요, 여덟째는 죽음이니,
이 여덟 가지 징험은 형체로 서로 접촉한 데서 일어난다.
여섯 가지 점후란 무엇인가? 첫째는 평소의 정상적인 꿈이요,【4】
둘째는 놀란 일을 꾸는 꿈이요,【5】셋째는 생각한 일을 꾸는 꿈이
요,【6】넷째는 깨어 있을 때에 한 말을 꾸는 꿈이요,【7】다섯째는 기
뻐한 일을 꾸는 꿈이요,【8】여섯째는 두려워했던 일을 꾸는 꿈이

니,【9】이 여섯 가지는 정신이 서로 교감한 데서 일어난다.

【장담 주석】

【1】微 驗也. 候 占也. 六夢之占 義見周官.

징(徵)은 험(驗)의 뜻이요, 후(候)는 점(占)의 뜻이다. 여섯 가지 꿈에 관한 점은 『주례』 「춘관」에 보인다.

【2】故 事.

고(故)는 사(事)의 뜻이다.

【3】爲 作也.

위(爲)는 작(作)의 뜻이다.

【4】平居自夢.

평소 살던 모습을 저절로 꾼 꿈이다.

【5】周官注云 䇲當爲驚愕之愕 謂驚愕而夢.

『주례』 「춘관」의 주에서는 '오(䇲)는 경악한다는 악(愕) 자로 써야 맞다'고 했으니 놀라서 꾼 꿈을 말한다.

【6】因思念而夢.

생각으로 말미암아 꾼 꿈이다.

【7】覺時道之而夢.

깨어 있을 때에 말한 것을 꾼 꿈이다.

【8】因喜悅而夢.

기쁨으로 말미암아 꾼 꿈이다.

【9】因恐怖而夢.

두려움으로 말미암아 꾼 꿈이다.

【10】此一章大旨 亦明覺夢不異者也

이 장의 요지는 현실과 꿈이 다르지 않음을 밝힌 것이다.

2절

不識感變之所起者 事至 則惑其所由, 然識感變之所起者 事至 則
知其所由. 然知其所由然 則無所怛.**【11】**
一體之盈虛消息 皆通於天地 應於物類.**【12】** 故陰氣壯 則夢涉大
水而恐懼,**【13】** 陽氣壯 則則夢涉大火而燔焫,**【14】** 陰陽俱壯 則夢生
殺.**【15】** 甚飽 則夢與 甚饑 則夢取.**【16】** 是以以浮虛爲疾者 則夢揚,
以沈實爲疾者 則夢溺. 藉帶而寢 則夢蛇 飛鳥銜髮 則夢飛.**【17】** 將
陰夢火 將疾夢食. 飮酒者 憂, 歌儛者 哭.**【18】**
子列子曰
神遇爲夢 形接爲事.**【19】** 故晝想夜夢 神形所遇.**【20】** 故神凝者 想夢
自消.**【21】** 信覺不語 信夢不達 物化之往來者也.**【22】** 古之眞人 其覺
自忘 其寢不夢 幾虛語哉?**【23】**

변화가 일어난 곳을 알아채지 못하는 사람은 꿈을 꾸면 꿈속에서
의 일이 말미암은 이유를 모르지만, 변화가 어디에서 일어났는지
를 인식하는 사람은 꿈을 꾸면 그 일이 어디에서 연유했는지를

안다. 그래서 꿈의 연유를 알게 되면 놀라지 않게 된다.[11]

한 사람의 신체에서 기운이 찼다가 비기도 하고 줄어들었다가 늘어났다가 하는 것은 다 천지와 통하고 만물과 응해서 생긴 현상이다.[12] 그러므로 음기(陰氣)가 왕성하면 큰 강에 빠져서 무서워하는 꿈을 꾸게 되고,[13] 양기(陽氣)가 왕성하면 큰불 속에 들어가서 몸이 타는 꿈을 꾸며,[14] 음기 양기가 다 왕성하면 죽이고 살리는 꿈을 꾼다.[15] 실컷 배부르면 남에게 주는 꿈을 꾸고, 몹시 배고프면 남에게서 얻어오는 꿈을 꾼다.[16] 이런 까닭에 기운이 뜨고 허해서 병이 되면 공중에 뜨는 꿈을 꾸고, 기운이 가라앉으며 꽉 차서 병이 되면 물에 빠지는 꿈을 꾼다. 허리띠를 띤 채 자면 뱀 꿈을 꾸고, 나는 새가 나뭇가지를 물고 가는 것을 보면 나는 꿈을 꾼다.[17] 날씨가 흐려지려 하면 불 꿈을 꾸고,19) 병이 나려 하면 밥 먹는 꿈을 꾸고, 술을 마신 이는 걱정하는 꿈을 꾸고, 노래하고 춤추던 이는 우는 꿈을 꾼다.[18]

자열자가 말했다.

"정신으로 교감한 것은 꿈이 되고, 실제 형체로 접촉한 것은 일이 된다.[19] 그러므로 낮에 생각한 것을 밤에 꿈꾸는 것은 정신과 형체가 만나는 것이다.[20] 정신이 집중되어 있는 이는 생각이든 꿈이든 모두 저절로 사라진다.[21] 생시를 믿는 것은 말할 것이 없거니와 꿈을 믿고 있다면 사리를 알지 못하는 자이니, 사물의 환상이 돌아다니는 현상일 뿐이기 때문이다.[22] 옛날의 진인(眞人)은 깨어 있을 때에는 모든 생각을 잊어버리고, 잠잘 때에는 꿈을 꾸

---

19) 『관윤자』에는 '날씨가 흐려지려 하면 물 꿈을 꾸고, 날씨가 개려고 하면 불 꿈을 꾼다'고 하여 위 본문과 반대로 되어 있다. 이외에도 음(陰)을 '그늘'로 해석하거나 '주도면밀하게 일한다'는 뜻으로 해석하기도 한다. 『충허지덕진경』 한문대계본 권3, 8쪽 참조.

지 않는다고 했다. 이것이 어찌 거짓말이겠느냐?"

【장담 주석】

【11】夫變化云爲 皆有因而然. 事以未來而不尋其本者 莫不致惑, 誠識所由
雖譎怪萬端 而心無所駭也.

사람이 변화하고 말하고 행동하는 데에는 다 원인이 있어서 그렇게 된다.
일이 아직 닥치지 않았다고 해서 그 근본을 찾지 않는다면 미혹되지 않을 수
없으나, 진실로 그 연유를 알았다면 수만 가지로 괴상망측하게 변화한다고
해도 마음으로 놀랄 것이 없게 된다.

【12】人與陰陽通氣 身與天地並形 吉凶往復 不得不相關通也.

사람은 음양과 기운을 통하고 육신은 천지와 형체를 공유하고 있으니, 길
흉와 변화가 서로 관련되어 통하지 않을 수 없다.

【13】失其中和 則濡溺恐懼也.

중화를 잃으면 물에 빠져서 두려워 떨게 된다.

【14】火性猛烈 遇則燔炳也.

불의 성질은 맹렬해서, 불을 만나면 몸이 타게 된다.

【15】陰陽 以和爲用者也. 抗則自相利害 故或生或殺也.

음양은 조화를 이룸으로써 작용하는 존재다. 음양이 서로 부딪치면 서로
이해(利害)가 엇갈리게 되므로 살리기도 하고 죽이기도 하게 된다.

【16】有餘 故欲施, 不足 故欲取, 此亦與覺相類也.

남는 게 있으므로 베풀어주려 하고 부족하므로 얻으려고 하니, 꿈도 깨어

있을 때와 비슷하다.

【17】此以物類致感.

이는 같은 종류끼리 감응하는 것이다.

【18】此皆明夢或國事致感 或造極相反 即周禮六夢六義 理無妄然.

이는 꿈이 더러는 나랏일로 인해서 감응을 하게 되는 경우도 있고, 끝까지 다다라서 반대 현상을 빚기도 하니, 곧 『주례』에서 육몽(六夢)의 육의(六義)[20]가 허튼 것은 아니다.

【19】莊子曰 其寐也 神交, 其覺也 形開.

『장자』에서는 '잠을 자면 정신으로 사귀고, 깨어나면 형체가 열린다'고 했다.

【20】此想謂覺時有情慮之事 非如世間常語. 晝日想有此事＿ 而後隨而夢也.

여기에서의 상(想)이라는 개념은 깨어 있을 때 뜻을 품고 생각하던 일을 말하며, 일반적으로 말하는 뜻이 아니다. 낮에 생각했던 일들이 뒤에 따라서 꿈으로 꾸게 된다.

【21】晝無情念 夜無夢寐.

낮에는 감정과 생각이 없고, 저녁에는 잠과 꿈이 없다.

---

20) 『주례』「춘관 종백(宗伯)」, "占夢, 掌其歲時, 觀天地之會, 辨陰陽之氣. 以日月星辰占六夢之吉凶, 一曰正夢, 二曰噩夢, 三曰思夢, 四曰寤夢, 五曰喜夢, 六曰懼夢. 季冬, 聘王夢, 獻吉夢于王, 王拜而受之. 乃舍萌于四方, 以贈惡夢, 遂令始難驅 疫" 참조.

【22】夢爲鳥而厲(戾)於天 夢爲魚而潛於淵, 此情化往復也.

꿈에 새가 되어 하늘에 솟구쳐 오르기도 하고 꿈에 물고기가 되어 물속에 잠기기도 하니, 이는 사람의 감정이 변화해서 돌아다니는 것이다.

【23】眞人無往不忘 乃當不眠 何夢之有? 此亦寓言以明理也.

진인은 행한 일을 다 잊어버리며 잠을 자지도 않는데, 무슨 꿈이 있겠는가? 이는 다만 우언(寓言)으로 이치를 밝힌 것이다.

【역자 해설】

꿈은 인류가 매일 경험하는 신비의 왕국이다. 꿈이라는 말은 '희망' '소원'과 동의어이며, 꿈결 같다라는 말은 지상에서 맛볼 수 없는 행복감을 표현할 때 쓰이기도 한다. 인간에게 꿈이 없었다면 천국(天國)이나 선경(仙境)이라는 개념을 생각할 수 없었으리니, 종교 또한 생겨날 수 없었을 것이다. 이 장에서는 꿈이 시작되는 기점과 이유를 체계적이고도 논리적으로 분석한다.

꿈의 화경(化境)에 대한 철학으로는 장자의 호접몽(胡蝶夢)이 최고의 절창이다.

옛날 장주가 꿈에 호랑나비가 되었다. 나비는 훨훨 날아다니며 스스로 흡족하고 기분이 좋아서 자신이 장주인지를 잊어버렸다가, 문득 깨어보니 뜻밖에도 장주가 되어 있었다. 장주가 꿈에 나비가 되었던 것인가, 나비가 꿈에 장주가 된 것인가? 장주와 나비는 존재의 지평이 다르니, 이것을 물화(物化)라고 한다(『장자』「제물론」).

고대시기 꿈에 대한 심리학적 분석은 동서를 막론하고 열자가 단연코 최고일 것이다. 열자의 해석에 의하면 "기운이 뜨고 허해서 병이 되면 공중에 뜨는 꿈"을 꾼다고 했으니, 장자가 꿈에 나비가 되어 훨훨 난 것도 어쩌면 양식이 떨어진 장자가 몸이 허한 상태에서 기운이 떠서 꾼 꿈인 셈이다. 겨우내 굶주리다 보니 따뜻한 봄날 나비가 되어 몸이 둥둥 뜨는 꿈을 꾸었을지도 모를 일이다. 프로이트(Sigmund Freud, 1856-1939)라면 호접몽을 어떻게 진단했을까? 어쩌면 어릴 적의 강박 관념이 꿈에 나타났다고 해석하면서 장자에게 수면제를 처방해주었을지도 모르겠다. 하지만 장자의 호접몽은 그저 백일몽에 그치거나 무의식적 강박 관념이 아니라, 황홀한 꿈결 속에서 자신의 존재를 잊어버린 채 화경(化境)에 들어감으로써 도를 깨달을 수 있었다.

이렇게 꿈은 현실 속에서는 도저히 맛볼 수 없는 희열과 황홀감을 우리에게 선사한다. 인간은 이 신비의 세계에 열락의 천당을 세웠고, 이 비현실의 왕국에 초자연적 존재를 상정했다. 장자는 꿈속의 황홀경에서 물아일체의 도를 만끽했고, 꿈에서 깬 열자는 몽환경에서 기운의 허실 작용을 간파함으로써 도가 사상을 열었다. 도가는 꿈을 쫓는 이의 꿈의 철학이다.

4장

西極之南隅有國焉 不知境界之所接 名古莽之國. 陰陽之氣所不
交 故寒暑亡辨 日月之光所不照 故晝夜亡辨. 其民不食不衣而多
眠 五旬一覺 以夢中所爲者實 覺之所見者妄.
四海之齊謂中央之國【1】 跨河南北 越岱東西 萬有餘里. 其陰陽之
審度 故一寒一暑 昏明之分察 故一晝一夜. 其民有智有愚, 萬物
滋殖 才藝多方. 有君臣相臨 禮法相持, 其所云爲 不可稱計. 一覺
一寐 以爲覺之所爲者實 夢之所見者妄.
東極之北隅有國 曰阜落之國 其土氣常燠 日月餘光之照. 其土不
生嘉苗, 其民食草根木實 不知火食, 性剛悍 彊弱相藉 貴勝而不
尙義. 多馳步 少休息 常覺而不眠.【2】

서극(西極)의 남쪽에 한 나라가 있는데, 국경이 어디까지인지 알
수는 없었으나 그 이름을 고망(古莽)이라 했다. 음양의 기운이 서
로 사귀지 못하는 곳이라서 추위와 더위가 분간되지 않고, 햇빛
과 달빛이 비치지 않아서 낮과 밤의 구별이 없었다. 그곳의 백성
들은 먹지도 입지도 않은 채 계속 잠을 자다가, 50일 만에 한 번

깨어나서는 꿈속에서 한 행위를 사실로 생각하고, 깨어나서 본 바는 가짜라고 생각했다.

사해(四海)의 가운데에는 중앙(中央)이라는 나라가 있는데,[1] 큰 강이 남북으로 걸쳐 흐르고, 높은 산이 동서로 솟아 있어서 둘레가 1만여 리가 되었다. 음양의 도수가 정확해서 한 번은 추워졌다가 한 번은 더워지고, 어둠과 밝음의 구별이 분명해서 한 번은 낮이 되었다가 한 번은 밤이 되었다. 그 나라 백성들은 지혜로운 이도 있고 어리석은 자도 있으며, 온갖 사물들이 번성해서 재능과 기술이 다양했다. 군신 간에는 예법을 차리며 만나는데, 행동거지를 따지는 것이 이루 헤아릴 수 없을 정도였다. 한 번은 깨어 있고 한 번은 잠을 자는데 깨어 있을 때의 행위를 사실로 여기고 꿈에서 본 바는 가짜라고 생각했다.

동극(東極)의 북쪽에 또 부락(阜落)이라는 나라가 있는데, 그곳의 기후는 항상 따뜻하고, 늘 일월의 빛이 남아서 비추고 있었다. 그 땅에서는 벼가 자라지 않아서 백성들은 풀뿌리와 나무 열매를 먹고 화식(火食)을 할 줄 모르며, 성질들이 사납고 강자와 약자가 서로 속이며[21] 싸워서 이기는 것을 귀중하게 여기고 의로움을 숭상치 않았다. 바쁘게 뛰어다니고 잘 쉬지 않으며, 항상 깨어 있어서 잠을 자지 않았다.[2]

【장담 주석】

【1】即今四海之內.

바로 지금의 사해의 안을 말한다.

---

21) 자(藉)를 '능멸한다'고 해석하기도 하지만, '밟는다'는 뜻에서 '속인다'는 뜻으로 인신(引伸)해서 해석할 수 있다. 『열자집석』, 105쪽 및 『신역열자독본』, 119쪽 참조.

【2】方俗之異 猶覺夢反用 動寢殊性, 各適一方 未足相非者也.

지방마다 습속이 다르니, 깨어 있는 상태와 꿈꾸는 상태가 반대로 쓰이고 생시와 잠잘 때가 서로 다르지만 제각기 그 지역에 맞으므로 서로 그르다고 할 수가 없다.

【역자 해설】

3장을 이어 4·5·6장이 모두 꿈 이야기다. 고대인들은 꿈을 중시했던 것 같다. 열자에서도 꿈 이야기가 많이 등장하지만, 장자서에도 호접몽을 비롯한 수많은 꿈들이 등장해서 현실을 넘어선 도를 비유하는 소재로 쓰이고 있다. 도가서뿐 아니라 유가서에도 꿈은 자주 등장한다. 『서경』(書經)에 보면 은나라 고종(高宗)의 꿈에 부열(傅說)이라는 인물을 보고는 그의 화상(畫像)을 그려 현신(賢臣)을 얻었다는 이야기가 나온다. 공자도 만년에 주공을 꿈에 보지 못한 것을 한탄한 이야기가 『논어』에 실려 있고, 죽기 직전 은나라 자공(子貢)에게 자신이 은나라 사람이라고 고백하는 꿈 이야기도 『예기』에 전해온다.

완전한 휴식을 취할 수 있다는 점에서 잠은 인간에게 매우 중요하다. 꿀 같은 단잠도 있고 설핏 든 선잠도 있다. 하지만 잠은 긴 시간이 필요 없다. 깜빡 조는 사이 하루 동안의 피로가 한순간에 풀리는 경험은 누구라도 다 해보았을 것이다. 졸음을 견디지 못한 채 운전하다가, 고속도로 휴게소에서 잠깐 눈을 붙여보면 신기할 정도로 졸음이 사라진다. 또 이 짧은 시간에 우리는 평생을 산 듯한 꿈을 꾸기도 하고, 신산한 현실을 벗어나 다른 세계를 경험한다.

5장

1절

周之尹氏大治産, 其下趣役者 侵晨昏而弗息. 有老役夫 筋力竭矣而使之彌勤. 晝則呻呼而即事 夜則昏憊而熟寐. 精神荒散 昔昔夢爲國君. 居人民之上 總一國之事, 遊燕宮觀 恣意所欲 其樂無比, 覺則復役. 人有慰喩其勤者, 役夫曰

人生百年 晝夜各分.[1] 吾晝爲僕虜 苦則苦矣, 夜爲人君 其樂無比 何所怨哉?

주나라에 윤(尹) 씨라는 사람이 큰 재산을 갖고 있었는데, 그의 밑에 있는 일꾼들은 해뜨기 전부터 저물녘까지 쉴 수가 없었다. 그 가운데 기력이 다한 늙은 일꾼이 있었는데, 그에게는 더 힘들게 일을 시켰다. 낮에는 신음소리를 내면서 일을 했고 밤에는 피곤해서 곯아떨어져 잠이 들고는 했는데, 정신이 없는 상태에서 밤마다 왕이 되는 꿈을 꾸었다. 백성들의 윗자리에 앉아서 한 나라의 정사를 지휘했고, 궁궐에서 잔치하고 놀면서 마음껏 하고 싶은 대로 다 하는 그 즐거움은 이 세상에서 비할 데가 없었으나,

꿈을 깨고 나면 다시 종노릇를 해야 했다.

어떤 이가 그 수고로움을 위로하자, 그 늙은 일꾼이 말했다.

"백 년의 인생에 낮과 밤이 반반이지요.[1] 나는 낮에는 종노릇하기가 힘이 들고 괴롭습니다만, 밤에는 임금이 되어 그 즐거움을 비할 데가 없으니 무어 원망할 게 있겠소?"

【장담 주석】

【1】分 半也.

분(分)은 절반의 뜻이다.

2절

尹氏心營世事 慮鍾家業 心形俱疲 夜亦昏憊而寐. 昔昔夢爲人僕 趣走作役 無不爲也, 數罵杖撻 無不至也. 眠中唖囈呻呼[2] 徹旦 息焉.

尹氏病之 以訪其友, 友曰

若位足榮身 資財有餘 勝人遠矣. 夜夢爲僕 苦逸之復 數之常 也.[3] 若欲覺夢兼之 豈可得邪?

尹氏聞其友言 寬其役夫之程 減己思慮之事 疾並少閒.[4]

그의 주인 윤 씨는 세상살이에 신경을 곤두세우고 가업(家業)에 마음을 쏟다 보니, 심신이 모두 피곤해져서 밤이 되면 그 역시 곯아떨어져 잠이 들고는 했다. 그런데 밤마다 꿈속에서는 남의 집 종이 되어서 이리저리 뛰어다니며 일하지 않으면 안 되었고, 늘 욕을 얻어먹으며 매질을 당하지 않는 때가 없었다. 그래서 잠자는 동안에는 밤새 헛소리하고 신음하다가[2] 해 뜰 무렵에야 그치고는 했다.

윤 씨는 이것을 병으로 생각해 친구를 찾아가자, 친구가 말했다. "그대의 지위면 영화를 누리기에 충분하고 재산도 넉넉해서 남들보다 훨씬 낫네. 그런데 밤마다 꿈속에서 종이 되어 고통과 안락을 바꾸어가며 경험하고 있으니 이는 정해진 운수일세. 만일 그대가 꿈에서도 생시처럼 하려고 하면 되겠는가?"

윤 씨는 친구의 말을 듣고는 일꾼들의 일거리를 줄여주었고 신경을 곤두세우던 생각도 줄이자 나쁜 꿈을 꾸던 병도 줄어들었다.

【장담 주석】

【2】啽 吾南反, 囈音藝.

암(啽)은 암으로 읽고, 예(囈)의 음은 예다.

【3】夫盛衰相襲 樂極哀生 故覺之所美 夢或惡焉.

흥망성쇠가 서로 이어져 즐거움이 극도에 이르면 슬픔이 생겨나니, 생시에 좋아했던 것은 꿈에서는 미워하게 된다.

【4】此章亦明覺夢不異 苦樂各適一方 則役夫勤於晝而逸於夜, 尹氏榮於晝而辱於夜 理苟不兼 未足相跨也.

이 장은 생시와 몽시가 똑같이 괴로움과 즐거움을 각기 당하고 있은즉, 늙은 일꾼은 낮에 힘들지만 밤에 편안하고, 주인 윤 씨는 낮에는 영화롭지만 밤에는 곤욕을 당하는데, 낮과 밤을 합할 수도 없고 서로 건너갈 수도 없음을 밝혔다.

【역자 해설】

사랑하는 이를 두고 애를 끓이던 청춘에게 사랑의 환희를 맛보게 할 수 있는 것도 꿈의 힘이다. 꿈속에서는 지게꾼도 성냥팔이 소녀도 산해진미를 차려놓고 왕후의 일락(逸樂)을 맛본다. 본문의 늙은 일꾼의 꿈 이야기는 웃음이 나오는 게 아니라 눈물이 난다. 근력이 다한 늙은 일꾼을 부려먹는 주나라 윤 씨는 착취 계급의 전형이다. 하루 종일 일에 시달리고 매를 맞던 이 댁 늙은 일꾼은 피곤에 지쳐 곯아떨어지는데 밤마다 왕이 되는 꿈을 꾼다는 이 이야기는 비록 허구일지언정 눈물겹지 않을 수가 없다. 이런 경우가 어찌 그 일꾼뿐이겠는가? 봉건시대의 모순과 하층 계급의 간절한 꿈을 역설적이고도 생동적으로 보여주는 바로 이런 점이 열자의 매력이라고 할 수 있다.

착취를 당하면서도 불평 한마디 하지 못한 채 허리가 휘도록 일만 하는 순박한 사람, 그의 어리석을 정도로 착한 내면의 무의식이 뇌 속의 복잡한 공정을 통해 그에게 왕후의 꿈으로 보상해주었을 것이다.

6장

1절

鄭人有薪於野者 遇駭鹿. 御而擊之【1】斃之, 恐人見之也 遽而藏諸隍中 覆之以蕉. 不勝其喜 俄而遺其所藏之處. 遂以爲夢焉 順塗而詠其事. 傍人有聞者 用其言而取之, 既歸 告其室人曰

向薪者 夢得鹿而不知其處, 吾今得之 彼直眞夢者矣.

室人曰

若將是夢見薪者之得鹿邪? 詎有薪者邪? 今眞得鹿 是若之夢眞邪!

夫曰

吾據得鹿 何用知彼夢我夢邪?

정나라 사람이 들에서 땔나무를 하고 있었는데 놀라 달아나던 사슴이 뛰어왔다. 나무꾼은 사슴을 보자 때려잡고는【1】 남의 눈에 뜨일까 걱정이 되어 급히 구덩이 속에 감추고 나무 섶으로 덮어두었다. 그러고는 기뻐서 어쩔 줄 모르다가 그만 사슴을 감추어 둔 곳을 잊어버리고 말았다. 그러자 마침내는 자신이 꿈을 꾸었던 것이 아닌가 생각하고, 길을 따라 걸어가면서 혼자 그 일을 읊조렸다. 그런데 곁에 가던 사람이 그가 중얼거리는 말을 듣고는 그대로 사슴을 찾아 가져가고서는, 이윽고 집에 돌아가 그의 집 사람에게 말했다.

"아까 나무꾼이 꿈속에서 사슴을 잡고서는 감추어둔 곳을 알지 못하겠다고 했는데, 내가 지금 그것을 얻어왔으니 그는 바로 진짜 꿈을 꾸었던 게요."

집사람이 말했다.

"당신 꿈에 나무꾼이 사슴을 얻는 것을 보았겠지, 어떻게 나무꾼이 꾸었겠어요? 지금 진짜로 사슴을 얻었으니 당신이 꾼 꿈이 진짜지요!"

남편이 말했다.

"내가 사슴을 얻어 갖고 있으니, 굳이 그의 꿈인지 나의 꿈인지를 알 필요가 있겠소?"

【장담 주석】

【1】御 迎.

어(御)는 맞이한다는 뜻이다.

2절

薪者之歸 不厭失鹿. 其夜眞夢藏之之處 又夢得之之主, 爽旦案所夢而尋得之. 遂訟而爭之. 歸之士師,[22] 士師曰

若初眞得鹿 妄謂之夢, 眞夢得鹿 妄謂之實. 彼眞取若鹿 而與若

---

22) 주나라의 관직명으로 옥송(獄訟)을 관장한다.『신역열자독본』, 122쪽 참조.

爭鹿, 室人又謂夢仞人鹿 無人得鹿. 今據有此鹿 請二分之.

以聞鄭君, 鄭君曰

嘻! 士師將復夢分人鹿乎?

訪之國相 國相曰

夢與不夢 臣所不能辨也. 欲辨覺夢 唯黃帝孔丘,【2】 今亡黃帝孔丘
孰辨之哉? 且恂士師之言可也.【3】

나무꾼은 집에 돌아갔으나 사슴을 잃어버린 게 마음이 편치[23] 못
했다. 그러다가 그날 밤 꿈에 사슴을 감추어둔 곳을 진짜로 보았
고 그 사슴을 가져간 주인공도 알아냈다. 동이 트자 꿈꾼 대로 찾
아가서 그를 만났고, 마침내 사슴을 두고 옥신각신 다툼이 일어
났다. 결국 송사(訟事)를 맡은 관리를 찾아가게 되었는데, 판관
(判官)이 판결을 내렸다.

"그대가 처음에 진짜로 사슴을 얻고도 멋대로 이것을 꿈이라 착
각했다가, 사슴을 찾아낸 진짜 꿈을 꾸고는 멋대로 이것을 사실
이라 했다. 이에 저 자가 진짜로 그대의 사슴을 가져갔다가 그대
와 사슴을 두고 싸우게 되었는데, 집사람은 또한 다른 사람의 사
슴을 얻는 꿈을 꾼 것으로 생각했으니, 모두가 꿈을 꾸고 있을 뿐
사슴을 얻은 사람이 존재하지 않는 셈이다. 이제 여기에 있는 사
슴은 둘로 나눠서 가져가라."

이 소문을 정나라 임금이 듣고서는 말했다.

"아! 판관도 역시 남의 사슴을 둘로 나누어주는 꿈을 꾸고 있는
것인가?"

---

23) 원문은 염(厭)인데 양백준은 안(安)의 뜻으로 보았다. 『열자집석』, 107쪽 참
조.

재상을 방문해서 이 일을 묻자 재상이 대답했다.

"꿈인지 생시인지는 저도 판별할 수 없습니다. 참인지 꿈인지는 오직 황제(黃帝)나 공구(孔丘) 같은 성인만이 분간할 수 있으나, [2] 이제 황제와 공구가 계시지 않으니 누가 이를 판단할 수 있겠습니까? 진실로 판관의 말이 옳습니다."[3]

【장담 주석】

【2】聖人之辨覺夢 何邪? 直知其不異耳.

성인이 참과 꿈을 어떻게 분간하겠는가? 오직 그것이 다르지 않음을 알 뿐이다.

【3】恂信也, 音荀. 因喜怒而迷惑 猶不復辨覺夢之虛實 況本無覺夢也?

순(恂)은 믿는다는 뜻이요, 음은 순이다. 희노의 감정에 미혹되어 참과 꿈의 허실도 분간하지 못하거늘, 하물며 본래 참과 꿈이 없음에 있어서랴?

【역자 해설】

필자가 한학을 공부하던 선생님께 들은 꿈 이야기가 있다. 한국동란 때에 충청도 시골에 이북에서 피란을 온 어느 가족이 묵을 데를 청하자, 선생님 댁 행랑채에 머물 곳을 마련해주었다. 그 난리통에도 틈만 나면 행랑채에서는 글 읽는 소리가 계속 들렸다. 그런데 늘 익숙하게 듣던 경서(經書)의 글이 아니었다. 그래서 어느 날 선생님께서 행랑채에 가서 물었다.

"밤마다 무슨 글을 읽으시는지요?"

"도련님께서는 잘 모르실 겝니다. 술가서(術家書)입니다."

"어떻게 이런 술가서를 다 공부하게 되셨습니까?"

"제가 기문둔갑(奇門遁甲)을 공부하고 싶은데, 시골에서 살다 보니 책을 구할 수도 없고 선생도 만날 수가 없었습니다. 그래서 밤낮으로 공부를 할 수 있게 해달라고 신령님께 빌었습니다. 그랬더니 어느 날 꿈에 수염이 허연 학자분이 나오셔서 가르쳐주셨습니다. 그래서 매일 저녁 꿈에 이 노인 어르신과 함께 공부를 하게 되었습니다."

그 인연으로 유학을 공부하셨던 선생님께서는 뜻밖에 술가서를 연구하게 되었다. 이런 꿈이 가능할까? 믿기 어려운 이야기라고 치부해 버릴 수도 있으나, 정성이 지극하면 이런 꿈도 가능하다. 사실 공자도 사흘 동안 주공(周公)의 꿈을 꾸지 못했던 것을 크게 탄식하지 않았던가? 바꿔 말하면 공자도 수십 년간 매일 밤 주공을 만나 도담(道談)을 나누며 공부했다는 뜻이 아닌가?

이렇게 긴 꿈도 있지만, 긴 잠만이 능사가 아니듯 사실 꿈도 긴 시간을 요하는 것은 아니다. 한단지몽(邯鄲之夢)의 꿈 이야기도 가난한 청년이 부잣집 규수를 얻고 과거 급제를 하고 오랑캐를 무찌르고 공을 세우는 등 한평생의 온갖 부귀영화를 다 누렸지만, 그 시간은 부뚜막에서 저녁 불 때는 동안에 불과했다.

이보다 짧으면서도 더 극적인 이야기는 『삼국유사』에 실린 조신의 꿈 이야기다. 앞의 「황제」편 1장에서도 언급했던 바와 같이 사랑의 기쁨과 함께 인생의 희로애락을 모두 경험하고, 마지막에 구걸하던 막내가 부잣집 개에 물려 죽으며 깨어나는 한평생의 꿈은 종소리의 여운 사이에 들어가고도 남았다.

세속의 모든 잡음이 끊어진 산사에 울리는 새벽 종소리를 가까이 들어보라. 천지개벽하듯 찬 공기를 가르는 웅장한 종소리는 심금을 울리는 정도가 아니라 우리의 온몸을 뒤흔들며 육신을 관통하는 듯하고, 맥놀이의 여운은 시공간을 꽉 채운 채로 영원히 지속되는 듯하다. 그런데 전 세계인들이 신의 소리라고 극찬한 에밀레종도 그 여운의 지속이 40여 초라고 한다. 아무리 종이 크고 산사가 조용하다 하더라도 그 소리는 1분을 넘기기 어렵다. 그러나 1분 안에 육십 평생을 살게 해주는 것이 꿈이다. 장담은 성인은 꿈을 꾸지 않는다고 했지만, 우리에게 꿈은 모든 물리 법칙을 초월해서, 인간이 만든 모든 억압을 벗어나고 모든 억울함과 모든 소원을 단번에 해결해주는, 찰나에 백년을 경험하게 해주는 마법과도 같다. 잠과 꿈은 신이 인간에게 준 선물이라고 할 수 있다.

7장

1절

宋陽里華子 中年病忘. 朝取而夕忘 夕與而朝忘. 在塗則忘行 在室則忘坐 今不識先 後不識今. 闔室毒之 謁史而卜之 弗占, 謁巫而禱之 弗禁 謁醫而攻之 弗已.

魯有儒生 自媒能治之 華子之妻子以居産之半 請其方. 儒生曰 此固非卦兆之所占[1] 非祈請之所禱[2] 非藥石之所攻.[3] 吾試化其心 變其慮 庶幾其瘳乎![4]

於是 試露之而求衣 餓之而求食 幽之而求明.[5] 儒生欣然告其子曰

疾可已也. 然吾之方密 傳世不以告人. 試屛左右 獨與居室七日. 從之 莫知其所施爲也,[6] 而積年之疾 一朝都除.[7]

송나라 양리(陽里)에 살던 화자(華子)는 중년이 되자 건망증을 앓게 되었다. 아침에 가져온 물건을 저녁에 잊어버리고, 저녁에 준 것을 아침이 되면 잊어버렸다. 길을 가면서 가고 있다는 사실을 잊어버렸고 방에 있으면서는 앉아 있다는 사실을 잊었으며,

현재에서는 방금 전에 한 일을 잊었고, 뒤에서는 지금 한 일을 잊어버렸다. 집안사람들은 이를 고민하다가 복사(卜史)를 찾아가서 점을 쳐보았으나 점괘가 나오지 않았고, 무당을 찾아가서 빌어보았으나 막지를 못했으며, 의원을 찾아가서 치료하려 했으나 낫지를 않았다.

노나라에 한 유생(儒生)이 고칠 수 있다고 자신하자, 화자의 처가 재산의 절반을 대가로 주겠다며 병을 고칠 처방을 청했다. 그러자 유생이 말했다.

"이는 본디 괘조(卦兆)로 점칠 병이 아니고,[1] 빌어서 기도로 막을 병도 아니며,[2] 약물로 치료할 병도 아닙니다.[3] 내가 한번 그의 마음을 바꾸고 생각을 변화시켜보면 거의 나을 것입니다."[4] 이에 유생이 시험 삼아 그를 벌거벗겨보니 옷을 달라고 했고 굶겨보았더니 먹을 것을 찾았으며 어두운 곳에 가둬보니 햇빛을 쐬고 싶다고 했다.[5] 유생은 기뻐하며 그의 아들에게 말했다.

"이제 병은 고칠 수 있소. 그러나 나의 처방은 비밀이라서 세상에 전할 때에 다른 사람에게는 알릴 수 없으니, 병자 주위에 다른 사람들은 모두 물리치고 나 혼자 이레 동안 방에 같이 있게 해주시오."

그 말대로 따르니 그가 시행한 처방을 알 수 없었으나,[6] 수년간 묵은 병이 하루아침에 없어졌다.[7]

【장담 주석】

【1】夫機理萌於彼 蓍龜感於此 故吉凶可因卦兆而推 情匿可假象數而尋. 今忘者之心 泊爾鈞於死灰 廓焉同乎府宅 聖人將無所容其鑒 豈卦兆之所占?

움직이는 이치가 저기에서 움트면 점을 치는 시구(蓍龜)는 여기에서 감응하므로, 길흉은 괘조를 가지고 추리할 수 있고, 숨겨놓은 속사정은 상(象)과 수(數)를 빌려서 찾을 수 있다. 그런데 지금 건망증 환자의 마음은 불 꺼진 재와 같이 담박하고 텅 빈 집처럼 비어 있어서 성인도 비춰볼 수가 없는데, 어찌 괘조를 가지고 점을 칠 수 있겠는가?

【2】夫信順之可以祈福慶 正誠之可以消邪僞 自然之勢也. 故負愧於神明 致怨於人理者 莫不因玆以自極.[24] 至於情無專惑 行無狂僻 則非祈請之所禱也.

신명을 믿고 따라서 복(福)을 빌 수가 있고 바르게 정성을 들여서 샛된 것을 물리칠 수가 있는 것은 자연스러운 형세다. 그러므로 신명에게 부끄럽거나 사람에게 원망을 사는 자는 이로 말미암아 스스로 병이 나게 된다. 그러나 감정이 미혹되었거나 행동에 광증(狂症)이 없다면 기도해서 빌 대상이 아니다.

【3】疚痾結於府藏 疾病散於肌體者 必假脉診以察其盈虛 投藥石以攻其所苦. 若心非嗜慾所亂 病非寒暑所傷 則醫師之用 宜其廢也.

깊은 병은 내장에 맺히고 보통 병은 살갗에 퍼져 있으니, 반드시 진맥을 해서 그 영허(盈虛)를 살피고, 약물을 써서 그 아픈 데를 치료해야 한다. 만일 마음이 욕심으로 어지러워진 것이 아니거나 병이 추위나 더위에 상한 것이 아니라면 당연히 의사를 쓰지 말아야 한다.

【4】大忘者 都無心慮 將何所化? 此義自云易令有心 反令有慮 蓋亂在[25]左右耳.

---

24) 『경전석문』(經典釋文)에서는 극(極)을 증(拯)의 뜻으로 보았으나, 양백준은 이렇게는 뜻이 통하지 않는다고 하면서 이 개념은 위진인의 상투어로서 병곤(病困)의 뜻이라고 했다. 『열자집석』, 109쪽 참조.
25) 난재(亂在)가 사유(辭有)로 되어 있는 판본도 있다. 양백준은 '사유'가 맞다고 했으나, 여기에서는 문맥상 '난재'로 보았다.

완전히 잊어버리면 도무지 마음을 쓰는 게 없으니 무슨 바꿔야 할 것이 있겠는가? 이 뜻은 마음을 갖고 있도록 바꾸면 도리어 생각을 갖게 만들 수 있다는 것으로, 어지러워진 원인이 가까운 곳에 있다는 말이다.

【5】先奪其攻己之物 以試之.
먼저 자신을 괴롭히는 사물을 빼앗아서 시험해본 것이다.

【6】儒者之多方, 固非一塗所驗也.
유생의 처방은 여러 가지여서, 한 가지로만 효험을 본 것이 아니다.

【7】上句云 使巫醫術之所絶思 而儒生獨能已其所病者 先引華子之忘同於自然 以明無心之極 非數術而得. 復推儒生之功有過史巫者 明理不冥足 則可以多方相誘. 又欲令忘者之悟知曩之忘懷 實幾乎至理也.
위 구절에서 무당이나 의원들로서는 생각할 수 없게 만들었으나 유생만이 홀로 그 질병을 낫게 할 수 있었다고 한 것은 먼저 화자의 건망증이 자연(自然)의 경지와 같은 것을 가지고서 무심(無心)의 극치를 밝히도록 한 것이지 술수를 써서 고친 것이 아니다. 다시 유생의 치료 효과가 복사나 무당을 넘어선 것을 미루어보건대, 그들이 건망증의 이치를 제대로 밝힐 수 없었던 즉 여러 기술로 유인했던 것이다. 또 건망증 환자가 이전에 잊어버렸던 것을 인식하게 한 것도 실로 지극한 이치에 가깝다.

2절

華子旣悟 迺大怒黜妻罰子 操戈逐儒生. 宋人執而問其以, 華子曰曩吾忘也 蕩蕩然 不覺天地之有無, 今頓識旣往數十年來存亡得失哀樂好惡 擾擾萬緒起矣. 吾恐將來之存亡得失哀樂好惡之亂吾心如此也. 須臾之忘 可復得乎?[8]

子貢聞而怪之 以告孔子, 孔子曰

此非汝所及乎!

顧謂顏回紀之.[9]

그러나 화자는 제정신이 들자마자 바로 크게 노해서 아내를 내쫓고 아들을 혼내고는 창을 들고 유생을 쫓아갔다. 지나가던 송나라 사람이 그를 붙잡고 까닭을 묻자 화자가 대답했다.

"지금까지 나는 몽땅 잊은 채 아무 막힘없이 살았으니, 천지가 있는지 없는지조차 몰랐으나 이제 갑자기 지나간 수십 년 이래 있었던 일 없었던 일, 얻었던 것 잃었던 것, 슬퍼했던 일 즐거웠던 일, 좋아했던 것 싫어했던 것 등등 온갖 잡동사니가 어지러이 떠오르고 있소. 또 나는 앞으로도 존망과 득실, 애락(哀樂)과 호오(好惡)의 생각으로 내 마음이 이렇게 어지러워질까 두렵소. 어떻게 다시 바로 잊어버릴 수 있겠소?"[8]

자공이 이 말을 들었으나 이해가 되지 않아서, 공자에게 묻자 공자가 대답했다.

"이 문제는 그대가 이해할 수 있는 바가 아닐세."

그러고는 안회를 돌아보며, 잘 기억해두라고 일렀다.[9]

【장담 주석】

【8】疾病與至理相似者 猶能若斯 況體極乎!

건망증도 천리와 이렇게 닮았으니, 하물며 극치의 경지를 체득한 사람에게 있어서랴!

【9】此理 亦當是賜之所逮 所以抑之者 欲寄妙賞於大賢耳.

제3편 주목왕(周穆王) 305

이 이치는 당연히 자공도 이해할 수 있는 바이나, 자공을 낮춘 까닭은 그
보다 현명한 안회에게 깊이 음미하도록 기탁한 것일 뿐이다.

【역자 해설】

에디슨이 회중시계를 계란으로 생각하고 삶았다는 이야기도 전하
지만, 필자도 건망증이 있어서 주인공의 고민을 이해한다. 건망증이
심하면 병이 된다. 아마 주인공이 정신병원을 찾으면 중년 치매라고
진단을 내릴 것 같다.

그런데 위에서 환자의 병증을 치료하는 순서가 재미있다. 제일 먼
저 점술가(卜史)를 찾았고, 다음에 무당을 찾아갔다가, 마지막에 의
사를 찾았으나 모두 건망증을 바로잡지 못했다. 이들은 모두 당시의
전문가 집단을 대표한다. 점술가는 점을 쳐서 방법을 찾고, 무당은 신
을 빌어 주술로 치유하고, 의사는 진맥해서 약석(藥石)에 의해 치료
하는 전문가라고 할 수 있다. 전통시대 이 세 부류의 술사 가운데 가
장 유행했고 그 수가 많은 것이 점술가요 다음이 무당이며 의사는 드
물었다.

그런데 건망증을 치료한 이는 의외로 유생(儒生)이다. 유생이란 자
신을 닦고 남을 다스리는(修己治人) 공부를 하는 지식인으로, 지배층
의 토대를 구성하며 일반적인 술사들보다는 상위에 있는 계층이다.
일개 서생이 건망증이라는 심병(心病)을 치료할 수 있었다는 설정은
좀 의외다. 하지만 이들이 성의(誠意)와 정심(正心)을 근간으로 하는
심법(心法)을 중시한다고 본다면, 일단 심병에 대해서만큼은 점술이
나 무당이나 의학보다 더 효과적이었다고 할 수도 있겠다.

그런데 유학은 정상인으로 되돌리는 데에는 성공했지만, 그 후유
증을 생각하지 못했다. 성리학에 의하면 유학의 심법은 성의정심(誠

意正心)으로 시작해서 수기치인(修己治人)으로 완성된다. 하지만 유학의 성의정심만으로 이 세상을 살 수 있을까? 이 세상 사람들 모두가 인의(仁義)를 추구하고 있다면 가능할 것이다. 그러나 현실은 잡난(雜亂)할 뿐이다. 바둑의 정석(定石)은 오랜 시간을 거치면서 최선의 수로 공인받은 수순(手順)이다. 하지만 상대가 정석대로 두지 않는다면, 정석은 관념 속에서만 존재할 뿐, 현실은 순식간에 정석과 전혀 다른 이전투구 판이 되어버린다.

그래서 공자는 한곳에 정착하지 못하고 천하를 주유했고, 세상을 구하는 목탁이라 자처하면서도 도가 없는 나라에는 들어가지 말라고 충고했으며(『논어』「태백」, "危邦不入, 亂邦不居. 天下有道則見, 無道則隱") 제(齊)나라에 출사(出仕)하러 나가려는 안회를 위험하다고 만류했던 것이다(『장자』「지락」, "顏淵東之齊, 孔子有憂色, 子貢下席而問曰 小子敢問, 回東之齊, 夫子有憂色, 何邪? 孔子曰 善哉汝問! 昔者管子有言, 丘甚善之, 曰 褚小者不可以懷大, 綆短者不可以汲深. 夫若是者, 以爲命有所成而形有所適也, 夫不可損益. 吾恐回與齊侯言堯舜黃帝之道, 而重以燧人神農之言. 彼將內求於己而不得, 不得則惑, 人惑則死"). 유가적 이상과 실제의 현실 사이에는 커다란 괴리가 있는 셈이다.

유가가 수기치인을 표방한다는 점에서 친정부 지식인이라면, 탈속과 초월을 추구하는 도가는 반정부 성향의 지식인 집단이라 할 수 있다. 도가는 현실의 잡난함을 정확히 인식하는 데에서 출발한다. 그래서 이 장의 마지막에서 복잡다단한 현실에서 또록또록하게 각성된 상태보다는 모든 것을 잊은 건망증이 오히려 정신 건강에 좋을 뿐 아니라, 도의 경지에 가깝다고 평할 수 있었다.

8장

秦人逢氏有子 少而惠[26] 及壯而有迷罔之疾.[1] 聞歌以爲哭 視白
以爲黑 饗香以爲朽[2] 嘗甘以爲苦 行非以爲是, 意之所之天地四
方水火寒暑 無不倒錯者焉.

楊氏告其父曰

魯之君子多術藝 將能已乎! 汝奚不訪焉?

其父之魯過陳 遇老聃. 因告其子之證, 老聃曰

汝庸知汝子之迷乎? 今天下之人皆惑於是非 昏於利害. 同疾者多
固莫有覺者.

且一身之迷不足傾一家 一家之迷不足傾一鄕 一鄕之迷不足傾一
國 一國之迷不足傾天下, 天下盡迷 孰傾之哉? 向使天下之人 其
心盡如汝子 汝則反迷矣. 哀樂聲色臭味是非 孰能正之?

且吾之此言未必非迷 而況魯之君子迷之郵[27]者[3] 焉能解人之迷
哉? 榮汝之糧 不若遄歸也.[4]

---

26) 혜(惠)는 혜(慧)의 뜻이다. 『열자집석』, 111쪽 참조.
27) 우(郵)는 우(尤)의 뜻이다. 『열자집석』, 112쪽 참조.

308

진(秦)나라 사람 봉(逢) 씨에게는 아들이 있었는데, 젊어서는 지혜가 있었으나 장성하면서 사물을 헷갈리게 인식하는 착각 증세가 생기고 말았다.[1] 노래를 듣고는 울고 흰색을 보고는 검다고 하고 맛있는 음식에서 썩은 내가 난다고 하고[2] 단맛을 보고는 쓰다고 하며 그른 행동을 옳다고 여겼으니, 물이건 불이건 춥건 덥건 천지 사방에 거꾸로 착각하지 않는 게 없었다.

이웃 양(楊) 씨가 그 아버지에게 말했다.

"노(魯)나라의 군자들은 학술과 재주가 많으니 아들의 병을 낫게 할 수 있을 텐데, 당신은 왜 찾아가보지 않으십니까?"

그 아버지는 이 말을 듣고 노나라로 가는 도중에 진(陳)나라를 지나다가 노담을 만나게 되었다. 노담에게 자기 아들의 병증을 말해주자, 노담이 말했다.

"당신은 아들의 정신이 이상하다고 어떻게 아시오? 지금 천하의 사람들은 모두 시비를 따지는 데에 현혹되고 이해타산에 눈이 어두워졌으니, 같은 병에 걸린 사람이 많지만 제대로 깨닫지를 못하고 있소.

그리고 한 사람의 정신이 이상하다고 해서 온 집안이 망하는 것은 아니고, 한 집안이 이상하다고 해서 온 나라가 망하는 것은 아니며, 한 나라가 이상하다고 해서 온 천하가 망하는 것은 아닌 법인데, 지금 온 천하가 다 정신이 이상하거늘 누가 천하를 망친다는 거요? 만일 온 천하 사람들의 마음이 모두 당신의 아들과 같다면, 당신이 도리어 정신 이상이 되오. 슬픔과 즐거움, 소리와 색깔, 냄새와 맛에서 무엇이 옳고 그른지 누가 바로잡을 수 있겠소? 또 내 말도 옳다고 장담할 수는 없지마는, 노나라의 군자들은 인(仁)에 미혹되어 더욱 이상해진 자들이니[3] 어떻게 다른 이의 문제를 풀어줄 수 있겠소? 먼 길 다녀올 요량으로 싸 가지고 온 무

거운 양식을 버리고 빨리 집으로 돌아가는 게 좋을 거요."【4】

【장담 주석】

【1】惠非迷也. 而用惠之弊 必之於迷焉.

지혜 자체는 미혹된 것이 아니지만, 지혜를 쓰다 보면 반드시 미혹에 빠지는 폐단이 생기게 된다.

【2】月令曰 其臭朽.

『예기』「월령」(月令)에서 '썩은 내가 난다'고 했다.[28]

【3】魯之君子 盛稱仁義 明言是非 故曰 迷之郵者也.

노나라 군자들은 인의를 외치면서 시비를 분명히 따지므로 더욱 미혹된 자들이라고 했다.

【4】榮棄也. 此章明是非之理 未可全定 皆衆寡相傾 以成辨爭也.

영(榮)은 버린다는 뜻이다. 이 장은 완벽하게 시비를 정할 수가 없고, 다만 서로 많은지 적은지 비교함으로써 논쟁이 벌어짐을 밝혔다.

---

28) 『예기』「월령」, "季秋行夏令 則其國大水 冬藏殃敗 民多鼽嚏. 行冬令 則國多盜賊 邊竟不寧 土地分裂. 行春令 則煖風來至 民氣解惰 師興不居. 孟冬之月 日在尾 昏危 中 旦七星中 其日壬癸 其帝顓頊 其神玄冥 其蟲介 其音羽 律中應鍾 其數六 其味鹹 其臭朽. 其祀行 祭先腎… 孟冬行春令 則凍閉不密 地氣上泄 民多流亡. 行夏令 則國 多暴風 方冬不寒 蟄蟲復出. 行秋令 則雪霜不時 小兵時起 土地侵削. 仲冬之月 日在 斗 昏東壁中 旦軫中. 其日壬癸 其帝顓頊 其神玄冥 其蟲介 其音羽 律中黃鍾 其數六 其味鹹 其臭朽. 其祀行 祭先腎…仲冬行夏令 則其國乃旱 氛霧冥冥 雷乃發聲. 行秋 令 則天時雨汁 瓜瓠不成 國有大兵. 行春令 則蝗蟲爲敗 水泉咸竭 民多疥癘. 季冬之 月 日在婺女 昏婁中 旦氐中 其日壬癸 其帝顓頊 其神玄冥 其蟲介 其音羽 律中大呂 其數六 其味鹹 其臭朽. 其祀行 祭先腎" 참조.

【역자 해설】

열자의 원문보다 장담의 주석이 더 명쾌하다. "지혜 자체는 미혹된 것이 아니지만, 지혜를 쓰다 보면 반드시 미혹에 빠지는 폐단이 생기게 된다"는 말이나 소위 군자라는 자들이 "인의를 외치면서 시비를 분명히 따지므로 더욱 미혹된 자"라는 말은 정곡을 찌르는 촌철살인을 보여준다. 지혜가 인류의 공공을 위해 쓰일까, 아니면 자신을 위해 꾀를 부리는 이기적 도구가 될까? 『노자』를 보면 도둑을 막으려는 법령이 치밀해질수록 도둑이 더 늘어난다고 했다. 법이 엄해지면 사람들은 교묘하게 꾀를 부리게 되니, 인간이 꾀를 부릴수록 사회는 더 혼란스러워질 뿐이다. 그래서 노장이나 열자는 인간의 지혜를 '꾀'와 다르지 않다고 보았다. 이는 인간의 지혜와 덕성을 계발하면 완성된 인간이 될 수 있다고 믿었던 유가와는 다른 시각이다.

시비를 완벽하게 정할 수가 없으니, 많은지 적은지를 비교함으로써 논쟁이 벌어진다는 말도 매우 흥미롭다. 주위에서 벌어지는 논쟁을 보면, 누가 옳고 그른지를 단정한다는 것은 쉽지 않다. 맹자는 아무것도 모르는 아이가 위험에 빠지는 모습을 보는 순간 인간으로서 드는 측은한 마음이 인이라고 했듯이, 인간은 직감적으로 시비를 알 수 있다고 했다. 그러나 그렇게 사리 분별없이 명징하게 통찰되는 직관적 앎도 있겠지만, 세상의 시빗거리는 갈수록 오리무중인 경우가 많다. 특히 정치꾼들의 말을 들어보면 서로 온갖 미사여구를 동원해 국민을 위한다고 하지만, 똑같은 사안에 대해 어쩌면 저리 정반대의 논리가 성립할 수 있을까 우리는 아연실색할 뿐이다.

사실 주위에서 발생한 시빗거리에 대해, 아무리 면밀히 분석해본다고 해도 분명하게 잘잘못이 갈리는 경우는 매우 드물며 대부분 누가 옳은지 그른지를 단정하기 힘들다. 그래서 '신만이 안다'(Only God knows)고 했듯, 시비를 가릴 수 없지만 어느 한쪽을 선택해야만 할 때

과거에는 점을 쳐서 결정했다. 하지만 현재 우리는 이런 경우 여론과 다수결로 선택을 내리고 있다. 다수결을 '보이지 않는 신의 손'인 양 우리는 믿고 있는 셈이다.

9장

燕人生於燕 長於楚 及老而還本國. 過晉國 同行者 誑之, 指城曰
此燕國之城 其人愀然變容. 指社曰 此若里之社 乃喟然而歎. 指
舍曰 此若先人之廬 乃涓然而泣. 指壟曰 此若先人之冢 其人哭不
自禁.
同行者 啞然大笑曰
予昔給若 此晉國耳.
其人大慙. 及至燕 眞見燕國之城社 眞見先人之廬家 悲心更微.[1]

연(燕)나라에서 태어난 사람이 초나라에서 자라다가 늙어서 고
국으로 돌아오고자 했다. 도중에 진(晉)나라를 지나게 되었는데,
동행하던 이가 그를 속이려고 성채(城砦)를 가리키며 여기가 고
향 연나라의 성채라고 하자 연나라 사람은 얼굴빛이 달라지며 슬
퍼했다. 그러고는 사당을 가리키며 이것이 그대 마을의 사당이라
고 하자 한숨을 쉬며 탄식했다. 다음에는 집을 가리키며 이 집이
선친의 집이라고 하자 연나라 사람은 눈물을 뚝뚝 흘렸다. 다음
에 언덕을 가리키며 여기가 선친의 무덤이라고 하자 연나라 사람

은 통곡을 멈추지 못했다.

동행자가 어이없어서 크게 비웃으며 말했다.

"지금까지 자네를 속였네. 여기는 진나라라네."

그러자 그 사람은 몹시 부끄러웠다. 뒤에 연나라에 가서 진짜로 연나라의 성채와 사당을 보았고, 진짜로 선친의 집과 무덤을 보았으나, 슬픈 마음이 한결 덜했다.[1]

【장담 주석】

【1】此章明情有一至 哀樂既過 則向之所感 皆無欣戚者也.

이 장은 인간의 감정이란 일회적인 것이라서, 애락을 느낀 순간이 지나가 버리면 이전에 느꼈던 기쁨과 슬픔이 모두 없어진다는 점을 밝혔다.

【역자 해설】

어리석은 사람의 이야기인 듯하지만, 마치 어릴 적 동네 골목에서 짓궂게 동생들을 골리던 형들의 조롱 같아 비웃을 수만은 없는 고사다. 오히려 순진한 연나라 사람을 놀린 동행자가 밉기조차 하다. 그러나 이렇게 예방 주사를 맞듯 미리 슬퍼했던 탓에 진짜 고향에 들어올 때는 슬픈 마음이 훨씬 감해졌다는 이야기다.

착각일망정 먼저 슬퍼하고 나니 나중에는 다시 슬프지 않았다는 이 이야기는 인간이 갖는 희로애락의 감정이 얼마나 허망한 것인가와 함께, 인간의 인식 능력이나 지식도 믿기 어려운 것임을 시사한다. 사람들은 다 자신이 남보다 잘났다고 생각하며 산다. 당연히 자신이 보고 들은 내용은 다 진실이며 자기가 알고 있는 지식은 진리로서 언제나 옳다고 생각한다. 반대로 자신이 어리석었다는 사실을 자가히기나, 자기의 사유가 그렇게 신뢰할 만하지 못하다는 것을 깨닫는 것은 간단치 않은 일이다. 그것은 연나라 사람처럼 특별한 계기를 통한 깊은 각성이 있어야 한다. 이런 깨달음을 통해서 인간은 자신의 내면을 옥죄고 있던 주관성을 벗어나 자유를 누릴 수 있다. 이것이 바로 도에로 가는 작은 깨달음이다.

그러나 단박에 도를 얻는 것은 아니다. 인간은 욕망과 잡념을 떨친 만큼 자유를 얻고 도를 얻는다. 이렇게 점진적으로 자신의 유아론(唯我論)적 사유를 벗어나면서, 한 계단 한 계단씩 경지의 상승이 이뤄진다. 이것이 바로 도에로 가는 방정식이다.

제4편 중니(仲尼)

【장담 제주(題注)】

智者 不知而自知者也. 忘智 故無所知 用智 則無所能知. 體神而獨運 忘情
而任理 則寂然玄照者也.

> 지혜란 알지 못한 상태에서 저절로 아는 것이다. 지혜를 잊게
> 된다면 알 수 있는 게 없으나, 지혜를 일부러 쓰게 되면 제대로
> 알 수가 없게 된다. 오직 신을 따라 움직이며 생각을 잊고서 천
> 리(天理)에 맡긴다면 현묘하게 관조할 수 있다.

1장

1절

仲尼閒居 子貢入侍而有憂色. 子貢不敢問,【1】 出告顔回. 顔回援
琴而歌.

孔子聞之 果召回入 問曰

若奚獨樂?

回曰

夫子奚獨憂?【2】

孔子曰

先言爾志

曰 吾昔聞之 夫子曰 樂天知命 故不憂. 回所以樂也.【3】

孔子愀然有閒曰

有是言哉?【4】 汝之意失矣. 此吾昔日之言爾 請以今言爲正也.【5】

汝徒知樂天知命之無憂 未知樂天知命有憂之大也.【6】 今告若其
實.

중니가 한가롭게 계시고 자공이 모시고 있었는데, 공자께서 근심하는 빛을 띠고 있었다. 자공이 감히 그 연유를 여쭈어보지 못하고는,[1] 나와서 안회에게 걱정이 있으신 듯하다고 일렀다. 안회는 이 말을 듣고는 거문고를 튕기며 노래를 불렀다.

공자가 이 거문고 소리를 듣고 안회를 안으로 불러서 물었다.

"자네는 어찌 혼자 즐거워하는가?"

안회가 대답했다.

"선생님께서는 어째서 홀로 근심하고 계시온지요?"[2]

공자가 말했다.

"먼저 자네의 생각을 말해보게."

안회가 답변했다.

"저는 전에 선생님께서 하늘을 즐거워하고 천명을 아는지라 그러므로 근심하지 않는다고[1] 하신 말씀을 들었습니다. 그래서 저는 즐거워하고 있습니다."[3]

공자는 근심스레 있다가 이윽고 말했다.

"이렇게 말을 했었던가?[4] 자네는 내 뜻을 이해하지 못했네. 내가 전에 한 말은 지금 말하는 뜻으로 바로잡아 이해하게.[5] 자네는 다만 하늘을 즐거워하고 천명을 알기 때문에 근심이 없다는 것은 알지만, 하늘을 즐거워하고 천명을 알게 되면 커다란 근심이 있다는 것을 모르고 있네.[6] 이제 자네에게 진실을 말해주겠네."

---

1) 『주역』 「계사상전」 4장, "與天地相似 故不違 知周乎萬物而道濟天下 故不過 旁行而不流 樂天知命 故不憂 安土敦乎仁 故能愛, 範圍天地之化而不過 曲成萬物而不遺 通乎晝夜之道而知 故神无方而易无體" 참조.

【장담 주석】

【1】子貢 雖不及性與天道 至於夫子文章究聞之矣[2]. 聖人之無憂 常流所不及 況於賜哉? 所以不敢問者 將發明至理, 惟起余[3]於大賢 然後微言乃宣耳.

자공이 비록 성(性)과 천도(天道)에 대해서는 이해하지 못했으나, 선생님의 문장(文章)은 깊이 새겨들은바 있다. 성인께서는 늘 성과 천도에 뜻을 두고 계셨으나, 어찌 자공이 알 수 있었겠는가? 그러므로 자공이 감히 묻지 못한 것은 장차 지극한 이치를 밝힘에 있어서, '나를 일으켜줄 수 있는' 대현(大賢) 안회라야 그 은미한 말씀의 뜻을 펼 수 있을 뿐이다.

【2】回不言 欲宣問 故弦歌以激發夫子之言也.

안회가 말하지는 않았으나 질문을 하고 싶어서, 거문고를 연주함으로써 선생님께서 말씀하도록 유도한 것이다.

【3】天者 自然之分, 命者 窮達之數也.

하늘이란 저절로 그렇게 되는 분수요, 천명이란 빈부귀천의 운수다.

【4】將明此言之不至 故示有疑問[4]之色.

이 말이 완벽하지 못했음을 밝혀서, 의문의 뜻이 있음을 내비쳤다.

【5】昔日之言 因事而興, 今之所明盡其極也.

이전에 한 말은 어떤 일로 인해서 말했던 것인데, 이제 그 뜻을 극진하게

---

2) 『논어』「공야장」(公冶長), "子貢曰 夫子之文章 可得而聞也 夫子之言性與天道 不可得而聞也" 참조.

3) 『논어』「팔일」(八佾), "子夏問曰 巧笑倩兮 美目盼兮 素以爲絢兮 何謂也? 子曰 繪事後素. 曰 禮後乎? 子曰 起予者商也! 始可與言詩已矣" 참조.

4) 도장본에는 간(間)이 문(問)으로 되어 있다.

밝히려는 것이다.

【6】無所不知 無所不樂 無所不憂 故曰大也.

알지 못하는 바가 없고, 즐겁지 않은 바가 없으며, 근심하지 않은 바가 없으므로, '크다'고 했다.

2절

脩一身 任窮達, 知去來之非我 亡變亂於心慮 爾之所謂樂天知命之無憂也.【7】

曩吾脩詩書 正禮樂, 將以治天下 遺來世,【8】非但脩一身 治魯國而已.【9】而魯之君臣 日失其序 仁義益衰 情性益薄, 此道不行一國與當年 其如天下與來世矣?【10】吾始知詩書禮樂無救於治亂 而未知所以革之之方. 此樂天知命者之所憂.【11】

雖然 吾得之矣, 夫樂而知者 非古人之謂所樂知也.【12】無樂無知是眞樂眞知,【13】故無所不樂 無所不知, 無所不憂 無所不爲【14】詩書禮樂 何棄之有? 革之何爲?【15】

顔回北面拜手曰

回亦得之矣.【16】

出告子貢 子貢茫然自失,【17】歸家淫思七日 不寢不食 以至骨立.【18】顔回重往喻之 乃反丘門 絃歌誦書 終身不輟.【19】

"자네가 말하는 '하늘을 즐거워하고 천명을 알기 때문에 근심이 없다'는 것은, 부귀빈천을 초월해서 자신을 수양할 뿐, 나 자신이 세상에 관여하지 않으니 마음에도 동요가 없는 경지라네."【7】

선에 나는 시서(詩書)를 편찬하고 예악(禮樂)을 바로잡아 온 천

322

하를 다스리고 후세에 남겨주려 했으니,[8] 내 한 몸만 수양하거나 노나라만 다스리려고 했던 것만이 아닐세.[9] 그런데 날이 갈수록 노나라의 임금과 신하 간에 기강을 잃어버리고 인의는 갈수록 쇠해가고 성정은 더욱 각박해지고 있어서, 한 나라에서도 도가 행해진 적이 없으니 천하는 더 말할 나위가 없으며, 어느 한 해도 도가 행해진 적이 없으니 후세에 가면 더욱더 심해지지 않겠는가?[10] 나는 이제서야 비로소 시서와 예악이 세상의 치란(治亂)에 아무 역할을 하지 못한다는 것을 알았으나, 이들을 어떻게 바꿔야 할지 아직 그 방도를 모르겠네. 이것이 바로 하늘을 즐거워하고 천명을 아는 이가 근심하는 바일세.[11]

비록 그렇지만 내가 깨달은 바가 있으니, 하늘을 '즐거워하고' 천명을 '안다'는 것은 옛사람들이 말한 즐거워하고 안다는 것이 아니네.[12] 즐거움도 없고 아는 것도 없는 경지가 바로 참된 즐거움이자 참된 앎이요,[13] 그러므로 즐겁지 않은 바가 없고 알지 못하는 바가 없으나, 또한 근심하지 않는 바도 없고 하지 못하는 바도 없게 되네.[14] 그러하니 시서·예악을 왜 버리겠으며, 바꾼들 무엇 하겠는가?"[15]

안회는 북쪽을 향해 절하고서는5) 말했다.

"저도 알아들었습니다."[16]

안회가 밖으로 나가 자공에게 일러주자, 자공은 아득히 정신을 차리지 못했고,[17] 집으로 돌아가서 이레 동안을 골똘히 생각에 잠겨 자지도 먹지도 않다가 뼈만 남았다.[18] 안회가 여러 차례 가서 그를 깨우쳐주고서야 공자의 문하로 되돌아왔고, 거문고를 타

---

5) 북면(北面)해서 절하는 것은 신하가 군주를 뵙거나 제자가 스승을 뵙는 예법이다.

며 노래를 부르고 글을 외기를 평생 그치지 않았다.[19]

【장담 주석】

【7】此直能定內外之分 辨榮辱之境 如斯而已, 豈能無可無不可哉?

안팎의 분수를 정하고 영욕의 경계를 분간함이 이와 같을 뿐이니, 어찌 가불가(可不可)가 없을 수 있겠는가?

【8】詩書禮樂 治世之具, 聖人因而用之 以救一時之弊. 用失其道 則無益於理也.

시서와 예악은 세상을 다스리는 도구로, 성인이 이를 가지고 쓰면 한 시대의 폐단을 바로잡을 수는 있다. 그러나 시서·예악의 도를 잃는다면 이치에 보탬이 없게 된다.

【9】夫聖人智周萬物 道濟天下. 若安一身救一國 非所以爲聖也.

성인은 지혜가 만물에 두루 미치고 도는 천하를 구제한다. 만일 자기 자신만을 편안히 하거나 한 나라만을 구해준다면 성인이라고 할 수가 없다.

【10】治世之術 實須仁義, 世旣治矣 則所用之術 宜廢. 若會盡事終 執而不舍 則情之者寡 而利之者衆, 衰薄之始 誠由於此. 以一國而觀天下 當今而觀來世, 致弊 豈異? 唯圓通無閡者 能惟變所適 不滯一方.

세상을 다스리는 수단은 인의에 의지해야 하지만, 세상이 이미 다스려졌다면 쓰던 수단은 당연히 버려야 한다. 만일 때가 지났고 일이 끝났는데도 수단을 움켜쥐고 놓지 못하는 것은 진실된 뜻이라기보다는 이익을 따지기 때문이니, 세상이 쇠퇴해지는 것이 참으로 여기에서 말미암게 된다. 한 나라의 예로써 천하를 살펴보고 현재의 예로써 후세를 미뤄보건대, 폐단이 생기는 현상이 어찌 다르겠는가? 오직 두루 막힘없이 통한 이만이 변하는 대로 행해서 어느 한쪽에 막히지 않을 수 있다.

【11】 唯棄禮樂之失 不棄禮樂之用 禮樂 故不可棄. 故曰 未知所以革之之方, 而引此以爲憂者 將爲下義張本 故先有此言耳.

예악의 잘못된 점은 버리지만 예악의 쓰임까지 버리지 않으니, 예악은 버릴 수가 없다. 그러므로 '아직 그것을 바꿀 방도를 모르겠다'고 했고, 이로써 근심을 삼았던 것은 장차 아래의 뜻을 펴는 장본으로 삼았으니, 그래서 앞서 이 말씀을 해둔 것이다.

【12】 莊子曰 樂窮通物非聖人.[6] 故古人不以無樂爲樂 亦不以無知為知 任其所樂 則理自無樂 任其所知 則理自無知.

장자는 '사물들과 소통하기를 좋아하면 성인이 아니다'라고 했다. 그러므로 옛날 분들은 즐거움이 없는 것을 즐거움으로 삼은 것이 아니고 무지(無知)를 지(知)로 삼은 것이 아니라, 그들이 즐거워하는 대로 맡겨두니 이치상 저절로 즐거움이 없어진 것이고, 그들이 아는 대로 맡겨두니 저절로 무지한 상태가 된 것이다.

【13】 都無所樂 都無所知 則能樂天下之樂 知天下之知 而我無心者也.

아무것도 즐거운 바가 없고 아무것도 아는 바가 없다면 능히 천하의 즐거움을 즐거워하고 천하의 앎을 알면서도 나는 무심의 경지에 있는 것이다.

【14】 居宗體備 故能無爲而無不爲也.

근원에 머물면서 두루 갖추고 있으므로 일부러 하는 게 없으면서 하지 못

---

6) 『장자』 「대종사」, "故聖人之用兵也 亡國而不失人心 利澤施乎萬世 不爲愛人. 故樂通物 非聖人也 親 非仁也 天時 非賢也 利害不通 非君子也" 참조. 본문에서의 궁(窮) 자는 연문(衍文)이다.

하는 바가 없는 경지에 이르는 것이다.

【15】若欲損詩書 易治術者 豈救弊之道? 即而不去 爲而不恃 物自全矣.

만일 시서를 버리고 통치술을 바꾸려고 한다면 어찌 폐단을 해결하는 도가 되겠는가? 같이 있되 떠나지 않고 작위하되 뽐내지 않으니, 사물들은 저절로 완전해진다.

【16】所謂不違如愚者也.

공자가 '조금의 어김도 없어서 어리석은 듯이 보였다'[7]고 평가했던 안회(顔回)의 경지다.

【17】未能盡符至言 故遂至自失也.

공자의 지극한 말씀을 완전히 이해할 수가 없었으므로, 정신을 차리지 못하게 되었다.

【18】發憤思道 忘眠食也.

발분해서 도를 궁구하느라 자고 먹는 일을 잊었다.

【19】旣悟至理 則亡餘事.

지극한 이치를 깨달았으니 다른 일이 없어졌다.

---

7) 『논어』(論語) 「위정」(爲政), "了曰 吾與回言終日 不違如愚. 退而省其私 亦足以發 回也不愚" 참조.

【역자 해설】

"하늘을 즐거워하고 천명을 아는지라 그러므로 근심하지 않는다"는 말은 낙천(樂天)이라는 말의 어원이기도 한 구절로서, 본래 『주역』 「계사상전」에 나오는 말이다. 바로 그 뒷말은 '지금 거하는 곳에 편안히 살며 아주 인자한지라 그러므로 만물을 능히 사랑한다'(樂天知命 故不憂 安土敦乎仁 故能愛)는 것이고, 결국 군자는 천지의 변화를 통달해서 만물을 다 구제할 수 있다고 했으니, 「계사전」의 이 부분을 읽어보면 패기만만한 자신감으로 충일되어 있음을 알 수 있다.

그러나 「계사하전」에서는 '역을 지은 이는 반드시 세상을 걱정하셨다'고 했으니, 「계사상전」에서는 근심하지 않는다(不憂)고 했지만 뒤에서는 걱정이 있다(必有憂患)고 반대로 말하기도 했다. 그러니 근심이 있다는 것인가 없다는 것인가 도대체 혼란스럽다. 공자도 바로 이 문제를 고민하고 있었다.

공자의 답변을 개인과 사회의 문제로 정리해보면 분명해진다. 먼저 개인적으로 말하자면, 군자는 공부를 통해 도를 터득하고 천명을 깨달으니 근심할 거리가 없다. 개인적으로는 궁달(窮達)과 수요(壽夭)의 차이가 있을지라도, 천명을 깨달은 군자에게 그런 정도의 불우함은 전혀 개의할 거리가 못 되기 때문이다.

그런데 군자의 일신상에서는 이렇게 낙천(樂天)과 불우(不憂)를 즐기지만, 사회적으로 말하자면 군자는 모든 것이 걱정스러울 뿐이다. 바로 문밖을 나서기만 하면 세상은 도를 잃어버린 채 혼란스럽기 그지없는 천하대란(天下大亂)의 시기요, 아수라의 공간이 아닌 적이 없다. 설혹 요·순과 같은 태평성세라고 해도 여전히 군자는 근심한다. 앞으로 어지러운 난이 일어날까 염려하지 않을 수 없고, 후세의 앞날이 걱정스럽지 않을 수 없기 때문이다. 그래서 개인적인 낙천과는 다른 차원에서, 세상을 걱정하는 군자의 시름은 크고 깊을 수밖에 없다.

　다만 여기에서는 "즐거움도 없고 아는 것도 없는 경지가 바로 참된 즐거움이자 참된 앎이요, 그러므로 즐겁지 않은 바가 없고 알지 못하는 바가 없으나, 또한 근심하지 않는 바도 없고 하지 못하는 바도 없게" 된다고 했는데, 앞부분의 문제 제기는 날카로운 분석력을 보여주는 데 비해, 결말 부분은 도가의 상투적 논리를 빌려 다소 안이하게 기술되었다. 또 성인 혼자서 즐거움이 없는 무락(無樂)의 경지가 참된 진락(眞樂)임을 깨달았다고 해서 세상의 근심과 걱정거리 자체가 해결된 것은 아니다. 어떤 군자는 혼자서 참된 즐거움을 얻었을지는 몰라도, 여전히 제후는 자신의 욕망을 채우려고 전쟁을 일으키고, 관리는 가렴주구(苛斂誅求)를 일삼으며, 백성은 전장에서 무주고혼(無主孤魂)이 되는 참화가 계속되고 있기 때문이다.

　앞의 「주목왕」편에서도 공자는 자공을 낮추면서 안회에게 자신의 뜻을 전했다. 자공도 뛰어난 제자이지만, 안회가 더 뛰어난 제자라고 보았던 셈이다. 이 장에서도 자공과 안회를 차별하고 있으니, 자공으로서는 다소 억울하겠다는 생각이 든다. 실제 곡부(曲阜)에 가보면 자공이 지극한 정성으로 공자를 모신 흔적이 곳곳에 남아 있는데, 어쩌면 당대에는 요절한 안회보다는 끝까지 공자를 극진히 모셨던 자공이 수제자로 인정받았다는 증거가 아닐까 생각해본다. 아무튼 『논어』에 보면 자로(子路)가 당(堂)에는 올랐으나, 아직 방에는 들어가지 못했다고(升堂入室) 평한 것이 있는데, 이를 빌려서 말해본다면 자공이나 안회는 모두 입실(入室)의 경지에 든 제자들이다.

2장

1절

陳大夫聘魯 私見叔孫氏. 叔孫氏曰

吾國有聖人.

曰 非孔丘邪?

曰 是也.

何以知其聖乎?[1]

叔孫氏曰

吾常聞之顏回[2]曰 孔丘能廢心而用形.[3]

陳大夫曰

吾國亦有聖人 子弗知乎?

曰 聖人孰謂?

曰 老聃之弟子有亢[4]倉子者, 得聃之道[5]能以耳視而目聽.[6]

魯侯聞之大驚[7]使上卿厚禮而致之. 亢倉子應聘而至[8]魯侯卑

辭請問之,

진나라의 대부(大夫)가 노나라에 공무로 갔다가 사적으로 숙손
(叔孫) 씨를 만났다. 숙손 씨가 말했다.

"우리나라에는 성인이 계십니다."

대부가 말했다.

"공구가 아닙니까?"

숙손 씨가 대답했다.

"그렇습니다."

"어떻게 그분이 성인인지 아시는지요?"[1]

숙손 씨가 대답했다.

"내가 늘 안회에게 말을 듣는데,[2] '공구는 마음을 버리고 몸으
로써 살아간다'고 합니다."[3]

진 대부가 말했다.

"우리나라에도 성인이 한 분 계시는데, 그대는 모르시는지요?"

숙손 씨가 물었다.

"성인은 누구를 말합니까?"

대부가 대답했다.

"노담의 제자 강창자(亢[4]倉子)인데, 노담의 도를 체득해[5] 귀로
보고 눈으로 들을 수 있다고 합니다."[6]

노나라 제후가 이 말을 듣고 크게 놀라[7] 고관(高官)에게 후한 예
물을 가지고 가서 모셔 오게 했다. 강창자가 초빙에 응해오자[8]
노나라 제후가 겸손한 말투로 그 말이 사실인지 물어보았다.

【장담 주석】

【1】至哉! 此問. 夫聖人之道 絶於羣智之表 萬物所不闚擬. 見其會通之迹
因謂之聖耳, 豈識所以聖也?

이 실문은 매우 훌륭하다. 성인의 도는 모든 지혜를 초월해 있어서 만물이

엿보거나 비겨볼 수가 없다. 다만 그 회통(會通)하는 자취를 보고서 그가 성인이라고 할 뿐이니, 어떻게 성인이 되는 까닭을 알 수 있겠는가?

【2】 至哉! 此答. 自非體大[8]備形者 何能言其髣髴 瞻其先後乎? 以顔子之量猶不能爲其稱謂 況下斯者乎!

이 대답도 매우 훌륭하다. 자신의 몸이 모든 형상을 다 갖추고 있지 못한데 어떻게 그 모습을 다 말하며 그 앞과 뒤까지 다 바라볼 수가 있겠는가? 안자의 국량(局量)으로도 그를 뭐라고 일컬어 표현할 수가 없거늘 하물며 그보다 못한 자임에랴!

【3】 此顔回之辭. 夫聖人旣無所廢 亦無所用, 廢用之稱 亦因事而生耳. 故俯仰萬機 對接世務 皆形迹之事耳. 冥絶而灰寂者 固泊然而不動矣.

이는 안회의 말이다. 성인은 버리는 것도 없고 쓰는 바도 없으니, 버리고 쓴다는 말은 일로 말미암아서 생겨난 것일 뿐이다. 그러므로 온갖 정사(政事)를 살펴보고 세상의 일거리를 처리하는 것은 다 드러난 외부의 일일 뿐이다. 남모르게 끊고 완전히 고요한 경지에 있으면 진실로 담담해서 아무런 동요가 없다.

【4】 古郎反 又音庚.

강(尢)은 강인데 경으로도 읽는다.

---

8) 대(大)가 『열자집석』에는 이(二)로 되어 있으나, 그 의미가 무엇인지 모호하다. 2장의 각주 13번에 '무와 같아지면 신의 경지에 이르고 신과 같아지면 무의 경지에 이르게 되니, 이 둘이 어찌 유형한 존재이겠는가?'(同無 則神矣 同神 則無矣, 二者 豈有形乎?)라고 한 것을 참고하면, '二'는 무(無)와 신(神)이라고 할 수 있으며, 위 구절의 번역은 '스스로 무와 신을 체득해서 형체를 갖추지 못했으니'가 된다.

【5】老聃猶不言自得其道 亢倉於何得之? 蓋寄得名 以明至理之不絕於物理者耳.

노담도 스스로 도를 얻었다고 하지 않았으니, 강창이 어디에서 득도했겠는가? 대개 이름을 기탁해서 지극한 이치가 사물의 이치에서 벗어나지 않음을 밝힐 뿐이다.

【6】夫形質者 心智之室宇, 耳目者 視聽之戶牖. 神苟徹焉 則視聽不因戶牖 照察不閡牆壁耳.

저 육신이란 마음의 집이요, 이목이란 보고 듣는 창문이다. 정신이 통하게 되면 이목에 의하지 않고도 보고 들을 수 있게 되니, 살펴보는 데에 아무런 걸림이 없을 뿐이다.

【7】不怪仲尼之用形 而怪耳目之易任. 迹同於物 故物無駭心.

중니가 육신을 쓰는 것은 이상하게 여기지 않고, 강창자가 귀와 눈의 기능을 바꿔서 쓰는 것을 이상하게 여긴 것이다. 행적이 다른 사람들과 같으면 사람들이 놀라지 않는다.

【8】汎然無心者 無東西之非己.

무심히 따르는 이는 동쪽에서든 서쪽에서든 그를 비난할 것이 없다.

2절

亢倉子曰

傳之者 妄. 我能視聽不用耳目 不能易耳目之用.【9】

魯侯曰

此增異矣. 其道奈何? 寡人終願聞之.

亢倉子曰

我體合於心【10】心合於氣【11】氣合於神【12】神合於無.【13】其有介然
之有 唯然之音 雖遠在八荒之外 近在眉睫之內 來干我者 我必
知之.【14】乃不知是我七孔四支之所覺 心腹六藏之所知 其自知而
已矣.【15】

魯侯大悅. 他日以告仲尼 仲尼笑而不答.【16】

강창자가 대답했다.

"이는 근거 없는 말입니다. 저는 보고 들을 때 귀와 눈을 사용하지
않을 수 있을 뿐이지, 귀와 눈의 작용을 바꿀 수는 없습니다."【9】

노 제후가 말했다.

"그것은 더 기이하오. 그 도는 어떤 것이요? 과인은 끝까지 들어
보고 싶소."

강창자가 대답했다.

"나의 몸은 마음과 합해지고,【10】 마음은 기운과 합해지고,【11】 기
운은 신(神)과 합해지며,【12】 신은 무(無)에 합해집니다.【13】 겨자
씨만 한 거라도 있거나 희미한 소리라도 나면 멀리 세상의 밖에
있건 가까이 눈썹 밑에 있건 내게로 오자마자 나는 반드시 알아
챕니다.【14】 나는 이목구비 같은 감각기관이나 사지의 느낌으로
아는 것이 아니고, 마음이나 오장육부로 아는 것도 아니며, 저절
로 알 뿐입니다."【15】

이 말을 듣고 노 제후는 크게 기뻐했다. 뒷날에 이를 공자에게 일
러주었더니, 공자는 웃기만 할 뿐 대답하지 않았다.

【장담 주석】

【9】夫易耳目之用者 未是都無所用, 都無所用者 則所假之器廢也.

이목의 작용을 바꾸는 것은 아무 쓸모가 없는 것만은 아니지만, 아무 쓸모가 없다는 것은 빌린 기관이 쓰이지 못한다는 뜻이다.

【10】此形智 不相違者也.

이는 육신과 지각 작용이 서로 어긋나지 않는 경지다.

【11】此又遠其形智之用 任其泊然之氣也.

이는 육신과 지각의 작용에서 벗어나서, 담담하게 기운에 맡기는 경지다.

【12】此寂然不動 都忘其智. 智而都忘 則神理獨運 感無不通矣.

이는 고요히 움직이지 않은 채 지각을 몽땅 잊은 경지다. 지각 작용이 몽땅 잊히면 신묘한 이치만이 작용하니 어떤 것이든 감응해서 통하지 못하는 것이 없게 된다.

【13】同無 則神矣 同神 則無矣, 二者 豈有形乎? 直有其智者 不得不親無以自通, 忘其心者 則與無而爲一也.

무와 같아지면 신의 경지에 이르고 신과 같아지면 무의 경지에 이르게 되니, 이 둘이 어찌 유형한 존재이겠는가? 아직 지각을 작동하는 자는 부득불 무에 의지해서 스스로 통할 수밖에는 없으나, 그 마음 자체를 잊은 이는 무와 하나가 된다.

【14】唯豁然之無 不干聖慮耳. 涉於有分 神明所照 不以遠近爲差也.

오직 완전히 텅 빈 무만이 성인의 사유에 간섭하지 않을 뿐이다. 신명이 현상적인 존재를 비추는 데에는 멀고 가까운 차이가 없다.

【15】所適都忘 豈復覺知之至邪?

만나는 것마다 다 잊어버리니, 어찌 다시 지각하는 작용이 있겠는가?

【16】尤倉言之盡矣. 仲尼將何所云? 今以不答爲答 故寄之一笑也.

강창자가 말한 것이 완벽하니, 중니가 무어라고 할 말이 있겠는가? 여기에서는 대답하지 않음으로써 답변한 것이므로, 한 번 웃음 속에 이 뜻을 부쳐두었다.

【역자 해설】

공자의 경지에 대해서는 "마음을 버리고 몸으로써 살아간다"고 했는데, 강창자는 "몸은 마음과 합해지고, 마음은 기운과 합해지고, 기운은 (정)신과 합해지며, (정)신은 무에 합해진다"고 해서, 존재론적인 위계질서를 가지고 있는 것처럼 구별하고 있다. 다시 말해 도가에서는 몸 → 마음 → 기운 → 신 → 무에 이르는 단계를 자세하게 구별하면서, 결국 무의 경지를 최고로 삼고 있다.

유교의 무심이 도가의 무의 경지와 얼마나 다른가는 단정해서 말하기 어렵지만, 마음을 버린 무심의 경지를 이 위계에 적용한다면 마음을 넘어서 기운과 합일을 이룬 중간 단계에 해당시켜볼 수 있을 듯하다. 아무튼 노자의 제자인 강창자는 육체에서부터 출발해 마음과 기운과 신과 무를 모두 하나로 통일시킴으로써, 인간의 감각 작용을 초월해 저절로 사물의 본질을 터득할 수 있게 되었다고 했다.

공자가 이 말을 듣고 웃기만 하고 대답하지 않았다는 표현도 재미있다. 우리 한국사람들은 솔직하게 자기 감정을 표현하는 사람을 편하게 여긴다. 그러나 『중국인은 화가 날수록 웃는다』(2002)라는 책이 출판되기도 했듯이, 중국인은 속으로 화를 내는 것 같은데 겉으로 웃고 있으니, 부정인지 긍정인지 그냥 겸연쩍어서 웃은 것인지, 대답할 가치가 없어서 비웃는 것인지 또 다른 뜻이 있는 것인지 알 수가 없다. 중국인은 그 모호함을 인정하지만, 한국인을 포함한 대부분의 외국인들은 매우 답답하고 불편해한다. 여기에서도 웃는다는 것이 무슨 뜻인지 알기 어렵다. 다만 장담은 도가가 완벽하다는 뜻을 웃음 속에 부쳐두었다고 분명히 해석했으니, 중국인으로서는 매우 드문 논리적인 사유의 소유자다.

중국인은 이해관계가 분명하지 않으면 베일 속으로 몸을 숨긴다. 산수화에서 종종 쓰는 여백(餘白)도, 그것이 미학적 설계일 수도 있지만, 뭐라 표현하기 어려운 부분은 굳이 드러내지 않고 일단 운연(雲煙) 속으로 감춰둔다. 그 미완성의 부분을 여백의 미라고 부르듯, 도가에서는 무용지용(無用之用)이나 현묘지경(玄妙之境)이라고 부른다. 공자가 불원천리(不遠千里)하고 노자를 찾아가 예(禮)를 물었더니 노자가 들려준 말도 자신을 숨기라는 충고였다.

들건대 장사를 잘하는 이는 깊숙이 간수해서 빈 듯이 하고, 군자가 성대한 덕을 지니면 그 모습이 어리석은 듯하다 했으니, 그대는 교만한 기운과 많은 욕심과 꾸민 거동과 지나친 뜻을 버려라. 이것은 그대에게 득이 될 것이 없다. 내가 그대에게 알려줄 것은 이것뿐이다(『사기』「노자한비열전」, "吾聞之, 良賈深藏若虛, 君子盛德, 容貌若愚. 去子之驕氣與多欲, 態色與淫志, 是皆無益於子之身. 吾所以告子, 若是而已").

좋은 물건을 감추고 성대한 덕을 숨기라는 노자의 말은 공자를 비판한 것이지만, 유가 사상과 반대되는 것만은 아니다. 공자도 나라에 도가 없을 때는 숨으라고 했고(『논어』「태백」, "天下有道則見, 無道則隱. 邦有道, 貧且賤焉, 恥也, 邦無道, 富且貴焉, 恥也") 『시경』에서는 명

석한 지혜로 자기 자신을 보호하라는 '명철보신'(明哲保身)을 말하
기도 했다.

3장

商太宰見孔子曰

丘 聖者歟?

孔子曰

聖則丘何敢![1] 然則丘博學多識者也.[2]

商太宰曰

三王 聖者歟?

孔子曰

三王 善任智勇者 聖則丘不知.

曰 五帝 聖者歟?

孔子曰

五帝 善任仁義者 聖則丘弗知.

曰 三皇聖者歟?

孔子曰

三皇 善任因時者 聖則丘弗知.[3]

商太宰大駭[4]曰

然則 孰者爲聖?

孔子動容有閒曰

西方之人【5】 有聖者焉 不治而不亂【6】 不言而自信【7】 不化而自行【8】 蕩蕩乎民無能名焉.【9】 丘疑其爲聖 弗知眞爲聖歟眞不聖歟.【10】 商太宰 嘿然心計曰 孔丘 欺我哉!【11】

상나라의 태재(太宰)가 공자를 만나보고 물었다.

"당신은 성인이십니까?"

공자가 답했다.

"내가 어찌 감히 성인이라고 하겠습니까!【1】 그저 나는 두루 배워서 많이 알려고 노력하는 사람일 뿐입니다."【2】

상 태재가 물었다.

"그러면 삼왕(三王) 정도면 성인입니까?"

공자가 답했다.

"세 분의 왕은 지혜롭고 용감한 사람들을 잘 쓸 줄 알았던 분이긴 하지만, 성인인지는 나는 모르겠습니다."

태재가 물었다.

"고대의 오제(五帝) 정도면 성인입니까?"

공자가 답했다.

"다섯 분의 제왕은 어질고 의로운 사람들을 잘 쓸 줄 알았던 분이긴 하지만, 성인인지는 나는 모릅니다."

태재가 물었다.

"신화시대의 삼황(三皇) 정도면 성인입니까?"

공자가 답했다.

"세 분의 황제는 때를 아는 사람을 잘 쓸 줄 알았던 분이긴 하지만, 성인인지는 나는 모릅니다."【3】

상나라 태재는 크게 놀라서【4】 물었다.

"그러면 누가 성인인가요?"

공자는 정색하고 잠시 있다가 답변했다.

"저 멀리 서역에[5] 성인이 계셨습니다. 그는 다스리지 않아도 천하가 어지러워지지 않았고,[6] 말하지 않아도 백성들이 스스로 믿었으며,[7] 교화하지 않아도 저절로 행해졌으니[8] 그분의 경지가 넓고도 넓어서 백성들이 뭐라 이름을 붙일 수도 없었습니다.[9] 나는 그가 성인이 아닐까 의심해보기는 합니다만, 그가 참으로 성인인지 참으로 성인이 아닌지는 모르겠습니다."[10]

상나라 태재는 묵묵히 마음속으로 헤아려보고는 '공구가 나를 속인다'라고[11] 중얼거렸다.

【장담 주석】

【1】世之所謂聖者 據其跡耳 豈知所以聖 所以不聖者哉?

세상에서 소위 성인이라고 하는 것은 그 행적에 근거해서 말한 것일 뿐이요, 성인이 되는 까닭이나 성인이 못 되는 까닭을 어찌 알겠는가?

【2】示現博學多識耳 實無所學 實無所識也.

박학다식하다고 내보였지만, 실은 배운 것도 없고 아는 바도 없다.

【3】孔丘之博學 湯武之干戈 堯舜之揖讓 羲農之簡朴 此皆聖人因世應務之麤迹 非所以爲聖者. 所以爲聖者 固非言迹之所逮者也.

공구의 박학과 탕·무의 혁명전쟁과 요·순의 겸양과 복희·신농의 질박함, 이는 모두 성인이 세상의 필요에 따라 일을 하느라 남긴 거친 행적이지 성인이 되는 소이(所以)가 아니다. 성인이 되는 소이는 참으로 말이나 행적으로 설명할 수가 없다.

【4】世之所謂聖者 孔子皆云非聖, 商太宰所以大駭也.

세상에서 이른바 성인이라는 분에 대해 공자가 모두 성인이 아니라고 했으니, 상나라 태재가 크게 놀랐다.

【5】聖 豈有定所哉? 趣擧絶遠而言之也.

성인이 어찌 정해진 바가 있겠는가마는, 굳이 아주 먼 지역을 예로 들어서 말한 것이다.

【6】不以治治之 故不可亂也.

다스리지 않음으로써 다스리므로, 어지러워질 수가 없다.

【7】言者 不信.

말로 하게 되면 믿지 않게 된다.

【8】爲者 則不能化, 此能盡無爲之極也.

인위로 작위하게 되면 교화할 수가 없게 되니, 이렇게 인위로 교화하지 않아야 무위를 완전히 실현할 수가 있다.

【9】何晏無名論曰[9] 爲民所譽 則有名者也, 無譽 無名者也. 若夫聖人 名無名 譽無譽. 謂無名爲道 無譽爲大, 則夫無名者 可以言有名矣 無譽者 可以言

---

9) 하안은 조조(曹操)의 양자(養子)로서 위진현학을 개창한 인물이며 위 문제(文帝) 때에 활발한 학술 활동을 주도했다. 당시 19세였던 왕필의 사상을 인정해주었고 당시의 학계에 왕필을 천거함으로써 현학의 황금기를 열었으나, 사마의(司馬懿)의 정변으로 피살되었다. 저술로는 『논어집해』와 「무명론」(無名論)이 그의 초기사상을 보여주는 자료이고, 「도론」(道論)과 「무위론」(無爲論)이 후기 사상을 보여주는 자료다. 특히 「무명론」은 『열자』의 장담 주(注) 속에 보존되어 전해지고 있다.

有譽矣.

然與夫可譽可名者 豈同用哉? 此比於無所有 故皆有所有矣. 而於有所有之中 當與無所有相從 而與夫有所有者 不同.

同類無遠而不相應 異類無近而不相違. 譬如陰中之陽 陽中之陰 各以物類自相求從, 夏日爲陽 而夕夜遠與冬日共爲陰 冬日爲陰 而朝晝遠與夏日同爲陽, 皆異於近而同於遠也. 詳此異同 而後無名之論可知矣.

凡所以至於此者 何哉? 夫道者 惟無所有者也. 自天地已來 皆有所有矣, 然猶謂之道者 以其能復用無所有也. 故雖處有名之域 而沒其無名之象, 由以在陽之遠體 而忘其自有陰之遠類也.

夏侯玄曰 天地以自然運 聖人以自然用, 自然者 道也. 道本無名, 故老氏曰 彊爲之名. 仲尼稱堯蕩蕩無能名焉, 下云巍巍成功 則彊爲之名 取世所知而稱耳, 豈有名而更當云無能名焉者邪? 夫唯無名 故可得徧以天下之名名之 然豈其名也哉? 惟此足喻而終莫悟 是觀泰山崇崛而謂元氣不浩芒者也.

하안이 「무명론」에서 말했다. '백성들이 명예롭게 여기면 이름이 있는 것이고, 명예롭게 여기지 않으면 이름이 없는 것이다. 성인은 이름이 없음을 이름으로 삼고 명예가 없음을 명예로 삼는다. 그러므로 이름이 없어야 도(道)가 되고 명예가 없어야 위대한 것이니, 결국 이름이 없어야 이름이 있게 되고 명예가 없어야 명예가 있게 된다고 말할 수 있다.

그런데 이름 붙일 만한 것이라거나 명예스럽다는 것을 무명(無名)이나 무예(無譽)와 같이 쓸 수 있는 것인가? 이를 무소유(無所有)에 비교해보면 모두 소유(所有)하고 있는 상태라고 할 수 있다. 소유라는 것은 무소유를 따라야 하는 것으로서, 무소유와는 차원이 다르다.

같은 종류는 멀어도 서로 응하지만 다른 종류와는 가까워도 서로 어긋나게 된다. 비유를 들면 음 속의 양과 양 속의 음이 각기 같은 종류를 찾는 것과 같으니, 여름은 양이지만 여름밤은 멀리 겨울과 같은 음이고, 겨울은 음이지만 겨울낮은 멀리 여름과 같은 양이니, 모두 가까운 것과는 다르고 멀리 있는 것과 같은 격이다. 이러한 동이(同異)를 자세히 살펴야만 무명의 이론을 알 수 있다.

이렇게 된 까닭은 무엇인가? 도란 무소유의 존재다. 천지가 생긴 이래로 모든 존재는 유(有)의 영역에 있지만, 도라고 부르는 이유는 능히 무소유를 쓸 수 있기 때문이다. 그러므로 유명(有名)의 영역에 있어도 무명(無名)의 상(象) 속에 잠겨 있고, 양(陽)의 체가 멀리 있기 때문에 스스로 음(陰)이라는 다른 종류를 갖고 있음을 잊는 것이다.'

하후현(夏侯玄, 209-254)이 말했다. '천지는 저절로 운행하고, 성인은 저절로 쓰이니, 저절로 그렇게 되는 것(自然)이 도다. 도는 본래 이름이 없다. 그래서 노자는 도에 억지로 이름을 붙였다고 했다. 중니가 요임금의 덕이 넓고도 넓어서 무어라 이름을 붙일 수 없다고 했다가 그 아래에서는 높고도 높이 공을 이루셨다고 한 것은,[10] 이를 억지로 이름을 붙여서 세상에서 아는 대로 일컬었을 뿐이지 어찌 이름이 있는데 다시 이름을 붙일 수 없다고 했겠는가? 오직 무명만이 천하에 두루 통하는 이름이라는 보편자로서의 이름을 붙일 수 있으니, 어찌 그것이 이름이겠는가? 오직 이것만으로 충분히 깨우쳐 주었는데도 끝내 깨우치지 못한다면, 태산이 높이 솟구친 모습을 보고도 원기(元氣)가 위대하지 않다고 여기는 격이 될 것이다.'

【10】 聖理冥絶 故不可擬言 唯疑之者也.

성인은 알아볼 수가 없으니 뭐라 말할 수가 없어서 의심한다고 했을 뿐이다.

---

10)『논어』「태백」(泰伯), "子曰 巍巍乎! 舜 禹之有天下也, 而不與焉. 子曰大哉! 堯之爲君也! 巍巍乎! 唯天爲大, 唯堯則之! 蕩蕩乎, 民無能名焉! 巍巍乎! 其有成功也! 煥乎! 其有文章" 및『장자』「등문공」상(上), "孔子 大哉, 堯之爲君! 惟天爲大, 惟堯則之. 蕩蕩乎民無能名焉! 君哉舜也! 巍巍乎有天下而不與焉! 堯舜之治天下, 豈無所用其心哉 亦不用於耕耳" 참조.

【11】此非常識所及 故以爲欺罔也.

공구의 말이 상식으로 이해가 되지 않으므로 속였다고 생각한 것이다.

【역자 해설】

원래 성인(聖人)이라는 개념은 현명한 사람의 뜻으로 비교적 자유롭게 쓰였다. 하지만 유교가 국교화되고, 성인으로부터의 도통(道統)이 족보처럼 짜이고 나자, 성인이라는 개념은 아주 엄격하게 제한되고 말았다. 그래서 성인은 상고시대의 몇 분에게만 한정된, 신비적이고 절대적인 존재가 되어버렸다. 이는 하늘의 점지를 받아 탄생한 특별한 존재로서 일반인과는 현격한 차이가 있으며 보통 사람으로서는 엄두도 낼 수 없는 능력과 이적을 남긴 것으로 묘사되었다.

유교에서는 팔성(八聖)이라고 해서 요임금·순임금·우왕(禹王)·탕왕(湯王)·문왕(文王)·무왕(武王)·주공(周公)·공자의 여덟 분을 든다. 나머지는 그 누구에게도 성인이라는 호칭을 붙이지 못하며, 아무리 훌륭한 인격과 학식을 갖고 있다 하더라도 현인(賢人)이라고 한 단계 낮춰 부르거나 굳이 성인과 같은 카테고리로 부르고 싶으면 성현(聖賢)이나 성철(聖哲)이라고 얼버무려 호칭한다.

상나라 태재는 공자의 인색한 말을 듣고는 공자가 나를 속인다고 불평했다. 앞 장에서도 공자가 웃음으로써 곤란한 답변을 피했듯이, 이 장에서도 태재의 독백이 공자를 비판한 것인지 아니면 태재의 좁은 소견을 암시한 것인지 역시 단정하기는 쉽지 않다. 하지만 장담은 태재가 공자를 이해하지 못했음을 비판함으로써, 결국은 공자의 말을 긍정하는 것으로 분명하게 해석해놓았다.

장담의 주에 실린 하안의 「무명론」은 유명한 위진현학의 명저로 알려져 있는데, 내용은 다소 난해하다. 특히 '양(陽)'의 체가 멀리 있기 때문에 스스로 음(陰)이라는 다른 종류를 갖고 있음을 잊는다'는 구절은 다소 설명이 필요하다. 위에서 말한 '겨울낮'이라는 개념─즉 겨울은 음이요, 낮은 양에 속하며 여름도 양에 속한다─은 음인 가운데 양으로, 낮이라는 양은 겨울이라는 음으로부터 멀리 떨어진 여름과 같은 성질을 띤다. 그러다 보니 겨울낮이 양의 성질을 띠게 되어 음이라는 다른 종류를 갖고 있음을 잊게 된다는 뜻이다.

4장

子夏問孔子曰

顔回之爲人奚若?

子曰 回之仁賢於丘也.

曰 子貢之爲人奚若?

子曰 賜之辯賢於丘也.

曰 子路之爲人奚若?

子曰 由之勇賢於丘也.

曰 子張之爲人奚若?

子曰 師之莊賢於丘也.[1]

子夏避席而問曰

然則四子者 何爲事夫子?

曰 居! 吾語汝. 夫回能仁而不能反[2] 賜能辯而不能訥 由能勇而不能怯 師能莊而不能同.[3] 兼四子之有以易吾 吾弗許也.[4] 此其所以事吾而不貳也.[5]

자하가 공자에게 물었다.

"안회의 사람됨이 어떻습니까?"

공자가 답했다.

"안회의 인자함은 나보다 낫네."

물었다.

"자공의 사람됨은 어떻습니까?"

공자가 답했다.

"자공의 말솜씨는 나보다 낫네."

물었다.

"자로의 사람됨은 어떻습니까?"

공자가 답했다.

"자로의 용감함은 나보다 낫네."

물었다.

"자장의 사람됨은 어떻습니까?"

공자가 답했다.

"자장의 엄숙함은 나보다 낫네."[1]

자하는 자리를 피해 일어서서[11] 공자에게 물었다.

"그렇다면 네 사람은 무엇 때문에 선생님을 섬기고 있습니까?"

답했다.

"앉아보게! 내가 자네에게 말해주겠네. 안회는 인자하기는 하지만 변할 줄 모르고,[2] 자공은 말은 잘하지만 말수를 줄일 줄 모르고, 자로는 용감하기는 하지만 두려워할 줄 모르고, 자장은 엄숙할 수는 있지만 남들과 같이할 줄 모르네.[3] 네 사람이 가진 장점

---

11) 고대에서는 땅바닥에 자리를 깔고 무릎을 꿇고 앉았다가, 어른이 자리를 벗어나면 반드시 일어서야 했다. 『신역열자독본』, 134쪽 인용.

을 합해도 나와는 바꿀 수가 없다네.[4] 이 점이 바로 나를 섬기는데 아무런 의심이 없는 까닭일세."[5]

【장담 주석】

【1】猶矜莊.

장(莊)은 엄숙함이다.

【2】反變也. 夫守一而不變 無權智以應物 則所適必閡矣.

반(反)은 변한다는 뜻이다. 한 부분만 지켜서 변하지 않음은 임기응변의 지혜로 사물에 응하지 못한다는 것이니 곧 가는 곳마다 반드시 막히게 된다.

【3】辯而不能訥 必虧忠信之實 勇而不能怯 必傷仁恕之道 莊而不能同 有違和光之義, 此皆滯於一方也.

말은 잘하지만 말수를 줄일 줄 모르면 반드시 믿음을 잃게 되고, 용감하지만 두려워할 줄 모르면 너그러이 용서하지 못하게 되며, 엄숙하지만 남과 같이할 줄 모르면 세속과 어우러지지(和光同塵) 못하게 되니, 이는 모두 한쪽에 치우친 상태다.

【4】四子 各是一行之極, 設使兼而有之 求變易吾之道 非所許.

네 사람이 각기 한 가지씩의 특장이 있지만, 가령 이들의 장점을 모두 합해서 나의 도와 바꾸려고 해도 안 된다.

【5】會同要當寄之於聖人 故欲罷而不能也.

네 가지 덕이 함께 모임은 성인에게 있으므로, 그만두고 싶어도 할 수가 없다.

【역자 해설】

이 장에서는 자하의 말을 빌려 자로와 자장까지 중요한 공자 제자들의 인물평이 등장하고 있다. 이들은 모두 72명의 제자들 가운데에서도 큰 비중을 차지하고 있는 인물들이다. 안회와 자공은 열자에서도 가장 많이 등장하는 제자이며, 자하와 더불어 앞에서 소개했다. 열자서 여러 곳에서 안회를 칭찬했으나, 여기에서 어질기는 하지만 변할 줄 모른다고 지적했다. 이는 고대 전적 가운데 안회의 단점을 지적한 매우 보기 드문 장면이다.

자장(子張, 기원전 503-?)은 진나라 출신으로 호는 전손사(顓孫師)다. 『논어』에 「자장」편이 남아 있으며, 여기에서 그는 신념과 기개를 갖추어야 한다고 주장했고, 덕의(德義)를 강조했으며, '위난을 만나면 목숨을 바쳐야 하고, 이득을 만나면 의로움을 생각해야 한다'는 말을 남겼다. 뒷날 제자들을 많이 배출해서 유학의 여덟 학파 가운데 하나를 형성했다고 전한다.

자로(子路, 기원전 542-기원전 480)는 변(卞) 땅 출신으로 성이 중(仲) 이름은 유(由)다. 자로는 자이며 계로(季路)라고도 한다. 용감하고 결단력이 있는 인물로, 공자가 정사(政事)에 재능이 있다고 칭찬했으나 위(衛) 대부 공리(孔悝)의 읍재가 되었다가 난이 일어나자 용감하게 맞서다 죽고 말았다.

특히 공자가 제자들을 직접 평가한 공문십철이 유명한데, 안연(顔淵, 즉 안회)·민자건(閔子騫)·염백우(冉伯牛)·중궁(仲弓)은 덕행(德行)이 뛰어나고, 재아(宰我)와 자공은 언어가 뛰어나고, 염유(冉有)와 계로(季路, 즉 자로)는 정사(政事)에 뛰어난 제자이며, 자유(子游)와 자하는 문학이 뛰어난 제자라고 그 장점을 칭찬한바 있다.

5장

1절

子列子旣師壺丘子林【1】 友伯昏督人 乃居南郭. 從之處者 日數而
不及.【2】 雖然 子列子亦微焉.【3】 朝朝相與辯 無不聞.【4】
而與南郭子連牆二十年 不相謁請.【5】 相遇於道 目若不相見者.【6】
門之徒役以爲子列子與南郭子 有敵不疑.【7】
有自楚來者 問子列子曰
先生與南郭子 奚敵?
子列子曰
南郭子貌充心虛 耳無聞 目無見 口無言 心無知 形無惕. 往將奚
爲?【8】 雖然 試與汝偕往.
閱弟子四十人同行.【9】

자열자는 호구자림을 스승으로 섬기고,【1】 백혼무인과 교유하면
서 남쪽성(南郭)에서 살고 있었다. 그런데 자열자를 쫓아와 사는
사람이 날마다 수를 다 헤아릴 수 없었으나,【2】 자열자는 대수롭
지 않게 여겼다.【3】 이들은 아침마다 서로 논변을 벌였고, 그 소문

을 듣지 못한 사람이 없을 정도로 유명했다.【4】

그런데 남곽자라는 사람과 벽 하나 사이에 두고 산 지가 20년이 되었으나 서로 왕래가 없었다.【5】 서로 길을 가다가 마주쳐도 서로 본 적 없는 사람 보듯이 했다.【6】 자열자의 문도들은 자열자와 남곽자 간에 틀림없이 무슨 원수진 일이 있을 거라고 생각했다.【7】

초나라 출신의 문도가 자열자에게 물었다.

"선생님께서는 남곽자와 어떻게 원수가 되었습니까?"

자열자가 대답했다.

"남곽자는 모습은 완전하고 마음은 텅 비어서 귀로 듣지 않고 눈으로 보지 않으며, 입으로 말이 없고 마음으로 지각하는 게 없으며 몸은 흔들리지 않으니, 가보나 마나 똑같을 뿐이다.【8】 그렇지만 한번 함께 가보도록 하자."

열자는 제자 마흔 명을 거느리고 함께 찾아갔다.【9】

【장담 주석】

【1】 日損之師.

날로 덜어내는[12] 스승이다.

【2】 來者 相尋, 雖復日日料簡 猶不及盡也.

찾아오는 이가 계속되어서, 날마다 세어봐도 다 셀 수가 없었다.

【3】 列子 亦自不知其數也.

---

12) 『노자』에 '爲學日益 爲道日損'이라고 했으니, 날로 덜어낸다는 것은 도를 닦는다는 뜻으로 추정된다.

열자도 스스로 그 숫자를 알지 못했다.

【4】師徒相與講肄 聞於遠近.

스승과 제자가 서로 더불어 강론하며 익힌다는 소문이 원근에 모두 퍼졌다.

【5】其道玄合 故至老不相往來也.

서로의 도가 현묘하게 합치되어 있었으므로, 늙을 때까지 서로 왕래하지 않았다.

【6】道存 則視廢也.

도가 있으면 눈으로 볼 필요가 없다.

【7】敵讎.

적(敵)은 원수의 뜻이다.

【8】充猶全也. 心虛 則形全矣. 故耳不惑聲 目不滯色 口不擇言 心不用知 內外冥一 則形無震動也.

충(充)은 완전히 채워졌다는 뜻이다. 마음이 비면 모습이 완전하게 된다. 그러므로 귀는 소리에 미혹되지 않고, 눈은 색깔에 막히지 않으며, 입으로는 말을 가리지 않고, 마음으로는 알음알이를 쓰지 않아서 안팎이 하나로 합쳐지니 몸이 흔들릴 게 없다.

【9】此行也. 豈復簡優劣計長短? 數有四十 故直而記之也.

이번의 방문은 어찌 우열을 가리고 장단을 비교해보려는 것이겠는가? 40이라는 숫자는 사실대로 기록한 것이다.

2절

見南郭子 果若欺魄[13]焉 而不可與接.【10】顧視子列子 形神不相偶 而不可與羣.【11】南郭子俄而指子列子之弟子末行者與言【12】泠泠 然 若專直而在雄者.【13】子列子之徒駭之,【14】反舍 咸有疑色.【15】 子列子曰

得意者 無言 進[14]知者 亦無言.【16】用無言爲言 亦言 無知爲知 亦 知.【17】無言與不言 無知與不知 亦言亦知,【18】亦無所不言 亦無所 不知 亦無所言 亦無所知,【19】如斯而已. 汝奚妄駭哉?【20】

남곽자를 만나보니 흙으로 빚어놓은 인형 같아서 같이 교제할 수가 없었고,【10】 자열자를 돌아보는데 형체와 정신이 서로 맞지 않은 듯해서 사람들과 같이 어울릴 수가 없었다.【11】 이윽고 남곽자는 자열자의 말석에 따라온 제자와 더불어 말을 했는데,【12】 조용한 듯하지만 똑바로 대답해서 항상 이겼다.【13】 자열자의 제자들은 놀랐고,【14】 숙사에 돌아와서도 모두 의심하는 기색이 있었다.【15】 자열자가 말했다.

"뜻을 얻었으면 말이 필요 없고, 완벽하게 알았다면 또한 말이 필요 없소.【16】 무언(無言)으로 말하는 것 역시 하나의 말이고, 무지(無知)로 아는 것 역시 하나의 앎이요.【17】 말이 필요 없는 것과 말하지 않는 것, 앎이 필요 없는 것과 알지 못하는 것 역시 하나의 말이자 하나의 앎이요.【18】 남곽자는 말하지 않는 바가 없고 알지 못하는 바가 없으며, 또한 말할 필요도 없고 알 필요도 없는【19】

---

13) 기백(欺魄)은 고대 기우제에 쓰이던 토우(土偶)다. 위(魏) 어환(魚豢)『위략』 (魏略), "夫道之爲物 惟恍惟忽 壽爲欺魄 夭爲鳧沒 身淪有無 與神消息 含悅陰陽 甘 夢太極" 참조.

14) 『석문』(釋文)에 진(進)은 진(盡)의 뜻으로 보았다.

경지에 있을 뿐이니, 그대들이 어찌 망령되게 놀라는가?"[20]

【장담 주석】

【10】欺魄 土人也. 一說云欺頭. 神凝形喪 外物不能得闚之.

기백(欺魄)은 흙으로 빚은 인형인데 일설에는 기두라고도 한다. 육신을 놓아버린 채 정신만 집중되어 있어서 다른 사람들이 그를 엿볼 수가 없다.

【11】神役形者也. 心無思慮 則貌無動用. 故似不相攝御 豈物所得輩也?

정신은 몸을 부리는 존재이니, 마음에 생각이 없어지면 외모에도 움직임이 없어진다. 그러므로 심신조차도 상호 어우러져 작용하지 않는 것처럼 보이는데, 어찌 사람들과 같이 어우러질 수 있겠는가?

【12】偶在末行 非有貴賤之位. 遇感而應 非有心於物也.

우연히 끝에 있던 것이지 귀천의 지위는 아니다. 이는 우연히 감응해서 대응한 것이지, 사물에 마음을 둔 것은 아니다.

【13】夫理至者 無言, 及其有言 則彼我之辯生矣. 聖人對接俯仰 自同於物 故觀其形者 似求是而尚勝也.

이치가 완전한 상태에서는 말이 필요 없지만, 말이 있게 되면 피아간에 논변이 생겨난다. 성인이 응대하는 방식은 저절로 사람들과 똑같이 하므로, 겉모습으로는 긍정해주기를 요청하는 듯하지만 속으로는 되려 상대를 이긴다.

【14】見其尸居 則自同土木, 見其接物 則若有是非 所以驚.

꼼짝 않고 있을 때는 목석과 같다고 보았는데, 그가 사람과 만나자 시비를 따지는 듯이 보여서 놀란 것이다.

【15】欲發列子之言.

열자의 말을 이끌어내려고 한 것이다.

【16】窮理體極 故言意兼忘.

이치를 궁구하고 본질을 체득했으므로 언의(言意)를 모두 잊어버렸다.

【17】方欲以無言廢言 無知遣知, 希言傍宗之徒 固未免於言知也.

남곽자는 이제 말을 하지 않고 지식을 버리려고 하는데, 지엽적인 것을 말하고 싶어 하는 문도들은 아직 말과 지식을 면하지 못했다.

【18】比方亦復欲全自然 處無言無知之域. 此即復是遣無所遣 知無所知. 遣無所遣者 未能離遣, 知無所知者 曷甞忘知? 固非自然而忘言知也.

예를 들어 다시 자연스럽게 되고자 한다면 무언·무지의 상태에 있어야 한다. 그런데 이는 다시 버릴 것이 없음을 버리고 알 것이 없음을 아는 것이다. 버릴 것이 없음을 버림은 아직 버리는 데에서 떠나지 못했으니, 알 것이 없음을 아는 것이 어찌 앎을 잊은 경지겠는가? 아직 자연스럽게 말과 지식을 잊은 경지는 아니다.

【19】夫無言者 有言之宗也, 無知者 有知之主也. 至人之心 豁然洞虛 應物而言 而非我言, 即物而知 而非我知. 故終日不言 而無玄黙之稱, 終日用知 而無役慮之名. 故得無所不言 無所不知也.

무언이란 말의 근본이요, 무지란 앎의 주인이다. 지인의 마음은 훵하니 비어서 사물에 응해서 말하되 내가 말한 것이 아니요, 사물과 만나서 알지만 내가 안 것이 아니다. 그러므로 종일토록 말하지 않아도 현묘한 침묵이라고 일컫지 않고, 종일토록 앎을 쓰더라도 생각에 매였다는 이름이 없다. 그러므로 말하지 않는 바가 없고 알지 못하는 바가 없게 된다.

【20】不悟至妙之所會者 更麤, 至高之所適者 反下. 而便怪其應寂之異容 動止之殊貌 非妄驚如何?

　지극히 묘한 근원을 알지 못한 자는 다시 추해지고, 꼭대기에 올라간 자는 아래로 되돌아가게 된다. 제자들이 남곽자의 어묵(語默) 동정(動靜) 간의 다른 모습을 이해하지 못하고 있으니, 망령되이 놀라는 게 당연하다.

【역자 해설】

　말과 뜻과 앎의 문제는 인식론의 중요한 테마이기도 하지만, 고대 동양철학에서도 아주 중요한 주제였다. 말은 뜻을 완전하게 표현할 수 있는가? 인간은 말속에 담긴 뜻을 다 파악할 수 있는가? 이 질문은 선진시대 주요한 철학적 명제가 되었다. 유교에서 명(名)의 본질을 명분(名分)으로 해석하면서 이상적 명분으로서 실재와 현실을 규정하려 했다면, 도가에서는 명을 사물에 대한 개념이나 명사(名詞)로 해석하면서 개념은 실재를 반영하지도 본질을 드러내지도 못한다고 하여 명을 버려야만 사물의 본질이 드러날 수 있다고 했다.

　동양철학사에서 커다란 비중을 차지한 이 명실론은 중국인의 세계관과 사유 방식에 관련되며, 한자(漢字)의 기원 문제와도 연관시켜 생각해볼 수 있다. 한자의 원형은 상형문자에서 출발하는데, 원래 사물의 외형을 그린 그림에 의미를 담고 음을 추가한 부호였다. 시간이 흐르면서 하나의 문자에 여러 파생된 의미를 포함시켰고, 문맥에 따라서 여러 의미를 중첩시키거나 다양한 방식으로 해석되기도 했다. 독립된 문자를 겹친 복합어를 만들어 또 다른 의미를 만들어내기도 했는데, 특히 고사성어 같은 경우는 역사적 사건이나 특수한 상황에 의거한 것이어서 그 내력과 이야기를 알지 못하면 글자 자체만으로는 그 의미를 파악할 수 없었다.

그래서 하나의 단어 속에 다양한 의미를 함축하는 한자는 원의(原義)나 정의(定義)를 명확하게 규정하기 어려워서 뜻을 전달하는 데에 종종 해석의 문제가 발생하고는 했다. 이와 같은 문자 체계 내에서 이름(名)과 실(實), 글과 뜻 사이의 불일치 문제가 자연스럽게 제기되었다.

열자 원문에도 나오지만 특히 장담의 주석 속에 자연(自然)이라는 개념이 자주 등장하는데, 이는 '스스로 그러함'이나 '저절로 그러한' 경지를 말하는 것이다. 결코 오늘날 우리가 말하는 외부 세계로서의 자연(Nature)를 가리키는 말이 아닌데 이를 오역하는 경우가 종종 보인다. 한자어의 원의와 현대의 언어 습관이 달라져서 오해를 빚는 경우라고 할 수 있다.

6장

子列子學也【1】三年之後 心不敢念是非 口不敢言利害 始得老商
一眄而已. 五年之後 心更念是非 口更言利害 老商始一解顔而
笑. 七年之後 從心之所念 更無是非 從口之所言 更無利害, 夫子
始一引吾並席而坐.【2】九年之後 橫心之所念 橫口之所言 亦不知
我之是非利害歟 亦不知彼之是非利害歟.

外內進矣 而後眼如耳 耳如鼻 鼻如口 口15)無不同. 心凝形釋 骨
肉都融 不覺形之所倚 足之所履 心之所念 言之所藏. 如斯而已
則理無所隱矣.【3】

자열자가 공부한 지【1】 3년이 지나자 마음속에 감히 시비를 생각
하지 않았고, 입으로는 감히 이해를 말하지 않게 되자 노상(老商)
이 처음으로 한 번 눈길을 주었다. 5년이 지나 마음으로 다시 시
비를 생각하고 입으로 다시 이해를 말하게 되자 노상이 처음으로
한 번 웃어주었다. 7년이 흐르자 마음이 생각하는 대로 따라도 시

---

15) 구(口)는 연문(衍文)이다. 『열자집석』, 127쪽 참조.

비를 생각하는 게 없었고, 입에서 나오는 대로 말해도 이해를 말하지 않게 되자 노상이 처음으로 열자와 같은 자리에 나란히 앉았다.【2】 9년이 지난 뒤에는 마음 내키는 대로 생각하고 나오는 대로 말해도 나의 시비 이해뿐 아니라 상대방의 시비 이해도 알지 못하는 경지가 되었다.

안과 밖의 구별이 사라지면, 그다음에는 눈이 귀처럼 듣게 되고, 귀는 코처럼 냄새를 맡게 되며, 코는 입처럼 맛을 보게 되어서, 오관이 다 같아지게 된다. 마음은 집중되고 육체는 풀어지니, 골육이 다 녹듯이 사라져서 자신의 몸뚱이가 의지하고 있는 곳이나, 발이 디디고 있는 곳이나, 마음이 생각하고 있는 것이나, 말에 담은 뜻을 구별하지 않는 경지에 이르게 된다. 이와 같게 되면 숨어 있던 이치가 환히 드러나게 된다.【3】

【장담 주석】

【1】 上章云 列子學乘風之道.

윗 장에서 열자는 노상에게서 바람을 타는 도를 배웠다고 했다.

【2】 眄笑並坐 似若有褒貶昇降之情. 夫聖人之心 應事而感 以外物少多爲度 豈定於一方哉?

바라보고 웃어주고 동석하는 것에는 우열(優劣)의 뜻이 있는 듯하다. 그러나 성인의 마음은 외물에 응해서 감응하는 것이지, 외물의 중요성을 비교해서 어느 한쪽으로 치우치겠는가?

【3】 黃帝篇已有此章 釋之詳矣, 所以重出者 先明得性之極 則乘變化而無窮, 後明順心之理 則無幽而不照, 二章雙出 各有攸趣 可不察哉?

앞의 「황제」편에도 이 장이 있어서 자세하게 해석했다. 그런데 거듭 나온 까닭은 앞에서는 본성을 완전히 터득하면 변화를 타고 영원을 누리게 됨을 밝혔고, 뒤에서는 마음의 이치를 따르면 아무리 어두워도 환히 비추지 못하는 곳이 없게 됨을 밝혔으니, 두 장에 중복되어 나왔으나 각기 취향하는 바가 달라 자세히 살펴보아야 할 것이다.

【역자 해설】

「황제」편 3장 후반부에 바람 타고 다니는 도술을 배우는 과정에서 위 내용의 전반부가 그대로 등장한다. 장담은 주석에서 중복되어 나왔지만 "앞에서는 본성을 완전하게 터득하면 변화를 타고 영원을 누리게 됨을 밝혔고, 뒤에서는 마음의 이치를 따르면 아무리 어두워도 환히 비추지 못하는 곳이 없게 됨"을 밝혔다고 해서 두 장의 취향이 다르니 주의해서 구별하라고 충고하고 있다.

그러나 필자가 보기에는 앞에서는 열자의 스승과 제자가 같이 등장해서 바람 타는 도술의 경지를 설명한 것이고, 이 장에서는 그 공부 과정의 의미를 해석했을 뿐이지, 주제상에서 달라졌다고 볼 필요는 없을 듯하다.

사실 글을 쓰는 사람은 단어 하나를 쓰는 데에도 신중한 법이어서, 단어 하나 겹쳐 쓰는 것조차 꺼리는 것이 상례다. 그러나 이 장에서처럼 문단 전체가 중복된다는 것은 후대에 착간(錯簡)되었거나 편집상의 오류일 가능성이 높다. 아마도 이 중복 게재는 한 제국이 멸망하고 삼국시대에서 위진에 이르는 혼란기 속에서 발생했을 것이다.

위에서는 "안과 밖의 구별이 사라지면, 그다음에는 눈이 귀처럼 듣게 되고, 귀는 코처럼 냄새를 맡게 되며, 코는 입처럼 맛을 보게 되어서, 오관이 다 같아지게 된다"고 했는데, 「황제」편에서는 "눈이 귀와 같고 귀가 코와 같고 코가 입과 같아져서 모두 같지 않은 것이 없어졌다"고 했다. 「중니」편 2장에서도 "노담의 도를 체득한 강창자는 귀로 보고 눈으로 들을 수 있다"고 했으니, 도를 수행하다 보면 분리되었던 인간의 감각기관이 통합되어 작용하는 경지가 온다고 했다. 아마도 오관(五官)을 비롯한 오장육부의 기능과 인체의 오행의 기운이 일기(一氣)로 통합된다는 뜻인 듯하다. 그러나 인간의 상식과 상상을 초월하는 내용이라서 꾸며낸 이야기일 수는 없을 터인데, 과연 눈으로 듣고 귀로 볼 수 있을지 매우 흥미롭다고 하지 않을 수 없다.

7장

初 子列子好游. 壷丘子曰

禦寇好游 游何所好?

列子曰

游之樂所玩無故.【1】人之游也 觀其所見, 我之游也 觀其所變.【2】游乎游乎! 未有能辨其游者.【3】

壷丘子曰

禦寇之游 固與人同歟 而曰固與人異歟? 凡所見 亦恒見其變.【4】玩彼物之無故 不知我亦無故.【5】務外游不知務內觀, 外游者 求備於物 內觀者 取足於身. 取足於身 游之至也 求備於物游之不至也.【6】

於是 列子終身不出 自以爲不知游.【7】壷丘子曰

游其至乎!【8】至游者 不知所適 至觀者 不知所眂.【9】物物皆游矣 物物皆觀矣.【10】是我之所謂游 是我之所謂觀也.【11】故曰 游其至矣乎! 游其至矣乎!

362

처음에 자열자는 소요(逍遙)하면서 노닐기를 좋아했다. 스승 호구자가 물었다.

"어구(禦寇, 열자의 이름)는 소요를 좋아하는데, 소요가 무엇이 좋은가?"

열자가 대답했다.

"소요의 즐거움은 진부하지 않은 새로움을 완상하는 데 있습니다.[1] 사람들이 소요할 때는 보이는 대로 구경하지만, 저의 소요는 변하는 바를 바라봅니다.[2] 다들 소요한다고 말들 하지만 소요의 뜻을 변별하는 이가 없습니다."[3]

호구자가 물었다.

"내가 보기엔 그대의 소요는 범인들과 같은데, 그대는 범인들과 정말로 다르다고 하는 건가? 보이는 바도 역시 그 변화를 구경하는 것일세.[4] 그대는 사물들의 새로운 변화를 감상한다고 하지만, 자기 자신도 새로 변화하고 있다는 것을 모르고 있네.[5] 외부의 소요에 힘쓰다가 자신의 내부를 볼 줄 모르니, 밖으로 소요하는 사람은 외물에서 모든 것을 구하려고 애쓰지만 안으로 보는 사람은 자기 자신에게서 충분히 구할 수 있네. 자신에게서 충족함을 구하는 것이 소요의 최고 경지이지, 외물에서 구해서 갖추려는 것은 최고의 소요가 아니라네."[6]

이 말을 듣고 자열자는 평생 밖으로 나가지 않았고, 스스로 소요할 줄 모른다고 여겼다.[7] 이를 본 호구자가 말했다.

"이제 소요의 극치에 도달했네![8] 소요의 극치는 갈 곳을 모르는 경지요, 바라보는 것의 극치는 바라볼 데를 알지 못하는 경지네.[9] 이제 모든 사물들에서 다 소요하고 있고, 모든 외물들을 다 바라보고 있으니,[10] 이것이 내가 말하는 소요요, 내가 말하는 본다는 뜻이라네.[11] 그러므로 그대는 소요의 극치에 도달했네! 이

제 소요의 궁극에 이르렀네!"

【장담 주석】

【1】言所適常新也.

늘 새로운 곳을 찾아감을 말한다.

【2】人謂凡人 小人也. 惟覩榮悴殊觀以爲休戚 未覺與化俱往 勢不暫停.

인(人)은 범인을 말하며 소인이다. 범인들은 다만 겉모습이 화려한가 누추한가를 보고서는 좋다 나쁘다고 여길 뿐이지, 변화하는 대로 함께 하면서 변화의 기세가 잠시도 멈출 수 없음을 깨닫지는 못한다.

【3】人與列子游 則同 所以游 則異 故曰 游乎游乎! 明二觀之不同也. 未有辯之者 言知之者 鮮.

사람들과 열자가 노니는 것은 같지만, 노니는 까닭은 다르다. 그러므로 '소요한다, 소요한다'고 말한 것은 두 가지 보는 방식이 다르지만 이를 변별하는 이는 없고, 이를 안다고 말하는 이는 드묾을 밝힌 것이다.

【4】苟無暫停之處 則今之所見 常非向之所見, 則觀所以見 觀所以變 無以爲異者也.

잠시도 멈추는 곳이 없으니 지금의 본 바는 언제나 이전에 본 바가 아니니, 보는 소이를 보고 변하는 소이를 보아야 다르게 여기지 않게 된다.

【5】彼之與我 與化俱往.

사물과 나는 함께 변화해가고 있다.

【6】人雖七尺之形 而天地之理備矣, 故首圓足方 取象二儀 鼻隆口窊 比象

364

山谷 肌肉連於土壤 血脉屬於川瀆 溫蒸¹⁶⁾同乎炎火 氣息不異風雲. 內觀諸色 靡有一物不備 豈須仰觀俯察 履淩朝野 然後備所見?

사람은 7척의 형체에 천지의 이치를 갖추고 있어서, 머리는 둥글고 발은 네모나서 음양의 모습을 본뜨고, 코는 솟고 입은 우묵해서 산과 골짝의 상에 비기며, 살갗은 땅에 연관되고 혈맥은 강물에 속하고 열기는 더위와 같으며 숨은 풍운과 다르지 않다. 안으로 여러 형색들을 바라보면 어느 하나도 갖추지 못한 게 없는데, 어찌 천지를 다 살펴보고 전국 방방곡곡을 모두 다녀본 뒤에야 완전하게 보았다고 하겠는가?

【7】旣聞至言 則廢其游觀. 不出者 非自匿於門庭者也.

이미 도를 말해준 것을 들었으니, 더 이상 소요하며 보는 것을 그만둔 것이다. 밖에 나가지 않은 것은 스스로 집 안에 숨었다는 뜻이 아니다.

【8】向者 難列子之言游也 未論游之以至, 故重敍也.

앞에서 열자가 소요를 말한 것을 반박했으나 소요의 극치에 이르렀음을 논하지는 않았으므로, 다시 한번 기술한 것이다.

【9】內足於己 故不知所適, 反觀於身 固不知所眠.

안으로 자기 자신에게서 충족되었으므로 더 갈 바를 알지 못하고, 자신에게로 회광반조(廻光返照)해서 바라보고 있으니 진실로 더 봐야 할 바를 알지 못하는 경지다.

【10】忘游 故能遇物而游, 忘觀 固能遇物而觀.

소요를 잊었으므로 외물을 만나면 소요할 수 있고, 바라보는 것을 잊었으

---

16)『석문』에 온증(溫蒸)은 온증(溫證)이라고 했다.『열자집석』, 128쪽.

므로 외물을 만나면 바라볼 수가 있게 된 것이다.

【11】我之所是 蓋是無所是耳. 所適 常通而無所凝滯 則我之所謂游觀.

내가 긍정하는 바는 바로 긍정할 곳이 없는 경지고, 내가 지향하는 것은 항상 통해 있어서 막힌 곳이 없는 경지이니, 이것이 곧 내가 말하는 소요하며 바라본다는 것이다.

【역자 해설】

유(游)와 관(觀)의 개념이 쉽지 않다. 유(游)는 노닌다는 뜻인데, 현대 중국어 번역서에는 대부분 유람(遊覽)으로 번역되어 있으나, 유람의 어감은 열자가 즐기고 있는 유의 경지를 설명하기에는 곤란하다. 필자의 생각에 우리말로는 '노닌다'고, 한자어로는 '소요'이며, 그 배경으로는 장자가 말한 '소요유'(逍遙遊)의 뜻을 참조하는 것이 가장 적당하다.

관(觀)은 '볼 관'으로 새기기도 하지만 '유람(遊覽)한다'는 뜻도 있어서, 소요와 본질적으로 관련되어 있다고 할 수 있다. 또 관(觀)의 본다는 뜻에는 황새(雚)가 공중을 빙빙 돌며 먹잇감을 뚫어지게 노려보는(見) 의미가 있다는 말을 이전에 한학을 가르쳐주시던 선생님께 들었다. 『주역』에는 관괘(觀卦)가 있다. 관괘의 「단전」(象傳)에서는 일월성신의 무궁한 변화 속에서 천도의 법칙을 꿰뚫어본다고 했다. 여기에서의 관(觀)도 현상계의 변화무쌍함 속에서 그 본질을 꿰뚫어본다는 의미로 보면 좋을 듯하다.

장자의 「소요유」편에는 열자가 등장해서 바람을 타고 다니는 경지를 설명한 바 있다(夫列子御風而行, 泠然善也, 旬有五日而後反. 彼於致福者, 未數數然也). 열자가 보름 동안이나 천하를 노닐며 구경하다

돌아온다는 내용에 이어 이 「중니」편을 연결해서 이해해볼 수도 있겠다.

장담의 주석에서 사람은 일곱 자밖에 안되는 작은 몸뚱이에 "천지의 이치를 갖추고 있어서, 머리는 둥글고 발은 네모나서 음양의 모습을 본뜨고, 코는 솟고 입은 우묵해서 산과 골짝의 상에 비기며, 살갗은 땅에 연관되고 혈맥은 강물에 속하고 열기는 더위와 같으며 숨은 풍운과 다르지 않다"는 말은 인체에 천지의 형상과 이치가 그대로 갖춰져 있다는 생각을 보여준다. 옛 중국 사람들은 인체를 소우주라고 여겼으니, 이를 천인합일(天人合一) 사상의 표현이라고 할 수 있다. 그러나 현대과학의 눈으로 보자면 유비하는 대상들 간의 필연성이 없어서 견강부회라는 비판을 면하기는 어려울 것이다.

8장

龍叔謂文摯曰

子之術微矣. 吾有疾 子能已乎?

文摯曰

唯命所聽 然先言子所病之證.

龍叔曰

吾鄕譽不以爲榮 國毁不以爲辱. 得而不喜 失而弗憂, 視生如死
視富如貧, 視人如豕[1] 視吾如人.[2] 處吾之家 如逆旅之舍,[3] 觀
吾之鄕 如戎蠻之國.[4] 凡此衆疾 爵賞不能勸 刑罰不能威 盛衰利
害不能易 哀樂不能移. 固不可事國君 交親友 御妻子 制僕隷.[5]
此奚疾哉? 奚方能已之乎?

文摯乃命龍叔背明而立 文摯自後向明而望之. 旣而曰

嘻! 吾見子之心矣, 方寸之地虛矣, 幾聖人也! 子心六孔流通 一孔
不達.[6] 今以聖智爲疾者 或由此乎, 非吾淺術所能已也.

용숙(龍叔)이 문체(文摯)에게 말했다.

"선생의 의술이 오묘하시니, 선생께서 나의 병도 낫게 해줄 수 있겠습니까?"

문체가 대답했다.

"오직 명하신 대로 듣겠습니다만 먼저 당신의 아픈 증세를 말씀해주시오."

용숙이 말했다.

"나는 온 마을이 칭찬해주어도 영광으로 생각하지 않고 온 나라에서 비방해도 치욕으로 생각하지 않습니다. 이득을 보았다고 기뻐하지 않고 손실을 당했다고 근심하지 않으며, 생사를 하나로 보고 빈부를 같이 보며, 사람을 동물과 다르게 보지 않고[1] 나와 남을 하나라고 봅니다.[2] 우리 집에 있으나 여관에 있으나 차이가 없고,[3] 우리 마을이나 오랑캐나 같이 봅니다.[4] 이런 나의 여러 증세는 작록(爵祿)을 준다고 해도 권할 수 없고 형벌을 가한다고 해도 위협할 수 없으며, 이해득실을 따진다고 해도 바꿀 수 없고 희로애락의 감정으로도 옮길 수 없습니다. 그래서 진실로 임금을 섬기지 않고 친구를 사귀지 않고 처자를 거느리지 않으며 노비를 부리지 않습니다.[5] 이 증세는 무슨 병인가요? 어떻게 해야 고칠 수 있는가요?"

문체는 용숙에게 밝은 쪽을 등지고 서게 하고, 문체는 뒤에서 밝은 쪽을 향해 바라보다가 말했다.

"아! 나는 그대의 마음을 보았는데, 한 치의 마음속이 텅 비어 있으니 거의 성인이라고 할 수 있겠소! 그런데 그대의 심장에는 여섯 구멍은 잘 통하고 있는데 한 구멍이 안 통하고 있습니다.[6] 지금 성스럽고 슬기로운 덕을 병이라 여기는 것은 아마 이 때문인 듯한데, 나의 천박한 기술로는 고칠 수가 없습니다."

【장담 주석】

【1】 無往不齊 則視萬物皆無好惡貴賤.

어디에 가더라도 다 차별이 없는 경지니, 만물에 호오(好惡)나 귀천이 없다고 본다.

【2】 忘彼我也.

피아를 잊은 경지다.

【3】 不有其家.

자신의 집을 소유하지 않는 경지다.

【4】 天下爲一.

천하를 하나로 삼는 경지다.

【5】 夫人所以受制於物者 以心有美惡 體有利害. 苟能以萬殊爲一貫 其視萬物 豈覺有無之異? 故天子所不能得臣 諸侯不能得友 妻子不能得親 僕隸不能得狎也.

사람이 외물에 매이는 까닭은 마음에 호오가 있고 몸에 이해(利害)가 있기 때문이다. 진실로 온갖 종류의 사물들을 하나로 꿸 수가 있다면, 만물들을 볼 때에 무슨 차이를 느끼겠는가? 그러므로 천자도 그를 신하로 삼을 수 없고 제후도 그를 벗으로 얻을 수 없고 처자도 그와 가까이할 수가 없으며 노비도 그에게 부려질 수가 없다.

【6】 舊說 聖人心有七孔也.

옛날부터 성인에게는 심장에 칠규(七竅)가 있다고 한다.

【역자 해설】

열자의 "이득을 보았다고 기뻐하지 않고 손실을 당했다고 근심하지 않으며, 생사를 하나로 보고 빈부를 같이 보며, 사람을 동물과 다르게 보지 않고 나와 남을 하나라고 봅니다. 우리 집에 있으나 여관에 있으나 차이가 없고, 우리 마을이나 오랑캐나 (똑)같이 봅니다"라는 말은 모든 차별을 버리고 달관한 모습을 보여준다.

이런 세속으로부터의 초월과 일체의 구별을 여읜 달관은 도가 사상의 특징이라고 말할 수 있으나, 위에서 "진실로 임금을 섬기지 않고 친구를 사귀지 않고 처자를 거느리지 않"는다고 하니 정치적으로 말하자면 도가는 반정부 성향의 정권 비판자와 무정부주의자와 히피 사이에 걸쳐 있는 듯이 보인다. 그래서 도가는 초월과 달관을 넘어서 자칫 왕조를 부정하고 삼강오륜을 부정한다는 오해를 받을 수 있다.

달관과 초월은 유교 전통에서도 찾을 수 있다. 가령 부귀를 뜬구름처럼 보고 공명을 초월해서, 안회처럼 나물 먹고 물 마시는 누항(陋巷)의 가난함을 즐기는 안빈낙도(安貧樂道)의 사상이라든지, 온 천하가 차별 없이 다 한 집안이라는 사해동포(四海同胞)·사해일가(四海一家) 사상에서 초월적 사유 방식을 찾아볼 수 있다.

하지만 그렇다고 해서 도가에서처럼 나와 남, 사람과 동물, 중국과 오랑캐의 차별을 단박에 뛰어넘어 모두를 하나로 본다고 말할 수는 없다. 유교에서 내세우는 인(仁)이라는 관념의 본질은 보편적 사랑이라는 점에서 초월적이지만, 그 실천 방법은 점진적이고 차별적이다. 나를 중심으로 부모·형제·자식으로 점차 그 사랑의 폭을 넓혀나감으로써 수기치인(修己治人)이 이뤄지고, 나아가 치국평천하(治國平天下)가 가능해진다고 말한다.

여기에서 나의 부모·형제에 대한 사랑은 동네 사람의 부모·형제와 똑같을 수 없고, 동네 사람에 대한 사랑은 다른 지방 사람과 똑같을 수 없다는 차별을 인정하고 있다는 사실을 주의할 필요가 있다. 특히 이것이 주변 국가나 소수민족과의 관계에서 중화주의의 독존적 이데올로기와 연결될 때에는, 인이라는 초월적 사랑이나 박애주의 정신이 전혀 작동하지 않는다는 사실도 잊어서는 안 될 것이다.

'방촌'(方寸)이라는 개념이 시사하듯 전통시대에는 사람의 마음이 사방 한 치 정도의 크기를 가진 기관으로 존재한다고 보았던 듯하다. 심장에 구멍이 있다는 말은 심장에 연결된 동맥과 정맥 및 심실 간의 통로를 실제로 보고 말한 것 같다. 그런데 성인의 심장에는 7개가 있어서 보통 사람보다 1개가 더 있다고 한 뜻은 아마도 성인의 마음속에는 일반인보다 배려심이 더 많다는 의미로 보인다.

9장

無所由而常生者 道也,[1] 由生而生 故雖終而不亡 常也,[2] 由生
而亡 不幸也.[3] 有所由而常死者 亦道也,[4] 由死而死 故雖未終
而自亡者 亦常也,[5] 由死而生 幸也.[6]

故無用而生 謂之道 用道得終 謂之常.[7] 有所用而死者 亦謂之道
用道而得死者 亦謂之常.[8]

季梁之死 楊朱望其門而歌,[9] 隨梧之死 楊朱撫其尸而哭.[10] 隷
人之生 隷人之死 衆人且歌 衆人且哭.[11]

연유한 바가 없이도 항상 살아 있는 것은 도(道)요,[1] 태어나서
살다가 비록 끝나더라도 사라지지 않는 것은 상(常)이며,[2] 태어
나기는 했으나 죽어 없어지는 것은 불행이다.[3] 연유한 바가 있
으나 항상 죽어 있는 것도 역시 도이고,[4] 죽음으로 말미암아 죽
어서 비록 끝나지는 않았으나 스스로 없어지는 것도 역시 상이
며,[5] 죽음으로 말미암아 살아 있는 것은 행운이다.[6]

그러므로 쓰이는 데가 없으면서 살아 있는 것을 도라 하고, 도로
써 끝마치는 것을 상이라고 한다.[7] 쓰이는 데가 있어 죽는 것도

도라 하고, 도로써 죽는 것도 상이라고 한다.[8]

계량(季梁)이 죽자 양주(楊朱)가 그 집 문을 바라보며 노래를 했으나,[9] 수오(隨梧)가 죽자 양주는 그 주검을 어루만지면서 곡을 했다.[10] 사람이 태어나면 사람들은 노래를 부르고, 죽으면 곡을 한다.[11]

【장담 주석】

【1】忘懷任過 通亦通 窮亦通 其無死地. 此聖人之道者也.

생각을 잊고 흘러가는 대로 맡기니, 통하면 통하고 막혀도 통해서, 죽을 곳이 없다. 이것이 성인의 도다.

【2】老子曰 死而不亡者 壽. 通攝生之理 不失元吉之會, 雖至於死 所以爲生之道常存. 此賢人之分 非能忘懷闇得自然而全者也.

노자는 '죽어도 사라지지 않는 이는 장수한다'고 했다. 삶을 기르는 이치에 통하고 크게 길한 기회를 잃지 않으니, 비록 죽음에 이르더라도 살아 있는 도가 상존한다. 이것이 현인의 분수이나, 생각을 잊은 채 그대로 자연에 맡기는 완전한 경지는 아니다.

【3】役智求全 貴身賤物 違害就利 務內役外 雖之於死 蓋由於不幸也.

꾀를 써서 전부를 가지려 하고 자신을 귀하게 여기고 남을 천시하며, 해를 피해서 이를 취하고 안에 힘쓰고 밖을 부리니, 죽더라도 불행한 방식으로 죽게 된다.

【4】行必死之理 而之必死之地, 此事實相應 亦自然之道也.

죽는 이치대로 행해서 죽을 곳으로 가니, 이는 사실에 맞으며 또한 자연스러운 도다.

【5】常之於死 雖未至於終 而生理已盡 亦是理之常也.

항상 죽음으로 가고 있으니, 비록 끝에 이르지는 않았으나 삶이 끝나는 것 역시 이치의 변치 않는(常) 모습이다.

【6】犯理違順 應死而未及於此, 此誤生者也.

순리대로 하지 못한 탓으로, 죽어야 하지만 아직 죽지 않은 것은 잘못해서 살아 있는 것이다.

【7】用聖人之道 存亡得理也.

성인의 도를 쓰니, 제대로 살고 제대로 죽게 된다.

【8】乘凶危之理 以害其身 亦道之常也.

흉하고 위태로운 이치로 자신을 해치는 것도 도의 변치 않는(常) 모습이다.

【9】盡生順之道 以至於亡 故無所哀也.

순리대로 살아가는 도를 다 실천하다가 죽음에 이르렀으므로 슬퍼할 바가 없었기 때문이다.

【10】生不幸而死 故可哀也.

불행하게 태어났다가 죽었으므로 매우 슬퍼한 것이다.

【11】隷 猶羣輩也. 亦不知所以生 亦不知所以死. 故哀樂失其中. 或歌或哭也.

예(隷)는 뭇사람들이다. 사람들은 살아가는 까닭도 모르고 또한 죽는 까닭도 모른다. 그러므로 슬퍼함과 기뻐함이 절도에 맞지 않으니, 노래했다가 울었다가 한 것이다.

【역자 해설】

 이 장은 글자 자체는 어렵지 않으나, 전체적인 문맥을 파악하기가 어렵다. 처음부터 도(道)와 상(常)을 대비시키고 있다. 상을 첫 번째로 설명한 "끝나더라도 사라지지 않는 것은 상이다"(終而不亡常)라는 구절은 『노자』에서 '죽어도 사라지지 않는 이는 오래 산다'(死而不亡者壽)는 문장과 비슷한 구조를 갖고 있는데, 상(常)도 노자서에 아주 많이 쓰이는 개념이다. 『노자』 첫 구절에서부터 등장한 '상도'(常道), '상명'(常名) 등에서의 상은 일정하며 불변한다는 뜻을 가지고 있어서, 도와 연관되는 개념이라고 할 수 있다.

 『열자』를 번역한 중국학자 장만수(莊萬壽)는 상이 상규(常規)의 뜻으로 도와 같은 의미라고 해석했는데, 장담의 주석을 보면 도는 성인의 경지를 나타내는 것이고 상은 현인의 경지를 나타내는 개념으로 차별적으로 보고 있다. 또 원문의 문맥을 보더라도, 도와 상과 불행을 3단계의 위계로 말하고 있음을 알 수 있다. 그렇게 본다면 도는 영원불변의 독립적 실체이고, 상은 그것이 물리적·시간적 한계를 가진 실존 속에 내재한 불변성이며, 불행은 생사라는 숙명에 매여 있는 일반 사람 혹은 다람쥐 쳇바퀴 돌 듯 성주괴공(成住壞空)을 반복하고 있는 존재를 지칭한다고 보면 될 듯하다.

 그래서 양주가 노래를 불러준 계량이 생사를 초월한 도의 경지에 있는 인물이라면, 곡을 하며 애도한 수오는 생사의 변화에 휩쓸려 살다 간 불행한 범인이라고 이해하면 되겠다. 계량에 대해서는 뒤의 「역명」편에 다시 나온다.

10장

目將眇者 先睹秋毫 耳將聾者 先聞蚋飛. 口將爽者 先辨淄澠【1】
鼻將窒者 先覺焦朽【2】 體將僵者 先亟犇佚,【3】 心將迷者 先識是
非.【4】 故物不至者 則不反【5】

눈이 멀기 직전에는 먼저 털끝이 보이고, 귀가 먹기 직전에는 먼
저 모깃소리를 듣는다. 입맛을 잃기 직전에는 먼저 물맛을 가려
내고【1】 코가 막히기 직전에는 먼저 계절의 냄새를 구분하고【2】 몸
이 쓰러지기 직전에는 먼저 빨리 달리며,【3】 정신이 착란되기 직
전에는 먼저 시비를 분명히 따진다.【4】 그러므로 사물은 끝까지
가면 다시 되돌아오는 법이다.【5】

【장담 주석】

【1】 爽 差也. 淄澠水異味 旣合 則難別也.

상(爽)은 어긋나게 된다는 뜻이다. 치수(淄水)와 민수(澠水)의 물맛이 다
른데,17) 이들을 합쳐놓으면 구별하기가 어렵다.

【2】焦朽 有節之氣[18) 亦微而難別也.

초후(焦朽)는 초여름과 초겨울 절기의 냄새로, 또한 미묘해서 구별하기 어렵다.

【3】僵 仆也. 如顏淵知東野之衒馬 將奔也,[19) 與人理亦然.

강(僵)은 쓰러진다는 뜻이다. 예를 들면 동야(東野)가 말을 모는 것을 보고 안연이 그 말이 날뛰게 될 것을 아는 것과 같으니, 사람도 이치가 같다.

【4】目耳口鼻身心 此六者 常得中和之道 則不可渝變. 居亢極之勢 莫不頓盡, 故物之弊必先始於盈滿 然後之於虧損矣. 窮上反下 極盛必衰 自然之數. 是以聖人居中履和 視目之所見 聽耳之所聞 任體之所能 順心之所識 故智周萬物 終身全具者也.

이목구비와 심신의 여섯 가지는 항상 중화(中和)의 도를 얻어야 하고 변질되어서는 안 된다. 극도에 이르면 갑자기 꺾이게 되는 법이니, 사물의 폐단은 꽉 찬 정점에서 시작되어 뒤에 어그러지고 줄어들게 된다. 끝까지 올라가면 내려가게 되고 극도로 흥하면 쇠망하게 되는 것은 필연적인 자연법칙이다. 이런 까닭에 성인은 중(中)에 거하면서 화(和)를 실천하니, 눈에 보이는 대로 보고 귀에 들리는 대로 듣고 몸이 기능하는 대로 맡기고 마음이 아는 대로 따르므로, 지혜는 만물에 미치고 몸은 종신토록 손상됨이 없는 것이다.

---

17) 중국 산동성에 치수와 민수가 있다고 한다.

18) 『예기』「월령」에 "孟夏之月 其味苦 其臭焦"라고 했고 "孟冬之月 其味鹹 其臭朽"라고 했다.

19) 말을 잘 모는 동야가 너무 지나치게 말을 달리는 것을 보고, 안연은 말을 몰 줄 모르지만 말이 쓰러질 것을 알았다는 내용이다. 『포박자』 외편 권3 「기혹」(譏惑) 제26, "抱朴子曰 路人不能挽勁命中而識養由之射 顏子不能操轡挾策 而知東野之敗 故有不能下棊 而經目識黑白 不能徽 絃而過耳 解鄭雅者也"및 『진서』(晉書) 권114 재기(載記) 제14 「왕맹」(王猛), "秦昔東野窮馭 顏子知其將獘"참조.

【5】要造極而後還 故聰明強識 皆爲闇昧衰迷之所資.

극점에 이른 뒤에 돌아오게 되므로, 총명·박식이란 것은 모두 우매와 미혹의 바탕이 된다.

【역자 해설】

이 장은 인간의 감각 능력을 극단적으로 발휘하는 예를 보여준다. 그러나 "눈이 멀기 직전에는 털끝이 보이고, 귀가 먹기 직전에는 모깃소리를 들으며, 입맛을 잃기 직전에는 물맛을 가려내고, 몸이 쓰러지기 직전에는 빨리 달리며, 정신이 착란되기 직전에는 시비를 분명히 따진다"는 말은 과연 그런지 의심스럽다. 필자가 과문한 탓인지는 모르겠으나, 일시적으로 병세가 호조되었다가 다시 악화되는 경우가 있다는 말은 들어보았으나, 위와 같이 눈·귀가 멀기 전이나 반신불수·정신착란의 전조증상이 이렇게 병증과 반대 현상으로 나타난다는 말을 들어본 적은 없다. 이는 사물이 극도에 이르면 되돌아간다는 극즉반(極則反)의 논리에 견강부회한 듯하다.

본문에 사계절의 냄새를 구분한다는 내용이 나온다.『예기』에 보면 봄은 신맛이 나고 누린내가 나며 여름에는 쓴맛이 나고 타는 내가 난다고(『예기』「월령」, "孟春之月…其味酸, 其臭羶. …孟夏之月…其味苦, 其臭焦") 했지만, 과연 계절마다 냄새가 다른 것인지 그리고 사람이 후각으로 그 냄새를 알 수 있는지 상상하기가 쉽지는 않다.

다만 치수와 민수의 물맛을 가려낸다는 말이 나오는데, 이는 산둥성에 있는 강 이름이다. 우리나라에도 몇 명의 워터 소믈리에가 있다고 하는데, 미각이 예민한 사람은 어느 강물인지를 구별해낸다는 것이 가능할지는 모르겠다.

그런데 왜 강물의 맛을 보았을까? 지금은 환경오염으로 인해서 강물을 떠다 먹는다는 것을 상상하기 어렵지만, 전통시대에는 강물을 떠서 음용수로 사용하기도 했다. 내가 어릴 적에는 식수를 바로 강가에서 뜨지 않고 강 한복판까지 노를 저어 가서 물통을 깊숙이 담가 떠왔다. 큰 독에 그 물을 부어두면 곧 침전물이 가라앉고 투명하고 맑은 물이 되었다. 침전물이라고 해봐야 금가루 같은 모래뿐이었다.

지금도 중국에선 강물을 떠서 먹는 경우가 많이 있다고 한다. 2019년도에 중국 감숙성의 도관(道觀)을 답사하러 간 적이 있었는데, 그곳의 지인이 난주(蘭州)의 향토 음식으로 유명한 우육면(牛肉麵)을 소개해주었다. 대개 우육면은 기름기가 많아서 우리가 먹기에는 다소 느끼한데, 그 지역의 우육면은 국물맛이 담박하면서도 우리나라의 갈비탕처럼 구수하고도 달콤했다. 다른 곳에 가면 절대로 이런 맛을 맛볼 수 없다는 자랑에 절로 고개를 끄덕이면서 아주 맛있게 먹었다. 그런데 지인은 직접 황하의 강물을 퍼 와서 이 우육면에 사용했다고 자랑스럽게 덧붙였다. 나는 깜짝 놀랐다. 텔레비전에서 황하 유역의 주민들이 황하 물을 식수로 떠서 먹는 장면을 본 적이 있는데, 어떻게든 여과는 했겠지만 내가 바로 그 황토투성이의 물을 먹은 셈이었다. 어릴 적 비단같이 맑고 곱던 우리의 강물이 아니라, 중국인조차도 물이 아니라 황토가 흐른다고 하는 황하 물을 말이다.

11장

鄭之圃澤多賢[1] 東里多才.[2] 圃澤之役有伯豐子者[3] 行過東里
遇鄧析.[4] 鄧析顧其徒而笑曰

爲若舞 彼來者 奚若?[5]

其徒曰

所願知也.[6]

鄧析謂伯豐子曰

汝知養養[7]之義乎? 受人養而不能自養者 犬豕之類也, 養物而
物爲我用者 人之力也. 使汝之徒食而飽 衣而息 執政之功也.[8]
長幼羣聚而爲牢藉 庖廚之物 奚異犬豕之類乎?

伯豐子不應,[9] 伯豐子之從者 越次而進曰

大夫不聞齊魯之多機乎?[10] 有善治土木者 有善治金革者 有善治
聲樂者 有善治書數者 有善治軍旅者 有善治宗廟者, 羣才備也.
而無相位者 無能相使者.[11] 而位之者 無知 使之者 無能 而知之
與能爲之使焉.[12] 執政者 廼吾之所使, 子奚矜焉?

鄧析無以應 目其徒而退.

정나라의 포택(圃澤)에는 현명한 이들이 많고,[1] 동리(東里)에는 재능 있는 이들이 많았다.[2] 포택의 제자 가운데 백풍자(伯豐子)라는 이가 있었는데,[3] 동리를 지나가다가 우연히 등석(鄧析)을 만났다.[4] 등석은 자신의 문도들을 돌아다보고는 웃으면서 말했다.

"저자가 왜 오는지 자네들 앞에서 조롱을 해보면 어떨까?"[5]

그의 문도들이 대답했다.

"저희도 한번 들어보고 싶습니다."[6]

등석이 백풍자에게 말했다.

"그대는 양육(養育)을 받는 것과 양육을 해주는[7] 차이를 알고 있소? 사람에게 봉양을 받으면서 스스로를 양육할 수 없는 것은 개돼지와 같은 무리요. 자신을 위해 동물을 양육해주는 것은 사람의 힘이요. 그대가 일하지 않고도 배불리 먹고 입고 쉬게 해주는 것은 위정자의 공이요.[8] 어른 아이 할 것 없이 무리 지어 있는 그대들의 모습이 마치 우리나 주방에 있는 개돼지 떼와 무엇이 다르겠소?"

백풍자가 대꾸를 하지 않고 있으려니,[9] 백풍자를 따라오던 제자가 차례를 무시하고 나와 말했다.

"대부께서는 제나라와 노나라에 재사가 많다는 말을 듣지 못했습니까?[10] 토목 공사를 잘하는 이도 있고, 철물을 잘 만드는 이도 있고, 음악을 잘하는 이도 있고, 계산을 잘하는 이도 있고, 군사를 잘 통솔하는 이도 있으며, 종묘 제사를 잘 모시는 이도 있어서 여러 재사들이 다 갖추어져 있습니다. 그런데 이들에게 지위를 주는 사람도 없고, 일을 시키는 사람도 없습니다.[11] 자리를 차지한 자는 무지하고 이들을 부리는 자는 무능한데도 (겉으로는) 지혜롭고 재능 있는 이들을 부린다고 하고 있는데,[12] 위정자는 결국 (실제로는) 우리에게 부림을 당하고 있는 셈이니, 그대는 무엇을 뽐내고 있는 건가요?"

등석은 대답을 하지 못하고 그 제자들에게 물러가라고 눈짓을 했다.

【장담 주석】

【1】有道德而隱黙者也.

도덕이 있지만, 조용히 숨어 사는 이들이다.

【2】有治能而參國政者.

정치에 재능이 있어서 국정에 참여하는 자들이다.

【3】役 猶弟子.

역(役)은 제자의 뜻이다.

【4】鄧析 鄭國辯智之士 執兩可之說而時無抗者. 作竹書 子産用之也.

등석은 정나라의 변설가로 양쪽의 반대되는 이론이 다 옳다는 양가설(兩 可說)을 주장했는데 당시에 이를 반박하는 이가 없었다. 죽간(竹簡)에 형법 (刑法)을 써두었는데,[20] 자산(子産)이 이를 사용했다.[21]

【5】世或謂相嘲調謂爲舞弄也.

세상에서는 서로 조롱하는 것을 무롱(舞弄)이라고 부르기도 한다.

---

20) 혜사기(惠士奇), 『예설』(禮說) 권12 「추관」(秋官), "鄧析私造刑書 名爲竹刑 明國 鑄刑" 참조.
21) 뒤의 「역명」편 4장에 같은 내용이 나온다.

【6】知 猶聞也.

여기에서의 지(知)는 '듣다'라는 뜻이다.

【7】上音余亮 下音余賞.

위의 양(養)은 음이 양(yàng)이고, 아래의 양은 음이 양(yǎng)이다.[22]

【8】喻彼爲犬豕 自以爲執政者也.

저쪽 백풍자를 개돼지에 비유하면서, 자신을 위정자로 삼은 것이다.

【9】非不能應譏而不應.

조롱에 응대할 수 없어서 대꾸하지 않았던 것은 아니다.

【10】機 巧也. 多巧能之人.

기(機)는 교묘한 재주이니, 재주 있는 사람이 많다는 뜻이다.

【11】事立 則有所不周 藝成 則有所不兼, 巧偏而智敵者 則不能相君御者也.

어떤 일을 시작하게 되면 (그 일에 치우치기 때문에 다른 일을) 두루 다 처리하지 못하게 되고, 한 가지 재능을 갖게 되면 전체를 겸해서 다 잘할 수가 없게 되니, 치우친 재주나 꾀를 가진 이는 임금을 도와 세상을 다스릴 수가 없다.

【12】不能知衆人之所知 不能爲衆人之所能. 羣才並爲之用者 不居知能之

---

22) 원래 양(yàng)은 봉양(奉養)한다는 뜻이고, 양(yǎng)은 길러준다(生育)는 뜻이나, 지금은 모두 양(yǎng)으로 읽는다.

地, 而無惡無好 無彼無此 則以無爲心者也. 故明者爲視 聽者爲聰 智者爲謀 勇者爲戰 而我無事焉.

荀粲謂傅嘏夏侯玄曰 子等在世 榮問功名勝我 識減我耳! 嘏玄曰 夫能成功 名者 識也 天下孰有本不足而有餘於末者邪? 答曰 成功名者 志也 局之所弊 也. 然則志局 自一物也, 固非識之所獨濟. 我以能使子等爲貴 而未必能濟子之 所爲也.

여러 사람들의 지식을 다 알 수도 없고 재능을 다 가질 수도 없다. 그래서 여러 재사(才士)들을 두루 거용(擧用)하는 이는, 재사들처럼 지식이나 재능에 마음을 두는 것이 아니라 호오(好惡)의 감정도 없고 피차를 구별하지도 않은 무(無)로 마음을 삼는 이들이다. 그러므로 눈 밝은 이를 써서 보고 귀 밝은 이를 써서 듣고 지혜로운 이를 써서 도모하며 용감한 이를 써서 싸우므로, 자신은 아무 일이 없을 수 있는 것이다.

순찬(荀粲, 3세기 초)이 부하(傅嘏)와 하후현에게 '당신들은 세상에서 영화와 공명이 나보다 우월하지만, 지식은 나만 못합니다!'라고 하자, 부하와 하후현이 '공명을 이루는 것은 지식의 힘인데, 천하에 어느 누가 근본이 부족하면서 말단이 넉넉할 수가 있다는 말이요?'라고 말했다. 그러자 순찬이 '공명을 이루는 것은 의지의 힘인데, 의지 때문에 사람의 국량(局量)이 가리워집니다. 그렇다면 의지와 국량은 제각기 독립된 것들인데 진실로 지식의 힘만으로 해결할 수는 없습니다, 나의 능력으로 당신들을 귀하게 만들어줄 수는 있으나 당신들이 해야 할 일까지 해결할 수는 없습니다'라고 대답했다.

【역자 해설】

정나라에는 포택과 동리라는 마을이 이웃하고 있었는데, 포택에서 공부하는 학생이 동리를 지나가자 동리의 학생들이 포택 학생을 조롱하는 장면이다. 예나 지금이나 집단이 형성되면 군중 심리로 엉뚱한 짓을 저지르는 것은 공통적인 현상이다. 이를 우리말로 바꾸면 '텃세'라고 하는데, 중국에서도 예로부터 마을마다 이런 텃세가 드셌다는 것을 짐작할 수 있다.

그러나 공부하는 집단 간에 학문적인 논쟁도 아닌, 이런 저급한 조롱이나 감정적인 비난을 한다는 것은 보기에 유쾌하지 못하다. 그나마 위에서 논리가 달리니 물러간 것은 그래도 배운 사람들이고 이성이 통하기 때문이다.

뒤의 「양주」편 11장에서 "공자는 제왕의 도를 밝히고 당시 임금들의 초빙을 받았으나 송나라에 갔을 때에는 환퇴(桓魋)에게 나무를 뽑히는 위협을 당했고, 위나라에 가서는 행동을 제한당했고, 상(商)·주(周)에서는 곤궁을 당했고, 진(陳)·채(蔡)에서는 포위를 당했고, 노나라에 있을 때에는 계(季) 씨에게 억압을 받았으며, 양호(陽虎)에게 모욕을 당했다"고 했는데, 공자 같은 성인이 초빙을 받고 가던 행차 길에 곤궁을 당한 것도 대부분 지방의 텃세였을 것이다.

현대 중국에서는 사회주의 혁명을 통해 이른바 단위(單位)라고 하는 작은 자치 조직을 층층으로 만들어서 사회를 자율적으로 운영해 나가려고 했다. 이 단위가 같은 계통에 속하거나 개인적인 꽌시(關係)가 있다면 만사형통이지만, 그렇지 않을 때는 소통이 원활하지 않은 경우가 많다. 이를 보면 개인보다는 인류 보편의 이념을 구현한다는 사회주의에서도 텃세는 없애기 어려운 듯하다.

12장

公儀伯以力聞諸侯. 堂谿公言之於周宣王 王備禮以聘之. 公儀伯
至 觀形懦夫也.[1] 宣王心惑而疑曰

女之力 何如?

公儀伯曰

臣之力能折春螽之股 堪秋蟬之翼.[2]

王作色曰

吾之力者 能裂犀兇之革 曳九牛之尾 猶憾其弱,[3] 女折春螽之股
堪秋蟬之翼 而力聞天下 何也?

公儀伯長息退席曰

善哉! 王之問也. 臣敢以實對. 臣之師有商丘子者 力無敵於天下
而六親不知, 以未甞用其力故也.[4] 臣以死事之 乃告臣曰 人欲見
其所不見 視人所不窺, 欲得其所不得 修人所不爲,[5] 故學際者
先見輿薪 學聽者 先聞撞鍾. 夫有易於內者 無難於外,[6] 於外無
難 故名不出其一家.[7] 今臣之名聞於諸侯 是臣違師之敎 顯臣之
能者也.[8] 然則臣之名 不以負其力23)者也[9] 以能用其力者也,[10]
不猶愈於負其力者乎?[11]

제후들에게 공의백(公儀伯)이라는 자가 힘이 세다고 소문이 났다. 당계공(堂谿公)이 그를 주나라 선왕(宣王)에게 소개하자, 왕이 예를 갖추어서 그를 초빙했다. 공의백이 왔는데 뜻밖에 모습이 유약해 보였다.[1] 선왕은 이해가 되지 않아서 의심스럽게 물었다.

"그대의 힘은 어느 정도인가?"

공의백이 답했다.

"소신의 힘은 봄 메뚜기의 다리를 꺾을 수 있고, 가을 매미의 날개를 들 만합니다."[2]

왕은 정색하며 말했다.

"나의 힘은 물소의 가죽을 찢고 소 아홉 마리의 꼬리를 끌어당길 수 있지만 오히려 힘이 약하다고 한스러워하는데,[3] 그대는 봄 메뚜기의 다리를 꺾고 가을 매미의 날개를 들면서 천하에 힘이 세다고 유명해진 것은 어찌 된 것인가?"

공의백은 길게 탄식하며 뒤로 물러서면서 말했다.

"대왕의 질문은 위대합니다! 소신은 사실대로 감히 말씀 올리겠습니다. 소신의 스승인 상구자가 천하에 힘으로는 적수가 없었으나 그 집안의 가족들조차 알지 못했던 것은 한 번도 그 힘을 써보지 않았기 때문입니다.[4] 소신이 죽기로써 스승을 모시자 그제서야 소신에 일러주시기를 '사람들은 자기가 보지 못한 것을 보고 싶어 하고 엿보지 못한 것을 엿보고 싶어 하며 얻지 못한 것을 얻고 싶어 하니, 사람들이 할 수 없는 것에 힘을 쏟아야 한다.[5] 그러므로 눈을 단련하려면 먼저 땔나무를 그득 실은 큰 수레를 보는 데에서 시작해야 하고, 귀를 단련하려면 먼저 커다란 종소리

---

23) 부역(負力): 힘을 뽐내다·힘을 믿다(自恃其力).

를 듣는 데에서 시작해야 한다.[6] 안에서부터 쉽게 힘을 사용할 줄 아는 사람은 밖에서도 어렵지 않고, 밖에서 어렵지 않으므로 집안에서도 힘세다는 이름이 나지 않게 된다'[7]고 했습니다.

이제 제후들에게 소신이 힘세다는 소문이 난 것은 제가 스승님의 가르침을 어기고 소신의 재능을 세상에 드러냈기 때문입니다.[8] 그렇지만 소신의 힘세다는 이름은 저의 힘을 뽐냈기 때문이 아니고[9] 힘을 잘 사용했기 때문이니,[10] 이는 힘을 뽐내는 것보다는 낫지 않겠습니까?"[11]

【장담 주석】

【1】懦弱也. 音奴亂切.

난(懦)은 유약하다는 뜻이고, 음은 난이다.

【2】堪猶勝也.

감(堪)은 이겨낸다는 뜻이다.

【3】憾恨.

감(憾)은 한스럽다는 뜻이다.

【4】以至柔之道 御物, 物無與對 故其功不顯.

아주 유약한 도로써 사물을 대하니, 사물들이 그에 맞서지 않으므로 그의 공력이 드러나지 않게 된다.

【5】人每攻其所難, 我獨爲其所易.

사람들은 늘 어려운 곳에 힘을 쏟고 있으나, 나만은 쉬운 곳에서 행한다.

【6】古人有言曰 善力擧秋毫 善聽聞雷霆 亦此之謂也.

옛사람들의 말씀에 '힘을 잘 쓰는 이는 가는 터럭을 들고, 잘 듣는 이는 벼락 치는 소리를 듣는다'고 하니, 이를 말함이다.

【7】道至功玄 故其名不彰也.

도가 완성되어 공력이 현묘한 경지에 이르렀으므로, 그의 이름이 드러나지 않았다.

【8】未能令名迹不顯也.

아직 이름과 행적이 드러나지 않게 하질 못했다는 뜻이다.

【9】猶免於矜 故能致稱.

오히려 뽐내려는 마음을 벗어났으므로 칭송을 들을 수 있었다.

【10】善用其力者 不用其力也.

자신의 힘을 잘 쓰는 이는 그 힘을 쓰지 않는다.

【11】矜能顯用.

재능을 뽐내고 쓰이는 것을 자랑한다.

【역자 해설】

천하의 역사(力士)가 힘쓰는 게 매미 날개를 들 수 있는 정도에 불과하고, 시각을 단련하기 위해서는 터럭 끝을 노려보는 것이 아니라 큰 수레를 바라보는 데서부터 시작해야 한다는 등, 이 장에서도 상식을 뒤집는 역설을 통해 도를 비유하고 있다.

원문에서는 큰 수레를 본다고만 했지만, 큰 수레를 보는 것이 어떻게 눈을 단련하는 것인지는 알 수 없다. 열자 연구의 대가인 노중현이든 양백준이든 이 대목에 대해서는 모두 제대로 설명하지 않았다. 하지만 내가 어릴 적 들었던 어느 신궁(神弓)의 이야기를 참고해볼 수 있겠다. 백 보 밖 이(蝨)의 다리를 맞출 수 있으려면, 먼저 큰 과녁을 보는 훈련을 하다가 점차 모기만 하게 줄여가면서, 모기 뒷다리만 한 과녁이 운동장만 하게 보일 때까지 훈련한다는 이야기다. 과녁이 운동장만 하게 보이니 아무렇게 쏘아도 운동장을 맞추지 못할 리는 없고, 당연히 명궁이 되고 신궁 소리를 듣게 되었다는 것이다.

그런데 비슷한 내용이 뒤의 탕문편 14장에도 등장한다. 소 꼬리털에 이 한 마리를 매어놓고 3년 동안을 바라보기 훈련을 하자 수레만큼 크게 보였고, 그래서 신궁이 되었다고 했다. 만일 활쏘기를 배우는 이가 과녁을 바라보는 훈련을 하는 것이라면 앞의 본문에서 큰 수레를 바라보며 시각 훈련을 한다는 의미는 이 한 마리가 큰 수레만큼 보일 때까지 과녁 응시 훈련을 하는 것으로 이해하면 좋을 듯하다.

주석에서 누구나 다 듣는 벼락 치는 소리를 듣는 것이 청각이 좋다는 비유로 쓰인 것도 상식적으로 납득하기 어렵다. 그러나 탕문편 1장에서 "황제(黃帝)와 용성자(容成子)가 공동산(崆峒山) 위에서 같이 석 달을 재계하자, 모기 속눈썹에서 깃들여 산다는 초명 벌레의 모습을 신(神)으로 보니 숭산(嵩山)의 큰 언덕과 같고, 기(氣)로 들으니 쿵쾅거리는 소리가 하늘에서 벼락이 치는 듯했다"고 했다. 위와 같이 추론해본다면 귀가 밝은 이는 날파리 한 마리 나는 소리를 벼락 치는 듯한 큰 소리로 들을 수 있어야 한다는 의미로 보면 좋을 듯싶다.

천하무적의 힘을 갖고 있어도, 그 집안 식구들은 정작 역사의 재능을 알지 못하고 있다는 말도 역설적으로 많은 것을 생각하게 해준다. 우리는 도를 거창하고 대단한 세계라고 생각하기 쉽다. 하지만 실제

도는 사소하고 작은 일에 있다. 도인들은 세속을 훌쩍 뛰어넘어 고원한 세계만 찾는 것이 아니라, 주변의 자질구레한 일부터 조심해서 정리하고 차곡차곡 처리하는 데에서부터 시작한다. 단박에 불사(不死)의 능력을 얻어서 구름을 타고 휑하니 다니는 것이 아니라, 끊임없이 조심하며 쉬지 않고 노력할 뿐이다.

13장

1절

中山公子牟者 魏國之賢公子也.**[1]** 好與賢人游 不恤國事, 而悅趙
人公孫龍.**[2]** 樂正子輿之徒笑之, 公子牟曰

子何笑牟之悅公孫龍也?

子輿曰

公孫龍之爲人也 行無師 學無友**[3]** 佞給而不中**[4]** 漫衍而無家.**[5]**
好怪而妄言**[6]** 欲惑人之心 屈人之口 與韓檀等肄之.**[7]**

公子牟變容曰

何子狀公孫龍之過歟? 請聞其實.**[8]**

子輿曰

吾笑龍之詒孔穿**[9]** 言善射者 能令後鏃中前括²⁴⁾ 發發相及 矢矢
相屬. 前矢造準而無絶落 後矢之括猶銜弦 視之若一焉.**[10]** 孔穿
駁之, 龍曰 此未其妙者. 逢蒙之弟子曰鴻超 怒其妻而怖之 引烏

---

24) 시위를 매기는 살 끝부분 오늬. 괄(栝)과 통한다. 『서경』「태갑상」(太甲上), "若
虞機張 往省括于度則釋. 孔穎達 疏, 括 謂矢末" 참조.

號之弓 蘩衛之箭【11】射其目. 矢來注眸子而眶不睫 矢墜地而塵不揚.【12】是豈智者之言與?

중산(中山)에 봉(封)해진 공자모(公子牟)는 위(魏)나라의 현명한 공자(公子)였다.【1】그는 현인들과 교유하기를 좋아하고 나랏일은 별 마음이 없었는데, 특히 조(趙)나라 출신 공손룡(公孫龍)을 좋아했다.【2】악정(樂正)25) 자여(子輿)의 무리가 이를 비웃자, 공자모가 말했다.

"그대는 무엇 때문에 내가 공손룡을 좋아하는 것을 비웃는지요?"

자여가 말했다.

"공손룡이라는 위인은 스승 없이 멋대로 행동하고 도우(道友) 없이 자기 혼자 배워서【3】말솜씨는 교묘하지만 이치에 맞지 않으며【4】이곳저곳 떠벌리고는 있지만 일가를 이루지 못했습니다.【5】비정상적인 이야기를 좋아하고 궤변을 함부로 늘어놓아서【6】사람의 마음을 현혹시키면서 남의 입을 틀어막으니, 한단(韓檀)과 같은 자들과 어울리며 이런 이상한 논변술을 익히는 자입니다."【7】

공자모는 정색하며 말했다.

"그대는 어찌 공손룡의 허물만을 말하오? 사실을 듣기를 청하오."【8】

자여가 대답했다.

"저는 공손룡이 공천(孔穿)을 속인 이야기를 비웃고 있습니다.【9】공손룡이 '활을 잘 쏘는 사람은 뒤에 쏜 살촉이 앞에 쏜 살의 오

---

25) 『의례』(儀禮) 『향사례』(鄉射禮), "樂正先升 北面立于其西. 賈公彦 疏, 案『周禮』有大司樂 樂師 天子之官. 此樂正 諸侯及士大夫之官 當天子大司樂……云長 樂官之長也" 참조.

늬를 적중시켜서 화살을 쏘는 대로 서로 맞추어서 화살들이 서로
이어진다네. 앞발이 과녁에 꽂혀서 떨어지지 않았는데 뒷발의 오
늬가 시위에 매겨져 있으니, 전부 하나의 살대와 같네'라고 했습
니다.[10] 공천이 놀라자, 공손룡이 또 말하기를 '이 정도는 그리
대단한 이야기가 아니야. 봉몽(逢蒙)의 제자에 홍초(鴻超)라는
사람이 있었는데, 그의 처에게 화가 나서 놀래주려고 황제(黃帝)
의 명궁 오호(烏號)에다가 기(綦) 땅의 깃을 쓴 화살을 매겨서[11]
처의 눈에 쏘았네. 살이 눈동자에 닿자마자 눈을 깜빡이지도 않
은 새에 화살이 땅에 떨어졌고 먼지도 일지 않았다네'라고 했습
니다.[12] 이것이 어떻게 지혜로운 이의 말이라 하겠습니까?"

【장담 주석】

【1】公子牟 文侯子 作書四篇 號曰道家. 魏伐得中山 以邑子牟 因曰 中山公
子牟也.

공자모는 위 문후의 아들로, 「도가」(道家)라고 이름 붙인 네 편의 글을 지
었다. 위나라가 중산을 정벌해 얻어서 자모(子牟)의 봉읍(封邑)으로 삼았으
므로 '중산의 공자모'라고 했다.

【2】公子牟公孫龍 似在列子後, 而今稱之 恐後人所增益以廣書義. 苟於統
例無所乖錯 而足有所明 亦奚傷乎? 諸如此皆存而不除.

공자모와 공손룡은 열자의 뒤에 생존했던 것 같으나, 여기에서 같이 말한
것은 아마도 후인들이 글의 뜻을 더 추가하기 위해 덧붙였던 것으로 보인다.
그렇지만 진실로 전체의 체계에 어긋나지 않으면서 제대로 사리를 밝혔으니
무슨 상관이 있겠는가? 이와 같은 경우는 모두 그대로 두고 (본문을) 삭제하
지 않았다.

【3】不祖宗聖賢也.

(공손룡은) 성현을 조종으로 삼지 않았다.

【4】雖才辯 而不合理也.

말 잘하는 재주는 있으나 이치에 맞지 않는다.

【5】儒墨刑名亂行 而無定家.

유가·묵가·형명가 등의 설을 이리저리 떠들고 있으나, 정해진 학파는
없다.

【6】愛奇異 而虛誕其辭.

기이한 것들을 좋아하고 근거 없는 말을 지껄인다.

【7】韓檀 人姓名, 共習其業. 莊子云 桓團公孫龍能勝人之口 不能服人之心,
辯者之囿.[26)]

한단(韓檀)은 사람의 이름으로, 공자모와 함께 학업을 익혔다. 장자서에
서는 '환단(桓團)과 공손룡은 능히 사람의 말을 이길 수 있었으나 사람의 마
음을 복종시킬 수 없었으니 변론가의 한계다'라고 했다.

【8】不平其言 故形於色. 罪狀龍太過 故責其實驗也.

그의 말에 화가 나서 낯빛에 드러났다. 공손룡의 잘못을 지적한 것이 너무
지나쳤으므로, 사실대로 증명해 보이라고 요구한 것이다.

---

26) 『장자』 「천하」(天下), "桓團公孫龍辯者之徒 飾人之心 易人之意 能勝人之口 不能
服人之心 辯者之囿也" 참조.

【9】孔穿 孔子之孫, 世記云爲龍弟子. 詒 欺也.

공천(孔穿)은 공자의 후손으로, 족보의 기록에 공손룡의 제자라고 했다. 이(詒)는 속인다는 뜻이다.

【10】箭相連屬 無絶落處 前箭着堋 後箭復中前箭而後所湊者 猶銜弦 視之如一物之相連也.

화살이 서로 이어져서 부러지거나 떨어진 곳이 없었다. 앞 발이 살받이에 도착하면 뒷 발이 다시 앞 발의 뒤에 적중해서 화살이 물린 모양이 마치 서로 이어진 하나의 물건처럼 보였다.

【11】烏號 黃帝弓. 綦 地名 出美箭. 衛 羽也.

오호(烏號)는 황제의 활이다. 기(綦)는 지명으로 좋은 화살이 난다. 위(衛)는 깃이다.

【12】箭行勢極 雖着而不覺 所謂彊弩之末 不能穿魯縞也.

쏜 살이 끝에 이르러서는, 눈동자에 닿았으나 느끼지 못했으니, 이른바 '강궁(强弓)으로 쏜 살도 끝에 가면 노나라 비단을 뚫지 못한다'는 격이다.[27]

2절

公子牟曰

智者之言 固非愚者之所曉.【13】後鏃中前括 鈞後於前,【14】矢注眸

---

27) 사마천(司馬遷), 『사기』 권108, 한(韓) 장유열전(長孺列傳) 제48, "漢數千里爭利則人馬罷 虜以全制其敝. 且彊弩之極矢 不能穿魯縞, 衝風之末力 不能漂鴻毛. 非初不勁 末力衰也. 擊之不便 不如和親" 참조.

子而眠不睫 盡矢之勢也,【15】子何疑焉?

樂正子輿曰

子龍之徒 焉得不飾其闕? 吾又言其尤者.【16】龍誑魏王曰 有意不心【17】有指不至【18】有物不盡【19】有影不移【20】髮引千鈞【21】白馬非馬【22】孤犢未嘗有母【23】其負類反倫 不可勝言也.【24】

공자모가 말했다.

"지혜로운 이의 말은 본래 어리석은 자가 알 수가 없는 법이요.【13】뒷 발의 살촉이 앞 발의 오늬를 맞힐 수 있는 이유는 뒷 발을 앞 발과 똑같이 쏘았기 때문이요,【14】눈동자를 겨냥해서 화살을 쏘았으나 눈을 깜빡이지도 않았던 이유는 (눈동자 앞에서) 화살의 속력이 소진되었기 때문인데,【15】그대는 무얼 의심하오?"

악정 자여가 답했다.

"당신께서는 공손룡의 친구이니 어떻게 그의 결함을 감추지 않을 수 있겠습니까만, 제가 또다시 그의 허물을 말해보겠습니다.【16】공손룡이 위나라 왕에게 '뜻이 있으면 마음이 아니다'【17】'(특정부분을) 가리키게 되면, 물자체에 이르지 못한다'【18】'존재하고 있다면 없어지지 않는다'【19】'그림자가 있으나 움직이지 않는다'【20】'터럭으로 3만 근을 당긴다'【21】'흰말은 말이 아니다'【22】'외로운 송아지는 본래 어미가 없었다'는【23】따위의 말들을 마구 늘어놓았으니, 그의 궤변이 논리에 맞지 않고 도리에 어긋남을 이루 말할 수가 없습니다."【24】

【장담 주석】

【13】以此言 戲子輿.

이 말로 자여를 조롱한 것이다.

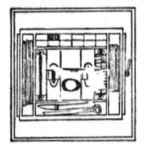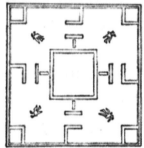

그림 9. 장사 마왕퇴에서 발견된 한 대의 놀이 도구

【14】同後發於前發 則無不中也. 近世有人擲五木 百擲百盧者. 人以爲有道 以告王夷甫. 王夷甫曰 此無奇 直後擲如前擲耳, 庚子嵩聞之曰 王公之言闇得 理, 皆此類也.

뒷 발을 앞 발과 동일하게 쏘았다면 적중하지 않을 수가 없다. 근자에 어떤 이가 저포(樗蒲)를 놀면서 오목(五木)을 백 번 던져서 백 번 모두 같은 끗수가 나왔다.[28] 이를 본 사람들이 도가 트였다고 생각해서 왕연(王衍,

---

28) 저포는 다섯 개의 오목(五木)으로 된 윷가락을 던져서 논다. 노(盧)는 윷가락

256-311)에게 알리자, 왕연은 '이것은 신기할 게 없으니, 바로 앞에 던진 방식대로 뒤에도 똑같이 던졌을 뿐이라네'라고 설명했고, 유애(庾敱, 261-311)는 이를 전해 듣고는 '왕연의 말이 이치에 맞는다'고 했는데, 모두 이와 같은 유다.[29]

【15】夫能量弓矢之勢 遠近之分 則入物之與不入 在心手之所銓 不患所差趺. 今設令至拙者闇射 箭之所至 要當其極. 當其極也 則豪分不復進, 闇其極 則隨遠近而制其深淺矣. 劉道眞語張叔齊云 '嘗與樂彦輔論此云 不必是中賢[30]之所能 孔顏射者 則必知此.' 湛以爲形用之事 理之麤者 偏得其道 則能盡之. 若庖丁之投刃 匠石之運斤 是偏達於一事 不待聖賢而後能爲之也.

활의 탄력과 원근의 거리를 제대로 헤아릴 수 있다면, 겨냥하는 사물에 박히고 안 박히고는 마음과 손으로 저울질하는 데 달려 있는 문제이니 어긋날 것을 걱정할 일이 아니다. 가령 활을 쏠 줄 모르는 자가 그냥 쏘았다면 화살이 떨어지는 곳은 그 활이 갖는 힘의 극점에 해당될 것이다. 그 극점에서는 털끝만큼도 더 나가지 않을 것이요, 극점을 알지 못하면 원근에 따라서 강약을 조절해야 한다. 유보(劉寶)[31]가 장숙기(張叔齊)[32]에게 말하기를 '일찍

다섯 개가 모두 엎어진 경우의 끗수를 가리킨다.

29) 이보(夷甫)와 자숭(子嵩)은 왕연과 유애의 자(字)로, 모두 위진시대의 유명한 학자다. 특히 왕연은 죽림칠현의 하나이며 청담가로 명성이 높아서, 『세설신어』에 보면 왕연은 유애와의 교유를 꺼렸지만 유애는 왕연과 가까이하려고 노력했다는 내용이 나온다. "王太尉不與庾子嵩交, 庾卿之不置. 王曰 君不得爲爾. 庾曰 卿自君我, 我自卿卿. 我自用我法, 卿自用卿法" 참조.

30) 중현(中賢): 일반적인 현인.

31) 도진(道眞)은 유보의 자(字)다. 고평(高平) 사람으로 안북장군(安北將軍)을 지냈다.

32) 숙기라는 자를 쓰는 이는 송대의 유양능(喩良能)과 청대의 등정라(鄧廷羅)가 있으나, 위진시대에서는 누구인지 알 수 없다.

이 악광(樂廣, ?-304)[33]과 함께 이 문제를 논의해보았는데 반드시 일반적으로 활을 잘 쏘는 정도로는 가능하다고 할 수는 없으니, 공자나 안회 같은 성인이 쏜다면 반드시 이를 알 것이다'라고 했다. 나 장담의 생각으로는 형체에 관한 일은 수준이 낮은 경지이니, 도의 일부를 얻는다면 능히 해낼 수 있다고 본다. 포정(庖丁)이 소를 잡으며 칼날을 쓰는 것이나 장석(匠石)이 도끼를 휘두르는 기술은 한 가지 일에만 통달한 경지이지, 성현이 되어야만 가능한 일은 아니다.

【16】尤 甚.

우(尤)는 심하다는 뜻이다.

【17】夫心寂然無想者也. 若橫生意慮 則失心之本矣.

마음이란 고요해서 아무 생각이 없는 존재다. 만일 멋대로 뜻과 생각이 일어난다면 마음의 근본을 잃게 된다.

【18】夫以指求至者 則必因我以正物. 因我以正物 則未造其極, 唯忘其所因 則彼此玄得矣. 惠子曰 指不至也.

가리켜서 사물을 지시하고자 한다면 반드시 내 주관에 의거해서 밖의 사물들을 바로잡으려고 하게 된다. 나의 주관에 의거해서 외부의 사물을 바로잡으려고 하면 그 본질에서 벗어나게 되지만, 의거하는 바(즉 주관)를 잊는다면 나와 사물이 현묘하게 제자리를 얻게 된다. 『장자』에서 혜시(惠施)는 '특정한 부분을 가리키게 되면 사물에 이르지 못한다'(指不至)라고 말했다.

---

33) 언보(彦輔)는 악광(樂廣)의 자다. 당시 왕연과 더불어 청담 풍류로 명성을 떨쳤다. 『세설신어』 「문학」(文學)편에 악광이 『장자』에 나오는 '지부지'(指不至)를 논의한 장면이 나온다.

【19】在於囂有之域 則常有有, 在於物盡之際 則其一常在. 其一常在而不可分 雖欲損之 理不可盡. 唯因而不損 即而不違, 則泰山之崇崛 元氣之浩芒 泯然爲一矣.

惠子曰 一尺之棰 日取其半 萬世不竭也.

복잡다단한 현상계의 영역에서는 늘 존재자들이 있으나, 현상이 사라진 경계에서는 일자(一者)만이 항상 존재한다. 그 일자는 영원하며 분리되지 않으니, 비록 그것을 덜어내려 해도 없어지지 않는 무궁한 존재다. 오직 그에 의거할 뿐 덜어지지 않으며 그와 함께할 뿐 어길 수 없다. 그런즉 아무리 높은 태산(泰山)이나 아무리 넓은 원기(元氣)라도 모두가 하나에 포함된다.

혜시는 '한 자 길이의 막대를 날마다 반씩 잘라낸다고 한다면 3만 년이 지나도 없어지지 않는다'고 했다.

【20】夫影因光而生, 光苟不移 則影更生也. 夫萬物潛變 莫不如此, 而惑者未悟 故借喩於影. 惠子曰 飛鳥之影 未嘗動也.

그림자는 빛 때문에 생겨나니, 빛은 움직이지 않지만 그림자는 계속해서 생겨난다.[34] 만물이 모두 이처럼 숨어서 변화하고 있으나, 어리석은 이들은 이를 깨닫지 못하므로 그림자의 비유를 빌린 것이다. 혜시는 '날아가는 새의 그림자는 움직이지 않는다'고 했다.

【21】夫物之所以斷絶者 必有不均之處 處處皆均 則不可斷 故髮雖細而得秤重物者 勢至均故也.

---

34) 당 노중현은 '빛이 움직이면 그림자도 변하게 될 것이다. 새 빛이 계속 비추고 있으므로 그림자가 움직임을 볼 수 없다'고 해서, 빛이 계속 비추고 그림자도 계속 생겨나지만 그림자가 연속해서 생겨나고 있음에도 불구하고 광원이 움직이지 않으므로 그림자도 움직이지 않는 것으로 보인다고 설명했다. 양백준은 부(不) 자를 연문(衍文)으로 보고, '빛이 움직이면 그림자도 빛을 따라서 계속 생겨난다'고 해석했다. 『열자집석』, 141-142쪽 참조.

사물이 부러지는 까닭은 필시 균일하지 못한 곳이 있기 때문이다. 만일 모든 재질이 균일하다면 절단할 수가 없다. 그러므로 터럭이 가늘어도 무거운 물건을 달아맬 수 있는 것은 밀도가 균일하기 때문이다.

【22】此論見存 多有辯之者, 辯之者 皆不弘通 故闕而不論也.

백마비마(白馬非馬)에는 여러 다양한 논변이 있으나, 논변한 내용들이 불완전하므로 이를 생략하고 논하지 않는다.

【23】不詳此義.

이 뜻은 자세히 알 수 없다.

【24】負 猶背也, 類 同也. 言如此之比 皆不可備載也.

부(負)는 배반된다는 뜻이고, 유(類)는 같다는 뜻이다. 이와 같은 종류들은 모두 다 기재할 수가 없다는 말이다.

3절

公子牟曰
子不諭至言而以爲尤也, 尤其在子矣.【25】夫無意 則心同【26】無指 則皆至.【27】盡物者 常有【28】影不移者 說在改也.【29】髮引千鈞 勢至等也,【30】白馬非馬 形名離也.【31】孤犢未嘗有母 非孤犢也.【32】
樂正子輿曰
子以公孫龍之鳴 皆條也.【33】設令發於餘竅 子亦將承之.【34】
公子牟默然良久 告退曰
請待餘日 更謁子論.【35】

공자모가 말했다.

"그대는 공손룡의 완전한 명제에 대해 알아보지도 않고 오류라고 생각하는데, 오류는 그대에게 있소.[25] '뜻이 없으면 마음이 같고'[26] '(특정해서) 가리키는 게 없어야 전부를 가리키게 되오.'[27] '사물을 끝까지 분할해보아도 항상 남아 있고'[28] '그림자가 움직이지 않는다'는 것은 (그림자가) 계속 바뀌어지고 있음을 말하오.[29] '터럭으로 3만 근을 당기는 것'은 당기는 힘이 균등하기 때문이요.[30] '흰말은 말이 아님'은 형체와 이름이 분리되기 때문이며,[31] '외로운 송아지'란 본래 어미가 없으니, 어미가 있다면35) 외롭지 않기 때문이오."[32]

악정 자유가 말했다.

"당신은 공손룡이 떠드는 소리면 다 논리가 있다고 생각하지만[33] 가령 공손룡이 입이 아닌 딴 구멍으로 말한 소리라도 당신은 역시 그 말을 받아들일 거요."[34]

공자모는 한참을 묵묵히 있다가 물러가기를 청하며 말했다.

"다른 날에 다시 선생과 만나 따져봅시다."[35]

【장담 주석】

【25】尤失 反在子輿.

잘못은 도리어 자여에게 있다는 말이다.

【26】同於無也.

마음이 무(無)와 같아진다는 말이다.

---

35) 원문에 '유모'(有母) 두 자가 생략된 것으로 보고 해석했다. 『열자집석』, 142-143쪽 참조.

【27】忘指 故無所不至也.

(특정 부분을) 가리킨다는 생각을 잊었으므로 이르지 못하는 곳이 없게 된다.

【28】常有盡物之心 物旣不盡而心更滯有也.

항상 모든 사물을 다 나누어버리려고 하는 마음이 있지만, 사물은 다 나누어질 수가 없으니 마음은 더욱 존재에 막히게 된다.

【29】影改而更生 非向之影. 墨子曰 影不移說 在改爲也.[36]

그림자는 고쳐가며 다시 생겨나지만, 이전의 그림자가 아니다. 묵자는 '그림자가 움직이지 않는다는 설은 그림자가 바뀌어지고 있기 때문이다'라고 했다.

【30】以其至等之故 故不絶, 絶 則由於不等. 故墨子亦有此說也.

완벽하게 균일하기 때문에 끊어지지 않으니, 끊어진다면 균일하지 않기 때문이다. 그러므로 묵자도 이 설을 말한 바 있다.

【31】離 猶分也. 白馬論曰 馬者 所以命形也, 白者 所以命色也. 命色者 非命形也. 尋此等語如何可解 而猶不歷然.

이(離)는 분리된다는 뜻이다. 백마론에서 '말이란 형체를 말하는 것이요, 백이란 색깔을 말하는 것이니, 색을 말하는 것은 형체를 말하는 것이 아니다'라고 했다. 이런 말들을 어떻게 이해할 수 있을지를 찾아보았으나 분명하지 못하다.

---

36) 글자가 약간 다르다. 『묵경』(墨經) 「경하」(經下), "景不徙說. 在改爲" 참조.

【32】此語近於鄙 不可解.

이 말은 비천한 욕설과 비슷한데, 해석할 수가 없다.

【33】言龍之言無異於鳴 而皆謂有條貫也.

공손룡의 말은 새 짖는 소리와 다를 바 없으나, 모두 논리가 있다고 말한다.

【34】既疾龍之辯 又忿牟之辭 故遂吐鄙之慢言也.

공손룡의 논변을 미워하는 데다가 공자모의 말에 화가 났으므로, 저속한 말을 내뱉게 되었다.

【35】既忿氣方盛而不可理論 故遜辭告退也.

화가 많이 났지만 이치로 따질 수가 없어서, 겸손한 말로 물러가겠다고 말한 것이다.

【역자 해설】

이 장은 궤변과 관련된 내용이다. 궤변은 상식을 깨뜨리는 내용으로 상대를 혼란스럽게 만들어 할 말을 잊게 만든다. 아이러니한 점은 동서를 막론하고 고대 시기 궤변론자들이 여러 철학적 개념과 명제들을 발전시켰다는 것이다.

본래 궤변은 상식의 허점을 노리는 명제들이라서 이해하기가 쉽지 않은 데다가, 이 장의 인용문들 자체가 불완전하거나 지나치게 축약된 문장들로 점철되어 있다. 장담은 이곳에서 『장자』와 『세설신어』를 주로 인용해서 그 의미를 설명하려고 했지만, 제대로 주석을 내지도 못하고 있는 것을 보면 그도 설명하는 데 힘들었음이 역력하게 나타난다.

특히 장담이 뜻을 알 수 없다고 고백한 '외로운 송아지는 본래 어미가 없었다'라는 명제라든지, '백마는 말이 아니다'(白馬非馬)라는 명제에 "여러 다양한 논변이 있으나, 논변한 내용들이 불완전하므로 이를 생략하고 논하지 않는다"는 그의 언급은, 대단히 논리적인 사유를 가진 장담조차도 입을 다물게 할 정도로 난해한 명제였음을 실감케 한다.

이에 대해 당(唐) 노중현이 설명을 남기고는 있다. 그는 먼저 '외롭다(孤)고 했으니 어찌 어미가 있겠는가?'고 했다. 다시 말해 고(孤)는 '고아'(孤兒) 개념에서처럼 부모가 없다는 뜻이니, 외롭다(孤)는 개념 자체에 이미 부모가 없다는 사실을 말하고 있다는 점을 들어서 설명했다. 하지만 외롭다(孤)라는 개념 자체의 의미가 그럴지라도 '외로운 송아지'도 본래부터 어미가 없다고 말할 수는 없다. 어미를 잃었을 뿐 본래 없던 것은 아니니, 이렇게 부분에만 집중하거나 개념 간의 관계를 끊고 맥락을 이탈시켜서 엉뚱한 결론으로 끌고 가는 것이 궤변이다.

백마비마에 대해서 노중현은 '백(白)은 색깔을 말하고 말은 형체를 말하니, 백마비마는 형체와 색깔을 구분한 것이다'라고 주석을 남기기도 했다.[37] 그렇게도 설명을 할 수 있지만 이 명제는 현대논리학의 관점에서 말하자면 내포와 외연의 관계로 이해할 수 있다.

백마는 일반적인 말보다 내포가 크고 외연은 작다. 말은 백마보다 내포가 작지만 외연이 크다. 그래서 백마와 말은 외연과 내포가 모두 같지 않으니, '백마'라는 개념 자체는 '말'이라는 개념이 아니라고 할 수 있다.

---

37) 『열자고주금역』, 395쪽 인용.

그런데 백마는 말의 한 종류임이 분명한데 말이 아니라고 하니 사람을 당황스럽게 만든다. 분명하게 말하자면 '백마'라는 개념 자체는 '말'이라는 개념이 아니라고 해야 할 것이고, 일반의 상식에 맞게 말하자면 '백마는 말의 일종으로서, 일반적인 말과는 다르다'고 하면 된다.

논쟁의 마지막 부분은 격렬해서, 다른 고전에서 볼 수 없는 비속어가 나오고 서로의 감정이 충돌한다. 다른 고전들은 소위 성현(聖賢)이니 경전(經傳)이니 하는 이름하에 점잔만 빼거나 아주 이상적인 논의가 이뤄지는 것처럼 그리고 있으나, 열자는 서로 간의 감정이 충돌하는 장면을 여과 없이 보여준다. 이런 점이 또한 열자의 독특한 매력이기도 하다.

공자모가 점잖지만 날카롭게 상대를 찔러 당황케 하는 캐릭터라면, 악정 자여는 신분은 낮지만 자기 소신이 강하며 다혈질이다. 필자의 소견으로 자여는 제후와 사대부의 음악을 관장하는 악정이라는 전문가 출신이긴 하지만, 귀족이나 경대부 가문의 신분은 아닐 것이다. 환로(宦路)란 자신의 주관을 내세우기 보다는 주군의 뜻을 받들고, 관료들 간의 이견을 조정해서 화합을 도모하는 것이 기본이다. 상대가 자신의 말을 어긴다고 자여처럼 막말까지 한다면 벼슬살이하기는 어렵다. 자여는 벼슬아치라기보다는 감정이 풍부하고 예민한 예술가로서 이해하는 것이 좋겠다.

공자모는 위 문후의 아들로서, 말투는 공손치 못하지만 끝까지 감정을 억제하면서 상대에 대한 예를 잃지는 않았다는 점에서 귀족의 모습을 보이고 있다. 논리는 자여가 맞지만, 예법은 공자모가 맞다. 이런 엇갈림 때문에 이 단락의 주제가 다소 헷갈리기도 한다. 그래서 이 글은 일반적인 선악과 시비에 대한 문법을 벗어나 서로 엇갈려 있다는 점에서 현대적인 느낌도 준다.

바로 이런 점들이 열자 사상을 생동감 있게 만드는 장치가 된다. 열자는 관념적인 도를 주제로 삼고 있지만, 다른 도가 사상과는 달리, 그 도를 구체적이고 현실적인 방식으로 우리 앞에 펼쳐놓는다. 이것이 바로 열자 문체의 특징이자 매력이기도 하다.

　　이에 비해 장담의 주석을 보면 대단히 논리적이고 분석적이다. 앞 1절 주석에서 "공자모와 공손룡은 열자의 뒤에 생존했던 것 같으나, 여기에서 같이 말한 것은 아마도 후인들이 글의 뜻을 더 추가하기 위해 덧붙였던 것으로 보인다. 진실로 전체의 체계에 어긋나지 않고 밝힌 것이 제대로 충족되었으니 무슨 상관이 있겠는가? 이와 같은 경우는 모두 그대로 두고 삭제하지 않았다"고 해서, 장담은 열자서에 등장하는 인물의 생존 연대를 찾아내서 내용을 고증하고 문제점을 제기하고 있다. 경서에 기록된 내용이라면 일단 믿고 보았을 당시에, 역사적인 고증 방법을 취한 점은 선례를 찾기 어려운 매우 선구적인 것으로서, 청대 고증학자의 글을 읽는 듯한 느낌을 준다.

　　또 2절의 "복잡다단한 현상계의 영역에서는 늘 존재자들이 있으나, 현상이 사라진 경계에서는 일자만이 항상 존재한다. 그 일자는 영원하며 분리되지 않으니, 비록 그것을 덜어낸다고 해도 없어지지 않는 무궁한 존재다"라는 주석에서는 '현상'과 현상의 배후에 존재하는 '본체'를 개념적으로 구별하고 있음을 보여주고 있어서, 마치 서양의 형이상학 고전을 읽는 듯한 느낌을 준다.

14장

堯治天下[1]五十年 不知天下治歟不治歟? 不知億兆之願戴己歟
不願戴己歟?[2] 顧問左右 左右不知 問外朝 外朝不知 問在野 在
野不知.[3] 堯乃微服 游於康衢 聞見童謠曰

立我蒸民 莫匪爾極. 不識不知 順帝之則.[4]

堯喜問曰

誰敎爾爲此言?

童兒曰

我聞之大夫

問大夫 大夫曰

古詩也.[5]

堯還宮 召舜 因禪以天下,[6] 舜不辭而受之.[7]

요임금이 천하를 다스린 지[1] 50년이 되었으나 천하가 다스려졌
는지 안 다스려졌는지 알 수 없었고, 억조창생이 자기를 추대하
기를 원하고 있는지 원하고 있지 않은지 알 수 없었다.[2] 그래서
좌우의 신하들에게 물었으나 신하들도 알지 못했고, 밖에 있는

제후들에게 물어보았으나 제후들도 알지 못했으며, 재야의 서민들에게 물어보았으나 서민들도 알지 못했다.【3】이에 요임금은 남루하게 미복(微服)을 하고서 이리저리 다니다가 동요를 듣게 되었다.

"우리 백성들을 세워주심은 상제님의 지극한 덕이 아닌 게 없네. 아는 것도 없고 알 것도 없이 저절로 상제님의 법칙을 따른다네."【4】38)

요임금은 기뻐서 물었다.

"누가 너희에게 이 노래를 가르쳐 주었는고?"

어린이들이 대답했다.

"우리는 대부님에게서 들었어요."

요임금이 대부에게 묻자 대부는 답했다.

"옛 시입니다."【5】

요임금이 궁으로 돌아와서는 순(舜)을 불러 천하를 양보하자,【6】순임금도 사양치 않고 물려받았다.【7】

【장담 주석】

【1】天下欲治 故堯治之.

천하가 다스려주길 바랐기 때문에 요임금이 다스린 것이다.

【2】夫道洽於物者 則治名滅矣. 治名既滅 則堯不覺在物上 物不覺在堯下.

도가 만물에 충족되면 (누가 누구를) 다스린다는 이름이 사라진다. 다스린다는 이름이 사라진즉 요임금은 백성들 위에 있음을 깨닫지 못하고 백성들

---

38) 앞의 2구는 『시경』(詩經) 「주송」(周頌) 사문(文文)편에서 취했고, 뒤의 2구는 「대아」(大雅) 황의(皇矣)편에서 취한 것으로, 『시경』의 내용을 토대로 번역했다. 『신역열자독본』, 150쪽 참조.

은 요임금 아래에 있다고 깨닫지 못하게 된다.

【3】若有知者 則治道未至也.

만일 (잘 다스렸는지를) 아는 이가 있다면, 다스린 도가 아직 완전하지 못한 셈이 된다.

【4】蒸衆也. 夫能使萬物咸得其極者 不犯其自然之性也. 若以識知制物之性 豈順天之道哉?

증(蒸)은 뭇사람들이다. 만백성들로 하여금 모두 그 극치를 얻게 해준 것은 각자의 자연스러운 본성을 범하지 않았기 때문이다. 만일 지식을 가지고 사람들의 본성을 다스리려 한다면 어찌 하늘의 도를 따를 수 있겠는가?

【5】當今而言古詩 則今同於古也.

지금 여기에서 옛 시를 말한 것은 바로 지금이 옛날과 같기 때문이다.

【6】功成身退.

공이 이뤄졌으니 자신은 물러난다는 의미다.

【7】會至而應.

기회가 이르니 그에 응한 것이다.

【역자 해설】

『장자』「소요유」편에서도 요임금이 허유(許由)에게 나라를 양보하려고 한 이야기가 나오거니와, 열자 본문의 내용은 소부·허유나 격양가(擊壤歌)의 고사 등에서 많이 들었던 다소 진부한 상투적 내용이다. 특히 요임금이 동요를 듣고는 바로 환궁해서 순에게 양위하자, 순이 그대로 덥석 받는 장면은 줄거리가 너무 단순하다. 요임금이 나라를 잘 다스렸다고 백성들이 칭송하고 있는데 갑자기 요임금이 퇴위하는 것도 설득력이 떨어지고, 요임금의 치세가 절정에 달한 상황에서 자신을 부르자 순이 기다렸다는 듯이 양위받는 장면도 설명이 필요하다.

그러나 여기에 덧붙인 장담의 주석은 간결하지만 숨어 있는 뜻을 잘 풀어내서, 의미를 깊고도 풍부하게 만들어주었다. 장담이 요의 선양을 노자가 말한 공성신퇴(功成身退)로 해석하고, 순의 응낙을 왕위에 대한 욕심이 아니라 자연스러운 천기(天機)의 감응(感應)으로 설명한 장면은 압권이라고 할 수 있다.

공을 이루었으면 물러날 때가 되었다(功成身退)는 생각은 천도를 터득한 이의 명철보신(明哲保身)의 처세론이다. 하지만 성왕(聖王)이 계시다면 이렇게 홀연히 물러날 것이 아니라 계속 재위해서 나라를 다스리는 것이 백성들에게 더 필요하며 사회적으로 더 좋은 것이 아닌가? 그 깊은 생각을 이해하기 쉽지 않다. 아무튼 자화자찬을 넘어 여론조작·부정선거 등 온갖 수단과 방법을 가리지 않고 장기집권을 획책하는 오늘날의 정치꾼들에게 기대할 수 없는 꿈 같은 동화일 뿐이리라.

15장

關尹喜曰

在己無居[1] 形物其著.[2] 其動若水[3] 其靜若鏡[4] 其應若響,[5] 故
其道若物者也. 物自違道 道不違物.[6]

善若道者 亦不用耳 亦不用目 亦不用力 亦不用心.[7] 欲若道而用
視聽形智以求之 弗當矣. 瞻之在前 忽焉在後, 用之 彌滿六虛 廢
之 莫知其所.[8] 亦非有心者 所能得遠 亦非無心者 所能得近.[9]
唯默而得之 而性成之者得之.[10]

知而亡情 能而不爲 眞知眞能也.[11] 發無知 何能情? 發不能 何能
爲? 聚塊也 積塵也[12] 雖無爲而非理也.

　관령(關令) 윤희(尹喜)가 말했다.
"자기 자신에 집착하지 않으니[1] 외물의 이치가 드러난다.[2] 움
직일 때는 물처럼 흐르고,[3] 조용할 때는 거울처럼 비추며,[4] 감
응할 때는 메아리같이 공명하므로[5] 그 도는 사물을 따른다. 사
람들이 스스로 도를 어기는 것이지, 도는 사람들을 어기지 않는
다.[6]

414

도를 잘 따르는 이는 귀나 눈을 쓰지 않고, 힘도 마음도 쓰지 않는다.[7] 도를 따르려고 하면서 보고 들어서 구한다거나 형체나 지식을 통해서 구하려 하면 제대로 될 수가 없다. 앞에서 도를 보았는데 어느새 홀연히 뒤에 있으며, 도를 쓰면 천지에 그득 차지만 놓아두면 있는 데를 알 수가 없다.[8] 또한 유심(有心)으로 구한다고 해서 많이 얻는 것도 아니고, 무심(無心)으로 구한다고 해서 조금 얻는 것도 아니다.[9] 다만 묵묵히 도를 얻는데, 타고난 본성대로 이루는 이가 얻게 된다.[10]

알지만 뜻이 없고, 능력이 있지만 작위하지 않는 것이 바로 참된 앎이요, 참된 능력이다.[11] 무지(無知)를 쓰니 어찌 뜻이 있으며, 무능(無能)으로 행하니 어찌 작위함이 있겠는가? 그러나 흙덩어리나 먼지 덩어리는[12] 비록 무위한다손 치더라도 (제대로) 이치에 맞는 게 아니다."

【장담 주석】

【1】 汎然無係 豈有執守之所?
매인 데 없이 무심히 떠 있으니, 어찌 집착하는 것이 있겠는가?

【2】 形物 猶事理也. 事理自明 非我之功也.
형체를 가진 사물은 사리(事理)를 갖고 있다. 사리는 저절로 밝아지는 것이지 내가 밝힌 덕택이 아니다.

【3】 順物而動 故若水也.
사물을 따라서 움직이므로 물과 같다.

【4】 應而不藏 故若鏡也.

숨김없이 응하므로 거울과 같다.

【5】應而不唱 故若響也.

응답은 하지만 먼저 부르지는 않으므로 메아리와 같다.

【6】同於道者 道亦得之.

도와 같이하면 도 또한 그를 받아들인다.

【7】唯忘所用 乃合道耳.

오직 쓰임새를 잊으므로 도에 합치될 수 있었을 뿐이다.

【8】道 豈有前後多少哉? 隨所求而應之.

도에 어찌 전후 다소의 차이가 있겠는가? 구하는 대로 응해줄 따름이다.

【9】以有心無心而求道 則遠近 其於非當. 若兩忘有無先後 其於無二心矣.

도를 유심으로 구하면 멀어지고 무심으로 구하면 가까우나 둘 다 맞지 않다. 유심·무심과 선후를 모두 잊어야 두 가지 마음이 없게 된다.

【10】自然無假者 則無所失矣.

저절로 거짓이 없어지니 잘못될 게 없다.

【11】知極 則同於無情, 能盡 則歸於不爲.

극치를 알면 무정(無情)의 경지에 동화되고, 완전히 사라진다면 무위의 경지에 돌아가게 된다.

【12】此 則府宅.

이것은 껍데기일 뿐이다.

【역자 해설】

만물은 모두 도에서 나왔지만, 그 가운데 도를 이해하고 구현할 수 있는 주체는 사람이다. 하지만 도를 어기는 것 또한 만물 가운데 사람이 유일하다. 그래서 "사람들이 스스로 도를 어기는 것이지, 도는 사람들을 어기지 않는다"라는 멋진 대구(對句)가 나왔다.

우리에게는 이보다 더 멋진 시구가 있다. '산은 세속을 떠나지 않았으나 세속은 산을 떠났고, 도가 사람을 멀리하는 게 아니라 사람이 도를 멀리하는구나'(山不離俗俗離山 道不遠人人遠道)라는 절창(絶唱)이 전해진다. 고운 최치원의 작이라고도 하고 백호 임제(林悌)의 작이라고도 하니, 일세를 풍미한 풍류객이자 대문호의 솜씨다.

비슷한 내용으로 '대숲이 우거져도 흐르는 물을 막지 못하고 산이 높아도 떠도는 흰 구름을 막지 못하네'(竹密不防流水過 山高豈碍白雲飛)라는 선시(禪詩)도 산중에서 유행했다. 공허(空虛) 스님과 김삿갓이 대를 맞추었다는 '달도 희고 눈도 희고 천지가 흰데, 산도 깊고 밤도 깊고 나그네 수심도 깊구나'(月白雪白天地白 山深夜深客愁深)라는 시구도 조선 말에 회자되었던 절창이다. 조선시대 자꾸만 도에서 멀어져가는 조정과 권력자들을 떠나, 산중을 구름처럼 떠돌던 운수(雲水) 우류(羽類)의 도인과, 난리를 피해 깊은 산중에 들어가 실낱같은 목숨을 부지하던 백성들의 시름 속에서 우러나온 조선의 절구(絶句)다.

제5편 탕문(湯問)

【장담 제주(題注)】

夫智之所限知 莫若其所不知, 而世齊所見以限物. 是以大聖發問 窮理者 對
也.

> 인간의 지혜는 알지 못하는 것에서 멈추니, 세상 사람들은 각
> 자의 경험에 맞춰서 외물을 제한하려 한다. 그래서 대(大) 성인
> (즉 탕왕)께서 질문을 했고, 이치에 달통한 하극(夏革)이 대답
> 했다.

1장

1절

殷湯問於夏革曰[1]

古初有物乎?[2]

夏革曰

古初無物 今惡得物?[3] 後之人將謂今之無物 可乎?[4]

殷湯曰

然則物無先後乎?

夏革曰

物之終始 初無極已, 始或爲終 終或爲始 惡知其紀?[5] 然自物之
外 自事之先 朕所不知也.[6]

殷湯曰

然則上下八方 有極盡乎?[7]

革曰 不知也.[8] 湯固問, 革曰

無則無極 有則有盡, 朕何以知之?[9] 然無極之外 復無無極 無盡
之中 復無無盡.[10] 無極復無無極 無盡復無無盡,[11] 朕以是知其
無極無盡也 而不知其有極有盡也.[12]

은나라 탕왕이 하극(夏革)에게 물었다.[1]

"태고의 시초에 물질이 있었는가?"[2]

하극이 답했다.

"태초에 물질이 없었다면 지금 어떻게 사물이 있겠습니까?[3] 후세 사람들이 지금을 두고 아무 존재가 없었다고 말한다면 가하겠습니까?"[4]

은 탕왕이 물었다.

"그러면 사물에 선후가 없는가?"

하극이 답했다.

"사물의 시종은 처음부터 무궁하게 순환할 뿐이니, 처음이 끝이 되기도 하고 끝이 처음이 되기도 하는지라, 어떻게 그 실마리를 알 수가 없습니다.[5] 그러하오니 사물의 밖과 세상사가 생기기 이전에 대해서는 저도 모릅니다."[6]

탕왕이 물었다.

"그러면 상하 팔방에는 끝이 있는가?"[7]

하극이 모르겠다고 하자,[8] 탕왕은 두 번 세 번 물었다. 하극이 말했다.

"무(無)라면 끝도 없고 유(有)라면 끝도 있겠지만, 제가 어떻게 그것을 알겠습니까?[9] 그러나 끝이 없는 이외에 또 다른 무극(無極)은 없고, 다함이 없는 가운데 또 다른 무궁(無窮)은 없습니다.[10] 무극 외에 다시 또 다른 무극이 없고 무궁 밖에 또 다른 무궁이 없으니,[11] 저는 끝이 없고 다함이 없음은 알지만 끝이 있고 다함이 있는지는 모릅니다."[12]

【장담 주석】

【1】革字 莊子音棘.

혁(革) 자는 『장자』에서 극으로 읽었다.[1]

【2】疑直混茫而已.
아마 태초는 혼돈스러울 뿐이었을 것이다.

【3】今所以有物 由古有物故.
지금 사물이 존재하는 까닭은 예부터 사물이 존재했기 때문이다.

【4】後世必復以今世爲古世 則古今如循環矣. 設令後人謂今亦無物 則不可矣.
후세에는 반드시 금세(今世)를 가지고 고대라고 할 것인즉 고금이란 고리처럼 순환한다. 만일 후인들이 현재에 아무 존재가 없다고 한다면 불가하다.

【5】今之所謂終者 或爲物始 所謂始者 或是物終, 終始相循 竟不可分也.
여기에서 이른바 끝인 것이 다른 사물의 처음이 되기도 하고, 처음인 것이 다른 사물에게는 끝이 되기도 하니, 시종이 서로 순환해서 마침내 나눌 수가 없다.

【6】謂物外事先 廓然都無 故無所指言也.
사물의 밖이나 세상사가 생기기 이전은 텅 비어 아무것도 없으므로, 가리켜 말할 것이 없다.

【7】湯革 雖相答 然於視聽猶未歷然 故重發此問 今盡然都了.
탕왕과 하극이 서로 문답하고 있으나, 보고 듣는 게 분명하지 못하므로 이

---

1) 『장자』「소요유」, "湯之問棘也是已" 참조.

렇게 거듭 질문을 해서 이제 분명하게 정리한 것이다.

【8】非不知也. 不可以智知也.
모르는 게 아니라, 지혜를 가지고서는 알 수가 없는 것이다.

【9】欲窮無而限有 不知而推類也.
무(無)를 궁구하고 싶지만 유(有)에 갇혀 있으므로, 알지 못해서 유추(類推)해본 것이다.

【10】旣謂之無 何得有外? 旣謂之虛 何得有中? 所謂無無極無無盡 乃眞極眞盡矣.
없다고 했다면 어떻게 무의 밖이 있을 수 있겠는가? 허(虛)라고 했다면 어떻게 중심이 있을 수 있겠는가? 이른바 무극이 없어야 참된 극(極)이고, 무궁이 없어야 참된 끝이다.

【11】或者 將謂無極之外 更有無極 無盡之中 復有無盡, 故重明無極 復無無極 無盡 復無無盡也.
무극의 밖에 다시 무극이 있고 무궁한 가운데에 다시 무궁이 있다고 하는 이가 더러 있는 까닭에, 무극에 다시 무극이 없고 무궁에 다시 무궁이 없음을 거듭 밝힌 것이다.

【12】知其無 則無所不知, 不知其有 則乃是眞知也.
없음을 알면 알지 못하는 바가 없는 것이니, 있는지 모르면 바로 제대로 알고 있는 것이다.

2절

湯又問曰

四海之外奚有?

革曰

猶齊州也.【13】

湯曰

汝奚以實之?

革曰

朕東行至營 人民猶是也.【14】問營之東 復猶營也. 西行至豳 人民猶是也, 問豳之西 復猶豳也. 朕以是知四海四荒四極之不異是也.【15】

故大小相含 無窮極也. 含萬物者 亦如含天地.【16】含萬物也 故不窮,【17】含天地也 故無極.【18】朕亦焉知天地之表不有大天地者乎?【19】亦吾所不知也.【20】

然則天地亦物也, 物有不足. 故昔者女媧氏練五色石 以補其闕【21】斷鼇之足【22】以立四極. 其後共工氏與顓頊爭爲帝 怒而觸不周之山【23】折天柱 絶地維. 故天傾西北 日月星辰就焉, 地不滿東南 故百川水潦歸焉.

탕왕이 다시 물었다.

"사해(四海)의 밖에 무엇이 있는가?"

하극이 답했다.

"중국과 같습니다."【13】

탕왕이 물었다.

"그대가 어떻게 이를 사실이라 할 수 있는가?"

하극이 말했다.

"제가 동쪽의 끝으로 가서 영(營) 땅에까지 이르렀는데, 백성들은 여기와 같았습니다.[14] 영의 동쪽에는 무엇이 있느냐고 물었더니, 또다시 영과 같은 곳이 있다고 했습니다. 서쪽의 끝으로 가서 빈(豳) 땅에 이르렀는데 백성들이 여기와 같았고, 빈의 서쪽을 물었더니 또다시 빈과 같은 곳이 있다고 했습니다. 저는 이를 미루어볼 때 사해나 사황(四荒)이나 사극(四極)이 우리와 다르지 않음을 알았습니다.[15]

그러므로 크건 작건 서로를 머금고 있어서 끝이 없습니다. 만물을 머금은 존재는 또 천지도 머금고 있습니다.[16] 만물을 머금었으므로 무궁하고,[17] 천지를 머금었으므로 무극입니다.[18] 제가 어떻게 천지의 바깥에 천지보다 더 큰 세계가 존재하지 않는지 알겠습니까?[19] 저는 알지 못하는 바입니다.[20]

그런즉 천지도 하나의 사물입니다. 현실에 존재하고 있는 사물은 완전하지 못합니다. 그러므로 옛날 여와(女媧) 씨는 오색석(五色石)을 구워서 하늘이 무너진 곳을 보충했고,[21] 큰 거북의 발을 잘라서[22] 땅에 기둥을 세웠습니다. 그 뒤에 공공(共工) 씨는 전욱(顓頊)과 제왕을 다투면서 화가 나서 부주산(不周山)을 들이받아[23] 천주(天柱)를 부러뜨리고 땅을 매어둔 밧줄을 끊어뜨렸습니다.[2] 그 결과 하늘은 서북쪽으로 기울면서 일월성신이 쏠려 있고, 땅은 동남쪽이 비어서 온 강물이 그리로 흘러가게 되었습니다."

---

2) 고대인에게 천지는 천원지방(天圓地方)으로 이루어져 있는데, 지(地)의 네 귀퉁이를 지유(地維)라고 했다. 하늘에는 구주(九柱)가 있어서 지탱하고 땅에는 사유(四維)가 있어서 매어두고 있다고 생각했다.

【장담 주석】

【13】齊 中也.

제(齊)는 중(中)이다.

【14】如是間也.

여기와 똑같은 공간이 있다.

【15】四海四荒四極 義見爾雅. 知其不異是閒 則是是矣.

사해와 사황과 사극의 뜻은 『이아』에 보인다.[3] 여기의 공간과 다르지 않음을 알면 이를 긍정하게 된다.

【16】夫含萬物者 天地, 容天地者 太虛也.

만물을 머금고 있는 존재는 천지고, 천지를 감싸고 있는 존재는 태허(太虛)다.

【17】乾坤含化 陰陽受氣 庶物流形, 代謝相因 不止於一生 不盡於一形. 故不窮也.

건곤(乾坤)은 변화를 머금고 음양은 기를 받아서 뭇 사물이 형체를 이루는데, 서로 의지하면서 순환하니 하나의 생명에 그치지 않고 하나의 형체에 끝나지 않는다. 그러므로 끝이 없다.

---

3) 사해는 『이아』 「석지」(釋地)에 '구이(九夷)·팔적(八狄)·칠융(七戎)·육만(六蠻) 위지사해(謂之四海)'라고 했으나 이외에도 여러 가지 뜻으로 쓰인다. 1.중국의 사경(四境)을 둘러싸고 있는 동해·서해·남해·북해, 2.사린(四隣)이 거주한 지역, 3.신기(神祇)의 이름.
사황은 사방(四方)의 황원(荒远)한 지역.
사극은 1.사방의 끝에 있는 나라, 2.사방의 끝 지역, 3.사경(四境).

【18】天地籠罩三光 包羅四海 大則大矣. 然形器之物 會有限極, 窮其限極非虛如何? 計天地在太虛之中 則如有如無耳.

故凡在有方之域 皆巨細相形 多少相懸. 推之至無之極 豈窮於一天 極於一地? 則天地之與萬物 互相包裹 迭爲國邑 豈能知其盈虛 測其頭數者哉?

천지는 일월성(日月星) 삼광(三光)을 덮고 사해를 에워쌌으니 크기는 크다. 그러나 형기(形器)를 가진 존재는 결국에 한계가 있으니, 그 끝까지 가면 텅 빈 태허가 된다. 태허 속에 들어 있는 천지를 헤아려보면 (먼지나 티끌처럼) 있는 듯 없는 듯한 정도다.

유(有)의 영역에 있는 존재는 서로 대소(大小)가 드러나고 다소(多少)가 비교된다. 그러나 무(無)의 극을 미루어보면 하나의 천지뿐이겠는가? 그런즉 천지가 만물을 에워싸고 있는 속에 서로 돌아가며 성읍(城邑)들을 세우고 있으나 그 영고성쇠를 어떻게 알 수 있으며 그 머릿수를 어찌 다 헤아리겠는가?

【19】夫太虛也 無窮, 天地也 有限. 以無窮而容有限 則天地未必形之大者. 然則鄒子之所言 蓋其掌握耳.

저 태허는 무궁하나 천지는 유한하다. 유한한 존재가 무궁한 속에 담겨 있다면 천지는 외형이 크다고 할 수 없다. 그렇다면 추자(鄒子)[4]가 주장한 것

---

4) 추자는 전국 말의 추연(鄒衍)으로 추정된다. 제인(齊人)으로 음양가(陰陽家)의 시조로 명성을 떨쳤고, 오행종시설을 비롯한 그의 음양오행설은 서한(西漢) 유가(儒家)들에게 큰 영향을 끼쳤다. 저작으로『주운』(主運)이 있다고 하며,『한서』「예문지」에『추자』49편과『추자종시』(鄒子終始) 56편이 있다고 하나 모두 전해지지 않는다. 특히 제(齊)나라에 "談天衍, 雕龍奭"라는 말이 있는데, 이는 추연이 천(天)을 논한 것과, 그의 후손인 추석(鄒奭)의 말솜씨가 뛰어남을 뜻한다. 유향의 별록(別錄)에는 추연이 천지가 광대(廣大)하다고 주장하면서 오행종시설로 하늘의 일을 설명했다는 말이 전해지고 있으니, 추연의 천론(天論)이 당시에 유명했음을 짐작할 수 있다. 사마정(司馬貞),『사기색은』(史記索隱) 권19「맹자순경열전」(孟子荀卿列傳) 제14, "謂鄒衍談天地廣大 及終始五行 言天事

도 대략 파악할 수 있다.

【20】夫萬事可以理推 不可以器徵. 故信其心智所知及 而不知所知之有極
者 膚識也, 誠其耳目所聞見 而不知視聽之有限者 俗士也. 至於達人 融心智之
所滯 玄悟智外之妙理 豁視聽之所閡 遠得物外之奇形. 若夫封情慮於有方之境
循局步於六合之間者 將謂寫載盡於三墳五典, 歸藏窮於四海九州, 焉知太虛之
遼廓 巨細之無垠 天地爲一宅 萬物爲游塵? 皆拘短見於當年 昧然而俱終.

故列子闡無內之至言 以坦心智之所滯 恢無外之宏唱 以開視聽之所閡, 使
希風者 不覺矜伐之自釋 束教[5]者 不知桎梏之自解. 故剗斫儒墨 指斥大方 豈
直好奇尚異而徒爲夸大哉? 悲夫! 聃周[6]旣獲譏於世論 吾子亦獨以何免之乎?

세상의 만사는 도리(道理)로 미루어 봐야지 기물(器物)로 징험할 수는 없
다.[7] 그러므로 마음의 인식 작용으로 얻은 지식만 믿고 인식의 한계를 알지
못하는 자는 천박한 지식인이요, 감각기관이 보고 듣는 감각만을 믿고 감각
의 한계를 알지 못하는 자는 속된 선비다. 달인(達人)의 경지에 이르면 인식
기관의 한계를 넘어 인식 기능 밖의 묘리를 깨달으며, 감각기관의 한계를 깨
뜨리고 존재의 배후에 있는 다른 모습을 파악한다. 만일 감각과 사유를 유
(有)의 영역에만 닫아놓고 육합(六合)의 사이에만 매여 있다면, 그 말과 글
은 삼분(三墳)과 오전(五典)에 실린 (즉 고전에 실린) 내용 안에서 끝나고, 행
동은 사해와 구주 영역 내에서 모두 벗어나지 못하리니, 어찌 태허가 횅하니
비어 있고 대소의 차이가 없고 천지가 한집이며 만물이 뜬 먼지 같음을 알겠

故云談天"참조.

5) 속교(束教)의 사전적 의미는 명교(名教)의 약속(約束)을 받는다는 뜻이다. 포조
(鮑照)『송백편』(松柏篇), "追憶世上事 束教已自拘" 및『한어대사전』참조.

6) 노자의 본명은 노담이고 장자의 본명은 장주(莊周)다.

7) 여기에서 이(理)는 도(道)의 뜻이며 기(器)는 도와 대비되는 유형의 사물을 말
한다.『주역』「계사상」의 "形而上者謂之道 形而下者謂之器"에서의 '道'·'器'와 같
다.

는가? 모두가 한때에 국한된 단견(短見)에 매여 몽매한 상태로 생을 끝마치게 된다.

그러므로 열자는 미묘하기 그지없는 지언(至言)을 천명함으로써 마음속 인식의 한계를 타파하고 밖으로 크기를 알 수 없는 주장을 제창해서 눈·귀의 감각의 한계를 열어젖혔으니, 풍교(風敎)를 숭앙하던 자는 부지불식간에 뽐내던 마음이 저절로 풀어지고, 명교(名敎)에 갇혀 있던 자는 알지 못하는 사이에 질곡에서 저절로 벗어나게 만들었다. 그러므로 유가·묵가를 박살 내고 권위자라고 큰소리치던 자를 꾸짖었으니, 어찌 기이한 설을 좋아해서 헛되이 과장한 것이겠는가? 슬프다! 노장도 세상에서 조롱을 받았으니, 우리 열자 선생만 어찌 이를 면할 수 있었겠는가?

【21】陰陽失度 三辰盈縮 是使天地之闕 不必形體虧殘也.
女媧 神人 故能練五常之精 以調和陰陽 使暮度順序 不必以器質相補也.

음양이 도수를 잃어서 일월성이 찼다가 기울었다가 함으로써 천지가 기울어지게 한 것이지, 반드시 형체가 부서진 것은 아니다.

여와(女媧)라는 신인이 오상(五常)의 정기를 단련해서 음양을 조화함으로써 태양이 질서 있게 따르도록 한 것이지, 반드시 물건을 가지고 천지를 때웠다는 것은 아니다.

【22】鼇 巨龜也.
오(鼇)는 큰 거북이다.

【23】共工氏興霸於伏羲神農之間 其後苗裔恃其彊 與顓頊爭爲帝. 顓頊 黃帝孫. 不周山 在西北之極.

공공 씨는 복희와 신농의 사이에서 일어났는데, 그 뒤 후손이 그 강성함을 믿고 전욱과 제왕 자리를 차지하려고 싸웠다. 전욱은 황제의 후손이다. 부주

산은 서북의 끝에 있다.

3절

湯又問

物有巨細乎? 有脩短乎? 有同異乎?

革曰

渤海之東 不知幾億萬里, 有大壑焉 實惟無底之谷.【24】其下無底
【25】名曰歸墟.【26】八紘九野之水 天漢之流 莫不注之 而無增無減
焉.【27】

其中有五山焉 一曰岱輿 二曰員嶠 三曰方壺 四曰瀛洲 五曰蓬
萊. 其山高下周旋三萬里 其頂平處九千里. 山之中閒相去七萬里
以爲鄰居焉. 其上臺觀皆金玉 其上禽獸皆純縞. 珠玕之樹皆叢生
華實皆有滋味 食之皆不老不死. 所居之人 皆仙聖之種, 一日一夕
飛相往來者 不可數焉.【28】

而五山之根無所連着【29】常隨潮波上下往還 不得暫峙焉. 仙聖毒
之 訴之於帝. 帝恐流於西極 失羣聖之居 乃命禺彊【30】使巨鼇十五
擧首而戴之,【31】迭爲三番 六萬歲一交焉. 五山始峙而不動.

탕이 다시 물었다.

"사물에 굵고 가는 게 있고, 길고 짧은 게 있으며, 같고 다른 차이
가 있는가요?"

하극이 답했다.

"발해의 동쪽으로 몇억만 리가 되는지 알 수 없지만 커다란 구렁
이 있는데 밑바닥이 없는 골짜기입니다.【24】 그 아래에 바닥이 없
는 곳을【25】 귀허(歸墟)라고 부릅니다.【26】 땅의 팔방과 하늘의 구

야에 있는 물, 하늘의 은하수가 다 이리 모여들지만 수량에는 전혀 증감이 없습니다.[27]

그 가운데 오산(五山)이 있으니, 첫째 대여(岱興), 둘째 원교(員嶠), 셋째 방호(方壺), 넷째 영주(瀛洲), 다섯째 봉래(蓬萊)라는 산입니다. 그 산들은 위아래로 3만 리가 되고 산마루에는 9,000리나 되는 평원이 있으며, 산 사이의 거리가 7만 리가 되는데 연이어 있습니다.

그 위에 지은 누대는 다 금옥이고, 그 위에 사는 새와 짐승들은 비단같이 희며, 주옥(珠玉)나무가 떨기로 나 있고 그 꽃과 과실은 모두 맛나며 이를 먹으면 늙지도 죽지도 않습니다. 여기에서 사는 사람들은 다 신선이나 성인들로 아침저녁으로 날아다니며 왕래하는데, 그 수를 헤아릴 수가 없습니다.[28]

그런데 오산은 아래가 땅에 붙어 있지 않아서[29] 항상 조수를 따라 오르내리며 왔다 갔다해서 잠시도 멈춰 있지 않았습니다. 선성(仙聖)들이 이를 위태롭게 여겨서 상제에게 호소했습니다. 상제는 오산이 서쪽의 끝으로 떠내려가 버리면 선성들의 거처를 잃게 되지 않을까 걱정해 우강(禺彊)을 시켜[30] 열다섯 마리의 큰 거북에게 머리를 들어 떠받들게 했는데,[31] 세 마리씩 번갈아 들되 6만 년에 한 번 교대하도록 했습니다. 그래서 이제 오산은 우뚝 서서 움직이지 않게 되었습니다.

【장담 주석】

【24】 事見大荒經, 詩含神霧云 東注無底之谷.

이 일은 『산해경』「대황경」편에 보이며, 『시위』(詩緯)「함신무」(含神霧)에서는 '동쪽으로 밑바닥 없는 골짜기에 흘러갔다'고 했다.

【25】稱其無底者 蓋擧深之極耳. 上句云無無極限 有不可盡, 實使無底 亦無所閡.

바닥이 없다고 한 것은 아주 깊음을 나타낸 것이다. 위 구절에서 '한계가 없어서, 다할 수가 없음이 있다'고 했는데 실지로 바닥이 없어서 막히지 않게 했었다.

【26】莊子云尾閭.

『장자』에서는 이를 미려(尾閭)라고 했다.

【27】八紘 八極也, 九野 天之八方中央也. 世傳天河與海通.

팔굉(八紘)은 팔극이요, 구야(九野)는 하늘의 팔방과 중앙을 말한다. 세상에서는 은하수가 바다와 이어져 통한다고 한다.

【28】兩山閒 相去七萬里 五山之間 凡二十八萬里. 而日夜往來. 徃來者 不可得數 風雲之揮霍不足逾其速.

두 산의 사이가 7만 리가 떨어져 있으니, 다섯 산의 사이는 28만 리가 된다. 그런데도 (선인들이) 밤낮으로 왕래하고, 왕래하는 이가 헤아릴 수가 없다고 하니, 바람이나 구름의 빠르기로는 선인들이 나는 속도를 넘을 수가 없다.

【29】若此之山 猶浮於海上, 以此推之 則凡有形之域 皆寄於太虛之中 故無所根蔕.[8]

이런 거대한 산도 바다 위에 떠 있으니, 이로써 미뤄보건대 형체를 가진

---

8) 근체(根蔕)는 근체(根蒂)라고도 하는데, 식물의 뿌리와 꼭지로 사물의 토대나 기초를 비유하거나 의거(依據)의 뜻이다. 『한어대사전』 참조.

현상계의 존재자들은 모두 텅 빈 태허의 가운데에 의지해 있으므로 뿌리가 없다.

【30】大荒經曰 此極之神名禺彊 靈龜爲之使也.

「대황경」에서는 '이 극지의 신은 우강(禺彊)이라고 부르며 영귀(靈龜)가 심부름을 한다'고 했다.

【31】離騷曰 巨鼇戴山 其何以安也?

「이소」(離騷)에서는 '큰 거북이 산을 이고 있는데 어째서 평안할까?'라고 했다.

4절

而龍伯之國有大人 擧足不盈數步而暨五山之所. 一釣而連六鼇 合負而趣歸其國 灼其骨以數焉.【32】於是岱輿貟嶠二山 流於北極 沈於大海, 仙聖之播遷者 巨億計. 帝憑怒【33】侵減龍伯之國使阨 侵小龍伯之民使短. 至伏羲神農時 其國人猶數十丈.【34】

從中州以東四十萬里 得僬僥國 人長一尺五寸.【35】東北極有人名 曰諍人 長九寸.【36】荊之南有冥靈者 以五百歲爲春 五百歲爲秋, 上古有大椿者 以八千歲爲春 八千歲爲秋. 朽壤之上有菌芝者 生 於朝 死於晦. 春夏之月有蠓蚋者 因雨而生 見陽而死. 終北之北 【37】有溟海者 天池也. 有魚焉 其廣數千里 其長稱焉 其名爲鯤. 有 鳥焉 其名爲鵬 翼若垂天之雲 其體稱焉,【38】世豈知有此物哉?【39】 大禹行而見之 伯益知而名之 夷堅聞而志之.【40】

용백(龍伯)이라는 나라에 거인이 있는데, 몇 걸음 안 디디고 오산 이 있는 곳에 이르렀습니다. 여기에서 한 번 낚시를 해서 여섯 마리 큰 거북을 낚았고, 등에 걸머지고 자기 나라로 돌아가 거북의 껍데기를 불에 구워서 복점(卜占)을 쳤습니다.【32】 이때 대여와 원교 두 산은 북극으로 떠내려가서 큰 바닷속으로 침몰해버렸고, 수억 명의 선인들이 살던 곳을 잃어버렸습니다. 상제가 크게 노해【33】 용백의 나라를 줄여서 작게 만들었고, 용백의 백성들도 키를 줄여서 작게 만들어놓았습니다. 그러나 복희·신농의 때에 이르자, 그 나라 사람들의 키가 수십 길이나 되었습니다.【34】

중앙에서 동쪽으로 40만 리를 가면 초요(僬僥)국이 있는데 사람들의 키가 한 자 다섯 치입니다.【35】 동북쪽의 극지방에는 쟁인(諍人)이 있는데 키가 아홉 치입니다.【36】 형주(荊州) 남쪽에는 명령(冥靈)나무가 있는데 500년을 봄으로 삼고 500년을 가을로 삼으며, 상고시대에는 대춘(大椿)이라는 나무가 있었는데 8,000년을 봄으로 삼고 8,000년을 가을로 삼았습니다. 썩은 거름 위에 나는 균지(菌芝)라는 버섯은 아침에 났다가 저녁에 죽고, 봄여름에 생기는 하루살이는 비가 오면 생겼다가 햇볕을 보면 죽습니다.

북극의 북쪽에【37】 명해(溟海)라는 바다는 천지(天池)입니다. 여기에 물고기가 있어서 그 너비와 길이가 수천 리나 되는데 그 이름은 곤(鯤)입니다. 또 여기에 붕(鵬)이라는 새도 있는데 날개와 몸뚱이가 하늘에 드리운 구름과 같으나,【38】 이 세상 사람들이 어찌 이렇게 큰 동물이 있음을 알겠습니까?【39】 다만 우임금은 다니면서 이것을 보았고 백익(伯益)은 알고서 이름을 지었고, 이견(夷堅)은 듣고서 기록해두었습니다.【40】

【장담 주석】

【32】 以高下周圍三萬里山 而一鼇頭之所戴 而此六鼇復爲一釣之所引 龍伯之人能並而負之 又鑽其骨以卜計 此人之形 當百餘萬里. 鯤鵬方之 猶蚊蚋蚤

虱耳. 則太虛之所受 亦奚所不容哉?

위아래로 둘레가 3만 리가 되는 산을 한 마리 큰 거북이 이고 있는데, 용백의 거인이 이 여섯 마리 큰 거북을 한 번 낚시질로 잡아다가 한꺼번에 지고 가서 그 껍데기를 뚫어 점을 치려면, 이 거인의 형체는 100여만 리가 되어야 한다. 곤과 봉을 여기에 비교해본다면 모기나 벼룩 따위에 불과할 뿐이니, 태허의 용량으로 수용하지 못할 것이 무엇이 있겠는가?

【33】憑 大也.
빙(憑)은 크다는 뜻이다.

【34】山海經云 東海之外 大荒之中 有大人之國. 河圖玉板云 從崑崙以北九萬里 得龍伯之國 人長四十丈 生萬八千歲始死.
『산해경』에 '동해의 밖 황량한 해외에 대인국이 있다'고 했고, 「하도옥판」(河圖玉板)에 '곤륜산 이북 9만 리에 용백이라는 나라가 있는데 사람의 키가 40길이고 태어나 1만 8,000세가 되어야 죽는다'고 했다.

【35】事見詩含神霧.
이 일은 『시위』 「함신무」에 보인다.

【36】見山海經. 詩含神霧云 東北極有此人. 旣言其大 因明其小耳.
『산해경』에 보이며, 『시위』 「함신무」에서는 '동북의 극점에 이런 사람이 있다'고 했다. 앞에서 대인국을 말함으로써 이곳은 소인국임을 밝혔다.

【37】莊子云 窮髮.
『장자』에서는 '궁발'(窮髮)이라고 했다.

【38】莊子云 鯤化爲鵬.

『장자』에서는 곤이 붕으로 변화한다고 했다.

【39】翫其所常見 習其所常聞, 雖語之 猶將不信焉.

늘 보던 대로 익숙하고 듣던 대로 습관화되어, 말해주더라도 믿지 않는다.

【40】夫奇見異聞 衆之所疑. 禹益堅 豈直空言譎怪以駭一世? 蓋明必有此物以遣執守者之固陋 除視聽者之盲聾耳. 夷堅未聞 亦古博物者也.

기이한 일을 보고 들은 이야기는 사람들이 의심한다. 우임금이나 백익이나 이견이 어찌 근거 없는 괴상한 이야기를 퍼뜨려서 세상을 놀라게 하겠는가? 아마도 이런 사물이 반드시 있다는 사실을 밝힘으로써, 자기 생각만 고집하고 있는 인간들의 고루한 생각을 바로잡고, 제대로 보고 듣지 못하는 장애를 제거해주려 했을 뿐일 것이다. 이견(夷堅)이 누구인지 듣지 못했으나 아는 게 많은 옛사람일 것이다.

5절

江浦之閒生麼蟲【41】其名曰焦螟 羣飛而集於蚊睫 弗相觸也, 栖宿去來 蚊弗覺也. 離朱子羽方晝拭眥揚眉而望之 弗見其形,【42】䚡俞師曠方夜擿耳俛首而聽之 弗聞其聲【43】
唯黃帝與容成子 居空桐之上 同齋三月 心死形廢,【44】徐以神視【45】塊然見之 若嵩山之阿,【46】徐以氣聽【47】硔然聞之 若電霆之聲【48】.
吳楚之國有大木焉 其名爲櫾,【49】碧樹而冬生 實丹而味酸 食其皮汁 已憤厥之疾 齊州珍之. 渡淮而北而化爲枳焉. 鸜鵒不踰濟 貉踰汶則死矣, 地氣然也.【50】
雖然形氣異也 性鈞已 無相易已. 生皆全已 分皆足已. 吾何以識

其巨細? 何以識其脩短? 何以識其同異哉?[51]

강가에는 초명(焦螟)이라고 하는 아주 작은 벌레가 있는데,[41] 떼를 지어 날아가서 모기 속눈썹에 모여 있어도 서로 닿지가 않고, 속눈썹 위에서 깃들여 자고 돌아다녀도 모기는 알지 못합니다. 눈 밝은 이주(離朱)와 자우(子羽)도 백주 대낮에 눈을 비비며 흘겨보고 미간을 찡그리며 치뜨고 봐도 그 형체를 볼 수가 없습니다.[42] 귀 밝은 치유(魝俞)와 사광(師曠)도 조용한 한밤중에 고개를 들고서 귀를 기울여 들으려 해도 그 벌레 소리를 들을 수가 없습니다.[43]

황제(黃帝)가 용성자(容成子)와 더불어 공동산 위에서 석 달을 재계하자, 마음은 죽은 듯 멈추었고 몸은 쓰러진 고목나무처럼 되었는데,[44] 신(神)으로써 (초명 벌레를) 천천히 보니[45] 우람찬 모습이 숭산(嵩山)의 큰 언덕과 같고,[46] 가만히 기(氣)로써 들으니,[47] 쿵쾅거리는 소리가 하늘에서 벽력이 치는 듯했습니다.[48] 오나라와 초나라 사이에 유(櫾)라고 하는 큰 나무가 있는데,[49] 나무의 푸른색이 겨울에도 살아 있고, 열매는 붉은데 맛이 시고, 그 열매껍질의 즙을 마시면 숨이 차며 가래가 끓는 병9)을 고칠 수 있습니다. 그 나라의 중주(中州)에서는 이 열매를 귀중하게 여겼으나 회수를 건너 북쪽으로 가면 탱자로 변했습니다. 구관조는 제수(濟水)를 건너지 못하고, 담비는 문수(汶水)를 건너면 죽는 것은 땅의 기운이 그러한 것입니다.[50]

비록 형체와 기운은 달라질 수 있지만, 본성은 같아서 바꿀 수가

---

9) 분궐(憤厥)은 기천(氣喘)병이라고 한다. 기천은 가슴이 답답하고 숨이 차며 목에서 가래 끓는 소리가 나는 병이다. 『신역열자독본』, 158쪽 참조.

없습니다. 타고난 생명은 다 완전하고, 타고난 본분도 다 부족함이 없습니다. 제가 어떻게 크고 작은 것을 알 수 있으며, 길고 짧은 것을 알 수 있으며, 같고 다른 것을 알 수 있겠습니까?"[51]

【장담 주석】

【41】麼 細也.

마(麼)는 미세하다는 뜻이다.

【42】離朱 黃帝時明目人 能百步望秋毫之末. 子羽 未聞.

이주(離朱)는 황제 때 눈 밝은 사람으로, 백 보 거리에서 추호의 터럭 끝을 분간할 수 있었다. 자우(子羽)가 누군지는 들어보지 못했다.

【43】鱁俞 未聞也. 師曠 晉平公時人, 夏革 無縁得稱之, 此後著書記事者 潤益其辭耳. 夫用心智賴耳目以視聽者 未能見至微之物也.

치유가 누군지는 들어보지 못했다. 사광은 진(晉) 평공(平公) 때의 사람으로 하극이 사광을 일컬을 리가 없는데, 이는 뒷날 책을 써서 기록한 이가 그 말에 덧붙인 것이다. 마음을 쓰거나 눈과 귀에 의지해서 보고 듣는 자는 아주 미세한 존재까지는 볼 수 없다.

【44】所謂心同死灰 形若枯木.

이른바 마음은 불 꺼진 재와 같고, 육체는 마른 나무와 같다는 경지다.

【45】神者 寂然玄照而已, 不假於目.

신(神)이란 고요히 현묘하게 비출 뿐 눈을 빌리지 않는다.

【46】以有形涉於神明之境 嵩山未足喩其巨.

신명의 경지에서 형체를 보면 숭산(嵩山)도 크다고 하기는 부족하다.

【47】氣者 任其自然而不資外用也.

기(氣)란 저절로 그런 대로 맡기고 외부의 쓰임에 의지하지 않는다.

【48】以有聲涉於空寂之域 雷霆之音 未足以喩其大也.

공적(空寂)의 경지에서 소리를 들으면 벽력 소리도 크다고 하기에는 부족하다.

【49】音柚.

유(櫾)의 음은 유다.

【50】此事 義見周官.

이 일은 『주례』 「주관」(周官)편에 그 뜻이 보인다.

【51】萬品萬形 萬性萬情 各安所適 任而不執. 則鈞於全足 不願相易也, 豈智所能辯哉?

만 가지 사물마다 만 가지 형체가 있고, 만 가지 본성과 만 가지 감정이 있는데, 각자의 성정에 맞는 대로 편안하니 그대로 맡겨둘 뿐 (어느 한 가지로 고정시켜) 잡아둘 수가 없다. 그런즉 각자가 완전하고 충분하므로 다시 바꾸려고 원하지 않는데, 어찌 지모(智謨)로써 대소·장단·동이를 따지겠는가?

【역자 해설】

이 장은 다른 장보다도 철학적으로 의미 있는 내용이 많이 보인다. 먼저 탕왕의 질문을 간결한 명제로 바꿔서 보자.

"태고의 시초에 물질이 있었는가?"

"존재에 선후가 있는가?"

"물질은 쉬지 않고 순환한다."

이 명제들은 우주 본체론의 문제다. 유가에서는 윤리나 정치적인 문제에 관심을 둘 뿐 이런 유의 언급은 찾아보기 어렵다. 그들은 현실의 삶이나 통치와 관련되지 않는 우주 본체에 대한 문제는 허탄(虛誕)하다고 비판했으니, 이런 질문 자체가 나올 수가 없었다. 그래서 노자·장자 등 도가가 이런 철학적 질문을 제기함으로써 중국철학의 영역을 확장할 수 있었고, 이는 도가 고유의 문제의식이 되었다. 특히 열자의 이 장은 도가의 우주 본체론이 탄탄한 철학적 체계를 갖추는 중요한 계기를 마련했다고 평가할 수 있다.

탕임금은 우주의 시원과 존재의 원리에 대해 문제를 제기하지만, 하극은 인간의 언어나 개념, 논리나 이성으로는 그 무궁한 세계를 설명할 수가 없다고 말한다. 장담이 주석에서 "(우리가) 모르는 게 아니라, 인간의 지혜를 가지고서는 알 수가 없는 것이다"라고 한 말의 의미는 만물의 근원이나 도의 본체를 인간의 이성적 인식으로는 이해할 수 없다는 것이지, 알 수 있는 길이 완전히 닫혀 있다는 의미는 아니다.

하극의 답변 가운데 "크건 작건 서로를 머금고 있어서 끝이 없다. 만물을 머금은 존재는 또 천지도 머금고 있다. 만물을 머금었으므로 무궁하고, 천지를 머금었으므로 무극이다"라고 했는데, 모든 존재는 무궁할 뿐 아니라, 크기에 관계없이 서로를 머금고 있다는 생각은 이전에 볼 수 없었던 새로운 세계관을 보여준다. 노자·장자가 무한 개념을 제기하면서 무궁한 우주에 대해 언급한 것은 있었지만, 이를 모든 존재에 확장하고 또 무한한 존재들이 서로를 머금고 있다는 사상은 이전에 볼 수 없었던 열자만의 독특한 사상이다.

무한이라는 수 개념에는 대소가 없다. 예를 들어 홀수들의 집합과 자연수들의 집합이 있다고 하면, 자연수는 홀수와 짝수의 조합으로 이뤄지니, 홀수 집합은 작고 자연수 집합은 크게 보인다. 하지만 두 집합은 모두 무한하기 때문에 그 대소를 비교할 수가 없고 결국은 같다. 무궁한 세계라거나, 무수한 존재자들이 서로를 머금고 있다는 말들은 이렇게 열자의 무한 개념을 통해 이해해볼 수 있다.

후반부에 등장하는 대붕이나 곤은 『장자』에도 나오지만 약간 내용은 다르다. 장자서에서는 '북쪽 바다에 고기가 있으니, 그 이름은 곤이다. 곤의 크기가 몇천 리가 되는지 알 수가 없다. 곤이 화해서 새가 되니 그 이름은 붕이다. 붕의 등은 몇천 리나 되는지 알 수가 없고, 한 번 떨쳐 날면 그 날개는 하늘에 구름을 드리운 것 같다. 이 새는 바다를 날아 건너 남쪽 바다로 가려 한다. 남쪽 바다라는 것은 천지다. 아무것도 자라지 않는 지구의 북쪽 끝 천지라는 바다에 물고기가 사는데 그 너비가 수천 리가 되어 그 길이를 아는 이가 없으니 그 이름은 곤이다. 새가 있는데 그 이름은 붕이요, 등이 태산 같고 날개는 하늘에 구름을 드리운 듯하다. 회오리바람을 일으켜 올라가는 것이 9만 리요, 구름을 뚫고 올라가 푸른 하늘을 등에 진 다음에 남쪽으로 가서 남쪽 바다에 이른다'고 했으니, 붕과 곤이라는 거대한 동물이 본래부터 북해에 살고 있었다고 한 열자와 내용이 다르다.

『열자』에서는 균지(菌芝)라는 버섯은 아침에 났다가 저녁에 죽는 하루살이라고 했는데, 장자서에서는 '조균(朝菌)[10]은 초하루 그믐을

---

10) 최선(崔譔)은 아침에 피었다가 저녁에 죽는 버섯 종류라고 했다. 왕인지(王引之)는 『회남자』를 인용해 아침에 생겼다가 저녁에 죽는 물벌레라고 하면서, 버섯 같은 식물은 지각이 없는 존재이니 여기에서처럼 '안다 모른다'고 할 수가 없다고 했다. 최대화(崔大華), 『장자기해』(莊子岐解), "中州古籍出版社", 1988, 13쪽 참조.

알지 못한다'고 했으니 한 달 가까이 사는 셈이다. 이와 같이 열자와 장자가 비슷하면서 약간의 차이가 있어서, 어느 판본이 원본이라고 단정하기는 어렵다.

네스호나 백두산 천지의 괴물처럼, 당시에도 북해에 곤이나 붕 같은 거대 괴수가 살고 있다는 신비한 이야기가 전해지고 있었다는 사실을 볼 수 있으니 매우 흥미롭다. 선인들이 사는 오산(五山)의 이야기나 대인국이나 소인국의 이야기도 인의 도덕과 예의 법도를 지키라고 귀에 못이 박히도록 들어온 사람들의 귀를 뚫어주는 재미있는 이야기였을 것이다.

이런 '기이한 이야기'(奇見異聞)는 드넓은 중국 대륙의 지역적 특성을 고려해볼 때, 어느 궁벽진 오지(奧地)나 소수민족의 이야기에서 비롯한 것일 수도 있다. 그러나 필자의 생각으로는 어쩌면 대진(大震)이나 서역(西域) 등 이역의 전문(傳聞)이 기원이 되었을 수 있다고 본다. 다시 말해 당시 아랍·로마·중앙아시아 지역 등과 교역하면서 이방(異邦)의 신기한 이야기가 중국인의 상상력과 결합해서 왜곡·과장된 형태로 수용되었을 가능성이 있다고 본다.

장담은 "기이한 일을 보고 들은 이야기는 사람들이 의심한다. 우임금이나 백익이나 이견이 어찌 근거 없는 괴상한 이야기를 퍼뜨려서 세상을 놀라게 하겠는가? 아마도 이런 사물이 반드시 있다는 사실을 밝혀서 자기 생각만 고집하고 있는 인간들의 고루한 생각을 바로잡고 제대로 보고 듣지 못하는 장애를 제거해주려 했을 뿐일 것이다"라고 평했다. 열자가 보여주는 세계는 공자·맹자 등이 보여주는 중국 중심의 세계와 비교해보면 분명히 구별되는 확장된 세계관과 차원이 다른 우주관을 갖고 있다고 할 수 있다.

2장

1절

太形王屋二山【1】 方七百里 高萬仞, 本在冀州之南 河陽之北. 北山愚公者【2】 年且九十 面山而居. 懲山北之塞 出入之迂也. 聚室而謀曰

吾與汝畢力平險 指通豫南 達于漢陰 可乎?

雜然相許,【3】 其妻獻疑【4】曰

以君之力 曾不能損魁父之丘 如太形王屋何?【5】 且焉置土石?

雜曰

投諸渤海之尾 隱土之北.【6】

遂率子孫荷擔者三夫 叩石墾壤 箕畚運於渤海之尾. 鄰人京城氏之孀妻【7】有遺男 始齔 跳往助之. 寒暑易節 始一反焉.

태행산(太行山)과 왕옥산(王屋山) 두 산은【1】 길이가 700리, 높이가 1만 길로 본래 기주(冀州)의 남부, 하양(河陽)의 북쪽에 있었다. 산의 북쪽에 나이 구십이 가까운 우공(愚公)이【2】 산을 마주보고 살고 있었다. 그는 산 북쪽이 막혀 있어서 빙 둘러 다녀야 하

는 걸 괴롭게 여겼다. 어느 날 집안사람들을 모아놓고 상의하며 말하기를,

"내가 너희들과 같이 온 힘을 다해 저 험한 산을 평평하게 깎아 내서, 바로 예남(豫南) 땅으로도 가고 직접 한음(漢陰) 땅으로도 갈 수 있는 길을 내려고 하니, 괜찮겠느냐?"

고 하자, 그 집안사람들은 다 찬성했으나[3] 우공의 처가 의문을 제기했다.[4]

"당신의 힘으로는 자그마한 괴보산도 깎아내지 못할 터인데, 저 커다란 태행산과 왕옥산을 어찌한다는 말씀이요?[5] 또 산에서 파낸 흙과 돌 더미는 어디에 치울 거요?"

그러자 가족들이 모두 말했다.

"발해의 해안 북쪽 절벽11)에 버리면 됩니다."[6]

마침내 자손 가운데 짐을 질 수 있는 세 사람의 장정을 데리고 돌을 쪼고 흙을 파서 삼태기에 담아 발해의 해변으로 져 날랐다. 이웃 경성(京城)댁 과부가 막 이갈이를 시작한 어린 유복자를 데리고 살고 있었는데, 어린 아들을 뛰어다니며 일을 돕게 했다. 추위와 더위가 계절을 바꾸어 1년이 되었다.

【장담 주석】

【1】形當作行 太行 在河內野王縣. 王屋 在河東東垣縣.

---

11) 장담은 태형산(太形山)을 실재하는 태행산으로 보고, 은토(隱土)도 『회남자』 를 인용해서, 실제 중국의 지명인 것처럼 주석했다. 그 뒤의 학자들도 이를 따라 고증했으나, 역자의 생각으로는 태형산이나 은토 등의 지명들이 실명(實名)이라기 보다는 우언(寓言)이라고 본다. 특히 본문에서도 흙더미를 발해로 져 날랐다고 했지 은토로 운반했다는 말이 없는 것으로 보아, 역자는 여기에 서는 장담의 주석처럼 '은토지북'(隱土之北)을 지명으로 보지 않고, 발해의 해안가 가운데 '땅이 꺼져 있는 북쪽 절벽'을 지칭한 것으로 해석했다.

형(形)은 행(行)으로 써야 맞다. 태행산(太行山)은 하내 야왕현에 있다. 왕옥산은 하동 동환현에 있다.

【2】俗謂之愚者 未必非智也.

세상에서는 우공을 어리석다고 일컬었지만, 지혜롭지 못하다고 할 수만은 없다.

【3】雜猶僉也.

잡(雜)은 모두라는 뜻이다.

【4】獻疑 猶致難也.

의문을 제기한 것이 비난한 것처럼 되었다.

【5】魁父 小山也. 在陳留界.

괴보산은 작은 산으로 동류현의 경계에 있다.

【6】淮南云 東北得[12) 州曰 隱土.

『회남자』에서 '동북의 박주(薄州)를 은토라고 한다'고 했다.

【7】孀 寡也.

상(孀)은 과부다.

---

12) 『회남자』의 원문에는 박(薄) 자로 되어 있다.

2절

河曲智叟 笑而止之【8】曰

甚矣 汝之不惠!13) 以殘年餘力 曾不能毀山之一毛 其如土石何?

北山愚公長息曰

汝心之固! 固不可徹, 曾不若孀妻弱子. 雖我之死 有子存焉. 子又
生孫 孫又生子, 子又有子 子又有孫, 子子孫孫 無窮匱也, 而山不
加增 何苦而不平!

河曲智叟亡以應.【9】

操蛇之神聞之【10】懼其不已也.【11】告之於帝. 帝感其誠【12】命夸蛾
氏二子【13】負二山 一厝朔東 一厝雍南 自此 冀之南漢之陰無隴斷
焉【14】

물이 도는 물굽이에 사는 지수(智叟)가 비웃으면서 그만두라고
【8】말했다.

"당신은 참으로 어리석습니다. 그 나이에 이제 얼마 남지 않은 힘
으로는 산의 풀 한 포기도 뽑기 어려울 터인데, 흙과 돌을 어찌하
려 하오?"

그러자 산의 북쪽에 사는 우공이 길게 탄식하면서 말했다.

"당신은 마음이 고지식하구려! 고루해서 트이지 못함이 과수(寡
守)댁 어린아이만도 못하오. 비록 내가 죽더라도 자식이 있지 않
소. 자식은 또 손자를 낳고 손자는 또 자식을 낳으니, 자식에게 또
자식이 있고 자식에게 또 손자가 있어서 자자손손 끊이지 않지
만, 저 산은 더 높아지지를 않으니 아무리 힘들더라도 평평하게
만들지 못하겠소?"

---

13) 혜(惠)는 혜(慧)로 본다. 『열자집석』, 160쪽 참조.

물굽이의 지수는 뭐라 대꾸를 할 수 없었다.[9]

뱀을 쥔 산신이 이를 듣고는[10] 멈출 줄 모르는 우공의 의지가 두려워[11] 상제에게 고했다. 상제는 그의 정성에 감동해서[12] 과아(夸蛾) 씨의 두 아들에게[13] 두 산을 각각 져다가 하나는 삭동(朔東)에 두고 또 하나는 옹남(雍南)에 두게 했으니, 이로부터 기주의 남쪽과 한수(漢水) 북쪽으로 넘어가는 길목이 끊어지지 않게 되었다.[14]

【장담 주석】

【8】俗謂之智者 未必非愚也.

세상에서는 지수를 지혜롭다고 일컬었지만, 어리석지 않다고 할 수만은 없다.

【9】屈其理 而服其志也.

그 이치에 졌고 그 의지에 감복했다.

【10】大荒經云 山海神 皆執蛇.

『산해경』「대황경」에 '산과 바다의 신은 모두 뱀을 쥐고 있다'고 했다.

【11】必其不已 則山會平矣. 世咸知積小可以高大, 而不悟損多可以至少. 夫九層起於累土 高岸遂爲幽谷. 苟功無廢舍 不期朝夕 則無微而不積 無大而不虧矣. 今砥礪之與乃劍 相磨不已 則知其將盡. 二物如此 則丘壑消盈無所致疑. 若以大小遲速爲惑者 未能推類也.

기필코 멈추지 않는다면 산은 평평해질 수 있다. 세상에서는 작은 것을 쌓아서 큰 것을 이룬다는 것은 다 알지만, 거대한 것을 덜어내면 아주 작아질 수 있다는 것은 깨닫지 못한다. 저 9층의 누각은 바닥의 흙을 쌓아서 일으켜

448

세운 것이지만, 높은 언덕이 깊은 골짝이 되기도 하는 것이다. 진실로 아침이건 저녁이건 가리지 않고 계속 공력을 들인다면, 아무리 작아도 쌓지 못할 것이 없고 아무리 커도 무너뜨리지 못할 것이 없다. 오늘부터 숫돌과 칼을 계속 서로 간다면 모두 닳아 없어질 것이 틀림없다. 숫돌과 칼이 이와 같다면 산이 줄어들고 골이 채워질 것도 의심할 수 없다. 만약 일이 크니 작으니, 빠르니 늦으니를 가지고 의혹을 품는 자는 제대로 추리할 줄 모르는 것이다.

【12】感愚公之至心也.

우공의 지극한 마음에 감동한 것이다.

【13】夸蛾氏 傳記所未聞 蓋有神力者也.

과아 씨는 전해지는 기록에서는 들어보지 못했으나, 아마도 신력(神力)을 가진 자인 듯하다.

【14】夫期功於旦夕者 聞歲暮而致歎, 取美於當年者 在身後而長悲. 此故俗士之近心 一世之常情也.

至於大人 以天地爲一朝 億代爲瞬息, 忘懷以造事 無心而爲功, 在我之與在彼 在身之與在人 弗覺其殊別 莫知其先後. 故北山之愚與孀妻之孤 足以哂河曲之智 嗤一世之惑. 悠悠[14]之徒 可不察與?

하루아침에 공을 기대하는 자는 한 해가 저물었다는 말을 들으면 탄식하고, 살아생전에 칭송을 들으려는 자는 죽음을 맞이하게 되면 길이 슬퍼한다. 이것이 속된 선비의 단견이요, 세상 사람의 보통 생각이다.

대인이라면 천지를 한때로 삼고 억만 년을 순식간으로 삼아, 생각 없이 일

---

14) 유유(悠悠)에는 여러 뜻이 있으나, 여기에서는 1.많은 모양, 2.세속(世俗)·일반(一般), 3.용렬·저속, 3.세속적인 사람·중인(衆人) 등의 의미로 볼 수 있다. 『한어대사전』 참조.

을 하고 마음 없이 공을 쌓으며, 아(我)와 피(彼), 나와 남의 차이도 느끼지 못하고 그 선후도 알지 못한다. 그러므로 북산의 우공과 과부의 아이는 물굽이의 지수를 비웃을 만하고 세상의 의혹을 비웃을 수 있다. 세속의 용렬한 무리는 이를 잘 살펴보지 않을 수 있겠는가?

【역자 해설】

　북산(北山)의 우공(愚公)과 하곡(河曲)의 지수(智叟)는 정반대의 인물이다. 공자는 '어진 이는 산을 좋아하고 지혜로운 이는 물을 좋아한다'(仁者樂山 知者樂水)고 했다. 왜 그렇게 정해진 것인지는 분명히 설명할 수 없다. 하지만 참으로 공교롭게도 공자의 이 말은 우공이산(愚公移山)의 고사에 딱 들어맞는다. 북쪽 산에 사는 우공(愚公)은 어리석어 보이고, 정반대로 물굽이에 사는 지수(智叟)는 소위 인간의 꾀를 보여주니, 인자와 지자가 잘 대비되어 있다.

　어리숙한 우공의 말을 잘 들여다보면 그 본질은 인자함임을 알 수 있다. 구십 평생을 살았지만, 나머지 여생을 편히 쉬며 지내지 않고 산을 옮기겠다고 마음먹은 것은 자신의 생을 위해서가 아니라 후손과 이웃들을 위한 결정이다. 구십 노인네가 읍내에 갈 일이 무어 그리 많겠는가? 산을 깎아내고 길을 낸다고 한들, 자신의 여생이 얼마나 남았다고 지름길로 질러 다니는 호사를 누리겠는가? 아마 우공도 자기 생전에 가능하다고 생각진 않았을 것이다. 그는 여생을 먼지투성이가 되어 고되게 살다가 흙더미 위에서 죽을 수밖에 없음을 누구보다도 잘 알고 있었다. 하지만 그 무모한 일이 결국은 온 동네 사람들에겐 축복임을 알기에 이웃집 과부댁도 어린 유복자까지 보내 일을 돕게 했던 것이다.

　『논어』에서 공자는 지(知)와 인(仁)을 대비해서 말하는 경우가 많다. 어떻게 보면 지혜로운 이는 인자하지 못하고, 인자한 이는 어리석어 보이는 경우가 많으니, 이 두 가지 덕은 본질적으로 상반되는 것인지도 모르겠다. 학생 시절에는 똑똑하고 지혜로운 친구가 제일인 듯하지만, 우리는 살아가면서 꾀 많고 머리 좋은 사람보다는 우직하고 인자한 사람이 큰일을 이루고 성공하는 사례를 많이 본다. 이런 예는 너무 많아서 내가 다시 들 필요는 없을 것 같다.

학창 시절에도 머리가 좋은 친구보다는 우직한 친구가 더 공부를 잘하는 경우를 많이 볼 수 있다. 그러나 우직함이 힘을 발휘하려면 올바른 판단이 전제되어야 한다. 다시 말하자면 선택과 집중이 정확하게 서로 맞아떨어질 때 효율성이 높아지고 자신감이 생긴다. 여기에 우연한 기회나 운때까지 작용한다면 시너지 효과를 얻으면서 성공의 가능성이 배가된다.

우공이산의 이야기는 우직하게 노력하는 자가 성공한다는 인간 승리의 교훈으로 사자성어 시험에도 단골로 나오는 문제다. 진부할 정도로 많이 들었던 고사지만 실제로 열자의 원문을 읽어보면 우리가 상상했던 것보다 훨씬 더 재미있고도 감동적이다. 특히 인근 과부댁이 유복자를 데리고 있는데, 막 이를 갈기 시작한 어린 아들을 뛰어다니며 일을 돕게 했다는 표현은 참으로 생동감이 넘친다. 강보에 싸인 아이도 물론 귀엽지만, 이갈이 시기의 아이도 귀엽다. 막 유치를 갈기 시작한 어린아이가 어머니의 치마폭을 붙잡고 깔깔거리는 웃음소리가 귀에 들리는 것 같지 않은가? 그늘진 엄마의 얼굴과 대조되는 그 천진난만함이 우공이산의 이야기를 더욱 빛나게 만든다.

산을 옮기겠다는 대규모 토목 공사에 대여섯 살 먹은 아이가 무슨 힘이 되겠는가. 우공이산의 주제에는 전혀 필요 없는 사족이다. 그러나 어른들의 한마디 칭찬에 힘든 줄 모르고 이리저리 뛰어다니며 깜냥껏 심부름하는 어린아이의 모습은 현장의 느낌을 생생하게 살려주며, 고집불통의 노인네 이야기 속에 약동하는 생동감을 선사한다. 이 빨 빠진 어린이가 없었다면 이 우화는 평범하게 인간의 의지력을 찬양하는 무미건조한 이야기가 될 뻔했다. 이렇게 구체적인 상황 묘사를 보니, 어쩌면 우공이산의 고사는 실제로 비슷한 사례를 경험하고 쓴 것이 아닐까 하는 생각마저 든다.

3장

夸父不量力 欲追日影 逐之於隅谷之際.[1] 渴欲得飲 赴飲河渭,
河渭不足 將走北飲大澤. 未至 道渴而死. 棄其杖 尸膏肉所浸 生
鄧林. 鄧林彌廣數千里焉.[2]

과보(夸父)는 자기의 힘을 생각하지도 않고, 마구 태양의 그림자
를 쫓아 우곡(隅谷)의 근처까지 갔다.[1] 목이 말라 황하(黃河)와
위수(渭水)에까지 가서 물을 마셨으나, 황하와 위수로는 부족해
북쪽으로 가서 대택(大澤)의 물을 마시려고 했다. 그러나 도착하
지 못한 채 길 위에서 갈증으로 죽고 말았다. 그가 죽으며 버린 지
팡이에 시신이 썩어 스며들었고 나무가 자라나서 등림(鄧林)이
라는 숲이 생겼다. 등림은 넓게 퍼져 수천 리나 되었다.[2]

【장담 주석】

【1】隅谷 虞淵也, 日所入.
우곡은 우연(虞淵)으로, 해가 져서 들어가는 곳이다.

【2】山海經云 夸父死 棄其杖而爲鄧林.

『산해경』에서는 '과보가 죽어 그 지팡이를 버렸는데, 등림(鄧林)이 되었다'고 했다.

【역자 해설】

태양에 도전했다가 좌절당하는 과보의 비극은 다소 낯설게 느껴진다. 동양의 신화나 전설은 대부분 권선징악과 같은 행복한 결말로 끝나거나 천명에 순응해서 천인합일(天人合一)을 추구하며 살아가는 순종적 인생관을 갖고 있기 때문이다. 그래서 태양을 쫓아 달려가다가 죽고 말았다는 과보의 비극적 신화는 유례가 없는 낯선 이야기다. 문득 고대 그리스의 이카루스 신화가 연상되기도 한다. 밀랍으로 붙인 날개를 달고 태양을 향해 날아올랐으나 태양의 열기에 밀랍이 녹아 결국 추락해서 죽었다는 이카루스의 신화는 태양을 쫓아가다가 목이 말라 목숨을 잃은 과보의 신화와 유사하다.

사실 동양에서는 인간이 신에게 빌어서 도움을 받고 소원을 이룬다는 이야기가 대부분이지, 초월자나 신에게 도전하다가 좌절하는 이야기는 거의 없다. 앞의 우공이산에서도 처음에는 너무 무모해서 고생만 하다가 실패할 듯이 보였지만, 결국 상제가 우공의 정성에 감동해서 그를 돕는 것으로 결말이 난다. 이런 점에서 무모하게 태양에 도전했던 과보의 죽음과 등림으로의 재생은 동양의 신화 가운데 희귀한 예에 속한다.

위 내용은 『산해경』과 『회남자』에도 일부 등장한다. 왜 과보의 신화를 여기에 수록했는지는 단언하기 어려우나, 우공이산의 성공적 사례와 비교되는 반대 예시로서 과보의 어리석은 행동을 들은 것이 아닐까 싶다. 다시 말해 자신의 역량을 전혀 생각하지도 못한 채 태양을 따라잡겠다는 의지만 가지고 행동하는 것은 어리석은 짓이고 비극적 결과를 가져올 뿐이라는 말이다.

　무모하다는 점에서는 우공과 과보는 차이가 없다. 하지만 우공은 자신의 개인적 욕심이 아니라 후손과 마을 사람들의 장래를 생각해 희생을 감내하고 내린 결단으로, 집안 식구들과 상의해서 동의를 얻었으며 마을 사람들도 공감하고 동참했다. 그러나 과보는 욕심을 따라 혼자 태양을 쫓아 달렸다. 인간이 가진 능력의 한계를 생각하지 않고 무모한 사욕을 부린 결과가 비극을 빚은 셈이 되었다.

　그러나 그의 지팡이가 자라나 수천 리에 걸친 숲을 이루었다는 결말은 무슨 의미인 것일까? 이카루스가 서양인들에게 그 도전 정신을 일깨워주었다고 한다면, 과보는 중국인에게 무슨 교훈을 주었던 것일까? 그가 열망했던 세계는 거대한 숲으로 다시 부활해 살아남았건만, 과보의 꿈은 개인적인 사욕으로 치부되고 무모함은 비극으로 종결됨으로써, 용감하게 운명에 맞선 과보의 의협심과 도전 정신이 묻혀버린 것은 아닐까 아쉬울 따름이다.

4장

大禹曰

六合之間 四海之內 照之以日月 經之以星辰 紀之以四時 要之以太歲. 神靈所生 其物異形, 或夭或壽 唯聖人能通其道.【1】

夏革曰

然則亦有不待神靈而生 不待陰陽而形 不待日月而明【2】 不待殺戮而夭 不待將迎而壽【3】 不待五穀而食 不待繪纊而衣 不待舟車而行 其道自然【4】 非聖人之所通也.【5】

우임금이 말했다.

"천지의 사이와 사해의 안에는 일월이 밝게 비추고, 별들이 질서 있게 운행하고, 사계절로 기강을 잡으며, 태세(太歲)로 햇수를 정합니다.15) 신령이 낳은 만물은 그 형상이 달라서, 수명이 짧기도 하고 길기도 하니, 오직 성인만이 그 도에 통할 수 있습니다."【1】

---

15) 태세는 목성(木星)을 말하며 세성(歲星)이라고도 한다. 목성이 주천(周天) 하는 데 12년이 걸리는데, 황도(黃道) 위에 12등분을 해서 매년마다 목성이 머무른 성차(星次)로서 햇수를 표시하는 법을 말한다.

하극이 말했다.

"그러나 신령에 의지하지 않고 낳은 것도 있고, 음양에 의지하지 않고 드러난 것도 있고, 일월에 의지하지 않고 밝은 것도 있고,[2] 죽임을 당하지 않고도 빨리 죽는 것도 있고, 봉양을 받지 않고 오래 사는 것도 있고,[3] 오곡을 먹지 않고 사는 것도 있고, 비단이나 솜이 없어도 옷을 해 입는 것도 있으며, 배나 수레를 타지 않아도 스스로 가는 것이 있으니, 그 도는 저절로 그러한 것이지[4] 성인만이 그 도에 통하는 것은 아닙니다."[5]

【장담 주석】

【1】聖人 順天地之道 因萬物之性, 任其所適 通其逆順, 使羣異各得其方 壽夭咸盡其分也.

성인은 천지의 도를 따르고 만물의 본성에 의거하며, 그들이 가는 대로 맡기고 무엇을 거스르고 무엇을 따르는지를 잘 알아서, 갖가지 존재들이 각기 제자리를 얻도록 하고 타고난 분수대로 수요(壽夭)를 누리게 해준다.

【2】夫生者自生 形者自形 明者自明, 忽然自爾 固無所因假也.

낳은 것은 저절로 낳고 드러난 것은 저절로 드러나며 밝은 것은 저절로 밝은 것이니, 홀연히 스스로 그렇게 된 것이지 의지하거나 빌려서 그렇게 된 것은 진실로 아니다.

【3】自夭者 不由禍害, 自壽者 不由接養.

저절로 요절하는 것은 화를 당해서가 아니고, 저절로 장수하는 것은 보양을 받아서가 아니다.

【4】自然者 都無所假也.

저절로 그런 것은 전혀 빌린 바가 없다.

【5】聖人不違自然 而萬物自運 豈樂通物哉? 自此章已上 皆夏革所告殷湯也.

성인은 저절로 그러함을 어기지 않았고 만물은 저절로 그렇게 운행한 것이니, 어찌 성인이 만물에 통하기를 좋아한 것이겠는가? 위에서부터 이 장까지는 하극이 은나라 탕왕에게 말해준 것이다.

【역자 해설】

2·3장의 우공(愚公)·과보(夸父) 이야기부터 4장까지는 탕왕이 물었던 거세(巨細)와 대소(大小)와 동이(同異)의 차이점에 대한 여러 답변이 뒤섞여 있어서 다소 혼란스럽다. 장담은 「탕왕」편 처음에서부터 이 앞 장까지 하극이 은나라 탕왕에게 대답한 내용이라고 보았다. 그런데 원문 「탕왕」편 첫 장에서는 은나라 탕왕이 하극과 문답을 했지만, 여기에서는 하나라 우왕과 문답을 했다고 하니, 탕왕은 하나라 은나라 두 왕조에 걸쳐 존재한 셈이 되므로, 우임금의 말은 하극이 인용한 것으로 보는 것이 합리적이겠다. 아마도 장담은 1장에서 등장한 하극이 다시 이 장에서 등장하는 것을 들어서 탕왕의 답변에 대한 질문으로 간주했던 것으로 보인다.

여기에서 우임금과 하극이 크게 다르지 않은 내용을 말한 것처럼 보이지만 정반대의 주장을 하고 있다. 먼저 우임금이 성인과 천도의 필연성과 절대성을 언급한 데 대해, 하극은 무위자연을 근거로 세계의 다양성을 설파하고 있다. 우임금은 도(道)가 절대적 통일성을 갖고 있기 때문에 현상계가 유지되고 성인만이 그 도를 알아서 현실을 다스린다고 주장했으나, 하극은 무위자연의 세계 속에서 만물은 자생자화(自生自化)하고 있으니, 세계는 결국 다양성의 조화로 유지된다고 보았다. 한마디로 말해보자면 우임금은 유가적 사상, 하극은 도가 사상이라고 할 수 있겠다.

5장

1절

禹之治水土也 迷而失塗 謬之一國.【1】濱北海之北 不知距齊州 幾千萬里.【2】其國名曰 終北 不知際畔之所齊限 無風雨霜露 不生鳥獸蟲魚草木之類. 四方悉平 周以喬陟.【3】

當國之中有山 山名壺領 狀若甀【4】甈【5】頂有口 狀若負環 名曰滋穴. 有水湧出 名曰神瀵【6】臭過蘭椒 味過醪醴. 一源分爲四埒 注於山下.【7】經營一國 亡不悉徧.

土氣和 亡札厲. 人性婉而從物 不競不爭. 柔心而弱骨16) 不驕不忌, 長幼儕居 不君不臣, 男女雜游 不媒不聘, 緣水而居 不耕不稼. 土氣溫適 不織不衣, 百年而死 不夭不病. 其民孳阜亡數 有喜樂亡衰老哀苦. 其俗好聲 相攜而迭謠 終日不輟音. 饑惓 則飮神瀵 力志和平. 過則醉 經旬乃醒, 沐浴神瀵 膚色脂澤 香氣經旬乃歇.

---

16) 골(骨)에는 질지(质地)·소질(素质)·실질(实质)·속·골상(骨相)이나 기질(氣质)·본성(本性)·성격(性格)·심신(心神)·심의(心意) 등의 뜻이 있다. 『한어대사전』참조.

우임금이 대홍수를 다스리려고 치수 공사를 하러 다니다가 그만 길을 잃어서 다른 나라에 가게 되었다.[1] 그 나라는 북해(北海)의 북쪽 연안에 있는데 중국에서 몇천만 리나 떨어져 있는지 알 수 없었다.[2] 그 나라의 이름은 종북(終北)인데 국경이 어디까지인지 알지 못했고, 비바람도 없고 서리나 이슬도 없으며, 동물이나 식물 따위가 자라지 않았다. 사방은 다 평평하고 주위는 산봉우리로 중첩되어 있었다.[3]

그 나라의 한가운데에는 호령(壺領)이라는 산이 있는데 그 모양은 항아리와[4][5] 같고, 꼭대기에는 자혈(滋穴)이라는 둥그런 구멍이 있었다. 거기에서 솟아나오는 샘물을 신분(神瀵)이라고 부르는데[6] 냄새는 난초보다도 향기롭고, 맛은 단술보다도 더 달았다. 하나의 원천에서 네 갈래로 나뉘어 산 아래로 흘러내렸고,[7] 온 나라 전역에 골고루 퍼졌다.

풍토가 온화해 악질이 없었고, 사람들의 성질은 온순하고 순종적이어서 다투거나 싸우지 않았다. 마음은 유순하고 성격은 부드러우며, 교만하지도 않았고 시기하지도 않았다. 나이 든 이나 젊은이나 평등해서 임금도 없고 신하도 없으며, 남자나 여자나 중매도 하지 않고 혼례도 치르지 않고 섞여 사귀었으며, 강물을 따라 살며 밭을 갈지도 않고 곡식을 심지도 않았다. 기후가 따뜻해 옷감을 짜지도 않고 옷을 입지도 않으며, 백 년을 살다가 죽는데 요절하는 일도 없고 병드는 일도 없다. 백성들은 그 수를 헤아릴 수 없이 인구가 불어나고 즐거움만 있을 뿐 노쇠하거나 슬퍼하고 괴로워할 일이 없었다. 풍속은 음악을 좋아해서 서로 손을 잡고 돌려가며 노래하니 종일토록 노랫소리가 그치지 않았다. 배고프거나 피곤해지면 신분 샘물을 마시는데, 힘이 생겨나면서 마음이 화평해졌다. 신분을 과음하면 취해서 열흘이 지나야 취기가 가시며, 신분에 목욕을 하면 피부가 윤택해지고 향기가 나는데 열흘이 지나야 멈추었다.

【장담 주석】

【1】游絶垠之外者 非用心之所逮 故寄言迷謬也.

뚝 떨어진 바깥에서 노닐게 된 것은 가고자 해서 간 것이 아니므로, 잘못해서 길을 잃었다고 했다.

【2】距 去也.

거(距)는 떨어졌다는 뜻이다.

【3】山之重壟也.

산의 봉우리가 중첩되었다.

【4】擔.

담(儋)의 음은 담이다.

【5】摧.

추(甀)의 음은 추다.

【6】山頂之泉曰 瀵.

산꼭대기의 샘을 분(瀵)이라고 한다.

【7】山上水流曰 埒.

산 위에서 물이 흐르는 것을 날(埒)이라고 한다.

2절

周穆王北游過其國 三年忘歸. 既反周室 慕其國 然自失. 不進酒
肉 不召嬪御者 數月乃復.

管仲勉齊桓公因游遼口 俱之其國. 幾剋擧 隰朋諫曰

君舍齊國之廣 人民之衆 山川之觀 殖物之阜 禮義之盛 章服之
美, 妖靡盈庭 忠良滿朝 肆咤則徒卒百萬【8】 視撝則諸侯從命【9】 亦
奚羨於彼而棄齊國之社稷 從戎夷之國乎? 此仲父之耄 奈何從
之?

桓公乃止 以隰朋之言告管仲 仲曰

此固非朋之所及也.【10】 臣恐彼國之不可知之也. 齊國之富奚戀?
隰朋之言奚顧?【11】

주 목왕(穆王)은 북쪽으로 유람하는 길에 이 나라에 들렀는데
3년 동안이나 돌아갈 생각이 전혀 나지 않았다. 주나라 왕실에
돌아와서도 종북을 그리워하다가 그만 멍하니 정신을 차리지 못
한 상태가 되었다. 술과 고기도 맛이 없었고 비빈이나 시녀도 부
르지 않은 지 몇 달이 된 뒤에야 겨우 정신이 돌아왔다.

제나라 관중(管仲)[17]은 제 환공(桓公)이 요구(遼口) 땅에 유람
가는 길에 같이 종북에 들르자고 권유했다. 거행(擧行)이 거의 결
정될 무렵 습붕(隰朋)이 간언(諫言)을 올렸다.

"임금께서는 넓은 제나라의 많은 백성들과 수려한 산천의 경치
와 풍부한 물산과 융성한 예의와 아름다운 예복(禮服)과 궐내에
넘치는 미녀와 조정에 가득한 충신들과 한번 호령에 운집하는 백

---

17) 제나라의 유명한 정치가. 관중의 본명은 이오(夷吾), 자는 중(仲)이다. 관중의
   정치 사상은 『관자』(管子)라는 책에 전해져오고 있으나, 관중의 직접 저술이
   라기보다는 제나라의 여러 후학들이 쓴 것으로 여겨진다.

만 대군과【8】 눈길 한번에18) 바로 명을 받드는 제후들을 버리시고,【9】 어찌 저런 나라를 부러워하사 제나라의 사직(社稷)을 팽개치고 오랑캐 나라를 좇으려 하시나이까? 어찌하여 저 늙은 관중의 말을 따르려 하시나이까?"

환공은 행차를 중지하고서 습붕의 말을 관중에게 알리자, 관중이 말했다.

"이 일은 진실로 습붕이 알 수 있는 것이 아닙니다.【10】 신은 저 나라를 알지 못할까 걱정할 뿐입니다. 제나라의 부유함 따위에 어찌 연연해하며, 습붕의 말 따위에 어찌 개의하십니까?"【11】

【장담 주석】

【8】肆疑作叱.
사(肆)는 질(叱)로 써야 할 듯하다.

【9】視疑作指.
시(視)는 지(指)로 써야 할 듯하다.

【10】朋之知極於齊國 豈知彼國之巨偉? 故管仲駭之也.
습붕이 아는 것은 제나라에서 끝이 나니, 어찌 저 종북의 위대함을 알겠는가? 그러므로 관중이 걱정스러워한 것이다.

【11】此國自不可得往耳 豈以朋之言 故止也?
이 나라는 혼자서는 갈 수가 없는데, 어찌 습붕의 말 때문에 멈추겠습니까?

---

18) 장담은 시(視)를 지(指) 자로 추정했으니, 장담의 견해에 따라 해석하면 '한 번의 지시에 명을 받드는 제후'가 된다.

【역자 해설】

　종북이라는 나라는 도가의 이상 사회를 보여준다. 노자는 소국과
민(小國寡民)을 말했지만, 소국과민은 종북에 비해보면 훨씬 소박하
다. 장자는 무하유지향(無何有之鄉)을 말했지만, 이곳에 비하면 너무
추상적이다. 열자의 이상 사회는 나라의 풍속이나 사람들의 삶의 모
습을 구체적이면서도 생동감 넘치게 그리고 있다.

　열자의 놀라운 상상력은 어쩌면 직접 황량한 설원을 답사했던 것
이 아닐까 의문이 들 만큼 생생한 묘사를 남기고 있다. 종북은 마치
북극이나 시베리아의 대설원을 연상케 한다. 이런 상상의 나라나 신
분이라는 신기한 샘물은 동화를 읽는 듯 우리의 정신을 잊고 있었던
꿈의 세계로 거침없이 이끌어준다. 아마도 이런 열자의 필력은 『장
자』와 『초사』를 이어받아서 훗날 『산해경』으로 전해졌으리라.

　특히 산꼭대기에는 자혈(滋穴)이라는 둥그런 구멍이 있어서 향기
롭고도 단 샘물이 흘러나오며, 네 갈래로 나뉘어 산 아래로 흘러내려
온 나라 전역에 골고루 퍼졌다는 내용은 중국의 동북쪽에 있는 명산
백두산에서 흘러내려 압록강·두만강·송화강의 발원지가 되는 천지
(天池)를 연상시킨다. 또 "풍토가 온화해 악질이 없었고, 사람들의 성
질은 온순하고 순종적이어서 다투거나 싸우지 않았다. 마음은 유순
하고 성격은 부드러우며, 교만하지도 않았고 시기하지도 않았다. …
풍속은 음악을 좋아해서 서로 손을 잡고 돌려가며 노래하니 종일토
록 노랫소리가 그치지 않았다"는 내용도 우리나라를 떠올리게 한다.

　관중과 습붕의 대립은 두 정치권력 간의 알력이라기 보다는 물질
을 초월한 도(道)가 구현된 유토피아를 보고 싶어 하는 이상주의자
관중과, 돈과 명예와 권력과 미녀 같은 물질적 풍요를 중시하는 현실
주의 정치가 습붕의 견해 차를 보여준다고 하겠다.

　여기에서는 관중이 습붕을 나무랐는데, 뒤의 「역명」편에서는 관중

이 병석에서 제 환공에게 재상으로 습붕을 천거하는 장면이 나온다. 개인적으로 문경지교(刎頸之交)의 관계인 포숙(鮑叔)을 버리고 습붕을 천거함으로써, 공과 사를 구별하는 관중의 대인다운 풍모를 보였다고 볼 수도 있으나, 이 장에서 습붕의 말에는 일고의 가치도 없다고 폄하한 관중의 말이 너무 지나치게 보인다. 이런 내용상의 비정합성 문제는, 어쩌면 『열자』가 한사람의 손에 쓰인 것이 아니라 여러 글들을 편집해서 이뤄졌기 때문일 수도 있다.

6장

南國之人 被髮¹⁹⁾而裸.【1】 北國之人 鞨巾而裘, 中國之人 冠冕而裳. 九土所資 或農或商 或田或漁. 如冬裘夏葛 水舟陸車, 黙而得之 性而成之.【2】

越之東有輒沐【3】之國 其長子生 則鮮而食之 謂之宜弟. 其大父死 負其大母而棄之曰 鬼妻不可以同居處.

楚之南 有炎人之國 其親戚死 其肉而棄之 然後埋其骨, 迺成爲孝子.

秦之西 有儀渠【4】之國者 其親戚死 聚柴積而焚之, 燻則煙上 謂之登遐 然後成爲孝子.

此上以爲政 下以爲俗 而未足爲異也.【5】

남쪽 나라 사람들은 머리를 풀어헤치고 벌거벗었으나,【1】 북쪽 나라 사람들은 머리를 두건으로 싸매고 가죽옷을 입으며, 중앙의

---

19) 『장자』 「소요유」편에서는 '越人斷髮文身'이라고 했으나, 여기에서의 피발(被髮)은 머리를 묶지 않고 풀어헤친 모양을 말한다. 『장자』 「전자방」(田子方), "孔子見老聃 老聃 新沐 方將被髮而乾 慭然似非人" 참조.

중국 사람들은 머리에 관모(冠帽)를 쓰고 의상을 차려입는다. 중국 구주(九州)의 토질에 의거해서 어떤 이는 농사를 짓고 어떤 이는 장사를 하며, 어떤 이는 사냥을 하고 어떤 이는 어업을 한다. 겨울이 오면 갖옷을 입고 여름이 오면 베옷을 입으며, 물에서는 배를 타고 뭍에서는 수레를 타는 따위는, 사람들이 말 없이 터득해서 타고난 본성에 맞게 완성한 것이다.[2]

월(越)나라 동쪽의 첩목이라는[3] 나라는 맏아들이 태어나면 산채로[20] 잡아먹는데, 아우를 위해 이렇게 해야 한다고 말한다. 할아버지가 죽으면 귀신의 아내와 같이 살아서는 안 된다고 말하면서 할머니를 업어다가 버린다.

초나라 남쪽의 염인(炎人)이라는 나라는 친척이 죽으면 살점을 버린 뒤에 뼈만 묻어야 효자가 된다.

진(秦)나라 서쪽 의거(儀渠)라는[4] 나라는 친척이 죽으면 땔나무를 쌓아두고 태우는데, 연기가 올라가야 등하(登遐)했다고 여기며 그래야만 효자가 된다.

이상의 기습(奇習)은 위에서는 정치로써 행하고 아래에서는 풍속으로 행하며, 이상하다고 여기지를 않는다.[5]

【장담 주석】

【1】 力果反.

나(裸)는 나로 읽는다.

---

20) 『한어대사전』을 보면, 선(鮮)은 활어(活魚)·산 짐승·날 회·새로 도살한 고기·살(殺)·신(新)·신선(新鮮) 등의 뜻이 있는데, 여기에서의 선(鮮) 자에 대해 여러 가지 해석이 있다. 해(解)의 오자로 보아 '해체(解體)한다'고 해석하기도 하고, '젊다, 어리다'의 뜻으로 해석하기도 하는데, 양백준은 본자 그대로 해석했다. 『열자집석』, 166쪽 및 『신역열자독본』, 169쪽 참조.

【2】夫方土所資 自然而能. 故吳越之用舟 燕朔之乘馬 得之於水陸之宜 不假學於賢智. 愼到曰 治水者 茨防決塞 雖在夷貊 相似如一, 學之於水 不學之於禹也.

지방의 토질에 따라 저절로 그렇게 하게 된 것이다. 그러므로 오월(吳越)에서 배를 타고, 연삭(燕朔)에서 말을 타는 것은 물과 뭍에 적합하게 이뤄진 것이지 인간의 이성이나 지혜를 빌려서 배운 것이 아니다. 신도(愼到, 기원전 395-기원전 315)[21]는 '홍수를 다스릴 때 둑을 쌓아 성채가 터지는 것을 막는 것은 오랑캐에서도 다 같이 비슷하다'고 했으니, 이는 물에서 배운 것이지 우임금에게 배운 것이 아니다.

【3】又休.
목(沐) 자가 휴(休)로 되어 있는 판본도 있다.

【4】又康.
거(渠) 자가 강(康)으로 되어 있는 판본도 있다.

【5】此事 亦見墨子.
이 일은 『묵자』에도 보인다.

---

21) 전국시대의 황로학자(黃老學者). 신자(慎子)라고도 불리우며, 조나라 사람으로 직하(稷下)에 유학해서 황로도덕(黃老道德)의 술을 배웠고, 도가와 법가 사상을 겸했다. 『장자』와 『사기』에 그의 언행과 전기가 소개되어 있고, 『한비자』(韓非子)와 『구자』(荀子) 등에도 그가 언급되어 있다. 『한서』 「예문지」에 저서로 『신자』(慎子) 42편이 있다고 했는데, 현재 『신자』 5편이 전해지나 신도의 원저는 아니라고 한다.

【역자 해설】

『산해경』을 능가하는 이국(異國)의 기속(奇俗)들로서, 상상일망정 어떻게 이런 생각을 다 했을까 싶을 정도다. 앞에서도 언급한 바 있듯이, 이런 '기이한 견문'은 고대 아랍이나 로마 등 서역과의 접촉을 통해서 얻은 것일 수도 있지만 이 장에서만큼은 중국 대륙 내에서의 궁촌 벽지나 소수민족의 습속이 그 기원인 것으로 보인다. 교통과 통신이 발달하지 못했던 시기에 살던 고대인들은 어쩌다 접촉하는 외부인들을 통해 듣는 해외의 기속을 매우 신기하게 생각했을 것이다. 특히 삶의 방식이 다른 풍속은 으레 과장되어 전해졌을 것임은 충분히 짐작할 수 있는 일이다.

"남쪽 나라 사람들은 머리를 풀어헤치고 벌거벗었으나, 북쪽 나라 사람들은 머리를 두건으로 싸매고 가죽옷을 입으며, 중앙의 중국 사람들은 머리에 관모를 쓰고 의상을 차려입는다. 중국 구주의 토질에 의거해서 어떤 이는 농사를 짓고 어떤 이는 장사를 하며, 어떤 이는 사냥을 하고 어떤 이는 어업을 한다. 겨울이 오면 갖옷을 입고 여름이 오면 베옷을 입으며, 물에서는 배를 타고 뭍에서는 수레를 타는 따위는, 사람들이 소리 없이 터득해서 타고난 본성에 맞게 완성한 것이다"라고 했는데, 거대한 중국 대륙의 남쪽으로 가면 더우니 벌거벗고, 북쪽은 추우니 가죽옷으로 추위를 막고, 중원은 춥지도 덥지도 않으니 관모를 쓰고 옷을 갖춰 입게 되었다고 이해할 수 있다.

『장자』에서 월나라 남쪽에 옷을 팔러 갔더니 야만인들이라서 벌거벗고 문신을 하고 있었다고 한 내용도 이런 맥락에서 이해할 수 있다. 또 구주의 토질에 따라 농상(農商)과 전어(佃漁)의 구별이 생기고, 타고난 본성에 따라서 주거(舟車)가 독자적으로 발달했다는 내용은 나름대로 세계의 다양성을 인정하면서 체계화하려 했음을 보여준다.

하지만 월나라 동쪽, 초나라 남쪽 등의 습속에 대해 엽기(獵奇)적이고 야만적이라고 기술함으로써, 중화주의 기준으로 폄하한 것은 아쉽다. 여기에서 한 걸음만 더 내디디면 중국 밖의 족속들은 금수 같은 열등하고 비속한 종족으로 간주되고, 이런 종족들은 동정심은 커녕 교화(敎化)의 대상도 되지 못하니, 마치 밭에 침입한 해충(害蟲)처럼 제거해야 한다는 주장까지 나오게 되는 것이다.

사실 월나라 동쪽이라면 지금 중국에서 최고의 번영을 누리는 상하이나 광저우 근방이고, 초나라 남쪽은 홍콩·심천·마카오 등의 국제도시가 있는 광동성·광서성 지역이며, 진나라 서쪽이면 청해성·감숙성 및 신강·위구르의 광대한 지역에 해당된다. 이 장에서 야만인들로 묘사한 월나라 동쪽·초나라 남쪽·진나라 서쪽은 현재 중국의 한복판으로, 초대형급 국제도시가 위치한 대국굴기(大國屈起)의 상징이 되었다.

결국 중국에서 오랑캐라고 일컬었던 동이(東夷)·서흉(西匈)·남만(南蠻)·북적(北狄)의 사이(四夷)가 모두 오늘날의 중국 일부를 지칭한다는 점을 주목할 필요가 있다. 중국 고전에서 비하한 오랑캐는 결국 모두 현대 중국의 영토 내에 해당되는 것이니, 중원만이 문명한 세계고 사방이 야만국이라는 편협한 중화주의는 그 자체가 누워서 침 뱉기라는 사실을 중국인들 스스로 깨우칠 필요가 있다.

단 하나의 예외는 동해 가운데 있다는 삼신산(三神山)의 전설이다. 불로초와 영지가 나고 불사의 신선이 살고 있으며, 누구나 이곳에 가면 불로장생한다는 삼신산만은 중국이 아닌 해외에 존재하는 이상향이다. 진시황이 불사약을 찾으러 보낸 서불(徐巿)이 찾아왔다는 전설의 삼신산을 대표하는 것이 바로 제주도다. 중국인들은 이를 영주(瀛州)라고 부른다. 결국 중국인들은 한반도를 동이(東夷)라고 폄하하기도 하면서 동시에 삼신산이란 선망의 대상으로도 삼은 셈이다. 이제는 우리나라를 보는 중국의 분열적 시각을 바로잡을 때가 되었다는 생각이 든다.

7장

孔子東游 見兩小兒辯鬪. 問其故, 一兒曰

我以日始出時 去人近 而日中時 遠也. 一兒以日初出 遠 而日中時 近也.

一兒曰

日初出大如車蓋, 及日中 則如盤盂, 此不爲遠者小 而近者大乎?

一兒曰

日初出滄滄涼涼, 及其日中如探湯, 此不爲近者熱 而遠者涼乎?

孔子不能決也. 兩小兒笑曰

孰爲汝多知乎?[1]

공자가 동쪽을 유람하다가 두 어린이가 말다툼을 하고 있는 것을 보았다. 공자가 그 까닭을 묻자 한 아이가 말했다.

"저는 하늘의 해가 처음 나올 때는 사람에서 가깝고, 해가 중천에 있을 때는 멀다고 했는데, 다른 아이는 해가 처음 나올 때가 멀고, 해가 중천했을 때에는 가깝다고 했기 때문입니다."

한 아이가 말했다.

"해가 처음 뜰 때는 마치 지붕만큼 크지만 해가 중천하면 사발만
하니, 이는 멀리 있으면 작고 가까이 있으면 크게 보이기 때문이
아닌가요?"

다른 아이가 말했다.

"해가 처음 뜰 때는 차갑고 서늘하지만, 해가 중천에 오면 끓는
물에 손을 댄 것 같습니다. 이는 가까우면 뜨겁고 멀면 차가운 게
아닌가요?"

공자는 판결할 수가 없었다. 두 어린아이가 웃으면서 말했다.

"누가 당신을 아는 게 많다고 하겠습니까?"

【장담 주석】

【1】所謂六合之外 聖人存而不論.[22] 二童子致笑 未必不達此旨 或互相起
予[23]也.

이른바 '이 세상 밖의 일에 대해서는 성인은 그대로 놔둘 뿐 시비곡직을
따지지 않는다'고 했다. 두 동자가 비웃은 이유가 이 뜻을 이해하지 못해서
만은 아니니, 서로 공자를 일으켜 계발(啓發)시켜주기 위한 것일 수 있다.

【역자 해설】

삼척동자에게서 배울 것이 있다는 우리 속담처럼, 두 동자의 희언

---

22) 『장자』「제물론」, "六合之外 聖人存而不論. 六合之內 聖人論而不議. 春秋經世先
王之志 聖人議而不辯. 故分也者 有不分也. 辯也者 有不辯也. 曰何也？聖人懷之 衆
人辯之以相示也. 故曰辯也者 有不見也" 참조.

23) 기여(起予)는 자신의 의도를 계발(啓發)하거나 타인을 계발한다는 뜻으로 사
용한다. 『논어』「팔일」(八佾), "子夏問曰 巧笑倩兮 美目盼兮 素以爲絢兮 何謂也？
子曰 繪事後素. 曰 禮後乎？子曰, 起予者商也！始可與言詩已矣" 참조.

(戱言)은 고대시기에 보기 드문 분석적이고 과학적인 논쟁을 보여준다. 한 동자는 태양의 일출과 일중 시 태양이 크고 작게 보이는 현상을 원근법(遠近法 perspective)을 근거로 추론하고, 다른 동자는 원근의 문제를 복사열에서의 온도 차이로 추리함으로써 서로 모순된 결론을 도출하고 있다.

원근법에 따라 그린 그림을 투시도라고 하는데 선으로 사물의 원근 관계를 알게 하는 투시도법을 선 원근법이라 하고, 회화적 표현 수법으로 공기층과 광선 작용에 따른 명암과 색채 변화 및 거리감을 나타내는 투시도법을 공간 원근법 또는 색상 원근법이라고도 한다. 서양에서의 원근법은 기원전 5세기 무렵 그리스의 화가 아가타르코스(Agatharcos)와 아폴로도로스(Apollodoros)에 의해 시작된 것으로 알려져 있으나, 분명하게 확립된 것은 이탈리아 르네상스 시대부터다.

동양화법에서도 삼원법(三遠法)이라는 원근법이 활용되었다. 삼원법은 화면 구도와 시점 관계에 따라 고원(高遠)·심원(深遠)·평원(平遠)으로 나뉜다. 산수화에서 삼원법이 처음 시도된 것은 중국 북송시대(北宋時代)의 화가 이성(李成)이 성립시킨 평원산수화법으로 알려져 있다. 북송의 화가 곽희(郭熙)는 그의 화론집(畵論集)『임천고치』(林泉高致)에서 삼원법의 원리를 설명하고 있다(『한국민족문화대백과』 원근법 조 참조).

열이 전달되는 방식에는 세 가지가 있다. 전도(傳導 conduction)와 복사(輻射 radiation)와 대류(對流 convection)다. 태양열은 매질이 없는 진공에서 빛 에너지 형태로 전달되는 복사 현상에 의한 열이다. 태양의 복사열이 지구에 도달하면 대기권 내에서 대류에 의해 열이 전달된다. 태양과 가까운 적도에서는 데워진 공기가 상승하고, 극지방에서 공기가 하강하면서 지구를 대순환한다.

그러나 이 동자의 희언은 전통시대에는 대답할 수 없었던 난문제였던 모양이다. 지금까지 대단히 논리적이고 분석적인 설명을 내놓았던 장담도 여기에서는 설명을 하지 않고 '성인은 이 세상 밖의 일에 대해서는 그냥 놔두고 따지지 않는다'라는 도피성 발언으로 대신하고 있다. 동자의 입을 빌린 것도 절묘하다. 중국의 과학적 사유가 어린아이가 생각할 수 있는 수준에서 더 성장하지 못했음을 저절로 풍자한 셈이 되었다. 현대 과학에서 태양이 뜨고 지는 문제는 지구가 둥근 구체이며 태양을 중심으로 자전과 공전하는 천체 구조로 간단하게 설명한다. 하지만 열자 당시에는 신화적으로 상상했을 뿐 그 구조를 전혀 알 수 없었거니와 서구 과학이 도입되기 이전의 근대기까지도 음양오행설을 가지고 견강부회했을 뿐이었다.

현대 열자 주석의 결정판이라고 할 수 있는 양백준의 명저 『열자집석』에서는 과학 이론을 동원해가며 무려 세 쪽에 걸쳐 이 문제를 자세하게 설명하고 있다. 이 '그냥 놔두고 따지지 않았던' 문제들은 명말청초 근대 서학이 수입되면서 비로소 중국인에게 이해되었고, 점성학이 아닌 천문학이라는 정당한 학문의 영역으로 편입되었다.

8장

1절

均 天下之至理也[1] 連於形物亦然[2] 均髮均縣. 輕重而髮絶 髮
不均也[3] 均也 其絶也[4] 莫絶[5] 人以爲不然[6] 自有知其然者
也[7]

詹何[8] 以獨繭絲爲綸 芒鍼爲鉤 荊篠爲竿 剖粒爲餌 引盈車之魚
[9] 於百仞之淵 汩流之中. 綸不絶 鉤不伸 竿不撓[10]

균형은 천하의 지극한 이치이니,[1] 형체가 있는 존재에 대해서는
모두 적용된다.[2] 머리카락도 균형을 취하면 물건을 매달 수 있
다. 그러나 힘점의 가벼움과 무거움이 생기면서 머리카락이 끊어
지니, 머리카락이 균형을 잡지 못했기 때문이요,[3] 힘의 균형을
잡는다면 그것을 끊으려고 해도[4] 끊을 수가 없다.[5] 사람들은
그렇지 않다고 생각하지만[6] 저절로 그러한 이치를 아는 이도 있
다.[7]

첨하(詹何)라는 사람은[8] 누에고치 한 개에서 실을 뽑아 줄을 만
들고, 가는 바늘로 낚시를 만들고, 싸리나무 가지로 대를 만들고,

쌀알을 으깨 미끼를 만들어서, 수레에 꽉 찰 정도로 큰 물고기를
[9] 백 길이나 되는 심연의 급류 속에서 낚았다. 그러나 줄도 끊어
지지 않고 낚시도 펴지지 않았으며 대도 휘어지지 않았다.[10]

【장담 주석】

【1】物物事事 皆平皆均 則理無不至也.

모든 존재가 모두 공평하게 균형을 이룬다면, 천리가 완전히 구현된다.

【2】連 屬也. 屬於器物者 亦須平焉.

연(連)은 속해 있다는 뜻이다. 기물에 속해 있는 존재는 균평을 이루고 있
어야 한다.

【3】髮甚微脆 而至不絶者 至均故也. 今所以絶者 猶輕重相傾 有不均處也.

머리카락은 아주 미약하지만, 끊어지지 않는 것은 완전한 힘의 균형을 이
루었기 때문이다. 그런데 여기에서 끊어진 까닭은 무게의 경중이 서로 쏠려
서 균형이 무너진 곳이 생겼기 때문이다.

【4】若其均也. 寧有絶理?

만일 균형을 잡았다면 어찌 끊어질 수 있겠는가?

【5】言不絶也.

끊어지지 않는다는 말이다.

【6】凡人不達理也.

보통 사람들은 이치를 이해하지 못한다.

【7】會自有知此理爲然者 墨子亦有此說.

마침 저절로 이 이치가 그러함을 아는 이가 있으니, 묵자도 이렇게 말한 게 있다.

【8】詹何 楚人 以善釣聞於國.

첨하는 초나라 사람으로 낚시질을 잘한다고 온 나라에 소문이 났다.

【9】家語曰 鯤(鰥)魚其大盈車.[24]

『공총자』(孔叢子)에서 '환어(鰥魚)가 수레에 가득 찰 정도로 크다'고 했다.

【10】夫餙芳餌 挂微鈎 下沈靑泥. 上乘驚波, 因水勢而施舍 頡頑委縱 與之沈浮, 及其弛絶 故生而獲也.

향기로운 미끼로 꾸며서, 가는 낚시에 걸고 흙바닥에 가라앉힌다. 위로 사나운 파도를 타더라도 물결에 따라 줄을 풀어주며, 물고기가 발버둥 치는 대로 오르락내리락 함께 같이 부침하면서 힘을 빼버리기 때문에 산 채로 잡을 수가 있다.

2절

楚王聞而異之 召問其故. 詹何曰

---

24) 이 구절은 『공자가어』가 아니라 『공총자』(孔叢子)에 나오며, 곤(鯤)이 아니라 환(鰥)으로 나오므로, 원문에 따라 고쳐서 번역했다. "孔叢子曰 衛人釣魚于河 得鰥其大盈車. 曰吾下一魴之餌鰥過而不視 又益以豚之 半則吞矣. 子思曰鰥 貪以餌死 士貪以祿死" 참조. 환어는 언제나 눈을 뜨고 있다는 전설상의 물고기다.

臣聞先大夫之言 蒲且子之弋也【11】弱弓纖繳 乘風振之 連雙鶬於
青雲之際. 用心專 動手均也. 臣因其事 放而學釣 五年始盡其道.
當臣之臨河持竿 心無雜慮 唯魚之念. 投綸沈鉤 手無輕重 物莫能
亂. 魚見臣之釣餌 猶沈埃聚沫 吞之不疑. 所以能以弱制彊 以輕
致重也. 大王治國 誠能若此 則天下可運於一握 將亦奚事哉?
楚王曰
善!【12】

초나라 왕이 소문을 듣고 기이히 여겨서 그를 불러 어찌 된 까닭
인지 묻자 첨하가 대답했다.

"신이 선친의 말씀을 듣자니, '포저자(蒲且子)라는 사람의 주살은
【11】약한 활에 가는 줄을 걸고서도 바람을 타고 튕기면 창공의 구
름 사이로 날아가는 한 쌍의 기러기를 연달아 떨어뜨린다'고 했
습니다. 그것은 마음을 집중한 상태에서 힘의 균형에 맞게 손을
썼기 때문입니다. 신은 이 일에 의거해 그대로 낚시질에 모방해
서 공부한 지 5년 만에 비로소 그 도를 터득하게 되었습니다. 신
이 물가에 가서 낚싯대를 잡게 되면 마음에 잡념이 없고 오직 물
고기만 생각합니다. 낚싯줄을 던져서 낚시가 가라앉으면 손에는
경중이 없어지니 어떤 것도 이 상태를 어지럽히지 못합니다. 물
고기는 신이 낚시에 건 미끼를 마치 가라앉은 부스러기나 포말처
럼 보고 의심 없이 삼켜버리게 됩니다. 그러므로 유약함으로 강
한 것을 부릴 수 있고, 가벼움으로 무거운 것을 끌어들일 수가 있
습니다. 대왕께서 나라를 다스리심에 참으로 이런 방법을 쓰실
수 있다면 온 천하를 한 손아귀에서 주무를 수 있사오리니, 무슨
일인들 어려울 것이 있겠습니까?"

초나라 왕이 말했다.

"훌륭하구나!"[12]

【장담 주석】

【11】蒲且子 古善弋射者.
포저자는 옛날 주살을 잘 쏘는 사람이다.

【12】善其此諭者 以諷其用治國矣.
이 비유를 제대로 이용해서 나라를 다스리는 데 풍간(諷諫)한 것이다.

【역자 해설】

이 장에서는 첨하와 포저자라는 달인이 등장하는데, 직업에는 귀천이 없지만 낚시질이나 주살질 같은 기술은 경국(經國)의 대업이나 천하를 구제하는 도술(道術)이 아니라 잡기(雜技)일 뿐이다. 이런 잡기에 달통한 달인 이야기는 장자서 등의 도가서에 자주 등장해서 도의 경지를 비유한다. 도를 추상적으로 말한다면 따분하고도 진부한 내용이 되기 십상이다. 일월은 법칙대로 운행하고 사계절은 질서정연하게 움직이니, 사람도 삼강오륜대로 살아가라고 훈계하는 것 외에 달리 무슨 할 말이 더 있겠는가?

그러니 도를 강조하는 도가는 자칫 진부한 도사나 재미없는 현학가(衒學家)가 될 법하지만, 도가에서는 틈만 나면 상상력을 발휘해서 끊임없는 이야기를 만들어내 흥미를 끌고 구미를 당긴다. 요즘 말로 열자나 장자는 참으로 빼어난 '스토리텔러'다.

이 장에서는 균(均)이라고 하는 힘의 균형점 문제로 말문을 연다. 낚시질뿐 아니라 물리 법칙을 들고나옴으로써, 이 장의 이야기는 과학적 의미까지 함축하게 되었다. 힘점과 균형점을 이용한 낚시꾼의 기술은 포정(庖丁)의 소 잡는 기술이나 윤편(輪扁)의 바퀴 깎는 기술처럼, 예술을 넘어 도의 경지로 다가선다.

그러나 균형점만 찾는다면 명주실로 집채도 들고, 구름 위로 날아가는 기러기를 맞출 수 있다는 것처럼 과장하는 바람에 엄밀성을 갖춘 과학보다는 상상과 관념의 왕국으로 가버렸다. 원리만 가지고 모든 현실의 문제를 한번에 해결할 수 있는 것은 아니다. 인간이 쓰는 활시위로는 창공을 날아가는 기러기를 쏘아 맞출 수가 없다. 7,000미터 상공까지 날아간다는 기러기[25]는 가장 먼 사거리(300미터)를 가진 국궁으로도 맞출 수 없다. 활의 탄력만으로 중력을 거슬러 기러기의 활공 고도까지 올려 보내는 것은 불가능하기 때문이다. 또 명주실이 낚싯줄로 오랫동안 쓰인 것은 사실이지만, 명주로 엮은 낚싯줄 한 올 가지고는 백과사전 한 권 지탱하기 어렵다. 실의 분자 구조가 견딜 수 있는 인장 강도가 정해져 있기 때문이다.

그러나 명주실을 다발로 엮어 힘의 균형을 잘 잡는다면 집채를 들 수는 있다. 만일 힘의 균형점이라는 원리를 강조하는 것에 그치지 않고, 그것들이 견딜 수 있는 한계점이 어디까지인지를 정확하게 측정해서 수치화하고 역학적으로 계산할 수 있는 계량화와 방법론에 관심을 두었다면 동양 과학은 서양을 압도할 수 있었을 것이다.

원리도 중요하지만 이를 현상에 적용해서 이용하고 우리의 삶을 개선하도록 실용화할 수 있는 방법론을 갖춰야 진정한 학문이 될 수 있다. 우리의 현실은 너무 많은 변수가 얽혀 있어서 원리·원칙대로만 움직이지 않는다.

---

25) 기러기는 8,848미터 높이의 에베레스트 산맥도 넘어간다고 한다. C. M. Bishop et. al., "The roller coaster flight strategy of bar-headed geese conserves energy during Himalayan migrations", *Science*, Vol 347 Issue 6219, 2015.1.16.

9장

魯公扈趙齊嬰二人有疾, 同請扁鵲求治. 扁鵲治之 旣同愈, 謂公
扈齊嬰曰

汝曩之所疾 自外而干府藏者 固藥石之所已. 今有偕生之疾 與體
偕長, 今爲汝攻之 何如?

二人曰

願先聞其驗.

扁鵲謂公扈曰

汝志彊而氣弱 故足於謀而寡於斷.[1] 齊嬰志弱而氣彊 故少於慮
而傷於專.[2] 若換汝之心 則均於善矣.

扁鵲遂飮二人毒酒 迷死三日. 剖胷探心 易而置之, 投以神藥 旣
悟如初. 二人辭歸.

於是公扈反齊嬰之室 而有其妻子, 妻子弗識. 齊嬰亦反公扈之室
有其妻子, 妻子亦弗識.[3] 二室因相與訟 求辨於扁鵲. 扁鵲辨其
所由 訟乃已.[4]

노나라 공호(公扈)와 조나라 제영(齊嬰)에게는 모두 질병이 있었는데, 두 사람이 편작(扁鵲)에게 치료해달라고 청했다. 편작이 병을 치료해서 같이 낫게 해주고는, 공호와 제영에게 말했다.

"당신들이 전에 앓았던 질병은 외부에서 장부(臟腑)로 들어온 것으로 약물로 잘 고칠 수 있었소. 그런데 살아오면서부터 생긴 병이 육신과 함께 커나가고 있으니 이제 당신들을 위해 치료를 해보려 하오. 어떻소?"

둘이 대답했다.

"원컨대 먼저 그 증상을 들려주시면 좋겠습니다."

편작이 공호에게 말했다.

"그대는 의지는 강하지만 기(氣)가 약해서 일을 꾀하려는 지려(智慮)는 많은데 일을 결정하는 과단성이 적고,[1] 제영은 의지는 약하지만 기가 강해서 생각은 적은데 마음대로 처리하는 게 문제요.[2] 만일 당신들의 심장을 바꾼다면 서로에게 좋을 것이요."

편작은 먼저 두 사람에게 독주(毒酒)를 마시게 해서 사흘간을 혼수상태에 빠지게 했다. 그동안에 가슴을 갈라 심장을 찾아서 서로 바꾸어두었고, 다시 신약(神藥)을 투여하자 원래대로 의식이 깨어났다. 두 사람은 편작에게 사례를 하고 집으로 돌아갔다.

그런데 심장 교환으로 인해서 공호는 제영의 집으로 돌아가게 되었으니, 제영의 처가 있었으나 처가 알아보지 못했다. 제영도 공호의 집으로 돌아가서 보니 아내가 있었으나 역시 그를 알아보지 못했다.[3] 이로 인해 두 집안에서 서로 다투다가 편작에게 판단을 구했다. 편작이 그 이유를 분명히 설명해주자 소동이 멈췄다.[4]

【장담 주석】

【1】志謂心智 氣謂質性 智多 故多慮 性弱 故少決也.

지(志)는 마음의 꾀를 말하고, 기(氣)는 성질을 말한다. 꾀가 많으면 생각이 많고, 성질이 약하면 결정이 부족하게 된다.

【2】智少而任性 則果而自用.

꾀가 모자라면서 성질에 맡기면 과감하게 멋대로 하게 된다.

【3】二子易心, 乘其本識 故各反其家, 各非故形 故妻子不識也.

두 사람이 심장을 바꾸었으니, 본래 알던 대로 각자의 집으로 돌아가긴 했으나, 본래의 몸뚱이가 아니므로 식구들이 알아보지 못한 것이다.

【4】此言恢誕 乃書記少有. 然魏世華他能刳腸易胃 湔洗五藏. 天下理自有不可思議者 信亦不可以臆斷 故宜存而不論也.

이 이야기는 허탄해서 기록에 잘 보이지 않는다. 그러나 위나라 때 화타(華佗)가 장을 갈라 위(胃)를 교체하고 오장을 씻어냈다고 한다. 천하의 이치에는 저절로 불가사의한 일들이 있는 법이니, 참으로 억단할 수는 없으므로 이 일은 그대로 놔두고 더 이상 시비를 논하지 않는 게 마땅하겠다.

【역자 해설】

중국 의학은 내과(內科), 특히 양생 의학 위주로 발달했지 외과(外科) 치료나 수술은 발달하지 못했다고 한다. 이 장을 보면 2,000년 전의 심장 이식 수술을 언급하고 있는데, 당시의 기술로 과연 가능했을지 의문이 든다. 하지만 신체의 터럭 끝 하나 다치지 않는 것이 효도라고 생각했던 시절에 이를 상상했다는 것만으로도 획기적인 일이라고 하겠다.

심장(心臟)을 바꾸었더니 마음이 바뀌었다는 이 소동의 전말은 현대 의학에서 사실이 아니라고 이미 입증되었다. 심장을 피를 순환시키는 기관으로 보지 않고 마음을 관장하는 장부로 보았던 데에서 발생한 오류다.

장담도 심장 이식 수술의 부작용에 대해 허탄한 내용이라고 강한 의문을 표하면서, 앞 7장에서 나왔던 설명할 수 없는 현상에 대해 '그냥 놔두고 시비를 따지지 않는 게 옳다'는 말을 전가의 보도처럼 사용하고 있다.

아마도 동양의 고대 의학에서도 인간의 정신 작용이 두뇌와 관련되어 있다는 사실을 경험적으로 모르지만은 않았을 것이다. 하지만 두뇌는 오장육부에 거론되지도 않는다. 사실 심장이 멈추면 생각을 못 하는 정도가 아니라 목숨을 유지하지 못하게 되는데, 어떻게 심장이 정신 활동을 지배하는 장부가 되었는지는 의문이다.

심장 이식 수술을 했다는 언급은 의심스럽지만, 독주(毒酒)를 마취제로 사용했다는 이야기는 실제 경험 속에서 나온 것이라고 생각한다. 현재 한의학에서 외과 수술을 하지는 않지만, 창상(創傷)을 많이 당했던 과거 전쟁터에는 외과 치료가 많이 행해졌을 것이다. 『삼국지』를 보면 관우는 태연히 바둑을 두면서 뼈를 발라내는 고통을 견뎠다고 하니, 참으로 대단한 정신력의 소유자라고 하지 않을 수 없다. 하지만 보통의 경우에는 독주로 완전히 취하게 하거나 온몸을 묶어 놓은 뒤에 박힌 화살을 뽑아내고 소독 및 봉합 시술을 하지 않았을까 싶다.

선사시대 인류는 먹거리를 찾다가 우연히 밀을 발견했을 것이고, 썩은 줄 알았던 알곡의 즙에서 우연히 향내 나는 술을 발견해 그것을 신에게 바쳤을 것이다. 그러나 신에게 흠향하라고 바치던 술이 마취

제로 쓰일 줄을 누가 알았겠는가. 뜻하지 않은 우연한 기회는 문명이
비약하는 계기가 되기도 한다.

10장

瓠巴鼓琴而鳥舞魚躍.[1] 鄭師文聞之[2] 棄家從師襄游,[3] 柱指鈞弦 三年不成章.[4] 師襄曰

子可以歸矣.[5]

師文舍其琴 歎曰

文非弦之不能鈞 非章之不能成. 文所存者 不在弦 所志者 不在聲,[6] 內不得於心 外不應於器 故不敢發手而動弦.[7] 且小假之以觀其後.

無幾何 復見師襄 師襄曰

子之琴 何如?

師文曰

得之矣. 請嘗試之.

於是當春而叩商弦 以召南呂,[8] 涼風忽至 草木成實.[9] 及秋而叩角弦以激夾鐘[10] 溫風徐迴 草木發榮.[11] 當夏而叩羽弦以召黃鐘[12] 霜雪交下 川池暴沍.[13] 及冬而叩徵弦以激蕤賓[14] 陽光熾烈 堅冰立散.[15] 將終 命宮而總四弦 則景風翔 慶雲浮 甘露降 澧泉涌.[16] 師襄乃撫心高蹈曰

微矣, 子之彈也! 雖師曠之淸角[17] 鄒衍之吹律[18] 亡以加之. 彼
將挾琴執管 而從子之後耳.

호파(瓠巴)가 한번 거문고를 타면 새들이 춤을 추고 물고기들이
뛰놀았다.[1] 정나라 사문(師文)이 이 말을 듣고[2] 가업(家業)을
버리고 사양(師襄)을 따라 유학(遊學)했으나,[3] 손가락으로 줄을
고른 지 3년이 되어도 한 곡도 타지 못했다.[4] 스승 사양이 (실망
해서) 말했다.
"그대는 그만 돌아가는 게 좋겠네."[5]
그러자 사문이 거문고를 내려놓고 탄식하며 말했다.
"제가 거문고 줄을 고를 줄 모르는 것도 아니고, 곡조를 타지 못
하는 것도 아닙니다. 제가 거문고 줄을 마음에 두고 있지 않았고,
거문고 소리에 뜻을 두고 있지 않았던 것은,[6] 다만 안으로 마음
속에 터득이 되지 않았고 밖으로는 악기와 맞지를 않아서, 아직
까지 손을 들어 줄을 튕기지를 못했던 것입니다.[7] 조금 말미를
주셔서, 이다음을 보아주십시오."
얼마 안 되어 사문이 다시 사양을 찾아뵙자, 사양이 물었다.
"그대의 거문고는 어찌 되었는가?"
사문이 대답했다.
"이제 터득했습니다. 한번 보여드리고자 합니다."
이에 사문이 봄에 해당하는 곡조에서 가을철 상(商) 현(弦)을 타
서 8월에 해당하는 남려(南呂)의 율(律)을 끌어내자,[8] 서늘한
바람이 갑자기 일고 초목들이 열매를 맺었다.[9] 가을에 해당하는
곡조에 이르러 봄철에 해당하는 각(角) 현을 타서 2월에 해당하
는 협종(夾鍾)의 율을 격발시키자,[10] 온화한 바람이 서서히 맴
돌고 초목이 꽃을 피웠다.[11]

여름 곡조에 이르러 겨울철에 해당하는 우(羽) 현을 타서 11월에 해당하는 황종(黃鐘)의 율을 부르자,[12] 서리와 눈이 번갈아 내리고 강물이 꽁꽁 얼어붙었다.[13] 겨울 곡조가 되어 여름철에 해당하는 치(徵) 현을 타서 5월에 해당하는 유빈(蕤賓)의 율을 울리자,[14] 햇빛이 쨍쨍 쬐고 굳은 얼음이 바로 녹아버렸다.[15] 곡을 마치면서는 궁(宮) 소리로 상·각·우·치의 4현 소리를 합하니 마파람이 일고 비단구름이 뜨며, 단 이슬이 내리고 단 샘물이 솟아올랐다.[16] 사양은 가슴을 부여잡고 펄쩍 뛰면서 말했다. "그대의 연주는 참으로 절묘하네! 사광(師曠)이 타던 청각(淸角) 곡도,[17] 추연(鄒衍)이 불던 피리 소리도[18] 이보다 더할 수가 없겠네. 그들은 거문고를 끼고 피리를 들고 와서는 그대 뒤를 따라야 할 것이네."

【장담 주석】

【1】 瓠巴 古善鼓琴人也.

호파(瓠巴)는 옛날 거문고를 잘 타던 사람이다.

【2】 師文 鄭國樂師.

사문(師文)은 정나라의 악사다.

【3】 師襄 亦古之善琴人也. 從其游學.

사양(師襄)도 옛날 거문고를 잘 타던 사람으로, 사문이 그를 따라다니며 배웠다.

【4】 安指調弦 三年不能成曲.

손가락으로 줄을 골랐으나, 3년이 되어도 곡조를 제대로 타지 못했다.

【5】嫌其難教.

가르치기 어려움을 싫어해서다.

【6】遺弦聲 然後能盡聲弦之用也.

현의 소리를 초월한 뒤에야 소리를 내는 줄을 완벽하게 쓸 수 있다.

【7】心手器三者 玄應不相違失 而後和音發矣.

마음과 손과 악기의 셋이 완벽하게 응해서 서로 어긋남이 없은 뒤에 조화
로운 음악이 나오게 된다.

【8】商金音屬秋 南呂八月律.

상(商)은 금(金)의 음으로 가을에 속하며, 남려(南呂)는 8월의 율(律)에 해
당한다.

【9】得秋氣 故成熟.

가을철의 기운을 얻었으므로 성숙하게 된다.

【10】角 木音屬春, 夾鐘二月律.

각(角)은 목(木)의 음으로 봄에 속하며, 협종(夾鍾)은 2월의 율에 해당
한다.

【11】得春氣 故榮華.

봄철의 기운을 얻었으므로 꽃이 핀다.

【12】羽 水音屬冬, 黃鐘十一月律.

우(羽)는 수(水)의 음으로 겨울에 속하며, 황종(黃鐘)은 11월의 율에 해당

한다.

【13】得冬氣 故凝陰水凍.

겨울철의 기운을 얻었으므로 음이 엉기어 얼음이 언다.

【14】徵 火音屬夏, 蕤賓五月律.

치(徵)는 화(火)의 음으로 여름에 속하며, 유빈(蕤賓)은 5월의 율에 해당
한다.

【15】得夏氣 故消釋. 此一時彈琴 無緣頓變四節. 蓋擧一時之驗 則三時可知
且欲幷言其所感之妙耳.

여름철의 기운을 얻었으므로 얼음이 녹는다. 이렇게 한 철에 맞게 거문고
를 연주하면 연고 없이 갑자기 계절이 바뀌었다. 한 철에서 증험이 되면 나
머지 다른 세 철도 알 수 있으나, 그 묘하게 감응함을 다 같이 말하고자 했을
따름이다.

【16】至和之所致也.

완벽한 조화의 결과다.

【17】師曠 爲晉平公奏淸角 一奏之 有自雲從西北起, 再奏之 大風至而雨隨
之, 三奏之 裂帷幕 破俎豆 飛廊瓦 左右皆奔走 平公恐伏 晉國大旱 赤地三年.
平公得聲者 或吉或凶也.

사광(師曠)은 진나라 평공을 위해 청각(淸角)을 연주했는데, 한 번 연주하
자 흰 구름이 서북에서 일어났고, 두 번 연주하자 거센 바람이 불어오고 비
가 뒤따라 내렸으며, 세 번을 연주하자 장막이 찢어지고 그릇이 깨지며 기와
가 날아가서, 좌우 신하들이 모두 도망을 쳤고 평공도 두려워 엎드렸으며, 진

나라는 크게 가물어 3년을 불모지가 되었다. 평공은 사광의 연주 소리를 들었는데 길하기도 했고 흉하기도 했다.[26]

【18】北方有地 美而寒 不生五穀. 鄒子吹律煖之 而禾黍滋也.

북방에 있는 지역은 아름답지만 추워서 오곡이 자라지 않는데, 추연이 피리를 불어 따뜻하게 하니 벼와 기장이 자라났다.

【역자 해설】

이 장은 동양 음악의 기본 체계를 이루는 12율려가 단순한 음계가 아니라, 만물을 키워내는 신비한 힘을 갖고 있다는 믿음을 보여준다. 율려는 단순히 음악 이론에 해당한다기보다는 동양의 세계관과 철학을 소리로 체계화한 것이다. 『여씨춘추』(呂氏春秋)를 보면 12율려는 황제(黃帝)가 영윤(伶倫)에게 명해 만들도록 했다. 영윤은 대하의 서쪽과 곤륜의 북쪽에서 해곡의 대나무 가운데 두께가 고른 것을 취해 양쪽 마디 사이를 잘라 먼저 황종(黃鐘)을 궁(宮)으로 하는 관을 만들었다. 그리고 다시 12개의 대통을 만들고는 완유산(阮隃山) 아래로 가서 봉황의 울음소리를 듣고 12율을 구별했는데, 수컷이 우는 소리를 여섯으로 나누고 암컷의 울음소리를 여섯으로 나누어 황종의 궁(黃鐘之宮)에 비교해서 음율을 맞추었다고 했다.

『전한서』(前漢書)에서는 세상이 완전하게 다스려지는 때에는 천지의 기운이 합해서 바람이 생기는데, 천지의 바람이 바르면 12율이 정해진다고 했다. 또 조선 성종 대의 관찬서인 『악학궤범』(樂學軌範)에

---

26) 『사기』 「악서」(樂書)편에 나오는 구절로, 큰 덕을 가진 황제는 길했지만 덕이 가 적은 평공은 흉하게 되었다는 뜻이다.

도 위의 내용을 소개하면서 수컷 봉(鳳)의 울음소리를 여섯으로 나눠 6개의 양률(陽律)을 정하고 암컷 황(凰)의 울음소리를 여섯으로 나눠 여섯 음려(陰呂)를 정했으니 6율 6려를 통틀어 12율이라 하고 그 것을 12월에 배합했다. 황종·태주·고선·유빈·이칙·무역은 양(陽) 의 소리고, 대려·응종·남려·임종·소려·협종은 음(陰)의 소리라고 (「율려격팔상생응기도설」律呂隔八相生應氣圖說 권1, "以象鳳凰之鳴. 其雄鳴爲六, 雌鳴亦六, 陽六爲律, 陰六爲呂. 六律六呂, 總謂之十二律, 以配十二月. 黃鍾·太簇·姑洗·夷則·無射, 陽聲也. 大呂·應鐘·南呂 ·林鐘·小呂·夾鐘, 陰聲也") 설명했다. 12율려는 각각 여섯 율로 구 분되므로 '육률육려'(六律六呂)라고도 하고 줄여서 '율려'(律呂)라 고도 칭한다.

율관(律管)의 치수는 수리철학에 근거해서 설명했다. 한 대 유흠 (劉歆)이 12율려 가운데 황종과 임종과 태주에 내린 해석을 정리해보 면 다음과 같다.

황종: 6률의 으뜸으로, 관의 길이는 9촌이며 양의 성질을 띤다. 9라 는 숫자는 『주역』「계사전」에서 말하는 천수(天數) 가운데 가장 높은 수이니 황종의 음과 정확히 부합한다. 유흠은 황종이 3통설(三統說) 에서의 천통(天統)에 대응한다고 보았다. 황종의 관 구멍의 직경은 3푼으로, 『주역』에서 말하는 '삼천양지'(參天兩地)에서의 3천(參天) 을 상징한다. 관의 무게는 12수(銖)이며, 두 관의 합은 24수(銖)로서, 이는 24절기에 대응한다.

임종: 6려의 으뜸으로, 관의 길이는 6촌이며 음의 성질을 띤다. 6이 라는 숫자는 『주역』「계사전」에 나오는 지수(地數) 가운데 중앙에 있 는 수이니 임종의 음과 정확히 부합한다. 또한 3통설 중의 지통(地統) 에 해당한다. 임종 관의 길이는 6촌이며 둘레는 6푼이며, 6×6=36으 로 「계사전」에서 말하는 '1년의 날수'에 해당한다.

태주: 관의 길이는 8촌으로 『주역』에서의 8괘와 통하는 수다. 태주는 3통설 가운데 인통(人統)에 해당한다. 관의 길이 8촌에 관의 둘레 8푼을 곱하면 8×8=64로 『주역』 64괘와 대응한다(『한서』 권21 상, 「율력지」). 『회남자』에 보면 황종의 율수가 9이고 여기에 만물에 통용되는 3이라는 수를 곱하면 9×3=27이 되므로 베나 비단의 너비가 2척 7촌으로 정해졌다고 한다. 음률은 8단계를 건너 생성되니, 1심(尋)의 길이를 8자로 정하고 사람의 두 팔을 편 길이가 8자이며 사람의 평균 신장도 8자가 된다. 악률의 개수는 12개이므로, 1년은 12달이 있고 간지도 12지가 되었다고 한다.

이렇게 율수는 주역의 수리와 천지의 도수를 반영하고 있다. 그래서 율수를 만물의 근본으로 삼아 전통사회의 여러 법도나 제도들은 율수와 연관을 지어놓았다.

『사기』 「율서」에는 율려의 의미와 12월과의 대응 관계에 대해서 설명하고 있다.

황종: 양기가 황천(黃泉)에서 솟아남을 상징하며 11월에 응한다.

태주: 만물이 무더기로 생겨남을 상징하며 정월에 응한다.

고선: 만물이 새로 생겨남을 상징하며 3월에 응한다.

유빈: 음기가 어려서 사용하지 않음을 상징하며 5월에 응한다.

이칙: 양기가 만물을 해침을 상징하며 7월에 응한다.

무역: 음이 성하고 양이 쇠함을 상징하며 9월에 응한다.

임종: 만물이 무성함을 상징하며 6월에 응한다.

남려: 양기가 들어와 갈무리됨을 상징하며 8월에 응한다.

응종: 음기가 때에 맞춰 일어남을 상징하며 10월에 응한다.

대려: 12월에 응한다.

협종: 음양이 서로 섞임을 상징하며 2월에 응한다.

중려: 만물이 서쪽으로 감을 상징하며 4월에 응한다.

위의 본문에서도 봄·여름·가을·겨울의 곡조에서 각각 반대의 계절을 불러내 기후를 바꾸는 데에 12율려를 이용하고 있다.

주역의 수리철학에 근거한 12율려와는 달리 오행(五行)에 기초한 궁(宮)·상(商)·각(角)·치(徵)·우(羽)의 5음 체계도 있다. 오음에 대해 『사기』「악서」에서는 다음과 같이 설명한다.

궁: 5행 가운데 토에 대응하고, 군왕을 상징하며 신성의 의미를 지닌다. 그래서 궁 음을 잘 들으면 사람의 성정을 온화하게 하고 마음을 시원하게 열어준다. 궁 음이 어지러워지면 곡조가 흩어지게 되며, 군왕이 교만하고 사치하며 음란과 안일에 빠져 있음을 말해준다.

상: 5행 가운데 금에 대응하고, 대신을 상징하며 바른 행실을 의미한다. 그래서 상 음을 잘 들으면 사람을 반듯하게 하고 정의를 좋아하게 만든다. 상 음이 어지러워지면 곡조가 바르지 못하고 기이하게 되며, 대신이 관직을 제대로 처리하지 않음을 말해준다.

각: 5행 가운데 목에 대응하고, 백성을 상징하며 인자함을 의미한다. 그래서 각 음을 잘 들으면 측은지심(惻隱之心)을 갖게 하고 사람을 사랑하게 만든다. 각 음이 어지러워지면 곡조가 처량해지며 정치가 가혹하고 민심이 원망하고 있음을 말해준다.

치: 5행 가운데 화에 대응하고, 인간의 활동을 상징하며 예절을 의미한다. 그래서 치 음을 잘 들으면 사람들이 선을 좋아하고 베풀기를 좋아하게 만든다. 치 음이 어지러워지면 곡조가 애달파지며, 나라의 쉴 새 없는 사역 때문에 백성이 고달픔을 말해준다.

우: 5행 가운데 수에 대응하고, 기물(器物)을 상징하며 지혜를 의미한다. 그래서 우 음을 잘 들으면 사람이 총명해지고 예절을 차리게 된다. 우 음이 어지러워지면 곡조가 위태로워지며, 세금이 너무 무거워 백성의 살림이 어려워짐을 말해준다.

이처럼 5음이 다 어지럽다면, 바로 난세의 음으로서 나라의 예제가 붕괴되고 망할 날이 머지않았음을 말해준다.

이렇게 5음은 오행사상과 연결되며, 오행설에 의거해 5음으로 길흉을 점치기도 한다. 5음과 12율의 대응 관계는 일정하게 정해진 것은 아니다. 모든 율은 다 궁(宮) 음을 기준으로 나머지 4음에 대응되는 율을 계산해서 정한다. 이상을 정리해서 알기 쉽게 정리하면 다음의 도표와 같다.

12율 (律)	황종 (黃鐘)	대려 (大呂)	태족 (太簇)	협종 (夾鍾)	고세 (姑洗)	중려 (仲呂)	유빈 (蕤賓)	임종 (林鍾)	이칙 (夷則)	남려 (南呂)	무사 (無射)	응종 (應鐘)
음양 (陰陽)	양(陽)	음(陰)	양(陽)	음(陰)	양(陽)	음(陰)	양(陽)	음(陰)	양(陽)	음(陰)	양(陽)	음(陰)
12지 (支)	자(子)	축(丑)	인(寅)	묘(卯)	진(辰)	사(巳)	오(午)	미(未)	신(申)	유(酉)	술(戌)	해(亥)
12달 (月)	11	12	1	2	3	4	5	6	7	8	9	10
사시 (四時)	중동 (仲冬)	계동 (季冬)	맹춘 (孟春)	중춘 (仲春)	계춘 (季春)	맹하 (孟夏)	중하 (仲夏)	계하 (季夏)	맹추 (孟秋)	중추 (中秋)	계추 (季秋)	맹동 (孟冬)
오음 (五音)	치(徵)	각(角)				상(商)		궁(宮)	치(徵)			우(羽)
방향 (方向)	북(北)	동(東)				서(西)			남(南)			북(北)

과연 거문고 한 곡에 천지가 응해서 실제로 이런 현상을 연출할 수 있을까? 율려를 통해 봄을 가을로 바꾸고 여름을 겨울로 옮길 수는 없을 것이다. 필자의 생각으로 이는 곡조를 듣는 사람에게 마치 봄이 오고 꽃이 피고 봄바람이 부는 듯하게 느껴졌다는 뜻이고, 현실을 초월한 정신 경지로 이해할 수 있을 뿐이지 실제로 이렇게 계절이 뒤바뀌었는지 물을 필요는 없겠다.

11장

薛譚學謳於秦靑【1】 未窮靑之技 自謂盡之, 遂辭歸. 秦靑弗止, 餞 於郊衢. 撫節悲歌 聲振林木 響遏行雲. 薛譚乃謝求反 終身不敢 言歸.

秦靑顧謂其友曰

昔韓娥【2】 東之齊 匱糧, 過雍門 鬻歌假食. 旣去而餘音繞梁欐 三 日不絶 左右以其人弗去. 過逆旅 逆旅人辱之. 韓娥因曼聲哀哭【3】 一里老幼悲愁 垂涕相對 三日不食. 遽而追之. 娥還 復爲曼聲長 歌, 一里長幼喜躍抃舞 弗能自禁 忘向之悲也 乃厚賂發之.【4】 故 雍門之人 至今善歌哭 放娥之遺聲.【5】

설담(薛譚)은 진청(秦靑)에게 노래를 배웠는데【1】 아직 진청의 기술을 다 익히지 못했으나 스스로 다 배웠다고 생각하고는 마침내 스승께 사직 인사를 드렸다. 진청은 그를 말리지 않았고, 교외의 큰길까지 전별을 나갔다. 진청이 떠나는 제자를 전송하며 박자를 맞추면서 슬프게 노래를 하자 그 소리에 숲이 일렁거렸고, 메아리가 흘러가던 구름을 멈추게 했다. 이를 본 설담은 사과하며 되돌아가기를 요청했고, 평생토록 감히 돌아가겠다는 말을 하지 못했다.

진청이 친구를 돌아보며 말했다.

"옛날 한아(韓娥)가[2] 동쪽으로 제나라에 가다가 양식이 떨어지자, 옹문(雍門)에 들러서 노래를 팔아 밥을 얻게 되었네. 그런데 한아가 떠난 뒤에도 그 여음(餘音)이 남아 그 집 대들보에 계속 맴돌았는데, 사흘이 되어도 그치지를 않아서 이웃 사람들은 그이가 아직 가지 않았다고 생각했다네.

한아가 여관에 들렀는데, 거기에 있던 사람들이 그를 모욕했다네. 그러나 한아가 소리를 끌며 슬프게 노래하자,[3] 온 마을의 남녀노소가 비탄에 잠겨 서로 눈물을 흘리며 사흘 동안이나 밥을 먹지 못하게 되었네. 그러자 한아를 급히 뒤쫓아 가서 그를 되돌아오게 했고, 한아가 소리를 끌며 길게 노래하자 노소를 불문하고 온 마을 사람들이 기뻐서 손뼉을 치며 춤을 추는 것을 멈추지를 못했고 이전의 슬픔은 잊어버리고서는 많은 선물들을 퍼주었지.[4] 그러므로 옹문의 사람들이 지금도 노래도 잘하고 곡(哭)하기도 잘하는 까닭은, 한아가 불렀던 소리를 모방하기 때문이라네."[5]

【장담 주석】

【1】 二人 薛秦國之善歌者.

설담과 진청 두 사람은 설나라와 진나라에서 노래를 잘하는 사람들이다.

【2】 韓國善歌者也.

한아는 한나라에서 노래를 잘하는 사람이다.

【3】 曼聲 猶長引也.

만성(曼聲)은 길게 끈다는 뜻이다.

【4】 發 猶遣也.

발(發)은 보내주었다는 뜻이다.

【5】 六國時有雍門子 名周 善琴 又善哭 以哭于孟常君.

육국(六國) 시절에 옹문자(雍門子)가 있는데, 이름은 주(周)고 거문고를 잘 탔고 슬픈 노래(哭)를 잘해서 맹상군(孟嘗君)에게 곡으로 간언했다.

【역자 해설】

노랫소리로 가만히 있던 숲을 일렁이고 가던 구름을 멈추게 한다는 설정은 앞에서와 같이 실제로 그렇다는 것이 아니라, 듣는 이가 그런 것처럼 느껴졌다는 정신적 경지(境地)를 설명한 것이다. 이는 허풍처럼 들리는 과장법이지만, 하나의 중국적인 표현 방식으로 이해하는 것이 좋겠다. 진청이라는 사람의 경지도 뛰어나지만, 한아라는 가객의 노랫소리가 사흘 뒤까지 대들보에 남아 있어서 사람들이 아직도 노래를 하고 있는 것으로 착각했다는 표현도 참으로 대단한 상상력이라고 하겠다.

무협지를 보면 비파나 피리 소리로 상대를 제압하는 음공(音功)이 등장한다. 여기에서 목도할 수 있는 바와 같이 중국인은 소리에 대단히 민감하며, 음(音)뿐 아니라 음에 딸린 고저장단에도 절대 미감을 가지고 있는 듯하다. 언젠가 중국 영화의 여주인공이 소프라노 톤으로 내뱉는 말이 마치 새소리처럼 귓전을 울리던 기억이 난다. 중국어는 기본적으로 4성이라고 하는 음운 체계를 가지고 있다. 중국인은 우리처럼 소리만 듣는 것이 아니라 고저장단에 따라 의미를 달리 인식한다.

가객이 부른 노랫소리의 여운이 사흘간이나 대들보에 맴돌았다는 말은, 과장된 표현이긴 하지만 청자의 머릿속에 남아 있는 여운만을 의미하는 것이 아니라—사흘이라는 과장된 시간을 제외한다면—실제로 그런 울림 현상을 묘사한 것일 수 있다. 베이징의 천단공원 황궁우를 둥글게 휘감은 전음벽은 사람의 말소리를 전하고, 건물 앞 일정한 거리에서 박수를 치면 메아리 현상이 일어난다. 1296년에 준공해서 1436년대에 완공한 피렌체 대성당의 본당 내부 홀의 길이는 160미터에 중심부에서 돔까지의 높이는 90미터에 달한다. 이 본당에서 한번 소리를 내면 울림이 10여 초 동안 지속되는데, 미사에서 성가를 부를 때는 이 울림을 고려해서 더욱 장엄하게 들리도록 한다고 한다.

중국에서는 각 동네마다 대갓집 공터 앞에 공연을 할 수 있는 대관루(大觀樓)를 세워 야외극장으로 사용하는 것을 종종 볼 수 있다. 노련한 가객 한아도 아마 시골 마을의 극장 구조를 이용해서 자신의 노랫소리가 대들보에 부딪쳐 공명을 일으키도록 발성하지 않았을까 생각해본다.

중국인은 자연의 소리를 즐기기도 한다. 지금은 많이 볼 수 없지만, 30년 전까지만 해도 새벽이 되면 중국인들은 아침 일찍 새장을 들고 나와 숲속 공원의 나뭇가지에 걸어두고 새소리를 듣고는 했다. 한 사람이 대여섯 개의 새장을 자전거에 매달고 오기도 했는데, 새들도 서로 다투며 울었고 새 주인들도 경쟁적으로 감상하는 듯했으니, 다른 나라에서 보기 어려운 진풍경이 매일 새벽 공원에서 펼쳐졌다. 귀뚜라미를 키우며 울음소리를 감상하기도 하는데, 이는 영화「마지막 황제」(1987)에서 황제가 소년시절에 즐기던 취미로 나올 정도로 신분의 고하를 가리지 않고 중국인이 즐기는 소리 취미다.

　우리나라 사람들도 예로부터 음주와 가무를 즐겼으니, 현재 전 세계를 도취하게 만든 한류의 근원적 힘이 우리 민족의 심성 속에 자리 잡고 있다고 할 수 있다. 조선 숙종 때에 나온 『규원사화』(揆園史話)라는 책을 보면 '신녀 보덕이 하루살이처럼 얼마 남지 않은 목숨을 한탄하며 아침 이슬이 쉽게 사라지는 것을 애석해하더니, 이에 스승을 찾아가 도를 배우고는 거문고를 타며 노래를 부르자, 그 소리가 마치 영묘한 하늘의 옥통소 같았고 그 모습은 마치 가을 연못의 연꽃과도 같았다. 이는 진실로 신선의 경지에 달통한 것이다'라고 한 바 있다. 보덕 신녀의 거문고를 타며 부르는 노랫소리가 가을 연못에 핀 연꽃과 같이 맑고 청초했으니 이를 신선의 경지라고 일컬었던 것이다.

12장

伯牙善鼓琴 鍾子期善聽. 伯牙鼓琴 志在登高山, 鍾子期曰
善哉! 峩峩兮 若泰山.
志在流水 鍾子期曰
善哉! 洋洋兮 若江河.
伯牙所念 鍾子期必得之.
伯牙游於泰山之陰 卒逢暴雨. 止於巖下 心悲 乃援琴而鼓之. 初
爲霖雨之操 更造崩山之音. 曲每奏 鍾子期輒窮其趣. 伯牙乃舍琴
而歎曰
善哉! 善哉! 子之聽夫! 志想象 猶吾心也,[1] 吾於何逃聲哉?[2]

　백아(伯牙)는 거문고를 잘 탔고, 종자기(鍾子期)는 그 소리를 잘
들었다. 백아가 높은 산에 올라간 마음으로 거문고를 타자, 종자
기가 이를 듣고 말했다.
"훌륭하구나! 높고도 높기가 태산과 같네."
백아가 흘러가는 물을 생각하며 연주하자, 종자기는 이를 듣고
말했다.

"훌륭하도다! 호호탕탕 흘러가는 강물과 같구나."

이렇게 백아가 염두에 두고 있는 바를 종자기는 반드시 알아맞혔다.

백아가 태산 북쪽을 유람하다가 갑자기 폭우를 만났다. 바위 밑에서 비를 피하고 있노라니 마음이 서글퍼졌고, 이 마음을 담아 거문고를 가져다가 연주를 했다. 처음에는 비가 줄기차게 내리는 가락으로 탔고, 다음에는 산이 무너지는 소리를 냈다. 곡조를 연주할 때마다 종자기는 바로 백아의 의향을 알았다. 이에 백아는 거문고를 내려놓고는 탄식하며 말했다.

"그대는 정말로 잘 듣네! 내 마음과 똑같이 알아맞히니,[1] 내가 어떻게 소리를 숨길 수가 없네."[2]

【장담 주석】

【1】言心闇合 與己無異.

내 마음과 남모르게 합치해서, 나와 다름이 없음을 말한다.

【2】發音 鍾子期已得其心 則無處藏其聲也.

소리를 내면 종자기가 그 속마음을 파악하고 있으니 그 소리를 숨길 곳이 없다.

【역자 해설】

이 책의 표지에 실린 송 휘종의 그림도 바로 이 백아와 종자기의 고사를 모티프로 한 것이다. 휘종은 열자에 주석서를 내기도 했으니, 황제 가운데에서는 말할 것도 없거니와 아마 중국 역사를 통틀어 열자를 가장 좋아했던 학자이자 화가라고 해도 될 것이다. 열자는 앞에서도 거문고의 명인으로 영계기(榮啓期)를 비롯해서 호파(瓠巴)와 사문(師文)도 거론했지만, 이 장에서 말한 백아와 종자기의 고사는 보통 '지음'(知音)이라는 성어로 널리 알려져 있다. 지음은 속마음을 알아주는 절친을 지칭하며, 관포지교(管鮑之交)와도 비슷한 성어라고 할 수 있다.

여인은 자신을 사랑해주는 사람을 위해 죽고, 선비는 자신을 알아주는 사람을 위해 죽는다고 했다. 관중이 "나를 낳은 이는 부모요, 나를 알아주는 이는 포숙이다"라고 했듯이, 백아도 종자기에 대해서는 관중과 똑같이 말할 수 있다. 나중에 종자기가 죽자 백아가 거문고 줄을 끊어버렸다는 고사로(種子期知音, 伯牙絶絃) 종자기와 백아의 우정은 세상에 널리 회자된다.

그런데 지음(知音)은 음악적 경지에 대한 진정한 이해와 깊은 공감을 통해서 성립하는 우정이라는 점에서 관포지교나 문경지교(刎頸之交), 수어지교(水魚之交)와는 또 다른 예술과 미학의 경지를 나타낸다는 점을 주목할 필요가 있다. 이런 점에서 볼 때 열자서의 감동을 주석과 회화로 표현해낸 휘종이야말로 열자의 지음이라고 해도 좋을 듯하다.

우리 식으로 바꿔 말하면 '일고수이명창'(一鼓手二名唱)이라는 말이 있다. 소리를 알아듣고 척척 장단을 맞춰주는 고수가 있어야 명창이 존재한다는 뜻이다. 또 명창의 소리를 감상하며 추임새를 넣는 귀명창도 있다. 이렇게 소리의 경지에 이른 달인들이 서로 어우러져서, 명창과 고수와 청자가 피아를 잊은 채 득음(得音)의 화경(化境)으로 들어가는 것이다.

중국인들을 이해하려면 소위 '펑요우'(朋友)라는 개념을 이해해야 한다. 우리에게도 친구 따라 강남 간다는 말이 있지만, 중국인들에게 펑요우는 우리보다도 훨씬 더 강렬하다. 가령 다른 지방에 사는 친구가 찾아오겠다고 연락해왔다고 치자. 중국 친구는 무슨 일이 있더라도 친구를 위해서 반드시 마중을 나갈 것이다. 하지만 부득이한 사정이 생겼다면 우리는 친구에게 '미안해, 이번에는 내가 피치 못할 사정이 있어서 마중 나가지 못하겠네'라고 말할 것이다. 하지만 중국의 경우에는 자기가 가지 못하면 자신의 다른 친구에게라도 부탁한다. 설혹 이 두 사람은 초면일지라도, 그들은 서로가 같은 친구의 친구이기 때문에 결국 내 친구와 같다고 생각한다. 그리고 조금의 거리낌 없이 모든 편의를 제공하고, 또 접대를 받는다.

이렇게 한 다리 걸치고 두 다리 걸치고 몇 다리를 걸치더라도, 친구의 친구라면 생면부지의 사람이라도 간담상조(肝膽相照)의 친구가 되고, 모든 수단과 방법을 동원해서 서로를 돕는다. 이것이 소위 중국 꽌시(關系)의 본질이다. 평요우거나 꽌시가 있다면 중국 사회에서는 안 되는 일이 없다. 하지만 그렇지 못한 경우에는 되는 일이 별로 없다. 그들은 자신의 평요우에게 무한한 애정을 표현하며 모든 편의를 기꺼이 제공하지만, 그 반면에는 짙은 그림자가 드리워져 있기도 하다.

13장

1절

周穆王西巡狩 越崐崘 (不[27])至弇山 反還. 未及中國 道有獻工人
名偃師.【1】穆王薦之【2】問曰

若有何能?

偃師曰

臣唯命所試. 然臣已有所造 願王先觀之.

穆王曰

日以俱來【3】吾與若俱觀之.

越日 偃師謁見王 王薦之曰

若與偕來者 何人邪?

對曰

臣之所造能倡者.【4】

穆王驚視之 趣步俯仰 信人也.

---

27)『목천자전』에 의거해보면, 부(不) 자는 연문(衍文)이다.『열자집석』, 179쪽
   참조.

주 목왕(穆王)이 서쪽을 순시(巡視)하면서 곤륜산을 넘어 엄산(弇山)까지 갔다가 돌아오고 있었다. 중국에 아직 당도하지 못한 도중에, 한 나라에서 언사(偃師)라는 장인(匠人)을 바쳤다.[1] 목왕이 그를 불러놓고 물었다.[2]

"그대는 무엇을 잘하는가?"

언사가 대답했다.

"시험할 것이 있으시면 명하십시오. 그런데 신이 이미 만들어둔 것이 있사오니, 임금님께서 먼저 살펴봐주십시오."

목왕이 말했다.

"다른 날에[3] 같이 데려오시오. 내가 그대와 함께 보겠소."

다음 날 언사가 목왕을 알현하자 왕이 불러서 말했다.

"그대와 같이 온 자는 누구인고?"

언사가 대답했다.

"신이 만든 꼭두각시 광대입니다."[4]

목왕이 놀라 살펴보니, 뛰고 걷고 구부리고 펴는 동작이 사람 같았다.

【장담 주석】

【1】 中道有國 獻此工巧之人也.

도중에 이 교묘한 기술을 가진 사람을 바친 나라가 있었다.

【2】 薦當作進.

천(薦)은 진(進)으로 써야 맞다.

【3】 日謂別日.

일(日)은 다른 날을 말한다.

508

【4】倡俳優也.

창(倡)은 광대다.

2절

巧夫鎭其頤 則歌合律, 捧其手 則舞應節, 千變萬化 惟意所適, 王以爲實人也. 與盛姬內御並觀之.【5】

技將終 倡者 瞬其目而招王之左右侍妾. 王大怒 立欲誅偃師. 偃師大懾 立剖散倡者 以示王 皆傅會革木膠漆白黑丹靑之所爲. 王諦料之 內則肝膽心肺脾腎腸胃 外則筋骨支節皮毛齒髮, 皆假物也 而無不畢具者. 合會 復如初見.【6】王試廢其心 則口不能言, 廢其肝 則目不能視, 廢其腎 則足不能步.【7】穆王始悅而歎曰

人之巧 乃可與造化者 同功乎!

詔貳車載之以歸.【8】

夫班輸之雲梯 墨翟之飛鳶 自謂能之極也.【9】

弟子東門賈禽滑釐 聞偃師之巧以告二子 二子終身不敢語藝 而時執規矩.【10】

그 턱을 한번 건드리니 가락을 맞추어 노래를 불렀고, 손을 쳐드니 박자에 따라 춤을 추었으며, 천 가지 만 가지 동작이 뜻에 딱들어맞아서 왕은 참으로 실제의 인간이라는 생각이 들었다. 그래서 왕은 성희(盛姬)를 비롯해서 내궁의 비빈과 시종들을 데리고 관람했다.【5】

연기가 다 끝날 무렵에 여광대가 눈을 깜작거리면서 왕의 좌우를 모시고 있는 비빈을 끌고 가려 했다. 왕이 크게 노해서 당장 언사의 목을 베려 했다. 언사가 두려워 떨면서 바로 광대를 분해해서

왕께 보였는데, 그것들은 모두 가죽·나무·아교·칠·백색·흑색·적색·청색의 부품들로 만들어진 것이었다. 왕이 자세히 헤아려보니 내부에는 간·쓸개·염통·허파·지라·콩팥·창자·밥통이 있고, 외부에는 힘줄·뼈·마디·살갗·털·이빨·머리카락 같은 것이 있는데, 모두 다 가짜이기는 했으나 장부를 갖추지 않은 것이 없었다. 각 부분들을 합쳐놓으면 다시 처음 보던 그대로였다.[6] 왕이 시험 삼아 그 염통을 빼버리자 입으로 말을 못 했고, 간을 빼자 눈으로 보지 못했고, 콩팥을 빼자 다리로 걷지를 못했다.[7] 이를 본 목왕이 비로소 기뻐했고,

"사람의 재주가 이렇게 조물주와 더불어 공을 같이할 수 있는 것인가!"

하고 찬탄하면서 꼭두각시를 부거(副車)에 싣고 돌아왔다.[8]

저 반수(班輸)가 만든 공중에 걸치는 사다리[28]와 묵적(墨翟)이 만든 하늘을 날아다니는 나무 솔개[29]는 인간 재능의 극치로 일컬어졌다.[9] 이 두 사람의 제자 동문가(東門賈)와 금활리(禽滑釐)는 언사의 재능을 듣고 두 선생에게 알리자, 두 선생은 평생을 감히 재주 있다는 말을 하지 않았고, 때때로 굽은 자와 곧은자를 들고 멍하니 있을 뿐이었다.[10]

---

28) 여기에서의 반수(班輸)는 성이 공수(公輸)고 이름이 반(班) 혹은 반(般), 반(盤)이라고 하니, 원래는 공수반이다. 또 노나라 사람이므로 노반(魯班)이라고 부른다. 『묵자』「공수」편에 보면, 초나라 혜왕(惠王)이 송나라를 공격할 때에 공수반이 성을 공격하는 운제(雲梯)라는 고공(高空) 기계 사다리를 만들었다는 기록이 나온다.

29) 『한비자』「외저」(外儲) 및 「설좌」(說左) 상(上)편에 묵자가 3년을 들여 한 마리 나무 솔개를 만들었는데, 하루를 날아다녔다는 기록이 나온다. 『묵자』「노문」(魯問)편에는 공수(公輸)가 대나무를 깎아 까치를 만들었는데 사흘을 날다가 내려왔다고 한다.

【장담 주석】

【5】穆天子傳云 盛姬 穆王之美人.

『목천자전』에서는 '성희(盛姬)는 목왕의 비빈이다'라고 했다.

【6】如向者之始見王也.

앞에서 처음 왕을 뵐 때와 같았다.

【7】此皆以機關相使. 去其機關之主 則不能相制御, 亦如人五藏有病 皆外應七孔與四支也.

이는 모두 각 기관들이 서로 연관되어 있어서, 기관의 중심 장치를 빼면 서로 조절할 수가 없게 되니, 마치 사람의 오장에 병이 있으면 밖으로 칠공(七孔)과 사지(四肢)에 영향을 주는 것과 같다.

【8】近世人有言人靈因機關而生者 何者? 造化之功至妙 故萬品咸育 運動無方. 人藝麤拙 但寫載成形 塊然而已. 至於巧極 則幾乎造化 似或依此言而生此說, 而此書旣自不爾. 所以明此義者 直以巧極思之無方 不可以常理限. 故每擧物極以祛近惑 豈謂物無神主邪? 斯失之遠矣.

근자에 사람의 영혼이 장부의 기관(機關)에 인해서 생겨난다고 주장하는 이가 있는데, 어째서인가? 조물주의 공은 지극히 미묘해서 만물이 다 생장·발육하면서 온갖 방면에서 움직인다. 그러나 사람의 재주란 졸렬해서 다만 겉모양만을 덩그러니 그려낼 뿐이다. 최고의 기술에 이른다면 조물주와 거의 비슷한 경지에 다다른다고 생각해서 이런 말을 믿거나 이런 설들을 지어내지만, 이 책에서 그렇지 않음을 보여준다. 그래서 이 뜻을 밝히는 까닭은 아무리 교묘하게 생각해본다고 해도 상식적인 이치로는 (조물주의 공을) 파악할 수가 없기 때문에 매양 사물의 극치를 들어서 유사한 미혹을 떨쳐버리게 한 것이니, 어찌 사물을 주재하는 영혼이 없다고 하겠는가? 이는 크게 잘못된 것이다.

【9】班輸作雲梯 可以凌虛仰攻, 墨子作木鳶 飛三日不集.

반수는 운제(雲梯)를 제작해서 공중에서 공격할 수 있게 만들었고, 묵자는 목연(木鳶)을 제작해서 사흘을 내려오지 않고 날아다닐 수 있었다.

【10】時執規矩 言其不敢數之也.

때때로 굽은 자와 곧은자를 들고 있었다는 것은 감히 측량을 하지 못했음을 말한다.

【역자 해설】

현대의 유명한 불교학자 계선림(季羨林)은 이 장의 내용이 축법호(竺法護)가 번역한 『생경』(生經) 「불설국왕오인경」(佛說國王五人經)의 고사를 인용한 것이라고 했다. 그리고 이를 진(晉) 대에 장담이 불경을 인용해 열자서를 위조했다는 증거로 삼았다. 불경의 내용을 보자.

대선(大船)이라는 국왕의 다섯 아들 가운데 공교(工巧)라는 둘째 아들이 기술을 가지고 있었다. 공교가 다른 나라에 방문했을 때 왕이 그의 기술을 좋아하자, 공교는 나무 기관(機關)으로 움직이는 목인(木人)을 만들었다. 목인의 옷차림새나 얼굴빛이 교묘하기가 짝이 없었고, 노래하고 춤을 추는 모양은 영락없이 살아 있는 사람이었다. 왕과 왕비가 관람하려고 누각에 오르자, 무릎 꿇고 절하는 목인의 동작이 산 사람보다 더 나았다. 왕과 왕비가 무한히 감탄하며 구경하고 있는데, 목인이 실눈을 뜨고 왕비에게 추파를 던졌다.

이를 본 왕이 격노해서, 감히 자신의 왕비에게 요망한 추파를 던지느냐며 시종에게 목인의 목을 베어 오라고 명령했다. 이에 공교가 울면서 실수로 저지른 죄를 용서해달라고 청했으나 왕의 노여움이 가시지를 않았다. 그러자 '죽이실 거라면 제 손으로 죽이게 해달라' 하고는, 목인의 어깨에서 쐐기를 빼내자 기관이 바로 해체되어 땅으로 떨어져버렸다. 왕은 깜짝 놀라며 '내가 어찌 이런 나무 토막에게 화를 냈단 말인가? 교묘한 기술로 360개의 부품을 만드니, 살아 있는 사람보다 더 뛰어나도다!'라고 탄식하고는 큰 상을 내렸다.

흥미로운 내용이다. 하지만 위의 내용만으로 장담이 광대 이야기를 위작했다고 할 수 있을까? 노래하고 춤추는 나무 인형이 왕비에게 추파를 던지다가 해체를 당하는 과정은 비슷하다. 하지만 인간 생명의 허무함을 비유한 『생경』의 목인과 달리 『열자』의 광대는 인간 기술의 위대함을 찬탄한 것이다. 주제를 비롯해 여러 부분에서 차이가 있다. 이것만으로는 불경에서 광대 이야기가 만들어졌다고 단정할 수 있을지 의문이며, 반대로 『열자』의 내용이 『생경』 번역에 원용되었을 가능성도 한번 따져볼 필요가 있겠다. 설혹 이 부분이 불경의 영향을 받았다고 하더라도, 열자서의 내용 모두에 적용해서 장담이 『열자』 전체를 위작했다고 말한다면 자칫 과잉 일반화의 오류를 범할 수도 있다고 본다.

언사가 제작한 꼭두각시는 가죽과 나무를 아교로 붙여서 조립한 로봇처럼 보인다. 내부의 오장육부 장기를 부품별로 제작하고 이들을 유기적으로 조직화해서 일종의 기계인간으로 기능한다는 발상을 2,000여 년 전에 했다는 자체가 놀랍다.

로봇의 뿌리는 르네상스 회중시계나 오르골 등의 자동기계

(Automata)라고 할 수 있다. 서양 중세 말기부터 등장한 자동기계는 서양 과학을 일궈온 또 하나의 토양이었다. 자동기계를 인간에게까지 확장해서 혼자 움직이는 기계인간이라는 상상을 낳았고, 피노키오나 틴맨 로봇 같은 흥미로운 동화도 나왔다. 로봇은 어린이들의 호기심을 자극하는 환상일 뿐 아니라, 어른들에게도 인간의 노동력을 대신하게 해주는 유토피아의 로망을 일으켜주기도 했다. 1970-80년대 아시아에서는 '아톰' '마징가Z' '로보트 태권V' 등의 만화가 어린이들의 꿈을 사로잡았다. 한편 인공지능이 인간을 제거하려 하는 「2001 스페이스 오디세이」(1968)나, 기계인간으로서의 영생보다는 유한한 생명을 선택하는 「은하철도 999」(1979) 같은 명작이 나와 로봇에 대한 철학적 문제를 제기하기도 했다.

이제 과학기술의 발달로 유한한 육체를 기계화하지 않고도 DNA 복제 기술을 통해서 장생불사를 점치게 되었고, 인간의 정신이나 기억을 전자 신호로 바꾸어 정신의 영생을 가능케 하는 시대가 도래하고 있다.

기계인간이라는 개념이 레오나르도 다빈치보다도 1,000여 년 앞선 『열자』에서 이미 언급이 되고 있는 것을 보면, 도가의 상상력을 인정하지 않을 수 없다. 아쉬운 것은 이런 전통이 계속 계승되어 과학으로 발전되지를 못하고, 개인적 성취로만 끝났거나 공상의 왕궁으로 남았다는 점이다.

14장

甘蠅 古之善射者 彀弓而獸伏鳥下.[1] 弟子名飛衛 學射於甘蠅 而巧過其師. 紀昌者 又學射於飛衛. 飛衛曰

爾先學不瞬 而後可言射矣.

紀昌歸 偃臥其妻之機下 以目承牽挺.[2] 二年之後 雖錐末倒眥 而不瞬也, 以告飛衛. 飛衛曰

未也. 必學視而後可. 視小如大 視微如著 而後告我.

昌以氂懸蝨於牖 南面而望之. 旬日之閒 浸大也, 三年之後 如車輪焉. 以覩餘物 皆丘山也.[3] 乃以燕角之弧 朔蓬之簳射之 貫蝨之心 而懸不絶.[4]

以告飛衛, 飛衛高蹈拊膺曰

汝得之矣!

紀昌既盡衛之術 計天下之敵己者 一人而已. 乃謀殺飛衛.

相遇於野 二人交射, 中路矢鋒相觸 而墜於地 而塵不揚. 飛衛之矢先窮[5] 紀昌遺一矢. 既發 飛衛以棘刺之端扞之 而無差焉. 於是二子泣而投弓 相拜於塗 請爲父子. 剋臂以誓 不得告術於人[6]

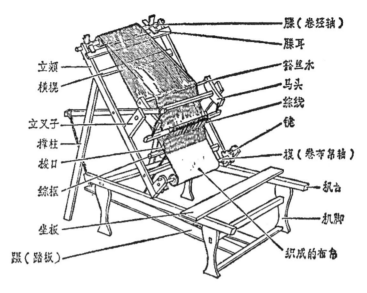

그림 10. 중국의 베틀

옛날 감승(甘蠅)이라는 활을 잘 쏘는 명궁이 있었는데, 그가 활을 겨누기만 해도 짐승들이 쓰러졌고 새들이 떨어졌다.[1] 비위(飛衛)라는 제자가 감승에게서 활쏘기를 배웠는데, 재주가 스승을 능가했다. 기창(紀昌)이라는 사람이 다시 비위에게 활쏘기를 배우려고 했다. 비위가 말했다.

"그대는 먼저 눈을 깜박거리지 않는 법부터 배운 뒤에야 활쏘기를 말할 수 있네."

기창은 집으로 돌아가 아내의 베틀 발판 밑에 누워서 눈 바로 위에 있는 발판을 주시하는 연습을 했다.[2] 2년이 지나서 송곳 끝으로 눈을 찔러도 깜박거리지 않게 되자, 스승 비위에게 말했다. 그러자 비위가 말했다.

"아직 안 되었네. 이젠 보는 법을 배워야만 하네. 작은 물건을 크게 보고, 희미한 것이 또렷하게 보이면 나에게 말하게."

516

기창은 양지바른 들창에 이 한 마리를 소 꼬리털에 매달아 놓고 바라보기 시작했다. 열흘 무렵이 지나자 이가 점점 크게 커졌고, 3년이 지나자 수레바퀴만 하게 보였다. 그러자 다른 물건들이 다 언덕이나 산(山)만 하게 보였다.[3] 이에 연(燕)나라의 각궁(角弓)에다 북방에서 나는 화살을 메워 쏘자 이의 심장을 꿰뚫었으나 이는 떨어지지 않고 대롱대롱 매달려 있었다.[4]

이 사실을 비위에게 알리자, 비위는 놀라 가슴을 어루만지며 펄쩍 뛰면서 말했다.

"자네 드디어 터득했네!"

이렇게 기창이 비위의 궁술을 마스터하자 자신의 적수는 천하에 스승 한 사람뿐이라고 생각하게 되었고, 이에 비위를 죽이려고 음모를 꾸몄다.

어느 날 두 사람이 야외에서 만나자 서로를 겨냥해 활을 쏘았고, 중간에서 살촉 끝이 부딪혀 땅에 떨어지는데 먼지조차 일지 않았다. 비위의 화살이 먼저 바닥이 났으나[5] 기창에겐 한 발이 남게 되었다. 기창이 마지막으로 시위를 당겼다. 그러자 비위는 가시 끝으로 쏜 살을 막아냈으니 털끝만 한 차이가 없었다. 이에 두 사람은 울면서 활을 던져버렸고, 땅바닥 위에서 맞절을 하며 서로 부자(父子) 삼기로 했다. 그리고 다시는 사람들에게 궁술을 일러 주지 않기로 팔뚝을 찔러서 피로 맹세했다.[6]

【장담 주석】

【1】箭無虛發 而獸鳥不敢逸. 戰國策云更羸虛發而鳥下也.

화살을 쏘면 헛방이 없었으니, 조수가 감히 달아나질 못했다. 『전국책』(戰國策)에 '경영(更羸)이 빈 살을 쏘았으나, 새가 떨어졌다'고 했다.[30]

【2】牽挺 機躡.

견정(牽挺)은 베틀 발판이다.

【3】視虱如輪, 則餘物稱此而大焉.

이가 바퀴만 하게 보였다면, 다른 물건들도 이와 같은 비례로 크게 보였을
것이다.

【4】以彊弓勁矢 貫虱之心 言其用手之妙也.

강궁(强弓)과 억센 화살로 이의 심장을 꿰뚫었다는 것은 솜씨가 절묘함을
말한다.

【5】窮盡也.

궁(窮)은 다 떨어졌다는 뜻이다.

【6】祕其道也. 此一章義例 已詳於仲尼篇也.

그 도를 감춘다는 것이다. 이 한 장의 뜻에 대한 예는 이미 「중니」편에서
자세하게 밝혔다.[31]

30) 앞의 허발(虛發)은 쏘아 맞추지 못한 화살을 말하고, 뒤는 화살을 메우지 않고
빈 살을 쏘는 것을 말한다. 빈 살을 쏘았으나 새가 떨어진 이유는 활시위 소리
를 듣고 떨어진 것이다. 송(宋) 이방(李昉) 등, 『태평어람』(太平御覽) 권744 공
예부1 「서예사상」(叙藝射上), "更羸虛發而鴈下 魏王曰射可至此乎? 更羸曰 其飛
徐其鳴悲 徐其瘡痛也 鳴悲者久失羣也. 故痛未息 驚心未去 故聞弦音而下" 참조.
31) 앞의 「중니」편 13장에서 공손룡이 말한 명궁과 홍초의 경우에 대한 장담의 주
석 참조.

【역자 해설】

활은 인류가 만들어낸 최고의 무기라고 할 수 있다. 얼마 전 네안데르탈인의 삶을 다룬 글을 보니, 이들은 창을 들고 사냥했다고 한다. 활은 그 후에 등장했다고 하니 아마도 창이 더 앞섰을 것이고, 어쩌면 창보다도 주먹돌 같은 석기가 더 오랜 무기였을 것이다.

석기와 관련해서 필자의 추억이 있다. 몇 년 전 시골 정류장에서 버스를 기다리다가 돌 하나가 발끝에 채였는데, 생긴 모양이 범상치 않았다. 그 돌을 주워 흙을 잘 털어내고 보니, 일부러 떼어낸 자국들이 선명했고, 첨단 부분에는 실사용으로 생긴 마모흔도 보였다. 석기시대 자료들을 찾아보고 나서야 그것이 애슐리안(Acheulean)계 주먹도끼(Hand Axe)라는 것을 알았다. 아프리카 유럽 지역의 구석기시대에는 이 주먹도끼가 주류를 이루었다. 동아시아에서는 그동안 존재하지 않는 것으로 알려져 있었는데 1979년도 전곡리에서 처음으로 발견되어, 70만 년 전까지로 거슬러 올라가는 한국의 구석기시대를 증명할 수 있게 되었다고 했다. 아무튼 손바닥만 한 돌이 단단하면서도 납작한데 균형이 잘 잡혀 있었고, 손에 쥐면 맞춘 듯이 손바닥에 딱 달라붙는 느낌을 주었다. 돌을 잘 보면 손가락이 걸쳐지는 부분이 미끄러지지 않고 힘을 받도록 조금씩 파여 있는 것을 확인할 수 있다. 인체 공학적으로 설계한 현대의 제품 못지않게 사람 손에 딱 맞았고, 역학적인 효율성과 함께 미학적인 느낌마저 주었다. 원시 인류에게 단단한 돌은 모두 도구로 쓰일 수 있었겠지만, 한번 인간의 손을 거쳐 가공된 도구는 차원이 달랐다.

그러나 돌멩이나 돌도끼로 맹수를 사냥하기는 어렵다. 이보다는 날카로운 창이 짐승을 사냥하거나 자신을 방어하는 효율적인 무기라고 할 수 있다. 이 창을 원거리에서 쏠 수 있도록 발전시킨 것이 활이다. 아마도 인류가 다시 원시 상태에 놓인다면, 돌도끼나 창보다는 활

그림 11. 필자가 발견한 애슐리안 주먹도끼

을 무기로 만들어 사용할 것이다. 얼마 전 서바이벌 전문가가 밀림 속에서의 생존 과정을 촬영한 영상을 보았다. 그는 혼자서 밀림에 들어가자마자 바로 활부터 만들었다. 적당한 나뭇가지를 휘어서 줄을 매고, 반듯한 가지를 잘라서 뾰족하게 다듬은 다음, 그걸 들고 사냥부터 시작했다. 허술하게 보일지라도 충분한 위력을 가지고 있어서, 10미터 정도의 거리 내에 있는 짐승에 대해서는 치명상을 입힐 수 있었다. 먼저 잡아먹지 않으면 잡아먹히는 원시의 밀림에서 나를 지킬 수 있는 최선의 무기는 활이다. 다시 말해 원시에서 호신과 수렵은 오늘날처럼 두 종류의 스포츠가 아니라 생존을 위한 한가지 일이었으니, 이때 가장 효율적이면서도 안전한 무기가 활이다. 어떤 맹수라도 다른 짐승을 사냥할 때는 발톱과 이빨로 상대를 물어뜯어야 하기 때문에 자신도 다칠 각오를 해야 한다. 사자도 사슴 같은 순한 동물을 사냥하다가 사슴뿔에 받히거나 발길질에 채여서 사상(死傷)을 당하는 일이 비일비재하다. 하지만 활을 든 인간만은 먼 거리에서 짐승에게 치명상을 입힐 수 있기 때문에 자신의 안전을 지킬 수 있다. 더구나 편대를 지어 함께 사냥한다면 인간을 이길 맹수는 없다. 인류는 활을 가짐으로써 거의 모든 짐승을 쓰러뜨릴 수 있는 강력하고도 탁월한 힘을 지니게 되었고, 협동함으로써 만물의 지배자가 되었다.

필자도 국궁을 배워본 적이 있다. 아주 정적인 운동처럼 보이지만 활시위를 당길 때는 깊이 숨을 들이마시면서 온몸의 근육을 다 팽팽하게 당겨야 하고, 시위를 놓으면서 천천히 모든 긴장을 풀고 심신을 이완시킨다. 국궁은 이런 긴장과 이완의 반복을 통해 집중력을 기르고 심신을 단련한다.

궁사는 눈을 깜박이지 않고 주시해야 하는데, 이가 수레바퀴만 하게 보이는 훈련을 한 뒤에 이의 심장을 관통시킬 수 있었다고 한다. 이의 심장을 꿰뚫을 수 있다면 윌리엄 텔이 아들의 머리 위에 사과를 맞힌 정도는 조족지혈(鳥足之血)이요, 족탈불급(足脫不及)이라고 하겠다.

궁술뿐 아니라 어떤 기술도 최고에 이르면 그 기술을 가진 자가 전체를 독점하고 절대권력을 누리게 될 위험성이 있다. 이 장 또한 자신이 최고가 되려는 욕심으로 인해 서로를 향해 활시위를 당기는 비극적 결말을 맺고 있다. 앞 장에서는 중국인의 상상력이 더 이상 과학으로 계승·발전되지 못하고 개인의 공상으로만 끝났다고 지적한 바 있거니와, 이 장에서는 기술이나 기예의 비극을 볼 수 있다.

15장

造父之師曰 泰豆氏.[1] 造父之始從習御也 執禮甚卑. 泰豆三年不告. 造父執禮愈謹 乃告之曰

古詩言 良弓之子 必先爲箕, 良冶之子 必先爲裘.[2] 汝先觀吾趣.[3] 趣如吾 然後六轡可持 六馬可御.

造父曰 唯命所從.

泰豆乃立木爲塗 僅可容足[4] 計步而置.[5] 履之而行 趣走往還 無跌失也. 造父學之 三日盡其巧. 泰豆歎曰

子何其敏也! 得之捷乎![6] 凡所御者 亦如此也. 曩汝之行 得之於足 應之於心, 推於御也. 齊輯乎轡銜之際 而急緩乎脣吻之和, 正度乎胸臆之中 而執節32)乎掌握之閒. 內得於中心 而外合於馬志 是故能進退履繩而旋曲中規矩 取道致遠而氣力有餘 誠得其術也. 得之於銜 應之於轡 得之於轡 應之於手, 得之於手 應之於心, 則不以目視 不以策驅. 心閑體正 六轡不亂 而二十四蹄所投無差,

---

32) 집절(執節):1.부절(符节)을 잡는다. 2.지조를 고수하다. 3.판을 잡아서 박자를 치다(谓执板击节).『한어대사전』참조.

廻旋進退 莫不中節.[7] 然後興輪之外 可使無餘轍 馬蹄之外 可使無餘地, 未嘗覺山谷之嶮 原隰之夷 視之一也. 吾術窮矣, 汝其識之![8]

조보(造父)의 스승은 태두(泰豆)였다.[1] 조보가 처음으로 말 모는 법을 배우러 그를 찾아가서 아주 공손하게 예의를 지키며 모셨으나 3년이 되어도 태두는 일러주지 않았다. 조보는 스승을 더욱더 부지런히 깍듯하게 모셨다. 그러자 태두가 말했다.

"옛 시에 '좋은 활을 만들려고 하는 이는 반드시 먼저 쌀을 까부르는 키를 만들어봐야 하고, 좋은 대장장이가 되려는 이는 반드시 먼저 갖옷을 만들어봐야 한다'고 했네.[2] 그대는 먼저 내 걸음걸이를 보게.[3] 그대의 걸음걸이가 나와 같아진 뒤에야 말고삐 여섯 개를 쥐고 말 여섯 필을 부릴 수 있네."

조보가 "명하신 대로 말씀을 따르겠습니다"라고 답했다.

태두는 발 하나 디딜 만한 나무를 세워 길을 만들고[4] 보폭을 재서 나무를 배치했다.[5] 이를 밟고 가는데, 왔다 갔다 빠르게 걸어가면서도 넘어지거나 건너뛰지 않도록 했다. 조보가 걸음을 배운 지 사흘 만에 그 기술을 완전히 터득하자, 태두가 감탄하며 말했다.

"자네는 어찌 그리 민첩한가! 참 빨리도 터득하네![6] 말 모는 법도 이와 같네. 아까 그대가 나무 위를 걸을 때처럼, 발에서 먼저 터득되면 마음먹은 대로 응하게 되니, 이를 말 모는 데에 미루어 보게. 고삐와 재갈 사이를 가지런히 모아서 재갈 물린 입에 맞게 완급을 조절하고 내 마음속 법도대로 바르게 맞춰서 내 손아귀 속에서 절도(節度) 있게 잡고 있게. 안으로 내 마음에 맞고 밖으로 말의 뜻에 합하니, 이런 까닭에 앞뒤로 진퇴할 때는 마치 줄을 밟듯이 반듯하고, 둥글게 돌 때는 굽은 자로 잰 듯 둥글게 되어 먼 길을 달려도 (힘이 들지 않아서) 기력이 남게 되리니, 참으로 말 모는 기술을 터득한 셈일세.

재갈이 제대로 물리면 고삐에 맞고, 고삐가 제대로 되면 손에 맞으며, 손이 제대로 되면 마음에 맞게 되니, 눈으로만 보는 게 아니고 채찍으로만 모는 게 아니라네. 마음은 여유롭고 몸이 바르게 되면 고삐 여섯 개를 쥐더라도 엉키지 않고 스물네 개의 말발굽이 어긋남 없이 내딛게 되며, 회전과 진퇴가 절도에 맞지 않는 게 없게 되네.[7] 그런 뒤에야 내 수레바퀴가 구르는 폭 이외에 다른 땅이 필요 없고 내 말의 발굽이 딛는 곳 밖에 다른 땅이 필요 없게 되며, 험한 계곡이나 평탄한 들판이나 차이를 느끼지 못하고 똑같이 보이게 되는 것일세. 나의 어마술(御馬術)은 여기까지이니, 그대는 기억하게!"[8]

【장담 주석】

【1】泰豆氏 見諸雜書記.

태두 씨는 잡서의 기록에 보인다.[33]

【2】箕裘皆須柔屈補接而後成器. 爲弓冶者 調筋角 和金鐵亦然. 故學者 必先攻其所易 然後能成其所難 所以爲諭也.

키나 갖옷은 모두 부드럽게 구부려서 깁고 이은 뒤에 기물(器物)이 된다. 활을 만들거나 쇠를 불리는 이가 힘줄과 뿔을 구부려 잡고 구리와 쇠를 녹이는 방식도 이와 같다. 그러므로 학자는 먼저 쉬운 곳에서부터 공략해가서 뒤

---

33) 『여씨춘추』「청언」(聽言)편에 조부(造父)가 대두(大豆)에게 배웠다는 내용이 나온다.

에 그 어려운 곳까지 완성할 수 있으니, 이것으로 비유를 삼은 것이다.

【3】趣行也.

취(趣)는 행보(行步)의 뜻이다.

【4】纔得安脚.

겨우 걸을 수 있을 정도다.

【5】疏槪 如其步數.

간격은 걸음 수에 맞게 한다.

【6】敏疾也. 捷速也.

민(敏)은 빠르다는 뜻이요, 첩(捷)은 신속하다는 뜻이다.

【7】與和鸞之聲 相應也.

방울 소리에 서로 맞는다.

【8】夫行之所踐 容足而已. 足外無餘而人不敢踐者 此心不夷 體不閑故也. 心夷體閑 即進止有常數 遲疾有常度. 苟盡其妙 非但施之於身 乃可行之於物.
　雖六轡之煩 馬足之衆, 調之有道 不患其亂. 故輪外不恃無用之轍 蹄外不賴無用之地 可不謂然也?

　보행할 때 밟는 곳은 발 하나 넓이의 공간뿐이다. 만일 발 이외에 남는 공간이 없다면 사람이 감히 걸어가지 못하게 되니, 이는 마음이 두렵고 몸이 떨리기 때문이다. 마음이 태평하고 몸이 여유롭게 되면 나가고 멈춤에 일정한 규칙이 있고 빠르고 늦음에 일정한 법도가 있게 된다. 진실로 그 미묘한 경지에 이른다면 자기 자신에게뿐 아니라 남에게도 시행할 수가 있다.

비록 고삐 여섯 개가 번거롭고 말발굽도 많지만, 제어하는 데 도가 있으면 어지러울 것을 걱정하지 않게 된다. 그러므로 내가 모는 수레바퀴 밖에 쓰지 않는 공간을 의지하지 않게 되고 내가 부리는 말발굽 이외에 쓸모없는 공간에 기대지 않게 되니, 그렇지 아니하겠는가?

【역자 해설】

몽골인들은 걸음마를 배우기 이전부터 말 타는 법부터 배운다는 말이 있지만, 고대의 중국인들은 말을 타는 기마술보다는 마차를 모는 기술을 더 중시했던 것 같다. 공자가 제자들에게 가르친 여섯 과목 가운데 활쏘기와 더불어 말 몰기가 들어 있는 것을 보면 아마 당 시대에 지식인들이 익혀야 할 필수 과목이었음을 알 수 있다. 교통과 통신이 발달하지 못했던 고대시기에 거의 유일한 교통수단은 말이었으니, 아마도 말 몰기는 오늘날로 치면 운전면허와 같지 않았을까 싶다.

여기에서는 여섯 마리의 말을 모는 기술을 말하고 있다. 보통 네 마리까지는 옆으로 매어서 부리지만, 여섯 마리면 아마도 세 마리나 두 마리씩 매어서 부렸을 것이다.

전통시대 중국의 도로 넓이로는 네 마리까지는 횡으로 배치할 수 있어도 여섯 마리를 횡으로 부릴 수는 없었다. 앞의 「주목왕」편의 팔준마도 사실 본문 내용을 보면 앞뒤 수레에 네 마리씩 나누어 몰았다. 진시황릉에서 발굴된 진시황의 수레 역시 사마(四馬)다. 그래서 필자가 보기에 여기에서의 여섯 필의 말이 끄는 수레란 실재하는 것이라기 보다는 태두의 어마술을 과장해서 말한 것이 아닐까 생각한다. 한 손에 두 마리의 고삐를 쥐고 모는 것도 쉽지 않을 터인데, 여섯 마리를 한번에 부린다는 것은 참으로 대단한 운전술이라고 하겠다.

이 장에서는 말 모는 기술에 대해서만 말했지만, 중국인들의 말

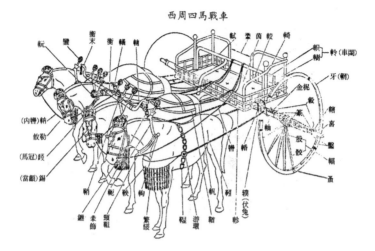

그림 12. 서주 사마(四馬) 수레

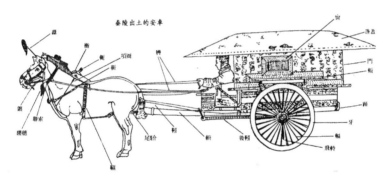

그림 13. 진시황릉 출토 수레

에 대한 애호는 참으로 깊다. 말은 실제 교통수단뿐 아니라 신분을 나타내는 표식이자 나아가 미학적 감상 대상으로 회화화(繪畵化)되었던 애완물(愛玩物)이었다.

16장

1절

魏黑卵以暱嫌殺丘邴章【1】 丘邴章之子來丹謀報父之讎. 丹氣甚
猛 形甚露 計粒而食 順風而趨. 雖怒 不能稱兵以報之.【2】 恥假力
於人 誓手劒以屠黑卵.

黑卵悍志絶衆 力抗百夫. 筋骨皮肉 非人類也. 延頸承刀 披胷受
矢 鋩鍔摧屈 而體無痕撻. 負其材力 視來丹猶雛㲉也.

來丹之友申他曰

子怨黑卵至矣 黑卵之易子過矣 將奚謀焉?

來丹垂涕曰

願子爲我謀.

申他曰

吾聞衞孔周 其祖得殷帝之寶劒, 一童子服之 却三軍之衆 奚不請
焉?

來丹遂適衞 見孔周 執僕御之禮 請先納妻子 後言所欲.

528

위나라 흑란(黑卵)이 개인적인 문제로 구병장(丘邴章)을 죽이자.[1] 구병장의 아들 내단(來丹)은 선친의 원수를 갚으려고 계획했다. 내단의 기세는 매우 사나웠으나, 육체가 아주 말라서 밥알을 세면서 먹었으며 바람을 거슬러서는 걷기 힘들 정도였다. 비록 화는 났으나, (몸이 약해서) 힘으로 보복할 수가 없었다.[2] 그러나 남에게 힘을 빌리기는 부끄러우니, 손에 칼을 들고서 흑란을 죽이겠다고 맹세했다.

흑란은 사납기가 이루 말할 수 없고 힘으로는 백 명을 당해낼 수 있었다. 골격이나 피부가 일반 사람들과 달랐으니, 목을 빼고 칼을 받거나 가슴을 풀어헤치고 화살을 받으면 날 끝이 문드러지고 몸에는 흔적조차 나지 않았다. 그는 자기의 육체의 힘을 믿고서 내단을 병아리처럼 여겼다.

내단의 친구 신타(申他)가 말했다.

"자네가 흑란에 대한 원한이 사무쳐 있지만 흑란은 자네를 아주 무시하고 있는데, 장차 무슨 꾀가 있는가?"

내단은 눈물을 떨어뜨리면서 말했다.

"원컨대 자네가 나를 위해 계책을 내줘보게."

신타가 말했다.

"내가 들으니, 위나라 공주(孔周)가 조상 때부터 은나라 왕의 보검을 가지고 있는데, 어린아이라도 이 칼을 차면 삼군(三軍)의 군사들도 물리칠 수 있다고 하니, 어찌 부탁해보지 않겠나?"

내단이 드디어 위나라에 가서 공주를 만났고, 종복(從僕)의 예로써 먼저 자신의 처자식을 받아달라고 청한 다음 소원을 말했다.

【1】 暱嫌私恨.

일혐(暱嫌)은 사적인 원한이다.

【2】 有膽氣而體羸虛 不能舉兵器也.

용기는 있으나 체력이 허약해서 무기를 들 수가 없었다.

2절

孔周曰

吾有三劍 唯子所擇. 皆不能殺人 且先言其狀. 一曰 含光 視之不可見 運之不知有. 其所觸也 泯然無際 經物而物不覺.

二曰 承影 將旦昧爽之交 日夕昏明之際 北面而察之 淡淡焉若有物存 莫識其狀. 其所觸也 竊竊然有聲 經物而物不疾也.

三曰 宵練 方晝則見影而不見光**【3】** 方夜見光而不見形.**【4】** 其觸物也 騞然而過**【5】** 隨過隨合 覺疾而不血刃焉. 此三寶者 傳之十三世矣 而無施於事.**【6】** 匣而藏之 未嘗啓封.

來丹曰

雖然吾必請其下者.

孔周乃歸其妻子 與齋七日, 晏陰之閒**【7】** 跪而授其下劍. 來丹再拜受之以歸.**【8】**

공주가 말했다.

"내게는 세 자루 검이 있는데 당신이 마음대로 골라도 좋습니다. 이 검들은 모두 사람을 죽일 수는 없는데, 먼저 그 특징을 말해주겠소. 첫째는 함광(含光)이라고 하는데, 보려 해도 볼 수 없고 휘둘러도 칼이 있는지를 모릅니다. 칼날이 물건에 닿아도 스며든 듯해서 닿았는지를 모르고, 사람을 베고 가도 사람이 느끼지를 못합니다.

둘째는 승영(承影)이라고 하는데, 일출이나 일몰의 어둠과 밝음이 교차할 무렵에 북쪽을 향하고서 이 칼을 살펴보면 아른아른 뭔가 있는 듯하나 그 모습을 알아볼 수는 없습니다. 칼날이 닿으면 가만히 무슨 소리가 나는 듯한데, 사람을 베어도 사람에게 통증이 없습니다.

셋째는 소련(宵練)이라고 하는데, 낮이 되면 그림자는 보이는데 광채가 보이지 않으며,[3] 밤이 되면 광채는 보이는데 형체가 보이지 않소.[4] 칼날이 물건에 닿으면 획 하며 지나가는데[5] 베이는 대로 바로 붙어버리며 통증을 느끼지만 칼에 피가 묻지 않습니다. 이 세 자루 보물은 13세(世)를 전해 내려왔는데 써본 일이 없소.[6] 칼집에 넣어 잘 보관해왔을 뿐 열어본 적이 없습니다."

내단이 말했다.

"그러하다면, 마지막 보검을 빌려주시길 요청드립니다."

공주는 그의 처자식을 돌려보냈고, 내단과 함께 이레를 재계하고 나서 늦은 어스름 무렵에[7] 무릎 꿇고 그 검을 내단에게 주었다. 내단은 재배(再拜)하고 소련 검을 받아 집으로 돌아왔다.[8]

【장담 주석】

【3】與日月同色也.

일월의 빛과 같이하기 때문이다.

【4】言其照夜.

밤을 비춤을 말한다.

【5】騞休壁切.
획(騞)의 음은 획이다.

【6】不能害物.
사람을 해칠 수가 없다.

【7】晏 晚暮也.
안(晏)은 저물녘이다.

【8】以其可執可見 故受其下者.
소련은 잡을 수도 있고 볼 수도 있기 때문에 마지막 칼을 받은 것이다.

3절

來丹遂執劍從黑卵. 時黑卵之醉偃於牖下 自頸至腰三斬之. 黑卵
不覺. 來丹以黑卵之死 趣而退, 遇黑卵之子於門 擊之三下 如投
虛. 黑卵之子方笑曰
汝何蚩而三招予?
來丹知劍之不能殺人也 歎而歸. 黑卵旣醒 怒其妻曰
醉而露我 使我嗌疾而腰急.
其子曰
疇昔來丹之來 遇我於門 三招我 亦使我體疾而支彊. 彼其厭我
哉!

내단은 드디어 소련 검을 잡고 흑란을 쫓아갔다. 이때 흑란은 술
에 취해 들창 아래에 누워 있었는데, 목에서 허리까지 세 번을 베

었다. 그러나 흑란은 아무것도 느끼지를 못했다. 내단은 흑란이 죽었다 생각하고 달음질쳐 도망치다가 문간에서 흑란의 아들을 만나 세 번을 내리쳤으나 마치 허공을 치는 것 같았다. 흑란의 아들은 비웃으면서 말했다.

"너는 어째서 바보처럼 세 번씩이나 손을 까부르는가?"

내단은 소런 검으로 사람을 죽일 수 없음을 깨닫고서는 탄식하며 돌아왔다. 흑란도 술에서 깨어나 그의 처에게 성을 내며 말했다.

"취한 채로 나를 방치해서 목이 아프고 허리가 결리게 만들지 않았는가."

그의 아들이 말했다.

"아까 내단이 왔었는데, 문간에서 나를 만나자 세 번을 나에게 손짓을 하더니 저 역시 몸이 아프고 사지가 굳어졌습니다. 그자가 우리에게 해코지[34]를 했는가 봐요!"

【역자 해설】

칼은 전통시대 대표적인 무기로, 생사를 가르는 두려운 금기이자 미학적 감상의 기물이기도 했다. 『장자』에는 칼에 관한 두 가지 이야기가 소개되어 있다. 19년을 썼지만 칼날이 시퍼렇게 살아 있다는 포정의 칼도 있지만, 여기에서는 검벽(劍癖)에 빠진 왕을 장자가 세 치혀로 촌철살인한 설검(說劍)편의 이야기를 감상해보자.

조나라 문왕은 칼을 좋아해 문하에 모여든 검객이 삼천 명이 넘었

---

34) 염(厭)은 압승(壓勝)으로 남을 저주하거나 제어하는 중국의 무술(巫術)이다. 『열자역주』, 134쪽 참조.

다. 밤낮으로 어전에서 칼싸움을 벌여 죽고 다친 자가 한 해에 백 명이 넘었으나, 싫증을 낼 줄 모르고 탐닉했다. 이와 같이 3년이 지나자 국력은 쇠약해졌고 지방의 제후들이 걱정하게 되었다. 이에 태자는 장자를 초빙해서 문왕을 설득하게 했다. 새로운 검객이 왔다는 말을 들은 문왕은 자신의 무사들 가운데 몇 명을 선발해서 칼을 쓴다는 장자와 진검승부를 하도록 자리를 마련하면서 말했다.

"오늘은 검객들과 한번 검을 다스려보도록 하시오."

"오랫동안 바라온 바입니다."

"그대가 쓸 무기는 장검과 단검 가운데 어떤 것으로 하겠소?"

"신은 어느 것이든 모두 받들겠습니다. 하지만 제게는 세 가지의 검이 있는데 왕께서 쓰고 싶으신 대로 하겠습니다. 먼저 설명을 드린 뒤에 시험해보고자 합니다."

"그 세 가지 검이란 무엇인지 들어봅시다."

"천자의 검, 제후의 검, 서인의 검입니다."

"천자의 검이란 어떤 거요?"

"천자 검이란 연계와 석성 땅을 칼끝으로 삼고, 제나라와 대산을 칼날로 삼으며, 진나라와 위나라를 칼등으로 삼고, 주나라와 송나라를 칼귀로 삼으며, 한나라와 위나라를 칼자루로 삼아 사이(四夷)로서 감싸고, 사시(四時)에 담아서 발해(渤海)로 두르고, 상산(常山)으로 띠를 매어 오행(五行)으로 조절하고, 상벌로 따지며 음양으로 열어주고, 봄여름처럼 지키다가 가을과 겨울처럼 움직입니다.

이 검을 곧게 세우면 앞에 당할 것이 없고, 검을 들면 위에서 당할 것이 없고, 누르면 아래에서 당할 것이 없고, 휘두르면 옆에서 당할 것이 없으며, 위로는 하늘에 떠 있는 구름을 끊고, 아래로는 땅을 붙들어 맨 밧줄을 잘라버립니다. 이 검을 한번 쓰면 제후들을 바로 잡아서 천하가 복종하게 됩니다. 이것이 천자의 검입니다. 문왕은 한동안 멍하니 넋을 잃고 있다가 말했다.

"제후의 검이란 어떤 거요?"

"제후 검이란 지혜와 용기를 갖춘 선비를 칼끝으로 삼고, 청렴한 선비를 칼날로 삼으며, 현명하고 선량한 선비를 칼등으로 삼고, 충성스럽고 명석한 선비를 칼귀로 삼으며, 호탕하고 뛰어난 선비를 칼자루로 삼습니다. 이 검을 곧게 세우면 앞에서 당할 것이 없고, 들면 위에서 당할 것이 없으며, 누르면 아래에서 역시 당할 것이 없고, 휘두르면 옆에서 당할 것이 없습니다. 위로는 둥근 하늘을 본받아서 해·달·별의 삼광(三光)을 따르고, 아래로는 네모난 땅을 본받아 사시(四時)를 따르며, 가운데로는 백성의 뜻을 파악해 사방의 지역을 편안하게 합니다. 이 검을 한번 쓰면 천둥벽력이 진동하는 듯해 사방의 봉토(封土) 안이 모두 복종하며 임금의 명령에 따르지 않는 자가 없게 됩니다. 이것이 제후의 검입니다."

"서인의 검이란 어떤 거요?"

"서인 검이란 머리칼은 쑥대처럼 엉키고 살쩍은 치솟았으며, 모자를 눌러쓰고 턱끈은 장식이 없으며, 의복은 치렁거리지 않게 짧고 눈은 치켜뜨는데 말소리는 거칩니다. 사람들 앞에서 서로 칼로 싸우면서 위로는 목을 베고 아래로는 간과 폐를 자릅니다. 이것이 서인의 검으로 싸움닭과 다를 바가 없어서, 싸우다가 하루아침에 목숨을 잃고 나면 그만이라, 나랏일에 아무런 쓸모가 없습니다. 지금 대왕께서는 천자의 자리에 계시면서 서인의 검을 좋아하고 계시니, 신은 대왕마마의 지위에 비해 모자란다고 생각합니다"(『장자』 「설검」).

봉두난발(蓬頭亂髮)에 살기 어린 검객들만 보아온 문왕은 천자의 검과 제후의 검과 서인의 검 이야기를 듣고 망연자실했고, 석 달 동안을 궁중에 나가지를 않았다는 이야기다. 이 장에서의 함광·승영·소련의 세 자루 보검 이야기도 『장자』의 3종 보검을 패러디한 것이 아닐까 싶다.

중국은 이렇게 명검에 대한 이야기나 전설은 많지만, 실제로 도검을 가장 잘 만드는 나라는 일본이다. 동아시아 3국 가운데 칼에 가장 무심한 나라는 우리나라인 듯하다. 우리나라는 전통적으로 민간에서 도검 자체를 소지하지 못하게 금해서인지, 명검에 대한 이야기는 거의 들어본 적이 없다. 현충사에 모셔져 있는 이순신 장군의 장검과 국립중앙박물관에 모셔져 있는 사인검(四寅劍)이라는 보검은 있지만, 쇠를 베고 옥을 자른다는 명검 이야기는 없다. 그러나 날카로운 이물(利物)이 있어도 쓰지 않고 병기가 창고에서 녹스는 사회가 이상 사회라고 노자가 말했듯이, 검을 숭상하는 사회보다는 검이 필요 없는 사회가 더 건강하다고 할 것이다.

17장

周穆王大征西戎 西戎獻錕鋙之劍 火浣之布. 其劍長尺有咫 練鋼
赤刃 用之切玉如切泥焉. 火浣之布 浣之必投於火, 布則火色 垢
則布色, 出火而振之 皓然疑乎雪.[1]
皇子以爲無此物 傳之者 妄. 蕭叔曰
皇子果於自信 果於誣理哉![2]

주나라 목왕(穆王)이 대규모로 서융(西戎)을 정벌하자, 서융이
곤오(錕鋙) 검과 화완포(火浣布)를 바쳤다. 검은 길이가 1척 8촌
이고 강철을 제련한 것으로 칼날이 붉은데, 이것을 가지고 옥을
자르면 진흙 자르듯이 끊어졌다.[35] 화완포는 반드시 불 속에 넣
어서 빨아야 하는데, 포가 불꽃색이 되면 때는 포의 색과 같이 되
었다가 불 속에서 꺼내어 털면 백설처럼 희게 되었다.[1]
그러나 황태자는 이런 물건이 있을 리가 없으니, 근거 없는 허탄

---

35) 『산해경』 「중산경」(中山经)에 "又西二百里曰 昆吾之山 其上多赤銅"라고 했고
곽박(郭璞)의 주(注)에 "此山出名銅 色赤如火 以之作刃 切玉如割泥也"라고 한
내용과 통한다.

한 전설이라고 여겼다.[36] 그러자 소숙(蕭叔)이 말했다.

"황태자는 자신을 너무 믿어서, 진실을 너무 무시하십니다!"[2]

【장담 주석】

【1】此周書所云.

이는 「주서」(周書)에서 말한 내용이다.[37]

【2】此一章斷後而說切玉刀火浣布者 明上之所載 皆事實之言 因此二物無
虛妄者.

이 장은 뒤를 생략했지만 옥을 자르는 칼과 불로 빠는 포라는 존재를 말함
으로써 위에서 기록한 말이 모두 사실임을 밝힌 것이니, 이 두 가지 기물은
거짓이 아니기 때문이다.

【역자 해설】

절옥도(切玉刀)는 『산해경』과 『포박자』에, 화완포는 『산해경』과
『술이기』(述異記) 등에 비슷한 내용이 기록되어 있다. 그러나 전적들
속에 기록이 있다고 해서 이 장의 내용이 사실이라고 입증할 수 있는
것은 아니다. 맹자도 글에 기록된 내용을 그대로 믿을 바에는 그 글이

---

36) 『포박자』「논선」(論仙)편에 위(魏) 문제(文帝)가 옥을 자르는 칼이나 불에 빠
는 포는 없다고 한 말이 나온다. 양백준은 여기에서의 황태자가 바로 그라고
보았다. 같은 맥락에서 장만수(莊萬壽)도 이 장은 원래의 열자서에 들어있던
글이 아니라 위진시대 사람의 작이라고 하면서, 간보(干寶)의 「수신기」(搜神
記)에 문제(文帝)가 화완포를 언급한 내용이 나오는 것을 그 근거로 들었다.
『열자집석』, 191쪽 및 『신역열자독본』, 190-191쪽 참조.
37) 『박물지』(博物志)에서 같은 내용을 「주서」에서 인용하고 있다. 『열자집석』,
189쪽.

없느니만 못하다고 비판한 바 있듯이(盡信書 則不如無書), 고의가 아니더라도 잘못된 내용이 얼마든지 기록될 수 있다.

절옥도나 화완포는 신기한 이야기로서 상상력과 이국적인 정서를 충족시켜주는 이야기이긴 하지만, 이성적인 사람에게 설득력을 갖지는 못한다. 근거 없는 허탄한 설이라고 일축했던 황태자는 매우 합리성을 따지는 인물인 듯하다.

현대 양백준의 연구를 참고해보면, 여기에서 황태자는 조조(曹操)의 아들 조비(曹丕)라고 한다. 조비는 뒤에 위 문제(文帝)로 등극했지만, 얼마 되지 않아 사마의(司馬懿)의 쿠데타에 의해서 죽임을 당한 비운의 인물이다. 사마의는 우리가 잘 아는 삼국지의 제갈공명과 쌍벽을 이루는 사마중달이다. 사마중달의 쿠데타로 인해 조조의 양아들 하안도 죽임을 당했고, 하안이 후견인 노릇을 했던 왕필(王弼)이라는 젊은 천재도 불우하게 생애를 마쳤다. 이 책의 주석자인 장담(張湛)의 서문을 보면, 왕필에게는 딸이 하나 있었는데 그 사위 조계자(趙季子)가 열자서를 간직하고 있다가 세상에 전했다고 했다. 근대의 마서륜(馬敍倫)은 장담의 조부가 왕필의 집안에서 열자 책을 구했다고 했으니, 조비가 황태자 시절 말했다는 이 구절이 여기에 수록된 것은 우연이 아니라, 열자서의 전수와 관련한 중요한 실마리를 함축하고 있을 수도 있다.

제6편 역명(力命)

【장담 제주(題注)】

命者 必然之期 素定之分也. 雖此事未驗 而此理已然. 若以壽夭存於御養 窮
達係於智力 此惑於天理也.

> 명(命)이란 예정된 필연이요, 선천적으로 정해진 몫이다. 비록
> 어떤 일이 완전히 이뤄지지 못했다고 하더라도, 그 이치는 선
> 천적으로 정해져 있다. 만일 어떻게 보양(保養)하는가에 따라
> 수명의 장단이 달려 있다고 말하거나 출세의 여부가 사람의 지
> 력(智力)에 달려 있다고 여긴다면 천리(天理)를 모르는 것이
> 다.

1장

力謂命日

若之功奚若我哉?

命日

汝奚功於物而欲比朕?

力日

壽夭窮達 貴賤貧富 我力之所能也.

命日

彭祖之智 不出堯舜之上 而壽八百, 顏淵之才 不出衆人之下 而壽十八. 仲尼之德 不出諸侯之下 而困於陳, 蔡殷紂之行 不出三仁之上 而居君位. 季札無爵於吳 田恒專有齊國 夷齊餓於首陽 季氏富於展禽. 若是汝力之所能 奈何壽彼而夭此 窮聖而達逆 賤賢而貴愚 貧善而富惡邪?

力日

若如若言 我固無功於物 而物若此邪 此則若之所制邪?

命日

旣謂之命 奈何有制之者邪? 朕直而推之 曲而任之. 自壽自夭 自

窮自達 自貴自賤 自富自貧,^[1] 朕豈能識之哉? 朕豈能識之哉?^[2]

지력(智力)이 천명(天命)에게 말했다.

"그대의 공이 어찌 나와 같겠는가?"

천명이 말했다.

"자네가 이 세상에 무슨 공이 있다고 나에게 견주려 하는가?"

지력이 대답했다.

"수명의 장단이나 출세의 여부나 빈부귀천은 내가 가진 지력(智力)의 힘이라네."

천명이 말했다.

"팽조(彭祖)의 지혜는 요·순만 못했지만 800세를 살았고, 안연(顔淵)의 재주는 보통 사람보다 뛰어났지만 18세를 살았네.¹⁾ 공자의 덕은 제후들보다 탁월했지만 진채(陳蔡)에서 죽을 고생을 했고, 은나라 주왕의 행실은 기자(箕子)·미자(微子)·비간(比干)보다 못했지만 제왕의 자리를 차지했네. 계찰(季札)은 현명했지만 오나라에서 벼슬을 못 했고, 전항(田恒)은 방자했지만 제나라의 권력을 독차지했으며, 백이·숙제는 지조가 있었으나 수양산에서 굶어 죽었고, 계(季) 씨는 참람(僭濫)했지만 청렴한 전금(展禽)보다 잘살았네. 만일 이런 것들이 지력(智力)의 힘이라면 어째서 못난 자가 장수하고 잘난 이가 요절하며, 성인은 곤궁하고 역적은 잘살며, 현명한 이가 비천하고 어리석은 자가 존귀하며, 착한 이는 가난하고 악한 자가 부유해진단 말인가?"

지력이 대답했다.

---

1) 안연의 수명에 대해서는 여러 설들이 있다. 보통은 30세에 죽은 것으로 알려져 있으나 『회남자』 『포박자』에는 18세로 되어 있으며, 48세로 나와 있는 곳도 있다. 『열자집석』, 193쪽 참조.

"만일 그대의 말과 같다면, 나 지력은 세상 사람들에게 아무 공이 없고, 그대가(운명이) 지배하기 때문에 세상 사람들이 이와 같이 된다는 말인가?"

천명이 대답했다.

"이미 운명이라고 말한다면 어찌 운명을 부리는 이가 있겠는가? 나는 곧은 것은 곧게 밀어주고, 굽은 것은 굽은 대로 맡겨두네. 그러면 (사람들은) 저절로 장수하고 저절로 요절하며, 저절로 곤궁하고 저절로 출세하며, 저절로 귀해지고 저절로 천해지며, 저절로 부유하고 저절로 가난한 것이니,[1] 내가 어떻게 그것을 알겠나?"[2]

【장담 주석】

【1】 不知所以然而然者 命也, 豈可以制也?

그렇게 되는 까닭을 알지 못하면서도 그렇게 되는 것이 명운(命運)이니, 어찌 제어할 수 있겠는가?

【2】 此篇明萬物皆有命 則智力無施, 楊朱篇言人皆肆情 則制不由命, 義例不一 似相違反.

然治亂推移 愛惡相攻 情僞萬端. 故要時競其弊 孰知所以? 是以聖人兩存而不辨.

將以大扶名教 而致弊之由不可都塞. 或有恃詐力以干時命者 則楚子問鼎於周[2] 無知亂適於齊. 或有矯天眞以殉名者 則夷齊守餓西山 仲由被醢於衛.

---

2) 문정(問鼎)은 천자의 왕위(王位)를 차지하려고 하는 뜻을 의미한다. 『좌전』(左傳) 선공(宣公) 3년, "楚子 伐陸渾之戎 遂至于雒 觀兵于周疆. 定王使王孫滿勞楚子 楚子 問鼎之大小輕重焉. 禹鑄九鼎 三代視之为國宝. 楚王問鼎 有取而代周之意" 참조.

故列子叩其二端 使萬物自求其中. 苟得其中 則智動者 不以權力亂其素分矜名者 不以矯抑虧其形生. 發言之旨 其在於斯, 嗚呼! 覽者可不察哉!

「역명」편에서는 만물에 모두 명이 있으니 인간의 지력이 작용하지 못함을 밝혔고, 「양주」편에서는 사람은 다 자기 생각대로 행동하니 운명으로 제어하지 못한다고 했으니 주제가 다르고 뜻이 서로 상반된 듯하다.

그러나 치세와 난세는 바뀌어지고 사랑과 미움이 서로 부대껴서 오만 가지 사연들이 생겨난다. 그러므로 각각의 때에 따라 어지럽게 다투어도 누가 그 까닭을 알겠는가? 이런 까닭에 성인은 지력과 천명을 둘 다 그대로 두고 따지지 않는다.

명교(名敎)를 크게 진작시킨다고 해서 폐단을 일으키는 원인을 모두 틀어막을 수는 없다. 어떤 자는 자신의 꾀와 힘을 믿고서 당시의 천명을 조작하려고 하니 초나라 왕 초자(楚子)가 주나라의 정(鼎)을 묻고, 공손무지(公孫無知)의 난리로 제나라에 가게 된 것이다. 어떤 자는 남의 타고난 이름을 얻으려고 천성을 바꾸려다가 죽으니 백이·숙제가 서산(西山)에서 굶어 죽고, 자로(子路)가 위나라에서 젓갈로 담겼던 것이다.

그러므로 열자는 위의 양단(兩端)을 취해서 모든 사람들이 스스로 그 중도를 구하도록 했다. 진실로 그 중도를 얻는다면 지혜로 움직이는 자는 권력으로 말미암아 타고난 본분을 어지럽게 하지 않을 것이고, 명예를 중시하는 자는 세상을 바로잡겠다고 하다가 자신의 생명을 상하게 하지는 않게 될 것이다. 열자가 말한 뜻이 여기에 있으니, 아아! 현명한 독자들은 잘 살펴보아야만 할 것이다.

【역자 해설】

장담의 주석 가운데 '초자가 주나라의 솥을 물은 일'은 『좌전』「선공」(宣公)조에 나온다. 초 장왕이 육혼(陸渾) 땅의 융인(戎人, 고대 중국의 소수민족)을 치고 낙수(雒水, 지금의 뤄허강)에 이른 뒤 주나라 왕실의 경내에서 군사 시위를 벌였다. 주 정왕(定王)이 초 장왕을 달래려고 대부 왕손 만(滿)을 보내자 초 장왕이 왕손 만에게 구정(九鼎, 고대 중국 왕권의 상징)의 크기와 무게를 물었다. 이때 왕손 만이 '천자가 되는 것은 덕행에 있지, 솥의 대소경중(大小輕重)에 있는 것이 아닙니다. 주왕조의 덕이 쇠미해졌다고는 하나 천명은 아직 바뀌지 않았습니다. 구정의 경중은 물을 만한 일이 아닙니다'라고 답변한 일이 전한다. 그래서 이 고사는 무력으로 천자의 자리를 탐낸다는 뜻을 나타낸다.

'공손무지의 난으로 제나라에 갔다'는 것은 이 편의 3장에도 자세하게 나온다. 기원전 698년 제나라의 희공이 죽고 장자 제아(諸兒)가 양공으로 즉위했다. 희공은 원래 아우의 아들인 공손무지를 사랑해서 의복과 품록 등의 대우를 장자인 제아와 똑같이 해주었다. 그러나 제아가 양공으로 즉위하자 바로 사촌동생인 공손무지의 특권을 금해버렸다. 이 일로 공손무지는 앙심을 품었고 결국 기원전 686년에 대부들을 끌어들여 양공을 시해하고 제나라의 군주가 되었다. 하지만 이내 대부 옹름(雍廩)에게 살해되었다. 공석이 된 제나라 왕위를 둘러싸고 망명을 가 있던 공자 규(糾)와 소백(小白)이 제나라에 먼저 들어오려고 전쟁이 벌어지게 되었고, 결국은 아우인 소백이 들어와 제 환공이 되었고 형인 규는 죽임을 당하게 되었던 일을 말한다. 이 고사는 꾀를 부려서 천명을 바꾸려 한 사례를 말한 것이다.

또 '백이·숙제가 서산에서 굶어 죽은 것'은 백이가 동생 숙제와 더불어 고죽국(孤竹國)의 왕위를 양보하다가 주 무왕이 혁명을 일으키는 것을 신하로서 어찌 임금을 정벌하겠느냐고 간언했고, 결국 수양산에서 굶어 죽었던 일을 말한다. '자로가 위나라에서 젓갈로 담긴 것'은 공자가 자로를 정사(政事)에 재능이 있다고 칭찬했으나, 위 대부 공리(孔悝)의 읍재가 되어 난에 맞서다가 죽임을 당한 일을 말한다. 이들은 모두 다른 사람의 본성을 고치려다가 죽은 경우다.

장담은 지력과 운명에 있어서 중도를 취하라는 뜻으로 해석했지만, 이 장의 결론 부분을 잘 보면 인력(人力)보다는 천명(天命)이 더 중요하다고 보았음을 알 수 있다. 소위 운칠기삼(運七技三)이라는 말이 있다. 주로 내기에서 많이 쓰이는 용어이긴 하지만 기술, 즉 실력이나 지력보다 운이 더 크게 좌우한다는 말이니 열자의 생각과도 들어맞는다고 하겠다.

장담은 여기에서 「역명」편의 천명론은 「양주」편의 방임론과 뜻이 다르다고 했지만, 이 장의 천명은 숙명론을 말하려 한다기보다는 결국 타고난 대로 살아가야 한다는 것으로, 양주의 하고 싶은 대로 행동하라는 자유방임론과 오히려 통하는 점이 더 많다.

또 장담은 지력과 천명 사이에서 중도를 취해야 한다고 했지만, 운명적으로 타고난 귀천(貴賤)과 수요(壽夭)를 제외한 다른 문제에 대해서는 지력의 견해가 타당하다고 본다. 필자의 생각으로 인간은 자신의 문제나 세상의 문제에 대해서나 천명처럼 타고난 대로 맡겨서는 안 되며 그렇다고 양주처럼 마음 내키는 대로 방종해서도 안 될 것이다. 차라리 지력처럼 자신의 지혜와 힘(智力)을 다해서 문제를 해결하고 길을 개척해나가야 한다고 생각한다.

도박판에서는 운이 7할 기술이 3할이라고 하지만, 전문 도박꾼은 70퍼센트의 승률을 유지할 수 있어야 한다고 말한다. 운칠기삼의 일반 확률을 정반대로 뒤집은 수치다. 도박 중독자는 한 방의 꿈에 사로잡혀 패가망신의 길로 가지만, 전문 도박꾼은 우연에 맡기거나 운을 따라가지 않는다. 손에 못이 박힐 정도의 연습으로 패를 섞고 엄청난 집중력으로 순서를 기억함으로써 7할의 승률을 얻을 수 있는 것이다.

불우한 환경에서 고학하며 인류 삶의 양식을 바꾼 수많은 발명품을 남긴 에디슨은 '천재는 99퍼센트의 노력과 1퍼센트의 영감'이라는 명언을 남겼다. 한마디로 천재는 선천적이거나 운명적인 것이 아니라, 인간 자신의 피와 땀의 소치라는 말이다. 그렇게 노력한 뒤에야 비로소 영감도 솟아난다. 에디슨 덕분에 우리는 한밤중에도 대낮같이 밝은 세상에서 살고, 매디슨 스퀘어 가든에 가지 않아도 뉴욕필하모닉의 연주를 감상할 수 있게 되었다. 그의 업적에 감사할 뿐만 아니라 감동까지 받는 것은, 그 어려운 상황 속에서 그가 흘린 피와 땀과 눈물을 알기 때문이다.

이 세상의 일은 일률적이지 않으니, 7할이든 9할이든 수치가 정해진 것은 없다. 하지만 오로지 운에 모든 걸 맡기고 앞뒤 가리지 않는 도박 중독자는 일확천금의 미망 속에 살지만 그 본질은 한탕의 욕심이 빚어낸 환상일 뿐이다. 피와 땀과 눈물을 바치지 않고 불로소득을 얻으려는 자는 절대로 운명의 굴레를 벗어날 수 없다. 끊임없는 노력으로 문제를 극복해나갈 수 있었던 에디슨이야말로 운명을 이긴 승리자다.

2장

1절

北宮子謂西門子曰

朕與子並世也 而人子達, 並族也 而人子敬, 並貌也 而人子愛, 並
言也 而人子庸, 並行也 而人子誠, 並仕也 而人子貴, 並農也 而人
子富, 並商也 而人子利.

朕衣則裋褐 食則粢糲 居則蓬室 出則徒行. 子衣則文錦 食則粱肉
居則連欐 出則結駟. 在家熙然有棄朕之心 在朝諤然有敖朕之色.
請謁不相及 遨游不同行 固有年矣. 子自以德過朕邪?

西門子曰

予無以知其實. 汝造事而窮 予造事而達 此厚薄之驗歟?[1] 而皆
謂與予並 汝之顏厚矣.

北宮子無以應 自失而歸.

中塗遇東郭先生 先生曰

汝奚往而反 偊偊而步 有深愧之色邪?

北宮子言其狀 東郭先生曰

吾將舍汝之愧 與汝更之西門氏而問之

북궁자(北宮子)가 서문자(西門子)에게 물었다.

"나도 그대와 같은 세상에 살고 있으나 사람들은 그대만 출세시키고, 비슷한 가문 출신이지만 사람들은 자네만 존경하고, 비슷한 외모를 지녔지만 사람들은 그대만 사랑하고, 같은 말을 해도 사람들은 그대 말만 인정하고, 같은 행동을 해도 사람들은 그대만 신뢰하고, 같은 벼슬을 해도 사람들은 그대만을 귀히 여기고, 같이 농사를 지어도 사람들은 그대만을 넉넉하게 해주며, 같이 장사를 해도 사람들은 그대만 이익을 보게 해주고 있소.

나는 헤진 베옷을 입고, 거친 기장쌀을 먹고, 초가집에서 살면서, 외출할 때는 걸어 다니고 있소. 그대는 수놓은 비단옷을 입고, 고량진미(膏粱珍味)를 먹고, 고대광실(高臺廣室)에서 살면서, 외출할 때면 사마(駟馬) 수레를 타고 다니오. 집에서는 희희낙락하면서 나를 무시하는 마음을 품고, 조정에서는 큰소리치면서 오만한 기색을 보이고 있소. 만나기를 청해도 보지 못하고, 놀러 가도 같이 가지 않은 지 참으로 몇 해가 되었소. 그러고도 그대는 자신의 덕이 나보다 낫다고 생각하오?"

서문자가 대답했다.

"나는 그런 사실이 있었는지 알 수 없네. 자네가 일을 맡으면 궁색해지고 내가 일을 처리하면 순통하니, 이것이 누구의 재덕(才德)이 두텁고 얄팍한지를 보여주는 증거가 아닐까?[1] 그럼에도 불구하고 자네는 나와 동등하다고 말하고 있으니 자네가 철면피일세."

북궁자는 아무 응대를 못하고 멍한 채로 돌아갔다.

도중에 동곽 선생을 만났는데, 그가 물었다.

"자네는 어디를 갔다 오길래 참담한 기색으로 혼자 터벅터벅 걸어오고 있는가?"

북궁자가 자신의 상황을 설명하자, 동곽 선생은 말했다.

"내가 자네의 부끄러움을 풀어줄 테니 자네와 같이 다시 서문자를 찾아가 물어보세."

【장담 주석】

【1】 謂德有厚薄也.

덕에는 두텁고 얇은 차이가 있음을 말한다.

2절

曰 汝奚辱北宮子之深乎? 固且言之.

西門子曰

北宮子言世族 年貌言行 與予並 而賤貴貧富 與予異. 予語之曰 予無以知其實. 汝造事而窮 予造事而達 此將厚薄之驗歟? 而皆謂與予並 汝之顔厚矣.

東郭先生曰

汝之言厚薄 不過言才德之差, 吾之言厚薄異於是矣. 夫北宮子厚於德 薄於命, 汝厚於命 薄於德. 汝之達 非智得也, 北宮子之窮 非愚失也. 皆天也, 非人也.【2】 而汝以命厚自矜 北宮子以德厚自愧. 皆不識夫固然之理矣.

西門子曰

先生止矣! 予不敢復言.【3】

北宮子既歸 衣其裋褐 有狐貉之溫, 進其茙菽 有稻粱之味, 庇其蓬室 若廣廈之蔭, 乘其蓽輅 若文軒之飾. 終身逌然 不知榮辱之在彼也 在我也.【4】 東郭先生聞之曰

北宮子之寐久矣 一言而能寤 易悟也哉!

동곽 선생이 물었다.

"자네는 어째서 북궁자를 심하게 모욕했는가? 다시 한번 말해 보게."

서문자가 답했다.

"북궁자가 말하기를 '자신은 출신이나 연령이나 외모나 언행이 나와 같지만, 빈부와 귀천은 나와 다르다'고 불평했습니다. 그래서 내가 그에게 '나도 그런 사실이 있었는지 알 수 없네. 자네가 일을 맡으면 궁색하고 내가 일을 처리하면 순통하니, 이것이 누구의 재덕이 두텁고 얄팍한지를 보여주는 증거가 아닐까? 그럼에도 불구하고 자네는 나와 동등하다고 말하고 있으니 자네가 철면피일세' 라고 했을 뿐입니다."

동곽 선생이 말했다.

"자네가 말한 후박(厚薄)은 재덕(才德)의 차이를 말하는 것에 지나지 않지만, 내가 말하는 후박은 이와는 다르네. 북궁자는 덕(德)이 후하고 명(命)이 박하지만, 자네는 명이 후하고 덕이 박하네. 자네가 출세한 것은 지혜로워서 얻은 것이 아니요, 북궁자가 궁색하지만 어리석어서 출세하지 못한 것이 아닐세. 이는 모두가 하늘이 정한 것이지 사람의 탓이 아닐세.[2] 그러한데도 자네는 명이 후하다고 뻐기고 있고, 북궁자는 덕이 후한 것을 도리어 부끄러워하고 있으니, 둘 다 본연의 이치를 모르고 있네."

서문자가 말했다.

"선생님께서는 그만 말씀하시지요! 제가 변명할 말이 없습니다."[3]

북궁자는 집으로 돌아가 헤진 베옷을 입어도 여우나 담비 털처럼 따뜻하게 여겼고, 거친 나물을 먹어도 고량진미처럼 맛있게 여기고, 쑥대로 집을 가리고 살아도 고대광실 속처럼 여겼으며, 땔나무 수레를 타도 화려하게 꾸민 수레처럼 여겼다. 평생을 느긋하고 만족스럽게 지내면서, 남이 영화를 누리든 자신이 궁색하게 살든 신경 쓰지 않았다.[4] 동곽 선생이 이 말을 듣고는 말했다.

"북궁자가 깊이 잠들었다가 한마디 말에 잠을 깨니, 깨닫기가 쉽구나!"

【장담 주석】

【2】此自然而然 非由人事巧拙也.

이는 저절로 그렇게 되어서 그런 것이지, 사람이 일을 잘하고 못해서가 아니다.

【3】聞理而服.

이치를 듣고서는 복종한 것이다.

【4】一達於理 則外物多少 不足以概意也.

한번 이치를 깨치면, 외물이 많건 적건 개의할 게 없게 된다.

【역자 해설】

여기에서는 운명을 천(天)에, 재덕(才德)을 인(人)에 속한 것으로 배당했는데, 재덕은 인간의 재능과 덕성을 의미하니, 앞 장에서의 지력(智力)과 대응한다. 인간이 노력한 만큼 그 결과를 얻을 수 있다면 삶에 불평불만이 없을 것이다. 하지만 현실은 그렇지 않다. 어떤 이는 자신의 노력 이상으로 영화를 누리며 출세하지만, 어떤 이는 아무리 노력해도 궁색함을 면치 못한다. 여기에서 불공평하다는 불평이 나올 수밖에 없고, 결국 이 문제를 하늘의 운명 탓으로 돌리게 된다.

좋은 환경에 태어난 운 좋은 사람은 차치하더라도, 나 같은 보통 사람들은 천과 인이 비례 관계에 있다면, 다시 말해 땀 흘려 노력한 만큼 결과가 나온다면 얼마나 좋을까 생각한다. 하지만 세상을 살다 보면 참고 받아들여야 할 불합리한 일들도 많고, 일의 성패가 인연이나 운수의 영향을 벗어나기 힘들다는 아픈 경험도 하게 된다. 필자도 한동안 불우한 운명을 탓하기도 했다. 하지만 때를 만나지 못해 외로운 시간이나 나 홀로 덩그러니 남아 있는 공간이 공부하기에는 가장 좋은 기회임을 깨닫게 되었다.

노자는 '사람들은 봄놀이 온 듯 희희낙락 즐겁지만, 나만 홀로 어리석고 외롭다'고 했다. 출세한 사람은 마치 잔칫상을 받은 주인공인 양 세상 사람들의 헛칭찬에 들떠서 산다. 그러나 오히려 빈방에 홀로 남겨져 있는 불우한 시절이 구도(求道)의 최적기(最適期)이자 최적지(最適地)라는 사실을 명심할 필요가 있다. 동곽 선생도 명이 후한 이는 덕이 박하고, 명이 박한 이는 덕이 후하다고 해서 명과 덕의 모순 관계를 말했듯, 장자는 인간의 대인이 천상의 소인이고, 천상의 대인이 인간의 소인이라고 갈파했다. 인생의 3대 비극에 첫 번째로 꼽히는 것이 소년출세(少年出世)다. 내면에 실력이 갖춰져 있지 않고 내공이 뒷받침되어 있지 않으면, 소년 등과(登科)의 이른 출세가 뜬구름처럼 헛되거나 재앙이 되어버릴 수 있다.

흥미로운 것은 영달을 누리는 서문(西門)과 빈한한 북궁(北宮)이 방위로 대비되고 있으며, 이 사이에 동곽(東郭)이 선생으로 등장해서 서문과 북궁의 대립을 해소시키고, 양자를 자득(自得)과 체도(體道)의 세계로 안내해주고 있다는 점이다. 중국인들은 드넓은 대지나 평원을 배경으로 펼쳐지는 삶 속에서 방위에 대한 감각이 대단히 예민하게 발달했던 것으로 보인다.

90년대 초반 베이징 유학 시절, 지하도에서 동서남북을 구별하고 출구를 찾아 나가던 베이징 시민들을 보고 놀랐던 기억이 있다. 지하도에 내려서자마자 방향 감각을 잃어버리는 우리와는 달리 중국인들은 동서남북의 방향 감각에 의지해서 출구를 찾아 나갔다. 당시 베이징의 지하도 출구에는 안내판도 없고 일련번호조차 매기지 않았던 시절이니, 당국의 무책임한 행정 탓에 시민들로서는 방향 감각에 의존할 뿐 다른 수가 없었다고 할지는 모르겠으나, 나로서는 중국인들의 방향감을 보고는 소스라치게 놀라지 않을 수 없었다. 아마도 이런 뛰어난 방향 감각은 특이한 지형지물 없이 그저 지평선만 보이는 광활한 평원에서 살다 보니 자연스레 발달한 것이 아닐까 싶다. 여기에 더해 수많은 전란 속에 길(吉)한 방향을 찾아 피난하면서 살아야 했던 생존 본능도 작용하지 않았을까 싶다.

3장

1절

管夷吾鮑叔牙二人相友甚戚, 同處於齊 管夷吾事公子糾 鮑叔牙事公子小白. 齊公族多寵 嫡庶並行,[1] 國人懼亂. 管仲與召忽奉公子糾奔魯[2] 鮑叔奉公子小白奔莒.[3] 旣而公孫無知作亂[4] 齊無君 二公子爭入. 管夷吾與小白戰於莒道 射中小白帶鉤. 小白旣立[5] 脅魯殺子糾 召忽死之 管夷吾被囚.[6]

관이오(管夷吾)와 포숙아(鮑叔牙) 두 사람은 아주 가까운 친구로, 같이 제나라에 머물면서 관이오는 공자 규(糾)를 섬겼고, 포숙아는 공자 소백(小白)을 섬겼다. 제나라 제후의 종실(宗室)들은 왕의 총애를 많이 받아서 적자(嫡子)건 서자(庶子)건 동등하게 행세했으니[1] 국민들은 왕위를 놓고 내란이 날까 두려워했다. (그 와중에) 관이오와 소홀(召忽)은 공자 규를 모시고 노(魯)나라로 달아났고,[2] 포숙은 공자 소백을 모시고 거(莒) 땅으로 달아났다.[3] 얼마 뒤에 공손무지가 난을 일으켜[4] 제 양공(襄公)을 죽임으로써 제나라에 임금이 없어지는 상황이 벌어지자, 규와 소백두 공자는 앞다투어 입국(入國)하려 했다. 관이오는 거 땅에서 공자 소백과 전쟁을 벌였고, 활로 소백의 혁대 고리를 맞히기도 했다. 결국 소백이 등극하게 되었으니,[5] 소백은 노나라를 위협해 공자 규를 죽이게 했고, 소홀은 자결했으며, 관이오는 포로가 되었다.[6]

【장담 주석】

【1】齊僖公母弟夷仲年 生公孫無知, 僖公愛之 令禮秩同於太子也.

제 희공의 동복아우 이중년이 공손무지를 낳았는데, 희공이 사랑해서 태자와 같은 예로 대우하게 했다.

【2】紏 襄公之次弟.

규는 제 양공의 아우다.

【3】小白 紏之次弟.

소백은 규의 아우다.

【4】襄公立 紏無知秩服 遂殺襄公而自立, 國人尋殺之.

제 양공이 등극해서 공손무지의 예우를 금하자, 결국 무지가 양공을 죽이고 스스로 등극했으나 제나라 사람들이 찾아가서 죽였다.

【5】小白 即桓公也.

소백은 바로 제 환공이다.

【6】齊告魯曰 子紏兄弟 弗忍加誅 請殺之. 召忽管仲 讎也 請得而甘心醢之. 不然 將滅魯. 魯患之 遂殺子紏 召忽自殺, 管仲請囚也.

제나라가 노나라에게 통지하기를 '공자 규는 소백과 형제 사이니 차마 벨수가 없어서 대신 노나라가 그를 죽이기를 요청한다. 소홀과 관중은 원수이니 이를 잡아다가 젓갈을 담갔으면 좋겠다. 그렇게 해주지 않으면 장차 노나라를 멸할 것이다'라고 했다. 노나라는 걱정스러워 마침내 자규를 죽였고, 소홀은 자살했으며 관중은 붙잡혀 포로가 되기를 청했다.

2절

鮑叔牙謂桓公曰

管夷吾能 可以治國.

桓公曰

我讎也, 願殺之.

鮑叔牙曰

吾聞賢君無私怨. 且人能爲其主 亦必能爲人君. 如欲霸王 非夷吾其弗可. 君必舍之!

遂召管仲. 魯歸之齊 鮑叔牙郊迎 釋其囚. 桓公禮之【7】而位於高國之上 鮑叔牙以身下之,【8】任以國政 號曰仲父. 桓公遂霸, 管仲嘗歎曰

吾少窮困時 嘗與鮑叔賈 分財多自與, 鮑叔不以我爲貪 知我貧也. 吾嘗爲鮑叔謀事而大窮困 鮑叔不以我爲愚 知時有利不利也. 吾嘗三仕 三見逐於君, 鮑叔不以我爲不肖 知我不遭時也. 吾嘗三戰三北, 鮑叔不以我爲怯 知我有老母也. 公子糾敗 召忽死之 吾幽囚受辱, 鮑叔不以我爲無恥 知我不羞小節而恥名不顯於天下也. 生我者 父母, 知我者 鮑叔也!

그러자 포숙아는 친구 관이오를 위해 환공에게 말했다.

"관이오는 재능이 있어서 나라를 다스릴 만합니다."

환공이 말했다.

"나의 원수이니 죽일까 하오."

포숙아가 말했다.

"현명한 임금은 사사로운 원한이 없다고 들었습니다. 또한 제 주군을 위할 수 있는 사람이라면 역시 다른 주군도 위할 수 있습니다. 만일 임금께서 천하의 패왕(霸王)이 되시고자 한다면 관이오가 없으면 안 됩니다. 임금께서는 꼭 그를 풀어주십시오."

드디어 환공이 관중을 불렀다. 관중이 노나라에서 제나라로 돌아오게 되자, 포숙아가 교외로 마중을 나가 묶여 있는 관중을 풀어주었다. 환공은 그를 예우했으니,[7] 왕족인 고국(高國)보다도 높은 벼슬을 주어서 포숙아도 관중의 아래에 있었으며,[8] 국정을 관중에게 맡기고는 중부(仲父)님이라고 불렀다. 마침내 환공이 패제후가 되자, 관중이 탄식하며 말했다.

"내가 젊어서 곤궁하게 지낼 때에 일찍이 포숙과 함께 장사를 했었는데, 재물을 나누면서 내가 가져가는 몫이 많았으나 포숙은 나를 탐욕스럽다고 하지 않았으니, 내가 가난한 것을 알기 때문이다. 내가 일찍이 포숙과 같이 일을 추진하다가 그만 크게 곤궁하게 된 적이 있었으나 포숙은 나를 어리석다 하지 않았으니, 유리한 때도 있고 불리한 때도 있음을 알기 때문이다. 내가 일찍이 세 번을 벼슬을 살았다가 세 번을 임금에게 쫓겨난 적이 있었으나 포숙은 나를 못났다고 하지 않았으니, 내가 때를 만나지 못함을 알기 때문이다. 내가 일찍이 세 번을 전쟁에 나갔다가 세 번을 도망친 적이 있었으나 포숙은 나를 비겁하다고 하지 않았으니, 나에게 늙은 어머니가 계심을 알기 때문이다. 공자 규가 패배하고 소홀이 자결하고 나는 감금되는 치욕을 당했지만 포숙은 나를 염치없다고 하지 않았으니, 내가 작은 절개에는 부끄러워하지 않지만 천하에 이름을 떨치지 못함을 치욕스러워함을 알기 때문이다. 나를 낳은 이는 부모요, 나를 아는 이는 포숙이로다!"

【장담 주석】

【7】鮑叔親迎管仲於堂阜 而脫其桎梏 於齊郊而見桓公也.

포숙이 당부에서 관중을 친히 맞이하고 그 형틀을 벗겨줌으로써 관중이 제나라 교외에서 환공을 알현하게 되었다.

【8】高國 齊之世族.

고국은 제나라의 세족(世族)이다.

3절

此世稱管鮑善交者 小白善用能者. 然實無善交 實無用能也. 實無善交 實無用能者 非更有善交 更有善用能也.**【9】**

召忽非能死 不得不死, 鮑叔非能擧賢 不得不擧, 小白非能用讎 不得不用.**【10】**

及管夷吾有病 小白問之曰

仲父之病病矣, 可不諱云.**【11】**至於大病 則寡人惡乎屬國而可?

夷吾曰

公誰欲歟?

小白曰

鮑叔牙可.

曰 不可, 其爲人 潔廉善士也.**【12】** 其於不己若者 不比之人,**【13】** 一聞人之過 終身不忘.**【14】** 使之理國 上且鉤乎君 下且逆乎民.**【15】** 其

得罪於君也 將弗久矣.

이 세상에서는 관중과 포숙은 좋은 친구이고, 소백은 재사(才士)를 잘 등용한 임금이었다고 일컫는다. 그러나 실은 좋은 친구도 아니고, 재사를 잘 쓴 것도 아니었다. 사실 좋게 사귄 것도 아니고 재사를 잘 쓴 것도 아니라는 것이 더 좋은 친구를 사귈 수 있었고 더 재능 있는 재사를 쓸 수 있었다는 말은 아니다.[9]

소홀은 죽을 수 있었던 게 아니라 죽지 않을 수 없었던 것이고, 포숙도 현재(賢才)를 천거할 수 있었던 게 아니라 천거하지 않을 수 없었던 것이며, 소백도 원수를 쓸 수 있었던 게 아니라 쓰지 않을 수 없었던 것이다.[10]

관중이 병이 들자 소백이 병문안을 왔다.

"중부님의 병이 중하시니, 감추고 있을 수만은 없겠습니다.[11] 병이 심해지게 되면 과인이 이 나라를 누구에게 맡겨야 좋겠습니까?"

관중이 물었다.

"공께서는 누구를 원하십니까?"

소백이 말했다.

"포숙이면 좋겠소."

관중이 말했다.

"안 됩니다. 그는 청렴결백한 선비입니다.[12] 그는 자기만 못한 사람은 가까이하지를 않고,[13] 한번 남의 허물을 들으면 죽을 때까지 잊지를 않습니다.[14] 만일 그에게 나라를 다스리게 한다면 위로는 임금을 자신의 뜻대로 끌고 가려 할 것이고, 아래로는 백성들의 뜻을 어기려 할 것입니다.[15] 임금께 미움을 받아 장차 오래가질 못할 것입니다."

【장담 주석】

【9】此明理無善交用能 非但管鮑桓公而已.

이는 친구를 잘 사귀거나 재사를 쓰지 못했던 것이 관중과 포숙이나 환공 뿐만이 아님을 이치로 밝힌 것이다.

【10】此皆冥中自相驅使 非人理所制也.

이들은 모두 알지 못하는 가운데 저절로 그렇게 부려진 것이지, 사람의 이성에 의해서 그렇게 조절한 것이 아니다.

【11】言病之甚 不可復諱而不言也.

(관중의) 병이 심해져서 숨긴 채 말을 안 하고 있을 수가 없음을 말한다.

【12】淸己而已.

자신만 깨끗이 할 뿐이다.

【13】欲以己善 齊物也.

자기의 잘난 점을 가지고 남들도 똑같이 만들려고 한다.

【14】不能棄瑕錄善.

흠을 버리고 장점을 취할 수가 없다.

【15】必引君 令其道不弘, 道苟不弘 則逆民而不能納矣.

반드시 임금을 끌고 가려 할 것이니 그 도가 넓혀지지 못하고, 도가 넓혀지지 못하면 백성들을 어겨서 받아들여질 수가 없게 된다.

4절

小白曰

然則孰可?

對曰

勿已 則隰朋可.[16] 其爲人也 上忘而下不叛[17] 愧其不若黃帝而
哀不己若者.[18] 以德分人謂之聖人[19] 以財分人謂之賢人.[20] 以
賢臨人 未有得人者也,[21] 以賢下人者 未有不得人者也.[22] 其於
國有不聞也 其於家有不見也.[23] 勿已 則隰朋可.[24]

然則管夷吾非薄鮑叔也 不得不薄, 非厚隰朋也 不得不厚. 厚之於
始 或薄之於終, 薄之於終 或厚之於始, 厚薄之去來 弗由我也.[25]

소백이 물었다.

"그러면 누가 좋겠소?"

관중이 대답했다.

"꼭 추천해야만 한다면 습붕(隰朋)이 괜찮습니다.[16] 그는 사람
됨이 윗자리에 있으면서도 자신의 지위를 잊어버린 채 행동하니
아랫사람들이 배반하지 않을 것이요.[17] 자신이 황제(黃帝)처럼
현명하지 못한 것을 부끄러워하고 자기만 못한 사람을 가엾게 여
깁니다.[18] 사람들에게 덕을 베풀어주는 이를 성인이라 하고,[19]
재물을 베풀어주는 이를 현인이라고 합니다.[20] 현명하다고 해
서 남들 위에 군림하면서 인심을 얻는 이는 있지 아니하고,[21] 현
명하지만 남들에게 겸손해서 인심을 얻지 못한 이도 있지 아니합
니다.[22] 국사에 있어서도 못 들은 체하고, 가정사에 있어서도 못
본 체하는 게 있어야 합니다.[23] 이 점에서 누군가를 추천해야만
한다면 습붕이 괜찮을 것입니다."[24]

그렇지만 관중이 포숙을 무시한 것이 아니라 무시하지 않을 수

없었던 것이요, 습붕을 중시한 것이 아니라 중시하지 않을 수 없었던 것이다. 처음에는 중시했다가 끝에 가서 무시하기도 하고, 처음에 무시했다가 끝에서 중시하기도 하니,3) 중시와 무시가 왔다 갔다 바뀌는 것은 나로 인한 것이 아니다.【25】

【장담 주석】

【16】非君然而可也.
높은 척하지 않아서 괜찮다고 한 것이다.

【17】居高而自忘 則不憂下之離散.
습붕은 높은 자리에 있어도 스스로 높은 자리에 있다는 사실을 잊어버린 즉 아랫사람들이 떠날 것을 걱정할 필요가 없다.

【18】慙其道之不及聖 矜其民之不逮己 故能無棄人也.
자신의 도가 성인에 미치지 못함을 부끄러워하고 그 백성들이 자기만 못함을 불쌍히 여기니, 버리는 사람이 없게 된다.

【19】化之使合道 而不宰割也.
백성들을 교화해서 도에 화합하게 하며, 나누거나 차별하지 않는다.

【20】旣以與人 己愈有也.
사람들에게 나누어줄수록 자신은 더 많이 갖게 된다.

---

3) 도홍경(陶鴻慶)에 의하면 원문의 "厚之於始 或薄之於終, 薄之於終 或厚之於始"는 앞뒤가 같은 내용이 반복되어 있어서 뒤 문장을 '薄之於始 或厚之於終'으로 고쳐야 뜻이 통한다고 보았다. 이에 의거해서 원문을 고쳐서 번역했다. 『열자집석』, 201쪽 참조.

【21】求備於人 則物所不與也.

사람들에게서 완전함을 요구하게 되면 남들이 함께하지 않게 된다.

【22】與物升降者 物必歸.

사람들과 함께 행동을 같이하면 사람들이 다 그에게로 귀의하게 된다.

【23】道行 則不煩聞見. 故曰 不瞽不聾不能成功.

도가 행해지면 번거롭게 보고 들을 필요가 없다. 그러므로 눈멀고 귀먹지 않고는 공을 이룰 수가 없다.

【24】郭象曰 若有聞見 則事鍾於己 而舋下無所措其手足 故遺之可也. 未能盡其道 故僅之可也.

곽상은 '만일 보고 듣는 게 있다면 일이 자기중심적으로 만들어지게 되어서, 아랫사람들은 손발을 둘 곳조차 없게 되니 이러한 사람은 쓰지 않아야 한다. (하지만 습붕이) 아직 그 도를 완전히 얻지는 못했으니 그저 괜찮다'고 했다.

【25】皆天理也.

모두가 천리다.

【역자 해설】

관중과 포숙의 아름다운 우정 이야기로, 3장의 후반부 3·4절은 『장자』 「서무귀」(徐無鬼)편에도 동일한 내용이 수록되어 있다. 관중과 포숙아는 각기 제나라 희공(僖公)의 둘째 아들 규(糾)와 막내 아들 소백(小白)의 스승이었다. 또 희공은 아우의 아들인 조카 공손무지를 사랑해서 자신의 장자인 제아(諸兒)와 똑같이 대우해주었다. 기원전 698년 희공이 죽고 장자 제아가 양공으로 즉위했다. 그러나 양공은 즉위하자마자 사촌 형제인 공손무지의 특권을 금해버렸고, 정사를 게을리한 데다가 성격도 포악했다. 바로 이것이 본문에서 말한 "제나라 제후의 종실들은 왕의 총애를 많이 받아서 적자건 서자건 동등하게 행세했으니 국민들은 왕위를 놓고 내란이 날까 두려워했다"는 배경이다.

결국 백성들이 두려워했던 것처럼 몇 년 뒤 공손무지가 난을 일으켜 양공을 시해하고 제나라의 군주가 되었으나, 다시 공손무지가 대부 옹름(雍廩)에게 살해됨으로써 제나라의 왕위가 공석이 되었다. 이로써 제나라 왕위를 둘러싸고 망명을 가 있던 규와 소백이 대립하면서 관중과 포숙의 이야기가 본격적으로 등장한다. 결국 포숙이 돕던 소백이 환공으로 등극하게 되자, 자신에게 활을 쏘았던 관중을 당장에 죽이려고 했다. 그러나 포숙아가 "제나라 한 나라만을 통치하고 싶으시다면 관중을 죽여도 좋습니다. 그러나 천하의 패자가 되고 싶으시다면 반드시 관중을 중용해야 합니다"라는 간언으로 환공의 마음을 돌려 친구를 구함으로써 관포지교의 이야기가 전개되었다.

전반부는 눈물겹도록 아름다운 우정을 보여준다. "나를 낳은 이는 부모요, 나를 아는 이는 포숙이로다"라는 말은 그들이 얼마나 좋은 친구였는지를 보여준다. 친구란 때로는 형제를 뛰어넘고, 심지어는 나를 낳아준 부모보다 더 사이좋은 경우도 있다. 이런 맥락에서 본다면 원수의 참모였던 관중을 '작은 아버지'(仲父)라고 부르며 죽을 때까지 최상의 예우와 신임을 다해준 환공도 역시 훌륭하다고 하지 않을 수 없다.

공자는 『논어』에서 '관중이 없었더라면 우리는 모두 머리를 풀어 헤치고 의복을 왼쪽으로 여미는 오랑캐처럼 되었을 것이다'라고 매우 높이 평가한 바 있다. 본문에서는 관중의 병이 위중해지자 환공이 찾아와 재상을 추천해달라고 하니 포숙은 안 되고 습붕이 좋겠다고 추천한 이야기가 나오지만, 실제로는 기원전 645년 관중이 병석에서 환공에게 요리사 역아(易牙)·의원 당무(堂巫)·위(衛)나라 공자 개방(開方)·환관 수조(竪刁)를 추방하라는 유언을 남긴 사실이 전해지고 있다.

이야기 전반부는 따뜻한 휴머니즘과 우정이 주조를 이루지만, 후반부는 참으로 냉정한 관중의 모습을 보여준다. 환공은 관중과 포숙의 관계를 너무나 잘 알기에 관중이 당연히 포숙을 추천하리라 생각했을 것이고, 또 실제로 힘들었던 망명 시절부터 자신을 평생 보필해준 포숙만 한 인물도 없었다. 하지만 관중은 구명지은(救命之恩)을 버리고 다른 사람을 재상으로 추천했다. 관중은 평생 자신을 알아주고 감싸주었던 포숙을 결정적인 순간에 추천하지 않았다.

이 고사가 진실인지 아닌지의 여부는 별도의 문제다. 이 이야기를 보면 관포지교의 주인공에게조차 평요우(朋友) 간에도 알 수 없는 중국인의 속내가 어른거리고 있는 듯하다. 이를 두고 백년하청(百年河淸)이니 여산진면목(廬山眞面目)이라고 하는 것일까? 솔직하고 투명한 정서를 가진 한국인으로서는 쉽게 이해하기 어려운 점이다.

그러나 공자도 군자는 당파를 짓지 않는다고 했거니와, 공은 공이고 사는 사로서 공사를 구별해야 공동체가 건강해지고 발전하는 것은 사실이다. 아마도 바로 이 점이 제 환공을 패제후할 수 있게 한 힘이었을 것이다. 우리나라 또한 외환 위기(IMF)의 발생 이유로 학연·지연·혈연·코드인사 등이 지목되기도 했었다. 끼리끼리 문화나 우리편이 아니면 적이라는 흑백 논리가 난무하는 우리 사회의 풍토는 깊이 생각해볼 문제다.

4장

鄧析操兩可之說 設無窮之辭, 當子産執政 作竹刑.[1] 鄭國用之
數難子産之治. 子産屈之, 子産執而戮之 俄而誅之.[2]
然則子産非能用竹刑 不得不用, 鄧析非能屈子産 不得不屈, 子産
非能誅鄧析 不得不誅也.[3]

등석(鄧析)은 양편이 다 옳다는 양가론(兩可論)을 주장하면서 끝
없이 변론을 펼쳤다. 정나라에서 자산(子産, 기원전 582-기원전
522)이 집권하자 죽간(竹簡)에 형법을 기록해두었다.[1] 정나라
는 이 죽간 형법을 사용했는데, 등석은 자주 자산의 정치를 비판
했다. 자산이 말문이 막히자, 등석을 가두었다가 얼마 뒤에 처형
했다.[2]

그렇다면 자산은 죽간 형법을 사용한 게 아니라 사용하지 않을
수 없었던 것이고, 등석이 자산의 말문을 막은 게 아니라 말문을
막지 않을 수 없었던 것이며, 자산이 등석을 죽인 게 아니라 죽이
지 않을 수 없었던 것이다.[3]

【장담 주석】

【1】竹刑簡法.

죽형은 죽간에 기록한 법이다.

【2】此傳云 子産誅鄧析 左傳云 駟歂殺鄧析 而用其竹刑 子産卒後二十年而
鄧析死也.

여기에서는 자산이 등석을 처형했다고 했으나, 『좌전』에서는 사천(駟歂)
이 등석을 주살하고 그가 쓴 죽형을 사용했는데, 자산이 죽은 지 20년 뒤에
등석이 죽었다고 했다.

【3】此義例與上章同也.

이 장의 주제는 윗 장과 같이 보면 된다.

【역자 해설】

등석은 정나라의 변설가로 『좌전』『여씨춘추』『회남자』 등에도 이
와 관련 내용이 나오는데, 특히 장담은 『좌전』의 기록과 『열자』의 내
용이 다름을 정확하게 고증하고 있다. 『여씨춘추』를 보면 등석은 백
성들로부터 대가를 받고 법의 적용을 농단하는 논변을 해주면서 엄
한 형법으로 나라를 다스리려는 자산을 비판했는데, 그의 교묘한 논
변과 양시론적 논리를 당해낼 수가 없었다. 자산이 등석을 잡아 죽이
자 비로소 백성이 순종하고 법령이 바르게 행해졌다고 했다.

앞장 「중니」편에서는 그가 정나라의 백풍자(伯豐子)라는 현인에
대해 "다른 사람들에게 봉양을 받으면서 스스로를 양육할 수 없는 것
은 개돼지와 같은 무리이고, 동물을 양육해서 자신을 위해 쓰는 것은
사람의 공력이요. 그대가 일하지 않고도 배불리 먹고 입고 쉬게 해주

는 것은 위정자의 공덕이니, 무리 지어 있는 당신들 모양이 마치 우리나 주방에 있는 개돼지와 무엇이 다르겠소?"라고 비판했다가, 백풍자의 제자에게서 "토목 공사를 잘하는 이도 있고, 철물을 잘 만드는 이도 있고, 음악을 잘하는 이도 있고, 계산을 잘하는 이도 있고, 군사를 잘 통솔하는 이도 있으며, 종묘 제사를 잘하는 이도 있어서 여러 재사들이 다 갖추어 있습니다"라고 하면서 분업(分業)의 논리로 논박을 당한 장면이 나온다.

장담의 주석【3】에서 윗장과 주제가 같다는 것은, 등석과 자산의 갈등 역시 앞 장 4절에서 "관중이 포숙을 무시한 것이 아니라 무시하지 않을 수 없었던 것이요, 습붕을 중시한 것이 아니라 중시하지 않을 수 없었던 것"이라는 논리를 그대로 빌려서 설명했다는 것이다. 이는 결국 지력(智力)이나 인위의 결과가 아니라, 어쩔 수 없이 그렇게 된 것이며 이를 자연스러운 운명이라고 보는 것이다.

『장자』에도 수요(壽夭)나 귀천(貴賤)을 운명으로 받아들이고 안분지족(安分知足)하는 은군자의 이야기는 숱하게 등장하니, 이런 운명론을 도가의 경향이라고 생각할 수도 있을 것이다. 그러나 인간이 귀하게 여기는 귀천·수요를 운명으로 받아들이라는 것은 체념적 숙명론을 말하는 것이 아니라, 이런 세속적 가치와 욕망에 연연해서 인생을 낭비하지 말고 세속을 초월해서 자유롭게 살라는 말이고 결국 도(道)라는 궁극의 세계를 지향하라는 뜻이다.

5장

可以生而生[1] 天福也,[2] 可以死而死[3] 天福也.[4] 可以生而不生
[5] 天罰也,[6] 可以死而不死[7] 天罰也.[8] 可以生 可以死 得生得
死 有矣,[9] 不可以生 不可以死 或死或生 有矣.[10]

然而生生死死 非物非我 皆命也 智之所無奈何.[11] 故曰 窈然無
際 天道自會, 漠然無分 天道自運.[12] 天地不能犯[13] 聖智不能
干[14] 鬼魅不能欺.[15] 自然者 默之成之[16] 平之寧之[17] 將之迎
之.[18]

살 수 있을 때에 사는 것은[1] 천복이요,[2] 죽을 수 있을 때에 죽는
것도[3] 천복이다.[4] 살려고 했으나 살지 못하는 것은[5] 천벌이
요,[6] 죽으려 했으나 죽지 못하는 것도[7] 천벌이다.[8] 살려 하고
죽으려 할 때에 삶을 얻고 죽음을 얻는 경우도 있고,[9] 살 수가 없
고 죽을 수가 없을 때에 죽거나 사는 경우도 있다.[10]

그러나 모든 삶과 죽음은 남의 탓도 나의 탓도 아니라 모두가 천
명의 소치이며 인간의 지력으로는 어찌 해볼 수가 없는 바다.[11]
그러므로 '아득해서 경계가 없으나 천도는 저절로 모이고, 막막

해서 구분이 없으나 천도는 저절로 움직인다'고 했다.[12] 천지도 침범할 수 없고[13] 성지(聖智)도 간여할 수 없으며[14] 귀신도 속일 수가 없다.[15] 자연(自然)이란 아무것도 없이 이루고,[16] 평화롭고 조용하며,[17] 가면 가게 두고 오면 오게 두는 것이다.[18]

【장담 주석】

【1】 或積德履仁 或遇時而通 得當年之歡 騁於一己之志 似由報應 若出智力也.

덕을 쌓고 인을 행하는 이나 때를 만나 출세한 이가 평생 기쁘게 살거나 자신의 뜻을 맘껏 펼치는 경우는, 보응(報應)을 받았거나 지력을 쓴 결과인 듯하다.

【2】 自然生耳 自然泰耳 未必由仁德與智力. 然交履信順之行 得騁一己之志 終年而無憂虞 非天福如之何也?

이는 저절로 생겨났거나 저절로 태평해졌을 뿐이지 반드시 인덕(仁德)과 지력 때문이라고는 할 수 없다. 그러나 미덥고 유순하게 행동하면서 자기의 뜻을 펼치고 죽을 때까지 근심 걱정이 없는 경우는 천복이 아니면 무엇이겠는가?

【3】 或積惡行暴 或饑寒窮困 故不顧刑戮 不賴生存 而威之於死 似由身招 若應事而至也.

악행을 쌓고 포악한 짓을 행하거나, 추위와 굶주림에 시달리다가 형벌을 받아 삶을 지키지 못한 채 죽음을 위협받고 있는 경우는 스스로 자초한 것으로, 저지른 일의 결과다.

【4】 自然死耳 自然窮耳 未必由凶虐與愚弱. 然肆凶虐之心 居不賴生之地

而威之於死 是之死得死者 故亦曰天福者也.

저절로 죽거나 저절로 곤궁해졌을 뿐이지 반드시 흉악하거나 우둔하기 때문은 아니다. 그러나 마음대로 흉악을 부리며 삶을 지키지 못한 채 있다가 죽음을 위협받고 있는 경우는, 죽으러 가서 죽음을 얻은 것이므로 또한 천복이라고 했다.

【5】居榮泰之地 願獲長年, 而早終.

영화를 누리며 장생하기를 구했으나, 일찍 죽는 경우다.

【6】願生而不得生 故曰天罰也.

살기를 원했으나 살 수가 없었으므로 천벌이라고 했다.

【7】居困辱之地 不願久生 而更不死也.

곤욕스러운 처지가 되어 오래 살기를 원치 않았으나, 되레 죽지 못한 경우다.

【8】輕死而不之死 復是天罰.

죽어도 좋다고 여겼으나 죽지 못했으니, 다시 천벌이 되었다.

【9】此之生而得生 此之死而得死.

이는 삶을 찾아서 삶을 얻고, 죽음을 찾아서 죽음을 얻은 경우다.

【10】此義之生而更死 之死而更生者也. 此二句 上義已該之而重出 疑書誤.

이 뜻은 살려고 했으나 되레 죽고, 죽으려고 했으나 되레 산 경우다. 이 두 구절은 위 구절의 뜻과 같아서 거듭 나왔으니 아마도 잘못 쓴 것으로 보인다.

【11】生死之理 旣不可測 則死不由物 生不在我 豈智之所如?

생사의 이치가 예측할 수 없은즉, 죽어도 남의 탓이 아니고 살아도 내 탓이 아니니 지혜로 무엇을 할 수 있겠는가?

【12】無際無分 是自然之極, 自會自運 豈有役之哉?

경계도 없고 구분도 없는 경지가 저절로 그러한 극치니, 저절로 모이고 저절로 움직일 뿐 어찌 그를 부리는 주인이 있겠는가?

【13】天地雖大 不能違自然也.

천지가 크다고 해도 저절로 그렇게 됨을 어길 수는 없다.

【14】神聖雖妙 不能逆時運也.

성인이 심오한 지식을 갖고 있다고 해도 시운(時運)을 거스를 수는 없다.

【15】鬼魅雖妖 不能詐眞正也.

귀신이 요상하다고 해도 진정(眞正)을 속일 수는 없다.

【16】黙 無也.

묵(黙)은 없다는 뜻이다.

【17】平寧 無所施爲.

평녕(平寧)은 작위하는 바가 없다는 뜻이다.

【18】功無遺喪 似若將迎.

결과적으로 잃은 공이 없으니, 마치 손님을 배웅하고 영접하는 듯하다.

【역자 해설】

앞 장과도 연관이 있는 내용이다. 살 수 있을 때에 사는 것이 천복이라고 하지만, 죽을 수 있을 때에 죽는 것도 천복이라는 말은 주변에서 생사를 경험해본 이라면 공감할 수 있다.

가장 슬픈 죽음의 경험은 아마도 부모의 죽음이 아닐까? 아이는 부모의 품속에 안겨 있거나 옷자락을 잡고만 있어도 마냥 행복하다. 아마도 그것이 인간이 경험한 최초의 삶의 기쁨일 것이다. 반대로, 그렇게 돌봐주셨던 부모님과 영결하면서 솟아오르는 끝없는 회한이 바로 슬픔이라는 감정의 원형이라고 본다.

필자는 고등학생 시절 우연히 죽음을 경험했다. 아니 정확하게 말하면 죽음을 꿈꾸었다. 꿈속에서 죽음을 경험하고는 새벽녘에 소스라치며 놀라 일어났다. 그러고는 마냥 하염없이 눈물을 흘렸다. 꿈이었음을 깨달았으니 안도의 숨을 내쉬면 그만일 터였으련만, 나는 그 불현듯 찾아온 죽음의 경험이 보여준 엄청난 단절감에 밤이 새도록 눈물을 흘렸다. 나중에 임사 체험 수기를 보고는, 내가 꿈속에서 느꼈던 일련의 과정들이 결코 허망한 것만은 아님을 확인할 수 있었다.

꿈속에서 경험한 별안간의 죽음을 통해, '죽을 수 있을 때'라는 말을 내 나름대로는 이해할 수 있을 것 같다. 한마디로 그것은 이생에서 회한이 남지 않은 때다. 내가 남에게 받을 빚은 전혀 회한이 되지 않는다. 오직 내가 남에게 진 빚이 회한이 되어 남는다. 회한이 완전히 소멸된다면, 바로 번뇌가 사라진 열반(涅槃)으로 갈 수도 있겠다고 생각한다. 난 감히 열반을 운위할 형편은 못 되지만, 미리부터 준비한다면 사람은 회한을 남기지 않을 수 있고 번뇌를 벗을 수도 있으며 누구나 열반할 수 있다. 회한만 남지 않는다면 이 육신을 벗는 일이 얼마나 홀가분한 느낌인지는 경험한 사람만이 알 것이다. 예전에 한학을 배웠던 선생님께서 해주셨던 말씀이 떠오른다.

"군자는 죽어서 쉰다네."

　현실의 삶은 고달프더라도, 죽음만은 때를 얻어서 편안한 휴식이
되기를 바랄 뿐이다.

6장

楊朱之友曰季梁 季梁得疾 七日大漸.[1] 其子環而泣之 請醫. 季
梁謂楊朱曰

吾子不肖如此之甚 汝奚不爲我歌以曉之?

楊朱歌曰

天其弗識 人胡能覺? 匪祐自天 弗孽由人. 我乎汝乎! 其弗知乎?
醫乎巫乎! 其知之乎?[2]

其子弗曉 終謁三醫,[3] 一曰 矯氏 二曰 俞氏 三曰 盧氏. 診其所
疾. 矯氏謂季梁曰

汝寒溫不節 虛實失度, 病由飢飽色欲. 精慮煩散 非天非鬼. 雖漸
可攻也.

季梁曰

衆醫也. 亟屛之!

俞氏曰

女始則胎氣不足 乳湩有餘. 病非一朝一夕之故 其所由來漸矣 弗
可已也.

季梁曰

良醫也. 且食之!

盧氏曰

汝疾不由天 亦不由人 亦不由鬼. 稟生受形 旣有制之者矣. 亦有知之者矣.[4] 藥石其如汝何?

季梁曰

神醫也. 重貺遣之!

俄而季梁之疾自瘳.

양주의 친구 계량이 병에 걸렸는데, 이레가 되자 위독해졌다.[1] 자식들이 둘러앉아 울면서 의원을 부르려 했다. 그러자 계량이 양주에게 말했다.

"내 자식들은 이렇게 어리석으니 그대가 나에게 노래를 불러서 좀 깨우쳐주면 어떻겠나?"

양주가 노래를 불렀다.

"하늘도 모르는데 사람이 어찌 알꼬?

복이 하늘에서 오는 것도 아니고 재앙이 사람에게서 말미암는 것도 아니라네.

자네인들 나인들 이를 모르겠는가?

의원이든 무당이든 이를 알겠는가?"[2]

그러나 그 자식들은 깨닫지 못하고 의원을 세 사람이나 불러왔으니,[3] 첫 번째는 교(矯) 씨요, 둘째는 유(兪) 씨요, 셋째는 노(盧) 씨였다. 그의 병을 진찰하고 나서 교 씨가 계량에게 말했다.

"당신은 한열(寒熱)이 조절되지 않고 허실(虛實)이 절도를 잃었으니, 병의 원인은 불규칙한 식사와 색욕 때문입니다. 정신이 어지러운 것은 하늘 탓도 귀신 탓도 아닙니다. 비록 병이 위중하나 고칠 수는 있습니다."

이를 듣자 계량이 말했다.

"평범한 의원이요. 빨리 가시오."

유 씨가 소견을 말했다.

"당신은 태중에 있을 때는 기운이 부족했으나 출생 후에 젖을 많이 먹은 데서 온 병입니다. 이 병은 하루아침 하룻저녁에 일어난 병이 아니라 그 유래가 깊어서 고칠 수 없습니다."

계량이 말했다.

"훌륭한 의원이요. 집에 머무르며 식사를 하시지요."

끝으로 노 씨가 소견을 말했다.

"당신의 병은 하늘 탓도 아니요, 사람 탓도 아니며, 귀신 탓도 아닙니다. 생명을 내려주어 형체를 받을 때부터 이미 만들어진 것입니다. 또한 이 병을 아는 이가 있으니,【4】(운명을) 약물로야 어찌 치료하겠습니까?"

계량이 말했다.

"신의(神醫)이십니다. 후한 답례를 드리겠습니다."

얼마 안 되어 계량의 병은 저절로 나았다.

【장담 주석】

【1】漸 劇也.

점(漸)은 심하다는 뜻이다.

【2】言唯我與汝識死生有命耳 非醫巫所知也.

오직 나와 너만이 생사에 명운(命運)이 있음을 알 뿐이요, 의원이나 무당이 알 수 있는 것이 아님을 말한다.

【3】不解楊朱歌旨 謂與己同也.

양주가 노래한 뜻을 이해하지 못하고, 자기들과 생각이 같을 것이라고 여겼다.

【4】夫死生之分 脩短之期 咸定於無爲 天理之所制矣. 但愚昧者之所惑 玄達者之所悟也.

저 생사의 나뉨과 수요(壽夭)의 기한은 다 무위에서 정해지니 천리가 정한 것이다. 그러나 어리석은 자는 여기에서 미혹되지만, 현묘한 이치를 통달한 이는 여기에서 깨닫는다.

【역자 해설】

6장은 「역명」편의 주제인 천명의 문제를 질병에 비유해서 설명한 장이다. 병이 들었을 때 의원을 찾아가거나 무당을 부르는 것은 동서를 막론한 전통시대의 습속이다. 현대에 들어서 무당에게 치병(治病)을 의뢰하는 경우가 대폭 줄기는 했지만, 얼마 전까지도 시골 동네에는 병굿이나 우환굿이 자주 열리곤 했다.

원문에서 약물로 치료하지 않고 의원의 처방도 없이 저절로 나은 것은 천명에 의한 것이라고 했는데, 오늘날로 말하면 자연 치유력으로 질병을 이겼다는 뜻일 것이다. 세속 말로 감기는 약을 먹으면 일주일, 약을 안 먹으면 7일이라는 말이 있듯이 약을 쓰지 않고 저절로 나은 계량도 독한 감기에 걸린 것이 아닐까 싶다. 가능하다면 자연 치유도 괜찮은 치료법이기는 하다. 하지만 적절한 약물 치료가 병행되었다면 더 빨리 나았을 것이다.

만일 환자가 너무 쇠약해져 있거나, 자연 치유력으로 감당할 수 없는 상황이었다면 어땠을까? 아마 양주와 계량은 역시 이구동성으로 운명이요, 천리라고 합창했을 것이다. 그러나 질병조차 자연에 맡기고 강 건너 불구경하듯 일관하는 것이 도인의 바른 태도일까, 아니면 병을 치료하도록 노력하는 것이 바른 태도일까? 내 생각으로 이 장은 생사에 연연해하지 않는 도인(道人)의 풍도를 비유한 것이지, 생사를 천운에 맡기라는 뜻은 아니라고 본다.

7장

生非貴之所能存 身非愛之所能厚. 生亦非賤之所能夭 身亦非輕
之所能薄. 故貴之或不生 賤之或不死, 愛之或不厚 輕之或不薄.
此似反也 非反也. 此自生自死 自厚自薄. 或貴之而生 或賤之而
死, 或愛之而厚 或輕之而薄. 此似順也 非順也. 此亦自生自死 自
厚自薄.

鬻熊語文王[1]曰

自長非所增 自短非所損. 算之所亡若何?[2]

老聃語關尹曰

天之所惡 孰知其故?[3]

言迎天意 揣利害 不如其已.[4]

생명은 귀중히 여긴다고 해서 살고 있는 게 아니요, 육신은 애지
중지 아낀다고 해서 건강한 게 아니다. 또 생명을 하찮게 여긴다
고 일찍 죽는 것도 아니고, 육신을 소홀히 한다고 해서 쇠약해지
는 것도 아니다. 그러므로 귀중히 여겨도 살지 못하는 경우가 있
고, 하찮게 대해도 죽지 않는 경우가 있으며, 애지중지해도 튼

튼하지 못하기도 하고 소홀히 해도 쇠약해지지 않기도 하는 것이다.

이는 서로 반대되는 것 같지만 반대되는 게 아니다. 이는 저절로 생겨났다가 저절로 죽고, 저절로 건장해졌다가 저절로 쇠약해지는 것이다. 귀중히 여겨서 살기도 하고 하찮게 여겨서 죽기도 하며, 애지중지 아껴서 튼튼해지기도 하고 소홀히 해서 쇠약해지기도 한다. 이는 서로 따르는 것 같지만 따르는 게 아니다. 이 역시 저절로 생겨났다가 저절로 죽고, 저절로 건장해졌다가 저절로 쇠약해지는 것이다.

육웅(鬻熊)이 문왕에게[1] 말했다.

"저절로 커지는 것은 인위적으로 보탠 게 아니고, 저절로 짧아지는 것은 인위적으로 줄인 게 아니니, 없는 것을 따져봐야 무엇 하겠습니까?"[2]

노담이 관윤에게 말했다.

"하늘이 미워하는 까닭을 누가 알겠는가?"[3]

하늘의 뜻을 알려고 한다거나 이해를 따지는 일은 그만두느니만 못하다.[4]

【장담 주석】

【1】鬻熊 文王師也.
육웅은 문왕의 스승이다.

【2】算猶智也.
산(算)은 지혜와 같다.

【3】王弼曰 孰誰也. 言誰能知天意 即其唯聖人也.

왕필이 말했다. "숙(孰)은 '누구'의 뜻이다. 누가 능히 천의(天意)를 알겠는가? 그는 바로 성인일 뿐임을 말한 것이다."

【4】 夫順天理而無心者 則鬼神不能犯 人事不能干. 若迎天意 料倚伏 處順以去逆 就利而違害 此方與逆害爲巨對 用智之精巧者耳, 未能使吉凶不生 禍福兼盡也.

무심으로 천리를 따르는 이는 귀신도 범할 수 없고 사람도 어쩔 수가 없다. 만일 하늘의 뜻을 찾고 화복의 숨은 바를 헤아리며, 순(順)에 처해서 역(逆)을 버리고 이(利)를 취하고 해(害)를 버리려 한다면, 역(逆)과 해(害)를 적대시하면서 순(順)과 이(利)를 얻으려고 교묘한 꾀를 부리는 것일 뿐이니, 길흉이 생기지 않게 하거나 화복을 모두 없애버릴 수는 없다.

【역자 해설】

6장을 이어 생사(生死)와 이해(利害) 등에 비유해서 천명을 말하고 있다. 여기에서는 운명을 알고 극복하려는 인간의 노력이 너무 사소해서 천명을 바꾸기는 불가능하다는 점을 말한다. 현대 첨단 과학시대에 있어서도 인간 이성의 한계가 곳곳에 즐비한데 2,000년 전이야 더 말할 나위가 없을 것이다.

욕망을 초월한 도가의 달관적 태도는 현대인에게도 많은 시사점을 준다. 하지만 앞 장에서도 비판했듯이 중병에 걸려서도 오불관언의 태도로 일관하는 것이나, "저절로 커지는 것은 인위적으로 보탠게 아니고, 저절로 짧아지는 것은 인위적으로 줄인 게 아니"라며 따져본들 얻는 게 없다거나 "하늘의 뜻을 알려고 한다거나 이해를 따지는 일은 그만두느니만 못하다"고 한다면 이는 달관이라기보다는 체념이며 자포자기로 보인다. 병이 들어도 천리니 운명이고, 일찍 죽어도 천리니 운명이고, 굶주려도 천리니 운명이라면, 인간은 그저 천리에 순응하고 운명대로 살아가야 할 뿐이다. 글자 그대로를 믿는다면 도를 얻었다손 치더라도 과연 도인의 삶이 동물과 무엇이 다를지 궁금하다. 전통시기 도가의 날카로운 통찰력과 혜안이 체념적 달관론이 아닌 과학적 탐구와 결합했었더라면 동아시아의 운명도 달라지지 않았을까?

8장

楊布【1】問曰

有人於此 年兄弟也 言兄弟也 才兄弟也 貌兄弟也, 而壽夭父子也
貴賤父子也 名譽父子也 愛憎父子也, 吾惑之.

楊子曰

古之人有言 吾嘗識之 將以告若. 不知所以然而然 命也.【2】今昏
昏昧昧 紛紛若若 隨所爲 隨所不爲, 日去日來 孰能知其故? 皆命
也夫.

信命者 亡壽夭,【3】信理者 亡是非,【4】信心者 亡逆順,【5】信性者 亡
安危.【6】則謂之都亡所信 都亡所不信.【7】眞矣 愨矣. 奚去奚就? 奚
哀奚樂? 奚爲奚不爲?【8】

黃帝之書云 '至人居若死 動若械'【9】亦不知所以居 亦不知所以
不居, 亦不知所以動 亦不知所以不動. 亦不以衆人之觀 易其情貌
亦不謂衆人之不觀 不易其情貌.【10】獨往獨來 獨出獨入 孰能礙
之?【11】

양포(楊布)가[1] 형 양주(楊朱)에게 물었다.

"나이도 말투도 재능도 용모도 형제지간처럼 비슷한 경우가 있지만, 수명이나 귀천이나 명예나 애증에 있어서는 부자지간처럼 차이가 나는 경우가 있으니, 저는 이해가 되지를 않습니다."

양주가 대답했다.

"옛사람이 한 말을 기억하고 있는 게 있으니 동생에게 일러주겠네. '그렇게 되는 까닭을 모르면서 그렇게 되는 것이 명(命)'이라 했네.[2] 이제 사람들은 혼미한 정신으로 요란을 떨면서 일을 한다고 했다가 안 한다고 했다가 날마다 왔다 갔다 하고 있으니, 누가 그 까닭을 알 수 있겠나? 이는 다 명이라네.

명을 믿는 이는 수요(壽夭)에 개의치 않고,[3] 천리를 믿는 이는 시비(是非)를 따지지를 않고,[4] 마음을 믿는 이는 순역(順逆)을 생각지 않으며[5] 본성을 믿는 이는 안위(安危)에 마음이 없네.[6] 이것을 믿는 바도 없고 믿지 않는 바도 없다고 하는 걸세.[7] 이것이 참되고 진실된 것이니, 어디에 가고 무엇을 따르며, 무엇을 슬퍼하고 무엇을 즐거워하며, 무엇을 하고 무엇을 하지 않겠나?[8]

황제(黃帝)의 글에 이르기를 '지인(至人)은 가만히 있을 때는 죽은 것처럼 미동도 없지만, 움직일 때는 기계와 같이 무심히 움직인다'고 했네.[9] 지인은 가만히 있는 까닭을 모르고 또한 가만히 있지 않은 까닭을 모르며, 움직이는 까닭을 모르고 또한 움직이지 않는 까닭을 모르네. 사람들이 바라본다고 해서 자신의 생각이나 모습을 바꾸지 않고, 사람들이 보지 않는다고 해서 자신의 생각이나 모습을 바꾸지 않는 것도 아니라네.[10] 홀로 왕래하고 홀로 출입하니 누가 감히 그를 막을 수 있겠나?"[11]

【장담 주석】

【1】 楊朱弟也.

양주의 아우다.

【2】 自然之理 故不可以智知.

이치가 저절로 그렇게 되므로 지혜로 알 수가 없다.

【3】 有壽夭 則非命.

수요(壽夭)를 따지는 게 있다면 명이 아니다.

【4】 有是非 則非理.

시비(是非)가 있다면 천리가 아니다.

【5】 有逆順 則非心.

순역(順逆)을 따지는 게 있다면 마음이 아니다.

【6】 有安危 則非性.

안위를 따지는 게 있다면 본성이 아니다.

【7】 理亦無信與不信也.

이치상으로는 믿음도 믿지 못함도 없다.

【8】 理苟無心 則無所不爲 亦無所爲也.

이치상으로 무심하다면 하지 못할 것도 없고 할 것도 없다.

【9】 此擧無心之極.

이는 무심함의 극치를 들은 것이다.

【10】 不爲外物視聽改其度也.

외부 사람들의 이목 때문에 자신의 법도를 고치지 않는다.

【11】 物往亦往 物來亦來 任物出入 故莫有礙.

남이 가면 나도 가고, 남이 오면 나도 와서, 남들이 오고 가는 대로 맡기므로 막을 수가 없다.

【역자 해설】

이 장의 내용 역시 앞의 장들과 이어지는 천명론의 연장선상에서 개체의 차별성과 천명의 관계를 말하고 있다. 장담은 양포가 양주의 동생이라고 했는데, 양포가 동생이라는 말은 맨 뒤의 「설부」편 26장에 양포가 주인을 향해 짖는 자기 집 개를 타박하자 양주가 타이르는 내용 속에 나온다.

이 장의 내용은 비약이 심해서 다소 이해하기 어렵다. 간단히 요약해 보면 먼저 양포는 비슷비슷한 인간들 사이에서 각자의 수명·귀천·명예·애증이 각기 다른 이유를 납득하지 못하겠다고 양주에게 질문을 했고, 양주는 그것이 바로 명이며, 인간의 이성으로는 파악할 수가 없다고 답했다. 특히 양포의 질문에서 형제와 부자라는 개념으로 사물들 사이의 차별성을 비교한 점이 흥미롭다. 형제와 부자는 모두 강한 가족적 유사성을 갖는다. 얼핏 생각하면 형제보다 부자간이 더 가깝고 강한 유대 관계에 있다고 생각할 수도 있지만, 존재론적 위상으로 말하자면 형제는 동기간으로 수평적 관계고 부자는 선후 관계로 시간상의 격차가 크다. 그래서 형제는 부자보다 차이가 적다고 말했다.

양주는 명을 믿으라고 말한다. 여기에서 믿는다는 것은 종교적인 믿음이 아니라, 운명의 존재를 자연스럽게 수용하고 그에 순응하는 정신적 자세를 말한다. 그래서 명을 믿고 받아들이는 이에게는 수요(壽夭)·시비(是非)·순역(順逆)·안위(安危) 따위의 상대적 차별성은 아무런 문제가 되지 않는다는 것이다. 양포의 질문은 구체적인 것이었으나 양주의 대답은 관념적이다. 개체들 사이의 차별성을 사소한 것으로 치부하고 천명이라는 용광로 속에 무화시켜버리는 태도는 봉건시대에는 대인의 호연지기와 달관이라고 칭송받았을지 몰라도, 나노 단위까지 따지는 현대에는 인정받기 어려울 것이다. 장자도 말했다시피, 같다고 보면 모든 게 다 같고 다르다고 보면 모든 게 다 다르다. 전체를 아우르는 통합적 통찰도 있어야 하지만 부분을 나누고 비교하는 미시적 분석이 결여되어서는 안 될 것이다.

9장

墨尿 單至 嘽咺 憋懯【1】四人相與游於世 胥如志也, 窮年不相知
情 自以智之深也.

巧佞 愚直 媚斫 便辟【2】四人相與游於世 胥如志也, 窮年而不相
語術 自以巧之微也.

獢忯 情露 讓極 淩誶【3】四人相與游於世 胥如志也, 窮年不相曉
悟 自以爲才之得也.

眠娗 諈諉 勇敢 怯疑【4】四人相與游於世 胥如志也, 窮年不相謫
發 自以行無戾也.

多偶 自專 乘權 隻立 四人相與游於世 胥如志也, 窮年不相顧眄
自以時之適也. 此衆態也 其貌不一 而咸之於道 命所歸也.

속이기를 잘하는 미리(墨尿)와 경솔한 전질(單至)과 느긋한 천훤
(嘽咺)과 서두르는 별부(憋懯)【1】 네 사람은 같이 세상에서 교유
했으나 서로 자신의 뜻대로 행동했으니, 죽을 때까지 서로의 생
각을 알지 못했고 자기가 가장 똑똑하다고 여겼다.

재치 있는 교녕(巧佞)과 아둔한 우직(愚直)과 이해가 느린 약착

(婤姤)과 치우친 성격의 편벽(便辟)[2] 네 사람은 같이 세상에서 교유했으나 서로 자신의 뜻대로 행동했으니, 죽을 때까지 서로 기술을 말하지 않았고 자기 기술이 가장 빼어나다고 여겼다.

욕 잘하는 교가(獥怓)와 솔직한 정로(情露)와 말 더듬는 건극(謇極)과 언변 좋은 능쇄(淩誶)[3] 네 사람은 같이 세상에서 교유했으나 서로 자신의 뜻대로 행동했으니, 죽을 때까지 서로 터득한 내용을 말하지 않았고 자기의 재주가 가장 뛰어나다고 여겼다.

내성적인 면전(眠姡)과 요란스러운 주위(誳誃)와 용기 있는 용감(勇敢)과 의심 많은 겁의(怯疑)[4] 네 사람은 같이 세상에서 교유했으나 서로 자신의 뜻대로 행동했으니, 죽을 때까지 서로 허물을 지적하지 않았고 자기의 행실이 가장 무난하다고 여겼다.

사교적인[4] 다우(多偶)와 독단적인 자전(自專)과 아첨꾼 승권(乘權)과 고고한 척립(隻立) 네 사람은 같이 세상에서 교유했으나 서로 자신의 뜻대로 행동했으니, 죽을 때까지 서로에게 관심을 갖지 않았고 자기가 가장 시세(時世)에 맞는다고 여겼다. 그들의 외양은 다양해서 한결같지 않으나, 각자의 방식으로 도에 이르렀으니, 운명적으로 이르게 된 결과였다.

【장담 주석】

【1】 墨音眉 屎 勑夷反. 單音戰 至音咥. 嘽 齒然反 咺 許爰反. 懯 妨滅反 懯音敷. 此皆默詐輕發 迂緩急速之貌.

미(墨)의 음은 미고, 리(屎)는 리로 읽는다. 전(單)의 음은 전이고, 질(至)의 음은 질이다. 천(嘽)은 천으로 읽고, 훤(咺)은 훤으로 읽는다. 별(懯)은 별

---

4) 노중현이 다우를 '화동지모'(和同之貌)라고 주해한 것에 의거해서 번역했다. 『열자집석』, 210쪽 참조.

로 읽고, 부(憵)의 음은 부다. 이들은 모두 속이고 경솔하며, 느리고 빠른 모양이다.

【2】婒 魚略反, 斫 齒略反. 婒斫, 不解悟之貌.

약(婒)은 약으로 읽고, 착(斫)은 착으로 읽는다. 약착은 이해하지 못하는 모양이다.

【3】獥 苦交反 忓 苦牙反. 讙音蹇, 誶音碎. 此皆多誶訥澁辯給之貌.

교(獥)는 교로 읽고, 가(忓)는 가로 읽는다. 건(讙)의 음은 건이고, 쇄(誶)의 음은 쇄다. 이들은 각각 욕을 잘하고 말을 더듬으며, 말 잘하는 모양을 뜻한다.

【4】眠 莫典反, 姃 徒繭反. 諈 止累反 諉 如僞反. 眠姃不開通之貌, 諈諉煩重之貌.

면(眠)은 면으로 읽고, 전(姃)은 전으로 읽는다. 주(諈)는 주로 읽고, 위(諉)는 위로 읽는다. 면전(眠姃)은 트이지 못한 모양이고, 주위(諈諉)는 번잡한 모양이다.

【역자 해설】

열자는 인간 유형을 20종으로 제시했다. 서로 상반된 패턴을 보이고 있긴 하지만, 다양한 인간군상을 체계적으로 유형화한 것인지 단순한 나열인지는 단언하기 어렵다. 아무튼 그 명칭들은 참으로 힐굴오아(詰屈聱牙)한 난독(難讀)의 글자들이다. 미리(墨尿) · 전질(單至) · 천훤(嘽咺) · 약착(婒斫) · 교가(獥忓) · 면전(眠姃) 등등 현재 쓰이고 있는 본음(本音)과 전혀 다르거나 아주 궁벽진 벽자(僻字)들로 점철되어 있어서, 읽는 이를 당황스럽게 만든다. 장담이 진(晉) 대의 인물이니 사실 주석에 기재된 반절(反切)과 음가(音價)의 표시는 대략 지금으로부터 1,700년 전의 음이다. 이미 음가가 변한 것도 있겠지만 여기에서는 일단 장담의 표기법대로 읽어두었다. 그리고 독자의 이해를 돕기 위해 장담과 노중현의 주석에 의거해서 이름자에 담긴 의미로 각자의 성격을 간단하게 기술해두었다. 대개는 한 쌍씩 서로 상반된 인물들로 구성되어 있다.

흥미로운 것은 이들이 "같이 세상에서 교유했으나 서로 자신 뜻대로 행동했으니, 죽을 때까지 서로 허물을 지적하지 않았고 자기의 행실이 가장 무난하다고 여겼다"는 내용이다. 겉으로는 간담상조(肝膽相照)의 절친한 친구로 지낸 듯하지만, 속으로는 각자 자기 생각대로 살았을 뿐 아니라, 진짜 속마음은 자기가 가장 잘났다고 여기며 일생을 마쳤다는 것이다.

필자는 이것이 친구 간에도 속내를 털어놓지 않는 중국인의 속마음을 열어 보여준 것이라고 생각한다. 앞 「탕문」편에서 백아와 종자기의 지음(知音)에서도 보았지만, 사실 지음은 음악을 감상한 데 그친 것이지 백아나 종자기가 서로에 대해 어떤 생각을 갖고 있었는지 그 구체적 내용에 대해서는 일언반구도 없다. 관중과 포숙의 관포지교(管鮑之交)에서도 끝내 관중은 포숙을 인정하지 않고 다른 사람을 추천했으니, 투명한 성정과 의리를 중시하는 우리 한국사람으로서 관중의 속내는 오리무중이다.

이 장은 중국인의 내면세계를 다시 한번 생각하게 해주는 동시에 '군중 속의 고독'이라고 하는 현대인들의 소외와 단절 현상을 연상케 한다. 어떻게 현대의 문제가 2,000년 전 중국 사회에서도 똑같이 일어나고 있는 것일까? 침묵과 소외를 노래한 명곡 「침묵의 소리」(Sounds of Silence, 사이먼·가펑클, 1966)가 떠오른다.

10장

伣伣【1】成者 俏成也【2】初非成也, 伣伣敗者 俏敗者也 初非敗也.【3】故迷生於俏.【4】俏之際昧然. 於俏而不昧然【5】則不駭外禍 不喜內福,【6】隨時動 隨時止 智不能知也.【7】

信命者 於彼我無二心.【8】於彼我而有二心者 不若揜目塞耳 背坂面隍 亦不隆仆也.【9】故曰 死生自命也【10】貧窮自時也.【11】怨夭折者 不知命者也, 怨貧窮者 不知時者也.【12】當死不懼 在窮不戚 知命安時也.

其使多智之人量利害 料虛實 度人情 得亦中 亡亦中.【13】其少智之人不量利害 不料虛實 不度人情 得亦中 亡亦中. 量與不量 料與不料 度與不度 奚以異? 唯亡所量【14】亡所不量【15】則全而亡喪. 亦非知全 亦非知喪 自全也 自亡也 自喪也.【16】

거의【1】 성공한 것은 성공한 듯하지만【2】 처음부터 성공한 것이 아니고, 거의 실패한 것은 실패한 것 같지만 처음부터 실패한 것은 아니다.【3】 그러므로 성공한 듯도 하고 실패한 듯도 한 엇비슷한 상태에서 미혹이 일어나니【4】 그 비슷한 것의 경계는 잘 구별되지 않는다. 성공한 듯 실패한 듯한 엇비슷한 상태를 분명히 구별할 수 있다면,[5] 밖에서 오는 재앙에 놀라지 않고 안에서 생기는 복에 기뻐하지 않으며 행동거지가 때에 맞게 되지만, 지혜로는 알 수 없다.[7]

명운(命運)을 믿는 이는 남에 대해서든 나에 대해서든 좋고 싫은 마음이 없다.[8] 남이든 나든 이런 두 가지 마음이 없는 이라면, 아예 눈을 감고 귀를 막아버리는 것만 못하니, 성벽을 등지고 해자에 뛰어내려도 빠지거나 자빠지지 않기 때문이다.[9] 그러므로 생사에는 스스로 명이 있고 빈궁(貧窮)에는 스스로 때가 있는 법이다.[10] 요절했다고 원망하는 자는 명을 모르는 자요, 빈궁하다고 원망하는 자는 때를 모르는 자다.[12] 죽음을 마주하고서도 두려워하지 않고 곤궁한 생활을 하면서도 근심하지 않는 이는 명을 알고 때를 편안히 따르는 사람이다.

가령 아주 지혜로운 사람에게 이해를 따지고 진위를 헤아려보고 사람의 마음을 읽게 시킨다면, 성공과 실패의 확률이 반반이다.[13] 그런데 이해를 따지지 못하고 진위를 헤아리지 못하며 사람의 마음을 읽지 못하는 지혜가 모자란 사람이라고 해도 성공과 실패 역시 반반이다. 그렇다면 따지거나 따지지 못하거나, 헤아리거나 헤아리지 못하거나, 읽어내거나 읽지 못하거나 무엇이 다른가? 그러나 헤아리는 바도 없고[14] 헤아리지 못하는 바도 없다면[15] 완전해서 잃어버릴 게 없다. 지혜 때문에 완전한 것도 아니고 지혜 때문에 잃는 것도 아니니, 저절로 완전해지고 저절로 없어지며 저절로 잃어버리게 되는 것이다.[16]

【장담 주석】

【1】 佹 姑危反.

궤(佹)는 궤로 읽는다.

【2】俏音肖, 俏似也.
초(俏)의 음은 초이고, 비슷하다는 뜻이다.

【3】世有幾得幾失之言 而理實無幾也.
세상에는 거의 얻었다든지 거의 잃었다든지 하는 말이 있으나, 이치상으로는 실제 '거의'라는 상태는 없다.

【4】惑其以成敗 而不能辯迷之所由也.
그 성패 때문에 미혹되어서, 미혹의 연유를 변별해내지 못한다.

【5】際猶會也. 言冥昧難分耳.
제(際)는 만나는 곳인데, 어두워서 분별하기 어려움을 말한다.

【6】禍福 豈有內外? 皆理之玄定者也, 見其卒起 因謂外至 見其漸著 因謂內成也.
화복(禍福)에 어찌 안팎이 있겠는가? 다 현묘하게 정해진 이치인데, 갑자기 일어나는 것을 보고는 밖에서 왔다고 생각하고, 점차 드러나는 것을 보고는 안에서 이루어졌다고 생각하는 것이다.

【7】動止非我 則非智所識也.
움직임과 그침이 내가 한 것이 아니니, 지혜로 알 수 있는 바가 아니다.

【8】無喜懼之情也.
기뻐하거나 두려워하는 마음이 없다.

【9】此明用智計之 不如任自然也.

　지혜를 써서 계산하는 것은 저절로 그렇게 되는 대로 맡겨두느니만 못함을 밝힌 것이다.

【10】若其非命 則仁智者 必壽 凶愚者 必夭 而未必然也.

　만일 수명이 운명적으로 정해진 것이 아니라면, 인자하고 지혜로운 이는 장수하고, 흉악하고 우둔한 자는 요절해야 하지만 반드시 그렇지만은 않다.

【11】若其非時 則勤儉者 必富 而奢惰者 必貧 亦未必然.

　만일 빈부가 때를 만나서 얻은 것이 아니라면 근면하고 검소한 이는 부유하고, 사치하고 나태한 자는 가난해야 하지만 반드시 그렇지는 않다.

【12】此皆不識自然之理.

　이는 모두 저절로 그러한 이치를 알지 못하기 때문이다.

【13】中半也.

　중은 절반이란 뜻이다.

【14】不役智也.

　지혜를 쓰지 않은 것이다.

【15】任智之所知也.

　지혜로 아는 바에 맡긴 것이다.

【16】自全者 非用心之所能, 自敗者 非行失之所致也.

　저절로 완전한 이는 마음의 기능을 썼기 때문이 아니고, 저절로 잃어버린

이는 잘못된 행동을 해서가 아니다.

【역자 해설】

　장담의 주석은 매우 구체적인 면까지 들어서 잘 설명하고 있다. 가령 화복(禍福)에서의 내외(內外)를 구분하는 문제가 그렇게 간단한 것은 아니다. 증거도 없이 어떻게 재앙이 밖에서 오고 복은 안에서 왔다고 할 수 있는가? 사실 우리는 재앙을 만나면 대개 외부의 원인에 돌려버린다. 반면에 복을 만나면 자기가 잘해서 그런 행운을 얻었다고 생각한다. 이것이 인지상정이다.

　하지만 장담은 내외를 심리적으로 분석해서 구분한다. 그는 "화복에 어찌 안팎이 있겠는가? 다 현묘하게 정해진 이치인데, 갑자기 일어나는 것을 보고는 밖에서 왔다고 생각하고, 점차 드러나는 것을 보고는 안에서 이루어졌다고 생각한다"고 했다. 즉 대개 재앙이란 갑자기 일어나는 경우가 많다. 사람들은 이 의외의 사태를 경험하고는 재앙은 밖에서 온다고 생각한다. 반면에 복은 뜻밖에 얻는 경우가 적고, 대부분은 점차적으로 쌓여서 드러나거나 열심히 노력해서 얻는 경우가 많다. 그러다 보니 어느 날 갑자기 당첨된 로또 복권처럼 뜻밖에 얻은 행운도 자신들의 선행과 노력의 결과라고 생각하게 되는 것이다.

　또 "인자하고 지혜로운 이는 장수하고, 흉악하고 우둔한 자는 요절해야 하지만 반드시 그렇지만은 않다"든지 "검소한 이는 부유하고, 사치하고 나태한 자는 가난해야 하지만 반드시 그렇지는 않다"는 주석을 보면, 장담은 운명을 수용하고 있지만 원리·원칙이나 필연성만으로 인간 세계의 다양성과 복잡성을 설명할 수 없다는 사실을 잘 알고 있으며, 현실의 사소한 차이에 주목해서 논의를 전개하고 있음을 볼 수 있다. 이런 점이 장담의 주석에서 고지식한 도덕 교과서나 봉건적 훈장 스타일을 넘어선 근대적인 가치를 발견하게 한다.

11장

齊景公游於牛山 北臨其國城而流涕曰

美哉國乎! 鬱鬱芊芊! 若何滴滴[5] 去此國而死乎? 使古無死者 寡
人將去斯而之何?

史孔梁丘據 皆從而泣曰

臣賴君之賜 疏食惡肉可得而食 駑馬稜車可得而乘也, 且猶不欲
死 而況吾君乎?

晏子獨笑於旁. 公雪涕而顧晏子曰

寡人今日之游悲 孔與據皆從寡人而泣 子之獨笑 何也?

晏子對曰

使賢者常守之 則太公桓公將常守之矣, 使有勇者而常守之 則莊
公靈公將常守之矣. 數君者將守之 吾君方將被蓑笠而立乎畎畝
之中 唯事之恤 行假念死乎?[1] 則吾君又安得此位而立焉? 以其
迭處之迭去之 至於君也, 而獨爲之流涕 是不仁也. 見不仁之君
見諂諛之臣. 臣見此二者 臣之所爲獨竊笑也.

---

5) 적적(滴滴)은 유탕(流蕩)의 뜻이다. 『열자집석』, 213쪽 참조.

景公泫焉 擧觴自罰 罰二臣者 各二觴焉.

제나라 경공(景公)이 우산(牛山)으로 놀러 갔었을 때였다. 북쪽으로 제나라의 도성을 바라보다가 눈물을 흘리며 말했다.

"아름답구나, 우리나라여! 참으로 무성하고도 울창하도다! 어떻게 훌훌 이 나라를 버리고 죽겠는가? 옛날부터 죽지 않은 사람은 없었으니 과인도 장차 이 나라를 버리고 어디로 간다는 말인가?"

사공(史孔)과 양구거(梁丘據)도 같이 따라 울면서 말했다.

"소신은 임금님의 은덕을 입사와 나물밥과 거친 고기라도 먹을 수 있었고 둔한 말에 모난 수레라도 얻어 탈 수 있었는데도 죽고 싶지 않으니, 하물며 우리 임금님께서야 말할 필요가 있겠습니까?"

안자(晏子, ?-기원전 500)는 곁에서 홀로 빙그레 웃었다. 경공이 눈물을 닦고 안자를 돌아보며 말했다.

"과인이 오늘 유람을 왔다가 슬픈 생각이 들었고 사공과 양구거도 과인을 따라서 같이 울고 있는데, 그대 홀로 웃는 이유가 무엇이오?"

안자가 대답했다.

"현명한 주군으로 이 나라를 지키게 했다면 아마도 태공(太公)과 환공(桓公)께서 항상 제나라를 지키고 있었을 것이고, 용맹한 주군으로 항상 지키고 계시게 했다면 장공(莊公)과 영공(靈公)께서 항상 제나라를 지키고 있었을 것입니다. 이와 같이 몇몇 주군만이 이 나라를 지키고 있었다면 우리 임금님께서는 도롱이와 삿갓을 쓰고 저 논두렁 가운데에 서서 걱정스레 농사짓고 계셨을 터이오니, 어느 겨를에 죽음이라는 것을 생각하셨겠으며[1] 우리 임금님께서 어떻게 이 주군 자리를 얻어 서 계실 수 있었겠습니까?

그 자리에 차례대로 올랐다가 차례대로 떠나가셨기 때문에 임금
님에게까지 차례가 이르게 되었던 것이온데, 홀로 이로 인해 눈
물을 흘리시는 것은 현명치 못하신 생각입니다. 현명치 못한 임
금님과 아첨하는 신하를 보았으니, 소신이 이 둘을 보고서는 혼
자 가만히 웃었던 것입니다."

이 말을 듣고 경공이 부끄러워 술잔을 들어 스스로 벌주를 마셨
고, 두 신하에게도 벌로 두 잔을 내렸다.

【장담 주석】

【1】行假 當作何暇.

행가(行假)는 하가(何暇)로 써야 맞다.

【역자 해설】

우산(牛山)은 지금 하북성 승덕(承德)에 있는데, 예로부터 아름다
운 경치를 가진 곳으로 유명했던 듯하다. 훗날 청나라에서 여름 별장
으로 거대한 피서(避暑) 산장을 지어놓아서 박지원이 열하일기(熱河
日記)라는 명문장을 남겼던 곳이기도 하거니와, 지금도 수많은 관광
객들이 찾는 명소가 되었다.

나라 안팎의 혼란을 겨우 정리하고 어느 화창한 봄날 이 절경의 교
외에 바람 쐬러 나간 제 경공이 감상에 젖어 눈물을 흘리자, 그 옆에 모
시고 있던 두 신하가 따라 울었다.『춘추』를 보면 제 경공이 진(晉)·노
(魯)·위(衛) 나라와 전쟁한 이야기가 실려 있고, 전쟁에 패해 진 경공
에게 항복하는 장면이 기록되어 있으니, 우리 조선시대로 치자면 임
란(壬亂)·병란(丙亂)을 다 겪은 셈이라 하겠다. 그러니 제 경공은 아
름다운 조국의 절경을 보다가 문득 지난 일들을 되돌아보며 감상에

빠졌고, 죽음을 생각하자니 어느덧 자신도 모르게 눈물이 흘렀을 것이다.

그러나 안자는 이를 비웃음으로써 정면에서 면박을 주고 있다. 안자는 제나라의 현자로, 안환자(晏桓子)의 아들이며 이름은 안영(晏嬰)이고 자는 평중(平仲)이다. 안평중(晏平仲) 혹은 안자(晏子)라는 존칭으로 불린다. 갖옷 한 벌을 30년간 입으면서 제나라 영공과 장공과 경공 등 3대를 섬긴 재상으로서, 검소하게 절약하면서도 군주에게 기탄없이 간언한 것으로 유명하다. 그의 언행을 모은 『안자춘추』가 전해지고 있다.

사실 제나라는 중국에서 신선(神仙) 방사(方士)의 고장이기도 하다. 이 장면에서 복마전 같은 현실에 염증이 나서 제나라의 풍요와 제왕의 부귀를 버리고 불사약과 우화등선을 구하는 것으로 이야기가 이어질 수도 있었건만, 이 장에서는 정반대로 죽음의 불가피성을 언급하는 것으로 맺었다.

안자의 생각은 이「역명」편의 주제인 명(命)이라는 관점을 이어받고 있다고 할 수는 있으나, 제 경공은 어질지 못하며 두 신하는 아첨한다고 대놓고 면박 주는 장면은 찬물을 끼얹은 듯 거칠다. 왕 앞에서도 주눅 들지 않는 도가의 기개를 보여준 점은 인정하지만, 왕의 면전에서 면박을 주며 비웃는 장면은 제 환공 앞에서 바퀴의 아귀를 맞추는 미묘함을 설파한 윤편(輪扁)이나 문혜군 앞에서 소를 잡는 도를 설복한 포정(庖丁)의 말솜씨에 비해 서툴고 설득력이 떨어진다.

오히려 제 경공의 반응이 매우 솔직하고도 담박하다. 뒤끝 없이 자신의 짧은 생각을 고치면서 스스로 벌주를 마시는 제 경공의 너그러운 인간미가 안자의 고지식함보다 더 돋보인다. 이 때문인지 바로 뒤의「양주」편 6장에서 장담은 안자를 묵가(墨家) 사상가로 보고, 생사의 도를 통하지 못했으며 관중보다는 못하다고 평했다.

12장

魏人有東門吳者 其子死而不憂. 其相室曰

公之愛子 天下無有. 今子死 不憂 何也?

東門吳曰

吾常無子 無子之時不憂. 今子死 乃與嚮無子同 臣奚憂焉?

위나라에 동문오(東門吳)라는 사람이 있었는데, 아들이 죽었으나 근심하지를 않았다. 그의 청지기가 말했다.

"공께서 사랑하시던 아드님이 이 세상에서 사라졌습니다. 이제 아드님이 죽었는데도 근심하지 않으시는 것은 어째서인지요?"

동문오가 대답했다.

"나는 원래 아들이 없었으니, 아들이 없었을 때에 나는 근심하지 않았네. 지금 아들이 죽어 이전에 아들이 없었을 때와 같아졌으니, 내가 어찌 슬퍼하겠소?

【역자 해설】

　누구보다도 가족의 죽음은 애통하기 그지없다. 『장자』에는 가난하게 살던 은군자가 가족을 남겨두고 영결하는 장면이 여러 차례 나온다. 그 가운데 하나를 감상해보자.

　어느 날 자래(子來)가 병이 들었다. 임종이 가까워져서 숨이 차게 되자 그의 처와 자식이 둘러앉아 슬피 울고 있었다. 친구인 자리(子犂)가 병문안을 가서 이 모습을 보고는 말했다.
　"쯧쯧! 물러서시오! 자연의 변화에 슬퍼하지 마시오!"
　그리고 그 집의 방문에 기대어 자래에게 말을 건넸다.
　"위대하구나, 대자연의 조화여! 앞으로 그대를 어디로 가게 할까? 그대를 쥐의 간으로 만들까? 벌레의 앞발로 만들 건가?"
　자래가 말했다.
　"저 대자연은 나에게 육신을 주고 삶으로써 나를 수고롭게 하다가 늙음으로써 나를 편안히 해주고 죽음으로써 나를 쉬게 하는구려. 그러므로 나의 삶을 선하게 만들어주었던 대자연이야말로 바로 나의 죽음도 선하게 해주는 까닭이 되는지라. 내가 어디로 가서 무엇이 되든 안 될 게 뭐 있겠나! 그러니 나는 이제 편안히 잠들었다가 홀연히 깨어날 것일세."

　한평생 숨어 산 은군자의 삶이란 누추하기 짝이 없었을 것이다. 덕(德)과 재(才)를 다 갖추었건만, 때를 만나지 못해 평생을 빈한하게 살다 변변히 치료도 못 하고 가장을 떠나보내는 식구들의 마음이 오직 안쓰러웠으랴!
　이 이야기는 천붕지통(天崩之痛)이라고 하는 아버지를 여의는 슬픔으로 울부짖는 가족들 앞에서 죽음이라는 극한 상황을 마치 휴가를 떠나듯 편안히 받아들이면서 도의 경지로 승화(昇化)하고 있다. 공자는 날씨가 추워져야 소나무·잣나무가 늦게 시듦을 안다고 했으니, 삶은 척박했으나 되려 때 묻지 않은 그 정신의 향기는 극치에 이르렀다. 이것이 바로 도가다.

13장

農赴時 商趣利 工追術 仕逐勢 勢使然也. 然農有水旱 商有得失
工有成敗 仕有遇否 命使然也.[1]

농부는 절기를 따르고, 상인은 이익을 좇고, 직공은 기술을 따라
가고, 관리는 권세를 좇아가니 처해 있는 형세(勢)상 그렇게 된
것이다. 그러나 농부에게는 홍수와 가뭄이 있고, 상인에게는 이
득과 손해가 있고, 직공에게는 성공과 실패가 있고, 벼슬아치에
게는 때를 만나고 못 만남이 있는 것은 명운(命運)이 그렇게 시
킨 것이다.

【장담 주석】

【1】自然冥運也.
명은 저절로 남모르게 움직인다.

【역자 해설】

농부가 아무리 절기를 잘 따라 농사지어도 천재지변이 생기고, 상인이 아무리 돈을 벌려고 해도 손해를 볼 때가 있듯이 명운이 있다는 것이다. 앞의 10장에서는 명(命)과 때(時)로 말했지만, 이 장에서는 명(命)과 형세(勢)로 나누어 설명했다. 그러나 때든 형편이든 시세(時勢)든 크게 보면 모두 명운에 속하는 개념들이다.

위 두 문장은 앞 12장과 연결시켜서 동문오의 말로 보기도 한다. 하지만 양백준은 굳이 이를 독립된 장으로 구별했다. 「역명」편은 1장부터 끝 13장까지 운명과 인위 혹은 천명과 지력을 대비시켜가면서, 때로는 인간사의 비극이나 아이러니조차도 명이라는 개념으로 모두 포섭하면서, 필연적인 천리로서 이에 순응해야 한다고 강조하고 있다. 그러나 이는 세상만사를 모두 팔자소관 탓으로 돌리는 숙명론이나 운명적으로 정해진 길흉화복을 미리 알고 싶어 하는 이기적 욕망과는 질적으로 다르다. 열자의 명운이란 이런 자질구레한 세상사의 길흉화복에 마음을 쓰지 않기 위한 세계관적 개념으로, 우리를 도(道)에로 안내해준다.

제7편 양주(楊朱)

【장담 제주(題注)】

夫生者 一氣之暫聚 一物之暫靈. 暫聚者 終散 暫靈者 歸虛. 而好逸惡勞 物之常性. 故當生之所樂者 厚味美服好色音聲而已耳.

而復不能肆性情之所安 耳目之所娛, 以仁義爲關鍵 用禮敎爲衿帶 自枯槁於當年 求餘名於後世者 是不達乎生生之趣也.

> 삶이란 일기(一氣)가 잠시 뭉친 것이요, 한 사물이 잠깐 영혼을 가진 것이다. 잠시 뭉친 것은 마침내는 흩어지게 되고, 잠깐 영혼을 가진 것은 허무로 돌아가게 된다. 그러나 편한 것을 좋아하고 수고로운 것을 싫어함은 사람들의 일반적인 본성이다. 그러므로 삶에서 좋은 맛과 아름다운 옷과 예쁜 색과 어울리는 소리를 즐거워하는 것이다.
>
> 그러니 성정(性情)이 편안해하는 바와 이목(耳目)이 즐거워하는 바를 마음껏 누리지도 못한 채 인의(仁義)로 단속하고 예교(禮敎)로 졸라매서, 스스로 평생을 피곤에 지친 채 살면서 죽은 뒤의 헛된 명성을 구하는 자는 삶을 사는 의미를 깨닫지 못한 것이다.

1장

1절

楊朱游於魯 舍於孟氏. 孟氏問曰

人而已矣 奚以名爲?

曰 以名者 爲富.

旣富矣 奚不已焉?

曰 爲貴.

旣貴矣 奚不已焉?

曰 爲死.

旣死矣 奚爲焉?

曰 爲子孫.[1]

名奚益於子孫?

曰 名乃苦其身 燋其心.[2] 乘其名者 澤及宗族 利兼鄕黨, 況子孫乎?

凡爲名者 必廉 廉斯貧, 爲名者 必讓 讓斯賤.[3]

양주가 노나라로 유람을 가서 맹(孟) 씨 댁에서 머물고 있었다. 맹 씨가 양주에게 물었다.

"사람으로 태어났으면 충분한데, 어째서 명성(名聲)을 구하려고 합니까?"

양주가 대답했다.

"이름을 내서 부자가 되려고 그러지요."

"부자가 되었는데도 어째서 멈추지 않습니까?"

대답했다.

"귀함을 구하는 거지요."

"귀해졌는데도 어째서 멈추지 않습니까?"

대답했다.

"죽은 뒤를 생각하는 거지요."

"죽었는데 무얼 한다는 겁니까?"

대답했다.

"죽은 뒤 자손을 위하려는 거지요."[1]

"이름나는 게 자손에게 무슨 보탬이 있습니까?"

대답했다.

"이름을 내기 위해서는 자기 육신을 힘들게 하고, 자기 마음을 애태워야 합니다.[2] 그러나 한 번 이름을 날리면 그 혜택이 온 집안에 미치고, 그 이로움이 온 마을에 이르니, 하물며 자신의 자손은 어떻겠습니까?"

"이름을 내기 위해서는 반드시 청렴해야 하는데 청렴하게 살면 가난하게 되고, 명성을 구하기 위해서는 반드시 양보해야 하는데 남에게 양보하다 보면 자신은 천해지게 되지요."[3]

【장담 주석】

【1】夫事爲無已 故情無厭足.

일거리가 끊임없으므로 충분하다고 생각하지 못하게 된다.

【2】夫名者 因僞以求眞 假虛以招實 矯性而行之, 有爲而爲之者 豈得無勤憂之弊邪?

이름을 얻으려면 거짓 속에서 진짜를 찾아내고 허황된 것들 가운데에서 진실을 찾아야 하며 타고난 본성을 고쳐서 행동해야 하니, 일거리를 찾아 작위하는 자에게 어찌 수고롭고 근심스러운 폐단이 없을 수 있겠는가?

【3】此難家之辭也. 今有廉讓之名而不免貧賤者 此爲善而不求利也.

이 구절은 비판하는 사람의 말이다. 청렴하고 겸양한다는 이름은 있으나 빈천을 면하지 못하는 것은, 선행을 행하지만 이득을 구하지 않기 때문이다.

2절

曰 管仲之相齊也 君淫亦淫 君奢亦奢.【4】志合言從 道行國霸, 死之後 管氏而已. 田氏之相齊也 君盈則己降 君斂則己施.【5】民皆歸之 因有齊國, 子孫享之 至今不絶.

若實名貧 僞名富.【6】

曰 實無名 名無實 名者 僞而已矣.【7】昔者堯舜僞以天下讓許由善卷 而不失天下 享祚百年.【8】伯夷叔齊實以孤竹君讓 而終亡其國餓死於首陽之山. 實僞之辯 如此其省也.【9】

양주가 말했다.

"관중이 제나라에서 재상 노릇을 할 때에 주군이 지나치면 같이 지나치게 행동했고, 주군이 사치하면 같이 사치했소.[4] 군신 간에 뜻이 맞고 말이 통하게 되자 마침내는 도가 행해졌고 천하를 제패하게 되었으나, 그가 죽자 관 씨는 끝나고 말았지요. 전 씨가 제나라의 재상이 되었을 때는 주군이 교만하면 자신은 낮추었고 주군이 거둬들이면 자신은 나눠주었소.[5] 결국 백성들이 모두 그에게로 귀의해서 제나라를 차지하게 되었고, 자손들이 지금까지 그치지 않고 권세를 누리고 있소."

"진실되게 이름을 얻으면 가난하게 되지만, 거짓으로 이름을 얻으면 부귀를 누리게 되는군요."[6]

양주가 말했다.

"참된 사실에는 이름을 붙일 수 없고, 이름은 사실과 일치하지 않으니, 이름이란 거짓일 뿐이오.[7] 옛날 요·순은 거짓으로 허유와 선권(善卷)에게 천하를 양보하는 척했을 뿐, 천하를 잃지 않고 백 년을 독차지했소.[8] 백이·숙제는 고죽군(孤竹君)의 임금 자리를 양보하려고 했으나, 나라를 잃어버리고 수양산에서 굶어 죽었소. 진실과 거짓에 대한 판별은 여기에서 살펴볼 수 있소."[9]

【장담 주석】

【4】 言不專美惡於己.

(임금을 따랐을 뿐) 자신의 선악도 마음대로 하지 않았음을 말한다.

【5】 此推惡於君也.

이는 임금에게 악을 미뤄버린 것이다.

【6】 爲善不以爲名 名自生者 實名也, 爲名以招利而世莫知者 僞名也. 僞名則得利者也.

이름 때문에 선행을 행한 것은 아니나 이름이 저절로 생하는 것은 진실된 이름이요, 이득을 보려고 이름을 구했으나 세상에서 알지 못하는 것은 거짓된 이름이다. 거짓된 이름은 곧 이득을 얻는 자다.

【7】不僞 則不足以招利.
거짓된 행동을 하지 않으면 이득을 볼 수가 없다.

【8】僞實之迹 因事而生. 致僞者 由堯舜之迹 而聖人無僞也.
거짓과 진실의 자취는 일로 말미암아 드러난다. 요·순의 자취를 보면 거짓으로 한 행동이지만, 성인은 거짓이 없다.

【9】省猶察也.
생(省)은 살핀다는 뜻이다.

【역자 해설】
요임금이 허유에게 왕위를 양보하는 이야기는 『장자』「소요유」에도 나오는 고사다.

요가 허유에게 천하를 맡아달라고 양보하면서 말했다.
"해와 달이 떴는데 여전히 횃불을 들고 서 있다면 불빛이 밝지 못하지 않겠습니까! 때맞춰 비가 내리는데 아직도 논에 물을 대고 있다면 쓸데없이 수고롭기만 하지 않겠습니까! 선생님께서 즉위하시면 천하가 다스려질 것인데 제가 아직도 맡고 있으니, 저는 스스로 부족하다고 생각합니다. 청컨대 천하에 나와주십시오!"
허유가 말했다.

"그대가 천하를 다스리자 천하가 이미 다스려졌거늘, 이제 내가 당신을 대신한다고 나선다면 나는 이름을 위하는 것이 아니겠습니까? 이름(名)이란 실체(實)에 찾아온 손님일 뿐이니, 내가 주인을 버리고 손님을 위해 그런 짓을 하겠습니까? 굴뚝새가 깊은 숲속에 둥지를 틀되 나뭇가지 하나면 충분하고 다람쥐가 강물을 마셔도 제 배 하나만 채우면 그만입니다. 그대는 돌아가 쉬십시오. 저는 천하를 다스리는 데 할 일이 없습니다. 주방에서 제물을 제대로 차리지 못한다고 제사 모시던 축관(祝官)이 제사상을 넘어가 요리를 대신할 수는 없는 것입니다."

『장자』에서는 요임금이 허유라는 현자를 만나자 진심으로 왕위를 양보하는 순진한 인물로 나오지만, 『열자』에서는 거짓으로 양보하는 척했다고 해서 요임금의 위선적 행동을 지적하고 있다. 요임금은 유교 사상과 이상 정치의 상징이건만, 열자는 요임금마저도 위선적 술수가로 그리고 있다.

앞 「역명」편 9장에서 관중의 인물 유형을 자세하게 분석한 바 있다. 여기에서는 관중이 제 환공을 도와 패제후의 업적을 세웠으나, 결국 그의 부귀도 자신의 대에서 끝나고 말았다고 했다. 전 씨는 전상(田常)으로 백성들의 환심을 사기 위해 대출해줄 때에는 큰 말로 곡식을 빌려주고 돌려받을 때에는 작은 말로 받자, 백성들이 점점 그에게로 귀의하게 되었다. 그의 증손인 전화(田禾)에 이르러서는 제 강공(康公)을 폐해버리고 제나라의 제후가 되었다. 결국 주군에게 아첨하면서도 뒤로는 교묘하게 주군을 따돌리고 백성들의 환심을 사서 왕좌를 차지하게 되었으니, 술수의 달인이라고 할 만하다. 마치 오늘날 정권을 잡으려고 온갖 권모술수를 부리며 여론을 조작하는 우리의 정치판을 보는 듯해서 씁쓸하다.

2장

楊朱曰

百年 壽之大齊, 得百年者 千無一焉. 設有一者 孩抱以逮昏老 幾
居其半矣. 夜眠之所弭 晝覺之所遺 又幾居其半矣. 痛疾哀苦 亡
失憂懼 又幾居其半矣. 量十數年之中 逌然而自得亡介焉之慮者
亦亡一時之中爾.

則人之生也 奚爲哉? 奚樂哉? 爲美厚爾 爲聲色爾. 而美厚復不可
常厭足 聲色不可常翫聞. 仍復爲刑賞之所禁勸 名法之所進退 遑
遑爾競一時之虛譽 規死後之餘榮 偊偊爾順耳目之觀聽, 惜身意
之是非 徒失當年之至樂 不能自肆於一時, 重囚纍梏 何以异哉?[1]
太古之人知生之暫來 知死之暫往.[2] 故從心而動 不違自然所好,
當身之娛非所去也. 故不爲名所勸.[3] 從性而游 不逆萬物所好 死
後之名非所取也 故不爲刑所及.[4] 名譽先後 年命多少 非所量也.

양주가 말했다.

"백 년은 인간 수명의 한계이니, 백 년을 사는 사람은 천 명 가운
데 하나도 없다. 설혹 한 명이 있다 하더라도, 아무 생각 없이 어

머니 품에 안겨 있던 어린 시절과 정신이 혼미해진 노망(老妄)
난 시간이 백 년 가운데 거의 절반을 차지한다. 심신 활동이 멈
춘 밤에 잠자는 시간과 낮에 깨어 있으면서 그냥 흘려버린 시간
이 또 남은 시간의 절반을 차지한다. 몸이 아프거나 병에 걸린 시
간, 슬프고 괴롭던 시간, 멍한 채로 보낸 시간, 걱정하고 두려워하
던 시간이 또 그 나머지의 절반을 차지한다. 이들을 제외한 나머
지 10여 년 동안을 헤아려보더라도 조금의 걱정도 없이 흐뭇하
게 만족스럽던 경우는 또한 한때도 없다.

사람이 산다는 것은 어찌 해야 하는 것인가? 무엇이 행복인가?
맛난 음식과 좋은 옷을 구하고 가무와 미색을 즐길 따름이다. 맛
난 음식과 좋은 옷이라 하더라도 언제나 물릴 정도로 만족스럽지
못하고, 가무와 미색을 마음껏 즐겨도 언제나 즐거울 수는 없다.
더구나 나라에서는 상벌(賞罰)로 부추기고 법령으로 간섭하니,
우리는 허둥지둥 한때의 헛된 명예를 다투게 되고, 죽은 뒤에도
영화를 남겨놓고 싶어서 살금살금 남의 눈치를 보며, 몸과 마음
의 호오(好惡)에 연연해하다가 눈앞의 행복을 놓쳐버려서 단 한
때라도 마음껏 즐기지 못하니, 형틀에 꽁꽁 묶인 죄수와 무엇이
다른가?[1]

태곳적 사람들은 삶이란 잠깐 찾아온 것이요, 죽음이란 잠깐만에
떠나가는 것임을 알았다.[2] 그러므로 마음 내키는 대로 살며 스
스로 좋아하는 바를 어기지 않으면서 자신이 즐거운 일을 버리지
않았다. 그러므로 이름 때문에 휘둘리지 않았다.[3] 타고난 본성
대로 노닐되 자신이 좋아하는 것을 거스르지 않았으며 죽은 뒤에
이름을 남기려 하지 않았다. 그러므로 형벌이 그에게 미치지 않
았다.[4] 자기 이름이 남보다 앞에 있느냐 뒤에 있느냐의 여부나,
오래 사느냐 일찍 죽느냐 하는 수명 따위는 염두에 없었다."

【장담 주석】

【1】 <ruby>珋<rt></rt></ruby> 異也, 古字.

이(珋)는 이(異)의 고자(古字)다.

【2】 生實暫來 死實長往 是世俗常談, 而云死復暫往 卒然覽之 有似字誤. 然此書大旨 自以爲存亡往復 形氣轉續 生死變化 未始絶滅也. 注天瑞篇中已具詳其義矣.

삶이란 잠깐 외출 나왔다가 죽음으로써 영원히 돌아간다고 세속에서는 말들을 하니, '죽음이란 잠깐만에 떠나가는 것이다'라고 한 것은 얼핏 보기에 글자가 잘못된 듯하다. 그러나 이 글의 요지는 사물의 존망 왕복은 형기(形氣)가 전변되면서 이어지니, 생사가 변화해도 완전히 멸절되지는 않는다고 본 것이다. 「천서」편의 주석에서 이미 그 뜻을 상세하게 적어두었다.

【3】 爲善 不近名者.

선을 행해도 명예에 가까이하지 않는 사람이다.

【4】 爲惡 不近刑者.

악을 행해도 형벌에 저촉되지 않는 사람이다.

【역자 해설】

선진시대 그 누구도 열자처럼 인생의 시간표를 이렇게 주제별로 분류하고 계산해보았다는 말을 들어본 적이 없다. 2,000여 년 전의 사람이 인생의 시간을 이렇게 철저하게 따지고 분석하는 것을 보면, 열자는 느긋하고도 느린 전통적 사고방식을 지닌 사람이라기보다는 대단히 꼼꼼하게 분석하는 현대인의 계산 감각을 지니고 있다고 하지 않을 수 없다.

마테오 리치(Matteo Ricci, 1552-1610)는 일찍이 1608년 발간한 『기인십편』에서 인간 한평생의 즐거움을 계산한 바 있다.

80세를 살면 질(耋)이라고 하여 장수를 누렸다고 한다. 하지만 영생에 비하면 그 얼마나 긴 수명이라 하겠는가? 80년간 즐거움의 수효를 계산해서 세속의 즐거움이 얼마나 헛된 것인가를 밝히고자 한다. 어릴 때는 아무런 지각이 없기에 즐거움도 전혀 없고, 70세 이후에는 몸이 쇠약하고 눈귀가 어둡고 입맛을 잃으니 즐거움을 느낄 수가 없다. 그래서 처음과 끝 10년씩 20년을 제하면 즐길 수 있는 세월은 60년이다. 하루에 절반 이상은 잠으로 써버리니 즐길 수 있는 시간은 30년이다. 30년의 절반은 부형과 스승에게 회초리를 맞으며 공부하느라 즐거움을 느낄 수 없다. 장성해서는 집안일을 맡고 농사를 짓고 처자를 보살피며 온갖 일 처리에 정신이 없으니 어떻게 즐거우며, 부모와 자녀를 잃은 슬픔과 홍수·가뭄·기근·유행병의 재앙과 병들고 다치고 아프니 이들 모두 즐겁지 않다. 이처럼 30년을 사는 동안이나마 날마다 10개의 즐거움 가운데 하나만 얻어도 무척 다행스러운 일이다.

얼마 전 현대인의 시간 소비를 계산한 통계표를 보았다. 일단 인간이 잠자는 시간이 20년이다. 평균 연령을 80으로 놓고 볼 때 적어도 하루의 4분의 1은 잠을 자니, 20년을 잠잔다는 통계가 결코 지나친 수치는 아니다. 일하는 시간은 23년이다. 여기에는 초등학교에서 고등학교까지의 학창 시절 12년을 포함한 것으로 보인다.

다소 황당한 수치 같지만, 인간이 평생 기다리는 데 쓰는 시간 또한 무려 3년에 달한다고 한다. 멍하니 카페에서 사람을 기다리고 식당이나 극장 앞에서 줄을 서고 플랫폼에서 열차를 기다리는 시간이 3년에 달한다니 좀 아깝다는 생각이 든다. 놀라운 것은 화내는 시간이 5년에 달한다는 것이다. 그런데 더 놀라운 것은 평생 웃는 시간이 89일밖에 되지 않는다는 사실이다. 아마 일반인들의 생활 방식과 동선을 따라 평균을 낸 통계 수치겠지만, 평균 수명 80년의 생애 속에서 결국 웃으며 행복감을 만끽하는 시간은 석 달밖에 되지 않으니, 화를 내는 시간의 20분의 1에 불과한 셈이다.

이 수치는 호사가의 주관적 생각이라고 웃어넘길 일이 아닌 듯하다. 우리는 행복하게 살고 싶어 하지만, 도리어 그 행복의 꿈에 노예가 되어 평생을 불행하게 살고 있는 것은 아닐까? 장자가 헛된 이름을 구하다가 죽는다고(殉名) 질타한 바도 있거니와, "허둥지둥 한때의 헛된 명예를 다투다가, 죽은 뒤에도 영화를 남겨놓고 싶어서 살금살금 남의 눈치를 보며, 몸과 마음의 호오에 연연해하다가 눈앞의 행복을 놓쳐버려서 단 한때라도 마음껏 즐기지 못하니, 형틀에 꽁꽁 묶인 죄수와 무엇이 다른가?"라는 양주의 말은 장자의 질타를 아주 직접적이고도 솔직하게 발전시키고 있다. 전국시대에 맹자는 양주를 공동체 의식이라고는 눈꼽만큼도 없는 극단적 개인주의라고 비판했지만, 진정으로 삶의 의미가 무엇인지를 고민해본 사람이라면 양주의 이 신랄한 질타에 고개를 끄덕이리라 생각한다.

3장

楊朱曰

萬物所異者 生也, 所同者 死也. 生則有賢愚貴賤 是所異也, 死則
有臭腐消滅 是所同也. 雖然賢愚貴賤 非所能也, 臭腐消滅 亦非
所能也. 故生非所生 死非所死 賢非所賢 愚非所愚 貴非所貴 賤
非所賤.【1】

然而萬物齊生齊死 齊賢齊愚 齊貴齊賤.【2】 十年亦死 百年亦死 仁
聖亦死 凶愚亦死. 生則堯舜 死則腐骨, 生則桀紂 死則腐骨, 腐骨
一矣 孰知其異? 且趣當生 奚遑死後?【3】

양주가 말했다.

"만물은 살아 있을 때 각각 다르지만, 죽으면 다 같아진다. 살아
있을 때에는 현우(賢愚)와 귀천(貴賤)이 각각 다르지만, 죽으면
썩어서 없어진다는 점에서 모두 다 마찬가지다. 그렇지만 현우와
귀천은 사람 마음대로 할 수 있는 바가 아니요, 썩어서 없어지는
것도 마음대로 할 수 있는 바가 아니다. 그러므로 살았다고 해서
자기가 살게 한 것이 아니고, 죽었다고 해서 자기가 죽게 만든 것

도 아니며, 현명하다고 해서 자기가 현명하게 한 바가 아니고 어리석다고 해서 자기가 어리석게 만든 것도 아니며, 귀하다고 해서 자기가 귀하게 만든 것도 아니고 천하다고 해서 자기가 천하게 만든 것도 아니다.[1]

그러나 만물은 다 같이 살고 다 같이 죽으며, 다 같이 현명하고 다 같이 어리석으며, 다 같이 귀하고 다 같이 천하다.[2] 십 년을 살아도 죽고 백 년을 살아도 죽으며, 인자한 이도 죽고 흉악한 자도 죽는다. 살아서는 요·순 같은 성왕이라도 죽으면 썩은 뼈만 남고, 살아서는 걸·주 같은 폭군이지만 죽으면 역시 썩은 뼈만 남으니, 썩은 백골이라는 점에서 다 한가지일 뿐 누가 다름을 알겠는가? 지금 여기의 삶에 충실히 따를 뿐, 어느 겨를에 죽은 뒤를 생각하겠는가?"[3]

【장담 주석】

【1】 皆自然爾 非能之所爲也.

다 저절로 그러할 뿐, 사람의 능력으로 한 것이 아니다.

【2】 皆同歸於自然.

모두가 똑같이 저절로 그렇게 된 것이다.

【3】 此譏計後者之惑也. 夫不謀其前 不慮其後 無戀當今者 德之至也.

이 구절은 뒷날을 계획하는 어리석음을 비판한 내용이다. 미리부터 꾀하지 않고 뒷날을 걱정하지도 않으며 지금 당장에 연연해하지 않음은 덕이 지극하기 때문이다.

【역자 해설】

"만물은 살아 있을 때 각각 다르지만, 죽으면 다 같아진다"는 말은 나이를 먹을수록 실감이 난다. 꼭 죽지 않아도 나이가 많아질수록 우리 인간은 다 비슷해지는 것 같다. 젊은 시절 꽃처럼 예쁘던 미인도, 총명예지를 자랑하던 재사도, 나이를 먹어가면서 사람을 압도하던 그 생기 넘치는 아름다움과 총기(聰氣)는 무뎌지고 평범한 이웃집 노인으로 늙어간다. 죽고 나면 모두가 똑같이 백골만 남을 뿐이다. 생전에는 아방궁에서 살더라도 죽으면 빈손으로 한 평의 땅속에 묻힐 뿐이다. 부귀영화를 누리던 왕손(王孫)도, 한 끼 밥을 구걸하던 걸인도, 영욕의 순간은 사라지고 명예와 위세는 물거품처럼 허무로 돌아갈 뿐이다. 요·순도, 걸·주도, 황금의 관을 썼던 제후도 죽으면 마찬가지이니, 무슨 차이가 있단 말인가? 우리 인간의 육신에게 주어진 백년의 시간은 영겁의 우주 앞에서 무슨 의미를 갖는 것일까?

사실 중국인들에게 사후의 세계는 그다지 큰 의미가 없었던 듯하다. 중국의 고전들을 보면 현실의 정치와 사회 문제에 관심이 집중되어 있지, 하늘나라건 황천이건 죽은 뒤의 세계에 대해서는 별다른 언급이 없다. 앞 장에서 말한, 부유해지기를 구하고 부유해진 다음에는 고귀하기를 구하며, 부귀를 누리고 난 사후에는 자손을 위한다는 생각은 중국인들이 현세에서 추구한 가치의 순위를 든 것이다. 사후에는 자손으로 이어지니 역시 명예와 부귀라는 현실의 가치가 후손에게 대물림되고 있을 뿐이다. 도가철학에서도 현실을 초월하는 도(道)를 말하기는 하지만 사후의 내세를 말하는 것은 아니다. 이 점에서 서양의 내세 중심의 종교 사상과는 판연히 다른 차이를 보인다.

그래서 양주는 "지금 여기의 삶에 충실히 따를 뿐, 어느 겨를에 죽은 뒤를 생각하겠는가?"라고 외친다. 사후의 명예를 탐하느라 살금살금 남의 눈치를 보는 것은 맛난 음식을 먹고 좋은 옷을 입고 가무와 미색을 즐기느니만 못하다고 했다. 양주의 주장이 쾌락적이고 즉물적인 듯한 느낌도 없지 않다. 하지만 과연 누가 양주의 주장을 마냥 부정할 수 있을까? 맹자는 양주를 극단적인 위아주의(爲我主義)라고 비판했지만, 물욕을 좇다가 이 즐거운 인생을 만끽해보지도 못한 채 자신의 생명을 스스로 훼손하고 있는 어리석음과 아이러니를 고발하고 있는 양주를 누가 잘못되었다고 비난할 수 있을까?

아이들은 천진난만하게 산다. 늘 즐겁게 뛰논다. 아무리 힘들어도 인생은 놀이의 장일 뿐이다. 앞의 「탕문」편 2장 우공이산 이야기에서도 과부의 어린 아들이 산을 옮기는 힘든 일에 동원되었지만, 아마 이 철부지는 깔깔거리며 공사판을 이리저리 뛰어다녔을 것이다. 나는 양주가 우리에게 해주고 싶었던 이야기는 이 천진난만한 동심(童心)을 잃지 말고 살라는 뜻이라고 생각한다. 세속의 싸움판이나 도박판에 끼어들어 물욕에 휘둘리거나 금권에 주눅 들지 말고, 자신이 좋아하는 대로 인생을 즐기며 생기발랄하게 살라는 말이다.

이 「양주」편 서두에 양주가 노나라의 맹 씨를 찾아간다는 이야기는, 아마도 양주를 이기주의자로 내몬 맹자의 오해를 겨냥한 설정이 아닐까 싶다. 그래서 이렇게 장황하게 맹 씨에게 헛된 이름을 추구하지 말고 자신의 삶에 충실하라고 충고해주고 있는 것이다.

4장

楊朱曰

伯夷非亡欲 矜淸之郵【1】以放餓死.【2】展季非亡情 矜貞之郵 以放
寡宗. 淸貞之誤善之若此.【3】

양주가 말했다.

"왕위를 버리고 수양산에 들어간 백이(伯夷)도 욕망이 없었던 것
은 아니었으니, 청렴을 뽐내다가【1】마침내는 굶어 죽고 말았다.【2】
전계(展季, 기원전 720-기원전 621)도 생각이 없었던 것이 아니었
으니, 지조를 뽐내다가 후손을 줄어들게 만들었다.1) 청렴과 지조
가 착한 사람을 그르침이 이와 같다."【3】

---

1) 전계는 유하혜(柳下惠)다. 춘추전국시대 노나라의 대부 본명은 전금(展禽)이
다. 유하는 전금의 읍(邑)이고, 계(季)는 그의 자(字)이므로 전계라는 별칭이 만
들어졌다. 사사(士師)의 직책을 수행할 때 세 번이나 쫓겨나면서도 직도(直道)
를 견지한 것으로 유명하다.

【1】音尤.

우(郵)의 음은 우다.

【2】守餓至死.

굶주림을 견디다가 죽게 되었다.

【3】此誣賢負實之言 然欲有所抑揚 不得不寄責於高勝者耳.

이는 어진 이를 속이고 진실된 이를 저버렸다는 말이다. 원래는 (백이와 전계에 대해) 비판도 하고 칭찬도 하려 했으나, 어쩔 수 없이 겉으로 (훌륭한 행위라고) 드러난 사실에 대해 책망한 것이다.

【역자 해설】

백이와 전계는 공자·맹자도 여러 번 일컬었던 고대의 현인들이다. 백이는 동생 숙제와 더불어 고죽국(孤竹國)의 왕위를 양보한 인물이다. 주 무왕이 혁명을 일으키는 것을 보고는 신하로서 임금을 정벌해서는 안 된다고 간언하다가 결국 수양산에 은둔해서 굶어 죽었다는 고사는 절의의 상징으로 널리 알려져 있다.

유하혜는 노나라의 대부로 정직하게 정치를 해서 공자로부터 칭송을 받았고, 『논어』에 유하혜가 소송을 관장하던 사사(士師)가 되어 곧고 바른 도(道)로 일을 처리하다가 세 차례나 쫓겨났다는 이야기가 기록되어 있다. 맹자도 유하혜를 화성(和聖)이라고 부르며 이윤(伊尹)·백이·공자와 함께 4대 성인으로 추앙했으며, "성인(聖人)은 백세(百世) 스승(師)이니 백이와 유하혜가 이런 분이다. 백이의 풍모를 들으면 완고한 자는 청렴해지고 나약한 자는 뜻을 세우게 된다"고 했다.

유하혜에게는 여자를 품에 안고서 하룻밤을 지내고도 아무 일이 없었다는 좌회불란(坐懷不亂)의 고사도 전해지고 있다.

유하혜가 도성 밖에서 유숙하게 되었다. 당시 대한(大寒) 때라 날이 몹시 추웠는데 갑자기 한 여자가 와서 하룻밤 묵게 해달라고 부탁했다. 유하혜는 그가 동사하지는 않을까 걱정되어 품에 안고 옷으로 덮어주었는데, 날이 샐 때까지 자세가 어지러워지지 않았다고 한다(遠行夜宿都門外 時大寒 忽有女子來託宿 下惠恐其凍死 乃坐之於懷 以衣覆之 至曉不爲亂).

이 고사는 알퐁스 도테의 「별」이라는 소설에 나오는 양치기 소년을 연상시킨다.

하지만 유하혜에게는 더 흥미로운 사연이 있다. 『장자』에는 중국 역사상 도둑의 왕이라고 할 수 있는 도척(盜跖)의 이야기가 자주 등장한다. 그 가운데 「도척」편을 보면, 공자와도 가까운 친구 사이였던 유하혜의 아우가 바로 도척이었다. 도척은 구천 명의 부하를 거느리고 천하를 횡행하면서 제후들의 영토를 침범해 약탈했다고 하며, 공자를 위선이라고 신랄하게 꾸짖는 장면까지 등장한다. 「거협」(胠篋)편에서는 '성인이 없어지지 않으면 큰 도둑도 없어지지 않는다. …쇠고리 하나를 훔치는 자는 사형당하고 나라를 훔치는 자는 제후가 되는데, 제후는 인의를 대궐 문 앞에 내걸어놓고 있으니 성인의 도덕과 학문까지 훔친 셈이 되지 않는가?'라고 하며 제후들을 큰 도둑이라고 나무라면서, 충효와 삼강오륜을 가지고 제후들의 정치권력을 편드는 유가 사상이 바로 도둑을 가르치는 선생이라고 신랄하게 비판했다. 장자서의 내용이 어디까지 사실인지는 알 수 없지만, 형은 정직한 현인의 대명사고 동생은 흉악한 도둑의 대명사라는 것은 아이러니를 넘어서 너무 과장된 표현이라는 생각도 든다. 그러나 얼마 전 친형은 미국의 유명 대학 총장이었지만 동생은 미국의 전설적인 갱 두목이 었다는 자의 죽음에 관한 기사를 본 적이 있는데, 그 형제가 바로 미 국판 유하혜와 도척이라고 할 수 있겠다.

5장

楊朱曰

原憲窶於魯 子貢殖於衛.[1] 原憲之窶損生 子貢之殖累身.

然則窶亦不可 殖亦不可, 其可焉在?

曰 可在樂生 可在逸身. 故善樂生者 不窶[2] 善逸身者 不殖.[3]

양주가 말했다.

"원헌(原憲)이 노나라에서 가난하게 사는 동안, 자공(子貢)은 위나라에서 장사로 재산을 불렸다.[1] 원헌의 가난은 생명을 단축시켰고, 자공의 재물은 그에게 누를 끼치게 되었다."

"그렇다면 가난하게 살아도 안 되고 재물을 불려도 안 되니, 어떻게 해야 합니까?"

양주가 대답했다.

"즐겁게 살고 몸을 편안하게 하면 되나니, 제대로 즐겁게 사는 이는 구차스럽지 않고,[2] 제대로 몸을 편안하게 하는 이는 재산을 불리지 않는다."[3]

【장담 주석】

【1】竇貧也. 殖貨殖.

구(竇)는 빈한하다는 뜻이다. 식(殖)은 재산을 불리는 것이다.

【2】足己之所資 不至乏匱也.

자기가 필요한 물자는 충당해서 모자라지 않게 한다.

【3】不勞心 以營貨財也.

마음을 괴롭히면서 재산을 늘리지 않는다.

【역자 해설】

자공이나 원헌은 모두 『논어』에 등장하는 공자의 제자다. 원헌(기원전 515-?)은 노나라 사람이라고도 하고 혹은 송나라 사람이라고도 하는데, 성은 원(原) 이름은 사(思)이며 자(字)가 헌(憲)이다. 공자의 제자들 가운데 안회와 더불어 가장 청빈했다고 전하며, 『논어』「헌문」(憲問)편은 원헌이 공자의 언행을 기록한 내용을 엮은 것이다. 『논어』에 공자가 노 사구(司寇)가 되었을 때, 원헌으로 가읍(家邑)의 재(宰)를 삼고 그에게 소정의 녹봉을 주려 하자 사양했다는 기록이 보이는 것으로 보아, 그는 스스로 안빈낙도의 삶을 선택했음을 알 수 있다.

이에 비해 자공은 공자의 10대 제자(孔門十哲) 가운데 한 명으로서, 공자를 가장 오래 모셨고 공자 사후에는 6년간 시묘살이를 했을 정도로 극진했다. 논어에 공자 제자 가운데 그에 관한 기록이 가장 많이 등장하는 것도 이런 사실과 관련이 깊다. 언변과 외교의 재능이 뛰어났고 장사를 잘해서 공자 제자들 가운데 가장 부유했다고 전한다.

그림 14. 자공

자공이 공자와 그의 제자들의 살림살이를 책임졌다고도 한다.

원헌은 가난했고 자공은 부유했던 것은 널리 알려진 사실이었던 것 같다. 『장자』에는 가난한 원헌이 부유한 자공을 꾸짖는 장면이 등장한다.

공자의 제자 원헌은 노나라에 살았다. 사방을 막아 방 한 칸을 들였는데 지붕은 생풀을 베어다가 이었으며, 쑥대로 엮은 문은 비뚜름한데 뽕나무 가지를 꺾어다가 빗장으로 삼았다. 방에는 깨진 항아리로 창을 내고는 헤진 베 조각으로 가려놓고 있었다. 위에서 비가 새서 바닥은 축축한데, 바르게 앉아 거문고를 타며 노래하고 있었다.
그때 자공이 큰 거마(車馬)를 타고 왔다. 안에는 감색으로 쪽물을 들였고 밖으로는 흰 비단으로 장식했는데, 수레가 너무 커서 골목을 들어갈 수가 없었다. 할 수 없이 자공은 걸어 들어가 원헌을 만났다. 원헌은 쑥대 문 앞에 꽃이 피듯 터진 관을 쓰고 뒤꿈치가 해진 신발을 신은 채 명아주 나뭇대를 짚고서 마중했다.

자공이 말했다.

"허허! 선생께서는 어찌 이리 심각한 병통이 있습니까?"

원헌은 대답했다.

"나는 재산이 없는 것을 가난이라 하고, 배우고 실천하지 못하는 것을 병통이라고 한다고 들었소. 지금 나는 가난하기는 하지만 무슨 병통이 있는 건 아니오."

자공이 머뭇머뭇 부끄러운 기색을 짓자, 원헌이 웃으면서 말을 이었다.

"세상에서 알아주기를 바라면서 행동하고, 교제를 한다면서 작당을 하고, 남에게 자랑하기 위해 학문을 하고, 자기를 위해서 남을 가르치며, 겉으로 인의를 내세우면서 안으로 남을 속인다거나 가마를 장식하는 따위는 나는 차마 하지 못하오"(『장자』「양왕」讓王).

쑥대 같은 집에서 겨우 입에 풀칠도 하기 어렵게 살았으니, 몸이 축나지 않을 수 있겠는가? 이에 비해 수레가 너무 커서 원헌의 집 골목에 들어서지도 못한 자공의 이야기는 같은 공자의 제자라고 하더라도 심하게 비교된다. 열자가 바로 이 대목을 보고 말한 것인지는 알 수 없으나, 양주의 입을 빌려 원헌의 정직함은 오히려 삶을 축내게 했고, 자공의 부유함은 오히려 그에게 누를 끼쳤다고 했다. 아무튼 '삶을 즐겁게 살고 몸을 편안하게 하라'는 양주의 말은, 우리같이 평생을 군사적 긴장과 압축 경제 시대에서 생존 경쟁을 하며 산 사람들에게는 한번 깊이 생각해볼 충고라고 하겠다.

6장

1절

楊朱曰

古語有之 生相憐 死相捐, 此語至矣. 相憐之道 非唯情也, 勤能使逸 饑能使飽 寒能使溫 窮能使達也.

相捐之道 非不相哀也, 不含珠玉 不服文錦 不陳犧牲 不設明器也.

晏平仲問養生於管夷, 吾管夷吾曰

肆之而已 勿壅勿閼.

晏平仲曰

其目奈何?

夷吾曰

恣耳之所欲聽 恣目之所欲視 恣鼻之所欲向 恣口之所欲言 恣體之所欲安 恣意之所欲行.[1] 夫耳之所欲聞者 音聲 而不得聽 謂之閼聰,[2] 目之所欲見者 美色 而不得視 謂之閼明, 鼻之所欲向者 椒蘭 而不得嗅 謂之閼顫,[3] 口之所欲道者 是非 而不得言 謂之閼智, 體之所欲安者 美厚 而不得從 謂之閼適, 意之所欲爲者 放

逸 而不得行 謂之閼性.

凡此諸閼 廢虐之主[4] 去廢虐之主 熙熙然以俟死 一日一月一年
十年 吾所謂養.[5] 拘此廢虐之主 錄而不舍 戚戚然以至久生 百年
千年萬年 非吾所謂養.[6]

양주가 말했다.

"옛말에 '살아서는 서로를 위해주다가 죽어서는 서로를 버린다'
고 했는데, 이 말이 참 옳다. 서로를 위해주는 길은 생각만으로 하
는 게 아니라, 힘들어하면 편안하게 해주고 배고파하면 배부르게
해주고 추위에 떨면 따뜻하게 해주며 곤궁을 당하고 있으면 성공
하도록 해주라는 것이다.

죽어서 서로를 버리라는 것은 서로 슬퍼하지 말라는 게 아니라,
죽은 사람의 입에 보배를 넣어 반함(飯含)하지 말고 죽은 사람의
몸에 수놓은 비단옷을 입히지 말고 소·돼지·양의 희생들을 죽
진설해두지 말며 명기(明器)를 무덤 속에 배열해놓지 말라는 말
이다."

안평중(晏平仲, 본명은 안영이며 안자라는 존칭으로 불림)이 관
이오(管夷吾 관중)에게 양생(養生)에 대해 묻자, 관이오가 대답
했다.

"하고 싶은 대로 할 뿐이니, 막지도 말고 멈추지도 마시오."

"구체적으로 어떻게 해야 합니까?"

"귀가 듣고 싶어 하는 대로 듣고, 눈이 보고 싶어 하는 대로 보고,
코가 냄새 맡고 싶어 하는 대로 맡고, 입이 말하고 싶어 하는 대
로 말하고, 몸이 편한 대로 편히 하고, 마음이 움직이는 대로 따르
시오.[1] 귀가 듣고 싶어 하는 것은 음악 소리이나 들을 수 없는 것
을 '총명이 막혔다'(閼聰)라 하고,[2] 눈이 보고 싶어 하는 것은 미

색(美色)이나 볼 수 없는 것을 '밝음이 막혔다'(關明)라 하고, 코가 냄새 맡고 싶어 하는 것은 향기이지만 냄새 맡을 수 없는 것을 '냄새가 막혔다'(關顫)라 하고,[3] 입이 말하고 싶어 하는 것은 시비이나 말할 수 없는 것을 '지혜가 막혔다'(關智)라 하고, 몸이 편하고 싶어 하는 것은 맛난 음식과 좋은 옷이나 이를 얻지 못한 것을 '적합함이 막혔다'(關適)라 하며, 마음이 움직이는 바는 편안함이나 이를 얻지 못한 것을 '본성이 막혔다'(關性)라고 합니다. 이 여섯 가지의 막힘이 심신을 학대하는 주인공이니,[4] 학대의 주인공을 제거한다면 즐겁게 죽음을 맞이할 수 있을 것입니다. 하루든 한 달이든, 일 년이든 십 년이든 이렇게 사는 것이 바로 내가 말하는 양생입니다.[5] 이 학대의 주인공에 얽매여 그 속에 갇혀 벗어나지 못한 채 백 년이든 천 년이든 근심스레 오래 산다고 해도 이는 내가 말하는 양생이 아닙니다.[6]"

【장담 주석】

【1】管仲 功名人耳 相齊致霸. 動因威謀 任運之道 既非所宜 且於事勢不容此言. 又上篇復能勸桓公適終北之國 恐此皆寓言也.

관중은 공명(功名)을 떨친 분으로, 제나라를 도와 패권을 차지하게 했다. 위세(威勢)와 지모(智謀)를 이용해서 행동한 관중은 명운(命運)을 따르는 도와는 맞지 않으며, 이런 상황으로 볼 때 이 장의 언급도 받아들일 수가 없다. 또한 상편에서 제 환공에게 종북의 나라를 가자고 권유한 것도 아마 다 우언(寓言)일 것이다.

【2】關塞.

알(關)은 막는다는 뜻이다.

【3】鼻通曰顫 顫音舒延切.

코가 뚫림을 전(顫)이라고 하는데, 전의 음은 선으로 읽는다.

【4】廢大也.

폐(廢)는 크다는 뜻이다.

【5】任情極性 窮歡盡娛 雖近期促年 且得盡當生之樂也.

뜻대로 맡기고 본성대로 다해서 기쁨과 즐거움을 만끽하니, 기간이 짧거나 시간이 촉박하다 하더라도 삶의 즐거움을 다 얻은 것이다.

【6】惜名拘禮 內懷於矜懼憂苦以至死者 長年遲期 非所貴也.

이름에 연연해하고 예법에 얽매여서, 죽을 때까지 마음속으로는 뽐내고 두려워하며 근심과 괴로움을 품고 살게 되니, 오래 살거나 생명을 연장한다 하더라도 귀할 바가 없다.

2절

管夷吾曰

吾旣告子養生矣 送死奈何?

晏平仲曰

送死略矣 將何以告焉?

管夷吾曰

吾固欲聞之.

平仲曰

旣死 豈在我哉? 焚之亦可 沈之亦可 瘞之亦可 露之亦可 衣薪而棄諸溝壑亦可 袞衣繡裳而納諸石椁亦可 唯所遇焉.【7】

管夷吾顧謂鮑叔黃子曰
生死之道 吾二人進[2]之矣.【8】

관이오가 말했다.

"내가 그대에게 양생하는 법을 알려주었으니, 죽음을 맞을 때는 어떻게 하면 좋겠소?"

안평중이 말했다.

"죽음을 맞는 것이야 단순할 뿐이니, 무엇을 말씀드려야겠습니까?"

관이오가 대답했다.

"내가 꼭 들어보고 싶소."

안평중이 대답했다.

"죽은 다음에 대해 내가 무엇을 할 수 있겠습니까? 화장해도 좋고, 수장해도 좋고, 매장해도 좋고, 들판에 버려도 좋고, 섶나무에 덮어서 구렁에 버려도 좋고, 비단옷을 입혀 석관에 넣어도 좋으니, 그저 되어가는 대로 할 뿐입니다."【7】

관이오가 포숙과 황자(黃子)를 돌아보며 말했다.

"죽고 사는 도리는 우리 둘이 다 깨쳤습니다."【8】

【장담 주석】

【7】 晏嬰 墨者也 自以儉省治身 動遵法度 非達生死之分. 所以舉此二賢以明治身者 唯取其奢儉之異也.

안영(晏嬰)은 묵가 사상가로, 검약으로 자신을 단속하고 행동거지에 법도

---

2) 진(進)은 진(盡)의 뜻이다. 장만수(莊萬壽)나 엄북명(嚴北溟)은 안평중과 관이오가 생사의 도를 터득했다고 해석했다. 『신역열자독본』, 225쪽 및 『열자역주』, 192쪽 참조.

를 준수하긴 하지만 생사의 분수에 통달하지는 못했다. 그래서 관중과 안영이라는 두 현자를 들어서 자신을 다스리는 법을 밝힌 것은, 오직 사치와 검소가 다름을 말했을 뿐이다.

【8】當其有知 則制不由物, 及其無知 則非我所聞也.
아는 부분에 있어서는 남에 의해 제어당하지 않지만, 모르는 부분에 있어서는 내가 들은 바가 아니다.

【역자 해설】

안평중은 바로 앞 「역명」편 11장에 안자(晏子)로 등장했고, 관중은 「탕문」 5장과 「역명」 3장 등에서 여러 차례 언급된 바 있다. 『예기』에서도 여러 차례 강조하고 있지만, 양생(養生)과 송사(送死)는 인생의 두 가지 중대사다. 타고난 생명을 건강하고 충실히 살 수 있도록 소중히 가꾸는 것은 무엇보다도 중요하다. 또한 생명이란 유한한 것이니 죽음을 어떻게 맞이하는가도 대단히 중요하다. 이는 처음에 잘하다가도 매조지를 잘못하면 실패한 셈이고, 시작엔 허술했다가도 끝맺음을 잘하면 전체가 성공한 것으로 평가하는 것과 마찬가지다. 산명술에서 초년운보다 말년운을 중시하는 것도 같은 맥락이다.

마지막 단락에서 안평중이 말하는 송사의 도는 너무 단순한데다가 결말도 급하게 맺어서 뭔가 누락된 듯한 느낌을 준다. 아무튼 그 요지는 "살아서는 서로를 위해주지만, 죽어서는 서로를 버린다"는 말처럼 삶을 즐겁고 충실하게 사는 것이 중요하지 죽은 뒤에 호사스런 장례나 제례는 불필요하다는 것이다.

도가가 보기에 유가는 살아서는 이름을 얻기 위해 고달프고 죽으면 지나치게 화려한 장례를 치른다. 우리나라도 장례 비용이 많이 들기는 하지만 대개는 여러 친지들의 부조와 도움으로 상을 치른다. 하지만 중국의 경우에는 보통 사람으로서는 감당하기 힘들 정도였던 것으로 보인다. 심지어 부모의 상을 치르기 위해 처녀의 몸을 파는 '효녀' 이야기가 등장할 정도니 이는 심각한 문제가 아닐 수 없겠다. 하지만 양주는 살아서는 즐겁게 살지만 죽으면 검약하게 장례를 치르라고 한다. 이미 죽어서 감각도 없는 시신이 호사를 누린다는 것이 무슨 소용인가? 그럴 바에는 신나게 사는 것이 현명한 것이 아니겠는가? 유가와 도가는 많은 부분 비슷한 주장을 하지만, 생과 사를 대하는 태도에서는 이렇게 대조적이다.

그러나 죽음을 검소하게 맞는다는 것이 그저 절약하거나 소홀히 하라는 의미는 아니다. 앞에서도 말했다시피, 필자도 우연히 죽음을 경험하는 꿈을 꾸면서 미리 죽음을 준비해두지 않으면 안 되겠다는 생각을 갖게 되었다. 다시 말해 검소한 죽음을 위한 준비란, 이생에서 내가 벌려두었던 일들을 하나씩 정리해둠으로써 더 이상 회한이 남지 않도록 하는 것이다. 그것이 송사의 도이자, 우리 같은 보통 사람이 할 수 있는 작은 열반(涅槃)이라고 생각한다.

선고(先考)께서는 평생 가족을 위해 열심히 일하신 분이셨다. 그런데 어떻게 짐작하셨는지 편찮으시기 직전에 틈틈이 지난 일들을 정리하셨다. 심지어는 어느 시골 마을에 찾아가 10여 년 전에 일어난 차량 접촉 사고의 당사자를 수소문했다. 이미 까마득히 잊고 살던 당사자를 찾아가 당시 일을 설명하자 그 시골 양반이 처음에는 다시 무슨 봉변을 당하는 줄 알고 그런 일 없었다고 모른 척하셨다고 한다. 그러나 '내가 수리비보다 좀 많은 돈을 받았다'고 하면서 남은 돈을 돌려주자 당황하면서 '예수를 믿으시는 분이신가요?' 하며 물으셨다고 한다. 선친께서는 특별한 종교를 믿는 것도 아니셨고, 내가 생각하기에 그렇게 많은 보상을 받은 것도 아니었다. 시골길에서의 접촉 사고에 무슨 큰돈이 오고갔겠는가? 그렇지만 양심과 본성이 명하는 바를 따라서 이렇게 깨끗하게 정리하고 떠나는 것이 우리 보통 사람이 이 생에 왔다가 가는 예의이자 작은 열반이라고 생각한다. 멋지게 살다가 깨끗하게 정리하고 떠나는 것, 나는 이것이 검소하게 죽음을 맞을 수 있는 길이며 양생송사(養生送死)의 도라고 생각한다.

7장

1절

子産相鄭 專國之政 三年 善者 服其化 惡者 畏其禁, 鄭國以治 諸
侯憚之. 而有兄曰公孫朝 有弟曰公孫穆. 朝好酒 穆好色. 朝之室
也, 聚酒千鐘³⁾ 積麴成封 望門百步 糟漿之氣 逆於人鼻. 方其荒於
酒也 不知世道之安危 人理之悔吝 室內之有亡 九族之親疎 存亡
之哀樂也. 雖水火兵刃 交於前 弗知也.
穆之後庭比房數十 皆擇稚齒婑媠者[1]以盈之. 方其耽於色也 屛
親暱 絶交游 逃於後庭 以晝足夜, 三月一出 意猶未愜. 鄕有處子
之娥姣者 必賄而招之 媒而挑之 弗⁴⁾獲而後已.

　자산(子産)이 정나라에서 재상이 되어 정사를 행한 지 3년이 되
자, 착한 이는 그 덕화에 감복하고 악한 자는 그 법령이 무서워 떨
었으니, 정나라는 잘 다스려졌고 다른 공후(公侯)들은 그를 두려

---

3) 1종(鍾)은 6곡(斛) 4두(斗)다. 곡(斛)은 고대의 일석(一石)으로 지금의 오두(五
斗) 혹은 이두오승(二斗五升)이다.
4) 불(弗) 자는 연문(衍文)이거나 필(必) 자의 잘못이다. 『열자집석』, 225쪽 참조.

위했다.

그런데 자산에게는 공손조(公孫朝)라는 형과 공손목(公孫穆)이라는 아우가 있었다. 공손조는 술을 좋아했고, 공손목은 여색을 좋아했다. 공손조는 집에 술을 천 섬을 해두고 누룩을 산더미같이 쌓아놓아서, 백 보 앞에서 그 집 문을 바라보면 술 냄새가 사람의 코를 찔렀다. 그가 술에 취해 있을 때에는 세상이 흥하는지 망하는지, 사람이 길한지 흉한지, 집사람이 있는지 없는지, 친척이 먼지 가까운지, 생사가 슬픈지 즐거운지도 몰랐다. 심지어 큰물이 나건 화재가 나건 아랑곳하지 않았고, 칼날이 눈앞에 닥쳐와도 몰랐다.

공손목의 뒤뜰에는 수십 간의 방이 즐비하게 있었는데, 어리고 아리따운 처녀들을 뽑아다가[1] 그득 채워놓았다. 한참 여색에 빠져 있을 때에는 친척을 오지 못하게 했고, 친구와도 교제를 끊고서는 뒤뜰에 숨어서, 밤낮을 가리지 않고 즐기다가 석 달에 한 번 나오면서도 흡족해하지 못했다. 시골에 예쁜 처자만 있다면 뇌물을 보내어 부르거나 매파를 보내어 꼬드겨왔으니, 손에 넣지 않고는 그만두지 않았다.

【장담 주석】

【1】婑音烏果切, 媠音奴坐切.

와(婑)는 음이 와고 놔(媠)는 음이 놔다.

2절

子産日夜以爲戚 密造鄧析而謀之曰

喬聞治身以及家 治家以及國 此言自於近至於遠也. 喬爲國則治

그림 15. 술과 여색에 빠진 쾌락주의자

矣 而家則亂矣, 其道逆邪? 將奚方以救二子? 子其詔之!

鄧析曰

吾怪之久矣 未敢先言. 子奚不時其治也 喩以性命之重 誘以禮義
之尊乎?

子産用鄧析之言 因閒以謁其兄弟 而告之曰

人之所以貴於禽獸者 智慮, 智慮之所將者 禮義, 禮義成 則名位
至矣. 若觸情而動 眈於嗜慾 則性命危矣. 子納喬之言 則朝自悔
而夕食祿矣.

자산은 두 형제 때문에 밤낮으로 걱정을 하다가, 남몰래 등석(鄧析)에게 찾아가서 꾀를 내어 말했다.

"제가 듣건대 '먼저 자신을 다스린 뒤에는 가문을 다스리고, 가문을 다스린 뒤에는 나라를 다스린다'고 했으니, 이는 가까운 데에서 시작해서 먼 곳까지 미침을 말합니다. 그런데 저는 나라는 잘 다스렸으나 집안은 어지러우니, 그 도가 거꾸로 뒤집어졌습니다. 장차 무슨 방법으로 우리 형제를 구할 수 있겠습니까? 선생께서 알려주소서."

등석이 말했다.

"저도 오랫동안 괴이하게 생각하고 있었으나, 감히 먼저 말씀드리지 못하고 있었습니다. 당신은 어째서 수시로 타고난 성명(性命)이 중요함을 깨우쳐주고, 또 예의가 존귀함을 타일러서 동생들을 건사하지 않으십니까?"

자산은 등석의 말대로 틈을 타서 그의 형제를 찾아가서 말했다.

"사람이 금수보다 귀중한 까닭은 지려(智慮)가 있기 때문이요, 지려가 갖춰야 할 것은 예의이니, 예의가 확립되면 명예와 지위가 이르게 된다. 만일 정욕이 동하는 대로 행동하고 욕망을 탐닉하게 되면 타고난 성명이 위태로워진다. 내 말을 받아들여서 아침에 회개하면 바로 저녁부터 작록(爵祿)을 누릴 수 있게 될 것이다."

3절

朝穆曰

吾知之久矣 擇之亦久矣【1】 豈待若言而後識之哉? 凡生之難遇而死之易及. 以難遇之生 俟易及之死 可孰念哉? 而欲尊禮義以夸

人 矯情性以招名 吾以此爲弗若死矣.[2]

爲欲盡一生之歡 窮當年之樂 唯患腹溢而不得恣口之飮 力憊而
不得肆情於色, 不遑憂名聲之醜 性命之危也. 且若以治國之能夸
物 欲以說辭亂我之心 榮祿喜我之意 不亦鄙而可憐哉? 我又欲與
若別之.[3]

　夫善治外者 物未必治 而身交苦, 善治內者 物未必亂 而性交逸.
以若之治外 其法可暫行於一國 未心於人心, 以我之治內 可推之
於天下 君臣之道息矣. 吾常欲以此術而喻之 若反以彼術而敎我
哉?

子産忙然 無以應之. 他日以告鄧析, 鄧析曰

子與眞人居而不知也, 孰謂子智者乎? 鄭國之治 偶耳, 非子之功
也.[4]

공손조와 공손목이 말했다.

"우리도 그런 정도는 이미 알고 있는 지 오래되었고, 주색(酒色)
을 택한 지도 이미 오래되었습니다.[1] 어찌 형의 말을 듣고 나서
야 이를 알겠습니까? 태어나기란 만나기 어려우나 죽기는 쉽습
니다. 만나기 어려운 삶으로 쉽게 닥칠 죽음을 기다리고 있으니,
무엇을 생각해야만 하겠습니까? 형님은 예의를 높이 받들어서
사람들에게 과시하고 타고난 성정을 한쪽으로 구부려서 이름을
얻으려고 합니다만, 우리는 그렇게 살 바엔 죽느니만 못하다고
생각합니다.[2]

한 번 만난 이 생의 기쁨을 다 누리고 지금 여기에서의 즐거움을
만끽하고자 하니, 오직 걱정인 것은 배가 불러서 마음껏 마시지
못하는 것과 힘이 딸려서 마음대로 여색을 누리지 못할까 하는
것이거늘, 어느 겨를에 명성(名聲)이 더럽혀질까 성명(性命)이

위태로워질까 걱정하겠습니까. 또 형님은 나라를 다스리는 재능을 사람들에게 뽐내고, 말솜씨로 우리 마음을 뒤흔들며, 부귀영화로 우리의 뜻을 달래려 하니, 또한 유치하고 가련치 아니합니까? 우리는 형님과 다르게 살려 합니다.[3]

밖을 잘 다스리려는 이는 남을 다스리지도 못한 채 자신이 먼저 힘들게 되고, 안을 잘 다스리려는 이는 남을 어지럽히지 않으면서 자기의 본성이 편안하게 됩니다. 형님이 밖을 다스리는 법은 일시적으로 한 나라에 시행될 수 있지만 사람의 마음에는 맞지 않으니, 만일 우리가 안을 다스리는 도를 가지고 천하에 시행케 하면 군신 간의 도 자체가 사라질 것입니다. 우리는 늘 이러한 도술로 사람들을 깨우쳐주고 있는데, 형님은 도리어 저따위 방법으로 우리를 가르치려 하는 건가요?"

자산은 멍하니 아무 대답도 못 했다. 다른 날 등석에게 이야기하자 등석이 말했다.

"그대는 진인(眞人)과 같이 살면서도 몰라보았으니, 누가 당신더러 지혜롭다고 하겠습니까? 정나라가 다스려진 것은 우연일 뿐이지, 그대의 공은 아닙니다."[4]

【장담 주석】

【1】 覺事行多端 選所好而爲之耳.

세상일이 복잡다단함을 깨달아 알고 있으니, 좋아하는 것을 선택해서 그것을 할 뿐이다.

【2】 達哉此言! 若夫刻意從俗 違性順物 失當身之暫樂 懷長愁於一世, 雖支體具存 實鄰於死者.

통달했도다, 이 말이여! 만일 애를 써서 세속을 따르고, 타고난 본성을 어긴 채 외물을 좇느라 당장의 즐거움을 버리고 평생의 긴 근심을 품고 산다면, 비록 몸뚱이를 갖고는 있으나 시체와 별반 다를 게 없다.

【3】別之猶辨也.

별지(別之)는 변(辨)과 같다.

【4】不知眞人 則不能治國 治國者 偶爾. 此一篇辭義太迢挺抑抗 不似君子之音氣. 然其旨欲去自拘束者之累 故有過逸之言者耳.

진인(眞人)을 알아보지 못했다면 나라를 다스릴 수도 없으니, 나라를 다스린 것은 우연일 뿐이다. 이 한 편의 함의는 상대를 너무 과격하게 비판해서 군자의 말투 같지가 않다. 그러나 그 요지는 얽매인 구속을 벗겨내고자 말을 지나치게 한 것이다.

【역자 해설】

등석과 자산의 관계에 대해서는 앞 「역명」편 4장에서 '정나라에서 등석을 등용하자, 그는 자주 자산의 정치를 비판했다. 자산이 말문이 막히자, 등석을 가두었다가 얼마 뒤에 처형했다'고 했다. 자산이 등석을 처형한 이야기는 『여씨춘추』에도 실려 있으니, 아마 당시에 널리 알려진 사실로 추정된다. 이 장에서도 달변가 등석의 비판이 자산의 말문을 막고 있는 모습을 확인할 수 있다. 하지만 자산이 등석을 찾아가서 자문을 구하고, 등석은 자산을 어리석다고 나무라고 있으니, 마치 스승처럼 그려지고 있다. 이렇게 친했다가 나중에 처형했다는 설정은 좀 개연성이 떨어진다고 하지 않을 수 없다.

노장은 유가의 도덕주의나 기성의 관습적 사유에 대해 강한 톤으로 비판을 하되 사회적인 금도(禁度)는 넘지 않았다. 하지만 열자서에서는 술과 여색에 관한 사회적 금기를 깨고 있다. 이것이 비유라고 하더라도 봉건사회에서 이런 열자의 사상이 받아들여지기는 무척 힘들었을 것이다.

이런 점에서 「양주」편의 사상은 봉건시대의 이단이라고 할 수 있겠다. 또한 이 편은 맹자가 양주에 대해 정강이 털 하나만 뽑으면 온 천하가 이롭다고 해도 하지 않을 사람이라고 비판하고, 공동체 의식이 전혀 없는 무군(無君)의 이단아라고 비난한 빌미가 되었다. 비유를 들어서 말해본다면, 노자·장자가 인위적인 개발에 반대하는 환경주의자라면 열자·양주는 자신들만의 천국을 추구하는 히피에 가깝다고 하겠다.

8장

1절

衛端木叔者 子貢之世也. 藉其先貲 家累萬金 不治世故 放意所
好. 其生民之所欲爲 人意之所欲玩者 無不爲也 無不玩也. 牆屋
臺榭 園囿池沼 飮食車服 聲樂嬪御 擬齊楚之君焉.

至其情所欲好 耳所欲聽 目所欲視 口所欲嘗 雖殊方偏國[1] 非齊
土之所産育者 無不必致之, 猶藩牆之物也. 及其游也 雖山川阻險
塗逕脩遠 無不必之 猶人之行咫步也. 賓客在庭者 日百往 庖廚之
下 不絶煙火 堂廡之上 不絶聲樂.

奉養之餘 先散之宗族, 宗族之餘 次散之邑里, 邑里之餘 乃散之
一國. 行年六十 氣幹將衰 棄其家事 都散其庫藏珍寶車服妾媵.

위나라 단목숙(端木叔)은 자공의 후손이다. 선대의 재산에 의지
해서 집안에 수만금의 재물이 쌓여 있으니, 세상일에 간여하지
않고 마음대로 하고 싶은 대로 했다. 사람으로 태어나서 하고 싶
은 일과 마음속에 즐기고 싶은 것은 무엇이든 하지 않는 것이 없
었고, 즐기지 않는 것이 없었다. 고대광실과 원림(園林)과 지당

(池塘), 음식과 수레와 의복 그리고 음악과 비빈과 시종들까지, (부유한) 제나라나 초나라 임금에 비길 정도였다.

마음으로 좋아하는 것, 귀로 듣고 싶은 것, 눈으로 보고 싶은 것, 입으로 먹고 싶은 것이 있으면 비록 제나라 땅에서 나지 않는 외국이나 변경 지역의[1] 물건이라도 반드시 구해왔고, 마치 집 안에 있는 물건처럼 썼다. 유람하고 싶으면 아무리 산천이 험하고 길이 멀더라도 가지 못하는 곳이 없었으니, 사람들이 지척 간을 산보하듯이 유람을 다녔다. 뜰에는 손님이 매일 백여 명을 넘었고, 굴뚝에는 밥 짓는 연기가 끊이질 않았으며, 사랑채에는 음악소리가 끊이질 않았다.

문객을 접대하고 남은 음식은 먼저 일가친척에게 나눠주었고, 일가에게 나눠주고도 남은 나머지는 같은 마을 사람들에게 나눠주었으며, 같은 마을 사람에게 나눠주고도 남은 것은 온 도성 사람들에게 나눠주었다. 환갑이 되어 기력이 떨어지자, 집안일을 모두 접고 창고 안에 간직해뒀던 보물과 수레와 시종들까지 다 풀어줘버렸다.

【장담 주석】

【1】 偏 邊.

편(偏)은 변방의 뜻이다.

2절

一年之中盡焉 不爲子孫留財. 及其病也 無藥石之儲, 及其死也 無瘞埋之資.[1] 一國之人 受其施者 相與賦而藏之 反其子孫之財焉. 禽骨[2]釐聞之曰

端木叔 狂人也. 辱其祖矣.

段干生聞之曰

端木叔 達人也. 德過其祖矣.

其所行也 其所爲也 衆意所驚 而誠理所取. 衛之君子 多以禮敎自持 固未足以得此人之心也.

1년 사이에 재산이 바닥났고, 자손에게 줄 재산도 남지 않았다. 그가 병이 들자 이제는 약을 쓸 돈도 남아 있지 않았으니, 임종이 다가오는데 장사 지낼 비용조차 없었다.[1] 그러자 그에게서 베풂을 받았던 온 나라 사람들이 서로 비용을 부담해서 장사를 지냈고, 그의 자손들에게도 재산을 돌려주었다.

금골리(禽骨釐)가 말했다.

"단목숙은 미친 사람이다. 자기 조상을 욕보였다."

단간생(段干生)이 이를 듣고서 말했다.

"단목숙은 달관한 사람이다. 덕행이 조상을 능가했다."

그의 행실과 행한 일은 많은 사람들을 놀라게 했으나, 도리상으로는 참으로 취할 만했다. 위나라의 군자들은 대부분 예교(禮敎)를 지키기는 했지만 그와 같은 마음을 갖지는 못했다.

【장담 주석】

【1】達於理者 知萬物之無常 財貨之蹔聚. 聚之 非我之功也 且盡奉養之 宜散之 非我之施也 且明物不常聚. 若斯人者 豈名譽所勸 禮法所拘哉?

이치에 통달한 이는 세상의 만물이 다 무상하고 모은 재물도 일시적인 것임을 안다. 재물을 모은 것은 나의 공이 아닌지라 사람들을 접대하는 데에 다 썼고, 나눠줘야 마땅했던 것이니 재물이란 영원히 쌓아둘 수 없음을 분명히 알고 있었기 때문이다. 이런 사람을 어찌 명예로 부추길 수 있으며 예법으로 얽어맬 수 있겠는가?

【2】又屈.

금골리는 금굴리(禽屈釐)라고도 한다.

【역자 해설】

앞의 5장에서는 자공이 장사를 해서 재산을 증식했다고 했고, 『장자』에 보면 자공의 수레가 원헌이 사는 골목에 들어가지 못했다고 했으니, 당시 자공이 부유했음을 여러 곳에서 언급하고 있다. 또 자공은 외교와 언변에 능했다고 하며, 공자를 가까이 모신 기록이 여러 차례 등장하거니와 공자 사후에 혼자서 6년 상을 치를 정도로 스승을 각별히 모신 의리의 인물이기도 하다. 앞에서 자공이 재산을 증식한 것이 그의 덕행에 누가 되었다고 꼬집은 적도 있었으나, 이 장은 그 자공을 이은 어느 후손의 멋진 삶의 이야기다.

중국 부호(富豪)들의 저택은 고대광실, 원림 그리고 지당으로 구성된다. 이런 대저택에서 부인과 첩실 및 시종들을 거느리면서 생활한다면 왕공의 삶과 별반 다를 바가 없을 것이다.

중국 대저택의 규모는 우리나라에서는 강릉 선교장 정도가 이에 비겨볼 수 있을 것 같다. 우리나라의 전통 가옥 구조는 안채와 사랑채만 구분할 뿐 전체적인 공간 배치가 개방적이다. 흰색의 회벽을 위시해서 전체적으로 밝고 양명한 것에 비해 중국 저택의 공간 배치는 폐쇄적인 데다가 검정색 위주여서 어두운 느낌이 든다는 차이가 있다.

제나라의 산천이 아름답고 물산이 풍부하다는 것은 앞의 「역명」편 11장에서도 나왔고, 이와 더불어 초나라가 부유하다고 한 것은 널찍하게 자리 잡은 양자강 유역에 물산이 풍부하기 때문이다. 특히 위나라에 사는 단목숙이 제나라에서 나지 않는 물건은 기어코 다른 나라에서라도 구해왔다고 했으니, 위와 제가 경계를 맞대고 있었거니와 당시에는 제나라를 부유한 강대국으로 생각했음을 알 수 있다.

실리를 중시하는 중국에 과연 단목숙 같은 의인이 얼마나 있을까는 궁금하다. 중국 거부들의 통 큰 기부가 지상에 오르내리지만, 대개는 과시를 위한 것이다. 우리나라 의인(義人)들의 이야기는 소박하지만 감동을 준다. 우리 고향 마을의 한 고아원 문 앞에는 연말만 되면 누군가 쌀 한 가마를 남몰래 놓고 가고는 했다. 또 어느 동사무소 앞에는 매년마다 불우이웃을 도와달라는 손편지와 함께 돼지 저금통을 소리 없이 두고 가는 이도 있다. 아마도 이 기부자들은 배고픈 서러움을 아는 서민들일 것이다. 평생 시장에서 힘들게 김밥을 말아 판 할머니는 전 재산을 대학에 쾌척하면서, '내가 못 배운 대신에 가난한 학생들을 돕고 싶다'고 했다. 사회적으로 천민 취급을 당했던 성주 기생은 평생 모은 재산을 마을을 위한 제방을 쌓는 데 희사했다. 마을 사람들은 고마움을 표시하기 위해 그녀의 당호를 따서 앵무제(鸚鵡堤)라고 명명하고 송덕비를 세웠다. 하지만 이런 겉치레는 결코 그들이 원한 바는 아니다. 이 무명의 의인들이야말로 휴머니즘의 정수를 보여준다.

9장

孟孫陽問楊子曰

有人於此 貴生愛身 以蘄不死 可乎?

曰 理無不死.

以蘄久生 可乎?

曰 理無久生. 生非貴之所能存 身非愛之所能厚, 且久生奚爲?[1]

五情好惡 古猶今也, 四體安危 古猶今也, 世事苦樂 古猶今也, 變
易治亂 古猶今也. 旣聞之矣 旣見之矣 旣更之矣 百年猶厭其多
況久生之苦也乎?[2]

孟孫陽曰

若然 速亡愈於久生, 則踐鋒刃 入湯火 得所志矣.

楊子曰

不然, 旣生 則廢而任之 究其所欲 以俟於死,[3] 將死 則廢而任之
究其所之 以放於盡.[4] 無不廢 無不任 何遽遲速於其閒乎?

　맹손양(孟孫陽)이 양자(楊子, 즉 양주)에게 물었다.

　"어떤 사람이 자기의 생명을 귀중히 여기고 육신을 아껴서 불사

(不死)를 바라고 있는데, 가능하겠습니까?"

양자가 대답했다.

"불사란 있을 수가 없네."

"장생(長生)을 바란다면 가능하겠습니까?"

양자가 대답했다.

"오래 살 수도 없네. 사람의 생명은 귀중히 여긴다고 해서 간직되는 게 아니고 육신은 아낀다고 해서 강건해지는 게 아닌데, 어떻게 장생을 바라겠나?[1] 감정의 호오(好惡)는 고금(古今)이 같고, 육신의 안위(安危)도 고금이 같고, 세상의 고락(苦樂)도 고금이 같으며, 변화의 치란(治亂)도 고금이 같네. 이미 들었고 이미 보았고 이미 반복된 일들이라, 백 년 인생도 너무 길어서 싫증이 나는데 굳이 오래 살아서 오래 고통을 당하고 싶겠나?"[2]

맹손양이 말했다.

"그렇게 빨리 죽는 것이 오래 사는 것보다 낫다면 차라리 칼을 맞거나 불 속에 뛰어들면 뜻을 이루는 것이겠습니다."

양주가 대답했다.

"그렇지 않네. 사람이 세상에 태어났으면 타고난 그대로 맡겨두고 하고 싶은 대로 다 하면서 죽음을 기다릴 뿐이요,[3] 죽게 되면 그대로 맡겨두어서 가는 대로 다 가도록 해서 사라질 때까지 놓아두어야 하는 것일세.[4] 모든 인위를 멈추고 그대로 맡겨둘 일이지, 어찌 그 사이에서 수명을 늘리고 줄일 수 있겠나?"

【장담 주석】

【1】 設令久生 亦非所願.

오래 살게 해준다고 해도 원하는 바가 아니다.

【2】夫一生之經歷如此而已 或好或惡 或安或危 如循環之無窮, 若以爲樂 邪? 則重來之物 無所復欣. 若以爲苦邪? 則切己之患 不可再經. 故生彌久而憂 彌積也.

한평생 겪는 일이 이와 같을 뿐이어서, 호오(好惡)와 안위(安危)가 끝없이 순환하는데 이를 즐겁다고 여기겠는가? 그러나 계속 반복되는 일은 다시 (처음처럼) 즐겁지 않다. 그러면 이를 괴롭다고 여기겠는가? 자신에게 닥쳤던 환난은 다시 반복되지 않는다. 그러므로 오래 살수록 근심이 더욱 쌓인다.

【3】但當肆其情 以待終耳.

다만 마음껏 기분대로 살다가 죽음을 기다려야 할 뿐이다.

【4】制不在我 則尤所顧戀也.

(죽음이란) 내가 제어할 수가 없으니, 더욱 연연해하게 된다.

【역자 해설】

우리 집 막내가 초등학교 3학년쯤 어린이 퀴즈 프로그램에 출연한 적이 있었다. 그때 사회자가 어린 출연자들의 긴장감을 풀어줄 겸 물었다.

"우리 어린이의 꿈이 뭐예요?"

그러자 서슴지 않고 막내가 대답했다.

"우리 식구랑 영원히 같이 사는 거예요."

아마도 사회자는 과학자나 의사, 선생님 같은 답변을 기대했을 것이다. 하지만 어린 막내는 이런 예상을 한 번에 전복시켜버렸다. 지금 생각해봐도 그 이상의 현답(賢答)은 없을 듯하다. 초등학생 어린이의 꿈이 장생불사라고 말하기에는 다소 거창해보이지만, 사랑하는 가족과 함께 영원히 같이 살고 싶다는 아이의 소박한 꿈은 인류의 보편적 소망이자 궁극적 소원이라고 할 수 있다.

열자를 비롯한 노자·장자 등의 '도가'들은 죽음 따위에 연연해하지 않는다고 큰소리치지만, 정작 도가를 계승한 '도교'에서는 불사와 장생을 강령으로 내세운다. 과연 몇이나 죽음 앞에서 초연할 수 있을까? 사실 도교를 운위할 필요도 없이 사람이라면 누구나 희구하는 인류의 영원한 꿈이다. 이 점에서 불로장생을 표방한 도교가 어쩌면 솔직하다고 하겠다.

사람들은 도교를 믿으면 혹은 도를 닦으면 장생불사가 보장되는 것으로 생각한다. 그리고 노자·장자 같은 도가 사상이 장생불사의 비방(祕方)을 감추고 있다고 생각해서, 노장을 열심히 연구하면 우화등선할 것처럼 여긴다. 그러나 도교와 달리 도가는 장생불사에 대해 부정적 태도를 보인다. 도가는 생사를 초월해 영원한 도를 추구하는 것이지, 육신의 장생불사를 추구하는 것은 아니다.

열자는 양주의 입을 빌려서 장생과 불사를 한마디로 부정해버린다. 그것은 실현 불가능하며 이치상으로도 있을 수 없는 헛된 꿈이라는 것이다. 세상의 모든 존재는 성주괴공(成住壞空)의 법칙을 벗어날 수 없다. 더구나 상하기 쉬운 인간의 육신은 생로병사를 벗어날 수 없으며, 순식간에 소멸되는 존재다. 인간의 생명 자체가 실체가 없는 물거품과 같으니, 불후의 공적(功績)이니 영원한 명예 따위는 입에 올릴 가치도 없는 헛된 관념들일 뿐이다. 양주는 장생불사와 불후의 이름을 버리고 현실의 삶 자체를 직시한다. 그러고는 남에게 피해를 주지 않는 범위 내에서라면 누구의 눈치도 보지 말고 자신의 본성에 알맞게 '지금 여기에서' 즐겁고 행복하게 살라고 말한다. 양주는 동양의 히피다.

10장

楊朱曰

伯成子高不以一毫利物 舍國而隱耕. 大禹不以一身自利 一體偏

枯. 古之人損一毫利天下 不與也, 悉天下奉一身 不取也. 人人不

損一毫 人人不利天下 天下治矣.

禽子問楊朱曰

去子體之一毛以濟一世 汝爲之乎?[1]

楊子曰

世固非一毛之所濟.[2]

禽子曰 假濟 爲之乎?

楊子弗應. 禽子出語孟孫陽, 孟孫陽曰

子不達夫子之心 吾請言之. 有侵若肌膚獲萬金者 若爲之乎?

曰 爲之.

孟孫陽曰

有斷若一節得一國 子爲之乎?

禽子默然有閒. 孟孫陽曰

一毛微於肌膚 肌膚微於一節 省矣.[3] 然則積一毛以成肌膚 積肌

膚以成一節. 一毛固一體萬分中之一物 奈何輕之乎?

禽子曰

吾不能所以答子. 然則以子之言問老聃關尹 則子言當矣.【4】以吾
言問大禹墨翟 則吾言當矣.【5】

孟孫陽因顧與其徒說他事.

양주가 말했다.

"백성자고(伯成子高)는 터럭 한 오라기라도 남을 이롭게 하려고
하지 않았으니, 나라를 버리고 숨어서 농사를 지으며 살고 있었
다. 위대한 우임금은 자기 자신만 이롭게 하려 하지 않았으니, 남
을 위해 일하다가 반신불수가 되었다. 옛날 사람은 터럭 한 오라
기를 뽑아서 천하를 이롭게 한다고 해도 허락하지 않았고, 온 천
하를 가져다가 자신을 받들어준다고 해도 취하지 않았다. 사람
들마다 자기의 터럭 한 오라기도 뽑지 않고, 모든 사람이 천하를
이롭게 하려고 하지 않는다면 오히려 천하는 절로 다스려질 것
이다."

금자(禽子)가 양주에게 물었다.

"그대의 몸에서 털 한 가락을 뽑아서 세상을 제도할 수 있다면 그
대는 그렇게 하겠습니까?"【1】

양자가 대답했다.

"세상은 터럭 한 올로 제도할 수 있는 것이 아닙니다."【2】

금자가 물었다.

"가령 제도할 수 있다고 한다면 그렇게 하겠습니까?"

양자가 대답하지 않았다. 금자가 나와서 양자의 제자 맹손양(孟
孫陽)에게 말하자, 맹손양이 말했다.

"당신은 선생님의 마음을 알지 못하니, 내가 말해보고자 합니다.

만일 당신의 살갗을 찔러서 만금(萬金)을 얻을 수 있다면 당신은 그렇게 하겠습니까?"

금자가 답했다.

"그렇게 하지요."

맹손양이 물었다.

"당신의 골절을 잘라서 한 나라를 얻는다면 그렇게 하겠습니까?"

금자는 한참 동안 말없이 있었다. 맹손양이 말했다.

"터럭 한 올은 살점보다 가치가 적고, 살점은 골절보다 가치가 적음은 알고 있습니다.[3] 그렇다면 한 올의 털이 모여서 살이 되고, 살이 모여서 한 골절이 됩니다. 그러니 털 한 올도 본래는 한 몸의 만분의 일에 해당하는 존재이니, 어찌 그것을 가벼이 할 수 있겠습니까?"

금자가 말했다.

"나는 그대에게 답변할 수는 없소. 그런데 그대가 하는 말을 노담이나 관윤에게 물어보면 그대의 말이 맞다고 하겠지만,[4] 내 말을 우왕(禹王)이나 묵적(墨翟)에게 물어본다면 내 말이 맞다고 할 거요."[5]

그러자 맹손양은 뒤돌아서서 그의 문도들과 다른 이야기를 했다.

【장담 주석】

【1】 疑楊子貴身太過 故發此問也.

양자가 자신을 귀중하게 받드는 정도가 너무 심하다고 의심해서 이런 질문을 한 것이다.

【2】 嫌其不達己趣 故亦相答對也.

자신의 의도를 제대로 알지 못하는 것이 싫어서 대답해준 것이다.

【3】省 察.

성(省)은 살펴서 안다는 뜻이다.

【4】聃尹之教 貴身而賤物也.

노담과 관윤의 가르침은 자신을 귀중히 여기고 외물을 천하게 여기는 것이기 때문이다.

【5】禹翟之教 忘己而濟物也.

우왕과 묵적의 가르침은 자신을 잊고서 남을 제도하는 것이기 때문이다.

【역자 해설】

윤리적으로 말하자면 자신의 털 한 올도 남을 위해서는 뽑지 않겠다는 백성자고의 극단적 개인주의가 문제 있는 것처럼 보이지만, 논리적으로 말하자면 털 한 올은 뽑고 골절 하나는 자르지 않겠다는 금자의 논리가 파탄을 보이고 있다.

맹자는 "양자(楊子)는 자신을 위함을 취했으니, 털 한 올을 뽑아서 천하가 이롭게 된다 하더라도 하지 않았다"(『맹자』「진심」盡心)고 하면서 그를 '임금을 몰라보는', 요즘 말로 바꿔 말하면 공동체 의식이라고는 전혀 없는 이단(異端)이라고 비판했다. 우리는 보통 온 천하가 이롭게 된다 하더라도 자신의 털 한 올도 뽑지 않는다고 주장한 점에 근거해서 양주를 극단적 개인주의라고 몰아세운다. 하지만 위 장을 잘 보면 양주 자신이 털 한 올도 뽑지 않겠다고 말했다는 주장은 명백한 오류다. 이 주장은 양주가 아니라 백성자고의 것이며, 양주의 주장은 자신이 털을 뽑지 않겠다고 한 것이 아니라, 모든 사람들이 뽑지 않겠다는 생각을 갖는다면 천하가 다스려질 것이라는 점을 분명히 할 필요가 있다.

다시 한번 논쟁의 내용을 분석해보자. 우선 '터럭 한 오라기도 천하를 이롭게 하는 데 쓰지 않았다'는 백성자고의 말을 양주가 인용한 것을 금자가 '당신에게서 터럭 한 오라기를 뽑아서 세상을 제도할 수 있다면 그렇게 하겠습니까?'라고 바꿔 질문한 데에서 문제가 시작되었다.

즉 '털끝만큼도 천하를 이롭게 한다는 생각을 하지 않아야 한다'는 것은 백성을 위한다는 명분 아래에 백성을 억압하고 착취하고 있는 유가의 허위의식을 비판한 명제였는데, 금자는 이를 천하가 제도된다고 해도 자신의 털 한 올조차 뽑지 않겠느냐는 극단적 개인주의로 몰고 가는 질문으로 변질시켰고, 양주는 분명히 한 올의 털을 뽑는 행위로는 천하를 제도할 수 없다고 부정했다. 그럼에도 불구하고 맹자가 이를 양주 자신의 주장처럼 기정사실화함으로써(『맹자』「등문공」滕文公) 양주 사상을 대표하는 명제로 오해받게 된 것이다.

금자와의 논쟁에서 양주는 털을 뽑는 행위가 천하를 제도하는 문제와는 아무런 상관관계가 없음을 밝혔으니, 한 올의 털로 인해 온 천하가 제도된다는 질문 자체가 성립되지 않는다고 지적했다. 그 오류를 지적했음에도 불구하고 만에 하나 그렇다고 한다면 털 한 올을 뽑겠느냐는 금자의 질문에 양주는 더 이상 대답하지 않았다. 논점일탈의 오류를 지적했음에도 불구하고 잘못을 깨닫지 못한 채 답변을 강요하는 상대와는 더 이상 철학적 대화를 나눌 수 있는 수준이 못된다고 보았기 때문이었다.

이 문제는 그의 제자에게로 옮겨오면서 또 다른 논리적 문제를 제기한다. 제자의 반문에 금자는 천하를 위해 터럭 한 개는 희생할 수 있지만 자신의 골절 하나는 희생하지 못한다고 답변함으로써, 오히려 자신이 논리적 일관성을 잃은 채 기회주의적으로 답변하고 있다. 제자는 터럭 한 개나 골절 한 개나 몸의 일부란 점에서 무슨 차이가 있느냐고 반문하면서, 상대의 논리상의 허점을 폭로하고 있다.

만일 『맹자』 이전에 이 장이 존재했거나 혹은 이 장이 바로 털 한 올 논쟁의 원본이라고 한다면, 양주가 금자의 논리적 오류를 훈계했음에도 불구하고 후대에 양주의 비판은 무시된 채 오히려 양주가 궤변을 주장한 것처럼 오해받게 되었음을 분명하게 알 수 있다.

11장

1절

楊朱曰

天下之美 歸之舜禹周孔, 天下之惡 歸之桀紂. 然而舜耕於河陽
陶於雷澤 四體不得暫安 口腹不得美厚, 父母之所不愛 弟妹之所
不親. 行年三十 不告而娶. 及受堯之禪 年已長 智已衰. 商鈞不才
禪位於禹 戚戚然以至於死, 此天人窮毒者也.

鯀治水土 績用不就 殛諸羽山. 禹纂業事讎 惟荒土功 子産不字
過門不入, 身體偏枯 手足胼胝. 及受舜禪 卑宮室 美紱冕, 戚戚然
以至於死 此天人之憂苦者也.

武王既終 成王幼弱 周公攝天子之政. 邵公不悅 四國流言. 居東
三年 誅兄放弟 僅免其身 戚戚然以至於死, 此天人之危懼者也.

孔子明帝王之道 應時君之聘 伐樹於宋 削迹於衛 窮於商周 圍於
陳蔡 受屈於季氏 見辱於陽虎 戚戚然以至於死, 此天民之遑遽者
也.

양주가 말했다.

"천하의 명예는 순(舜)·우(禹)·주공(周公)·공자(孔子) 같은 이가 차지하고, 천하의 악명은 걸(桀)·주(紂) 같은 자에게 돌아간다. 그러나 순임금은 하양(河陽) 땅에서 밭을 갈았고, 뇌택(雷澤)에서 그릇을 굽느라[5] 사지가 편안할 새가 없었다. 그는 좋은 음식을 맛보질 못했고, 부모에게는 사랑을 받지 못했으며 동생들과도 가까이하지를 못했다. 30세가 되자 부모에게 말씀드리지 않고 장가를 들었고, 나이가 들어 지력(智力)이 쇠해서야 요임금에게서 선양(禪讓)을 받았다. 아들 상균은 재능이 없어서 임금 자리를 우에게 물려주고는 평생을 걱정 속에 살다가 죽었으니, 이는 하늘이 낸 사람 가운데 괴로움을 다 맛본 사람이었다.

9년 홍수로 곤(鯀)이 수토(水土)를 정리하려 했으나, 공을 이루지 못하고 우산(羽山)에서 죽임을 당했다. 우(禹)가 아버지 곤의 사업을 이어받아 원수인 순임금을 섬겼고, 오직 수토를 정리하는 데에만 정신이 팔려서 자식을 낳았으나 돌보지 못했고 자기 집 문 앞을 지나면서도 들르지 못했으니, 몸은 반신마비가 되고 손발에는 굳은살이 박혔다. 순의 선양을 받게 되자 자신이 거처하는 궁실은 검소하게 했지만 신을 섬기는 제복(祭服)은 아름답게 꾸몄으며, 평생을 걱정 속에 살다가 죽었으니 이는 하늘이 낸 사람 가운데 근심에 시달리던 사람이었다.

무왕(武王)은 죽고 성왕(成王)은 유약(幼弱)해서 주공(周公)이 천자의 정치를 섭정했다. 이를 소공(邵公)이 탐탁지 않게 여겼고, 사방의 여러 나라에 주공이 성왕을 해칠 것이라는 말을 퍼뜨렸

---

5) 『맹자』「공손축」(公孫丑) 상(上)에는 하빈에서 그릇을 굽고 뇌택에서 고기를 잡은 것으로(舜之側微 耕于歷山 陶于河濱 漁于雷澤) 되어 있다.

다. 주공이 이로 인해 동쪽에 3년을 피해 살다 결국 반란을 일으킨 형을 죽이고 아우를 추방한 후에야 겨우 자신을 지킬 수 있었고[6] 평생을 걱정 속에 살다가 죽었으니 이는 하늘이 낸 사람 가운데 위태로움에 떨던 사람이었다.

공자는 제왕의 도를 밝히고 당시 임금들의 초빙을 받았으나 송나라에 갔을 때에는 환퇴(桓魋)에게 나무를 뽑히는 위협을 당했고, 위나라에 가서는 행동을 제한당했고, 상(商)[7]·주(周)에서는 곤궁을 당했고, 진(陳)·채(蔡)에서는 포위를 당했고, 노나라에 있을 때에는 계 씨에게 억압을 받았으며, 양호(陽虎)에게 모욕을 당하는 등 평생을 걱정 속에 살다가 죽었으니 하늘이 낸 백성 가운데 허둥거리며 궁박을 당했던 사람이었다.

2절

凡彼四聖者 生無一日之歡 死有萬世之名. 名者 固非實之所取也. 雖稱之弗知 雖賞之不知 與株塊無以異矣.【1】

桀藉累世之資 居南面之尊 智足以距羣下 威足以震海內. 恣耳目之所娛 窮意慮之所爲 熙熙然以至於死, 此天民之逸蕩者也.

紂亦藉累世之資 居南面之尊, 威無不行 志無不從. 肆情於傾宮

---

6) 소공(邵公)은 소공(召公)으로 문왕의 서자(庶子) 희석(姬奭)이다. 『사기』「노세가」(魯世家)와 『상서』(尙書) 「금등」(金縢)편에 관련 내용이 나온다. 성왕 당시 소공은 성왕의 태보(太保)였고 주공은 태사(太師)였다. 반란을 일으킨 형제 가운데 형은 관숙(管叔)이고 동생은 채숙(蔡叔)을 가리킨다. 『신역열자독본』, 236-237쪽 참조.

7) 장만수(莊萬壽)는 '벌수어송'(伐樹於宋)을 들어서 여기에서의 상(商)은 은상(殷商)이 망하고 그 유민들이 세운 송(宋)을 가리킨다고 보았다. 『신역열자독본』, 237쪽 참조.

縱欲於長夜. 不以禮義自苦 熙熙然以至於誅, 此天民之放縱者也.
彼二凶也 生有從欲之歡 死被愚暴之名. 實者 固非名之所與也 雖
毀之不知 雖稱之弗知 此與株塊 奚以異矣?[2]
彼四聖 雖美之所歸 苦以至終 同歸於死矣. 彼二凶 雖惡之所歸
樂以至終, 亦同歸於死矣.

위에서 말한 네 성인들은 살아서는 하루도 즐거웠던 날이 없었으
나, 죽어서는 만세에 이름을 남겼다. 그러나 이름이란 진실로 사
실과 부합하지 않으니, 죽고 나면 비록 이름이 일컬어진다고 해
도 모르고 상을 준다고 해도 모르니 나뭇등걸이나 흙덩이와 다를
게 없다.[1]
걸(桀)은 여러 대에 걸쳐 쌓아온 자산을 가지고 천자로 등극했으
니, 지모로는 세상을 무릎 꿇릴 수 있었고 위엄으로는 해내(海內)
를 뒤흔들 수 있었다. 그러나 이목(耳目)의 즐거움을 만끽하고 마
음 내키는 대로 다 즐기면서 희희낙락거리며 살다가 죽었으니,
이는 하늘이 낸 사람 가운데 방탕한 자였다.
주(紂)도 여러 대에 걸쳐 쌓아온 자산을 가지고 천자에 등극했으
니, 위엄이 미치지 않는 곳이 없었고 뜻대로 하지 못할 것이 없었
다. 그러나 넓은 궁전에서 즐거움을 만끽하며, 밤새도록 정욕을
채웠다. 예의(禮義) 따위로 자기를 괴롭히지 않고 희희낙락거리
며 살다가 죽임을 당했으니, 이는 하늘이 낸 사람 가운데 방종한
자였다.
저 두 폭군은 살아서는 욕심대로 즐겼고 죽어서는 포학하다는 이
름을 남겼다. 그러나 이름으로는 진실로 사실을 제대로 나타낼
수가 없으니, 죽고 나면 비록 이름을 비방해도 모르고 칭찬해도
모르니 나뭇등걸이나 흙덩이와 어찌 다르겠는가?[2]

순·우·주공·공자 네 성인은 비록 아름다운 이름을 얻기는 했으나 죽을 때까지 힘들게 살았다. 걸·주 두 폭군은 비록 추악한 이름을 얻기는 했으나 죽을 때까지 즐겁게 살았으니, 모두 죽었다는 점에서는 똑같다."

【장담 주석】

【1】觀形即事 憂危之迹著矣, 求諸方寸 未有不嬰拂其心者. 將明至理之言 必擧美惡之極 以相對偶者也.

형체를 보거나 외물에 나아가 보면 성인들이 위태로움을 근심하던 자취가 드러나고, 마음속에서 찾아보면 성인께서 마음을 애태우지 않음이 없었다. 장차 지극한 이치를 말하고자 미추(美醜)의 극단적 예를 들어서 서로 대조를 보인 것이다.

【2】盡驕奢之極 恣無厭之性, 雖養以四海 未始愜其心. 此乃憂苦窮年也.

교만과 사치의 극을 누리고 하고 싶은 성질대로 마음대로 하려 하니, 온 세상을 가져다가 바친다고 해도 마음에 차지 못한다. 이것이 바로 죽을 때까지 걱정과 고통에 시달리는 까닭이다.

【역자 해설】

대개 전통시기에는 미녀에 관한 아름다운 이야기보다는 재앙(災殃)과 관련된 고사가 훨씬 많다. 재앙을 일으킨 미녀로 걸임금에게 말희(妺喜)가 있다면 주임금에게는 달기(妲己)가 있었다. 이른바 미녀앙화론(美女殃禍論)이다. 즉 미녀는 타고난 미모로 인해서 행복하게 일생을 누릴 것처럼 보이지만, 반대로 자기 자신이 불행해지거나 아니면 국가의 재앙을 초래하게 되는 요녀(妖女)가 된다는 것이다.

「주역」에서는 "간수를 소홀히 하는 것은 도적을 가르치는 것이요, 용모를 꾸미는 것은 음란을 가르치는 것이다"(慢藏誨盜, 冶容誨淫)라고 했다. 당시에는 여자가 용모를 예쁘게 꾸미는 것이 남자들에게 음란함을 가르친다는 뜻으로 새겼다. 하지만 오늘날에는 남녀 모두에게 적용해서 해석해야 할 것이다. 다시 말해 누구든 재물을 소홀히 간수하거나 용모를 예쁘게 꾸미는 것에만 치중하는 행위는 문제를 일으키게 된다고 새기는 것이 좋겠다.

『사기』「은본기」(殷本紀)에 보면 주임금의 주지육림(酒池肉林)과 달기의 포락지형(炮烙之刑)에 관한 이야기가 적나라하게 등장한다. 그래서 요·순·우의 선양(禪讓)에서 시작된 아름다운 전통이 세습(世襲) 왕조로 탈바꿈했다가, 결국에는 혁명의 피로 물들게 되었다. 어쩌면 이 비극은 현자(賢者)에게 왕위를 양보하지 않고 자기 자식에게 물려주는 세습이라는 욕망의 길을 택한 대가라고 할 수 있다.

이 비극의 본질은 명예욕이다. 인간으로서 가장 높고 명예로운 자리가 왕이다. 왕이 된 이에게 남은 욕심이 있다면 아마도 다음의 두 가지 정도일 것이다. 첫째는 사후에 자신의 이름이 더럽혀지지 않는 것이고, 둘째는 지존의 명예를 자신이 가장 사랑하는 사람이 계승하는 것이다. 이 두 가지 욕심을 동시에 만족시키는 가장 안전하고도 확실한 길이 세습으로서 절대 왕조를 구축하는 것이다.

고대 이집트 왕조는 현대인들의 눈에도 불가사의한 문명의 자취를 남겼으나, 그 이면의 역사를 들여다보면 역대 파라오들이 자신의 명예를 영원히 지키기 위해 처절하게 싸운 결과물들이다. 왕으로 등극한 파라오는 자신의 이름을 가장 높은 명예로서 영원히 남기려 했다. 그것은 두 가지 방식으로 진행된다. 우선 전대 왕들의 명예를 깎아내려야 했고, 다음으로는 자신의 빛나는 이름을 새긴 거대한 금자탑(金字塔)을 쌓는 것이었다. 그래서 공적비는 전대 왕들의 이름은 지워진

채 자신의 이름을 덧새긴 흔적으로 점철되어버렸고, 피라미드라는 신전은 점점 더 높이 세워졌던 것이다.

이런 혼란을 막는 가장 좋은 방법은 현명한 이에게 왕위를 선양하는 것이 아니라 자신을 배신하지 않을 사람, 즉 자기 자식에게 권력을 세습시키는 길이었다. 세습의 방법은 가장 현명한 이가 누구인지 방방곡곡을 수소문해서 찾아다니고, 후보자를 선정해서 왕으로서의 덕행과 경륜을 쌓도록 교육시키는 번거로운 과정을 단번에 없애준다. 왕으로서는 눈에 넣어도 안 아픈 자기 자식을 옆에 두고 권력을 넘겨주면 모든 문제가 단박에 해결된다. 더구나 왕의 집안은 모든 권력을 틀어쥔 왕실로 절대화됨으로써 권력의 누수 현상이라는 병폐가 발생하지도 않으니, 누가 이 쉽고도 안전한 길을 가려 하지 않겠는가? 아마도 이것이 우임금이 자신의 장자에게 왕위를 물려주는 세습 왕조를 만든 가장 근본 이유였을 것이다.

그런데 세습 왕조의 문제는 등극한 왕이 용렬하거나 포악할 경우에 대책이 별로 없다는 것이다. 그 누구도 자신의 절대 왕권을 점검받거나 제한당하기를 스스로 원할 리 없기 때문이다.『주역』의 논리를 빌리자면 오효(五爻)의 위에는 상효(上爻)라는 선왕(先王) 혹은 왕사(王師)가 있고, 오효의 아래로는 사효(四爻)의 대신(大臣)이 있고 이효(二爻)의 사(士)가 있어서 왕은 왕사에게 자문을 받아야 하고 사의 응원을 얻어서 대신들과 잘 협력해 국정을 다스려나가야 한다.『주역』은 이런 방식으로 왕권을 견제하고 협력해나가도록 국가 조직을 시스템화해야 한다고 보았다.

그러나 이는 이론상에서의 희망 사항일 뿐이다. 어느 왕이 자신을 견제하려는 시스템을 달가워하겠는가? 왕권이 집중되고 독재화될 때, 신민들이 참고 견디다 못하면 남는 길은 역성혁명밖에는 없다. 이런 비극이 고대 왕조에만 있었던 것은 아니다. 오늘날에도 정당이나 재벌들을 위시해서, 학교든 단체든 정치·경제·사회·문화의 모든 방면에서 권모술수로 한번 권력을 틀어쥔 이들이 수단과 방법을 가리지 않고 횡포를 부리다가 결국은 파국적 결말을 향해 치닫는 모습을 종종 목도할 수 있다.

그런데 군사부일체를 표방하는 유교로서는 탕·무(湯·武)에 의한 혁명과 걸·주의 방벌(放伐)이 긍정도 부정도 할 수 없는 자가당착의 난제(難題)가 되고 말았다. 다시 말해 아무리 무도(無道)한 아버지라고 해도 아들이 아버지를 바꿔버릴 수 없는 것과 같은 이치로, 아무리 폭군이라 하더라도 신하가 왕을 시해하고 자신이 왕이 되는 사태는 인정할 수 없기 때문이다.

맹자는 걸·주가 무도한 탓으로 이미 왕이 아니라 필부(匹夫)였기 때문에, 왕을 죽인 것이 아니라 무도한 필부를 죽인 것이라고 역성혁명을 추인(追認)했지만, 사실 덕행이 왕에 맞지 않는다고 해서 이미 천자의 지위에 있는 왕을 필부라고 규정할 수 있을까? 맹자의 논리대로 어떤 군주가 용렬한 필부라고 한다면 미리 왕이 되지 못하도록 했었어야지, 이미 왕이 된 사람을 다시 필부라고 하는 것은 모순이다. 또 어떤 이의 아비가 무도하다고 하면 그 역시 아비가 아니라 필부라 할 수 있다는 말인가? 어떤 경우에도 부자간의 천륜을 저버릴 수 없는 것이라면, 걸주가 필부이든 성현이든 간에 어떠한 경우에도 군신 간의 천륜도 깨뜨릴 수 없는 것이 아닌가?

이런 자가당착에 빠진 근본 이유는 유교가 덕에 의거한 선양을 더 이상 주장하지 않고 천하를 개인 소유로 여기는 세습을 받아들였기 때문이다.

12장

楊朱見梁王 言治天下如運諸掌. 梁王曰

先生有一妻一妾而不能治 三畝之園而不能芸, 而言治天下如運
諸掌 何也?

對曰

君見其牧羊者乎? 百羊而羣 使五尺童子荷箠而隨之 欲東而東 欲
西而西. 使堯牽一羊 舜荷箠而隨之 則不能前矣. 且臣聞之, 呑舟
之魚 不游枝流, 鴻鵠高飛 不集汙池. 何則? 其極遠也. 黃鐘大呂
不可從煩奏之舞, 何則? 其音疏也. 將治大者 不治細, 成大功者
不成小, 此之謂矣.

　양주가 양나라 왕을 만나 '천하를 다스리기란 손바닥 놀리는 것
처럼 쉽다'고 했다. 그러자 양왕이 물었다.

"선생은 처 한 명과 첩 한 명도 잘 거느리지를 못하고 세 마지기[8]

---

8) 주제(周制)로는 6척(尺)이 1보(步), 100보(步)가 1묘(畝)였으나, 진(秦)나라 때
　는 5척을 1보, 240보를 1묘로 삼았다. 당(唐) 때는 가로 1보 길이 240보를 1묘로
　삼았고, 청나라 때는 오방척(五方尺)이 1보, 240보가 1묘였다. 시대별·지역별

의 밭에 김도 제대로 매지 못하면서, 천하를 다스리기란 손바닥 놀리는 것처럼 쉽다고 하니, 어찌 된 일입니까?"

양주가 대답했다.

"임금께서는 저 양 치는 목동을 보셨는지요? 백 마리나 되는 양 떼를 오척동자가 채찍을 메고 따라가면서 동쪽으로 가고 싶으면 동으로 몰고, 서쪽으로 가고 싶으면 서로 몰고 갑니다. 만일 요 임금에게 한 마리 양을 끌고 순임금에게 채찍을 메고 따라가라고 하면 아마 목동만큼 잘 몰지 못할 것입니다. 제가 듣건대 '배를 삼킬 만한 물고기는 작은 개천에서 헤엄치지 못하고, 하늘 높이 나는 기러기는 시궁창에 모이지 않는다'고 합니다. 왜 그렇겠습니까? 국량(局量)이 아주 크기 때문입니다. 황종(黃鐘) 대려(大呂)는 경박한 춤곡에 쓰지 않습니다. 왜 그렇겠습니까? 그 소리가 유장(悠長)하기 때문입니다. '장차 큰일을 하려고 하는 이는 작은 일을 하지 않고, 큰 공을 이루려 하는 이는 작은 공을 이루지 않는다' 함은 이를 두고 한 말입니다."

【역자 해설】

천하를 잘 다스리는 이는 양치기도 잘할 수 있을까? 혹은 양치기를 잘하는 이는 천하도 잘 다스릴 수 있을까? 이 두 질문이 성립되지 않는다면 목동의 양치기 일을 잘하지 못한다고 해서 천하를 잘 다스리지 못한다는 양왕의 주장은 양자 사이에 필연적 관계가 성립되지 않으니, 논점일탈의 오류를 범하고 있다고 하겠다.

로 척도가 달라서 1묘의 넓이를 정확하게 말하기는 어렵다. 하지만 그 넓이를 어림짐작하기 위해서 현재 중국에서의 1묘는 60평방장(平方丈)으로 666.67제곱미터, 약 200평에 해당하니, 대략 우리나라의 1마지기로 보았다.

동양에서는 성인(聖人)을 무소불위의 만능으로 생각하는 경향이 있다. 위진시대에는 성인에게 감정이 있는가 혹은 꿈이 있는가 없는가의 문제로 심각한 토론을 벌이기도 했다. 성인이 아니고서야 꿈이 있는지 없는지를 어찌 알겠는가마는, 그들은 관념적으로 성인의 절대성을 전제하고 이에 의거해서 인격의 완전성을 설명하려고 했다.

　절대 혹은 완전이라는 개념은 지극히 관념적인 것이어서 이를 현실적으로 설명하기는 어렵다. 서양에서 신(神)을 무소불위·무소부재의 절대자로 간주하는 것과 유사하기는 하지만 동서 간에는 차이가 있다. 서양의 신 존재 증명은 '신은 완전하다. 그런데 존재하지 않는 것보다는 존재하는 것이 완전하다. 그러므로 신은 존재한다'는 논리다. 즉 신은 완전하기 때문에 존재할 수밖에 없다는 것이다.

　그러나 동양에서 생각하는 완전성이란 서양처럼 관념을 현실에 투영하는 것이 아니라, 현실을 중심으로 구성한 관념이다.『중용』에서는 성인이라고 해서 만능이요 무소불위가 아니라, 필부필부(匹夫匹婦)의 지식이나 재능보다도 못한 점이 있다고 했다.

　어리석은 부부(夫婦)가 아는 지식이라도 그 지극함에 이르러는 비록 성인(聖人)이라도 또한 알지 못하는 바가 있으며, 못난 부부(夫婦)가 행할 수 있는 일 가운데에서도 그 지극함에 이르러는 비록 성인(聖人)이라도 또한 하지 못하는 바가 있으며, 천지(天地)가 위대하지만 사람이 오히려 유감스럽게 생각하는 바가 있는 것이다 (『중용』제12장).

　위의 설명에 의하면, 가장 완전한 존재인 성인이나 천지에도 불가능한 것이 있고 유감스러운 부분이 있다는 것이다. 종교적 신념 하나로 상상을 초월하는 천신만고를 겪으면서 홀로 서역에 다녀온 현장

법사의 재능과 용기에 반한 현종(玄宗)이 승복을 벗고 재상이 되어 자기 곁에 있어달라고 부탁했다. 그러자 현장은 한마디로 거절했다. 배를 뭍으로 끌어올린다면 쓸모가 없을 뿐 아니라, 금방 배가 썩고 말 것이기 때문이라는 것이다.

배가 물에서는 완전한 기능을 발휘하지만 뭍에서는 매우 불편한 존재이듯, 동양에서 생각하는 성인은 필부만 못한 점도 있다는 점에서 불완전성을 배제하지 않는 완전성이다. 서양의 존재론적 증명에 의거한다면 이런 부족함과 결핍이 있는 존재는 완전하지 못하다고 할 것이다. 이렇게 완전성에 대한 동서 간의 사유 방식에는 차이가 있다.

13장

楊朱曰

太古之事滅矣 孰誌之哉? 三皇之事若存若亡 五帝之事若覺若夢
三王之事或隱或顯 億不識一. 當身之事或聞或見 萬不識一. 目前
之事或存或廢 千不識一. 太古至于今日 年數固不可勝紀.
但伏羲已來三十餘萬歲 賢愚好醜成敗是非 無不消滅, 但遲速之
閒耳.[1] 矜一時之毁譽 以焦苦其神形 要死後數百年中餘名 豈足
潤枯骨? 何生之樂哉?

양주가 말했다.

"아주 먼 태곳적 일은 이미 사라져버렸으니, 누가 이것을 기억하
겠는가? 천황·지황·인황의 삼황 때의 일은 있는 듯도 하고 없는
듯도 하며, 태호·신농·황제·소호·전욱의 오제 때의 일은 생시
같기도 하고 꿈속 같기도 하며, 하·은·주 삼대의 일은 감춰져 있
는 것도 있고 드러나 있는 것도 있는데, 실상 우리는 억(億)의 하
나도 모른다. 자기가 겪은 일에는 들은 적이 있는 것도 있고 본 적
이 있는 것도 있으나, 만(萬)의 하나도 모르고 있다. 당장 눈앞의

일도 남아 있는 것이 있고 없어진 것도 있지만, 천(千)의 하나도 모르고 있다. 태고에서 오늘까지의 햇수도 이루 다 헤아려볼 수가 없다.

그러나 복희 이래로 30여만 년 동안에 일어났던 현우(賢愚)와 미추(美醜), 성패(成敗)와 시비(是非)는 어느 것 하나 할 것 없이 사라지지 않은 것이 없으니 다만 빠르냐 늦으냐의 차이만 있을 뿐이다. 일시적인 명예로 마음을 괴롭히고 몸을 애태우나니, 죽은 뒤 이름이 수백 년간 남는다 하더라도 어찌 자신의 해골을 명예롭게 할 수 있을 것이며, 어찌 살아서의 즐거움인들 될 수 있겠는가?"

【장담 주석】

【1】 以遲速而致惑 奔競而不已 豈不鄙哉?

늦고 빠른 차이 때문에 미혹에 빠져서 경쟁을 멈추지 못하니, 어찌 천박하지 않은가?

【역자 해설】

동양철학에서는 인간의 음식(飮食)과 남녀(男女)를 위시한 여러 욕망을 거론하지만, 그 가운데에서도 가장 문제가 되는 것은 '이름' 즉 명예욕이다. 열자도 여러 곳에서 인간 비극의 근원을 이름에 대한 욕망을 버리지 못한 탓에서 찾는다. 다른 욕망은 육신이 살아 있는 동안에만 존재하지만, 이 명예욕만은 사후에까지 긴 그림자를 드리운다는 점에서 매우 집요하고도 뿌리 깊다. 몸을 바쳐 소신공양을 해도 명예욕을 버리지 못한다고들 한다. 공자도 살신성인(殺身成仁)이라는 말을 남겼듯이 명예를 구하기 위해서는 자신의 목숨을 바치기도 한다. 장자는 이것을 순명(殉名)이며 상성(喪性)이라고 비판했지만, 죽음을 불사하면서도 이름에 대한 집착은 끊기 힘들다.

인간이 가진 많은 욕망 가운데 죽음 앞에 맞설 수 있는 것은 거의 없다. 죽음에 대한 두려움에 인간의 욕망은 대부분 슬그머니 꼬리를 내린다. 그러나 오직 명예욕만은 죽음을 넘어선다. 왜 그렇게 인간은 이름에 집착하는 것일까? 명예는 나의 이름이기는 하지만 타인의 정신 속에 관념으로만 존재할 뿐이니 내 소유라고 할 수도 없다. 또한 자신의 이름이 명예롭게 기억되고 있다고 한들 죽고 나면 아무런 인식을 할 수 없으니 내 이름이 타인의 정신 속에 남아 있는지 없는지를 알 수도 없다. 논리적으로 따져본다면 죽은 뒤의 명예란 내 것도 아니고 내가 알 수 있는 것도 아니니, 명예에 집착하는 것은 무명(無明)이요 어리석음의 소치다.

그렇다면 명예욕을 버렸을 때 인간의 삶은 진정으로 행복할까? 최근 얼굴과 이름을 가린 노래 경연이 큰 관심을 받고 있다. 괴기스러운 복면을 쓰고 노래를 부르면 아무리 아름다운 노랫소리라도 거부감이 들 법한데 사람들은 더욱 열광한다. 무지의 베일에 가려 있을 때의 궁금증이 듣는 이들의 추리력을 자극하면서 더욱 재미를 증폭시키기 때문이다. 이때 가려진 얼굴은 바로 그 사람의 이름과 동일하다. 한 사람을 드러내는 얼굴이 그 사람의 이름과 분리되지 않는다는 점에서 이름이 가진 힘과 영향력을 다시 한번 생각하게 된다.

그런데 만일 끝끝내 복면을 벗지 않는다면 어떻게 될까? 완전하고도 순수한 음악의 세계 속으로 몰입할 수 있을까? 이름이라는 집착이 없어지고 노래만 남았으니, 그 누구도 명예욕에 시달릴 필요가 없지 않은가? 가수도 오직 노래에만 집중해서 맘껏 부를 수 있고, 청중도 그가 누군지에 영향받지 않고 순수하게 감상을 즐길 수 있지 않을까? 그러나 필자의 생각에 복면 가수에 대한 지금과 같은 관심은 연기처럼 사라져버릴 것이다. 역설적이게도 복면 가수가 더 집중하고 열창하는 이유는 이름이 사라진 음악에 순수하게 몰입하기 때문이 아니라 자신의 이름을 위해서다. 얼굴을 가린 베일은 무명(無名)을 위한 것이 아닌, 청중의 궁금증을 자극해 이름을 증폭시키기 위한 장치일 뿐이다.

『장자』는 「소요유」 편에서 성인(聖人)은 이름이 없다고 한 바 있으니, 성인이라면 명예욕이 없을 수 있다. 만일 보통 사람들의 이름 또한 없어지고 명예욕이 사라진다면, 가장 고질적인 욕망이 제거되었으니 인간은 더 행복해질까? 인간에게 붙여진 고유한 이름이 없어졌을 때, 우리는 무명의 성인이 될까 이름 없는 짐승처럼 변할까. 극단적인 경우겠지만 뉴욕대정전 사태에서 불 꺼진 밤거리에 얼굴과 이름까지 가려지자 문명을 포기한 야수들의 폭력과 약탈이 난무했음을 떠올린다면 그리 희망적이지는 않다.

돈과 권력 같은 왜곡된 가치에 매인 허명(虛名)이 뜬구름으로 종종 비유되고는 있지만, 우리 보통 사람들에게는 오히려 적당한 명예욕이 필요한 면도 있다. 사람들이 자신의 이름을 아름답게 기억해주기를 바라는 명예욕에는 자신의 생명을 해치는 역기능도 있지만, 인간으로서의 품위를 지키고 남을 위해 기꺼이 자신을 희생하는 순기능도 적지 않기 때문이다.

14장

楊朱曰

人肖天地之類 懷五常之性【1】 有生之最靈者也. 人者 爪牙不足以
供守衛 肌膚不足以自捍禦 趨走不足以逃利害 無毛羽以禦寒暑,
必將資物以爲養性 任智而不恃力. 故智之所貴 存我爲貴, 力之所
賤 侵物爲賤.

然身非我有也 旣生 不得不全之, 物非我有也 旣有 不得不去之.
身固生之主 物亦養之主. 雖全生身 不可有其身, 雖不去物 不
可有其物. 有其物 有其身 是橫私天下之身 橫私天下之物. 其唯
聖人乎!【2】 公天下之身 公天下之物 其唯至人矣! 此之謂至至者
也.【3】

　　양주가 말했다.

　　"사람은 천지 사이에 있는 다른 존재들과 비슷하지만 오상(五常)
의 본성을 갖고 있어서【1】 모든 생물 가운데에서도 가장 영묘한
존재다. 그러나 사람의 손톱이나 이빨은 자신을 지키기에도 부
족하고, 피부는 공격을 막기에 부족하고, 뜀박질로는 도망치기에

부족하며, 추위와 더위를 막아줄 털이 없어서 반드시 외물에 의지해서 본성을 길러야 하고 지혜를 써야지 힘을 믿을 수가 없다. 그러므로 사람의 지혜가 귀한 까닭은 자신을 지켜줄 수 있기 때문이고, 힘이 천한 까닭은 다른 동물을 공격하는 힘이 부족하기 때문이다.

그러나 육신은 내가 가지고 있는 것이 아니라 태임을 받은 것이니 이것을 완전하게 보존하지 않을 수 없고, 외물도 내가 가지고 있는 것이 아니라 주어진 것이니 이것을 버릴 수 없다. 육신은 본디 생명의 주체고 외물은 생명을 길러주는 주체다. 비록 태어난 육신을 온전히 보존한다 해도 육신을 자기가 소유하려 해서는 안 되고, 비록 외물을 버릴 수 없다 해도 그 외물을 자기 것으로 가지려 해서는 안 된다. 외물을 자기 것으로 소유하고 육신을 자기 것으로 소유한다면 이것은 천지의 육신을 멋대로 사유화하고 천지의 외물을 멋대로 사유화하는 짓이다. 천하가 준 육신과 사물을 사유하지 않는 이는 오직 성인(聖人)뿐이요, 천하가 준 육신과 사물을 공유할 수 있는 이는 오직 지인(至人)뿐이로다![2] 이들을 일러 지극하고 또 지극한 사람이라고 한다."[3]

【장담 주석】

【1】肖似也. 類同陰陽 性稟五行也.
초(肖)는 비슷하다는 뜻이다. 종류는 음양과 같고, 본성은 오행을 받았다.

【2】知身不可私 物不可有者 唯聖人可也.
육신을 사유화할 수 없고 외물을 소유할 수 없음을 아는 이는 오직 성인이라야 가능하다.

【3】天下之身同之我身 天下之物同之我物 非至人如何? 旣覺私之爲非 又知公之爲是 故曰至至也.

천하의 육신을 나의 육신과 같이 대하고, 천하의 외물을 나의 외물과 같이 대하는 이는 지인이 아니라면 누구겠는가? 이미 사(私)가 잘못이고 공(公)이 옳음을 알았으므로 '지극하고도 지극하다'고 했다.

【역자 해설】

양주는 존재를 몇 가지 개념으로 분류했다. 먼저 천지(天地) 혹은 천하(天下)라는 개념을 모든 존재를 포함한 최고의 범주로 제시했다. 그리고 천지는 인(人)과 물(物), 즉 인간과 인간 이외의 외물로 구성된다. 또 인간은 성(性)과 신(身), 즉 정신과 육신의 두 부분으로 이뤄진다. 성은 인·의·예·지·신의 오상(五常)의 덕을 품고 있고, 신은 생명을 담고 있다고 그 본질을 설명했다. 외물에 대해서 분명하게 언급하지는 않았지만, 양주가 쌍 개념의 이분법적인 분류를 하고 있음을 볼 때 생명을 가진 생물과 생명이 없는 무생물로 구분할 수 있겠다.

양주는 지(智)를 인간의 본질적 특징으로 들었다. 이 지(智)는 보통 지혜로 해석되는데, 인간의 정신이 가진 인지적 능력을 총칭하며, 이를 알기 쉽게 바꿔 말하면 이성을 가진 존재로 보았다는 뜻이다. 인간은 어느 존재도 갖지 못한 이성을 위시한 영적 능력을 가지고 있기 때문에 체력의 열세에도 불구하고 지구를 지배하는 영장류가 될 수 있었다.

하지만 양주는 이성과 지혜에 의거해서 인간의 독자적 정체성을 확보하기보다는 천지의 보편성에 합일하는 방식을 택한다. 그는 외물을 이용해서 인간의 생명을 기르기는 하지만 자신의 육신과 외물을 사유화해서는 안 된다고 강조하며, 육신과 외물을 사유화하지 않고 보편성의 차원에서 자연과 합일한 인간을 지인(至人)이라고 칭송한다. 결국 양주가 말하는 지(智)란 자연을 정복하는 도구적 이성 능력이 아니라, 자연과 완전하게 어우러질 수 있는 능력을 말한다.

하지만 양주의 지인관과는 달리, 인류 역사는 그렇게 진행되어온 것 같지 않다. 인류 문명의 발달사를 보면 인류는 자연을 보편화하고 공동화하기보다 점점 더 사유화하고 개인화하는 방식으로 진화해왔기 때문이다.

15장

1절

楊朱曰

生民之不得休息 爲四事故, 一爲壽【1】二爲名【2】三爲位【3】四爲
貨.【4】有此四者 畏鬼 畏人 畏威 畏刑 此謂之遁人也,【5】可殺可活
制命在外.【6】

不逆命 何羨壽? 不矜貴 何羨名? 不要勢 何羨位? 不貪富 何羨
貨? 此之謂順民也.【7】天下無對 制命在內.【8】

故語有之曰 人不婚宦 情欲失牛, 人不衣食 君臣道息. 周諺曰 田
父可坐殺 晨出夜入 自以性之恒, 啜菽茹藿 自以味之極, 肌肉麤
厚 筋節腃急.【9】一朝處以柔毛綈幕 薦以粱肉蘭橘 心痗體煩 內熱
生病矣.

양주는 또 말했다.

"사람이 태어나서 쉴 수 없는 까닭은 네 가지 때문이니, 첫째는
수명이고【1】둘째는 이름이고【2】셋째는 지위이며【3】넷째는 재물
때문이다.【4】이 네 가지를 가진 자는 귀신을 두려워하고, 사람을

두려워하고, 권세를 무서워하고, 형벌을 무서워하니, 이를 도망치는 사람이라 한다.[5] 이런 사람은 자신의 생사의 명을 외부에 제어당하는 셈이다.[6]

명운을 거스르지 않으니 어찌 오래 사는 것을 부러워하겠으며, 고귀함을 뽐내지 않으니 어찌 명예를 부러워하겠으며, 권세를 구하지 않으니 어찌 지위를 부러워하겠으며, 부자를 탐내지 않으니 어찌 재화를 부러워하겠는가? 이러한 사람을 유순한 백성이라 한다.[7] 이런 사람은 천하에 대적할 사람이 없으니, 그의 운명은 스스로 정하게 된다.[8]

그러므로 옛말에 '사람이 결혼이나 벼슬을 하지 않으면 그 정욕의 반을 잃게 되고, 사람이 먹고 입지 않으면 군신 간의 도가 없어진다'고 했다. 또 주나라의 속담에 '농부는 가만히 앉아 있으면 병이 나 죽는다'고 했으니, 농부는 새벽에 일을 나가서 밤중에 집으로 들어오는 것이 스스로 타고난 본성이라 여기고, 콩을 먹고 푸성귀를 씹으면서도 스스로 가장 맛있다고 여기며, 살갗은 두터워지고 근골은 굳어진다.[9] 그러다가 갑자기 부드러운 양모를 간 비단 장막 속에서 살고 기장밥과 고기반찬, 향기로운 과일을 먹게 하면 몸과 마음이 편치 못하고 속에서 열이 생겨 병이 나게 된다.

【장담 주석】

【1】 不敢恣其嗜慾.

오래 살고 싶다고 감히 원하는 대로 하지 못한다.

【2】 不敢恣其所行.

명예 때문에 감히 하고 싶은 대로 하지 못한다.

【3】曲意求通.

지위 때문에 자기 뜻을 굽혀서 출세를 구한다.

【4】專利惜費.

이익을 얻으려고만 하며 지출하기를 아까워한다.

【5】違其自然者也.

저절로 그런 본성을 어긴 자다.

【6】全則不係於己.

온전하려면 자신에 매이지 않아야 한다.

【7】得其生理.

생명의 이치를 얻었다.

【8】外物所不能制.

외물에 의해 제어되지 않는다.

【9】音區位切.

귀(膭)의 음은 귀다.

2절

商魯之君與田父侔地 則亦不盈一時而憊矣.【10】 故野人之所安 野
人之所美 謂天下無過者. 昔者 宋國有田夫 常衣縕黂【11】 僅以過
冬. 暨春東作 自曝於日 不知天下之有廣廈隩室 綿纊狐貉. 顧謂

其妻曰

負日之暄 人莫知者, 以獻吾君 將有重賞.

里之富室告之曰

昔人有美戎菽 甘枲莖芹 萍子者 對鄕豪稱之.【12】鄕豪取而嘗之
蜇於口慘於腹 衆哂而怨之. 其人大慙 子此類也.

반대로 호화롭게 살던 송나라[9]와 노나라의 임금이 농부와 같이
밭을 갈면 역시 한 시진(時辰)도 못 되어 지치게 된다.【10】 그러므
로 시골 사람들은 자신이 편안한 바와 좋아하는 바가 천하에 제
일이라고 생각한다.

옛날 송나라에 농부가 있었는데, 그는 늘 거친 누비옷을 입고【11】
간신히 겨울을 났다. 봄이 오자 밭을 경작하다가 따뜻한 봄볕을 쪼
이면서, 천하에 고대광실과 구중궁실, 두툼한 솜옷과 여우털·담
비가죽 옷이 있음을 모르는 그는 아내를 돌아다보며 말했다.

"따뜻한 봄볕을 쪼이는 이 행복을 아는 이가 없으니, 우리 임금님
께 바친다면 큰 상을 내려주실 거요."

이 말을 들은 한 마을의 부자가 알려주었다.

"옛날 어떤 사람이 완두와 도꼬마리와 미나리와 부평초를 맛있
게 먹었는데, 고을의 한 부자에게 이를 칭찬했다네.【12】 그러자 시
골 부자가 가져다가 맛을 보았더니 지독한 맛에 배가 아팠네. 그
러자 여러 사람들이 비웃으며 그 사람을 원망했고 그자는 몹시
무안해했었는데, 그대가 바로 이런 꼴일세."

---

9) 여기에서의 상나라를 춘추시대의 송나라로 해석했다. 앞 11장의 주석 및 『신역
열자독본』, 244쪽 및 『열자역주』, 188쪽 참조.

【장담 주석】

【10】 言有所安習者 皆不可卒改易 況自然乎?

후천적으로 익어진 습관도 갑자기 바뀌지 않거늘, 하물며 저절로 그렇게 된 천성임에랴?

【11】 黂亂麻.

분(黂)은 흐트러진 삼이다.

【12】 鄉豪里之貴者.

향호(鄉豪)는 마을에서 부귀한 사람이다.

【역자 해설】

시골 사람들이 자신이 편안한 바와 좋아하는 바를 천하에 제일이라고 생각한다는 말은 임금들도 힘들어하는 논밭 농사를 자신들은 편안히 즐기면서 하기 때문에, 논밭이 세상에서 가장 편한 곳이라고 여긴다는 뜻이다.

특히 나는 위 내용에서, 해진 누비옷을 입고 엄동설한을 난 농부가 봄볕을 쪼이면서 마냥 행복해하다가 '봄볕의 이 따뜻한 맛을 세상에 아는 이가 없으니 우리 임금님께 바칩시다'라고 던진 순박한 말이 눈에 들어온다. 한마을에 사는 부자의 말은 가난한 농부의 소견을 비웃고 있지만, 그야말로 등 따습고 배부른 사람의 한가로운 말이다. 이 장의 주제는 정저지와(井底之蛙)를 면하지 못하는 인간의 소견을 비판하는 것이지만, 오히려 농부의 말이 진실되고 부자의 말이 졸렬하다. 정작 상대의 진심을 알아주지 못하는 진짜 우물 안 개구리는 바로 부자다.

어느 쌀쌀한 겨울 늦은 저녁 시간, 나는 지하철을 타고 교외 방향으로 가고 있었다. 옷깃을 여미고 객차 안으로 들어서자 기차 안은 난방으로 훈훈했고, 늦은 시간이라 승객이 드문드문 앉아 있었다. 서둘러 자리를 찾아 앉아서 앞을 바라보다가 순간 시선이 얼어붙고 말았다.

막노동자인 듯한 중년을 넘긴 분이 팔짱을 낀 채 졸고 있었다. 아마 술 한잔 걸친 듯했다. 먼지 묻은 남루한 옷에는 낮 동안의 거친 노동의 흔적이 곳곳에 남아 있었다. 내가 놀란 것은 홍조를 띤 그의 얼굴에 드리운 행복한 표정 때문이었다. 저렇게 천진난만하게 행복할 수 있을까? 나는 순간 모든 중생이 번뇌를 벗고 성불하는 모습을 관조하면서 빙그레 미소를 띤 미륵반가사유상을 떠올렸다. 남루한 옷, 빈곤한 삶, 일상이 된 힘든 노동, 그 와중에 무엇이 그에게 저렇게 행복한 미소를 짓게 만들었을까? 어쩌면 오늘 일주일간의 고된 노동의 대가를 받아 옛 친구를 불러내 막걸리 한잔을 했을지, 가슴에는 어린 손주의 손에 쥐어줄 작은 인형 하나를 품고 있을지 모른다. 멀리 일 나갔던 아내가 오랜만에 돌아와 기다리고 있다는 소식까지 들었을지도 모를 일이다.

아, 현실은 아무리 신산하다 할지라도 인생이란 저렇게 행복한 것이구나! 북풍한설 추위에 떨다 내리쪼이는 봄볕만 있어도, 등이 휠 것 같은 노동 뒤에 막걸리 한 잔만 있어도 인생은 마냥 행복한 것이구나! 양지바른 언덕 봄볕 속에 만개한 샛노란 개나리며, 염천을 식히는 차가운 계곡물이며, 고향 생각에 눈물로 바라보던 둥근 달이며, 스산하게 날리는 노란 단풍잎이며, 포근히 천지를 덮던 흰 첫눈까지, 문득 마주치던 그 절대의 행복감을 말로 표현할 수 있겠는가?

늦은 겨울 저녁, 1호선에 동승했던 노동자는 춥고 힘들었던 한낮의 노동에서 벗어나 한잔의 취기와 기차의 난방에 피로를 잊은 채 반가사유상의 미소를 짓고 있었다. 아마도 꿈인지 생시인지 모른 채 무한

한 행복감을 만끽하며 무아지경에 있었으리라. 어쩌면 그도 그 행복 감을 우리 청와대에 바치고 싶었을지도 모른다. 마치 춥고도 배고팠 던 겨울을 나고, 따뜻한 봄볕을 쐬며 이 행복함을 임금님께 바치고 싶 어했던 농부와 같이 말이다! 나는 기차를 타고 가는 내내 살아 있는 반가사유상의 미소에 도취되어 있었을 따름이었다.

16장

楊朱曰

豐屋美服 厚味姣色 有此四者 何求於外? 有此而求外者 無厭之
性, 無厭之性 陰陽之蠹也.[1]

忠不足以安君 適足以危身, 義不足以利物 適足以害生. 安上不由
於忠 而忠名滅焉 利物不由於義 而義名絶焉, 君臣皆安 物我兼利
古之道也.

鬻子曰 去名者 無憂, 老子曰 名者 實之賓而悠悠者 趨名不已. 名
固不可去 名固不可賓邪? 今有名則尊榮 亡名則卑辱, 尊榮則逸
樂 卑辱則憂苦. 憂苦 犯性者也, 逸樂 順性者也. 斯實之所係矣,
名胡可去? 名胡可賓?

但惡夫守名而累實, 守名而累實 將恤危亡之不救 豈徒逸樂憂苦
之閒哉?

양주가 말했다.

"큰 집과 좋은 옷, 맛난 음식과 어여쁜 미인, 이 네 가지를 가지고
있다면 밖에서 무엇을 더 구하랴? 이 네 가지를 소유하고 있으면

서도 더 구하려는 자는 만족할 줄 모르는 천성을 가진 자이고 (천지의) 음양(陰陽)을 갉아먹는 좀벌레다.[1]

충성이란 임금을 편안케 하기에는 부족하지만 자신을 위태롭게 하기에는 충분하고, 의로움이란 사람들을 이롭게 하기에는 부족하지만 생명을 해치기에는 충분하다. 충성이라는 명분을 내세우지 않고도 임금을 편안케 할 수 있다면 충성스럽다는 이름이 사라질 것이고, 의롭다는 이름을 내세우지 않고도 사람을 이롭게 한다면 의롭다는 이름이 끊어질 것이니, 그래서 옛날의 도는 군신이 다 편안하고 남과 내가 모두 이로울 수 있었다.

육자(鬻子)[10]는 '이름을 버리면 근심이 없다'고 했고 장자는 '명(名)이란 실(實)의 손님이다'라고 했으나,[11] 많은 이들은 이름을 좇기를 마지않는다. 이름을 버릴 수가 없다면 이름은 진정한 손님이 될 수 없지 않은가? 이제 누군가 이름이 나면 지위가 올라가고 영화를 누리다가 이름이 없어지면 비천해지니, 영화로우면 즐거움이 넘치나 비천해지면 근심하고 괴로워하게 된다. 그러나 천성을 어기므로 근심하고 괴로운 것이요, 천성을 따르면 즐거움이 넘치는 것이다. 이는 실(實)에 달려 있는 것이나 이름을 어떻게 하면 버릴 수 있을 것이며, 이름을 어떻게 해서 손님으로 삼을 것인가?

명(名)을 지키다가 실(實)을 훼손하는 것을 미워할 따름이나, 헛된 이름을 지키다가 참된 실을 훼손하게 되면 위험에 처해도 구하지 못할까 걱정스럽다. 이는 즐거움과 괴로움의 문제에만 그칠 일이 아니기 때문이다."

---

10) 육자는 죽웅(鬻熊)이며, 앞의 「천서」편 12장에 나온다.
11) 이 구절은 『노자』가 아니라 「장자」 「소요유」편에 허유의 말로 나오므로 고쳐서 해석했다.

【장담 주석】

【1】 非但累其身 乃侵損正氣.

자신을 얽어맬 뿐 아니라, 정기(正氣)를 훼손하게 된다.

【역자 해설】

양주는 영화를 누리는 것은 인간이 타고난 천성에 맞는 것이요, 근심과 괴로움 속에 사는 삶은 천성에 위배된다고 한다. 여기까지는 쾌락주의라고 할 수 있다. 하지만 그는 헛된 이름을 구하려고 근심과 괴로움 속에 살다가 참된 실, 즉 본질과 진실을 훼손하는 사태가 일어난다면 진짜로 위태롭다고 경고한다. 그래서 쾌락주의가 노장 사상의 명실론으로 전환된다.

다만 본문에서 노자가 "명(名)이란 실(實)의 손님이다"라고 했다는데, 이는 『노자』에서 인용한 것이 아니라 『장자』에서 허유가 요(堯) 임금에게 한 말로 등장한다. 『열자』 원문을 필사하면서 착각한 듯하다. 하지만 어쩌면 『장자』의 고판본이나 고대의 또 다른 『노자』 판본에는 노자의 말로 기록되어 있을 가능성도 배제할 수는 없겠다.

아무튼 양주의 "큰 집과 좋은 옷, 맛난 음식과 어여쁜 미인, 이 네 가지를 가지고 있다면 밖에서 무엇을 더 구하랴?"라는 말이 우리 보통 사람들의 욕망을 솔직하게 꿰뚫어 보고 있음을 인정하지 않을 수 없다. 전통의 봉건시대, 특히 욕망을 감춰야 했던 도덕군자에게 이런 말은 용납하기 어려웠겠지만, 아마도 내심으로는 동의하지 않을 수 없었을 것이다. 어쩌면 열자는 이렇게 솔직하다는 점에서 노장을 능가하는 봉건시대의 이단아라 할 수 있겠고, 양주는 현대인이 더 공감할 만한 사상가라고 해도 될 것 같다.

제8편 설부(說符)

【장담 제주(題注)】

夫事故無方 倚伏相推[1] 言而驗之者 攝乎變通之會.

> 세상의 일들은 정해진 게 없어서 화복(禍福)이 서로 의지해 있
> 으니, 말로 증험하려는 자는 변통(變通)하는 요점을 잡아야 한
> 다.

---

1) 『노자』 58장, "禍兮福之所倚, 福兮禍之所伏. 孰知其極? 其無正, 正復爲奇, 善復爲
   妖, 人之迷, 其日固久" 참조.

1장

子列子學於壺丘子林, 壺丘子林曰
子知持後 則可言持身矣.[1]
列子曰
願聞持後.
曰 顧若影 則知之.
列子顧而觀影. 形枉 則影曲, 形直 則影正. 然則枉直隨形而不在影 屈申任物而不在我, 此之謂持後而處先[2]

자열자가 호구자림에게 배웠는데, 호구자림이 말했다.
"그대가 뒤를 지킬 줄 안다면 자신을 지킬 줄 안다고 말할 수 있네."[1]
열자가 물었다.
"뒤를 지키는 것에 대해 듣고 싶습니다."
말했다.
"그대의 그림자를 돌아보면 곧 알 수 있다네."
열자는 몸을 돌이켜 자기의 그림자를 관찰해보았다. 몸을 굽히면 그림자도 굽고, 몸을 세우면 그림자도 곧아졌다. 그런즉 곡직(曲直)이 그림자에 달려 있는 게 아니라 몸을 따르며, 굴신(屈伸)이 자신에게 달려 있는 게 아니라 외물에 맡겨져 있으니, 이를 일러 '뒤를 지키지만 결국에는 앞장서게 된다'는 것이다.[2]

【장담 주석】

【1】老子曰 後其身而身先.

노자는 '몸을 뒤로 물리지만 몸이 앞장서게 된다'고 했다.

【2】物莫能與爭 故常處先. 此語似[2)]壺子答而不條顯. 列子一得持後之義 因而自釋之. 壺子即以爲解 故不復答列子也.

'사람들과 다투지 않으므로 늘 앞에 처하게 된다'는 이 말은 호구자림의 답변으로 보이지만 조목을 나눠놓지 않았다. 열자는 한번 '뒤를 지키라'는 뜻을 얻어서 그로 인해 스스로 해석했고, 호구자림은 곧 열자가 뜻을 풀었다고 여겨서 다시 열자에게 답변하지 않았다.

【역자 해설】

자신은 뒤로 물러서지만 오히려 앞장서게 된다는 표현은 『노자』에서 여러 차례 등장한다. 뒤로 몸을 물리지만 오히려 앞서게 된다는 역설은 『주역』「계사전」에서 '자벌레가 움츠리는 것은 앞으로 펴기 위함이다'라는 구절과도 연관시켜서 생각해볼 수 있다. 먼저 『노자』 7장에서는 다음과 같이 말한다.

---

2) 이(以) 자로 되어 있는 판본도 있으나, 문맥상 사(似) 자가 맞다. 『열자고주금역』, 680쪽 참조.

천지는 장구하다. 천지가 오래갈 수 있는 것은 자기만 살려고 하지 않기 때문이니, 그러므로 오래갈 수 있다. 그래서 지혜로운 사람은 자신을 뒤에 물리지만 오히려 앞서게 되고, 스스로를 내버려두어도 그 몸이 간직되는데 그것은 사사로움이 없기 때문이 아니겠는가? 그러므로 그 사사로운 것도 성취할 수 있다(天長地久. 天地所以能長且久者, 以其不自生, 故能長生. 是以聖人後其身而身先, 外其身而身存. 非以其無私邪? 故能成其私).

또 66장에도 비슷한 구절이 등장한다.

강과 바다가 능히 온 골짜기의 왕이 될 수 있는 것은 잘 낮추기 때문이다. 그래서 백성들의 위에 오르고자 하면 반드시 말을 낮추어야 하고, 백성들 앞에 나서고자 하면 반드시 자신이 물러서야 한다. 따라서 지혜로운 사람은 윗자리에 있지만 백성이 부담스러워하지 않고, 앞에 서되 백성이 해치지 않으니, 천하가 기꺼이 추대하되 싫증 내지 않는다. 다투지 않으므로 천하가 그와 더불어 다투지 않는다(江海所以能爲百谷王者, 以其善下之, 故能爲百谷王. 是以欲上民, 必以言下之, 欲先民, 必以身後之. 是以聖人處上而民不重, 處前而民不害, 是以天下樂推而不厭. 以其不爭, 故天下莫能與之爭).

이는 노자 사상이 뒤로 물러서는 척하지만 앞장서려는 술수를 부리는 것처럼 보일 수도 있다. 무위하지만 하지 못하는 것도 없다는 무위이무불위(無爲而無不爲)의 도(道)가 이와 동일한 맥락으로 보이기도 한다. 이런 점으로 인해『노자』가 허허실실(虛虛實實)의 병법이나 술수로 오인받기도 한다. 실제로 중국에서는 노자서를 병가의 서로 해석하거나 속셈을 감춘 술수적 처세술로 읽기도 하지만, 노자의 본

의는 도(道)를 진심으로 구하고 겸손하게 실천하다 보면 결국에는 도
를 얻어서 천하에 시행할 수 있게 된다는 점을 말하려 한 것이었음을
간과해서는 안 될 것이다.

2장

關尹謂子列子曰

言美 則響美 言惡 則響惡, 身長 則影長 身短 則影短. 名也者 響
也, 身也者 影也.**[1]** 故曰 愼爾言 將有和之, 愼爾行 將有隨之.**[2]**
是故聖人見出以知入 觀往以知來. 此其所以先知之理也.**[3]** 度在
身 稽在人, 人愛我 我必愛之, 人惡我 我必惡之.**[4]** 湯武愛天下 故
王, 桀紂惡天下 故亡.**[5]** 此所稽也. 稽度皆明而不道也 譬之出不
由門 行不從徑也.**[6]** 以是求利 不亦難乎?**[7]**
嘗觀之神農有炎之德 稽之虞夏商周之書 度諸法士賢人之言 所
以存亡廢興而非由此道者 未之有也.**[8]**

관윤이 열자에게 말했다.

"가는 말이 고우면 메아리처럼 오는 말도 곱고 가는 말이 악하면
오는 말도 악하며, 키가 크면 그림자도 크고 키가 작으면 그림자
도 짧소. 이름이라는 것은 메아리와 같고 몸뚱이라는 것은 그림
자와 같소.**[1]** 그러므로 '네가 말을 조심하면 남도 그렇게 화답하
게 되고, 네가 행동을 조심하면 남도 그에 따른다'고 하오.**[2]**

이런 까닭에 성인은 나가는 것을 보면 들어올 것을 알고, 지난 일을 관찰하면 올 일을 아오. 이것이 바로 미리 아는 이치지요.[3] 자신에게서 헤아려보고[3] 타인에게서 검증해보니, 남이 나를 사랑하면 나도 반드시 그를 사랑하게 되고, 남이 나를 미워하면 나도 반드시 그를 미워하게 되는 법이요.[4] 은나라 탕왕과 주나라 무왕은 천하를 사랑했으므로 왕 노릇을 했지만, 하나라 걸과 은나라 주는 천하를 미워했으므로 멸망당했소.[5] 이것이 바로 검증하는 방법이요. 검증해보고 헤아리는 것이 모두 분명하지만, 도를 행하지 않는다면 마치 외출하면서 문을 통하지 않고 나가고 걸어가면서 길을 따라 걷지 않는 것과 같소.[6] 이렇게 하면서 이롭기를 구하기는 어렵지 않겠소?[7]

내 일찍이 신농(神農)과 염제(炎帝)의 덕을 관찰해보고, 우순(虞舜)과 하은주(夏殷周)의 글에서 검증해보며, 법사(法士)와 현인(賢人)의 말에서도 헤아려보니, 나라의 존망(存亡)과 흥폐(興廢)가 이러한 도리에 말미암지 아니한 것이 있지 않았소."[8]

【장담 주석】

【1】夫美惡報應 譬之影響 理無差焉.

곱게 보답하느냐 악하게 보답하느냐 하는 것은 그림자나 메아리와 같아서 차이가 날 수가 없다.

【2】所謂出其言善 千里應之 行乎彌見乎遠.

이른바 '하는 말이 착하면 천 리 밖에서도 응하며, 가까운 데에서 행한 일

---

3) 장담의 주석에 의하면 탁(度)을 예도(禮度)로 해석했다. 하지만 뒤 문장 '度諸法士賢人之言'에서의 '度'는 예도가 아니라 헤아릴 탁(度) 자로 쓰였음을 볼 수 있다. 이 원문에 의거해서 헤아린다는 뜻으로 해석했다.

이 멀리까지 나타나 보인다'는 것이다.[4]

【3】見言出則響入 形往則影來 明報應之理不異於此也. 而物所未悟 故曰先知之耳.

말을 하면 메아리가 치고 형체가 가면 그림자가 오는 것을 보고, 보응의 이치가 이와 다르지 않음을 밝혔다. 그러나 사람들이 깨닫지를 못하므로 '미리 이를 안다'고 했을 뿐이다.

【4】禮度在身 考驗由人. 愛惡從之 物不負己.

나 자신이 예도(禮度)를 지키고 있으면 타인에게서 그 결과를 확인하게 되나니, 나 자신의 행위를 따라서 남이 사랑하기도 하고 미워하기도 하는 것이다.

【5】此則成驗.

이것으로 증험이 된 것이다.

【6】稽度之理 旣明 而復道不行者 則出可不由戶 行不從徑也.

검증해서 헤아린 이치가 이미 분명해졌음에도 다시 도가 행해지지 않는다면, 외출하면서 문을 통하지 않고 걸어가면서 길을 따르지 않는 격이다.

【7】違理而得利 未之有.

이치를 어기고서 이로움을 얻는 경우는 있지 아니하다.

---

4) 『주역』「계사상전」8장, "鳴鶴在陰 其子和之 我有好爵 吾與爾靡之. 子曰 君子居其室 出其言善 則天里之外應之 況其邇者乎. 居其室 出其言不善 則千里之外違之 況其邇者乎. 言出乎身 加乎民 行發乎邇 見乎遠" 참조.

【8】自古迄今 無不符驗.

예로부터 지금까지 딱 들어맞지 않은 게 없었다.

【역자 해설】

여기에서 성인이 앞일을 미리 아는 이치는 바로 지난 일을 관찰해서 장차 닥칠 일을 예측하는 데에 있다고 했다. 그리고 이는 소리를 지르면 메아리가 그대로 응답하고 몸이 움직이면 그림자가 그대로 따르는 것과 같다고 비유했다. 다시 말해서 열자는 이성적 분석과 추리에 의해 앞일을 예측하고 판단할 수 있다고 보았다.

하지만 세상사가 전부 예측 가능한 것인가? 다른 모든 변수를 통제할 수 있다면 만물이 운동하는 방식을 예측할 수 있다. 비유하자면 당구대 위에서 공을 치는 힘의 강약과 회전수에 따라 달라지는 공의 궤적을 예측할 수 있는 것은, 깨끗하게 치워진 당구대 위에는 다른 변수가 없고 공은 거의 완전한 구체이기 때문이다. 그러나 우리의 현실은 너무 복잡다단해서, 공이 어디로 튈지 결코 단정할 수 없다.

『주역』에서도 "음양을 예측할 수 없는 것을 신(神)이라고 한다"(陰陽不測之謂神)고 해서, 이성적으로 예측하거나 설명할 수 없는 현실의 사태를 인정하고 있다. 현실은 인간의 예측을 배신할 수 있다. 그럼에도 불구하고 인류가 짧은 기간에 엄청난 문명을 일굴 수 있었던 것은, 오류와 시행착오를 겪어가면서도 끊임없이 사물들을 관찰하고 실험하고 측정하면서 그 예측의 정확도를 높여가는 노력의 덕분이었음을 잊지 말아야 한다.

3장

嚴恢曰

所爲問道者 爲富,[1] 今得珠 亦富矣 安用道?[2]

子列子曰

桀紂唯重利而輕道 是以亡.[3] 幸哉! 余未汝語也. 人而無義 唯食
而已,[4] 是雞狗也. 彊食靡角 勝者爲制 是禽獸也.[5] 爲雞狗禽獸
矣 而欲人之尊己 不可得也.[6] 人不尊己 則危辱及之矣.[7]

　엄회(嚴恢)가 말했다.

　"도를 묻는 까닭은 부귀해지기 위함이니,[1] 보배를 얻어도 부귀
해지는데 구태여 도를 물어야 합니까?"[2]

　자열자가 대답했다.

　"걸·주는 이(利)만 중히 여기고 도를 가볍게 여겼기 때문에 망했
소.[3] 내가 그대에게 말하지 않았던 것이 다행이요! 인간으로서
의 도의를 생각하지 않고 먹기만 한다면[4] 그것은 개나 닭이요,
힘으로 싸워서 음식을 빼앗고 이긴 놈이 멋대로 한다면 그것은
금수와 같소.[5] 개나 닭 같은 금수가 되어서 남들이 자기를 존중

하기를 원할 수는 없는 일이요.[6] 남들이 자기를 존중해주지 않으면 곧 위태로움과 굴욕이 닥치게 되는 법이요."[7]

【장담 주석】

【1】 問猶學也.

묻는다는 것은 배운다는 뜻과 같다.

【2】 道 富之本也, 珠 冨之末. 有本 故末存, 存末 則失本也.

도는 부귀의 근본이요, 재물은 부귀의 말단이다. 근본이 있으면 말단도 간직되지만, 말단을 간직하고 있으면 근본을 잃게 된다.

【3】 非不冨, 失本 則亡身.

부귀하지 않았던 것은 아니었으나, 근본을 잃어서 곧 자신을 패망케 한 것이다.

【4】 義者 冝也. 得理之冝者 物不能奪也.

의(義)는 마땅하다는 뜻이다. 이치의 마땅함을 얻은 이는 누구도 그를 빼앗을 수가 없다.

【5】 以力求勝 非人道也.

힘으로 이기려고 드는 것은 사람으로서의 도리가 아니다.

【6】 豈欲人之尊己? 道在 則自尊耳.

어찌 남들이 자신을 존중하고 싶어 하겠는가? 도가 있다면 저절로 존귀해질 뿐이다.

【7】 樂推而不厭 尊己之謂. 苟違斯義 亡將至.

추대받고 싶어 하기를 마지않음은 자신을 존중하려고 함을 말한다. 그러나 도의에 어긋나면 패망을 당하게 된다.

【역자 해설】

제자백가가 도를 내걸고 다니며 제후들에게 유세를 한 속마음은 무엇일까? 이 세상에 도를 전해서 난세를 구하려는 양심의 명령에 따른 것이라 믿는다. 하지만 그 도를 명분으로 삼아 실리를 챙기려는 이도 그에 못지않게 있었을 것이다. 당시 도를 찾는 사람들조차도 그 속마음에는 부귀를 얻고 싶다는 욕망이 웅크리고 있음을 지적한 열자의 날카로운 비판 정신이 돋보인다.

2000년대 우리 사회에서 '부자 되세요!'라는 인사말이 유행했던 적이 있었다. 심지어 가장 탈속적인 품격을 상징하는 난초에 돈벼락을 맞으라는 리본을 단 개업 축하 화분은 지금도 여전히 쓰이고 있다. 이 점에서 열자의 지적은 현대에도 그대로 적용된다고 하겠다.

원래 중국에는 불교보다 도사(道士)와 도관(道觀)이 많았으나 문화대혁명 때 대부분 소멸되고 말았다. 대만에 가보면 골목마다 불을 밝혀두고 있는 도관이나 사묘(寺廟)를 흔히 볼 수 있다. 사실 이들은 도교를 중심으로 불교와 민간 신앙이 혼합된 형태로, 대개가 복을 기원하거나 장례 등을 집전하는 역할을 수행하고 있다. 하지만 원래의 도사는 매우 엄격한 규율을 지키며 수도하는 출가 수행자들이다.

4장

列子學射 中矣【1】 請於關尹子. 尹子曰

子知子之所以中者乎?

對曰

弗知也.

關尹子曰

未可.【2】

退而習之三年 又以報關尹子. 尹子曰

子知子之所以中乎?

列子曰 知之矣.

關尹子曰

可矣, 守而勿失也.【3】 非獨射也 爲國與身亦皆如之. 故聖人不察
存亡而察其所以然.【4】

열자가 활쏘기를 배워 적중을 시킬 수 있게 되자【1】 관윤자(關尹
子)를 초청했다. 윤자가 말했다.

"그대는 그대가 화살을 적중시키는 까닭을 알고 있는가?"

대답해서 말했다.

"알지 못합니다."

관윤자가 말했다.

"아직 덜 되었네."[2]

열자는 물러나와 3년 동안 연습한 다음에 다시 관윤자에게 알렸다. 윤자가 물었다.

"그대는 그대가 화살을 적중시키는 까닭을 알고 있는가?"

열자가 대답했다.

"알았습니다."

관윤자가 말했다.

"이제 되었네. 그 까닭을 잊지 말고 잘 지키게.[3] 활쏘기뿐만 아니라, 나라를 다스리건 자신의 몸을 다스리건 역시 다 이와 같아야 하네. 그러므로 성인은 존망(存亡)을 따지지 않고 존망의 까닭을 살펴본다네."[4]

【장담 주석】

【1】率爾自中 非能期中者也.

대충 쏘아서 저절로 적중한 것이지, 반드시 맞추려고 해서 적중시킬 수 있었던 것은 아니다.

【2】雖中而未知所以中 故曰未可也.

비록 적중은 시켰지만 적중시킨 까닭을 아직 알지 못했으므로, '아직 덜 되었다'고 했다.

【3】心平體正 內求諸己 得所以中之道 則前期命矣 發無遺矣.

마음은 평온하고 몸은 반듯하며 안으로 자신을 살펴서 적중시키는 까닭을 터득한다면, 겨냥하기에 앞서서 명중하게 되어 있으니 쏘면 놓치는 게 없게 된다.

【4】射 雖中而不知所以中 則非中之道, 身雖存 不知所以存 則非存之理. 故夫射者 能拙俱中 而知所以中者 異, 賢愚俱存 而知所以存者 殊也.

활을 쏘아 적중은 시켰지만 적중시킨 까닭을 알지 못한다면 적중의 도가 아니요, 몸이 비록 존재하고 있지만 존재하는 소이를 알지 못한다면 존재의 이치가 아니다. 그러므로 활쏘기란 숙달한 이나 서툰 자나 다 적중시킬 수는 있으나 적중시키는 까닭을 아는 이가 차원이 다른 것이요, 현명한 이나 어리석은 자나 다 존재하고는 있지만 존재하는 소이를 아는 이가 특출난 것이다.

【역자 해설】

「최종병기 활」(2011)이라는 영화는 병자호란 때 우리의 활이 적을 물리치는 데 매우 우수한 무기로 쓰였음을 보여준 바 있다. 하지만 활은 최종병기라기보다는 창과 함께 인류 최초의 무기라고 하는 게 더 나을 듯싶다. 활은 간단히 만들 수 있으면서도 자신을 지키고 짐승을 사냥하는 데에 매우 효율적인 무기다. 창도 훌륭한 무기이기는 하지만 거리를 두고 치명상을 입힐 수 있는 무기로는 단연코 활을 따라갈 수가 없다. 창을 먼 거리에서 던지도록 발전시킨 것이 활이다. 마찬가지로 활시위의 탄력이 아니라 탄약을 추진력으로 쓴 것이 총이고, 로켓 엔진을 쓰면 미사일이 되니, 활은 원리상 미사일의 시조쯤에 해당한다고 말할 수 있겠다.

『주역』에 창에 대한 언급은 없지만 활은 여러 차례 언급되고 있다. 아마도 『주역』 시대에 창보다는 활이 보편적인 무기로 쓰였을 것이다. 현대에도 활을 가지고 사냥하는 부족들이 남아 있으니, 가장 오랫동안 인류와 함께해온 무기라고 할 수 있다.

전통시대에는 사대부라면 누구나 활쏘기를 연습했다. 공자가 제자를 가르친 육예(六藝)라는 여섯 교과목에는 활쏘기가 네 번째 과목으로 자리 잡고 있다. 또한 『예기』에는 「사의」(射義)라는 장이 있어서 활쏘기의 예법과 중요성을 강조하고 있다. 남아가 태어나면 뽕나무로 만든 활과 쑥대로 만든 화살 여섯 발을 가지고 천지 사방을 쏘았다고 했고, 나라에서는 활을 잘 쏜 선비에게 작록도 올려주었다고 하니, 봉건시대에 태어난 남자라면 반드시 활을 쏠 줄 알아야만 했다.

필자도 국궁을 배워본 적이 있다. 정중동(靜中動)이라고 할까, 겉으로 볼 때는 매우 평온하고 간단한 운동 같지만, 정확하게 자세를 잡고 온몸의 근력을 이용해 시위를 당기고 풀고 하면서 많은 힘을 소모한다. 온몸을 긴장시켰다가 이완하는 과정 속에서 활과 혼연일체가 되어 과녁에 집중함으로써, 고도의 정신력을 발휘하는 심신운동이라고 할 수 있다.

관윤자의 가르침은 모든 일에 있어서 결과가 아니라 원리를 파악하는 것이 중요하다는 점을 지적한다. 겉으로 나타난 현상보다는 그 배후에 숨어 있는 원리에 대한 이해가 더 본질적이니, 이를 활쏘기뿐 아니라 자신을 수양하고 나라를 다스리는 데에도 그대로 적용할 수 있다는 것이다.

5장

列子曰

色盛者驕 力盛者奮 未可以語道也.【1】故不班白 語道失 而況行之
乎?【2】故自奮 則人莫之告, 人莫之告 則孤而無輔矣.【3】
賢者任人 故年老而不衰 智盡而不亂.【4】故治國之難 在於知賢 而
不在自賢.【5】

열자가 말했다.

"기색이 왕성한 사람은 교만하고, 힘이 센 사람은 뽐내니 도를 말
해줄 수가 없다.【1】 그러므로 머리가 희끗희끗한 연배가 되지 않
았을 때 도를 말해주면 알아듣지를 못하는데, 하물며 도를 실천
할 수 있겠는가?【2】 그러므로 스스로 힘자랑하면 사람들이 일러
주지 않게 되고, 사람들이 일러주지 않으면 외톨이가 되어 남에
게 도움을 받지 못하게 된다.【3】

그래서 현명한 이는 (자기가 직접 나서지 않고) 남에게 맡기므로
나이가 많아져도 쇠하지 않고, 지력이 딸려도 어지러워지지 않는
다.【4】 그러므로 국난을 다스리는 방법은 현명한 이를 알아보는

데에 있는 것이지, 자기가 현명한 데에 있는 것이 아니다."[5]

【장담 주석】

【1】色力 是常人所矜也.

기색과 체력은 보통 사람들이 자랑하는 바다.

【2】色力旣衰 方欲言道 悟之已晩. 言之猶未能得 而況行之乎?

이들은 기색과 체력이 시들었을 때 도를 말해주어도 깨닫기에는 이미 늦다. 말해주어도 터득할 수 없거늘 하물며 실천할 수 있겠는가?

【3】驕奮者 雖告而不受 則有忌物之心 耳目自塞 誰其相之?

교만하고 힘자랑하는 자는 비록 일러주어도 받아들이지를 못한즉 사람들을 꺼리는 마음이 있어서 이목이 스스로 막혀 있으니, 누가 그를 도와주리요?

【4】不專己知, 則物願爲己用矣.

자기가 아는 대로만 하지 않으니, 사람들이 그에 쓰이기를 원하게 된다.

【5】自賢者 卽上所謂孤而無輔, 知賢 則智者爲之謀 能者爲之使, 物無棄才 則國易治也.

스스로 현명하다고 하는 자는 위에서 말한 대로 고립무원이 되지만, 현명한 이를 알아보는 이는 지혜로운 이가 그를 위해 꾀를 내고 능력 있는 이가 그를 위해 심부름을 해주니, 버려지는 인재가 없은즉 나라가 쉽게 다스려진다.

【역자 해설】

열자 두 번째 문장의 해석에는 약간의 혼선이 있다. 열자 원문은 기력을 자랑하던 이들은 나이가 지긋하게 들기 전에는 도를 말해줘도 소용없다는 것이었는데, 장담의 주는 나이가 들어서는 기력이 부치기 때문에 또다시 깨닫기가 어렵다고 해석했다.

일본학자 쇼카츠고는 원문 '불반백'(不班白)에서 '不'자가 빠진 구본(舊本)이 있다고 했는데, 장담의 주에서 나이 든 사람은 득도하기에 이미 늦다고 한 것에 의거해서 원문의 내용을 수정한 것 같다 (『충허지덕진경』 권8 「설부」, 4쪽).

그러나 필자의 경험으로 강의를 해보면 젊은 학생이 이해가 빠른 경우도 있지만, 사회 경험이 많거나 연세가 많은 분들이 이해를 잘하는 경우도 있다. 이는 강의의 내용이나 특성과 관련되며, 수강자의 태도와 집중력에 달려 있는 문제이지 기력이 강한가 약한가의 문제는 아닌 것 같다. 아무튼 스스로 현명하다고 생각하는 이는 고립무원이 되지만 현명한 이를 알아보는 이는 나라를 다스린다는 말이나, 자신의 꾀나 힘을 뽐내며 혼자서 처리하려 하지 말고 남의 장점을 잘 파악해서 활용하도록 하라는 내용은 참으로 지혜로운 말이라 하겠다.

6장

宋人有爲其君以玉爲楮葉者 三年而成. 鋒殺莖柯 毫芒繁澤 亂之
楮葉中而不可別也. 此人遂以巧食宋國, 子列子聞之曰
使天地之生物 三年而成一葉 則物之有葉者 寡矣. 故聖人恃道化
而不恃智巧.[1]

송나라 사람이 자신의 임금을 위해 옥으로 닥나무 잎을 만들었는
데 3년을 걸려서 완성했다. 날 끝으로 잎새의 줄기를 새겨가는데
털끝 같은 까끄라기는 정교하게 빛이 나서 닥나무 잎 가운데 섞
어놓으면 구별할 수가 없었다. 이 사람은 마침내 이 기술로 송나
라에서 녹을 먹게 되었는데, 열자가 이 말을 듣고 말했다.
"천지가 사물을 낳을 때에 3년 만에 잎이 하나씩 이뤄진다면 잎
이 있는 나무는 몇 개 되지 못할 것이다. 그러므로 성인은 도가 변
화하는 대로 맡기지, 사람의 꾀와 기교에 의지하지 않는다."

【1】比明用巧能 不足以贍物, 因道而化 則無不周.

이는 (인위적) 기교를 가지고는 사물에 넉넉하게 해줄 수가 없지만, 도에 따라서 변화한다면 두루 충족시키지 못하는 게 없음을 밝혔다.

【역자 해설】

열자는 아무리 정교하더라도 3년에 잎새 하나를 조각하는 기교란 도에 비해서 별 볼 일 없다고 타박했지만, 기술은 과학과 함께 인류 문명을 이끌어온 원동력이다. 기술을 강구하지 않고 자연에 맡기는 태도만으로는 하이테크 기술이 열어가고 있는 문명의 혜택을 누릴 수 없다. 처음에는 옹색할지 모르지만 작은 기술일 망정 계속 갈고닦아나가면 그것이 바로 '도가 트이고' 도를 얻는 길이라고 생각한다. 『장자』에서도 말한 바와 같이 그것이 바로 포정이 소를 잡고 윤편이 바퀴를 깎다가 그 기술이 도를 얻고 입신의 경지에 이른 비결이다.

중국인의 솜씨는 대단하다. 특히 정교한 조각에 특별한 재능이 있는 것 같다. 중국 관광지에 가면 명함 반쪽 크기의 작은 유리병 안에 끝이 굽어진 극세(極細) 철필을 거꾸로 넣어 인물·산수·화조 등을 내화(內畵)로 그려넣어 마치 대작을 보는 듯한 착각을 일으키게 하는 비연호(鼻煙壺 코담배병)를 볼 수 있다. 또 고무공만 한 골각(骨角) 안에 공 아홉 개를 파 넣어서, 겹겹이 들어앉은 공들이 각기 안에서 구르도록 만든 공예품도 있다. 쌀알 한 톨에 극세필로 자신의 이름과 주소를 모두 적을 뿐 아니라, 심지어 반야심경 270자를 모두 새기는 장인을 본 적도 있다. 「청명상하도」 같은 대작에서도 인물과 풍경이 아주 정교하게 묘사된다.

중국 문화는 다양해서 어느 하나로 규정하기가 쉽지 않지마는, 내 생각에 중국 예술의 특징 가운데 하나는 정교함에 있다고 본다. 기술은 도를 표현해내는 수단이라고 말할 수 있겠다. 19년간 수천 마리의 소를 해체했지만 금방 숫돌에 갈아낸 듯 칼날이 서 있다는 포정의 칼 쓰는 솜씨를 인정한다면, 3년을 공들인 나뭇잎 조각의 기술도 인정받을 수 있다고 본다. 문제는 이것이 개인의 일회성 기교로 끝나고 마는 것이 아니라, 과학적 체계를 갖추면서 계속 전승·발전될 수 있도록 제도화되었어야 한다는 점이다.

7장

子列子窮 容貌有飢色. 客有言之鄭子陽者曰

列禦寇 蓋有道之士也 居君之國而窮 君無乃爲不好士乎?

鄭子陽即令官遺之粟. 子列子出見使者 再拜而辭. 使者去 子列子
入 其妻望之而拊心曰

妾聞爲有道者之妻子 皆得佚樂, 今有饑色 君過而遺先生食, 先生
不受 豈不命也哉?

子列子笑謂之曰

君非自知我也. 以人之言而遺我粟, 至其罪我也 又且以人之言.
此吾所以不受也.

其卒 民果作難而殺子陽.

자열자가 곤궁해서 얼굴에 굶주린 빛이 있었다. 이를 본 빈객이
정나라의 재상 자양(子陽)에게 말했다.

"열어구는 도가 높은 선비인데, 귀국에서 곤궁하게 살고 있으니
바로 그대가 선비를 좋아하지 않는 게 아니겠소?"

정자양은 바로 관리에게 곡식을 보내도록 했다. 자열자는 나와

그림 16. 은둔 고사도

서 사자를 만나보고, 두 번 절하고는 사양해버렸다. 사자는 떠나
가고 열자가 집으로 들어오자 그의 아내가 이를 바라보고 있다가
가슴을 치면서 말했다.

"첩이 듣기에 도가 높은 사람의 처자식은 다 편안하고 즐겁게 산
다고 합디다만, 지금 처자식들이 굶주리고 있는 판에 재상께서
지나가다가 선생께 양식을 보내주었는데도 선생은 받지 않으시
니 이게 무슨 운명이라는 말인가요?"

자열자가 웃으며 말했다.

"당신은 아직 나를 알지 못하오. 남의 말을 듣고 나에게 곡식을
보냈으니, 나에게 죄를 줄 때에도 남의 말을 듣고서 할 것이요. 이
게 바로 내가 받지 않은 까닭이요."

마침내 백성들이 난을 일으켜 자양을 죽였다.

도인들이 가난하게 사는 일은 비일비재한 일이다. 벼슬하지 않고 경제 활동을 하지 않으니 당연히 가난할 수밖에 없다. 사실 이 문제는 우리 조선시대 대부분의 선비들도 겪었던 문제다. 이야기의 후반 부분은 다르지만, 앞부분은 허생전과 상당히 비슷하다.

> 허생이 묵적골에서 책을 읽고 있는데, 아내가 삯바느질로 입에 풀칠을 하고 살다가 너무 배고프자 울면서 말했다.
>
> "책을 읽어서 무엇을 하려는 것인가요?"
>
> 허생이 웃으며 말했다.
>
> "내 공부가 아직 덜 되었소."
>
> 아내가 꾸짖으며 말했다.
>
> "기술도 안 하고 장사도 안 하니, 어찌 도적은 아니하시오?"
>
> 허생이 책을 덮고 일어서며 탄식했다.
>
> "본래 10년 공부를 기약했더니, 이제 7년이로다!"

그러고는 부자 변 씨를 찾아가서 만 냥을 빌리고, 안성 장에서 과일을 매점매석해 수십만 냥을 벌게 된다는 이야기다. 허생 부인이 열자 부인보다 말솜씨가 더 뛰어나고 적극적이라는 생각이 든다.

중국 양(梁)나라 때에 나온 『습유기』(拾遺記)라는 책에도 "엎어진 물은 다시 담을 수 없다"(覆水不返盆)는 고사가 나온다. 강태공이 포의(布衣)이던 시절, 가난에 찌든 삶에 넌덜머리가 난 부인이 가출을 했다가, 강태공이 출세하고 나자 다시 찾아와 용서를 빌었다. 그러자 강태공이 그릇의 물을 땅에 쏟으며 엎어진 물은 다시 주워 담을 수 없 듯이 한번 헤어진 부인과도 다시 합칠 수 없다고 한 이야기다. 이런 유의 이야기는 우리나라에도 비슷하게 전해지고 있는데, 과거 급제를 하지 못한 대부분의 선비들이 봉건시대의 사회적 모순과 아픔에 절절히 공감했던 이야기라 하겠다.

8장

1절

魯施氏有二子 其一好學 其一好兵. 好學者 以術干齊侯, 齊侯納
之 以爲諸公子之傅. 好兵者之楚 以法于楚王, 王悅之 以爲軍正.
祿富其家 爵榮其親.

施氏之鄰人孟氏同有二子 所業亦同 而窘於貧. 羨施氏之有[1] 因
從謂進趣之方. 二子以實告孟氏. 孟氏之一子之秦 以術干秦王,
秦王曰

當今諸侯力爭 所務兵食而已. 若用仁義治吾國 是滅亡之道.

遂宮而放之.

其一子之衛 以法干衛侯, 衛侯曰

吾弱國也 而攝乎大國之間. 大國吾事之 小國吾撫之 是求安之
道. 若賴兵權 滅亡可待矣, 若全而歸之 適於他國 爲吾之患不輕
矣.

遂刖之 而還諸魯.

724

노나라의 시씨(施氏) 집안에는 아들 형제가 있었는데, 하나는 학문을 좋아했고 하나는 병법을 좋아했다. 학문을 좋아하는 아들이 제나라에 가서 자기의 학술로서 제후에게 벼슬을 구하자, 제후는 그를 받아들여 여러 공자(公子)들의 사부로 삼았다. 병법을 좋아하는 아들은 초나라로 가서 군법으로서 왕에게 벼슬을 구하자, 왕이 기뻐하며 군법을 관장하는 군정(軍正)을 삼았다. 두 아들의 녹봉으로 그 집안은 부유해졌고, 아들의 벼슬로 인해 그 부모는 영화를 누리게 되었다.

시씨의 이웃 맹씨(孟氏) 집안에도 두 아들이 있었는데, 공부한 것도 시씨 형제와 같았으나 가난해서 궁색하게 살았다. 그들은 부유해진 시씨 집안을 부러워하다가[1] 쫓아가서 출세하는 방도를 물었다. 시씨 형제는 사실대로 맹씨 형제에게 알려주었다. 그 말을 듣고 맹씨 집안 한 아들이 진나라로 가서 공부한 학술로 왕에게 벼슬을 구하자 왕이 말하기를,

"지금 제후들은 국력을 다투고 있는데, 그들이 힘쓰고 있는 것은 다만 군대와 식량 문제일 뿐이요. 만일 그대 말대로 인의(仁義)로 우리나라를 다스린다면 이는 멸망으로 가는 길이요"

라고 하면서, 마침내 궁형(宮刑)에 처하고는 추방시켜버렸다.

한 아들은 위나라로 가서 병법으로 위후(衛侯)에게 벼슬을 구하자, 위후가 말했다.

"우리나라는 약한 나라로 두 대국 사이에 끼어 있소. 대국은 우리가 섬겨야 하고, 소국은 우리가 다독여주는 것이 바로 안전을 도모하는 길이요. 만일 우리나라가 병권(兵權)에 의지한다면 멸망을 기다릴 수밖에 없소. 만일 그대를 온전히 돌려보낸다면 다른 나라에 가서 (훗날) 우리나라에 적지 않은 우환거리가 되겠소."

마침내는 그를 월형(刖刑)에 처하고는 노나라로 돌려보냈다.

【1】有猶富也.

유(有)는 부유하다는 뜻과 같다.

2절

旣反 孟氏之父子 叩胸而讓施氏. 施氏曰

凡得時者 昌 失時者 亡. 子道與吾同 而功與吾異 失時者也 非行
之謬也. 且天下理無常是 事無常非.【2】先日所用 今或棄之, 今之
所棄 後或用之. 此用與不用 無定是非也. 投隙抵時 應事無方 屬
乎智.【3】智苟不足 使若博如孔丘 術如呂尙 焉往而不窮哉?【4】

孟氏父子 舍然無慍容曰

吾知之矣. 子勿重言.

이윽고 고향에 돌아가자, 맹씨 집 부자는 가슴을 치면서 시 씨를
탓했다. 시 씨가 말했다.

"범사에 때를 얻으면 창성하지만, 때를 잃으면 패망하는 법입니
다. 그대의 학술이 우리와 같으나 그 결과가 우리와 다른 것은 때
를 잃은 탓이지 행동이 잘못된 것은 아닙니다. 천하의 이치는 항
상 옳기만 한 것도 아니요, 세상의 일은 항상 그르기만 한 것도 아
닙니다.【2】전날에 쓰였던 것이 지금에는 버려지기도 하고, 지금
버려졌던 것이 뒤에 쓰일 수도 있습니다. 쓰이고 쓰이지 않는 것
은 정해진 시비가 없습니다. 틈을 타고 때에 닥쳐서 대응하는 데
에는 정해진 방도가 없으니 꾀에 맡겨야 합니다.【3】꾀가 부족하
면 박식하기가 공자와 같고 술수가 강태공과 같다고 하더라도 어
디에 간들 궁하지 않을 수 있겠습니까?"【4】

맹씨 부자는 스르르 노여워하는 기색이 풀어져서 말했다.
"알겠소. 더 말하지 마시오."

【장담 주석】

【2】應機 則是, 失會 則非.
기회에 맞으면 옳고, 기회를 잃으면 잘못이다.

【3】雖有仁義禮法之術 而智不適時 則動而失會者矣.
비록 인의예법의 학술을 갖고 있다 하더라도 지모가 때에 맞지 않으면 움직여보았자 기회를 잃게 되는 것이다.

【4】二子之所以窮 不以其法與術 以其不得隨時之宜.
두 아들이 곤궁을 당한 까닭은 그들의 병법과 학술 때문이 아니라 때에 맞게 따르지 못했기 때문이다.

【역자 해설】

시씨 형제와 맹씨 형제는 공부도 같이했고 실력도 같았지만, 그 결과는 참혹하게 달랐다. 한쪽은 부모까지 부귀영화를 누리고, 한쪽은 형벌을 당해서 불구자가 되었다. 그 차이는 어디에 있는 것일까?

단순히 위의 시씨 형제는 때를 만나서 부귀영화를 누리고, 맹씨 형제의 경우는 때를 만나지 못해서 그런 낭패를 당한 것일까? 같은 동기간에도 극과 극의 인생 역정을 겪는 경우를 우리는 종종 목도한다. 그러나 이를 때를 만나지 못해서 그렇다고 말한다면, 모든 것이 다 팔자 소관이며 숙명 탓이라고 돌려버리는 것과 다를 바 없이 무책임한 말이다. 도대체 이 복잡다단한 인생의 변수를 어떻게 한마디로 때의 탓으로 돌려버릴 수 있단 말인가?

　필자는 이제 60년을 살았지만, 도대체 내가 때를 만났던 적이 있었는지 의심스럽다. 명리를 논하는 사람들은 나의 명조(命造)를 놓고 중년운은 힘들고 초년운과 말년운이 좋다고 말하지만, 지나온 나의 삶은 우여곡절투성이고 언제나 과도기였을 뿐, 어느 때가 좋았다는 말에 선뜻 동의할 수가 없다. 또 그렇게 때에 따라 호오(好惡)와 선악(善惡)이 구별되는지도 의문이거니와, 오히려 힘들다고 하던 때가 바로 가장 공부가 잘되고 스스로도 열심히 노력했던 시기였던 것 같다.

　'때'와 개념은 다르지만 종종 같은 맥락으로 쓰이는 단어가 있다. '운'(運)이라는 말이다. 때는 시간축상의 특정한 시점을 가리키는 객관적 개념이라면, 운은 각자가 선천적으로 타고나거나 정해진 변화의 방향이나 세력의 정도를 지칭하는 주관적 개념으로, 원래 양자는 전혀 다른 의미다. 하지만 우리를 이 둘을 합쳐 시운(時運)이라고도 하고, 운때라는 합성어로도 쓴다. 그래서 때를 만났다는 말은 좋은 운을 만났다는 의미와 거의 동일한 뜻으로도 사용한다.

　시운을 따져보는 것도 중요하지만, 더 중요한 것은 시운이 좋으면 좋은 대로, 나쁘면 나쁜 대로 지금 여기에서 자신의 실존적 삶을 어떻게 구축해나가는가 하는 구체적 방법을 찾는 것이다. 사실 때가 언제인지를 아는 것만큼 때를 만나지 못했을 때 어떻게 해야 할지를 아는 일이 더 중요하다. 만일 맹 씨를 도와주고 싶었다면 시 씨는 그때 구체적인 대처 방법을 일러주었어야 했다.

9장

晉文公出會 欲伐衛, 公子鉏仰天而笑. 公問
何笑?
曰 臣笑鄰之人有送其妻適私家者 道見桑婦 悅而與言, 然顧視其
妻 亦有招之者矣. 臣竊笑此也. 公寤其言 乃止. 引師而還 未至 而
有伐其北鄙者矣.[1]

진나라 문공(文公)이 나라 밖으로 나가 제후들과 회합해서 위나
라를 치려고 했는데, 문공의 공자(公子) 서(鉏)가 앙천대소했다.
문공이 물었다.
"어째서 웃느냐?"
대답했다.
"신이 웃었던 것은, 이웃 사람이 자신의 처를 친정으로 보내려고
전송하는 도중에 뽕잎을 따고 있는 다른 부인을 보고 좋아서 말
을 걸었는데, 자신의 처를 돌아다보니 마찬가지로 자기 처를 불
러 유혹하는 자가 있었기 때문입니다. 신은 이를 두고 혼자 웃었
던 것입니다."

문공은 이 말을 듣자 깨달은 바가 있어 바로 계획을 중지했다. 군사를 이끌고 돌아오는데 도착도 하기 전에 진나라의 북쪽 변경을 치러 온 나라가 있었다.[1]

【장담 주석】

【1】夫我之所行 人亦行之. 而欲騁己之志 謂物不生心 惑於彼此之情也.

내가 하고 싶어 하는 바는 남도 하려고 하는 법이다. 자신은 마음먹은 대로 하려고 하면서 다른 사람은 그렇게 생각하지 못하리라고 여기는 것은, 피차간의 생각을 제대로 모르는 것이다.

【역자 해설】

사람은 종종 자기 생각에 빠져서 남을 고려하지 못한다. 내가 좋으면 남도 좋아한다는 것을 알아야 하는데 우리 대부분은 자기중심적으로만 생각하고 만다. 그러면서 나의 판단은 늘 옳고, 내가 한 일은 언제나 잘 될 것이라고 생각한다. 이를 철학에서는 유아론(唯我論)이라고 한다.

춘추시대 진나라 공자 중이(重耳)는 정변으로 다른 나라로 도망쳤다가 19년 만에 돌아와 문공으로 즉위했다. 그는 초나라를 쳐서 송나라를 구원했고, 제 환공을 이어 제후들의 맹주가 되었다. 그렇게 기세를 떨치던 진 문공은 위나라의 영토가 탐났다. 그는 자신의 욕심에 사로잡혀서 밤새 그 술책을 꾸며냈다. 그 결과 제후들을 모아서 연합군을 편성한 다음 위나라를 정벌한다면, 자신이 강력한 군사력을 가질 뿐 아니라 연합국 간의 동맹도 공고해지는 일석이조의 효과를 얻겠다는 결론을 내렸다. 하지만 자신이 위나라의 영토를 탐내 정벌의 기회를 엿보며 묘수 찾기에만 골몰하고 있는 사이에, 마찬가지로 진나라의 영토를 탐내는 다른 제후도 호시탐탐 기회를 노리고 있다는 사실을 까맣게 잊고 있었다. 바둑 격언 가운데 '장고 끝에 악수 난다'는 말이 있다. 상대 말을 잡으려고 온갖 수를 궁리하다가 자신의 한 치 앞을 내다보지 못하고 덜컥 수를 두는 경우인데, 바로 이를 두고 한 말이라 하겠다.

10장

晉國苦盜. 有郄雍者 能視盜之貌 察其眉睫之間 而得其情. 晉侯
使視盜 千百無遺一焉. 晉侯大喜 告趙文子曰

吾得一人 而一國盜爲盡矣. 奚用多爲?

文子曰

吾君恃伺察而得盜 盜不盡矣. 且郄雍必不得其死焉.

俄而羣盜謀曰 吾所窮者 郄雍也, 遂共盜而殘之.【1】晉侯聞而大駭
立召文子而告之曰

果如子言 郄雍死矣! 然取盜何方?

文子曰

周諺有言, 察見淵魚者 不祥 智料隱匿者 有殃.【2】

且君欲無盜 莫若擧賢而任之, 使敎明於上 化行於下 民有恥心 則
何盜之爲?【3】

於是用隨會知政 而羣盜奔秦焉.【4】

　진나라에서는 도둑들 때문에 괴로워했다. 극옹(郄雍)이라는 이
는 도둑의 상을 잘 보았는데, 눈썹 부분을 살펴보고서는 대략 도

둑을 알아볼 수가 있었다. 진나라 제후가 도둑의 상을 찾아보라고 명하자, 백 사람 천 사람 가운데에서 하나도 놓치지 않았다. 진후가 매우 기뻐하며 조문자(趙文子)[5]에게 말했다.

"내가 사람 하나를 얻었으니, 이제 온 나라의 도둑은 몽땅 다 잡을 것이요. (도둑 잡는 데) 어찌 많은 사람이 필요하겠소?"

문자가 말했다.

"우리 임금께서는 도둑의 상을 보는 것을 믿고서 도둑을 잡겠다고 하시지만, 도둑을 다 잡을 수는 없습니다. 그리고 극옹은 반드시 제명에 죽지 못할 것입니다."

이윽고 도둑들이 모여 상의하기를 '우리가 곤궁에 빠진 까닭은 극옹 때문이다'라고 하고는 드디어 몰래 극옹을 살해해버렸다.[1] 진후가 이 소식을 듣고 크게 놀라서 곧바로 문자를 불러 말했다.

"과연 그대의 말대로 극옹이 죽고 말았소! 이제 도둑을 잡을 무슨 방법이 있겠소?"

문자가 대답했다.

"주나라 속담에 말하기를 '연못 속에 숨은 물고기까지 살펴보는 자는 불길하고, 꾀를 부려 남이 숨겨놓은 물건을 알아내려는 자에게는 재앙이 있다'고 합니다.[2] 만일 임금께서 도둑을 없애고 싶으시다면 먼저 어진 이를 거용해 일을 맡기시고, 그로 하여금 위에 교화를 밝히고 아래에 교화를 행하게 해 백성들이 부끄러운 양심을 갖게 한다면 어찌 도둑질을 하겠습니까?"[3]

이에 수회(隨會)라는 현자를 거용해서 정치를 맡기자 도둑들이 진나라로 달아나버렸다.[4]

---

5) 진의 정경(正卿)으로 이름은 조무(趙武) 시호는 문(文)이다. 『좌전』과 『사기』 「조세가」에 그에 관한 기록이 보인다. 아래에 나오는 수회와는 시대가 달라서 위 문단은 꾸며낸 이야기다.

【1】 殘賊殺之.

살아남은 도적이 그를 죽였다.

【2】 此答所以致死.

이는 죽게 된 까닭을 답변한 것이다.

【3】 此答所以止盜之方.

이는 도둑을 막을 수 있는 방도를 답변한 것이다.

【4】 用聰明以察是非者 羣詐之所逃 用先識以摘奸伏者 衆惡之所疾. 智之爲患 豈虛言哉?

지혜를 써서 옳고 그른지를 샅샅이 살피게 되면 사기꾼들이 도망치고, 관상의 예지(豫知)로 숨은 악당까지 적발하게 되면 악당들이 미워한다. 아는 게 병이 된다는 말이 어찌 빈말이겠는가?

【역자 해설】

극옹이 얼굴을 보고 도둑을 알아낸 건 관상술(觀相術)이라고 할 수 있다. 그러나 일반적으로 관상은 부귀의 길상을 위주로 보지, 도둑의 상을 별도로 연구하지는 않는다. 『마의상법』이라는 상서(相書)를 보면 사람의 인상을 위맹지상(威猛之相)이니 후중지상(厚重之相)이니 해서, 청수(淸秀)·고괴(古怪)·고한(孤寒)·박약(薄弱)·완악(頑惡)·속탁(俗濁) 8종의 상으로 나누었고, 『수경』(水鏡)에는 청상(淸相)·길상(吉相)·괴상(怪相)·기상(奇相) 4종으로 대별해두고 있다. 극옹이 말한 도둑의 상이란 아마 이 가운데 '완악'과 연관될 것이다. 『옥

그림 17. 도둑의 모습

관조신국』(玉管照神局)에서는 '눈썹이 서로 이어져 있으면 간사하고 질투하고 재물을 도둑질한다. 눈썹이 짙고 머리카락이 두꺼우면 도둑의 마음을 갖고 있으며 수명을 던다'고 해서 눈썹과 도둑의 상을 연관시켜 언급하기도 했다.

「마이너리티 리포트」(2002)라는 영화를 보면 세 명의 초능력자들이 범인과 범행 장면을 미리 보고 범행이 일어나기 직전에 범인을 체포해서 사건을 막는다는 설정이 나온다. 하지만 미래의 사건을 예견해서 예방했다면 그 사건은 미연에 무산돼버렸으니, 미래의 범행을 예견했다는 것은 거짓이 되는 자기모순에 빠진다. 이런 시간여행의 오류는 놀라운 상상력으로 5차원 우주까지 보여주었던 「인터스텔라」 (2014)에서도 등장한다.

미래 예견의 초능력보다는 범인의 상을 살펴서 도둑의 기미를 미리 알아내는 관상술이 보다 개연성이 있어 보인다. 근미래는 이러한 몇몇의 능력자들에게 의존하는 것이 아니라 전 세계 방방곡곡에 펼쳐진 인터넷망으로 수집한 빅데이터 분석을 통해 범죄자의 유형과 행동 패턴을 찾아내서 범죄를 예방할 것이다.

"연못 속에 숨은 물고기까지 살펴보는 자는 불길하고, 꾀를 부려 남이 숨겨놓은 물건을 알아내려는 자에게는 재앙이 있다"는 속담은 미래를 대비해두는 중국인들의 웅심 깊은 사고방식을 보여준다. 연못 속에 든 물고기 숫자를 정확히 파악해서 깡그리 잡아버리면 며칠간은 풍성한 만찬을 즐기며 포식할 수 있다. 그러나 그렇게 씨가 말라버린 연못에 어느 세월에 다시 유유히 노니는 물고기를 구경할 수 있게 될지는 아무도 모른다. 생태계적 균형을 잃고 썩어버린 연못 물이 언제 다시 명경지수로 변할지 누구도 예측할 수 없다. 이 고사는 일망타진해버리겠다는 '한 방의 발본색원'이 역효과를 초래해서 심각한 재앙을 야기할 수 있다는 경고이며, 어쩌면 빨리빨리 재촉하기 좋아하는 우리 한국 사람들의 조급한 성정에 일침을 가하는 듯하기도 하다.

숨겨놓은 물건을 맞히는 것은 고대에 사복(射覆)이라는 점법을 두고 한 말이 아닐까 싶다. 이는 엎어놓은 그릇 속에 감추어둔 물건을 맞히는 점이다. 삼국시대의 관로(管輅)라는 유명한 역학가는 그릇 속에 숨겨둔 13종의 물건을 하나만 빼놓고 다 맞혔다고 전한다(『삼국지』「위지魏志·관로전管輅傳」).

물론 관로의 이야기를 그대로 믿을 수는 없다. 아무런 단서도 없이 그냥 숨겨놓은 물건을 다짜고짜 맞히라고 하는 것은 길흉을 묻는 점들과는 차원이 다르고, 투시 같은 초능력을 요구하는 것이다. 한 무제가 그릇 속에 물건을 숨겨두고 술수가들에게 맞혀보라고 했으나 모두 맞히지 못했다고 한다(『한서』「동방삭전」). 우리나라에서도 임금님

그림 18. 관로

이 상자 속에 쥐를 잡아놓고 무엇이 들었는지 맞히지 못하는 점술가를 처형하려 했다는 이야기를 보면, 이 사복이라는 점은 아마도 술수가들을 잡는 덫이 아니었을까 싶다.

오늘날에도 100퍼센트 적중을 자랑하는 역술인들이 종종 있는데, 정말로 그런지 과학적으로 검증해본다면 어찌 될까? 이 이야기처럼 숨겨놓은 물건을 알아내려는 이에게는 재앙이 닥친다는 결과가 되지 않기를 바랄 뿐이다.

11장

孔子自衛反魯 息駕乎河梁而觀焉. 有懸水三十仞 圜流九十里 魚
鼈弗能游 黿鼉弗能居. 有一丈夫方將厲之. 孔子使人並涯止之曰
此懸水三十仞 圜流九十里 魚鼈弗能游 黿鼉弗能居也, 意者 難可
以濟乎?

丈夫不以錯意 遂度而出. 孔子問之曰

巧乎? 有道術乎? 所以能入而出者 何也?

丈夫對曰

始吾之入也 先以忠信, 及吾之出也 又從以忠信. 忠信錯吾軀於波
流 而吾不敢用私 所以能入而復出者 以此也.

孔子謂弟子曰

二三子識之! 水且猶可以忠信誠身親之 而況人乎?[1]

공자가 위나라에서 노나라로 돌아가다가 다리 위에 수레를 멈추
고 강물을 바라보며 쉬고 있었다. 삼십 길 낭떠러지에서 강물이
쏟아지니, 거센 물살이 구십 리나 뻗쳐서 물고기가 헤엄칠 수 없
고 자라나 악어도 살 수가 없었다. 그런데 한 장부가 막 물을 건너

오고 있었다. 공자가 제자를 시켜 강가에 멈추게 하고는 그에게
물었다.

"이 강물은 삼십 길 낭떠러지에서 쏟아지고 거센 물살이 구십 리
에 뻗쳐서 물고기도 헤엄칠 수 없고 악어도 살지 못하니, 건너기
는 어렵지 않겠소?"

그러나 장부는 개의치 않고 마침내 물을 건너서 나왔다. 공자가
그에게 물었다.

"기술을 가진 것이요, 도술을 가진 것이요? 어찌 그리 능숙하게
물에 들어갔다가 나올 수가 있소?"

장부가 대답했다.

"처음에 내가 입수할 때에는 먼저 온 마음을 다해 굳게 믿으면서
들어가고, 나올 때에도 굳게 믿으면서 나옵니다. 충실한 믿음으
로 나의 몸을 물결 위에 맡겨두고 감히 사사로이 하지 않으니, 능
숙하게 물속에 들어갔다가 나올 수 있는 까닭은 바로 이 때문입
니다."

공자가 제자들에게 말했다.

"너희들은 이 말을 새겨두라! 물에 대해서도 굳은 믿음을 가지고
성실하게 자기 몸으로 가까이해야 하거늘, 하물며 사람에게 대해
서이겠는가?"[1]

【장담 주석】

【1】黃帝篇中已有此章 而小不同 所明 亦無以異 故不復釋其義也.

　앞의 「황제」편에서도 이 장이 있었는데, 조금 다르지만 밝히려는 바가 다
를 게 없어서 다시 그 뜻을 해석하지 않는다.

【역자 해설】

여기에서 원타(黿鼉)를 악어로 해석했는데, 글자 자체는 자라와 악어를 뜻한다. 중국에 악어가 사느냐고 의심할지 모르겠으나, 실제 양자강에 양자악(揚子鰐)이라고 하는 작은 악어가 산다. 이는 타룡(鼉龍) 혹은 저파룡(猪婆龍)이라고도 불리며, 한 길 정도의 크기로 주로 중국의 안휘·절강·강서성 등지의 갈대와 대숲 지대에 서식하며 물고기·개구리·고둥·조개 등을 먹고 산다. 배와 꼬리 부분에 비늘이 있는데, 가죽이 단단해서 예로부터 그 가죽으로 북을 만들었다. 양자악은 때때로 가축을 습격하거나 농사를 망쳤을 뿐 아니라, 추한 생김새로 오랫동안 유해동물로 여겨져 포획되었던 탓에 수량이 점점 줄어들고 있다.

온 마음을 다해 굳게 믿으며 입수해서 물결 위에 나의 몸을 맡겨두고 사사로이 하지 않는다는 말은 진실된 말이다. 사람이 물을 겁내서 허우적대다가 빠지는 것이지, 물에 들어가서 부력을 믿고 가만히 있기만 해도 인간은 물에 빠지지 않는다. 사실 사람은 물속에 잠수해서 들어가려고 해도 들어가지지 않는다. 그래서 깊이 잠수해야 할 때는 무게 추를 매달아야 한다.

얼마 전 태어난 지 며칠 되지도 않은 갓난아기가 물속에서 헤엄을 치는 모습을 텔레비전에서 봤다. 서툴기는 하지만 물속에서 두 눈을 똑바로 뜬 채 손과 발을 휘젓는 모습을 보고 놀라지 않을 수 없었다. 만일 저 갓난아기를 물에서 계속 키울 수만 있다면, 돌고래를 능가하는 물속의 타잔이 될 수도 있을 것이란 생각이 들었다. 오히려 성인이 물에 빠지는 이유는 물이 자신을 띄워준다는 사실을 믿지 못하고 안 빠지려 마구 발버둥 치기 때문이다. 모든 동물은 수영을 배우지 않아도 스스로 헤엄을 쳐서 물을 건넌다. 지구상의 생명 자체가 물에서 시작되었고 물에 의지해서 신진대사를 하니, 살아 있는 유기체는 물과

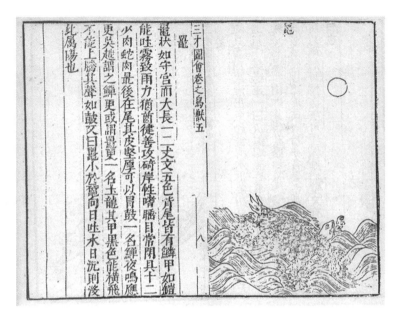

그림 19. 『삼재도회』 속 타(鼉)

본능적 친연성을 갖고 있을 수밖에 없다.

　아마도 고대시기 중국인은 수영을 즐기지는 않았던 것 같다. 이 구절뿐 아니라, 중국의 고전에서 물을 두려워하는 중국인의 모습을 여러 곳에서 확인할 수 있기 때문이다. 공자도 '맨손으로 범을 잡고 맨몸으로 강하를 건너다가 죽어도 후회하지 않는 자와는 함께하지 않을 것이요, 나는 반드시 일에 임하여 두려워하고, 일을 잘 꾀해서 이루기를 좋아하는 이와 함께 할 것이다'(『논어』 「술이」)라고 했다. 맨몸으로 강물을 헤엄치는 것이 죽음을 무릅쓴 행동으로 지목되었다는 것은 물을 두려워한다는 사실을 단적으로 보여준다.

　어쩌면 공자의 말이 위 장부 이야기를 만든 근거가 되었을 수도 있다. 공자가 말한 포호빙하(暴虎馮河)를 "삼십 길 낭떠러지에서 강물이 쏟아지니, 거센 물살이 구십 리나 뻗쳐서 물고기가 헤엄칠 수 없고 자라나 악어도 살 수가 없"는 강물로 실감 나게 묘사한 셈이다. 이 강이 어느 강인지 알 수는 없으나, 삼십 길이라면 높이가 40-50미터에 달하는 폭포이니, 황하물이 거칠게 뒤섞이는 산서성의 호구(壺口) 폭포쯤에 해당할지는 모르겠다. 그런데 평온하게 흐르는 강물이라면 모를까, 그냥 '굳은 믿음을 가지고' '물결에 몸을 맡겨서' 이런 폭포의 거센 물살을 헤치고 건너온다고 묘사한 것은 실제 폭포에 들어가본 사람의 말은 아니다. 거친 물살에 말려들거나 소용돌이 속으로 빨려 들어가면 헤엄을 잘 친다고 빠져나올 수 있는 것은 아니기 때문이다.

12장

白公問孔子曰

人可與微言乎?

孔子不應,[1] 白公問曰

若以石投水 何如?

孔子曰

吳之善沒者 能取之.[2]

曰 若以水投水 何如?

孔子曰

淄澠之合 易牙嘗而知之.[3]

白公曰

人故不可與微言乎?

孔子曰

何爲不可? 唯知言之謂者乎![4] 夫知言之謂者 不以言言也.[5] 爭
魚者 濡 逐獸者 趨, 非樂之也.[6] 故至言去言[7] 至爲無爲.[8] 夫淺
知之所爭者 末矣.[9]

白公不得已 遂死於浴室.[10]

초나라 평왕(平王)의 손자 백공(白公)이 공자에게 물었다.

"속뜻을 숨겨놓은 말(微言)을 남과 나눌 수 있겠소?"

공자가 대답하지 않자,[1] 백공이 다시 물었다.

"만일 돌을 물에 던지면 어떻게 되겠소?"

공자가 말했다.

"오나라에서 헤엄 잘 치는 사람이 건져내겠지요."[2]

백공이 말했다.

"만일 물에 물을 부으면 어떻게 되겠소?"

공자가 대답했다.

"치수(淄水)에 민수(澠水)를 합친다면, 역아(易牙)가 맛을 보고 구별해내겠지요."[3]

백공이 말했다.

"그렇다면 다른 사람과는 뜻을 숨긴 말을 할 수 없는 건가요?"

공자가 말했다.

"어찌할 수 없겠습니까마는, 말속에 숨겨놓은 뜻을 이해하는 사람이라야만 합니다.[4] 말에 숨긴 뜻이란 말로 말해지는 것이 아닙니다.[5] 물고기를 잡으려고 다투는 사람이 물에 젖게 되고 짐승을 잡으려고 쫓아가는 사람이 달음박질하게 되는 것은 좋아서가 아닙니다.[6] 그러므로 완전한 말은 말이 없고,[7] 완전한 행위는 행위가 없는 법입니다.[8] 천박한 지혜로 다툴 수 있는 것은 말단일 뿐입니다."[9]

백공은 알아들을 수 없었으니, 결국 욕실에서 피살되고 말았다.[10]

【장담 주석】

【1】白公 楚平王之孫 太子建之子也. 其父爲費無極所譖 出奔鄭 鄭人殺之.

勝欲令尹子西司馬子期伐鄭. 許而未行. 晉我鄭 子西子期將救鄭. 勝怒曰 鄭人
在此 讎不遠矣. 欲殺子西子期 故問孔子. 孔子知之 故不應. 微言 猶密謀也.

백공은 초나라 평왕의 손자고 태자 건(建)의 아들이다. 그의 부친 건이 비
무극(費無極)에게 참소를 당해서 정나라로 도망을 쳤는데, 정나라 사람이 그
를 죽였다. 백공 승(勝)이 윤자(尹子)인 자서(子西)와 사마(司馬)인 자기(子
期)에게 정나라를 정벌할 것을 명령했으나, 평왕이 허락만 하고 실행하지는
않고 있었다. 그때 진이 정나라를 침공하자 자서와 자기는 오히려 정나라를
구원하려고 했다. 그러자 백공이 노해서 '정나라 사람이 우리 땅에 있으니
원수가 멀리 있지 않다'고 하면서 자서와 자기를 죽이고 싶어서 공자에게 물
었다. 공자는 이를 알고 있었기 때문에 대답하지 않았던 것이다. 미언(微言)
은 비밀스럽게 꾀를 담아두었다는 뜻이다.

【2】石之投水 則沒 喻其微言 不可覺. 故孔子答以善沒者 能得之 明物不可
隱者也.

돌을 물에 던지면 가라앉는다는 것은 미언을 깨닫지 못함을 비유한 것이
다. 그러므로 공자가 헤엄 잘 치는 이가 그것을 건질 수 있다고 답변한 것은,
사물은 숨길 수가 없음을 밝힌 것이다.[6]

【3】復爲善味者 所別也.

맛을 잘 보는 이가 다시 구별할 수 있다.

【4】謂者 所以發言之旨趣. 發言之旨趣 則是言之微者. 形之於事 則無所隱.

여기에서 일컫는다는 것은 말한 뜻을 가리킨다. 말한 뜻은 곧 말에 숨긴

---

6) 내가 던진 돌이 가라앉아버린 것은 상대가 나의 미언을 깨닫지 못했다는 뜻이
고, 헤엄 잘 치는 이가 돌을 건진 것은 가라앉았더라도 돌이라는 사물은 숨길
수가 없기 때문이라는 뜻이다.

것이다. 그러나 사물에 드러나게 되니 숨길 수가 없다.

【5】言言 則無微隱.

말로써 말해버리면 비밀스럽게 숨길 수가 없다.

【6】自然之勢 自應濡走.

(물고기를 잡으려고) 물에 젖고 (짐승을 잡으려고) 달리게 되는 것은 자연스러운 형세다.

【7】理自明 化自行.

이치가 저절로 밝아지니, 교화는 저절로 행해지기 때문이다.

【8】理自成 物自從.

이치가 스스로 이뤄지니, 사람들이 스스로 따르기 때문이다.

【9】失本存末 事著而後爭解 鮮不及也.

근본을 잃고 말단을 지키고 있으니, 일이 드러난 뒤에 풀려고 다투어보았자 제대로 되는 경우가 드물다.

【10】不知言之所謂 遂便作亂 故及於難.

말로 일러주려는 뜻을 알지 못하고, 난을 일으켰다가 화를 당하게 된 것이다.

【역자 해설】

고전에 등장하는 중국인들의 비유는 이해하기가 참으로 쉽지 않다. 이 장에서도 몇 가지 비유를 들어가며 뜻을 숨긴 미언(微言)으로 대화하고 있다. 물에 던진 돌과 물에 부은 물의 비유는 알기 어렵다. 물속에 가라앉은 돌은 말에 담은 숨은 뜻을 파악하지 못함을 비유한 것이고, 물에 물을 타면 맛을 잘 보는 이가 가려낸다는 말은 숨은 뜻을 파악할 수 있는 능력을 가진 이도 있음을 비유한다. 장담은 전자보다 후자가 더 은미한 함축을 갖는다고 했다. 또 물고기를 잡는 자는 물에 젖고 짐승을 잡는 자는 달음박질치게 된다는 공자의 마지막 답변에 대해서도 장담은 자연히 드러나 숨길 수가 없음을 비유한 것이라고 해석했다.

이를 보니 그냥 오해의 여지 없이 구체적으로 분명하게 말하면 안 되는지 묻고 싶어진다. 이렇게 무엇을 비유하는지조차 알기 어려운 은밀한 은유를 써서 에둘러 말하거나 순서를 건너뛰어 비약적으로 대화한다면 서로 얼마나 알아들을 수 있었을지 궁금하다. 결코 쉽지 않았을 것이고, 겨우 의사소통이 되면 그제서야 '서로 더불어 말할 만하도다'라고 지음(知音)을 만난 듯이 기뻐했을 것이다.

서양의 논리학도 어렵기는 하지만 가만히 논리적으로 분석해보면 오해의 여지 없이 명확하게 그 의미를 이해할 수 있다. 그러나 중국인들은 논리 법칙을 신봉하지는 않았던 것 같다. 시점(時點)이나 관점(觀點)을 마구 뒤바꾸고 여러 요인들과 가능성 등을 결합시키며, 가정(假定)·연상(聯想) 등 교묘한 논리적 왜곡이나 모순 등을 거침없이 구사한다. 이런 꼬인 말들을 툭툭 던지면서 수작(酬酢)하는 장면을 보면, 불립문자(不立文字)나 선(禪)문답의 전통이 결코 외래 불교로 인해서 생긴 것이 아님을 문득문득 깨닫고는 한다.

백공은 열자서의 맨 마지막 장에 다시 한번 등장한다. 백공이 혁명을 꾀하려고 골똘히 생각에 잠겨 있다가 턱이 찔려 피가 흐르는데도 모른 채 서 있었다고 기술하고 있다. 그만큼 백공은 원수를 갚을 생각에 사로잡혀 있었다. 그러나 이렇게 자기 생각에만 빠져 있었던 것은 그가 의지는 강했으나 주도면밀하지는 못했음을 짐작하게 한다.

결국 미언의 문제를 제기했던 백공이 공자의 뜻을 알아듣지 못하고 살해당하고 말았다고 하니, 분노에 휩싸인 백공의 어리석음 탓이겠지만 사리와 도리를 통달한 공자도 좀 명확하게 말해줄 수는 없었을까? 『논어』에서 공자 스스로 '말이란 뜻을 전하기만 하면 된다'고 말해 불필요한 수사(修辭)나 현학적 논변을 경계했던 사실을 주의할 필요가 있다. 위 본문을 보면 우리만 중국인의 모호한 논법을 이해하기 어려운 것이 아니라, 중국인 스스로도 그런 경우가 많았던 듯하다.

13장

趙襄子使新穉穆子攻翟,[1] 勝之 取左人中人,[2] 使遽人來謁之.[3]
襄子方食而有憂色. 左右曰
一朝而兩城下 此人之所喜也, 今君有憂色 何也?
襄子曰
夫江河之大也 不過三日,[4] 飄風暴雨 不終朝 日中不須臾.[5] 今
趙氏之德行無所施於積[6] 一朝而兩城下 亡其及我哉!![7]
孔子聞之曰
趙氏其昌乎! 夫憂者 所以爲昌也,[8] 喜者 所以爲亡也.[9] 勝非其
難者也, 持之其難者也. 賢主以此持勝 故其福及後世. 齊楚吳越
皆嘗勝矣 然卒取亡焉, 不達乎持勝也. 唯有道之主 爲能持勝.[10]
孔子之勁 能拓國門之關 而不肯以力聞,[11] 墨子爲守攻 公輸般服
而不肯以兵知.[12] 故善持勝者 以彊爲弱.[13]

조나라 양자(襄子)가 신치목자(新穉穆子)에게 적(翟)을 공격하
게 했는데,[1] 전쟁에 이겨서 좌인(左人)과 중인(中人)을 점령하
자[2] 급히 부하를 보내어 보고하게 했다.[3] 양자는 막 식사를 하

다가 보고를 듣고는 근심스런 기색을 띠었다. 좌우에 있던 신하가 물었다.

"하루아침에 두 성을 함락시켰으니 이는 보통 사람으로서는 기뻐해야 할 바이오나, 이제 임금께서는 근심스러운 기색이 있으시니 무슨 까닭이옵니까?"

양자가 말했다.

"장강 황하에 큰물이 져도 사흘을 지나지 못하고,[4] 폭풍과 폭우가 몰아쳐도 아침나절을 지속하지 못하며,[5] 해가 중천하는 것도 순간에 지나지 않는다. 이제 우리 조씨(趙氏)가 그다지 덕행을 쌓은 것도 없는데[6] 하루아침에 두 성이나 함락시켰다고 하니, 자칫하다간 패망이 곧 나 자신에 닥쳐올까 싶다!"[7]

공자가 이를 듣고 말했다.

"조씨는 흥할 것이로다! 미리 걱정하는 것은 번창해지는 소이가 되고[8] 기뻐하는 것은 패망의 이유가 되는 법이다.[9] 승리하기가 어려운 것이 아니라 지키기가 어려운 것이다. 현명한 주군이 이렇게 승리를 지키고 있으니, 그의 복은 후세에 미치게 될 것이다. 제나라·초나라·오나라·월나라도 다 승리한 적이 있었으나 갑자기 쇠퇴한 것은 승리를 지키는 법을 터득하지 못했기 때문이다. 오직 도를 가진 주군만이 승리를 지킬 수 있다."[10]

공자의 힘은 도성의 관문을 들 수 있었지만 힘세다고 소문나기를 원하지 않았고,[11] 묵자는 방어를 잘해서 공수반(公輸般)도 굴복했지만 병법으로 알려지기를 원하지 않았다.[12] 그러므로 승리를 지킬 줄 아는 사람은 강점을 오히려 약점으로 여겼던 것이다.[13]

【장담 주석】

【1】穆子 襄子家臣 新穉狗也. 翟鮮虞也.

목자는 양자의 가신인 신치구다. 적은 선우다.

【2】左人中人 鮮虞二邑名.

좌인과 중인은 선우의 두 고을 이름이다.

【3】遽 傳也. 謁 告也.

거(遽)는 전한다는 뜻이요, 알(謁)은 고한다는 뜻이다.

【4】謂潮水有大小.

물이 차오르는 데에도 크고 작은 차이가 있다.

【5】勢盛者 必退也.

권세가 성하게 되면 반드시 쇠퇴하게 된다.

【6】無積德而有重功 不可不戒懼也.

적덕한 게 없으면서 큰 공적을 얻었으니, 경계하고 두려워하지 않을 수 없다.

【7】不忘亡 則不亡之也.

패망할까 잊지 않는다면 패망하지 않게 된다.

【8】戒之深也.

깊이 경계하게 한 것이다.

【9】將致矜伐.

장차 뽐내고 자랑하게 되기 때문이다.

【10】勝敵者 皆比國 而有以不能持勝 故危亡及之.

적을 무찔러 이긴 자는 여러 나라를 병합할 수는 있으나, 승리를 지킬 수가 없어서 쇠망하게 된다.

【11】勁 力也, 拓 擧也. 孔力能擧門關 而力名不聞者 不用其力也.

경(勁)은 힘이요, 척(拓)은 든다는 뜻이다. 공자의 힘은 관문을 들 수 있었으나, 힘세다는 명성이 들리지 않은 것은 그 힘을 쓰지 않았기 때문이다.

【12】公輸般 善爲攻器 墨子設守 能却之. 爲般所服 而不稱知兵者 不有其能也.

공수반은 공격용 무기를 잘 만들었지만 묵자가 수비해서 물리쳤다. 공수반이 굴복했으나 묵자가 병법을 안다고 소문나지 않은 것은 그 능력을 소유하려 하지 않았기 때문이다.

【13】得爲攻之母也.

공격의 근원을 얻은 것이다.

【역자 해설】

공자가 도성의 관문을 들 수 있을 정도로 힘이 있었다는 말은 『회남자』에도 비슷하게 나오는데, 사실은 공자의 아버지 숙량흘(叔梁紇)의 고사가 와전된 것이다. 옛날 성문의 안쪽에는 삽판(牐版) 혹은 갑판(閘板)이라고 하는 또 하나의 문을 쇠사슬로 달아매서 성문을 방

어하도록 했다. 『좌전』 「양공」 10년조의 기사를 보면 진(晉) 군사가
성을 공격할 때 유인책에 걸려 군사들이 성문 안으로 들어갔고, 이때
삽판을 내려서 포위하려고 하자 숙량흘이 손으로 내려오는 삽판을
지탱해서 군사들을 구출했다고 한다.[7)]

위에서 공자도 극찬한 양자의 말 가운데, 장강에 큰물이 져도 사흘
을 넘기지 못한다는 말이나 폭풍과 폭우가 아침나절을 넘기지 못한
다는 말은 필자도 실감했던 바가 있다. 필자의 고향은 금강의 하류인
백마 강변에 있었다. 흰 모래사장과 쪽빛 강물은 그야말로 사계절 모
두 아름다웠다. 하지만 이 비단 같은 강물이 가장 무서워지는 때가 있
으니, 바로 장마철 홍수가 날 때다.

평소의 수십 배, 아니 수백 배에 달하는 거대한 붉은 흙탕물이 도도
하게 용솟음치며 흘러갔다. 그 물살에 수박이나 참외도 떠내려가고
돼지와 소도 떠내려갔으며, 심지어는 집채도 통째로 떠내려가는 것
을 종종 목도했다. 절정에 이르면 그때는 제방 끝부분까지 물이 차오
른다. 제방이 무너지거나 범람하면 온 동네가 물속에 잠길 판이니 마
을에 비상이 걸리고는 했다. 그러나 아무리 홍수가 져도 대개 사흘이
지나면 침수지의 물도 빠지고 강물의 수량도 급격히 줄어들었다.

그 가운데에서도 1993년 8월은 기록적인 날이었다. 그날 저녁 내
가 살던 고향에는 한 시간에 100밀리미터씩 폭우가 쏟아졌다. 고향
인근에는 저녁에서 새벽까지 내린 비가 800-1,200밀리미터였는데,
지금까지도 나는 이를 능가한 예를 들어보지 못했다. 비가 서서히 내
리기 시작하는 것을 보면서 잠이 들었고 아침에 일어나보니 비가 말
끔히 개어 있었다. 그러나 밖에 나왔다가 소스라치게 놀랄 수밖에 없
었다. 드넓은 평야에 설치된 전봇대가 물속에 묻혀서 보이지 않았으

---

7) 『신역열자독본』, 259쪽 참조.

니, 상전벽해(桑田碧海)라는 말을 실감할 수 있었다. 그날의 집중호우는 7-8시간을 내린 데 불과했다. 공교롭게도 일찍 잠이 든 나는 듣지 못했지만 친구들 말로는 양동이로 물을 쏟아붓듯이 비가 내렸다고 한다. 그렇게 하루를 내린다면 아마 우리나라 거의 전역이 물에 잠겼을 것이다.

지난 2010년, 서해안에서 중부 지역을 정통으로 관통한 태풍 곤파스가 있었다. 중형급이라고는 하지만 초속 24미터로 몰아치는 그 한복판에서 나는 잠을 자고 있었다. 밤중부터 조금씩 바람이 거세지기 시작하더니 새벽녘에 절정에 달했다. 거대한 바람 소리에 잠을 깨어 잠시 밖에 나가서 구경했는데, 빗방울이든 솔방울이든 모래알이든 폭풍에 부양된 모든 물체가 눈앞에서 순식간에 수평의 궤적을 그리며 날아가고 있었다. 해가 뜬 후에 나가보니 거의 모든 가로수가 뿌리째 뽑혔고, 야산에는 소나무가 한 방향으로 누워 있었다. 꺾인 솔가지에서 나오는 송진(松津) 냄새가 진동했고, 지상에 있던 컨테이너가 날아가 다른 집 위에 얹혀 있기도 했다. 이렇게 온 세상이 다 날아갈 듯한 무서운 바람을 처음 겪어보았지만, 정작 폭풍이 몰아친 시간은 한두 시간에 불과했다.

내가 경험한 큰물은 사흘을 넘기지 못했고, 폭풍과 폭우도 모두 한나절을 지나지 않았다. 만일 그런 폭풍과 폭우가 3일을 지속한다면 아마도 노아의 대홍수 정도가 되었을 것이지만, 내가 경험한 바로는 실제 그렇게까지 지속되지는 않았다. 휘몰아치는 바람은 한나절을 넘기지 못하고 마구 퍼붓는 비는 하루를 가지 못한다는 말의 어원은 원래 『노자』에 나오는 말인데, 이 역시 오랜 기간의 경험에서 터득한 삶의 지혜일 것이다.

14장

宋人有好行仁義者 三世不懈. 家無故黑牛生白犢. 以問孔子, 孔
子曰 此吉祥也 以薦上帝.
居一年 其父無故而盲, 其牛又復生白犢. 其父又復令其子問孔子,
其子曰
前問之而失明 又何問乎?
父曰
聖人之言先迕後合. 其事未究 姑復問之.
其子又復問孔子 孔子曰 吉祥也 復敎以祭.
其子歸致命 其父曰 行孔子之言也.
居一年 其子又無故而盲.
其後楚攻宋 圍其城. 民易子而食之 析骸而炊之. 丁壯者 皆乘城
而戰 死者太半. 此人以父子有疾皆免 及圍解而疾俱復.[1]

송나라에 삼대에 걸쳐 부지런히 인의(仁義)를 즐겨 행해온 사람
이 있었다. 그 집안에서 아무런 연고 없이 검은 소가 흰 송아지를
낳았다. 이에 공자께 문의하자, 공자는 "이는 길한 징조이니, 상

제에게 바치라"고 했다.

그런데 1년이 지나자 그 집의 아버지가 아무런 연고 없이 눈이 멀었고, 그 소는 또다시 흰 송아지를 낳았다. 아버지가 다시 아들에게 공자께 물어보라고 하자, 아들이 말했다.

"전에 물었는데도 실명했는데, 또 무엇을 묻는다는 말입니까?"

아버지가 말했다.

"성인의 말씀은 처음에는 맞지 않지만 뒤에 맞는 법이다. 그 일이 아직 다 끝나지 않았으니, 잠깐 다시 물어보도록 하거라."

그 아들이 다시 공자께 묻자, 공자가 '길한 징조'라며 다시 제(祭)를 드리라고 했다.

아들이 돌아와서 공자의 명을 고하자, 아버지는 '공자의 말씀대로 하라'고 했다.

그러나 1년이 지나자 그 아들도 이유 없이 눈이 멀게 되었다.

그 뒤에 초나라가 송나라를 공격해와서 성을 포위해버렸다. 성안의 백성들은 자식을 서로 바꾸어서 잡아먹었고 뼈를 쪼개서 불을 때야 했다. 장정들은 모두 성에 올라가서 싸우다가 태반이 전사하고 말았다. 그러나 이 두 부자는 다 눈먼 병이 있다고 해서 죽음을 면했고, 포위가 풀리자 병도 나았다.[1]

【장담 주석】

【1】此所謂禍福相倚也.

이는 이른바 화복(禍福)이 서로 기대어 있다는 것이다.

【역자 해설】

마치 새옹지마(塞翁之馬)를 연상시키는 내용이다. 다만 포위가 풀리자 눈먼 병도 나았다는 것은 상투적인 안이한 구성이다. 장담의 주석에 "화복이 서로 기대어 있다"는 것은 『노자』에 그 출전이 있는 말로, 인생살이는 길흉이 서로 뒤엉키고 전변되어서 이분법적으로 단순하게 구별되지 않는다는 말이다.

여기에서 공자가 길흉을 점단(占斷)하고 상제에게 제를 올리라고 말하는 장면은 흥미로운 설정이다. 원시 유교는 역(易)과 예(禮)를 두 축으로 삼고 있다고 할 수 있는바, 『주역』의 본질은 점서(占書)이고, 『예기』『주례』『의례』는 제례를 중심으로 쓰여진 경전이다. 『예기』「예운」(禮運)편을 보면 주나라에는 "왕의 앞에 무(巫)를 두고 뒤에 사(史)를 두었다"(前巫而後史)고 했다. 이성과 현실을 중시하는 사관과 직관과 영감을 중시하는 무관이 왕을 보좌했다고 하니, 합리주의와 인간 중심주의를 주창하는 유교의 일면에는 신비주의 전통을 간직한 무(巫)가 깊숙이 자리 잡고 있다.

15장

宋有蘭子者 [1] 以技干宋元, 宋元召而使見. 其技以雙枝 長倍其
身 屬其脛 並趨並馳 弄七劍迭而躍之 五劍常在空中. 元君大驚
立賜金帛.
又有蘭子 又能燕戲者 [2] 聞之 復以干元君. 元君大怒曰
昔有異技干寡人者 [3] 技無庸 適値寡人有歡心 故賜金帛. 彼必聞
此而進復望吾賞.
拘而擬戮之 經月乃放 [4]

송나라에 난자(蘭子)라는 떠돌이 놀이꾼이 있었는데 [1] 재주로써
송나라 임금에게 뵙기를 청하자, 송나라 임금이 그를 보자고 불
렀다. 그의 재주는 키보다 배나 되는 두 개의 대나무 죽마를 종아
리에 묶고 뛰면서, 칼 일곱 자루를 번갈아 놀리는데 다섯 자루는
항시 공중에서 떠 놀았다. 임금은 크게 놀라면서 바로 황금과 비
단을 내려주었다.
제비처럼 몸을 날래게 놀리는 재주를 가진 [2] 또 다른 놀이꾼이
있었는데, 이 소문을 듣고 임금을 뵙기를 청했다. 그러나 임금이

크게 노해서 말했다.

"전번에 이상한 재주로 과인을 청하는 자가 있었는데[3] 재주가 아무 쓸모없었으나 마침 과인의 환심을 샀던 탓에 황금과 비단을 준 일이 있다. 저자가 필시 이 소문을 듣고 또다시 나의 상금을 받으려고 하는 짓이로다."

그러고는 옥에 가두어놓고 죽이려다가 몇 달 뒤에 풀어주었다.[4]

【장담 주석】

【1】凡人物不知生出主 謂之蘭也.

자신이 태어난 부모를 모르는 사람을 난(蘭)이라고 부른다.

【2】如今之絶倒投狹者.

연희(燕戲)는 지금의 물구나무서기와 고리 던지기다.[8]

【3】謂先僑人.

앞에서의 대나무 죽마(竹馬) 타는 사람을 말한다.

【4】此技同而時異 則功賞不可預要也.

재주는 같지만 때가 다르니, 그 공상(功賞)을 미리 예측할 수가 없다.

【역자 해설】

이안 감독의 명작 「와호장룡」(2002)의 첫 장면을 보면 중국의 시

---

8) 『신역열자독본』, 262쪽 참조. 투협(投狹)은 진(晋) 갈홍(葛洪)의 『포박자』에도 나온다. 『포박자』「변문」(辨問), "使之跳丸弄劍 踰鋒投狹" 참조.

그림 20. 한(漢) 전돌에 새겨진 잡기

장통이 나온다. 여기에는 장사치만 있는 것이 아니라 다양한 놀이꾼들이 등장해서 중국의 장시(場市) 문화를 보여준다. 조선시대 같으면 사당패가 줄타기나 광대놀음을 했겠지만, 어릴 적 필자의 동네 장터에서는 원숭이나 뱀을 구경시켜주고서는 마지막에 차력사가 등장해 신기(神技)를 선보이고 만병통치약을 파는 약장사들이 으레 출현하고는 했다.

　중국에서는 잡기(雜技)라고 불리는 일종의 서커스 공연과도 비슷한 습속이 발달했다. 지금도 베이징에 가면 대규모의 상설 잡기 극장이 관광객들을 끌어모은다. 한중 수교가 막 시작되었던 무렵, 당시 수도 베이징의 여러 문화 시설이나 인프라는 조악했지만 잡기 공연만은 감동적으로 구경했던 기억이 생생하다. 앞 11장에서도 공자가 삼십 길 폭포를 헤치며 강을 건너는 사내를 칭찬한 바 있지만, 부상(負

傷)의 공포를 이겨내고 인간 육체의 한계를 넘어선 묘기를 보여준 그
들의 노력과 용기에 박수를 보내지 않을 수 없었다. 서로 호흡을 맞추
고 허공에서 균형을 잡으며 인간으로서는 불가능하리라 여겼던 자세
를 완벽하게 선보이는 그들을 보며 과연 인간의 한계가 어디까지일
지를 궁금해했던 기억이 난다.

　한 대의 전돌에 새겨진 화상석들을 보면 중국의 연희 전통이 귀족
들의 오락으로 발전했음을 알 수 있다. 명·청시대 이후로는 민간에
서도 크게 유행해, 묘회(廟會)나 시장에서 통상적으로 잡기를 공연했
고, 명절이나 잔치에서도 빠지지 않았다. 현대 중국에서도 엄숙한 클
래식 연주회장에서 연주가 시작되기 전 한바탕 잡기를 공연하기도
한다. 서양인들에게는 낯선 풍경이지만, 이는 잡기가 귀족들의 궁중
오락으로 발달한 것과 관련이 있는 듯하다.

16장

秦穆公謂伯樂曰

子之年長矣[1] 子姓有可使求馬者乎?[2]

伯樂對曰

良馬可形容筋骨相也.[3] 天下之馬者 若滅若沒 若亡若失,[4] 若此者 絕塵弭轍.[5] 臣之子皆下才也 可告以良馬 不可告以天下之馬也.

臣有所與共擔纆薪菜者[6] 有九方皋 比其於馬非臣之下也. 請見之.[7]

穆公見之 使行求馬. 三月而反報曰

已得之矣. 在沙丘.[8]

穆公曰

何馬也?

對曰

牝而黃.

使人往取之 牡而驪. 穆公不說 召伯樂而謂之曰

敗矣! 子所使求馬者[9] 色物牝牡尚弗能知 又何馬之能知也?

762

伯樂喟然太息曰

一至於此乎! 是乃其所以千萬臣而無數者也.【10】 若皐之所觀 天
機也,【11】 得其精而忘其麤 在其內而忘其外.【12】 見其所見【13】 不見
其所不見,【14】 視其所視【15】 而遺其所不視.【16】 若皐之相者 乃有貴
乎馬者也.【17】

馬至 果天下之馬也.

진나라 목공(穆公)이 백락(伯樂)에게 말했다.

"그대의 나이가 이미 들었으니,【1】 그대의 자손 가운데 말을 구해
오라 시킬 만한 사람이 없겠소?"【2】

백락이 대답했다.

"좋은 말 정도라면 근육과 골격의 상을 형용할 수는 있습니다.【3】
그러나 천하의 준마는 그 기상이 없어진 듯 숨은 듯하고 없는 듯
잃어버린 듯해서 알기 어렵지만,【4】 이런 말들은 발에 흙을 묻히
지 않고 바퀴 자국을 남기지 않을 정도로 빠릅니다.【5】 신의 자식
들은 모두 재주가 없어서 좋은 말 정도는 말씀드릴 수 있지만, 천
하의 준마는 말씀드릴 수 없습니다.

신과 함께 새끼줄을 짊어지고 땔나무를 하러 다니는 나무꾼9) 구
방고(九方皐)라는 자가 있는데,【6】 말에 있어서는 이 사람이 신보
다 낫습니다. 한번 만나보십시오."【7】

목공이 구방고를 만나보고는 가서 말을 구해 오도록 시켰다. 석
달 만에 돌아와서 보고했다.

"구했습니다. 사구(沙丘)10)에 있습니다."【8】

---

9) 유월(兪樾)은 '담묵신채'(擔纆薪菜)를 짐꾼과 나무꾼의 뜻으로 해석했다. 『열
   자집석』, 256쪽 및 『신역열자독본』, 263쪽 참조.
10) 지금의 하북성(河北省) 평향현(平鄕縣) 동남쪽에 있다.

그림 21. 백락 구방고의 상마도(相馬圖)

목공이 물었다.

"어떤 말인가?"

구방고가 대답했다.

"누런 암말입니다."

사람을 보내어 가져와 보니 검은 수말이었다. 기분이 상한 목공은 백락을 불러서 말했다.

"틀렸소! 그대가 말을 구해 오라고 시켰던 자는[9] 털빛이 누런지 검은지, 암놈인지 수놈인지도 모르니, 어찌 말을 알겠소?"

그러자 백락은 크게 한숨을 쉬며 말했다.

"구방고가 단번에 이런 경지에까지 이르렀다니! 이것이 바로 신 같은 자를 천 명, 만 명 갖다놓아도 그의 기술을 헤아릴 수 없는 까닭입니다.[10] 구방고는 천기를 꿰뚫어 보았으니,[11] 본질을 터득하고 외형을 잊었으며, 내면의 정수를 얻고 조잡한 외면을 잊었습니다.[12] 그는 천기만 보지[13] 외모를 보지 않고,[14] 보아야 할 것을 보지[15] 보지 말아야 할 것은 보지 않습니다.[16] 구방고의 상법(相法)에는 말보다 더 귀중한 것이 있습니다."

그 말은 과연 천하의 준마가 되었다.

【장담 주석】

【1】伯樂 善相馬者.

백락은 말의 상을 잘 보는 사람이다.

【2】問伯樂之種姓 有能相馬繼樂者不.

백락의 집안에서 백락을 이어 말의 상을 볼 사람이 없겠는가를 물었다.

【3】馬之良者 可以形骨取也.

말 가운데에서 양마 정도는 외모와 골격으로 가려낼 수 있다.

【4】天下之絶倫者 不於形骨毛色中求, 故髣髴恍惚 若存若亡 難得知也.

천하에 짝이 없는 준마는 외모와 골격과 색깔로 구할 수 없으며, 희미하고 어렴풋하며 있는 듯 없는 듯하니 알기 어렵다.

【5】言迅速之極.

극도로 빠름을 말한 것이다.

【6】負索薪菜 蓋賤役者.

새끼줄을 매고서 땔나무를 져 나르는 천한 일꾼이다.

【7】非臣之下 言有過於己.

'신의 아래에 있지 않다'는 말은 자기보다 낫다는 뜻이다.

【8】地名.

사구(沙丘)는 지명이다.

【9】謂九方皐.

구방고를 말한다.

【10】言其相馬之妙乃如此也. 是以勝臣千萬而不可量.

말의 상을 보는 교묘함이 바로 이와 같다. 이런 까닭에 기술이 신보다 천 배 만 배 나아서 헤아릴 수가 없다.

【11】天機 形骨之表所以使蹄足者, 得之於心 不顯其見.

천기(天機)란 형체의 밖에서 말을 달리도록 시키는 것인데, 마음으로 터득되지만 보이게 드러나지 않는다.

【12】精 內謂天機 麤 外謂牝牡色.

정수란 안으로 천기를 말하고, 조잡하다는 것은 밖으로 암수와 색깔을 말한다.

【13】所見者 唯天機也.

천기만 살펴볼 뿐이다.

【14】所不見 毛色牝牡也.

털의 색깔과 암수는 보이지 않았다.

【15】視所宜視者 不忘其所視.

마땅히 보아야 할 바를 본다는 것은 볼 것을 잊지 않는다는 것이다.

【16】所不應視者 不以經意也.

보지 말아야 할 것은 개의치 않는다.

【17】言皐之此術 豈止於相馬而已? 神明所得 必有貴於相馬者 言其妙也.

구방고의 이 기술이 어찌 말을 보는 것에 그치겠는가? 신명으로 터득한바 반드시 말의 상을 보는 것보다 귀중하니, 그 오묘함을 말한 것이다.

【역자 해설】

말은 농사를 짓고 물건을 운반하는 수단으로, 소와 비슷한 가축이라고 할 수 있다. 하지만 그 힘과 속도로 인해 군마(軍馬)로서 매우 중시될 뿐 아니라, 늘씬한 몸매와 귀족적 자태로 상류 사회의 미학적 취향까지 얻게 되었다. 말은 시대의 흐름을 따라 농사용 가축에서 전쟁용 군마로, 그리고 다시 부귀를 상징하는 애완물(愛玩物)로 변해왔다. 이 점에서 같은 가축이지만 농사짓는 수단일 뿐인 소와는 구별된다.

그래서 중국의 고화(古畫)에는 멋진 말 그림이 많다. 오늘날에도 중국의 서화점이나 관광지에 가면 팔준도(八駿圖)라고 해서 여덟 마리의 말이 치달리는 그림을 그려놓고 파는 모습을 볼 수 있는데, 앞의 「주목왕」 제3편에 나온 주 목왕의 팔준마가 바로 그 주인공이다. 씩씩하고 날렵한 준마의 모습이 중국인의 심성 속에 미학적 완상물(玩賞物)로 깊이 애호받고 있음을 알 수 있다.

백락(伯樂)의 고사는 다소 과장된 면이 없지 않다. 하지만 고대부

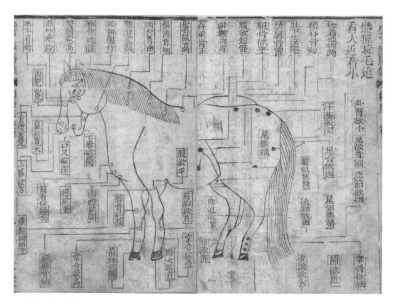

그림 22. 말 관상도

터 말의 관상을 보고 명마를 감별해내는 기술이 발전했음은 그만큼
말이 전통시대에 중시되었다는 사실을 말해준다. 또 말과 소를 진찰
하고 치료하는 전문 마의서(馬醫書)도 등장했다. 필자도 이전에 중국
에서 구입했던『요마집』(療馬集)이라는 청 대 초기에 발간된 마의서
를 가지고 있는데, 6권 6책의 적지 않은 분량으로 말에 관한 질병을
자세하게 분석하고 처방하고 있다. 이 책의 맨 첫 장은 말의 관상을
보는 법에서부터 시작한다. 부록인『우경대전』(牛經大全)에서는 소
의 병을 치료하는 방법이 나오는데, 여기에서도 소의 관상을 보는 법
이 나온다. 장사(長沙) 마왕퇴(馬王堆)에서 출토된 백서(帛書) 가운
데에서도 말의 관상을 보는 책이 발견되었으니, 상마술(相馬術)이 기
원전부터 체계적으로 발전했다는 사실을 확인할 수 있다.

17장

楚莊王問詹何曰
治國奈何?[1]
詹何對曰
臣明於治身 而不明於治國也.
楚莊王曰
寡人得奉宗廟社稷 願學所以守之.
詹何對曰
臣未嘗聞身治 而國亂者也. 又未嘗聞身亂 而國治者也. 故本在身
不敢對以末.
楚王曰
善.

초나라 장왕(莊王)이 은군자 첨하(詹何)에게 물었다.
"나라를 다스리려면 어떻게 해야 하오?"
첨하가 대답해서 말했다.
"신은 자신을 다스리는 방법은 잘 알지만 나라를 다스리는 방법은 모릅니다."

초 장왕이 말했다.

"과인은 나라의 종묘사직을 받들게 되었으니, 이를 간직할 수 있는 방도를 배우고 싶소."

첨하가 대답해서 말했다.

"왕 자신이 다스려졌는데 나라가 어지러워졌다는 말을 신은 들은 적이 없습니다. 또한 왕 자신이 어지러운데 나라가 다스려졌다는 말도 들은 적이 없습니다. 그러므로 근본은 왕 자신에 달려 있으니, 감히 말단을 가지고서 대답할 수 없습니다."

초 장왕이 말했다.

"좋은 말씀이요."

【장담 주석】

【1】 詹何 蓋隱者也.

첨하는 은군자인 듯하다.

【역자 해설】

왕은 나라를 다스리고 종묘사직을 간직할 방도를 묻는데, 은군자는 자신의 몸을 다스리는 이야기만 고집하고 있다. 아마도 치국(治國)보다는 수신(修身)이 앞서며 본질이라고 생각했겠지만, 왕의 입장에서는 정곡을 찌르지 못하는 관념적 이야기로만 느껴졌을 것이다.

그렇지만 어찌 첨하의 말처럼 자신을 다스린다고 나라가 절로 다스려질 수 있겠는가? 마치 왜군이 노략질하고 만주족이 압록강을 넘어 말달리며 쳐들어오고 있는데, 임금님의 한자리 마음만 바로 서면 오랑캐가 감복해서 물러날 것이라는 식의 순진한 신념처럼 보일 뿐

770

이다.

초나라 임금과 은군자 첨하의 대화는 마치 알렉산더 대왕과 디오게네스의 대화를 연상시키기도 한다. 하지만 천하를 차지한 알렉산더가 거지 철학자 디오게네스를 찾아가서 '원하는 게 무어요?'라고 묻자 '내가 쬐고 있는 햇빛을 막지 말아주시오'라고 했다는 이야기가 더 극적이고 생동감 있다.

독자의 입장에서 말하자면 양자의 논점이 계속 겉돌고 있는 점이 답답하며 줄거리도 진부하다.

전체적으로 도입과 결말부의 구성이 너무 단순하고도 건조하다. 『장자』에서 포정(庖丁)이 문혜군 앞에서 소를 잡는 장면이나 윤편(輪扁)이 제 환공 앞에서 바퀴를 깎는 고사처럼, 기승전결의 구성을 도입해서 극적인 반전을 꾀한다면 이야기가 훨씬 더 생동감 있을 것 같다. 가령 앞에 초 장왕이 호화로운 행장을 하고 첨하의 빈궁한 처소를 찾는 장면과, 왕과 은자의 사상적 대립을 좀더 구체적이고도 날카롭게 묘사한 다음에 왕을 설복하는 극적인 구성을 했었더라면 좋았을 듯하다.

18장

狐丘丈人謂孫叔敖[1]曰

人有三怨 子知之乎?[2]

孫叔敖曰

何謂也?

對曰

爵高者 人妬之, 官大者 主惡之, 祿厚者 怨逮之.

孫叔敖曰

吾爵益高 吾志益下, 吾官益大 吾心益小, 吾祿益厚 吾施益博. 以是免於三怨 可乎?

　호구(狐口)에 사는 한 어른이 초나라의 대부 손숙오(孫叔敖)에게 말했다.

"사람에게는 세 가지 원망이 있는데, 그대는 이를 아시오?"

손숙오가 말했다.

"무엇을 이르는 것입니까?"

대답해서 말했다.

"작위가 높으면 남들이 질투하고, 벼슬이 오르면 임금이 싫어하고, 봉록이 많으면 원망을 사게 되지요."
손숙오가 말했다.
"저의 작위가 높아질수록 저는 뜻을 더욱 겸손하게 가지려 하고, 벼슬이 오를수록 저의 마음가짐을 더욱 조심하려 하며, 봉록이 많아질수록 저는 혜택을 널리 베풀려 합니다. 이렇게 세 가지 원망을 면한다면 되겠습니까?"

【장담 주석】
【1】 楚大夫也.
손숙오는 초나라의 대부다.

【2】 狐丘 邑名, 丈人 長老者.
호구는 고을 이름이고, 장인은 어른이다.

【역자 해설】
『장자』에도 손숙오는 초나라의 현명한 대부로 두어 차례 등장한다.

견오가 손숙오에게 물었다.
"그대는 세 번이나 초나라 영윤(令尹)이 되었지만 그것을 영화롭다고 생각하지 않았고, 세 번 그 자리를 떠날 때에도 근심하는 빛이 없었습니다. 저는 처음에는 그대를 의심했었으나 지금 그대의 얼굴을 보니 즐거운 듯합니다. 그대는 어떤 마음을 갖고 있는 것입니까?"
손숙오가 대답했다.

"내가 남보다 무어 나은 게 있겠습니까? 나는 오는 것은 막을 수 없고, 가는 것은 멈출 수 없다고 생각합니다. 얻거나 잃거나 내 것이 아니라고 여기므로 근심하는 기색이 없을 뿐입니다"(『장자』「전자방」).

손숙오는 세 번 영윤이 되었다가 세 번 쫓겨났지만 벼슬에 연연해 하지 않는다고 했다. 영윤이면 지금의 정승 벼슬에 해당한다. 이 말을 전해 들은 공자는 손숙오가 바로 진인(眞人)이라고 칭송했다. 『장자』의 내용을 『열자』 본문과 연결시켜보면 문맥이 서로 통하며 내용을 보완해줌을 볼 수 있다.

19장

孫叔敖疾 將死 戒其子曰

王亟封我矣 吾不受也. 爲我死 王則封汝, 汝必無受利地! 楚越之
間有寢丘者 此地不利而名甚惡. 楚人鬼而越人禨[1] 可長有者 唯
此也.

孫叔敖死 王果以美地封其子. 子辭而不受, 請寢丘. 與之, 至今不
失.[2]

손숙오가 병이 들어 죽게 되자, 그의 아들에게 훈계를 했다.

"왕께서 여러 차례 나에게 봉토(封土)를 주려 하셨으나 나는 받
지 않았다. 이제 내가 죽으면 왕께서 너를 봉해주려 할 터인데,
결단코 좋은 땅을 받지 말거라! 초나라와 월나라 사이에 침구
(寢丘)라는 땅이 있는데, 이 땅은 척박한 데다가 이름도 매우 듣
기 나쁘다. 초나라 사람들은 귀신을 믿고 월나라 사람들은 기상
(禨祥)을 믿는데,[1] 오래 지킬 수 있는 땅은 바로 이곳이 되리라
본다."

손숙오가 죽자 과연 왕은 비옥한 땅을 그 아들에게 봉해주려고

했다. 그러나 아들은 이를 사양하고 침구 땅을 청했다. 요청한 대로 침구를 그에게 주었는데 지금까지 잃지 않고 있다.[2]

【장담 주석】

【1】信鬼神與禨祥.

귀신과 기상을 믿었다.

【2】漢蕭何亦云 子孫無令勢家所奪 即此類也.

한(漢) 소하(蕭何)가 '자손들은 권세가에게 빼앗김이 없도록 하라'고 한 말도 바로 이런 종류다.

【역자 해설】

'초나라에서 귀신을 믿는다'는 것은 세상의 길흉화복을 귀신의 작용으로 보고 귀신에게 빌거나 의지해서 재앙을 피하고 복을 얻으려고 하는 것을 말한다. 이는 과학이 발달하지 못했던 시기에 동서를 막론하고 보편적으로 성행했던 고대 신앙 형태라고 할 수 있는데, 중국에서는 특히 초나라에서 성행했던 것으로 보인다. 초나라 고대의 종교 신앙에 대해서는 굴원(屈原)의 『초사』(楚辭)를 참고해볼 수 있다.

기상(禨祥)은 음양재이(陰陽災異)로 화복(禍福)을 추단(推斷)하는 점법의 일종이다. 가령 자연재해가 일어나면 이를 음양의 부조화로 해석하면서, 현실의 정치가 잘못되어 음양의 관계가 어그러졌고 그 결과로 인간 세계에 특정한 재앙이 생겼다고 해석한다. 그래서 제왕이 이를 고쳐야 다시 음양이 제대로 작용한다는 식으로 점단(占斷)을 내린다. 이는 한 대 『역위』에 그 이론적 뿌리가 있는데, 전한 말 맹희(孟喜)에서 시작되었고 초공(焦贛)에서 이루어지고 경방(京房)에게서 융성해졌다. 하지만 『춘추좌전』에 인용된 자산 등의 말에 이미 기상재이가 포함되어 있는 것을 보면 그 근원은 춘추시대로 거슬러 올라갈 정도로 오래되었다고 할 수 있다. 기상설은 비과학적인 측면도 있지만, 음양재이로써 봉건 군주의 통치를 견제해 백성을 사랑하는 정치를 이루도록 유도하는 긍정적 역할을 하기도 했다.

20장

牛缺者 上地之大儒也. 下之邯鄲 遇盜於耦沙之中 盡取其衣裝車
牛步而去. 視之 歡然無憂吝之色. 盜追而問其故 曰
君子不以所養 害其所養.
盜曰
嘻! 賢矣夫!
既而相謂曰 以彼之賢 往見趙君 使以我爲 必困我, 不如殺之, 乃
相與追而殺之.
燕人聞之 聚族相戒曰
遇盜 莫如上地之牛缺也.
皆受敎. 俄而其弟適秦 至關下 果遇盜. 憶其兄之戒 因與盜力爭.
既而不如, 又追而以卑辭請物. 盜怒曰
吾活汝弘矣 而追吾不已 迹將著焉. 既爲盜矣 仁將焉在?
遂殺之 又傍害其黨四五人焉.[1]

　우결(牛缺)은 고산 지역의 큰 선비였다. 아래로 조나라의 도성 한
단(邯鄲)으로 가다가 우사(耦沙) 땅에서 도둑을 만나 입은 옷과

짐을 실은 수레를 몽땅 빼앗긴 채 빈손으로 걸어가게 되었다. 그런데 도둑들이 그의 모습을 바라보니, 흔연히 근심스러운 기색이 없었다. 도둑들이 쫓아가서 그 까닭을 묻자 우결이 의젓하게 대답했다.

"군자는 양생하기 위한 수단 때문에 양생해야 할 바를 해치지 않소."

도둑들이 말했다.

"아! 현자로다!"

이윽고 도둑들이 서로 생각하기를, '저런 현인이 조나라의 임금을 만나게 되면 임용되어 우리에게 반드시 못살게 굴 터이니 죽이는 게 낫겠다' 하고는 서로 추격해서 죽여버렸다.

연나라 사람이 이 소문을 듣고서는 가족들을 모아놓고 훈계했다.

"도둑을 만나면 고산 지역에서 살던 우결과 같은 행동을 해서는 안 된다."

가족들 모두가 이렇게 가르침을 받았다. 얼마 후에 그의 아우가 진나라로 가려고 관문 아래에 이르자 과연 도둑을 만났다. 그는 형의 훈계를 생각하고 도둑과 싸웠다. 그러나 생각처럼 되지 못해서 물건을 빼앗기자, 도둑의 뒤를 따라가서 비굴한 말로 물건을 다시 돌려달라고 구걸했다. 도둑들은 화가 나서 말했다.

"우리가 너희를 살려준 것만 해도 충분하건만, 우리 뒤를 쫓아와서 우리가 다니는 길이 드러나게 되었다. 우리는 이미 도둑들이라 무슨 인자한 마음 따위가 있겠는가?"

도둑들은 마침내 그를 죽이고, 네댓 명의 동행하던 일행들도 해치고 말았다.[1]

【1】 牛缺以無吝招患 燕人假有惜受禍 安危之不可預圖 皆此類.

우결은 재물을 아까워하지 않아서 화를 불렀고, 연나라 사람은 아까워하다가 화를 입었으니, 안위(安危)를 미리 예측할 수 없음이 모두 이러하다.

【역자 해설】

중국은 도적이 많다. 산적·수적·해적·마적 등 모든 종류의 도적이 횡행한다. 미야자키 하야오의 「천공의 성 라퓨타」(1986)에서는 낡은 비행선을 타고 하늘 위에서 도적질하는 무리가 나온다. 미래에는 삶의 영역이 창공으로 확장될 것이니, 창공이든 우주든 하늘에서 활동하는 도적은 무어라 불러야 할까? 천적(天賊)으로 불러야 할까, 비적(飛賊)이라고 불러야 할까?

낮이 있으면 밤이 있듯이 백(白) 사회가 있으면 흑(黑) 사회가 있는 법이다. 왕양명(王陽明, 1472-1528)은 산중의 도적은 잡기 쉽지만 마음속의 도적은 잡기 어렵다고 했지만, 어찌 산중의 도적을 잡기 쉽다고 할 수 있으랴?

아무튼 재물에 초월한 현명한 군자도 죽임을 당하고, 재물을 아까워한 용감한 청년도 죽임을 당하니, 참으로 인간 세상의 안위는 예측할 수가 없다. 그래서 장자는 무용(無用)과 유용(有用)의 중간을 택하겠다고 했다.

장자가 산속을 지나다가 줄기와 가지가 무성한 큰 나무를 보았다. 벌목꾼이 그 곁에 있었으나 나무를 벌목하지 않았다. 장자가 그 까닭을 묻자 대답했다.

"쓸모가 없습니다."

장자가 말했다.

"이 나무는 쓸모가 없어서 자신의 천수를 다할 수가 있었다."

장자가 산에서 나와 친구의 집에 머물렀다. 친구가 기뻐 맞으며 동자에게 오리를 잡아 오라고 하자, 동자가 물었다.

"잘 우는 놈도 있고 울지 못하는 놈도 있는데 어느 것을 잡을까요?"

주인이 대답했다.

"울지 못하는 놈을 잡아라."

다음 날 제자가 장자에게 물었다.

"어제 산속의 나무는 쓸모가 없어서 타고난 천수를 다할 수 있었는데, 이제 주인집의 오리는 쓸모가 없어서 죽게 되었습니다. 선생님께서는 무엇을 택하시겠습니까?"

장자가 웃으며 대답했다.

"나는 쓸모 있음과 쓸모없음의 중간을 택하겠네"(『장자』 「산목」).

하지만 중간이란 무엇이라는 말인가? 우리는 언제나 선택 앞에 놓이며, 매 상황마다 일도양단으로 판단하고 어느 하나를 선택해야만 한다. 장자는 무용과 유용의 중간을 택한다고 했지만 가령 '잘 우는 오리와 못 우는 오리 가운데에서 중간을 택한다'고 말한다면, 대체 어떻게 오리를 요리해달라는 뜻인가? 우는 놈 절반과 못 우는 놈 절반을 함께 요리하라는 말인가? 현실적으로 그렇게 어정쩡한 중간은 존재하기도 어렵거니와 그렇게 상황에 따라 바뀌는 기회주의적이고 모호한 선택을 누가 받아들여주겠는가? 중국인은 중용을 좋아해서 국호에도 중(中) 자를 넣었지만 실제 현실에서는 모호함이라는 문제를 남길 수밖에 없다.

21장

虞氏者 梁之富人也 家充殷盛 錢帛無量 財貨無訾. 登高樓 臨大
路 設樂陳酒 擊博樓上.
俠客相隨而行. 樓上博者射 明瓊張中 反兩檎魚而笑.[1] 飛鳶適墜
其腐鼠而中之. 俠客相與言曰
虞氏富樂之日 久矣, 而常有輕易人之志. 吾不侵犯之 而乃辱我以
腐鼠. 此而不報 無以立懂於天下.[2] 請與若等戮力一志 率徒屬必
滅其家爲!
等倫皆許諾. 至期日之夜 聚衆積兵以攻虞氏 大滅其家.[3]

우(虞) 씨는 양(梁, 지금의 하남성 개봉) 땅의 부자로 집안에는 재
물이 그득했고 돈과 비단이 한량없으며 재산이 헤아릴 수 없을
정도였다. 높직한 누대에 올라가서 큰길을 내려다보며 풍악을 잡
히고 술상을 벌여놓고는 누각 위에서 도박을 즐겼다.

누각 위에서 도박꾼이 주사위를 던지자 오백(五白) 끗이 나왔고,
건 돈의 두 배를 따게 되자 환호성이 터져 나왔다.[1] 그때 협객들
이 누각 아래를 지나가는데, 마침 공중에 날던 솔개가 떨어뜨린

그림 23. 육박을 즐기는 선인

쥐새끼가 협객을 맞추었다. 협객들이 서로 말했다.

"우 씨가 부(富)를 누린 지가 오래되었더니 늘상 사람을 업신여기려고 하는구나. 우리가 그에게 잘못을 범하지 않았는데도 죽은 쥐새끼를 던져서 우리를 모욕하다니! 이러고도 보복하지 않으면 천하에 용감하다는 명성이 서지가 않겠네.[2] 바라건대 여러분들과 같이 힘을 합하고 뜻을 같이해 떼로 쳐들어가서 그 집안을 기필코 멸망시켜버리세!"

이에 일당들이 모두 허락했다. 기약한 날 밤에 무기를 든 떼거리들이 우 씨를 공격했고, 그 집은 아주 박살 나고 말았다.[3]

【장담 주석】

【1】明瓊 齒五白也. 射五白得之 反兩魚獲勝 故大笑.

주사위는 오백 끗이 제일 높다. 주사위를 던져 오백을 얻고 두 배로 이기게 되었으니 크게 웃은 것이다.

그림 24. 고대 협객

【2】懂勇.

근(懂)은 용(勇)의 뜻이다.

【3】驕奢之致禍敗 不以一塗, 虞氏無心於陵物而家破者 亦由謙退之行不素著故也.

교만과 사치가 화를 불러들이는 길은 한 가지가 아니니, 우 씨가 남을 업신여기려는 마음은 없었으나 집안이 박살 난 것은 평소에 겸손하게 행동하지 않았던 모습으로 보였기 때문이다.

【역자 해설】

중국의 도박은 다양하다. 양백준이나 장만수 등의 중국 학자들은

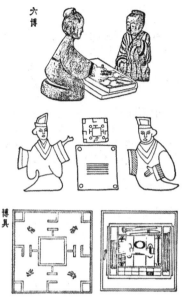

그림 25. 한 대 놀이

고대의 박희(博戱)나 박경(博瓊)으로 위 내용을 설명하고 있지만, 사실은 장담이 살던 위진시기에 가장 대표적인 노름은 저포(樗蒲)였으며, 아마도 위의 도박도 저포이거나 이와 관련되었을 가능성이 높다.

저포는 전국시대부터 기록이 있으며, 위진남북조시대까지 중국 사회에서 크게 유행했으나 당나라 무렵에 실전되어 중국인도 노는 법을 완전하게 알지는 못한다. 일단 '오백'(五白)이란 저포에서 윷처럼 생긴 나무 다섯 쪽을 던져 모두 흰 면이 나온 것을 일컫는 용어다. 장만수나 엄북명 등은 산가지를 두 번씩 가지거나 내리 두 판을 이긴다는 식으로 설명하고 있으나, 『초사』(楚辭) 「초혼」(招魂)에 "효가 나와 두 배로 이기니, 오백을 외치네"(成梟而牟, 呼五白些)라는 구절에 대해 주희(朱熹)가 주석에서 오백을 얻으면 두 배로 이긴다고 설명한 바 있다. 이 장은 도박판에서의 구체적 규칙과 놀이법에 관련된 것이라서 단언하기는 어려우나, 윷가락이 모두 제쳐진 오백이라는 끗수를 얻어 판돈을 두 배로 따자 환호성이 터져 나온 상황으로 보는 것이 순통할 듯하다.

도박은 놀이의 일종이기도 하지만 미지의 끗수를 예측한다는 점에서는 미래의 길흉을 예측하려는 점(占)과 깊은 관련이 있다. 이 점에서 점과 놀이와 도박은 그 뿌리가 같다고 할 수 있다. 다시 말해 미래의 길흉을 묻는 것이 점이라면, 길흉을 승부로 즐기면 놀이가 되고, 길흉에 내기를 걸면 도박이 된다. 이들은 미래를 알고 싶어 하는 인간의 본능과 관련된 것으로, 한번 빠져들면 벗어나기 어렵다. 특히 유한계급의 중독 가능성이 높다. 남아도는 시간을 보낼 수 있는 가장 짜릿한 방법이기 때문이다.

그 가운데에서도 중독성이 가장 강한 것은 단연코 도박이다. 송나라 때 나온 『고금사문유취』(古今事文類聚)에 「도박한 승려를 판결함」(判僧賭錢)이라는 글을 보면, 송나라 때 절서(浙西) 지역에서 승려의 도박 문제가 사회 문제로 대두되었음을 짐작할 수 있다. 출가한 성직자까지 기웃거리게 만드는 도박에는 인간의 욕망과 쾌락이 강하게 결합되어 있다. 땀 한 방울 흘리지 않고도 단 한 번의 운에 수억 원을 얻을 수도 있고, 반대로 평생 모은 재산을 단 몇 분 만에 무화시킬 수 있는 그 극한의 스릴은 떨쳐내기 힘든 유혹이다.

가까운 일본도 골목마다 슬롯머신 등 도박장이 넘쳐나지만, 한국에서는 도박에 인생을 거는 사람들이 참으로 유별나게 많은 듯하다. 도박의 유혹을 벗어나지 못하고 파멸을 맞는 비극을 보면서 인간을 '이성적 존재'라고 정의하는 것이 과연 맞는지 회의가 든다. 카지노에서 도박을 하면 할수록 돈을 딸 수 있는 확률은 제로에 가까워진다. 하지만 신의 선택을 받는 황홀한 순간을 기대하며 부나비처럼 뛰어드는 것이 우리 인간의 실제 모습이기도 하다.

22장

東方有人焉 曰爰旌目 將有適也 而餓於道. 狐父之盜曰丘 見而下
壺餐以餔之. 爰旌目三餔而後能視曰

子何爲者也?

曰 我狐父之人丘也.

爰旌目曰

譆! 汝非盜邪? 胡爲而食我? 吾義不食子之食也.

兩手據地而歐之 不出, 喀喀然 遂伏而死. 狐父之人則盜矣 而食
非盜也. 以人之盜因謂食爲盜而不敢食 是失名實者也.

동쪽에 원정목(爰旌目)이라는 사람이 있었는데 길을 가다가 허
기가 져서 쓰러지고 말았다. 호부(狐父)에 사는 구(丘) 씨 도둑이
보고서는 바가지에 싸 온 밥을 꺼내어 먹게 했다. 원정목은 세 번
을 먹고 나서 눈이 보이자 물었다.

"당신은 무엇을 하시는 분이십니까?"

도둑이 대답했다.

"호부에 사는 구라는 사람이오."

원정목이 말했다.

"이런! 당신은 도둑이 아니요? 어째서 나를 먹여주었소? 나는 도리상 당신의 음식은 먹지 못하오."

그러고는 두 손을 땅에 짚고 토해내려 했으나 나오지 않자, 캑캑거리다가 그만 땅에 엎어져 죽고 말았다.

호부 사람 구는 도둑이지만 음식은 도둑이 아니다. 사람이 도둑이라고 음식까지 도둑이라고 생각해서 구태여 먹지 않으려 했으니, 이는 명(名)과 실(實)의 관계를 잘못 생각한 것이다.

【역자 해설】

도둑을 비판하고 그의 음식을 거부한 원정목은 정의감과 윤리 의식이 투철하다고 할 수 있겠다. 이 이야기는 융통성 없이 원리·원칙만 지키려는 유학자를 비유한 것으로, 궁상맞은 딸깍발이 선비를 비웃는 우화라고 볼 수 있다. 그렇다면 무왕이 주임금을 치자 수양산에 들어가 굶어 죽고 만 만고충신(萬古忠臣) 백이와 숙제도 무왕의 쿠데타를 반대하고 무왕의 녹을 먹지 않다가 굶어 죽었으니, 도둑을 반대하다가 도둑의 음식까지 거부한 원정목과 똑같이 명실을 혼동한 어리석은 이가 된다. 그런데 앞의 「양주」편 4장에서는 백이·숙제를 지조를 뽐내다가 죽었다고 폄하했다가, 같은 편 1장에서는 참된 인물이라고 높였으니, 열자서 내에서도 논리적 일관성을 유지하고 있다고 말하기는 어렵다.

앞 7장에서도 열자가 굶주린다는 소문을 전해 들은 정나라 재상이 곡식을 보냈지만 열자가 그것을 거부했다고 했는데, 바로 여기의 원정목도 열자와 비슷한 유형의 사람이라고 할 수 있다. 열자도 굶주리면서 곡식을 거부했고, 원정목도 굶주려 쓰러지면서 밥을 거부했다는 점에서 같다. 하지만 열자는 도인으로 추앙받고 원정목은 명실을 혼동한 사람으로 평가받고 있으니, 같은 「설부」편에 나온 이야기이지만 두 내용이 모순처럼 보인다. 차이점을 찾아본다면, 열자는 남의 말만 듣고 보냈다는 이유로 거부했고, 원정목은 도둑의 밥이라는 이유로 거부했다는 정도일 뿐 여전하다. 양자 간의 차이란 모호할 뿐이다. 이런 논리적 문제는 아마도 열자서가 한사람의 글이 아니라, 여러 사람에 의해 오랫동안에 걸쳐 편집된 글인 탓일 것이다.

이 이야기는 원정목이 명실을 혼동했다고 비판하지만, 필자의 견해로 그것은 부분적인 문제일 뿐이고 거시적으로 볼 때 인간을 질식시키는 이데올로기의 폭력성을 고발하고 있다고 본다. 윤리도 좋고 정의도 좋지만 어찌 되었건 사람이 생으로 굶어 죽어서야 되겠는가? 문제가 있다면 먼저 문제를 풀도록 노력해야지, 죽음으로 끝내서는 허망할 뿐이다.

23장

柱厲叔事莒敖公 自爲不知己 去居海上. 夏日 則食菱芰 冬日 則
食橡栗.

莒敖公有難 柱厲叔辭其友而徃死之. 其友曰

子自以爲不知己 故去. 今徃死之 是知與不知無辨也.

柱厲叔曰

不然. 自以爲不知 故去. 今死 是果不知我也. 吾將死之 以醜後世
之人主 不知其臣者也.

凡知 則死之 不知 則弗死 此直道而行者也, 柱厲叔可謂懟以忘其
身者也.

주려숙(柱厲叔)은 거(莒)나라 오공(敖公)를 섬기다가 임금이 자
기를 알아주지 않는다고 생각하자 바닷가로 떠나 살고 있었다.
여름에는 마름풀을 먹고 겨울에는 상수리를 먹고 살았다.

그러다가 거 오공에게 난리가 일어나자 주려숙은 친구와 작별하
고 임금을 찾아가 나라를 위해 목숨을 바치려고 했다. 그러자 친
구가 말했다.

"자네는 임금이 자신을 알아주지 않는다고 떠나왔다가 이제 다시 찾아가서 죽겠다고 하니, 이는 알아주는 것과 알아주지 않는 것을 구별하지 못하고 있는 셈일세."

주려숙이 말했다.

"그렇지 않네. 나는 임금이 알아주지 않는다고 생각했기 때문에 떠나왔었네. 지금 내가 죽게 되면 임금이 진짜로 나를 알아주지 않았던 것이 증험이 되니, 내가 죽음으로써 후대의 임금들이 자신의 신하를 알아보지 못함을 부끄럽게 여기도록 하려는 것일세."

사람들은 보통 자신을 알아주는 주군을 위해서 죽고, 알아주지 않으면 죽지 않으니, 이는 곧이곧대로 도를 행하는 사람이다. 그러나 주려숙은 원망을 통해서 자신을 초월한 자라고 할 수 있다.

【역자 해설】

앞 장과 문제의식이 이어지고 있다. 앞에서 도적의 음식을 토하다가 죽은 원정목이 백이·숙제의 굶어 죽은 어리석음을 은유했다면, 여기에서 잘못된 주군을 위해 죽으러 가는 주려숙은 죽음으로 지조를 지킨 백이·숙제의 반증(反證)이다. 물론 도망친 이·제와 죽으러 가는 주려숙은 반대이지만, 자기 자신을 초월한 만고의 충신이라는 점에서는 동일하다.

그런데 원정목도 이·제도 주려숙도 자신의 정결한 충심을 표현하기 위해 죽음을 택했다는 사실을 주목할 필요가 있다. 유교의 강상(綱常)과 명교(名敎)는 사람들에게 삶의 본능을 이겨내고 두려운 죽음을 선택하라고 권한다. 그러고는 살신성인(殺身成仁)이라거나 사생취의(捨生取義)라고 추앙하면서 효자·열녀·충신·성현의 이름을 만들어낸다.

이렇게 죽어서까지 이름을 얻어야 할까? 『장자』에서는 분명히 한 번 타고난 육신의 삶은 "함부로 손상하지 말고 그 수명이 다할 때까지 기다리라"(不亡以待盡)고 했다. 『효경』(孝經)에서도 '머리카락 한 올의 몸뚱이도 부모님께 받았으니, 감히 손상하지 않도록 하는 것이 효의 시작이다'라고 했다. 타고난 생명에의 충실함은 모든 존재자의 기본 원칙이며 지상 명령이다. 그렇다면 머리카락 한 올도 감히 훼손치 말라는 가르침과 충돌하는 공자의 살신성인이나 맹자의 사생취의를 어떻게 이해해야 할 것인가?

불개미가 개울을 건너는 방법이 있다. 앞선 개미가 물에 빠져 죽으면 그 뒤의 개미가 익사한 개미를 지나 다시 물에 빠지고 그렇게 수없이 거듭해서 쌓인 개미 시체가 다리를 만들어내 개미 떼가 내를 건널 수 있게 된다. 아프리카 초원에 건기가 오면 누(gnu) 떼는 싱싱한 풀을 찾아 이동한다. 그때 악어들이 득시글거리는 강을 건너는 방법이 있다. 앞선 누 두어 마리가 악어의 밥이 되어 시간을 버는 동안, 그 틈에 누 떼 전체가 강을 건너는 대장관을 연출한다. 결국 두세 마리의 희생을 통해 수천 마리의 누는 주린 배를 채우고 삶을 얻는다.

인간 개개인이 모여 사회를 이루지만, 개인의 존재 방식이나 가치관이 일치하는 것은 아니며, 개인적 진리가 그대로 확대되어 사회적 진리가 되는 것도 아니다. 사회 전체가 지속되기 위해서는 몇몇 개인의 희생이 필요한 경우도 있다. 유교는 봉건 체제를 지키려다가 자신을 희생한 사람들을 불후(不朽)의 이름으로 존숭해준다.

하지만 분명한 것은 충신·열사는 어지러운 나라에서 나오고 효자·열녀는 가난한 집안에서 나온다는 사실이다. 어떤 경우에도 인간 생명은 존엄한 것이라는 점을 잊어서는 안 되며, 몇몇 지배층과 권력자의 부패와 무능을 선량한 백성들의 희생으로 갚는 일이 없도록 해야 할 것이다. 나라에 효자·열녀·충신·열사가 많은 것을 자랑할 것이 아니라, 이런 희생이 나오지 않도록 사회 전체를 합리화하는 일이 선행되어야 할 것이다.

24장

楊朱曰

利出者 實及, 怨往者 害來.【1】 發於此而應於外者 唯請【2】 是故賢
者 愼所出.【3】

양주가 말했다.

"내가 이롭게 해주면 남에게서 참된 보답이 오고, 내가 원망을 하
면 남에게서 해가 온다.【1】 내가 벌인 일에 대해 밖에서는 감정적
으로 응답하게 되니,【2】 이런 까닭에 현명한 사람은 자신이 일으
키는 일을 신중히 조심한다."

【장담 주석】

【1】利不獨往 怨不偏行, 自然之勢.

이로움이 한편으로만 몰리지 않고 원망이 한쪽에만 치우쳐서 행해지지
않는 것은 자연스러운 일이다.

【2】請當作情. 情所感 無遠近幽深.

청(請)은 정(情)으로 써야 맞다. 감정은 멀건 가깝건, 깊건 얕건 관계없이 모두 감응된다.

【3】善著 則吉應, 惡積 則禍臻.
선이 드러나면 길(吉)이 응하고, 악이 쌓이면 화(禍)가 모여든다.

【역자 해설】

이 장의 내용을 우리 속담으로 말하자면 '가는 말이 고와야 오는 말이 곱다'가 가장 정확할 듯싶고, '말 한마디로 천 냥 빚 갚는다'거나 '발 없는 말이 천 리 간다'는 속담도 관련지어 생각해볼 수 있겠다.

감정은 인간의 말로 표현되기도 하지만, 사실 감정 자체는 언어에 앞서는 즉각적 반응으로, 미묘한 감정을 말로 다 형용하기도 어렵고 언어로 표출하기 전에 순간적으로 사라져버리기도 한다. 맹자가 인간의 성선(性善)을 논증하는 장면에서 예로 든 측은지심(惻隱之心)이 바로 이런 감정의 특성을 잘 설명해준다.

갑자기 어린아이가 우물에 기어 들어가는 장면을 보면 사람들은 모두 깜짝 놀라면서 측은(惻隱)해하는 마음을 갖게 된다. 이것은 어린아이의 부모에게 잘 보이려고 해서도 아니며, 동네 사람들에게 명예를 구해서도 아니며, 잔인하다는 이름을 듣기 싫어서 그런 것도 아니다. 이로 말미암아 본다면 측은지심이 없으면 사람이 아니며, 수오지심(羞惡之心)이 없으면 사람이 아니며, 사양지심(辭讓之心)이 없으면 사람이 아니며, 시비지심(是非之心)이 없으면 사람이 아니다(『맹자』「공손추 상」).

측은지심은 마음속으로 이리저리 계교(計較)·상량(商量)한 뒤에 동정하는 마음을 갖는 것이 아니다. 위의 맹자의 말을 보면 아무것도 모르는 어린아이가 깊은 우물에 빠지는 순간을 보면서 일어난 즉각적인 감정적 반응을 말한다. 슬픈 감정이 든 것이 부모에게서나 마을 사람들에게 저 사람은 인자한 사람이라는 말을 듣기 위해서가 아니라는 말은 계교하고 상량할 틈이 전혀 없음을 뜻하는 것이다. 감정은 외부 세계에 대한 인간의 가장 직접적이고 순수한 반응이며, 생동하는 삶의 표현이다. 이런 즉각적이고 본능적인 반응에 다른 사람들도 순수하게 반응하니, 몇천만 마디의 말보다 이 순수한 감정의 발로가 인간사의 가장 결정적인 요소라는 것을 말해준다.

25장

1절

楊子之鄰人亡羊 旣率其黨 又請楊子之豎追之. 楊子曰

嘻! 亡一羊 何追者之衆?

鄰人曰

多岐路.

旣反 問

獲羊乎?

曰 亡之矣.

曰 奚亡之?

曰 岐路之中又有岐焉 吾不知所之 所以反也.

楊子戚然變容 不言者 移時 不笑者 竟日. 門人怪之請曰

羊 賤畜, 又非夫子之有 而損言笑者 何哉?

揚子不答. 門人不獲所命. 弟子孟孫陽出 以告心都子. 心都子他

日與孟孫陽偕入 而問曰

昔有昆弟三人 游齊魯之閒. 同師而學 進仁義之道而歸. 其父曰

仁義之道若何? 伯曰 仁義使我愛身而後名.[1] 仲曰 仁義使我殺

身以成名,[2] 叔曰 仁義使我身名並全.[3] 彼三術相反 而同出於
儒. 孰是孰非邪?

양주의 이웃 사람이 양을 잃어버리자 자기 식솔들을 데리고 찾으
러 가면서 양주의 심부름하는 아이까지 같이 따라가게 해달라고
청해왔다. 양주가 말했다.

"아! 양은 한 마리를 잃었는데, 어찌 쫓아가는 사람은 이리 많
은가?"

이웃사람이 말했다.

"갈림길이 많기 때문입니다."

얼마 뒤에 아이가 돌아오자, 양주가 물었다.

"양은 찾았는가?"

아이가 대답했다.

"못 했습니다."

양주가 물었다.

"어찌 못 했는가?"

아이가 대답했다.

"갈림길 가운데 또 갈림길이 있어서, 어디로 가야할지 알 수가 없
어서 돌아왔습니다."

양주는 근심스러운 안색으로 몇 시간 동안이나 말이 없었고, 온
종일 웃지도 않았다. 문인들이 이상히 여겨 물었다.

"양은 값이 나가지 않는 가축이요, 또 선생님의 소유도 아닌데 담
소를 않으시니 무슨 까닭이신지요?"

양주는 응답하지 않았고, 문인들은 말씀을 들을 수가 없었다. 제
자 맹손양(孟孫陽)이 밖에 나가서 심도자(心都子)에게 알렸다.
뒤에 심도자가 맹손양과 함께 들어가서 물었다.

"옛날 삼 형제가 있었는데 제나라와 노나라로 유학을 떠났습니다. 둘은 같은 스승 밑에서 공부하다가 인의(仁義)의 도를 배워 가지고 돌아왔습니다. 아버지가 '인의의 도는 어떠한 것이냐?'고 묻자 맏이가 '인의란 자기의 몸부터 소중히 아낀 뒤에 이름을 구하는 것입니다'라고 답했습니다.[1] 그러자 둘째는 '인의란 자기의 몸을 희생해서 이름을 이루는 것입니다'라고 답했고,[2] 셋째는 '인의란 자기의 몸과 이름을 다 온전히 하도록 하는 것입니다'라고 대답했습니다.[3] 셋의 학술이 서로 다르나 다 같이 유가에서 나온 것입니다. 누가 옳고 누가 그른 것입니까?"

【장담 주석】

【1】 身體髮膚 不敢毀傷也.

맏이는 자기 육신의 머리카락 하나도 감히 다치지 않게 한다는 뜻을 말한 것이다.

【2】 無求生以害仁 有殺身以成仁也.

둘째는 자기 목숨을 구하려고 인(仁)을 해치지 말고, 자신을 희생해서 인을 이루라는 뜻을 말한 것이다.

【3】 旣明且哲 以保其身.

셋째는 명석하게 자신을 지키라는 뜻을 말한 것이다.

2절

楊子曰

人有濱河而居者 習於水 勇於泅 操舟鬻渡 利供百口. 裹糧就學者

成徒 而溺死者 幾半. 本學泅 不學溺 而利害如此. 若以爲孰是孰
非?

心都子嘿然而出. 孟孫陽讓之曰

何吾子問之迂 夫子答之僻! 吾惑愈甚.

心都子曰

大道以多岐亡羊 學者以多方喪生. 學非本不同 非本不一, 而末異
若是. 唯歸同反一 爲亡得喪. 子長先生之門 習先生之道 而不達
先生之況也 哀哉!

양주가 말했다.

"강가에 사는 사람이 있는데 늘 물과 같이 살다 보니 겁 없이 헤
엄을 쳤고, 배를 저어서 사람을 건네주는 삯으로 백여 명을 먹여
살릴 수 있었네. 그러다 보니 양식을 싸 가지고 와서 배우려는 사
람이 무리를 이루었는데, 배우는 도중에 물에 빠져 죽는 사람이
절반이었다네. 본래 헤엄치는 것만 배웠지 물에 빠지는 법을 배
우지 않기 때문이니, 이로움과 해로움의 차이가 이와 같이 다
르네. 그대는 누구를 옳고 누구를 그르다고 하겠는가?"

심도자가 말없이 밖으로 나오자, 맹손양이 그를 책망했다.

"어째서 그대는 질문을 돌려서 하며, 선생님은 답변을 왜 그리 편
벽되게 하시는지! 나는 더욱 모르겠소."

심도자가 말했다.

"큰길은 갈림길이 많아서 양을 잃고, 학자는 방술(方術)이 많아
서 목숨을 잃는 거요. 학술은 근본에서는 다 한가지였으나, 말단
에 가서는 이와 같이 다르게 되었소. 그러나 다 같은 데로 돌아가
니, 결국에는 얻는 것도 없고 잃는 것도 없소. 그대는 선생님 문하
생 가운데 연장(年長)으로 선생님의 도를 익혔으면서 선생님의

비유를 알아듣지 못하니, 애석합니다!"

【역자 해설】

맹자도 양주에 대해 '남을 위해서는 정강이 털 하나도 뽑지 않겠다고 주장하며 임금을 몰라보는 이단'이라고 맹렬하게 비판했듯이, 양주는 극단적 개인주의자로 치부되기 일쑤였다. 하지만 열자서는 양주를 깍듯이 양자(楊子)로 호칭하며 노자·장자와 같이 우대하고 있음을 볼 수 있다. 이런 점에 비춰볼 때 어쩌면 열자서는 양주 일파의 저술이거나, 그 학파의 영향을 받은 고전이라고 해도 될 것이다.

그러나 양자라는 존칭이 한 대의 양웅(揚雄)을 호칭하는 양자(揚子)와 음이 같아 혼동을 일으킬 수 있어서, 이 책에서는 일반적 관례에 따라 대부분 양주로 번역했다.

이 장에서 유교의 인의(仁義)에 대해 동문수학한 삼 형제가 세 가지로 답변하는 장면은 가관이다. 유교는 이름과 자기의 몸 가운데 어떤 것을 중시하는가? 앞 장에서도 설명했던 바와 같이, 『효경』을 중심으로 말해본다면 부모로부터 받은 몸을 손상하지 않도록 한 다음에 이름을 구하는 것이 되겠고, 『논어』나 『맹자』를 중심으로 본다면 살신성인·사생취의이니 몸보다는 이름을 구해야 하며, 절충해서 생각한다면 이름과 몸을 다 손상하지 않도록 해야 한다는 것이다. 유교 사상의 문제점에 대해 체계적으로 문제를 제기하는 안목이 돋보인다.

제자와 양주 간의 대화법도 눈여겨볼 만하다. 자신의 생각을 직접 구체적으로 말하는 것이 아니라, 마음속에 품은 뜻을 완곡한 비유(比喩)로 에둘러 표현하므로 바로 알아듣기 힘들다. 그러나 열자의 나이 든 제자도 그 뜻을 이해하지 못했다고 하니, 앞 12장에서의 백공도 공자의 미언(微言)에 대한 뜻을 풀지 못했던 것처럼 이는 맹손양 한 개인의 문제가 아니라 중국인들도 자신들의 모호한 논법을 따라가지 못하는 경우가 많았음을 알 수 있다.

양주의 대답을 정리해보면 다음과 같다. 갈림길이 많으면 양을 찾지 못하듯이, 유교에서 사람들에게 가르치는 인의가 제각기 달라서 사람들이 인의의 도를 혼동하지만 결국에는 하나로 귀일된다는 것이다.

26장

楊朱之弟曰布. 衣素衣而出, 天雨 解素衣 衣緇衣而反. 其狗不知
迎而吠之. 楊布怒 將扑之, 楊朱曰
子無扑矣. 子亦猶是也. 嚮者 使汝狗白而往 黑而來 豈能無怪
哉?【1】

양주에게는 포(布)라고 하는 동생이 있었다. 그는 흰 옷을 입고
외출했다가, 비가 내리자 흰 옷을 벗고 검은 옷을 입고 돌아왔다.
그 집 개가 주인을 알아보지 못하고 양포를 보고 짖었다. 양포가
노해서 개를 때리려고 하자, 양주가 말했다.
"자네 때리지 말게. 자네도 마찬가지일세. 아까 자네의 개가 흰둥
이로 나갔다가 검둥이로 돌아온다면 어찌 이상히 여기지 않을 수
있겠는가?"【1】

【장담 주석】

【1】此篇明己身變異 則外物所不達 故有是非之義. 不內求諸己而厚責於人
亦猶楊布服異而怪狗之吠也.

이 편은 내 몸이 바뀌면 남이 깨닫지 못하게 되어 시비가 생겨나게 된다는 뜻을 밝힌 것이다. 먼저 안으로 자신에게서 찾아보지 않고서 대부분을 남의 탓으로 돌리니, 이는 양포 자신의 옷이 바뀌었으나 개가 짖는 것만을 나무라는 것과 같다.

【역자 해설】

양주 동생 양포에 대해서는 앞의 「역명」편 6장에서도 한번 등장한 바 있다. 개는 주인에게 충성을 다한다. 『전국책』에는 도척의 개가 요임금을 보고 짖는 것은 주인이 아니기 때문이라는 명언(蹠之狗吠堯 非貴蹠而賤堯也 狗固吠非其主也)이 실려 있다. 요임금이 아무리 성왕이라 하더라도, 개는 자기 주인에게만 충성을 다하기 때문에 성왕을 보고 짖는다는 말이다.

석기시대부터 인간과 함께한 개는 그 영리함과 충성심으로 말미암아 이제는 인간의 친구가 되었다. 시골에 사는 필자의 친구가 개를 한 마리 기르고 있었다. 친구는 영리하면서 자신에게 복종하는 개를 매우 사랑했다. 그런데 어느 날 이 개 때문에 이웃 간에 아주 곤란한 문제가 생기고 말았다. 친구의 개가 옆집 개를 물어 죽이고 말았던 것이다. 남의 집 반려견을 물어 죽였으니, 돈으로 배상할 수 없는 복잡한 문제가 되었다. 개들 간의 문제가 아니라 사람들 간의 문제로 비화하게 되었고, 사이좋던 이웃 간에 불화가 발생하게 되었다. 결국 화가 머리 끝까지 치민 친구는 몽둥이로 개를 마구 때렸다. 그 격노한 와중에 친구가 감동을 받을 수밖에 없는 일이 일어났다. 그 충견이 주인으로부터 몽둥이세례를 받으면서도 주인 앞에 꼬리 치며 엎드려 있었기 때문이었다. 본능대로 영역 다툼을 했을 뿐인 개가 무슨 잘못이 있으랴? 매를 맞으면서도 자기 주인에게 꼬리 치며 안기는 그 충견을 어찌 미워할 수 있을까? 친구는 몽둥이를 그만 내던지고서는 개를 끌어안고 눈물을 흘렸다고 한다.

1993년 대전에 살던 사람이 진도에서 백구라는 진돗개를 데려왔다가 잃어버렸다. 백구는 장장 7개월에 걸쳐 충청도에서 전라도를 지나 진도의 주인집에 돌아갔다. 이 이야기가 세간에 알려지면서 백구를 기리는 충견상이 세워졌다. 인간이 동물을 위인처럼 기리게 된 셈이다. 참으로 놀라울 정도의 충성심이고 집중력이다. 늑대에서 가축이 되고, 가축에서 인간의 친구가 되기에 이른 개는 이렇게 주인에게 절대적으로 충성한다.

주인을 알아보지 못하고 짖는 개는 배신감을 느끼게 한다. 하지만 본문에서처럼 옷을 바꿔 입었다고 주인을 알아보지 못한다는 설정은 설득력이 떨어진다. 개는 시각보다 후각이 훨씬 더 발달해서 냄새로 주인을 인식하기 때문이다. 시각으로 사물을 인식하는 것은 개가 아니라 인간이며, 위 인용문은 인간 인식의 한계와 함께 자기중심주의를 비판한 비유일 뿐이다.

27장

楊朱曰

行善不以爲名 而名從之, 名不與利期 而利歸之, 利不與爭期 而
爭及之, 故君子必愼爲善.[1]

양주가 말했다.

"이름을 위해서 선(善)을 행한 것은 아니었으나 이름이 저절로
따라오게 되고, 이름이 나면 반드시 이로움을 바랐던 것은 아니
었으나 이로움이 저절로 따라오게 되며, 이로움을 얻으면 반드시
다투려고 했던 것은 아니었으나 다툼이 일어나게 된다. 그러므로
군자는 반드시 신중하게 선을 행한다."[1]

【장담 주석】

【1】 在智 則人與之訟, 在力 則人與之爭, 此自然之勢也. 未有處名利之衝 患
難不至者也. 語有之曰 爲善無近名 豈不信哉?

지혜가 있는 곳에 있으면 사람과 다투게 되고, 힘이 있는 곳에 있으면 사
람과 싸우게 되는 것은 자연스러운 형세다. 명리(名利)가 부딪치는 근처에

있지 않으면 우환거리가 이르지 않는다. '선을 행하되 이름을 가까이하지 말라'고 했으니,[11] 어찌 믿지 않을 수 있겠는가?

【역자 해설】

　제대로 선(善)을 행하면 자연스럽게 이름이 나게 되고 이름이 나게 되면 또 자연스럽게 이로움이 따라온다는 것까지는 다소 진부한 내용이지만 이로움이 있는 곳에 반드시 이권(利權)을 둘러싼 싸움이 벌어진다는 점을 지적한 것은 날카롭다. 전통 사회에서도 명성에 의지해 이권을 챙기는 자들이 빈번했던 것 같다. 하지만 양주의 말은 오늘날 정치가들에게 가장 잘 맞는다는 생각이 든다. 말 잘한다고 이름이 나기 시작하면, 어느새 정치가로 변신해 구국의 독립투사인 양 행세하다가 스캔들이나 독직 사건에 휘말려 파국을 맞는 것이 한국 정치가의 패턴이 된 듯하다.

　한문을 공부할 때 선생님께 들었던 말이 떠오른다. 사실 여부는 확인할 길이 없지만, 명 태조 주원장과 그의 술사 유백온(俞伯溫)이 미행(微行) 시에 길가에 있는 자그마한 주막에 들렀다. 주막은 작지만 매우 아늑한 길지에 자리 잡았고 손님들도 북적였다. 유백온이 지리를 살펴본 다음에 말했다. '자손만대에 큰 부를 축적할 만한 곳입니다.' 그러자 주원장이 혼잣말처럼 대답했다. '글쎄, 10년이나 갈까?' 그로부터 10년 뒤에 다시 그 길을 지나게 되어, 옛 생각에 그 주막을 찾았으나 이미 망해버리고 흔적조차 없었다. 풍수지리학상으로는 틀림없는 당대발복에 만대에 전할 명당자리인데, 어찌 된 일인지 어리둥절해하던 유백온이 물었다. '대왕께서는 10년을 넘지 못하리라는

---

11) 『장자』「양생주」(養生主), "爲善無近名 爲惡無近刑" 참조.

것을 어찌 아셨습니까?' '이 터는 자그마한 주막에 맞는 터일세. 그러나 사람들은 돈을 조금 벌면 더 큰 집을 지어서 천금을 벌고 싶어 안달을 하지. 그래서 제 분수에 맞는 복을 받지 못하고 다 뒤집어엎어버리는 법이라네.' 주막집 주인장의 눈에는 돈만 보이고, 술사의 눈에는 지리(地理)가 보이며, 만승천자의 눈에는 천하가 보이니, 같은 터도 제각기 보는 법이 다르고 사는 경지가 다르다.

세상에는 착한 일을 하는 사람이 많다. 진정으로 명리(名利)를 생각하지 않고 오른손이 하는 일을 왼손이 모르게 묵묵히 선행을 하는 이가 있다면, 나는 그를 성자(聖者)라 불러도 좋다고 생각한다.

28장

昔人言有知不死之道者. 燕君使人受之 不捷 而言者死. 燕君甚怒
其使者 將加誅焉. 幸臣諫曰

人所憂者 莫急乎死, 己所重者 莫過乎生. 彼自喪其生 安能令君
不死也?

乃不誅.

有齊子亦欲學其道 聞言者之死 乃撫膺而恨. 冨子聞而笑之曰

夫所欲學不死 其人已死而猶恨之 是不知所以爲學.

胡子曰

冨子之言非也. 凡人有術不能行者 有矣, 能行而無其術者 亦有
矣. 衛人有善數者 臨死 以決喻其子. 其子志其言而不能行也, 他
人問之 以其父所言告之. 問者 用其言而行其術 與其父無差焉.
若然死者 奚爲不能言生術哉?[1]

이전에 불사(不死)의 도를 안다고 하는 이가 있었다. 연나라 임금
이 사람을 시켜서 수업을 받도록 했으나 도를 이루지 못했는데,
그만 그가 죽어버렸다. 연나라 임금이 격노해서 보냈던 사람을

죽이려 했다. 그러자 총애받는 신하가 간언을 했다.

"사람이 죽는 것보다 더한 걱정거리가 없고, 사는 것보다 더 중대한 것이 없습니다. 그런데 죽지 않는 도를 안다던 저자가 자기의 생명을 잃어버렸으니, 그 사람이 살았다고 한들 어떻게 임금님을 죽지 않게 했었겠습니까?"

이 말을 듣자 벌하지 않았다.

제자(齊子)라는 이도 불사의 도를 배우려고 했었는데, 그 사람이 죽었다는 말을 듣자 바로 가슴을 치면서 한탄했다. 부자(富子)라는 이가 이 소문을 듣자 웃으면서 말했다.

"찾아가 불사를 배우려던 자가 죽었는데, 오히려 한탄을 하고 있다니 이는 배우던 것이 무엇인지를 모르는 사람이다."

호자(胡子)가 이 말을 듣고 말했다.

"부자의 말이 잘못이다. 도술을 갖고 있으나 실행하지 못하는 이도 있고, 행할 수는 있으나 그 도술을 갖고 있지는 못한 사람도 있기 때문이다. 셈을 잘 하는 위나라 사람이 있었는데, 임종할 때에 그 비결을 자기 아들에게 알려주었다. 아들은 아버지의 말을 적어두고 실행해보지는 못했는데, 다른 사람이 비결을 묻자 아버지의 말을 일러주었다. 물어본 사람은 그 말을 가지고 그 방술을 행해서, 죽은 아버지와 다를 바가 없게 되었다. 만일 그렇다면 죽었다고 해서 어찌 사는 방술을 말할 수 없다고 하겠는가?"[1]

【장담 주석】

【1】物有能言而不能行 能行而不能言 才性之殊也.

사람 가운데에는 말은 할 수 있지만 행하지 못하는 이도 있고, 능히 행할 수는 있지만 말할 수 없는 이가 있으니, 타고난 재성(才性)의 차이다.

【역자 해설】

　위 내용은 『한비자』 「외저」와 「설좌」에 거의 같은 내용으로 등장한다. 불사는 도교의 목표이자 모든 인류의 꿈이다. 노장도 불사를 테마로 한 많은 이야기를 남겼다. 불사의 비방을 가진 이는 전문가라는 의미의 방사(方士)라고 한다. 하지만 열자는 불사 혹은 우화등선을 비웃는다.

　그도 그럴 것이 하루만 두어도 썩어버리는 이 육신을 가지고 어떻게 불사를 이룬다는 말인가? 태어나 한시도 멈추지 않고 뛰어온 심장이나 그 피를 걸러온 신장은 이제 80년이 지나면 힘이 풀어지고 기능이 저하될 수밖에 없다. 80년간 어마어마한 양의 음식물을 소화시킨 위장과 대장 또한 이제 힘없이 주저앉을 수밖에는 없다. 불사라는 말은 어불성설이며 육신을 가진 한 불가능하다.

　불사를 가르친다고 하는 이가 죽었다면 그가 가르친 내용도 전부 거짓이 되는 것일까? 그렇지 않으니, 셈을 잘하는 도술을 그 예로 든 것이 적절했다. 본인이 셈을 잘하지 못해도 그 비결을 가르쳐줄 수는 있다. 인류의 문명은 어느 천재가 나와서 단번에 완벽한 발명품을 창조해낸 것이 아니라, 끊임없는 시행착오를 통해서 점진적으로 개선해온 것임을 잊어서는 안 된다. 요즘 말로 '실패학'이니, '성공한 실패'라고도 하는 개념이 있듯, 시행착오 속에서 인간은 더 큰 성공을 거둘 수 있기 때문이다.

29장

邯鄲之民以正月之旦獻鳩於簡子 簡子大悅 厚賞之. 客問其故 簡
子曰

正旦放生 示有恩也.

客曰

民知君之欲放之 故競而捕之 死者衆矣, 君如欲生之 不若禁民勿
捕. 捕而放之 恩過不相補矣.

簡子曰 然.

한단(邯鄲)에 사는 백성이 정월 초하룻날 아침에 비둘기를 진
(晉) 대부 간자(簡子)[12]에게 바치자, 간자는 크게 기뻐하며 후한
상을 주었다. 문객이 간자에게 그 까닭을 묻자 간자가 말했다.
"설날 아침에 비둘기를 방생해주면 은덕을 보여줄 수 있기 때문
이오."

---

12) 진나라 대부 조앙(趙鞅)으로, 진나라에서 전권(專權)을 휘둘렀다. 『좌전』「소
공」(昭公)·「정공」(定公)·「애공」(哀公) 기사와 『사기』 「조세가」에 나온다.

문객이 말했다.

"백성들이 만일 그대께서 놓아주려 한다는 것을 알면, 다투어가면서 잡아올 것이요, 그 가운데 죽는 비둘기도 많을 것입니다. 그대께서 만일 비둘기를 살리고 싶은 마음이 있으시거든 차라리 백성들에게 잡지 못하게 금하는 것이 좋습니다. 잡아온 것을 놓아주면 은덕과 과오가 서로 충돌하게 됩니다."

간자가 말했다.

"그렇군요."

【역자 해설】

방생(放生)은 종교 행사로서 많이 행해진다. 생명을 가진 동물을 인간이 놓아줌으로써, 그 자비심을 보여주고 공덕을 쌓는 의례라고 할 수 있다. 우리는 보통 물고기나 자라 등을 방생하는데 고대 중국에서는 비둘기를 쓰기도 했던 듯하다.

비둘기를 방생함으로써 자신의 덕을 보여주고 싶은데, 그 결과는 정반대로 비둘기가 수난을 당하니, 은덕과 과오가 서로 모순적으로 부딪친다는 문객의 지적이 날카롭다. 맞는 말이다. 비둘기를 잡지 못하게 금한다면 비둘기들의 희생이 훨씬 줄어들 것이니, 비둘기 방생보다 포획 금지가 더 참된 은덕이 된다. 하지만 비둘기라도 잡아서 상금을 받아야 할 만큼 가난한 민중의 삶도 있다는 점을 잊어서는 안 될 것이다.

30장

齊田氏祖於庭 食客千人. 中坐有獻魚鴈者 田氏視之 乃歎曰
天之於民厚矣! 殖五穀 生魚鳥以爲之用.

衆客和之如響.

鮑氏之子年十二 預於次 進曰

不如君言. 天地萬物與我並生 類也. 類無貴賤【1】徒以小大智力而
相制 迭相食, 非相爲而生之. 人取可食者而食之 豈天本爲人生
之? 且蚊蚋噆膚 虎狼食肉 非天本爲蚊蚋生人 虎狼生肉者 哉.

제나라의 대부 전(田) 씨가 집 뜰에서 출행의 평안을 비는 제사
를 지내는데,[13] 식객이 약 천여 명이 되었다. 그 가운데 생선과
기러기를 바치는 이가 있었는데, 전 씨가 이를 보고 탄식하며 말
했다.

"하늘이 백성들을 후덕하게 해주셨도다! 오곡을 길러주시고 물

---

13) 조제(祖祭)는 출행할 때 평안을 빌기 위해 노신(路神)에게 지내는 제사다. 『신
역열자독본』, 277쪽 참조.

고기와 새를 낳아서 사람들에게 쓰게 하시는구나."

여러 식객들이 그의 말에 메아리치듯이 화답했다.

열두 살된 포(鮑) 씨의 아들이 아래 자리에 앉았다가 앞으로 나오면서 말했다.

"주군의 말씀과 같지 않습니다. 천지만물은 우리와 같이 생겨났으니 모두 같은 종류입니다. 같은 종류에는 귀천이 없고[1] 다만 지혜의 차이에 의해 서로 제압하고 서로 잡아먹는 것이지, 서로 누구를 위해 생긴 것이 아닙니다. 사람은 자기가 먹을 수 있는 것을 잡아다가 먹는 것이지, 어찌 하늘이 본래 사람을 위해 만들어 냈겠습니까? 또 모기와 파리는 우리의 살갖을 물고, 범과 이리는 사람의 살을 먹지만, 이는 하늘이 본래 모기와 파리를 위해 사람을 낳았거나 범과 이리를 위해 살을 만든 것이 아닙니다."

【장담 주석】

【1】 同是生類, 但自貴而相賤.

다 같이 생겨난 종류이지만 자기는 존귀하고 상대는 천하다고 여기고 있다.

【역자 해설】

제나라의 대부가 어린아이에게 혼나는 장면이다. 제나라 대부의 말은 하늘의 덕을 칭송하는 듯하지만, 지극히 자기중심적이고 유아론적인 사상을 보여준다.

이에 대해 아이의 비판은 주관과 객관을 넘나들면서 대부의 편협한 시각을 논파하고 있다. "천지만물은 우리와 같이 생겨났으니 모두 같은 종류"라는 말의 어원은 『장자』「제물론」에서의 "천지는 나와 나란히 살고 만물은 나와 더불어 하나다"(天地與我竝生, 而萬物與我爲 一)에서 나온 것이고, 그 내용도 「제물론」의 논리를 참고해서 이해해 볼 수 있다.

모든 사물은 저것 아닌 것이 없으며 또한 이것 아님도 없다. 저것 으로부터 보지 못하고, 자기가 아는 것으로부터 아는 것이다. 그러 므로 저것은 이것에서 나오고 이것 또한 저것에 말미암는다. 저것 과 이것이란 나란히 생겨난다. 비록 생겨나면서 아울러 죽어가고, 죽어가면서 동시에 생겨나며, 한편으로 긍정하면서 한편으로 부정 하고, 부정하면서 긍정하며, 옳다고 하면서 그르고, 그르면서 옳다 (『장자』「제물론」).

열두 살 아이는 이런 장자의 상대주의적 논리를 응용해 사람과 동 물의 입장에서 서로를 비춰봄으로써 대부의 유아론을 비판하고 있 다. 결국 대부의 생각이 아이 같고 아이의 생각이 어른스러운 아이러 니를 보여준다. 하지만 어린아이의 말이라고 하기에는 너무 사려 깊 어서 다소 설득력이 떨어진다.

31장

齊有貧者 常乞於城市. 城市患其亟也 衆莫之與. 遂適田氏之廐
從馬醫作役而假食. 郭中人戲之曰
從馬醫而食 不以辱乎?
乞兒曰
天下之辱 莫過於乞. 乞猶不辱 豈辱馬醫哉?[1]

제나라에 가난뱅이가 있었는데 늘 시내에서 구걸했다. 시내의 사
람들은 너무 자주 구걸하는 것이 싫어서 밥을 주지 않게 되었다.
그러자 마침내 걸인은 전 씨의 마구간으로 가서 마의(馬醫)를 쫓
아다니며 밥을 빌어먹었다. 성안에 사는 사람들은 그를 골려주며
말했다.
"마의를 따라다니며 밥을 얻어먹는 것이 창피스럽지 않은가?"
걸인이 말했다.
"천하에서 가장 창피스러운 것은 구걸하는 것입니다. 나는 걸식
도 창피스럽다고 여기지 않거늘 어찌 말을 고치는 것이 창피스럽
겠소?"[1]

【1】 不以從馬醫爲恥辱也. 此章言物一處極地 分旣以定 則無復廉恥, 況自然能夷得失者乎?

마의를 쫓아다니는 것을 치욕스럽게 여기지 않는다. 이 장은 사람이 한번 가장 천한 자리에 분수가 정해지면 다른 염치(廉恥)가 없어지게 되거늘, 하물며 타고난 천품을 잃건 얻건 동등하게 대하는 사람은 더 말할 것도 없음을 보여준다.

【역자 해설】

마의는 말을 전문으로 고치는 수의사다. 앞의 「황제」편 6장에서도 걸인과 함께 마의를 거론하면서 이들을 천시하는 표현이 나오는 것을 보면, 오늘날 수의사는 존경받는 직업이지만 당시엔 말 뒤치다꺼리를 해주는 천직으로 여겼던 것 같다. 그러니 냄새나고 더러운 마구간에서 마의의 조수 노릇을 하고 있는 그가 무척 더러워보였을 것이다. 하지만 걸인은 사람들에게 구걸하는 것보다는 떳떳하게 일하면서 그 대가로 밥을 먹을 수 있으니 조금도 부끄럽지 않다고 큰소리를 치고 있다. 걸인의 말에 직업에 귀천이 없다는 근대적 직업관이 드러나 흥미롭다.

중국 문화 속에서의 말은 단순한 가축이 아니다. 앞의 「주목왕」편에 나온 주 목왕의 팔준마를 위시해서 관우의 애마 적토(赤兎)나 당 태종의 애마 옥화총(玉花驄)을 비롯해 포초(蒲梢)·용문(龍文)·어목(魚目)·한혈(汗血) 등 준마(駿馬)나 천리마(千里馬)에 대한 중국인의 애호는 매우 각별하다. 말의 질병을 전문적으로 다룬 『마경』(馬經)을 보면 말의 관상도뿐 아니라 말의 경혈도까지 자세하게 파악해 각 증상별로 치료법을 밝히고 있어서 사람 못지않은 대우를 받았음을 알 수 있다.

그림 26. 마의가 말을 진찰하는 모습　　　　　　　　　　　　　　　　　그림 27. 말 경혈도

　　말과 인간의 교감을 그린 「각설탕」(2006)이라는 영화가 기억난다. 이후 소와 농부의 교감을 사실적으로 담아냈던 「워낭소리」(2008)도 나왔지만, 아마도 말을 주인공으로 내세운 영화로는 우리나라에서 최초일 것이다.

　　어려서 어머니를 잃은 소녀와, 같은 운명을 갖고 태어난 천둥이라는 말이 서로 교감하며 푸른 초원에서 맘껏 뛰놀며 자란다. 어느 날 천둥을 팔아치웠다는 말을 듣고 소녀는 절규한다. '아빠, 천둥은 나에게 가족과 같아요!' 그렇게 갑작스러운 이별을 맞았지만 둘은 2년 만에 기적적으로 다시 만나게 되고, 주인의 승리를 위해 온 힘을 다해 질주한 천둥이 마지막 숨을 거두는 장면은 관객들에게 깊은 감동을 주었다.

　　김유신 장군이 젊은 시절, 술에 취한 자신을 기생 천관에게로 데려간 애마(愛馬)를 단칼에 베어버렸다는 고사도 잘 음미해볼 필요가 있다. 말을 베었다는 것은 단순히 말에게 화풀이한 것이 아니다. 자신의 분신처럼 아끼던 애마를 베는 김유신의 단호한 의지를 읽어야만 그 의지력이 삼국통일까지 이어지는 맥락을 파악할 수 있다.

32장

宋人有游於道 得人遺契者【1】歸而藏之 密數其齒.【2】告鄰人曰
吾冨可待矣.【3】

송나라 사람이 돌아다니다가 길 위에서 (기한이 지나) 내버린 수
표를 주웠다.【1】집으로 돌아와 잘 숨겨놓고는 몰래 그 액수를 헤
아려보았다.【2】그러고는 이웃 사람에게 자랑했다.
"내가 곧 부자가 될 걸세."【3】

【장담 주석】
【1】遺棄.
유(遺)는 내버렸다는 뜻이다.

【2】刻處似齒.
액수를 새긴 곳이 이빨처럼 생겼다.

【3】假空名以求實者 亦如執遺契以求富也.

헛된 이름을 빌려서 실(實)을 구하는 것이 마치 버려진 수표를 가지고 부
(富)를 구하는 것과 같다.

【역자 해설】

　고전을 보면 송나라 사람은 어리석은 인물로 자주 등장한다. 앞의
「황제」편에서도 원숭이를 농락하는 조삼모사(朝三暮四)의 주인공이
송나라 사람이었다. 『장자』「소요유」편에서는 송나라 사람이 의관을
잘 만들어서 월나라에 팔러 갔는데, 사람들이 맨몸에 문신을 하고 다
니는 바람에 낭패만 당하고 돌아왔다는 고사가 나온다.

　이와 비슷한 예로 어리석은 걱정을 뜻하는 기우(杞憂)라는 성어의
주인공인 기(杞)나라 사람도 있다. 사실 기와 송은 모두 멸망당한 하
(夏)나라와 은(殷)나라의 후예들로서, 멸망한 이전 왕조의 제향(祭
享)을 받들 수 있도록 배려한 덕분에 세워질 수 있었던 소국들이다.

　그러나 전국시대 이후로는 새로운 왕조가 세워지면 이전 왕조에
대해 흑색선전과 험담을 동원한 대대적인 역사 지우기 작업이 진행
되었다. 그것은 왕위를 현덕(賢德)에게 양보하는 아름다운 선양(禪
讓)의 전통이 없어지고, 덕의 여부와 무관한 왕위 세습(世襲)의 모순
이 역성혁명을 통해 한꺼번에 분출한 결과다. 왕위를 양보받았다면
전대의 왕에 대해 그 덕을 칭송하지 않을 수 없을 것이다. 그 반대로
피비린내 나는 전쟁을 통해 왕조를 멸망시키고 새로운 왕조를 건국
했다면 전 왕조를 원수처럼 대하지 않을 수 없다. 전 왕조에 대한 비
방은 성현을 찾아서 왕위를 양보하지 않고 제 욕심대로 자식에게 물
려준 세습 왕조가 겪어야 하는 업보라고 할 수 있다.

33장

人有枯梧樹者 其鄰父言枯梧之樹不祥 其鄰人遽而伐之.[1] 鄰人
父因請以爲薪.[2] 其人乃不悅曰
鄰人之父徒欲爲薪而敎吾伐之也.[3] 與我鄰 若此其險 豈可哉?

집 안에 말라 죽은 오동나무를 가진 이가 있었는데, 그 이웃 어른
이14) '말라 죽은 오동나무가 있으면 좋지 못하다'고 하자 곧 베어
버렸다.[1] 그러자 이웃 어른이 땔나무로 쓰기를 청했다.[2]
이 말을 듣자 그 사람은 불쾌해져서 말했다.
"이웃에서 겨우 땔감을 하고 싶어서 나에게 오동나무를 베게 하
시니,[3] 나의 이웃으로 살면서 이렇게 음험해서야 되겠습니까?"

---

14) 부(父)는 같은 성씨 가운데 남자 어른의 통칭이거나(『시』詩「소아·벌목」小雅·
伐木, "旣有肥羜 以速諸父. 朱熹 集傳, 諸父 朋友之同姓而尊者也" 참조) 혹은 외삼
촌이나 이모부 등 인척(姻戚)간의 어른을 뜻한다.

【1】 言之雖公 而失厝言之所也.

베라는 말은 공적(公的)으로 해준 말이었지만, 말을 해야 할 때를 잃었다.

【2】 又踐可疑之塗.

다시 의심받을 길을 가고 있다.

【3】 在可疑之地 物所不信也.

의심받을 곳에 있으면 사람들에게 불신을 당하게 된다.

【역자 해설】

다른 글과 비교해볼 때 내용상에서 다소 진부하기는 하지만, 이 글은 두 가지 점에서 생각할 거리를 준다. 우선 말을 할 때를 잘 가려서 하지 않으면 오해를 받을 수 있다는 사실과 더불어, 자칫하면 공(公)이 사(私)로 변질될 수도 있다는 사실을 다시 한번 생각하게 해준다.

실제로 말라 죽은 오동나무가 불길하다는 말이 있는지는 알 수 없으나, 상식적으로 생각해볼 때 오동나무든 대추나무든 집 안에 고목나무가 덩그러니 서 있다면 보기도 흉하거니와 벌레도 꼬일 터이고 별로 좋을 일은 없다. 그러던 차에 이웃에서 불길하다고 하니, 바로 시원하게 베어버렸을 것이다. 여기까지는 아무런 문제가 없다.

하지만 그다음이 문제다. 고목나무를 베자마자 귀띔을 해주었던 그 이웃 어른이 바로 땔감을 하게 달라고 요청해온 것이다. 주인은 늘 정원을 지켜주던 오동나무를 베어서 뭔가 아쉽던 차에 이웃이 땔감으로 쓰겠다며 손을 벌리자, 순간 나무를 베라고 한 것이 자신의 땔감을 구하려는 음험한 농간이 아니었을까 생각하고는 화를 냈다는 것이다.

이웃은 정말로 음험했던 것이 아니라, 오동나무를 베고 보니 자기가 땔감으로 때고 싶은 생각이 불쑥 생겨나서 한 말일 수 있다. 하지만 장담도 말하다시피 인생에서는 의심스러운 상황을 자처하거나 의심받을 행동을 하지 않는 것이 좋다.

설혹 이웃이 땔감을 쓰고 싶었다손 치더라도, 좀더 때를 기다리는 것이 좋았을 것이다. 그러면 베인 고목나무는 치워야 할 쓰레기가 되었을 것이고, 저 큰 나뭇더미를 어떻게 처치해야 할지 주인이 먼저 상의해왔을 수도 있다. 그때 자연스럽게 땔감으로 달라고 했다면 오히려 주인은 고맙다고 했을 것이다. 이 점에서 이웃은 때를 잃었으니, 결국 자기 욕심에만 빠져 있었기 때문이다.

34장

1절

人有亡鈇者 意其鄰之子. 視其行步 竊鈇也, 顔色 竊鈇也, 言語 竊
鈇也, 作動態度 無爲而不竊鈇也. 俄而抇其谷而得其鈇[1] 他日復
見其鄰人之子 動作態度無似竊鈇者.[2]

어떤 사람이 도끼를 잃어버리자, 이웃집 아들의 소행이라고 생각
했다. 그 아들의 걸음걸이를 보아도 도끼를 훔쳐간 듯했고, 얼굴
을 보아도 도끼를 훔쳐간 듯했으며, 말을 들어도 도끼를 훔친 듯
했으니, 행동거지 모두가 도끼를 훔쳐가지 않음이 없는 듯했다.
얼마 뒤에 골을 파다가 도끼를 찾았다.[1] 다른 날 다시 그 이웃 아
들을 보니, 행동거지가 하나도 도끼를 훔쳐간 것처럼 보이지 않
았다.[2]

【장담 주석】

【1】抇音掘.

골(抇)은 굴(掘)로도 읽는다.

【2】意所偏惑 則隨志念而轉易. 及其甚者 則白黑等色 方圓共形 豈外物之變? 故語有之曰 萬事紛錯 皆從意生.

생각이 한쪽으로 치우치거나 미혹되면 자기 생각에 따라 모습이 뒤바뀌게 된다. 심한 경우에는 흑백의 색깔이 같게 보이고 방원(方圓)의 모양이 똑같이 보이게까지 되는데, 어찌 외물이 바뀐 것이겠는가? 그러므로 '복잡다단한 세상만사는 모두 생각에서 생겨난다'는 말이 있는 것이다.

2절

白公勝慮亂【1】罷朝而立. 倒杖策 鋭上貫頤【2】血流至地而弗知也.
鄭人聞之曰
頤之忘 將何不忘哉?
意之所屬着 其行足躓株埳 頭抵植木 而不自知也.

백공(白公) 승(勝)이 반란을 계획하고 있었는데,【1】 퇴청(退廳)해서 돌아오다가 도중에 골똘히 생각에 잠겨 서 있었다. (그때 승은) 말 채찍을 거꾸로 잡고 있었는데 그 채찍 자루의 날 끝이 턱을 찔러【2】 피가 땅에 흘러내리는데도 모르고 있었다. 정나라 사람이 이 소문을 듣고 말했다.
"자기 턱을 잊어버리니, 무엇인들 잊어버리지 못하겠는가?"
생각이 한곳으로 몰입되어 있으면, 걸어가다가 발이 그루터기나 구덩이에 걸려 넘어지거나 머리가 나무에 부딪혀도 자신이 알지 못하는 법이다.

【장담 주석】
【1】慮猶度也. 謀度作亂.

려(慮)는 헤아린다는 뜻과 같다. 난을 일으키려고 모의하고 있다는 것이다.

【2】錣 杖末鋒.

철(綴)은 채찍 자루의 날 끝이다.

3절

昔齊人有欲金者 淸旦衣冠而之市. 適鬻金者之所 因攫其金而去.
吏捕得之問曰
人皆在焉 子攫人之金 何?
對曰
取金之時 不見人 徒見金.【1】

옛날 황금을 탐내는 제나라 사람이 있었는데, 새벽 일찌감치 의관을 차려입고 저잣거리에 갔다. 황금을 파는 곳에 가자 금덩어리를 움켜쥐고서 달아나다가 포졸에게 붙잡혀 심문을 당하게 되었다.

"사람들이 다 보고 있는데 자네가 타인의 금덩어리를 움켜잡은 것은 어찌 된 일인가?"

대답해서 말했다.

"금덩어리를 집을 때에는 사람은 보이지 않고 금덩어리만 보였습니다."【1】

【장담 주석】

【1】嗜慾之亂人心 如此之甚也. 故古人有言 察秋毫之末者 不見太山之形,

調五音之和者 不聞雷霆之聲. 夫意萬物所係 迷着萬物者 雖形聲之大而有遺矣. 況心乘於理 檢情攝念 泊然凝定者 豈萬物動之所能亂者乎?

기호(嗜好)와 욕망이 인심을 어지럽히는 것이 이와 같이 심하다. 그러므로 옛사람은 '터럭의 미세한 끝을 살필 수 있는 사람은 태산의 모습을 보지 못하고, 오음(五音)의 미묘한 조화를 조절하는 사람은 우레와 벽력 소리를 듣지 못한다'고 했다. 생각이 만물에 매여서 만물에 미혹된 자는 비록 모습과 소리가 아무리 커도 인식하지 못한다. 하물며 마음이 이치와 일치해서 정념(情念)을 조절하고 담담하게 안정시킨 이는 만물이 뒤흔들린다 해도 어찌 어지럽게 할 수 있겠는가?

【역자 해설】

양백준은 여기까지의 세 개 절을 독립된 장으로 나누었으나, 모두 인간이 한 가지 생각에 몰입할 때 생기는 무아(無我)의 경지를 기술하고 있어서 하나의 장으로 합쳤다. 내용은 단순하지만 참으로 재미있는 우화들이다. 백공에 대해서는 앞의 12장 【역자 해설】에서 자세히 언급한 바 있다. 그가 이렇게까지 반란을 꾀하려는 생각에 몰두한 이유는 아마도 부친의 원수를 갚으려는 원한에 사무쳐 있던 소치였을 것이다. 특히 마지막 절의 눈면 도둑 이야기는 대학원생 시절 강독할 때에 읽자마자 일제히 박장대소하면서 탄성을 질렀던 기억이 난다. 열자서의 문체와 특징을 보여주는 솔직담백하고도 통쾌한 장면이다. 『장자』의 웅혼한 필체도 좋지만, 『열자』의 통쾌한 문체는 특히 한국 사람의 성정에 잘 맞는 듯하다.

한번 미혹된 영혼은 객관적 판단을 하지 못하고 자기 생각에만 자꾸 빠져든다. 하지만 무아지경(無我之境)은 때로 바보처럼 보일 수도 있겠지만 결코 비웃음거리만은 아니다. 열자는 대사(大事)를 이루려거나 대가(大家)가 되고 싶다면 자나 깨나 잃어버린 도끼를 찾는 나무꾼처럼, 날 끝에 턱을 찔려도 아픈 줄 모르는 혁명가처럼, 황금에 눈이 먼 사내처럼 집중하고 몰두해야 한다고 말한다. 정확히 말하면 그렇게 하려고 해서가 아니라, 자연히 그렇게 되지 않을 수가 없는 것이다. 이리저리 눈치를 보며 살아가기에 우리네 인생이 너무 피곤하지 않은가? 자잘한 이해를 따지며 살아가기에 주어진 시간이 너무 짧지 않은가? 실패를 두려워하지 않을 수 있는 사람, 작은 희생을 감내하고서라도 큰일을 이루고 싶은 사람에게 열자는 주위의 시선을 두려워하지 말고 그 속으로 쑥 들어가라고 말한다. 그것이 바로 인생을 즐기면서 참되게 살아가는 길이라고 말한다.

『열자』와 장담의 『열자주』

• 임채우 국제뇌교육종합대학원 교수

열자라는 인물

열자의 생애나 생존 연대에 대해서는 정확하게 알려진 바가 없다. 열자서에 서문을 쓴 한 대의 대(大)학자 유향(劉向, 기원전 77-기원전 6)에 의하면 열자는 전국시대 정나라 출신의 도가 사상가로, 본명은 열어구로 어구(圄寇) 또는 어구(圉寇)라고도 한다. 노자의 제자이자 장자의 선배로서 기원전 400년경 공자와 맹자 중간에 생존했을 것으로 추정한다.

『한서』를 지은 반고(班固)를 비롯해 현대 중국의 전목(錢穆)·엄영봉(嚴靈峯) 같은 학자들은 열자를 장자에 앞선 도가 사상가라고 본다. 하지만 『장자』「천하」편에서 제자(諸子)를 열거했지만 열자는 빠져 있으며, 순자(荀子)가 제자들을 비평한 글 속에도 열자의 이름은 보이지 않는다. 사마천의 『사기』에도 열자의 전(傳)이 없어서, 열자의 존재 자체를 의심하는 학자들도 있다.

열자의 고향이라고 하는 정나라는 황하(黃河)를 앞에 둔 지금의 하남성 근처에 있던 소국이다. 동서(東西)로 송나라와 주나라에게 눌리고 남북으로는 초나라와 위나라의 압력을 받고 있던 작은 나라로서, 전국시대에 한나라에 의해 멸망당하고 말았다.

『장자』「소요유」편의 '열자는 보름 동안이나 바람을 타고 다니다가 돌아왔다'는 언급이 유명해서, 앞의 화보에 수록한 도판에서 볼수 있듯이 그의 모습은 바람에 옷깃이 나부끼는 선인으로 표현된다.

열자라는 책

유향은 서문에서 자신이 열자에 관해 전해 내려오는 여러 자료들을 정리하고 교감하여 8편으로 편찬해냈다고 한다. 이 말이 사실이라면 전국시대에 편찬된 장자서에 열자가 처음 등장하기는 했지만, 열자서는 그로부터 수백 년 뒤인 기원전 1세기 무렵에 처음으로 등장한 셈이다. 그 뒤 후한 대에 편찬된 『한서』「예문지」의 도가(道家) 부분에 『열자』 8편이 기록되어 있다.

그런데 진 대에 열자 주석을 쓴 장담의 서문을 보면 열자서가 영가의 난(311년)을 피해 피난을 가다가 분실되고 4세기 후반에 다시 재편집된다는 내용이 나온다. 이를 통해 유향이 편찬한 열자서가 실전되었음을 알 수 있다. 한 말부터 위진시대의 전란 속에서 전적들이 많이 산실되었는데, 현재에도 『열자』 8편이 남아 있지만 이것이 「예문지」의 8편과 동일한 것인지는 알 수가 없다.

이런 열자서의 혼란스러운 전수 과정 탓인지 『열자』 속에는 『장자』와 중복된 내용이 20종 가까이 등장하며, 『회남자』『산해경』『한비자』『여씨춘추』『논어』 등과 겹치는 내용도 나온다. 또 열자서의 문체가 한결같지 않아서 열자서의 진위 문제와 성립 연대에 대해 학자들이 의문을 제기하기도 했다. 송 대 임희일(林希逸)은 열자서가 한 사람이 쓴 책이 아니라 제자백가들의 이야기를 모아서 편찬한 것이라고 주장했다. 청(淸)의 마서륜(馬敍倫)은 『열자위경고』(列子僞經考)에서 왕필이 열자를 지었다고 했으나[1] 다케우치 요시오(武內義雄)는 왕필의 무리가 위작한 것이 아니라 반박했고,[2] 고실(顧實)은 마설(馬說)에 찬성하면서 열자서의 일부를 제외하고는 왕필의 작으로 추정 가능하며 왕필의 노자주(老子注)와 장담의 서(序)가 서로 증명해준다고 했다.[3]

청 요제항(姚際恒, 1647-1715)은 열자서가 전국시대 장자의 무리에 의해 만들어진 듯하나 대부분은 후인이 덧붙였다고 말했다. 책 속에 언급되는 '서쪽 사람' '성자'와 같은 표현이 부처를 말하는 것이므로, 이 부분은 불교가 중국에 들어온 후한 명제(明帝) 이후에 덧붙인 것이라고 주장했다. 양계초(梁啓超)도 이 책에는 불교 사상과 통하는 내용이 있으므로 진 대의 위작이라고 보았다. 또 계선림(季羨林)은 「탕문」편의 고사는 서진(西晉) 축법호(竺法護)가 번역한 『생경』에 나오는 내용이라고 하면서, 유향의 서문을 포함해 장담이 위조했다고 주장했다.[4] 한편 양백준(楊伯峻)은 한어사(漢語史)의 측면에서 볼 때 열자서는 위진인의 안품(贋品)이지만 장담이 위작자는 아니라고 보았다. 왜냐하면 장담의 주는 열자 본문을 오해한 곳이 아주 많은데 자기가 지어놓고 자기의 글을 오해할 수는 없기 때문이라

---

1) 양백준, 『열자집석』, 304쪽

2) 양백준, 『열자집석』, 306쪽.

3) 고실(顧實), 『한서예문지강소』(漢書藝文志講疏), 고적(古籍)출판사, 1987, 120쪽.

4) 계선림(季羨林), 『계선림 학술논저자선집』(季羨林學術論著自選集), 사범학원(師範學院)출판사, 1991, 21-28쪽. 불교십오제(佛敎十五題)·「열자」여불전(與佛典) 인용.

고 한다.[5]

　많은 학자들이 열자서를 장담이 지어냈다고 주장하는 것은, 대부분 그의 서문에서 진(晉)이 패망당하는 난리통 속에 열자서가 분실되었다가 재편집되는 과정을 언급한 사실에 근거한 확대 해석이다. 그러나 필자의 생각으로는 장담의 집안에서 천신만고 끝에 열자서를 보존하고 장담이 수집하는 과정을 자세하게 말한 내용만으로 장담의 위조를 추론할 수는 없다고 본다.

　우선 위진시대는 도가적 현학(玄學) 사상이 유행하던 시기로 굳이 자신이 열자서를 위조한 사실을 감추려고 할 필요가 없다. 게다가 자신의 조부와 부친을 비롯해[6] 일가 친척의 실명까지 등장시켰다는 점에서 위조라는 주장은 너무나 비상식적이다. 가문의 명예를 생명보다 귀하게 여기던 귀족 사회에서 위진시대를 대표하는 명문거족 출신이자 위진 현학의 마지막을 장식한 대(大)학자가, 자신의 위조를 감추려고 친조부를 포함해 친가 외가 모두를 동원하는 불경스러운 거짓말을 지어낼 필요까지는 없다고 보기 때문이다.

　만일 장담의 손에서 열자서가 나온 것이라면, 서문에서 유향이 열자서를 처음 편찬해냈다고 말했듯이, 자신의 집안에서 원래 수많은 장서를 가지고 있었으니 열자에 관한 여러 자료들을 내가 취합해서 새로 편찬해냈다고 공표하면 될 일이지 친가 외가 모두를 거짓말쟁이로 만들 이유가 없다. 아래에서 다시 상론하겠지만, 장담의 서문은 문중에서 천신만고 끝에 열자서를 보존하고 수집·편찬한 우여곡절의 역사를 솔직하게 기술한 것이지, 자신의 위조 사실을 감추려고 꾸

---

5) 양백준, 『열자집석』, 346-348쪽.

6) 『세설신어』 「임탄」(任誕)편의 주석에 장 씨의 족보를 인용해서 "장담의 조부는 장의(張嶷)로 정원랑(正員郎)이고, 부친은 장광(張曠)으로 진군사마(鎭軍司馬)다. 장담은 벼슬이 중서랑(中書郎)에까지 이르렀다"고 했다.

며낸 이야기가 아니다.

이런 위작 논쟁과는 관련 없이, 봉건시대 열자서는 신랄한 풍자와 자유로운 상상력을 자랑하며 노장과 더불어 널리 읽혔고 도가사상의 중요한 원전으로 받아들여졌다. 당나라 때에는 과거 시험의 과목이 되기도 했다. 천보(天寶) 원년(서기 742년) 현종은 『열자』에 『충허진경』(沖虛眞經)이라는 봉호를 내리고, 『노자』 『장자』 『관윤자』와 함께 도가의 네 가지 저작을 경전으로 삼아 과거에 응시하도록 조치했다. 유가에 시·서·역의 삼경이 있듯이 그에 상응해 도가에도 사경(四經)을 마련해준 것이었다. 송대 경덕(景德) 2년(1005년)에는 진종(眞宗)이 다시 칙령을 내려 지덕(至德) 두 글자를 추가해서 『충허지덕진경』(沖虛至德眞經)으로 승격했다. 열자서를 애호한 휘종은 주석을 남기고 지음의 고사를 차용한 「청금도」(聽琴圖)를 그리기도 했다.

열자서에 관한 전통시기의 주석서로는

진(晉) 장담(張湛)의 『열자주』(列子注)
당(唐) 노중현(盧重玄)의 『열자석문』(列子釋文)
송(宋) 휘종(徽宗)의 『충허지덕진경해』(沖虛至德眞經解)
송(宋) 임희일(林希逸)의 『충허지덕진경권재구의』(沖虛至德眞經鬳齋口義)
일본 쇼카츠고(諸葛晃)의 『충허지덕진경』(沖虛至德眞經, 소화昭和47)

등이 있고, 최근에 4종의 고주들을 종합·수록해서 간행한 소등복(蕭登福)의 『열자고주금역』(列子古注今譯)이 나왔다.

한국에서도 1966년 김경탁 교수에 의해 최초의 번역본이 등장한 이후로 장기근·이화진·김학주 등 10여 종의 번역본이 간행된 바 있다. 기존의 역서는 모두 열자서의 본문만을 번역한 것으로, 주석까지 번역한 경우는 이 책이 최초다.

주석자 장담과 열자서 전수 내력

장담의 자는 처도, 고평(高平) 출신으로 진(晉)의 중서랑(中書郞)을 지냈다. 그는 위진 현학의 최후를 장식한 학자로서 열자서에 대한 최초의 주석을 남겼다. 그의 생애에 대해서는 자세하게 알려져 있지 않다. 생존 연대는 현대 학자 용조조(容肇祖)가 서기 330년에서 400년 무렵 생존했을 것으로 추정한 바 있다.

『수서』(隋書) 경적지(經籍志)에는 장담이 『열자주』와 『양생요집』(養生要集) 10권을 저술했다고 했고, 『신당서』(新唐書) 「예문지」(藝文志)에는 『연년비록』(延年祕錄) 12권을 저술했다고 했다. 이외에도 『문자주』(文子注)가 있었다고 하니 장담이 생전 여러 저술을 남겼음을 알 수 있다. 그러나 『열자주』를 제외하고 다른 저작들은 모두 전해지지 않고 있으니, 이는 오호십육국시대의 계속된 전란 속에서 많은 전적들이 산실되었던 탓이다.

『진서』(晉書) 「범녕전」(范寧傳)에는 아래와 같은 언급이 나온다.

범녕(339-401)이 눈병이 나자 중서시랑(中書侍郞) 장담을 찾아가서 처방을 요청했다. 장담이 그를 놀리며 말했다.

"옛 처방에 송나라 양리자가 젊어서 그 의술을 얻어 노나라 동문백에게 전해주었고, 노 동문백은 좌구명(左丘明)에게 주었으니, 드디어 대대로 전해지게 되었소. 한나라의 두자하(杜子夏)와[7] 정현(鄭

---

7) 자하(子夏)라는 호를 가진 한 대 인물로는 두업(杜鄴)·두흠(杜欽)이 있으나,

玄)과 고당융(高堂隆)과 진(晉)나라의 좌사(左思) 등의 여러 학자
들도 모두 눈병이 있었는데 이 처방을 얻었으니, 첫째는 독서를 줄
일 것, 둘째는 생각을 적게 할 것, 셋째 내시(內視)에 집중할 것, 넷
째 밖을 보는 것을 줄일 것, 다섯째 아침에 늦게 일어날 것, 여섯째
저녁에 일찍 잘 것 등이오. 이 여섯 가지 약물(藥物)은 신화(神火)
로서 다리고 기(氣)의 체로 받아 내려서, 가슴에 7일간 잘 간수해
둔 다음에 마음속으로 복용하십시오. 그렇게 한번 잘 수양하면 가
까이로는 자신의 속눈썹도 헤아릴 정도로 잘 볼 수 있소. 이를 오
래 복용하면 담장 밖도 투시해 볼 수 있으니, 눈만 밝아질 뿐 아니
라 수명도 연장할 수 있소."[8]

범녕에게 웃음거리로 해준 이 말에서 그의 양생관을 엿볼 수 있으
며, 이는 그가 『양생요집』『연년비록』 같은 양생서를 저술한 바탕이
되었음을 짐작할 수 있다.

장담이 쓴 「열자」 서(序)에 보면 선친으로부터 그의 가계(家系)와
함께 열자서를 얻은 내력이 나온다.

조부 장의(張嶷)와 유정여와 부영근은 모두 왕 씨의 조카였는데,
어려서 외가댁에서 같이 교유했다. 외삼촌은 왕시주—성은 왕 씨
고 장담의 할아버지의 외삼촌이다—로 시주의 종형제였던 왕굉

누구인지는 자세하지 않다.

8) 『진서』(晉書) 권75 「열전」(列傳) 제45, "初甯嘗患目痛 就中書侍郞張湛求方. 湛因
嘲之曰 古方宋陽里子少得其術以授魯東門伯 魯東門伯以授左丘明 遂世世相傳 及漢
杜子夏鄭康成魏高堂隆 晉左太沖 凡此諸賢 並有目疾 得此方云 用 損讀書一 減思慮
二 專內視三 簡外觀四 旦晩起五 夜早眠六. 凡六物 熬以神火 下以氣篩 蘊於胸中七日
然後納諸方寸. 修之一時 近能數其目睫 遠視尺棰之餘 長服不已 洞見牆壁之外 非但
明目 乃亦延年" 참조.

과 왕필은 모두 서적 수집하기를 좋아했는데, 이전에 왕찬(王粲, 177-217)의 가서(家書) 수만여 권을 얻었다. 부영근 역시 대대로 학문을 한 집안의 자제로서 세 집안의 총각들은 특이한 서적들을 경쟁적으로 수집해두었다. 자라서 영가의 난[9]을 만나 부영근과 함께 남쪽으로 피난을 떠나며 큰 수레에 각자 실을 수 있을 만큼 책을 가득 실었다. 갈 길은 먼데 도적 떼들이 갈수록 성해지자, 장담의 할아버지가 부영근에게 이제는 가져온 책을 다 보전할 수는 없으니 희귀한 책자들을 추려 각자 보관해서 유실됨이 없도록 하자고 말했다. 그러자 부영근은 그의 조부 부현과 부친 부함자의 문집만을 가져갔다. 조부 장의께서 수장했던 글 가운데에는 『열자』 8편이 있었는데, 강남 땅에 도착하자 남아 있는 것은 『열자』에서 「양주」편 「설부」편과 「목록」의 3권뿐이었다. 난리 때에 양주자사였던 유정여는 먼저 장강을 건너왔다. 그 집에서 다시 4권을 구했고, 나중에 왕필의 사위 조계자의 집에서 6권을 얻어서, 있는 부분과 없어진 부분을 비교하고 교감을 할 수 있게 되었으니, 이로써 열자가 비로소 완전히 갖춰지게 되었다.

이로부터 열자의 전수 내력과 관련해서 중요한 두 가지 사실을 알 수 있다. 첫째는 장담의 가계가 왕찬·왕필이라는 당대 최고의 명성

---

9) 중국 서진 말, 회제(懷帝)의 연호였던 영가(307년-312년) 때 흉노족의 왕 유충이 서진을 무너뜨린 난으로, 처음으로 이민족이 중원을 차지한 패자가 되었다. 진 왕조는 팔왕의 난 후, 동해왕 사마월에 의해 간신히 정권을 유지하고 있었다. 당시 산서성에 독립해있던 흉노족이 서진을 공격해왔는데, 진나라군이 대패하고 311년 6월 낙양성이 함락되었다. 이 때 낙양성에 입성한 흉노족은 서진의 왕공과 백성 3만여 명을 죽이고, 회제를 산서성으로 압송해가서 죽임으로써, 서진은 건국 52년 만에 사실상 와해되었고 이로부터 오호십육국시대가 시작되었다.

을 떨친 왕씨 가문과 가까운 관계란 사실이며 둘째는 열자서가 위(魏) 왕찬·왕필에게 전해졌다가 난리 통에 실전되었고, 다시 진(晉) 장담의 손에서 편찬되어 세상에 빛을 보게 되었다는 사실이다.

자서에는 왕찬의 가서 수만 권이 왕필에게로 전해졌고, 왕씨 집안의 조카들이 특이한 서적을 널리 수집했다고 했는데, 특히 수만 권에 달했다는 왕찬 가서에는 사연이 있다. 외척과 환관의 발호(跋扈)로 혼란스러운 정치 속에 제국이 와해되어가던 동한 말이었다. 당시 건안칠자(建安七子)의 하나로 명성을 날리던 왕찬 일가는 대규모 농민 반란으로 인해 산동성의 고향을 떠나 동향 출신으로 조부 왕창(王暢)의 제자였던 형주자사 유표(劉表)에 의탁하고자 찾아가는 도중 당대의 대(大)학자 채옹(蔡邕, 132-192)을 만났다. 채옹은 왕찬의 문명을 듣고 있던 차에 자신을 찾아온다는 말을 듣고 사위를 삼으려고 했었다가, 그 대신에 자신이 평생 수집한 만권서(萬卷書)를 왕찬에게 전해주었다. 그 후 왕찬의 아들이 반란에 연루되어 죽임을 당하자 왕필의 부친 왕업(王業)이 왕찬의 대를 잇게 되었고, 이를 계기로 채옹의 만권 서적이 왕찬을 거쳐 왕필과 그의 종형제 왕시주 등에게 전해졌다.

장담의 조부 장의는 유정여·부영근과 함께 왕시주의 외조카로서 서로 경쟁적으로 전적을 수집했다. 이들은 모두 수만 권의 왕씨 가장서를 열람할 수 있었을 것이니 학문적으로는 매우 행운아들이었다고 할 수 있겠다. 그러다가 영가의 난을 만나 부영근과 함께 책을 싸가지고 강남으로 피난을 떠났다. 그러나 자기 목숨도 부지하기 힘든 각자도생의 난리 통 속에서 장의가 부영근에게 '이제는 가져온 책을 다 보전할 수가 없을 듯하니 세상에 없는 희귀본만이라도 추려내 각기 보관해서 유실되지 않도록 하자'고 제안했고, 결국 중요한 전적 몇 권만을 남기고 나머지는 모두 버릴 수밖에 없었다. 이 와중에 장

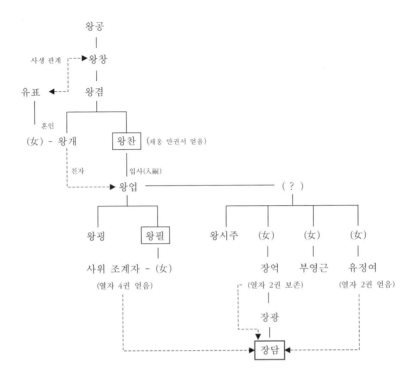

▲ 장담의 가계 및 열자 전수 과정

의는 『열자』의 「양주」 「설부」 2편을 겨우 간직할 수 있었고, 나중에 장담이 양주자사 유정여의 집에서 4권을 구했고, 다시 왕필의 사위 조계자 집에서 2권을 더 얻어서 현재의 『열자』 8권을 편찬할 수 있게 되었다는 것이다. 이 파란만장한 내용으로부터 장담의 가계(家系)와 열자서를 얻게 된 내력을 알 수 있다.

　한위시대에 죽간이든 서적이든 개인이 전적을 구하기는 대단히 어려웠을 것이고, 이런 상황 속에서 채옹의 만권서가 왕찬에게 전해졌고 거기에 더해 왕필을 위시한 그 외손들에 이르기까지 온 집안에서 전적 수집에 경쟁을 벌였으니, 왕씨 문중에서 왕찬이나 왕필 및 장담과 같은 대(大)학자가 나온 것은 이 가장서에 힘입은 바가 컸을 것이다.

그러나 앞에서도 기술한 바와 같이 이런 난리 통 속에서 열자서를 분실했다가 천신만고 끝에 다시 찾아내 세상에 전하게 된 장담의 가사(家史)는 훗날 여러 학자들에 의해 장담이 이를 위조했다는 오해를 낳았다. 그러나 위의 내용에서 짐작할 수 있듯이, 장담 조부가 그 귀한 전적들을 버려야 했던 참담한 피난담까지 거론한 것은 장담의 솔직함과 그가 얼마나 열자서를 귀중히 여겼는지를 보여주는 내용이라 할 수 있을지언정, 자신의 위조를 감추려고 굳이 실명으로 집안의 조상들을 모두 등장시켜가면서까지 거짓 역사를 지어냈다고 볼 수는 없다.

『열자』의 사상

『열자』는 「천서」「황제」「주목왕」「중니」「탕문」「역명」「양주」「설부」의 8편으로 구성되어 있다. 성왕들의 신화와 전설을 비롯해 공자 · 노자 등 역사 인물을 위시한 다양한 인간 군상들이 등장하는 우언(寓言)이 담겼다. 유명한 '기우'(杞憂)의 고사는 「천서」편에 있고, '우공이산'(愚公移山)의 고사는 「탕문」에 있으며, '조삼모사'(朝三暮四)는 「황제」에 있다. 「천서」편에는 기(氣) · 형(形) · 질(質) 개념을 중심으로 우주 본체에 관한 형이상학적 이론이 담겨 있는데. 이는 선진시대 노장철학이나 한대 위서(緯書)의 내용과 비슷하다. 「역명」편에서는 인간의 지력과 천명을 대조시키면서 인간의 장수와 부귀는 선천적으로 주어져 있다는 체념적 운명론을 말하는 듯하지만, 「양주」편을 보면 이미 정해져 있는 장수와 부귀를 구하거나 헛된 명예를 얻기 위해 자신의 심신을 손상케 하지 말고 하고 싶은 대로 즐기며 적

극적으로 살라고 충고해주고 있다.

열자서의 내용은 본체론이나 인식론의 문제에 있어서는 노자와 장자 사상과 크게 다를 바가 없으나, 가치관과 인생관에서는 고유의 특징이 나타난다. 세상은 도에 의해서 생겨나고 도에 의존해서 운행하다가 다시 도에로 돌아간다고 하는 도가의 세계관을 공유하면서도 어떻게 살아갈 것인가의 문제에 있어서는 맥락을 달리한다.

노자나 장자는 탈속적 태도로 고원한 도를 추구한다. 노자의 달관적 경지는 희희낙락 봄놀이 즐기듯 살아가는 세상 사람을 바라보며 고독한 탄식을 발하고, 장자는 세상에 대한 관심을 완전히 버린 채 광막한 무하유(無何有)의 세계에서 홀로 천지 정신과 왕래하는 초탈적 태도를 보인다.

노자가 화광동진(和光同塵)의 경지에 이른 달관한 도인이고 장자가 우주를 넘나드는 초월적 지인(至人)이라고 한다면, 열자는 도를 얻기 위해 노력하는 보통 사람의 형상에 가깝다. 장자는 열자가 바람을 타고 다닌다고 했지만, 열자는 땅에 발을 딛고 있다. 책의 제목은 '열자'이지만, 열자는 스승이 아니라 노자나 호구자림 등의 스승에게 훈계를 받는 제자로서 등장한다. 또한 열자서의 주인공에는 가난한 자나 노비 등 못 배우고 소외된 떠돌이가 많이 등장하고, 성공한 자들의 호언장담이 아닌 눈물겨운 실패담이 많다. 열자 또한 약간 부족하고 한발 늦으며 어떤 경우에는 열등생처럼 보이기도 한다.

하지만 때로 실패로 끝나더라도 우리는 그들의 순수한 마음에 공감하고 그들의 분투에 박수를 치면서 이것이 삶의 실상이라고 느끼게 된다. 그렇기에 다른 어떤 관념적 사상보다도 훨씬 더 친근하다.

열자는 현실과 세속을 부정하지 않는다. 열자는 양주와 같은 인물을 내세우며 오히려 자신에게 주어진 환경과 삶을 받아들이고 각자의 현실 속에서 타고난 삶을 누리라고 말한다. 재물과 명예와 권력

따위를 추구하다가 자신의 몸과 마음을 상하게 하지 말고, 타고난 바탕과 성정에 따라 하고 싶은 일에 몰두하면서 자신의 삶을 즐기라고 말한다.

이런 열자의 사상은 엄숙주의에 젖어 있는 도학자나 권력을 가진 지배층들에게는 기존의 질서와 권위를 위협하는 위험하고 불편한 사상이었을 것이다. 가령 맹자는 양주를 극단적인 위아(爲我)주의라고 비판했고 양계초 또한 퇴폐적인 쾌락주의라고 비난했지만, 그를 이기주의나 쾌락주의만으로 보는 것은 너무 단순한 논리이며 양주에 대한 오해에 불과하다. 이기적 쾌락주의처럼 보이는 이면에는 나라를 다스린다고 으스대는 왕후장상의 허위의식과 그들을 따라 세속적 가치에 심신을 탕진하는 인간의 어리석음에 대한 날카로운 분석이 담겨 있다. 열자는 양주의 입을 빌려 우리에게 자신이 진정으로 원하는 바를 추구하며 열심히 살아가는 것이 행복이며 참다운 삶이라는 점을 말해주고 싶었던 것이니, 이런 점에서 열자 사상은 다른 어떤 동양 사상보다도 현대적이며 어떤 동양 고전보다도 진보적인 성격을 지닌다. 이 점을 간과한 채 양주를 이기주의나 쾌락주의라고 말한다면, 열자서를 읽어보지도 않은 무지한 편견 또는 몸체는 보지 못하고 그림자만 쫓는 경솔한 견해라 할 수 있다.

여기에 더해 장담의 주석은 철학적이면서도 논리적이다. 그는 열자 원문의 맥락을 잃지 않으면서 논리적으로 차근차근 그 내면의 의미를 파고든다. 장담의 주석은 깊이가 있으면서도 문체는 매우 간결하다. 그래서 열자의 원문과 함께 장담의 글을 곰곰이 살펴보아야만 그 심장한 의미를 깨닫게 된다. 아마도 현학가들은 깊은 뜻을 간결한 문체로 표현하는 것을 철학자의 품격이라고 생각했던 것 같다.

현대 중국철학사가 임계유(任繼愈)는 장담의 열자주에 대해 다음과 같이 평가했다.

현학의 본말(本末)·유무(有無)·체용(體用) 문제에 대한 이론적 탐구와 인간의 정신 경계의 구상은 장담의 열자주에 이르러 유가·도가 사상 범위 내에서 최고 수준에 도달했다. 장담은 제시해야 될 것들은 모두 제시했고, 바로잡아야 할 것들은 모두 바로잡았으니 이들에 대해 모두 원만하게 변증을 이루었다. …사실 수많은 명사(名士)들이 유학에서 현학으로 나아갔고 다시 현학에서 불학(佛學)으로 관심을 이동해갔는데, 장담의 열자주는 현학을 최종적으로 마무리한 저작이라고 할 수 있다.[10]

우리나라에서의 『열자』

유교가 지배층을 위한 이념을 제공했다면, 도가는 대중의 사랑을 받으며 중국 사상계를 이끌어온 철학이었다. 하지만 우리나라에서의 도가 사상은 다소 처지가 달랐다. 역사 기록을 보면 노자에 대해서는 몇 가지 단편적인 인용이 있으나, 열자에 대해서는 거의 남아 있는 기록이 없다. 『삼국사기』에는 노자서에 대한 단편적인 언급이 보이고, 『고려사』에는 예종이 『노자』를 강독했다는 한 줄 기록이 남아 있다.[11] 그마저도 조선시대에 들어오면서 도가 사상을 공공연하게 언급할 수 있는 사상적 풍토조차 사라져버리고 열자에 대한 편견을 드러내는 기록만 보일 뿐이다.

조선의 억불숭유책은 불교나 도교 같은 이교(異敎)에 대한 탄압으로 그친 것이 아니었으니, 유교 내부에서도 마찬가지였다. 조선을 대

---

10) 임계유(任繼愈), 『중국철학 발전사 위진남북조』, 인민출판사, 1988, 292쪽.
11) 『고려사』 14권, 세가(世家) 14 예종(睿宗) 3, 병자어청연각(丙子御淸讌閣) 명한안인강노자(命韓安仁講老子)

표하는 유학자 율곡 이이(李珥, 1536-84)는 성리학의 시각에서 노자를 해석한 『순언』(醇言)을 저술해서 노자의 글을 유교에 견강부회했다는 평가를 받았고, 3년간의 시묘살이를 마친 뒤 금강산에 입산해서 1년간 불경을 읽었다는 이유만으로 유학자의 탈을 쓴 승려라고 두고두고 비판받았다. 심지어 주희와 약간 다른 해석을 했다는 이유로 윤휴(尹鑴, 1617-80)와 박세당(朴世堂, 1629-1703)을 사문난적으로 몰아가고, 명나라에서는 정주학과 쌍벽으로 존중받는 양명학조차 이단이라고 비판을 가한 조선 유림의 역사는 이러한 매카시즘적 분위기를 잘 보여준다. 주자학적 도통(道統)을 벗어난 다른 사상을 이단과 사문난적으로 배척하는 극단적 교조주의가 횡행했으니, 조선이 섬겼던 명나라에서 크게 유행한 양명학조차 조선에서는 발을 붙이지 못했다. 이런 상황 속에서 도가 사상에 대한 연구를 하거나 자신의 생각을 언급하는 것은 쉽지 않았고, 설혹 노장이나 열자에 관해서 글을 남겼다고 하더라도 후손이나 후학들에 의해 불살라지는 경우가 비일비재했다.

이는 개인의 문제뿐 아니라 국가나 왕실에 대해서도 마찬가지였으니, 중종 때 조광조(1482-1519) 등의 사림은 도교가 세상을 속이고 하늘을 더럽히며 유교를 해치는 이단이니 소격서(昭格署)를 혁파해야 한다는 상소를 올렸다.

이제 소격서를 설치한 것은 도교를 펴서 백성에게 사도(邪道)를 가르치는 것인데, 기꺼이 따라 받들고 속임수에 휘말려서 밝고 밝은 의리에는 어둡고 허탄한 형상에는 밝습니다. …도리어 사도를 존숭해 관사(官司)를 설치하고 관원(官員)을 두어 받들고 초제(醮祭)를 거행해 섬기며, 마치 당연히 제향해야 할 신처럼 공경하고, 축수와 기도가 더욱 빈번해 음귀(陰鬼)가 간악을 빚어냅니다. 이는 곧

임금의 계책에 법이 없어서이니… 허망한 종교로 인도해온 세상을 이상한 지경으로 몰고 가는 것입니까? 12)

고려 이래로 전승되어오던 국태민안을 비는 국가 제사조차도 사도를 가르치는 것이며 이런 도교 제사를 방치하는 것은 임금의 계책에 법이 없는 것이라고 극간하며 왕의 뜻을 꺾고 소격서를 혁파해버렸다. 이는 조선 성종이 열자를 강독하겠다는 뜻을 물은 장면에서도 볼 수 있다.

승정원에 전교하고『근사록』과 『전한서』 등을 본 뒤에 『장자』『노자』『열자』 삼자(三子)의 글을 강(講)하고자 하는데, 경(卿) 등의 뜻은 어떠한가?(성종실록 150권, 성종 14년 1월 18일 신해 1483년)13)

그러나 성종의 전교에 대해 신하들이 아무런 응대를 하지 않자 이틀 뒤에 다시 묻는다.

승정원(承政院)에 전교하기를,
"삼자를 강하고자 하는 물음에 어찌하여 대답하지 아니하는가?"
하니, 도승지 이세좌(李世佐) 등이 아뢰기를,

---

12) 『중종실록』(中宗實錄) 권34, 「13년 8월 1일(무진戊辰)」, "弘文館副提學趙光祖等, 上疏曰, …今昭格之設, 載敷道教, 訓民于邪, 憲憲趨奉, 泄泄謬悠, 邈乎顯顯之義, 瞭然誕妄之象 …乃反尊置司, 立官以奉, 迷醮以事, 敬之如當享之神, 祝禱迷繁, 陰鬼釀奸, 是乃后猷無令, 下民焉式, 雖其奉若典常 …而驅一世於詭怪之域耶?"참조.

13) "傳于承政院曰: 予今方覽『近思錄』『前漢書』. 然但知聖經賢傳, 而不知諸子之書, 則無以別善惡, 『近思錄』『前漢書』畢覽後, 欲講『莊』『老』『列』三子, 於卿等意, 何如也?"참조.

"신 등은 생각건대, 임금은 마땅히 성현(聖賢)의 글을 보고 고금(古今)의 다스려지고 어지러웠던 자취를 상고할 뿐이며, 『장자』『노자』『열자』는 바로 이단의 글인데 경연에서 진강(進講)하는 것은 필요치 않다고 여깁니다"

했다. 홍문관(弘文館) 박사(博士) 이거(李琚)가 본관(本館)의 의논을 가지고 와서 아뢰기를,

"『장자』『노자』『열자』는 이단의 글이므로 볼 필요가 없습니다"

했다. 전교하기를,

"성현(聖賢)의 글을 읽고서 그 옳은 것을 알고 이단의 글을 읽고서 그 그른 것을 알게 하는 것이 또한 옳지 아니한가?"

했다. 이거가 아뢰기를,

"공자가 말하기를 '이단을 전공하면 해롭다'라고 했는데, 그것을 해석한 이가 말하기를 '점점 젖어서 그 속으로 들어간다'라고 했으니, 하필 이단의 글을 널리 본 뒤에야 그 옳고 그른 것을 분변하겠습니까?"

하니, 전교하기를,

"하고 아니하는 것은 내가 마땅히 처리하겠다. 삼자에 능통한 자를 기록해 아뢰라"

했다(성종실록 150권, 성종 14년 1월 20일 계축 1483년).

도승지와 홍문관 박사가 명백하게 반대를 표명하면서 성종의 뜻을 꺾으려 하자 성종도 이에 다시 한번 재촉했다. 그리고 일주일 뒤에는 도가서에 대한 신하들의 편견을 꾸짖는 장면이 나온다.

임금이 우승지(右承旨) 강자평(姜子平)에게 이르기를,

"『장자』『노자』『열자』 삼자의 글을 안다는 사람을 그대가 4, 5인만

써서 아뢰었고, 또 젊었을 적에 다만 글을 짓기 위해 대강 보았을 뿐이며 자세하게 아는 데에는 미치지 못했다고 했는데, 만일 글 뜻을 알지 못했다면 글을 짓는 데 쓸 수가 있겠는가? 내가 이단의 글을 보는 것이 비록 잘못이라고 하지만, 임금을 속인 죄도 크다. 이단의 그른 것을 안다면 자연히 성도(聖道)가 훌륭함을 또한 볼 수 있지 않은가? 그대가 내신(內臣)으로서 이 같은 말을 아뢰어 임금을 속이는 것이 옳겠는가? 지금부터는 이와 같이 하지 말라"

했다(성종실록 150권, 성종 14년 1월 27일 경신 1483년).

조정에서 열흘에 걸쳐 전개된 이 장면은 도가 사상에 대한 왕의 관심을 꺾으려는 신하들의 맹렬한 반대에 맞서 성종 홀로 고군분투하는 모습으로 보인다. 성종의 "내가 이단의 글을 보는 것이 비록 잘못이라고 하지만, 임금을 속인 죄도 크다. 이단의 그른 것을 안다면 자연히 성인의 도가 훌륭함을 볼 수 있지 않은가"(予之見異端書, 雖曰非矣, 欺君之罪, 亦大矣, 知異端之爲非, 則亦可見聖道之高出矣)라는 항변을 보면 안타까운 마음이 들 정도다. 성종이 과연 열자서를 제대로 강독했을지는 의문이 든다. 왕의 정당한 학문적 호기심조차 유교 이데올로기에 의해 이단으로 부정되는 상황은 마치 교회가 왕권을 압도한 서양 중세시대를 연상케 한다.

이런 상황 속에서 현재 전해지는 조선시대의 도가 사상 관련 저술은 대개가 정주학의 입장에서 노장을 비판하거나 정주학과 일치하는 내용을 언급한 정도에 불과하며, 열자서와 그 사상에 대해서는 객관적으로 논의해보지도 못했다.

그러나 조선시대를 살던 모두가 『열자』에 관심이 없었던 것도 아니고, 전혀 읽히지 않은 것도 아니었다. 우승지가 성종의 『열자』 강독을 겉으로는 반대하면서 문장 공부를 위해 『열자』를 공부했다는 모순적 속내를 비치기도 했던 것에서 볼 수 있듯이, 『열자』는 『장자』와 함께 문장 공부의 자료로 소리 없는 각광을 받았음을 짐작할 수 있다. 대사성을 지낸 어득강(魚得江, 1470-1550)은 열자서를 인용해서 아래의 만사(輓詞)를 지었다.

하늘이 무너질까 걱정하던 기우(杞憂)의 근심이나
사흘을 맴돌던 옹문의 슬픈 노래가 거짓이 아니었네.
어찌하여 신민의 우러름을 버리시고
홀연히 구름 타고 신선으로 가셨나.[14]

그는 열자 「천서」편에 나오는 기우와 「탕문」편에 나오는 옹문의 고사로 중종의 승하에 대한 슬픔을 절묘하게 표현했다. 또한 책 앞머리의 화보에 수록한 조선시대 선비들이 읽었던 여러 열자 판본들은 성리학 이외에는 모두 이단으로 몰던 조선시대의 엄혹한 풍토 속에서도 많은 지성인들이 남몰래 열자를 읽고 공부했다는 증표로 삼을 수 있을 것이다.

---

14) 『인종실록』(仁宗實錄) 1권, 인종 1년 윤1월 26일 기축 1545년, "杞國憂天果不迁, 雍門悲曲亦非誣. 如何脫屣臣民望, 倏與乘雲仙馭俱" 참조.

찾아보기

ㅅ

지은이 장담(張湛, 330−400년 무렵)

자(字)는 처도(處度)이며 고평(高平, 현 산동성 추성시鄒城市) 출신으로 동진(東晉)의
중서랑(中書郞)을 지냈다. 저술로는 『열자주』(列子注)가 있다.
이외에도 『양생요집』(養生要集), 『연년비록』(延年祕錄), 『문자주』(文子注)가 있었다고 하나
오호십육국 시대의 계속된 전란 속에서 모두 없어지고 제목만 전해 내려온다.
장담의 조부는 서진(西晉)의 정원랑(正員郞) 장의(張嶷)로,
위진 시대 『노자』와 『주역』 주석으로 명성을 떨친 왕필(王弼)의 외당질이다.
영가의 난(311년)에 '만권의 가장서(家藏書)'를 싣고
피난을 가다가 열자서를 일부 분실했다.
그 후 4세기 후반에 장의의 손자이자 왕필의 외종증손이 되는 장담이
왕필 사위의 집에서 이를 다시 찾아내 『열자주』를 저술했다고 전한다.
장담의 『열자주』는 열자의 사상을 간결하면서도 날카롭게 분석한 명저로,
열자서에 관한 최초의 주석인 동시에 최고의 해설서로 알려졌다.
이는 유가와 도가 사상뿐 아니라 불교 사상까지 융합해서 일궈낸
위진 현학(玄學)의 마지막 총결산으로 평가받는다.

편역 임채우(林采佑, 1961-)

충남 부여 출생이다. 연세대학교에서 「장자의 수양론」으로 석사 학위를,
「왕필의 역철학 연구: 일(一)과 다(多)의 문제를 중심으로」로
철학박사 학위를 받았다. 북경대학교 철학과와 중국사회과학원에서 연구했으며,
현재 국제뇌교육종합대학원 교수다.
주로 노장철학을 위시한 고대철학 원전 연구를 하며,
동양철학의 주요 경전을 번역하고
동아시아의 사상과 문화를 소개하는 작업도 진행하고 있다.
주요 저서로는 『왕필(王弼)의 노자주』 『권해(權瑎)의 장자』 『주역 왕필주』
『주역천진(周易闡眞): 도교의 주역 풀이』 『완역 정신철학통편』
『주역과 술수역학』 『언어의 금기로 읽는 중국문화』 등이 있다.

HANGIL GREAT BOOKS **180**

장담의 열자주

지은이 장담
편역 임채우
펴낸이 김언호

펴낸곳 (주)도서출판 한길사
등록 1976년 12월 24일
주소 10881 경기도 파주시 광인사길 37
홈페이지 www.hangilsa.co.kr
전자우편 hangilsa@hangilsa.co.kr
전화 031-955-2000~3 **팩스** 031-955-2005

부사장 박관순 **총괄이사** 김서영 **관리이사** 곽명호
영업이사 이경호 **경영이사** 김관영 **편집주간** 백은숙
편집 최현경 박희진 노유연 강성욱 이한민 김영길
마케팅 정아린 **관리** 이주환 문주상 이희문 원선아 이진아
디자인 창포 031-955-2097
인쇄·제책 영림

제1판 제1쇄 2022년 6월 10일

값 48,000원

ISBN 978-89-356-7653-8 94080
978-89-356-6427-6 (세트)

한길그레이트북스 인류의 위대한 지적 유산을 집대성한다

● 한길그레이트북스는 계속 간행됩니다.